评价科学研究与应用丛书

中国大学和研究生教育 及 学科专业评价报告

（2024—2025）

邱均平　丁敬达　张裕晨　赵蓉英　刘　宁　邱作谋　等　编著

研发单位　中国科教评价研究院（CASEE，杭电）
　　　　　中国科学评价研究中心（RCCSE，武大）
　　　　　浙江高等教育研究院（ZAHE）
　　　　　高教强省发展战略与评价研究中心（浙江智库）
　　　　　中国科教评价网（www.nseac.com）

武汉大学出版社

图书在版编目(CIP)数据

中国大学和研究生教育及学科专业评价报告.2024-2025/邱均平等编著 . —武汉:武汉大学出版社,2024.5
评价科学研究与应用丛书
ISBN 978-7-307-24369-9

Ⅰ.中…　Ⅱ.邱…　Ⅲ.①研究生教育—评价—研究报告—中国—2024-2025　②研究生教育—学科—评价—研究报告—中国—2024-2025　Ⅳ.G643

中国国家版本馆 CIP 数据核字(2024)第 075903 号

责任编辑:黄河清　　　　责任校对:鄢春梅　　　　版式设计:马　佳

出版发行:**武汉大学出版社**　(430072　武昌　珞珈山)
　　　　　(电子邮箱:cbs22@ whu.edu.cn 网址:www.wdp.com.cn)
印刷:武汉邮科印务有限公司
开本:880×1230　1/16　印张:35.75　字数:1232 千字　插页:1
版次:2024 年 5 月第 1 版　　2024 年 5 月第 1 次印刷
ISBN 978-7-307-24369-9　　　定价:108.00 元

中国大学和研究生教育及学科专业评价报告（2024—2025）
编委会

主　编　邱均平

副主编　丁敬达　张裕晨　赵蓉英　刘　宁　邱作谋

著　者　邱均平　张裕晨　赵蓉英　刘　宁　邱作谋
　　　　张　蕊　潘云涛　陈丽婷　虞筱超　田　京
　　　　卢　坚　吴静超　周贞云　张廷勇　宓秦泽
　　　　肖博轩　胡　博　刘亚飞　孙晓兵　陈世辰
　　　　奕路超　赵　璐　童子鲜　黄　薇　严　俊
　　　　朱奕乐　陈一谕　金子璇　丁　小　何朦佳
　　　　汪　莹　贾凯杰　丁希怡　方晓倩　吕尊毓
　　　　段佳璇　李　解　李　琳　李雅萌　宋元元
　　　　王阳波　王林漪　胡　林　钱　诚　白　冰
　　　　潘诗怡　叶旭东　姚　丹　舒　超　方佳熠
　　　　崔欣怡　陈　曦　任旭岩　刘　坚　施　茜
　　　　王水斌　俞正阳　战士刚

研发单位　中国科教评价研究院（CASEE，杭电）
　　　　　中国科学评价研究中心（RCCSE，武大）
　　　　　浙江高等教育研究院（ZAHE）
　　　　　高教强省发展战略与评价研究中心（浙江智库）
　　　　　中国科教评价网（www.nseac.com）

合作单位　中国科技信息研究所科学计量与科技评价研究中心
　　　　　科睿唯安科技信息服务（北京）有限公司

前 言 ①

　　随着高等教育管理体制改革的不断深入，我国普通高等学校的办学规模迅速扩大，办学质量和科研水平也逐步提高，为我国的社会进步和经济发展提供了有力的人力资源保障。与此同时，市场机制逐渐被引入高等教育管理，高校之间的竞争和人才市场的竞争日趋激烈。社会各界都迫切希望更加全面、系统地了解和掌握各高校的教学质量、科研水平及其在同类高校中的地位和影响。如何科学、合理、客观、公正地评价高校及其学科专业的质量和水平，是政府部门、高校领导、广大教师、学生和家长以及社会人员都十分关注的重要问题，也是摆在教育评价机构工作人员面前的一项非常重要而紧迫的任务。中华人民共和国教育部专门发文强调管、办、评分离，要求实行第三方评价。一份具有社会公信力的大学及学科专业评价报告，可以为政府管理部门的宏观管理和决策提供定量依据；为各高校准确定位、发挥比较优势、明确改革方向提供参考依据；为广大考生选择适合自己的大学和专业提供报考指南；为社会各界了解高校、引导社会资金在高等教育领域的合理流动提供快速通道。这对于推动我国高等教育的改革和发展，快速推进世界一流大学和一流学科建设，提高高等教育质量和水平，促进高校的准确定位与有序竞争，满足广大考生和家长的信息需求，推进高教强国战略和实现社会和谐发展都有着重要的指导意义和参考价值。

　　武汉大学中国科学评价研究中心是我国高等院校中第一个综合性的科技与教育评价研究中心，是集科学研究、人才培养和评价咨询服务于一体的湖北省人文社会科学重点研究基地。邱均平教授担任首届主任，创立了"金平果"排行榜评价品牌。本着"加强社会评价，提高教育质量，促进竞争发展，服务和谐社会"的宗旨，自 2004 年起，与《中国青年报》合作，按年度连续发布《中国大学及学科专业评价报告》《中国研究生教育及学科专业评价报告》《世界一流大学和一流学科评价研究报告》和《中国学术期刊评价研究报告》(三年一期)，受到国内外的高度重视和广泛认可。

　　邱均平资深教授是以"四大评价报告"为标志的"金平果"排行榜商标品牌的创立者、负责人和首席专家，为我国科教评价事业的发展做出了重要贡献。2017 年，杭州电子科技大学成立了中国科教评价研究院(以下简称"评价院")，特别邀请邱均平教授担任首届院长，与武汉大学中国科学评价研究中心合作，继续开展大学及学科专业评价工作。

　　2023 年下半年，中国科教评价研究院、浙江高等教育研究院组织开展 2024 年中国大学及学科专业评价工作，并完成了《中国大学和研究生教育及学科专业评价报告(2024—2025)》。我们以教育部公布的《2023 年全国高等学校名单》为依据，结合各学校的实际招生情况，将具有普通高等教育招生资格的 1065 所普通本科院校(包括 42 所一流大学、800 所一般大学、224 所民办本科院校)，155 所独立学院，9 所中外合作办学院校，33 所职业本科院校，1543 所高职高专院校作为此次大学评价的对象。同时，我们还按照教育部公布的《普通高等学校本科专业目录(2023 年)》，对普通本科院校的专业、专业类和学科门类进行了评价。

　　本次评价在传承多年评价经验和做法的基础上，结合实际情况做了大量的改进和创新，主要体现在以下五个方面：

　　第一，与时俱进，重构了"政治标准、业务标准、效益标准"三结合的教育评价体系。突出"双一流"背景，坚持质量第一、效益优先和国际化为重的评价标准，更加符合中共中央、国务院印发的《深化新时

---

① 本书公布了我国大学及其学科门类、专业类的最新排名，专业的排名结果及更多详细信息请登录杭州电子科技大学中国科教评价研究院网站(http://casee.hdu.edu.cn)和中国科教评价网(www.nseac.com)查询。

代教育评价改革总体方案》的要求。在科技创新和人文社会科学创新竞争力评价中，一直以"投入—产出—效益"为主线，坚持绝对量指标与相对量指标相结合，保证评价结果的准确性和公信力。在本次大学评价中，我们坚持突出"双一流"建设背景和要求，对包含一流高校和一流学科建设高校在内的147所院校作为新的类型单独做出评价。在专业评价中我们更加看重增量，即上次大学评价到现在的时间区间内学校的进步，而在大学评价方面则充分考虑存量，即学校已有的各项基础性指标，以质量、效益和国际化为导向开展评价。特别是中共中央、国务院印发《深化新时代教育评价改革总体方案》后，我们构建了"政治标准、业务标准和效益标准"三结合的新的大学评价指标体系。

第二，评价内容全面、系统，是目前国内最系统、最详尽、最权威的大学评价品牌。本书的评价对象覆盖了教育部最新公布的所有普通本科院校、民办院校、独立学院和高职高专院校，涉及院校总数达到2805所，还分10种类型、12个学科门类和92个专业类评价了1253所本科高等院校的实力和水平。从地区、学校、学校类型、科技创新竞争力、人文社会科学创新竞争力、学科门类、专业类、专业等角度共产生了600多个排行榜，多视角、多层次、全方位地展示我国大学及学科专业的创新与发展现状。限于篇幅，本书只公布门类、专业类和专业排行榜的前20%，完整、详尽的评价结果将在中国科教评价网（www.nseac.com）上发布。

第三，继续采用得分、排名与等级相结合的表示方法，但对5★级进行了细分，更能满足各类用户的需要，并保持评价结果表达的合理性和充分性。在民办院校、独立学院、高职高专院校及学科专业评价中，我们按照高校教育的分布特点、集中与离散分布规律(二八律)，将各培养单位在该排行榜中的竞争力依次分为5个等级，并用星级表示：①5★为具有重点优势竞争力的单位，即排在最前面10%的培养单位[其中，排在前2%(含2%，下同)的为5★+级，前2%以后至5%的为5★级，5%以后至10%的为5★-级]；②4★为具有优势竞争力的单位，占总数的10%，即排在10%～20%的单位；③3★为具有良好竞争力的单位，占总数的30%，即排在前20%～50%的单位；④2★为具有一般竞争力的单位，占总数的40%，即排在前50%～90%的单位；⑤1★为具有较差竞争力的单位，占总数的10%，即排在90%～100%的单位。对于排在5★的高校，给出名单并列出排名；对于排在4★的高校，按排名给出名单，对于排在3★、2★和1★的高校，只列出个数，不再列出高校名单。为了使内容重点突出，兼顾全面性，同时避免本书过于厚重，降低读者购买成本，书中只列出中国"双一流"大学排名、部属院校排名、地方院校总排名(前20%)；对于中国民办本科院校、独立学院和高职高专院校的排名，给出5★和4★的高校名单并列出排名，3★高校名单及2★和1★高校数量。另外需要说明的是，本次评价中各高校的得分均精确到了小数点后6位，但在本书中限于篇幅，得分仅保留到了小数点后两位。

第四，为了体现"分类评价，同类比较"的原则，更充分地满足读者的需求，我们对全国的本科院校的教育竞争力分类型进行了评价。2004年，教育部下发《普通高等学校基本办学条件指标(试行)》，将高等学校划分为6种类型。本次评价在以往经验的基础上，将所有培养单位分为10种类型：综合类、理工类、农林类、医药类、财经类、语言政法类(简称文法类)、师范类、民族类、艺术类、体育类。本次评价还对部分高校的性质类型进行了调整，以更加符合该校发展的实际情况。通过对不同类型的高校进行评价和排序，最终得到"中国大学分类型竞争力排行榜"。这样，本次评价结果更加细化，更加具有可比性，更加有利于广大读者对同类型的高校进行分析和比较。

第五，编排结构科学合理，读者查阅非常方便。本书第一部分公布2024年中国大学本科教育竞争力排行榜，提供每所院校的总排名及在所属地区(省、自治区、直辖市)和同类型高校中的排名，如某省某所大学在该省中的排名、某综合性大学在综合类大学中的排名等。第二部分公布2024年中国大学本科教育分门类、专业类和专业竞争力排行榜，提供每所院校的学科门类、专业类和专业在全国所有开设相应专业类院校中的排名。第三部分为研究生教育及学科竞争力排行榜，包括中国研究生教育地区竞争力排行榜、中国研究生教育竞争力排行榜和研究生教育一级学科排名及等级分布。第四部分为高职高专教育地区竞争力排行榜、职业本科院校竞争力排行榜、职业专科院校竞争力排行榜。第五部分介绍中国本科院校各类排名结果、学科专业等级分布、优势学科等。首先，按中国大学教育地区竞争力进行排列；其次，在每一地区,按照一流大学、一般大学、民办院校、独立学院的顺序进行介绍;最后,将一流大学、一般大学、民办院校按本次评价结果的名次顺序编排,详细给出每所学校在各类排行榜中的名次、专业等级分布、5★和4★专业名单。

　　本书是"金平果"排行榜评价品牌的四大评价报告的重要组成部分,包括中国大学本科及学科专业评价报告、研究生教育评价报告和高职高专院校评价报告,由杭州电子科技大学中国科教评价研究院、武汉大学中国科学评价研究中心、"金平果"评价网(中国科教评价网)的多位专家、博士、硕士鼎力合作,共同研究、联合撰著而成,参著人员详见编委会名单。中国科技信息研究所科学计量与科技评价研究中心、科睿唯安科技信息服务(北京)有限公司作为合作单位提供了数据支持和帮助。武汉大学出版社有关领导对本书的出版给予了大力支持;詹蜜等编校人员为本书的编辑出版付出了大量辛勤劳动。在此,我们一并致以衷心的感谢!

中国科学评价研究中心(武大)创始人、首届主任

"金平果"评价品牌创立者、首席专家和知识产权人

杭州电子科技大学资深教授、博士生导师

中国科教评价研究院(杭电) 院长

浙江高等教育研究院 院长

数据科学与信息计量研究院 院长

Data Science and Informetrics 主编

高教强省发展战略与评价研究中心(浙江智库) 主任

邱均平

2023 年 12 月 31 日于杭电下沙校区

目 录

第一部分　2024 年评价工作概述及中国大学本科教育竞争力排行榜

2024 年中国大学和研究生教育及学科专业
　评价的基本做法与结果分析 …………… 003
中国大学教育地区竞争力排行榜 …………… 020
中国本科院校竞争力总排行榜 ……………… 021
中国民办本科院校竞争力排行榜 …………… 026
中国独立学院竞争力排行榜 ………………… 028

中国大学科技创新竞争力排行榜（100 强） …… 030
中国大学人文社会科学创新竞争力排行榜
　（100 强） ………………………………… 032
中国大学分类型竞争力排行榜（前 20%） …… 034
9 所合作办学院校竞争力排行榜 …………… 038

第二部分　2024 年中国大学本科教育分学科门类、专业类和专业竞争力排行榜

中国大学本科教育分学科门类竞争力排行榜
　………………………………………………… 041

中国大学本科教育分专业类竞争力排行榜 …… 053
中国大学本科教育分专业竞争力排行榜 ……… 097

第三部分　2024 年中国研究生教育及学科竞争力排行榜

中国研究生教育地区竞争力排行榜 ………… 211
中国普通高校研究生教育竞争力排行榜 …… 212

中国高校一流学科建设综合竞争力排行榜 …… 221
中国研究生教育分一级学科竞争力排行榜 …… 234

第四部分　2024 年中国高职高专院校竞争力排行榜

中国高职高专教育地区竞争力排行榜 ……… 261
中国职业本科院校竞争力排行榜（33 强） …… 262

中国职业专科院校竞争力排行榜 …………… 263

第五部分　中国本科院校各类排名结果、学科专业等级分布及优势专业

北京市
一流大学

10001　北京大学 ………………………… 271
10003　清华大学 ………………………… 271

10002　中国人民大学 ………………………… 272
10027　北京师范大学 ………………………… 273
10006　北京航空航天大学 …………………… 273
10007　北京理工大学 ………………………… 274
10019　中国农业大学 ………………………… 275

10052	中央民族大学	275

一 般 大 学

14430	中国科学院大学	276
10008	北京科技大学	276
10004	北京交通大学	276
10005	北京工业大学	277
10047	中央美术学院	277
10045	中央音乐学院	278
10054	华北电力大学	278
10010	北京化工大学	278
10023	北京协和医学院	279
10025	首都医科大学	279
10013	北京邮电大学	280
10022	北京林业大学	280
10034	中央财经大学	280
10028	首都师范大学	281
10046	中国音乐学院	281
10036	对外经济贸易大学	282
11415	中国地质大学(北京)	282
10053	中国政法大学	282
10033	中国传媒大学	283
11414	中国石油大学(北京)	283
10048	中央戏剧学院	284
10032	北京语言大学	284
10043	北京体育大学	284
11413	中国矿业大学(北京)	285
10030	北京外国语大学	285
10026	北京中医药大学	285
10011	北京工商大学	286
10038	首都经济贸易大学	286
10049	中国戏曲学院	287
10050	北京电影学院	287
10016	北京建筑大学	287
11232	北京信息科技大学	287
11417	北京联合大学	288
10009	北方工业大学	288
10029	首都体育学院	288
10040	外交学院	289
10017	北京石油化工学院	289
14596	中国社会科学院大学	289
10031	北京第二外国语学院	289
10041	中国人民公安大学	290
10051	北京舞蹈学院	290
10012	北京服装学院	290
10015	北京印刷学院	291
10020	北京农学院	291

10037	北京物资学院	291
10042	国际关系学院	292
10018	北京电子科技学院	292
12453	中国劳动关系学院	292
11149	中华女子学院	292
14019	北京警察学院	292
10039	中国消防救援学院	292

民 办 院 校

11418	北京城市学院	292
12802	吉利学院	293

江 苏 省

一 流 大 学

10284	南京大学	294
10286	东南大学	294

一 般 大 学

10287	南京航空航天大学	295
10285	苏州大学	296
10288	南京理工大学	296
10295	江南大学	297
10294	河海大学	297
10299	江苏大学	298
11117	扬州大学	299
10307	南京农业大学	299
10319	南京师范大学	300
10291	南京工业大学	300
10290	中国矿业大学	301
10293	南京邮电大学	301
10300	南京信息工程大学	302
10312	南京医科大学	302
10331	南京艺术学院	303
10298	南京林业大学	303
10304	南通大学	304
10315	南京中医药大学	304
10316	中国药科大学	304
10320	江苏师范大学	305
10289	江苏科技大学	305
10292	常州大学	305
10327	南京财经大学	306
10332	苏州科技大学	306
11287	南京审计大学	306
10313	徐州医科大学	307
10305	盐城工学院	307
11276	南京工程学院	307
11998	徐州工程学院	307

10333　常熟理工学院 …………………… 308
11049　淮阴工学院 ………………………… 308
10330　南京体育学院 …………………… 308
11641　江苏海洋大学 …………………… 308
10323　淮阴师范学院 …………………… 308
11055　常州工学院 …………………… 308
11463　江苏理工学院 …………………… 309
10324　盐城师范学院 …………………… 309
11460　南京晓庄学院 …………………… 309
13573　金陵科技学院 …………………… 309
10329　江苏警官学院 …………………… 309
12048　南京特殊教育师范学院 ………… 309
12213　南京警察学院 …………………… 309
14436　江苏第二师范学院 ……………… 310
12917　泰州学院 ………………………… 310
13982　无锡学院 ………………………… 310
13983　苏州城市学院 …………………… 310

民　办　院　校

13687　南京传媒学院 …………………… 310
13571　无锡太湖学院 …………………… 310
12056　南通理工学院 …………………… 310
11122　三江学院 ………………………… 310
14160　宿迁学院 ………………………… 310

上 海 市

一　流　大　学

10248　上海交通大学 …………………… 311
10246　复旦大学 ………………………… 311
10247　同济大学 ………………………… 312
10269　华东师范大学 …………………… 313

一　般　大　学

10280　上海大学 ………………………… 313
10251　华东理工大学 …………………… 314
10255　东华大学 ………………………… 315
10270　上海师范大学 …………………… 315
10252　上海理工大学 …………………… 316
10272　上海财经大学 …………………… 316
10278　上海音乐学院 …………………… 316
10268　上海中医药大学 ………………… 317
10271　上海外国语大学 ………………… 317
10277　上海体育大学 …………………… 317
10254　上海海事大学 …………………… 318
10264　上海海洋大学 …………………… 318
91020　第二军医大学 …………………… 318
10856　上海工程技术大学 ……………… 319

10279　上海戏剧学院 …………………… 319
10276　华东政法大学 …………………… 319
10256　上海电力大学 …………………… 320
14423　上海科技大学 …………………… 320
10273　上海对外经贸大学 ……………… 320
10259　上海应用技术大学 ……………… 320
11047　上海立信会计金融学院 ………… 321
11458　上海电机学院 …………………… 321
12044　上海第二工业大学 ……………… 321
11835　上海政法学院 …………………… 321
10262　上海健康医学院 ………………… 321
12050　上海商学院 ……………………… 322
10274　上海海关学院 …………………… 322
10283　上海公安学院 …………………… 322

民　办　院　校

13632　上海视觉艺术学院 ……………… 322
12799　上海建桥学院 …………………… 322
11833　上海杉达学院 …………………… 322
12587　上海立达学院 …………………… 322
12914　上海兴伟学院 …………………… 322

广 东 省

一　流　大　学

10558　中山大学 ………………………… 323
10561　华南理工大学 …………………… 323

一　般　大　学

10559　暨南大学 ………………………… 324
10574　华南师范大学 …………………… 325
10564　华南农业大学 …………………… 325
10590　深圳大学 ………………………… 326
11845　广东工业大学 …………………… 326
11078　广州大学 ………………………… 327
12121　南方医科大学 …………………… 327
14325　南方科技大学 …………………… 328
11846　广东外语外贸大学 ……………… 328
10560　汕头大学 ………………………… 329
10570　广州医科大学 …………………… 329
10572　广州中医药大学 ………………… 329
10592　广东财经大学 …………………… 329
10566　广东海洋大学 …………………… 330
10586　广州美术学院 …………………… 330
10573　广东药科大学 …………………… 330
11819　东莞理工学院 …………………… 331
11847　佛山科学技术学院 ……………… 331
10588　广东技术师范大学 ……………… 331

10571　广东医科大学 ························ 331

11349　五邑大学 ··························· 332

10587　星海音乐学院 ···················· 332

11540　广东金融学院 ···················· 332

10585　广州体育学院 ···················· 332

11656　广东石油化工学院 ·············· 333

11347　仲恺农业工程学院 ·············· 333

10578　韩山师范学院 ···················· 333

10577　惠州学院 ··························· 333

10579　岭南师范学院 ···················· 333

11106　广州航海学院 ···················· 333

10582　嘉应学院 ··························· 333

10576　韶关学院 ··························· 334

10580　肇庆学院 ··························· 334

11110　广东警官学院 ···················· 334

14278　广东第二师范学院 ·············· 334

14655　深圳技术大学 ···················· 334

民办院校

13719　广东科技学院 ···················· 334

13714　广州工商学院 ···················· 334

12574　广东东软学院 ···················· 334

12617　广州城市理工学院 ·············· 335

13667　广州商学院 ························ 335

13684　珠海科技学院 ···················· 335

12619　广州南方学院 ···················· 335

10822　广东白云学院 ···················· 335

12618　广州软件学院 ···················· 335

12668　广州理工学院 ···················· 335

13902　广州新华学院 ···················· 335

12621　广州华商学院 ···················· 335

13720　广东理工学院 ···················· 336

12059　广东培正学院 ···················· 336

13844　东莞城市学院 ···················· 336

12622　湛江科技学院 ···················· 336

13657　广州应用科技学院 ·············· 336

13656　广州华立学院 ···················· 336

湖北省

一流大学

10486　武汉大学 ··························· 337

10487　华中科技大学 ···················· 337

一般大学

10497　武汉理工大学 ···················· 338

10504　华中农业大学 ···················· 339

10511　华中师范大学 ···················· 339

10491　中国地质大学（武汉） ·········· 340

10488　武汉科技大学 ···················· 341

10520　中南财经政法大学 ·············· 341

10489　长江大学 ··························· 341

10495　武汉纺织大学 ···················· 342

10512　湖北大学 ··························· 342

11075　三峡大学 ··························· 343

10500　湖北工业大学 ···················· 343

10490　武汉工程大学 ···················· 344

10524　中南民族大学 ···················· 344

10496　武汉轻工大学 ···················· 344

10523　湖北美术学院 ···················· 345

10522　武汉体育学院 ···················· 345

11600　湖北经济学院 ···················· 345

10929　湖北医药学院 ···················· 346

10507　湖北中医药大学 ················· 346

10519　湖北文理学院 ···················· 346

11072　江汉大学 ··························· 346

10513　湖北师范大学 ···················· 346

11524　武汉音乐学院 ···················· 347

10525　湖北汽车工业学院 ·············· 347

10517　湖北民族大学 ···················· 347

11654　武汉商学院 ························ 347

10514　黄冈师范学院 ···················· 348

10528　湖北工程学院 ···················· 348

14099　湖北第二师范学院 ·············· 348

10920　湖北理工学院 ···················· 348

10927　湖北科技学院 ···················· 348

11332　湖北警官学院 ···················· 348

11336　荆楚理工学院 ···················· 348

10518　汉江师范学院 ···················· 349

民办院校

11798　武汉东湖学院 ···················· 349

13686　武汉传媒学院 ···················· 349

12310　武昌理工学院 ···················· 349

13242　武汉工商学院 ···················· 349

11800　汉口学院 ··························· 349

12309　武昌首义学院 ···················· 349

12362　武汉生物工程学院 ·············· 349

13262　文华学院 ··························· 349

13664　武汉工程科技学院 ·············· 350

13235　武汉城市学院 ···················· 350

13666　武汉华夏理工学院 ·············· 350

13634　武汉学院 ··························· 350

13250　湖北恩施学院 ···················· 350

14035　武汉设计工程学院 ·············· 350

13247　湖北商贸学院 …………………… 350
13245　荆州学院 ………………………… 350
13241　武昌工学院 ……………………… 350
13237　武汉文理学院 …………………… 350
13188　武汉晴川学院 …………………… 350

陕 西 省
一 流 大 学

10698　西安交通大学 …………………… 351
10699　西北工业大学 …………………… 351
10712　西北农林科技大学 ……………… 352

一 般 大 学

10701　西安电子科技大学 ……………… 352
10718　陕西师范大学 …………………… 353
10697　西北大学 ………………………… 354
10703　西安建筑科技大学 ……………… 354
10710　长安大学 ………………………… 355
10700　西安理工大学 …………………… 355
10708　陕西科技大学 …………………… 356
10704　西安科技大学 …………………… 356
91030　第四军医大学 …………………… 357
10702　西安工业大学 …………………… 357
10729　西安美术学院 …………………… 357
11664　西安邮电大学 …………………… 358
10709　西安工程大学 …………………… 358
10705　西安石油大学 …………………… 358
10724　西安外国语大学 ………………… 359
10719　延安大学 ………………………… 359
10728　西安音乐学院 …………………… 359
10726　西北政法大学 …………………… 359
10727　西安体育学院 …………………… 360
10716　陕西中医药大学 ………………… 360
11560　西安财经大学 …………………… 360
10720　陕西理工大学 …………………… 360
11840　西安医学院 ……………………… 361
10723　渭南师范学院 …………………… 361
11080　西安文理学院 …………………… 361
11395　榆林学院 ………………………… 361
11736　西安航空学院 …………………… 361
10721　宝鸡文理学院 …………………… 361
10722　咸阳师范学院 …………………… 362
14390　陕西学前师范学院 ……………… 362
11397　安康学院 ………………………… 362
11396　商洛学院 ………………………… 362

民 办 院 校

12715　西京学院 ………………………… 362
12714　西安翻译学院 …………………… 362
12712　西安欧亚学院 …………………… 362
11400　西安培华学院 …………………… 362
12713　西安外事学院 …………………… 363
13894　西安明德理工学院 ……………… 363
13123　陕西国际商贸学院 ……………… 363
13569　西安交通工程学院 ……………… 363
13682　西安工商学院 …………………… 363
13121　西安思源学院 …………………… 363
13125　陕西服装工程学院 ……………… 363

山 东 省
一 流 大 学

10422　山东大学 ………………………… 364
10423　中国海洋大学 …………………… 364

一 般 大 学

10425　中国石油大学(华东) …………… 365
11065　青岛大学 ………………………… 365
10445　山东师范大学 …………………… 366
10427　济南大学 ………………………… 366
10424　山东科技大学 …………………… 367
10434　山东农业大学 …………………… 367
10426　青岛科技大学 …………………… 368
10446　曲阜师范大学 …………………… 368
10456　山东财经大学 …………………… 369
10431　齐鲁工业大学 …………………… 369
10429　青岛理工大学 …………………… 369
11066　烟台大学 ………………………… 370
10433　山东理工大学 …………………… 370
10430　山东建筑大学 …………………… 371
10435　青岛农业大学 …………………… 371
10451　鲁东大学 ………………………… 371
10447　聊城大学 ………………………… 371
10441　山东中医药大学 ………………… 372
10908　山东工艺美术学院 ……………… 372
10458　山东艺术学院 …………………… 372
10452　临沂大学 ………………………… 373
10439　山东第一医科大学 ……………… 373
11688　山东工商学院 …………………… 373
10438　潍坊医学院 ……………………… 373
10457　山东体育学院 …………………… 374
10440　滨州医学院 ……………………… 374
11510　山东交通学院 …………………… 374

10443	济宁医学院	374
10448	德州学院	374
14277	山东青年政治学院	374
12331	山东女子学院	375
10449	滨州学院	375
11067	潍坊学院	375
10453	泰山学院	375
10904	枣庄学院	375
11324	山东警察学院	375
14438	山东管理学院	375
10455	菏泽学院	376
14439	山东农业工程学院	376
10454	济宁学院	376
14100	山东政法学院	376
14276	齐鲁师范学院	376
13386	山东石油化工学院	376

民 办 院 校

13624	泰山科技学院	376
12843	潍坊科技学院	376
13006	山东英才学院	376
12332	烟台南山学院	377
13322	山东现代学院	377
13320	青岛黄海学院	377
13324	山东协和学院	377
10868	青岛滨海学院	377
10825	齐鲁医药学院	377
13998	齐鲁理工学院	377
13378	青岛城市学院	377
13359	烟台理工学院	377
13857	山东华宇工学院	377
13015	青岛恒星科技学院	377
14327	青岛电影学院	377
14002	烟台科技学院	378
13379	潍坊理工学院	378
13995	青岛工学院	378

浙 江 省

一 流 大 学

10335	浙江大学	379

一 般 大 学

10337	浙江工业大学	379
11646	宁波大学	380
10345	浙江师范大学	380
10336	杭州电子科技大学	381
10338	浙江理工大学	381

10355	中国美术学院	382
10353	浙江工商大学	382
10343	温州医科大学	383
10356	中国计量大学	383
10346	杭州师范大学	383
10341	浙江农林大学	384
11482	浙江财经大学	384
10340	浙江海洋大学	385
10347	湖州师范学院	385
10344	浙江中医药大学	385
10351	温州大学	385
10354	嘉兴学院	386
11057	浙江科技学院	386
11647	浙江传媒学院	386
10349	绍兴文理学院	386
14535	浙江音乐学院	387
11058	宁波工程学院	387
10876	浙江万里学院	387
14275	浙江外国语学院	387
10350	台州学院	387
10352	丽水学院	388
13023	杭州医学院	388
13021	浙大城市学院	388
11483	浙江警察学院	388
11481	浙江水利水电学院	388
11488	衢州学院	388
13022	浙大宁波理工学院	388
13287	湖州学院	388
13289	温州理工学院	388
13291	嘉兴南湖学院	388

民 办 院 校

11842	浙江树人学院	389
13001	宁波财经学院	389
12792	浙江越秀外国语学院	389
13637	温州商学院	389

四 川 省

一 流 大 学

10610	四川大学	390
10614	电子科技大学	390

一 般 大 学

10613	西南交通大学	391
10651	西南财经大学	392
10615	西南石油大学	392
10636	四川师范大学	392

10626	四川农业大学	393
10619	西南科技大学	393
10616	成都理工大学	394
10633	成都中医药大学	394
10621	成都信息工程大学	394
10656	西南民族大学	395
10654	四川音乐学院	395
10623	西华大学	395
10653	成都体育学院	396
11079	成都大学	396
10638	西华师范大学	396
10632	西南医科大学	397
10622	四川轻化工大学	397
10634	川北医学院	397
10640	内江师范学院	397
11116	成都工业学院	397
10624	中国民用航空飞行学院	398
13705	成都医学院	398
10649	乐山师范学院	398
11552	四川旅游学院	398
10628	西昌学院	398
14389	成都师范学院	398
10641	宜宾学院	399
10639	绵阳师范学院	399
11360	攀枝花学院	399
12212	四川警察学院	399
10646	阿坝师范学院	399
10644	四川文理学院	399
11661	四川民族学院	399

民 办 院 校

13669	四川传媒学院	399
14043	四川文化艺术学院	400
14410	四川电影电视学院	400
12636	成都东软学院	400
13672	四川工商学院	400
13903	成都锦城学院	400
13671	成都文理学院	400
13670	成都银杏酒店管理学院	400
13816	四川工业科技学院	400
14045	绵阳城市学院	400

湖 南 省
一 流 大 学

10533	中南大学	401
10532	湖南大学	401

91002	国防科技大学	402

一 般 大 学

10542	湖南师范大学	402
10530	湘潭大学	403
10536	长沙理工大学	404
10537	湖南农业大学	404
10534	湖南科技大学	404
10555	南华大学	405
10538	中南林业科技大学	405
11535	湖南工业大学	406
10531	吉首大学	406
10554	湖南工商大学	406
10541	湖南中医药大学	407
10543	湖南理工学院	407
11342	湖南工程学院	407
11077	长沙学院	407
12034	湖南第一师范学院	408
10546	衡阳师范学院	408
11527	湖南城市学院	408
10553	湖南人文科技学院	408
11528	湖南工学院	408
10545	湘南学院	408
10549	湖南文理学院	409
10547	邵阳学院	409
10551	湖南科技学院	409
13806	长沙师范学院	409
10548	怀化学院	409
11532	湖南财政经济学院	409
11538	湖南女子学院	409
11534	湖南警察学院	409
13836	湖南信息学院	410
12214	湖南医药学院	410

民 办 院 校

12303	湖南涉外经济学院	410
10823	长沙医学院	410
13809	湖南应用技术学院	410
12651	湘潭理工学院	410
13924	湖南交通工程学院	410

辽 宁 省
一 流 大 学

10141	大连理工大学	411
10145	东北大学	411

一 般 大 学

10151	大连海事大学	412

10159	中国医科大学	412
10173	东北财经大学	413
10140	辽宁大学	413
10147	辽宁工程技术大学	414
10142	沈阳工业大学	414
10157	沈阳农业大学	414
10165	辽宁师范大学	415
10152	大连工业大学	415
10153	沈阳建筑大学	416
10163	沈阳药科大学	416
10166	沈阳师范大学	416
10161	大连医科大学	417
10178	鲁迅美术学院	417
10143	沈阳航空航天大学	417
11258	大连大学	418
10167	渤海大学	418
10148	辽宁石油化工大学	418
10154	辽宁工业大学	418
10150	大连交通大学	419
10146	辽宁科技大学	419
10162	辽宁中医药大学	419
10149	沈阳化工大学	420
10177	沈阳音乐学院	420
10172	大连外国语大学	420
12026	大连民族大学	420
10176	沈阳体育学院	421
10144	沈阳理工大学	421
10158	大连海洋大学	421
11035	沈阳大学	421
10175	中国刑事警察学院	422
10160	锦州医科大学	422
11779	辽东学院	422
10164	沈阳医学院	422
11632	沈阳工程学院	422
13957	辽宁传媒学院	423
10169	鞍山师范学院	423
11430	辽宁科技学院	423
11432	辽宁警察学院	423
14435	营口理工学院	423

民办院校

13599	大连艺术学院	423
13631	大连东软信息学院	423
13201	沈阳工学院	423
13220	沈阳城市学院	424
13900	辽宁财贸学院	424
13207	大连科技学院	424

10841	辽宁对外经贸学院	424
13218	大连财经学院	424
13621	沈阳科技学院	424
13610	辽宁何氏医学院	424
13217	辽宁理工学院	424
13208	沈阳城市建设学院	424

安 徽 省

一 流 大 学

10358	中国科学技术大学	425

一 般 大 学

10359	合肥工业大学	425
10357	安徽大学	426
10370	安徽师范大学	426
10361	安徽理工大学	427
10360	安徽工业大学	427
10366	安徽医科大学	428
10364	安徽农业大学	428
10378	安徽财经大学	428
10363	安徽工程大学	429
10878	安徽建筑大学	429
10369	安徽中医药大学	429
11059	合肥学院	430
10373	淮北师范大学	430
10372	安庆师范大学	430
10367	蚌埠医学院	431
10368	皖南医学院	431
10879	安徽科技学院	431
10371	阜阳师范大学	431
10377	滁州学院	431
10375	黄山学院	431
14098	合肥师范学院	432
10376	皖西学院	432
10381	淮南师范学院	432
10383	铜陵学院	432
10379	宿州学院	432
11306	池州学院	432
11305	蚌埠学院	432
10380	巢湖学院	432
14682	安徽艺术学院	432
12926	亳州学院	433

民 办 院 校

12216	安徽新华学院	433
13613	安徽信息工程学院	433
13065	安徽外国语学院	433

14203　皖江工学院　………………… 433
10959　安徽三联学院　……………… 433
13614　马鞍山学院　………………… 433
13611　蚌埠工商学院　……………… 433
13620　淮北理工学院　……………… 433
13616　合肥经济学院　……………… 433
12810　安徽文达信息工程学院　…… 434
13615　合肥城市学院　……………… 434

河南省

一流大学

10459　郑州大学　…………………… 435

一般大学

10475　河南大学　…………………… 435
10464　河南科技大学　……………… 436
10476　河南师范大学　……………… 436
10460　河南理工大学　……………… 437
10466　河南农业大学　……………… 437
10463　河南工业大学　……………… 438
10462　郑州轻工业大学　…………… 438
10078　华北水利水电大学　………… 438
10471　河南中医药大学　…………… 439
10465　中原工学院　………………… 439
10484　河南财经政法大学　………… 439
10472　新乡医学院　………………… 440
10477　信阳师范大学　……………… 440
10479　安阳师范学院　……………… 440
10482　洛阳师范学院　……………… 440
11070　洛阳理工学院　……………… 441
10485　郑州航空工业管理学院　…… 441
11653　南阳理工学院　……………… 441
10467　河南科技学院　……………… 441
11517　河南工程学院　……………… 441
10481　南阳师范学院　……………… 441
10480　许昌学院　…………………… 442
11071　新乡学院　…………………… 442
10483　商丘师范学院　……………… 442
10918　黄淮学院　…………………… 442
11765　河南城建学院　……………… 442
11652　河南财政金融学院　………… 442
11329　河南工学院　………………… 442
10478　周口师范学院　……………… 443
11330　安阳工学院　………………… 443
10469　河南牧业经济学院　………… 443

12949　郑州师范学院　……………… 443
10919　平顶山学院　………………… 443
12735　郑州警察学院　……………… 443
11326　信阳农林学院　……………… 443
11788　河南警察学院　……………… 443
11068　郑州工程技术学院　………… 444

民办院校

11834　黄河科技学院　……………… 444
14040　郑州商学院　………………… 444
13497　郑州财经学院　……………… 444
12747　郑州工业应用技术学院　…… 444
14654　郑州西亚斯学院　…………… 444
14003　商丘学院　…………………… 444
13507　郑州工商学院　……………… 444
14333　郑州升达经贸管理学院　…… 444
13504　安阳学院　…………………… 445
13502　中原科技学院　……………… 445
13508　郑州经贸学院　……………… 445
13501　河南开封科技传媒学院　…… 445
13506　新乡工程学院　……………… 445
13500　商丘工学院　………………… 445
12746　郑州科技学院　……………… 445
13498　黄河交通学院　……………… 445
13503　信阳学院　…………………… 445

黑龙江省

一流大学

10213　哈尔滨工业大学　…………… 446

一般大学

10217　哈尔滨工程大学　…………… 446
10225　东北林业大学　……………… 447
10224　东北农业大学　……………… 447
10212　黑龙江大学　………………… 448
10214　哈尔滨理工大学　…………… 448
10226　哈尔滨医科大学　…………… 449
10231　哈尔滨师范大学　…………… 449
10220　东北石油大学　……………… 449
10240　哈尔滨商业大学　…………… 450
10228　黑龙江中医药大学　………… 450
10223　黑龙江八一农垦大学　……… 451
10232　齐齐哈尔大学　……………… 451
14560　哈尔滨音乐学院　…………… 451
10222　佳木斯大学　……………… 451
10242　哈尔滨体育学院　…………… 452

11802 黑龙江工程学院 ················· 452
10219 黑龙江科技大学 ················· 452
10233 牡丹江师范学院 ················· 452
11230 齐齐哈尔医学院 ················· 453
10235 大庆师范学院 ··················· 453
10234 哈尔滨学院 ····················· 453
10229 牡丹江医学院 ··················· 453
10236 绥化学院 ······················· 453
13744 黑河学院 ······················· 453
10245 哈尔滨金融学院 ················· 453
11445 黑龙江工业学院 ················· 454

民办院校

13306 哈尔滨广厦学院 ················· 454
13298 黑龙江财经学院 ················· 454
13303 哈尔滨剑桥学院 ················· 454
13307 哈尔滨华德学院 ················· 454
13296 黑龙江外国语学院 ··············· 454
11446 黑龙江东方学院 ················· 454
13299 哈尔滨石油学院 ················· 454
13301 哈尔滨远东理工学院 ············· 454
13300 黑龙江工商学院 ················· 454
11635 哈尔滨信息工程学院 ············· 455
12729 齐齐哈尔工程学院 ··············· 455

天津市

一流大学

10056 天津大学 ······················· 456
10055 南开大学 ······················· 456

一般大学

10062 天津医科大学 ··················· 457
10058 天津工业大学 ··················· 457
10065 天津师范大学 ··················· 458
10060 天津理工大学 ··················· 458
10057 天津科技大学 ··················· 459
10059 中国民航大学 ··················· 459
10070 天津财经大学 ··················· 460
10063 天津中医药大学 ················· 460
10069 天津商业大学 ··················· 460
10068 天津外国语大学 ················· 461
10792 天津城建大学 ··················· 461
10073 天津美术学院 ··················· 461
10071 天津体育学院 ··················· 461
10072 天津音乐学院 ··················· 462
10061 天津农学院 ····················· 462

10066 天津职业技术师范大学 ··········· 462
12105 天津中德应用技术大学 ··········· 462

民办院校

14038 天津仁爱学院 ··················· 462
13659 天津传媒学院 ··················· 463
10859 天津天狮学院 ··················· 463

福建省

一流大学

10384 厦门大学 ······················· 464

一般大学

10386 福州大学 ······················· 464
10394 福建师范大学 ··················· 465
10385 华侨大学 ······················· 466
10389 福建农林大学 ··················· 466
10390 集美大学 ······················· 466
10392 福建医科大学 ··················· 467
11062 厦门理工学院 ··················· 467
10388 福建理工大学 ··················· 467
10393 福建中医药大学 ················· 468
10395 闽江学院 ······················· 468
10402 闽南师范大学 ··················· 468
10399 泉州师范学院 ··················· 468
13763 福建江夏学院 ··················· 468
11312 龙岩学院 ······················· 469
11311 三明学院 ······················· 469
10397 武夷学院 ······················· 469
10398 宁德师范学院 ··················· 469
11495 福建警察学院 ··················· 469
11498 莆田学院 ······················· 469
12631 厦门医学院 ····················· 469
14683 福建技术师范学院 ··············· 469
11313 福建商学院 ····················· 470

民办院校

13762 福州外语外贸学院 ··············· 470
12710 闽南理工学院 ··················· 470
12709 厦门华厦学院 ··················· 470
13773 福州理工学院 ··················· 470
13468 阳光学院 ······················· 470
11784 仰恩大学 ······················· 470
13766 泉州信息工程学院 ··············· 470
12992 闽南科技学院 ··················· 470
13115 厦门工学院 ····················· 471
12993 福州工商学院 ··················· 471

重庆市

一流大学

10611　重庆大学 ……………………………… 472

一般大学

10635　西南大学 ……………………………… 472
10617　重庆邮电大学 ………………………… 473
10631　重庆医科大学 ………………………… 473
10618　重庆交通大学 ………………………… 474
10637　重庆师范大学 ………………………… 474
11799　重庆工商大学 ………………………… 475
10655　四川美术学院 ………………………… 475
11660　重庆理工大学 ………………………… 475
10652　西南政法大学 ………………………… 476
11551　重庆科技学院 ………………………… 476
10650　四川外国语大学 ……………………… 476
10642　重庆文理学院 ………………………… 476
10647　长江师范学院 ………………………… 477
10643　重庆三峡学院 ………………………… 477
14388　重庆第二师范学院 ……………………… 477
12757　重庆警察学院 ………………………… 477

民办院校

13590　重庆财经学院 ………………………… 477
12608　重庆工程学院 ………………………… 477
12616　重庆城市科技学院 ……………………… 478
13589　重庆对外经贸学院 ……………………… 478
13588　重庆外语外事学院 ……………………… 478
13627　重庆移通学院 ………………………… 478
13548　重庆人文科技学院 ……………………… 478

吉林省

一流大学

10183　吉林大学 ……………………………… 479

一般大学

10200　东北师范大学 ………………………… 479
10186　长春理工大学 ………………………… 480
10193　吉林农业大学 ………………………… 480
10190　长春工业大学 ………………………… 481
10188　东北电力大学 ………………………… 481
10184　延边大学 ………………………………… 481
10203　吉林师范大学 ………………………… 482
10201　北华大学 ………………………………… 482
10205　长春师范大学 ………………………… 482
10209　吉林艺术学院 ………………………… 483

10207　吉林财经大学 ………………………… 483
10191　吉林建筑大学 ………………………… 483
10199　长春中医药大学 ……………………… 484
10208　吉林体育学院 ………………………… 484
10192　吉林化工学院 ………………………… 484
11726　长春大学 ………………………………… 484
11437　长春工程学院 ………………………… 485
10204　吉林工程技术师范学院 …………………… 485
10206　白城师范学院 ………………………… 485
10202　通化师范学院 ………………………… 485
11261　吉林工商学院 ………………………… 485
11439　吉林农业科技学院 …………………… 485
13706　吉林医药学院 ………………………… 485
11441　吉林警察学院 ………………………… 485

民办院校

10964　吉林外国语大学 ……………………… 485
13607　吉林动画学院 ………………………… 486
13603　长春财经学院 ………………………… 486
13605　长春建筑学院 ………………………… 486
13606　长春科技学院 ………………………… 486
13600　长春光华学院 ………………………… 486
13662　长春人文学院 ………………………… 486
13602　长春电子科技学院 …………………… 486
13604　吉林建筑科技学院 …………………… 486

江西省

一般大学

10403　南昌大学 ………………………………… 487
10414　江西师范大学 ………………………… 487
10421　江西财经大学 ………………………… 488
10404　华东交通大学 ………………………… 488
10406　南昌航空大学 ………………………… 489
10407　江西理工大学 ………………………… 489
10405　东华理工大学 ………………………… 489
10408　景德镇陶瓷大学 ……………………… 490
10410　江西农业大学 ………………………… 490
10412　江西中医药大学 ……………………… 490
11318　江西科技师范大学 …………………… 491
10418　赣南师范大学 ………………………… 491
11319　南昌工程学院 ………………………… 491
11843　九江学院 ………………………………… 491
10413　赣南医学院 ………………………… 492
10419　井冈山大学 ………………………… 492
10416　上饶师范学院 ………………………… 492

10417	宜春学院	492
11508	新余学院	492
13774	豫章师范学院	492
11504	江西警察学院	492
10895	萍乡学院	492
14437	南昌师范学院	493
10894	景德镇学院	493
13432	赣东学院	493
13437	南昌医学院	493
13434	赣南科技学院	493

民办院校

12795	南昌理工学院	493
10846	江西科技学院	493
13421	南昌工学院	493
12766	江西工程学院	493
13418	江西服装学院	494
12938	江西应用科技学院	494
13431	南昌交通学院	494
13440	南昌应用技术师范学院	494

河北省

一般大学

10216	燕山大学	495
10080	河北工业大学	495
10075	河北大学	496
10086	河北农业大学	496
10094	河北师范大学	497
10089	河北医科大学	497
10081	华北理工大学	497
10107	石家庄铁道大学	498
10082	河北科技大学	498
11832	河北经贸大学	498
10076	河北工程大学	499
10077	河北地质大学	499
10093	承德医学院	499
10798	河北科技师范学院	499
10092	河北北方学院	500
11104	华北科技学院	500
11105	中国人民警察大学	500
11629	北华航天工业学院	500
11236	河北体育学院	500
10098	河北民族师范学院	500
14432	河北中医药大学	501
10104	邢台学院	501

11420	河北金融学院	501
10084	河北建筑工程学院	501
10099	唐山师范学院	501
51721	河北环境工程学院	501
10096	保定学院	501
10100	廊坊师范学院	502
10102	石家庄学院	502
10103	邯郸学院	502
11775	防灾科技学院	502
14458	张家口学院	502
11903	中央司法警官学院	502
11033	唐山学院	502
10085	河北水利电力学院	502
10101	衡水学院	502
10105	沧州师范学院	502

民办院校

13075	河北美术学院	503
12784	河北传媒学院	503
12796	河北工程技术学院	503
13895	燕京理工学院	503
14202	沧州交通学院	503
13891	保定理工学院	503
13402	河北外国语学院	503
14225	河北东方学院	503
13391	河北科技学院	503

云南省

一流大学

10673	云南大学	504

一般大学

10674	昆明理工大学	504
10681	云南师范大学	505
10676	云南农业大学	505
10689	云南财经大学	505
10677	西南林业大学	506
10690	云南艺术学院	506
10678	昆明医科大学	506
10691	云南民族大学	507
10679	大理大学	507
10680	云南中医药大学	507
11393	昆明学院	507
10686	保山学院	508
10684	曲靖师范学院	508
11391	楚雄师范学院	508

10687 红河学院 ················ 508
11390 玉溪师范学院 ············ 508
14092 滇西科技师范学院 ········ 508
11392 云南警官学院 ············ 508
10685 普洱学院 ················ 508
10683 昭通学院 ················ 508
14623 滇西应用技术大学 ········ 509
11556 文山学院 ················ 509

民办院校

13909 云南工商学院 ············ 509
12560 云南经济管理学院 ········ 509
13330 昆明城市学院 ············ 509
13328 丽江文化旅游学院 ········ 509
13331 昆明文理学院 ············ 509

山西省
一般大学

10112 太原理工大学 ············ 510
10108 山西大学 ················ 510
10110 中北大学 ················ 511
10114 山西医科大学 ············ 511
10125 山西财经大学 ············ 511
10118 山西师范大学 ············ 512
10113 山西农业大学 ············ 512
10109 太原科技大学 ············ 512
14434 山西传媒学院 ············ 513
10119 太原师范学院 ············ 513
10123 运城学院 ················ 513
10809 山西中医药大学 ·········· 513
10120 山西大同大学 ············ 513
11242 太原学院 ················ 514
14101 太原工业学院 ············ 514
14527 山西工程技术学院 ········ 514
10122 长治学院 ················ 514
10121 晋中学院 ················ 514
10117 长治医学院 ·············· 514
10124 忻州师范学院 ············ 514
10812 吕梁学院 ················ 514
12111 山西警察学院 ············ 514
13534 山西工学院 ·············· 515
51189 山西能源学院 ············ 515
13597 山西科技学院 ············ 515

民办院校

13691 山西工商学院 ············ 515

12779 山西应用科技学院 ········ 515
13535 晋中信息学院 ············ 515
13538 山西晋中理工学院 ········ 515

广西壮族自治区
一般大学

10593 广西大学 ················ 516
10602 广西师范大学 ············ 516
10595 桂林电子科技大学 ········ 517
10596 桂林理工大学 ············ 517
10598 广西医科大学 ············ 517
10607 广西艺术学院 ············ 518
10608 广西民族大学 ············ 518
10603 南宁师范大学 ············ 518
10594 广西科技大学 ············ 519
10600 广西中医药大学 ·········· 519
10601 桂林医学院 ·············· 519
11837 桂林旅游学院 ············ 519
11838 贺州学院 ················ 519
11825 桂林航天工业学院 ········ 520
11548 广西财经学院 ············ 520
11607 北部湾大学 ·············· 520
10606 玉林师范学院 ············ 520
11546 广西科技师范学院 ········ 520
10599 右江民族医学院 ·········· 520
10605 河池学院 ················ 520
11354 梧州学院 ················ 521
10604 广西民族师范学院 ········ 521
10609 百色学院 ················ 521
13520 广西警察学院 ············ 521
14686 广西职业师范学院 ········ 521

民办院校

13524 北海艺术设计学院 ········ 521
11549 南宁学院 ················ 521
13830 广西外国语学院 ·········· 521
13639 柳州工学院 ·············· 521
13644 桂林信息科技学院 ········ 522
13641 桂林学院 ················ 522
13645 南宁理工学院 ············ 522

甘肃省
一流大学

10730 兰州大学 ················ 523
一般大学
10736 西北师范大学 ············ 523

10731	兰州理工大学	524
10732	兰州交通大学	524
10733	甘肃农业大学	525
10742	西北民族大学	525
10741	兰州财经大学	525
10735	甘肃中医药大学	526
11406	甘肃政法大学	526
10739	天水师范学院	526
10737	兰州城市学院	526
11562	兰州文理学院	526
10740	河西学院	526
10738	陇东学院	527
11807	兰州工业学院	527
11805	甘肃医学院	527
11561	甘肃民族师范学院	527

民办院校

13514	兰州博文科技学院	527
13511	兰州工商学院	527
13515	兰州信息科技学院	527

贵州省
一 般 大 学

10657	贵州大学	528
10663	贵州师范大学	528
10660	贵州医科大学	529
10671	贵州财经大学	529
10672	贵州民族大学	529
10661	遵义医科大学	529
10662	贵州中医药大学	530
14223	贵州师范学院	530
10664	遵义师范学院	530
10665	铜仁学院	530
14440	贵州理工学院	530
11731	贵州商学院	530
10670	黔南民族师范学院	530
10976	贵阳学院	530
10668	贵州工程应用技术学院	531
10666	兴义民族师范学院	531
10667	安顺学院	531
10977	六盘水师范学院	531
12107	贵州警察学院	531
10669	凯里学院	531

民办院校

13650	贵阳信息科技学院	531
13648	贵州黔南经济学院	531

14625	茅台学院	531
13651	贵阳人文科技学院	531
13649	贵州黔南科技学院	532

新疆维吾尔自治区
一 流 大 学

10755	新疆大学	533

一 般 大 学

10759	石河子大学	533
10758	新疆农业大学	533
10760	新疆医科大学	534
10762	新疆师范大学	534
10766	新疆财经大学	534
10757	塔里木大学	535
10768	新疆艺术学院	535
10764	伊犁师范大学	535
10994	新疆工程学院	535
10763	喀什大学	536
12734	新疆警察学院	536
10997	昌吉学院	536
13558	新疆理工学院	536
13628	新疆政法学院	536
13561	新疆科技学院	536
13560	新疆第二医学院	536

内蒙古自治区
一 流 大 学

10126	内蒙古大学	537

一 般 大 学

10129	内蒙古农业大学	537
10128	内蒙古工业大学	537
10135	内蒙古师范大学	538
10127	内蒙古科技大学	538
10136	内蒙古民族大学	538
10139	内蒙古财经大学	539
10132	内蒙古医科大学	539
14531	内蒙古艺术学院	539
10138	赤峰学院	539
10819	呼伦贝尔学院	540
11427	集宁师范学院	540
11631	河套学院	540
14532	鄂尔多斯应用技术学院	540
11709	呼和浩特民族学院	540

民办院校

14205	内蒙古鸿德文理学院	540

海 南 省
一 般 大 学
10589　海南大学 …………………………… 541
11658　海南师范大学 ……………………… 541
11810　海南医学院 ……………………… 541
11100　海南热带海洋学院 ……………… 542
13811　琼台师范学院 ……………………… 542
民 办 院 校
13892　三亚学院 ……………………… 542
12308　海口经济学院 ……………………… 542

宁夏回族自治区
一 般 大 学
10749　宁夏大学 ……………………… 543
10752　宁夏医科大学 ……………………… 543
11407　北方民族大学 ……………………… 543
10753　宁夏师范学院 ……………………… 544

民 办 院 校
12544　宁夏理工学院 ……………………… 544
13820　银川能源学院 ……………………… 544
14200　银川科技学院 ……………………… 544

青 海 省
一 般 大 学
10743　青海大学 ……………………… 545
10746　青海师范大学 ……………………… 545
10748　青海民族大学 ……………………… 545

西藏自治区
一 般 大 学
10694　西藏大学 ……………………… 546
10695　西藏民族大学 ……………………… 546
10693　西藏农牧学院 ……………………… 546
10696　西藏藏医药大学 ……………………… 546

第一部分

2024 年评价工作概述及中国大学本科教育竞争力排行榜

2024 年中国大学和研究生教育及学科专业评价的基本做法与结果分析①

党的二十大报告明确指出："教育、科技、人才是全面建设社会主义现代化国家的基础性、战略性支撑。我们要坚持教育优先发展，科技自立自强、人才引领驱动，加快建设教育强国、科技强国、人才强国，坚持为党育人、为国育才，全面提高人才自主培养质量，着力造就拔尖创新人才。"报告强调了教育、科技、人才三者在全面建设社会主义现代化国家的战略性地位和作用，并对加快建设教育强国、科技强国、人才强国做出了全面战略部署，为全面建成社会主义现代化强国指明了前进方向。

《2022 年全国教育事业发展统计公报》显示，2022 年我国各级各类学历教育在校生 2.93 亿人，其中各类高等教育在学总规模达 4655 万人，比上年增加 225 万人。高等教育毛入学率 59.6%，比上年提高 1.8 个百分点。高校作为高层次人才培养和科技创新的主力军，应坚持面向世界科技前沿、面向经济主战场、面向国家重大需求、面向人民生命健康，积极服务国家重大战略需求，充分发挥高校在教育、科技、人才方面的重要作用。"十四五"时期是加快建设教育强国的重要阶段，也是实现中国式现代化的关键时期。教育评价事关教育发展方向，是推进教育高质量发展的重要环节。为此，需要充分发挥教育评价的"指挥棒"作用，准确客观地反映国内高校及学科专业发展状况，真正做到以评促建、以评促改、以评促强，以此推动高校全面贯彻党的教育方针、落实立德树人根本任务，以坚持"四个面向"，加快实现高水平科技自立自强，培养造就大批德才兼备的高素质人才。

2023 年 3 月起，杭州电子科技大学中国科教评价研究院组织开展了新一轮中国大学及学科专业评价工作，并完成了《中国大学和研究生教育及学科专业评价报告（2024—2025）》，旨在为高校明确其改进重点和发展方向提供参考，为政府部门和教育行政部门科学决策提供依据，为社会各界全面了解学校提供信息。此次评价的本科部分包括中国大学教育地区竞争力排行榜、中国本科院校竞争力总排行榜、中国民办本科院校竞争力排行榜、中国独立学院竞争力排行榜、中国大学科技创新竞争力排行榜、中国大学人文社会科学创新竞争力排行榜、中国大学分类型竞争力排行榜、中国大学本科教育分学科门类竞争力排行榜、中国大学本科教育分专业类竞争力排行榜、中国大学本科教育分专业竞争力排行榜等；研究生部分包括中国研究生教育地区竞争力排行榜、中国普通高校研究生教育竞争力排行榜、中国高校一流学科建设综合竞争力排行榜和中国研究生分一级学科竞争力排行榜等；高职高专部分包括高职高专教育地区竞争力排行榜、职业本科院校竞争力排行榜、职业专科院校竞争力排行榜。限于篇幅，本书只公布其中的 100 多个榜单，其他更为详细的内容将在杭州电子科技大学中国科教评价研究院网站（www.casee.hdu.edu.cn）和中国科教评价网（"金平果"评价网，www.nseac.com）发布。

一、本次大学评价的指标体系

本次大学评价的指导原则是"分类评价、同类比较"，即根据不同的层次、不同的类型、不同的地区、不同的学科及专业构建不同指标体系，分类分层次进行评价。一方面，2020 年 2 月 23 日，科技部印发《关于破除科技评价中"唯论文"不良导向的若干措施（试行）》，提出了破除科技评价中"唯论文""SCI 至上"等相关措施。这一举措着力解决我国现行科技评价体系存在的问题及弊端，也从侧面反映了我国高等教育评价体系要破除唯论文的导向。另一方面，中共中央、国务院印发的《深化新时代教育评价改革总体方案》明确提出要完善立德树人体制机制，扭转不科学的教育评价导向。这是中华人民共和国第一个关于教育评价系统改革的文件，是指引新时代教育评价改革的纲领性文件，这一文件也为我国高等教育评价改革指定了方向。所以，本次大学评价明确沿袭上一年的做法，将立德树人以及学术不端等师风学风问题纳入此次评价体系，作为院校竞争力评比的一个重要的定量、定性参考依据。

---

① 详细评价结果另可登录杭州电子科技大学中国科教评价研究院网站和"金平果"评价网（www.nseac.com）查看。

1. 中国本科院校竞争力评价指标体系

本次中国本科院校竞争力评价指标体系设一级指标 3 个、二级指标 9 个、三级指标 33 个。一级指标包括政治标准、业务标准和效益标准 3 个方面，二级指标包括立德树人、师风学风建设、治理与制度建设等 9 个方面，三级指标包括杰出人才、研究生导师数、专任教师数等 33 个方面。在本次评价中，我们依然设置负分处理，对于 14 个存在学术不端行为的高校在评价得分中直接扣除 2 分，这严重影响了这些高校的排名结果。一级指标和二级指标及权重构成如表 1 所示。

表 1 2024 年中国本科院校竞争力评价指标体系

一级指标	一级权重	二级指标	二级权重
政治标准	0.2	立德树人	0.40
		师风学风建设	0.30
		治理与制度建设	0.30
业务标准	0.4	师资队伍	0.20
		教学水平	0.45
		科研水平	0.35
效益标准	0.4	学术效益	0.60
		经济效益	0.20
		社会效益	0.20

2. 研究生教育评价指标体系

中国科教评价研究院根据《深化新时代教育评价改革总体方案》文件要求，在保持评价体系框架基本稳定的基础上，对中国研究生教育评价指标体系进行了修改完善，进一步强化人才培养中心地位，淡化论文收录数、引用率、奖项数等数量指标，突出学科特色、质量和贡献，构建了以立德树人成效为根本标准，以"质量、成效、特色、贡献"为价值导向，政治标准、业务标准和效益标准三结合的评价指标体系。

本次中国研究生教育评价指标体系设一级指标 3 个、二级指标 9 个、三级指标 28 个。一级指标包括政治标准、业务标准和效益标准 3 个维度，二级指标包括领导班子、人才培养、学术声誉等 9 个方面，三级指标包括课程思政、学生获奖、科研项目等 28 个方面。具体评价指标内容如表 2 所示。

表 2 2024 年中国研究生教育评价指标体系

一级指标	一级指标权重	二级指标	二级指标权重
政治标准	0.20	领导班子	0.30
		思政教育	0.40
		治理制度	0.30
业务标准	0.50	办学资源	0.30
		人才培养	0.15
		科学研究	0.40
		社会服务	0.15
效益标准	0.30	学术声誉	0.50
		学术影响	0.50

3. 中国本科院校的学科专业竞争力评价指标体系

本次的学科专业评价指标体系大部分指标依然延续往年指标，舍弃 SCI 发文量观测点，采用中国科学引文数据库（CSCD）和中文社会科学引文索引（CSSCI）数据的数据库，共设一级指标 4 个、二级指标 17 个、三级指标 30 个。一级指标包括师资队伍、教学水平、科研水平、学科声誉 4 个方面，二级指标包括教师数、学位点数、科研项目等 17 个方面，三级指标包括杰出人才数、全国性学生竞赛获奖数、国家自然科学基金和国家社科基金项目数等约 30 个方面。一级指标和二级指标及权重构成如表 3 所示。

表 3　中国本科院校学科专业竞争力评价指标体系

一级指标	一级权重	二级指标	二级权重
师资队伍	0.20	教师数	0.30
		博导数	0.15
		杰出人才	0.40
		教育专家	0.15
教学水平	0.30	学位点数	0.30
		人才基地	0.15
		教学成果	0.20
		人才培养	0.35
科研水平	0.30	科研基地	0.10
		科研项目	0.20
		论文发表	0.20
		发明专利	0.15
		论文被引	0.20
		科研获奖	0.15
学科声誉	0.20	国家一流专业	0.50
		ESI 全球前 1%学科	0.20
		上年度优势学科（含专家评审）	0.30

4. 中国高职院校竞争力评价指标体系

（1）高职院校评价对象

2024 年评价高职高专 1543 所，职业本科院校 33 所。纳入高职院校学科专业评价的对象为 246 个专业群、19 个专业大类、97 个专业类和 700 多个专业。

（2）中国高职院校综合竞争力评价指标体系

高职院校包括高职高专和职业本科两种类型，2024 年高职院校评价由 5 个一级指标、35 个二级指标和 100 多个观测点组成。

近年评价加入了省级"双高"建设成果，新增思政建设一级指标（含 3 个二级指标和 13 个三级指标），杰出人才新增黄炎培职业教育奖，人才培养质量方面新增了全国青年岗位能手、大学生自强之星，技能大赛加入了世赛、世赛特别赛，产教融合二级指标中新增了专业合作建设试点、校企合作和现代产业学院建设，创新创业二级指标中增加了双创学院、实践基地、优秀成果等内容。

表4　金平果2024年中国高职院校综合竞争力评价指标体系

一级指标	一级权重	二 级 指 标
思政建设	0.025	党建成效、思政教育、社会影响
办学条件	0.225	建筑面积、占地面积、教学仪器、生均仪器 图书总量、生均图书、生均经费、教研基地
师资力量	0.225	杰出人才、专任教师、高双比 教学团队、教学竞赛、生师比
科教产出	0.325	人才培养、就业率、优势专业、教学资源库、教学成果 学生竞赛获奖、科研项目、高质量论文、发明专利
学校声誉	0.2	双高建设、优质校、示范骨干、社会荣誉、产教融合 创新创业、科技获奖、教改试点、本科教育

(3)中国高职院校的学科专业竞争力评价指标体系

金平果2024版高职院校专业评价指标分为三级,其中一级指标包括师资队伍、平台基地、教学水平、科研产出和声誉影响5个方面,二级指标包括专任教师、杰出人才、教学团队、资源库建设、教研基地、人才培养、教学成果、学生竞赛、教改试点、发明专利、办学历史等19个方面,三级指标包括教指委、行指委、人才计划、名师先进、创新团队、实训基地、教学成果、培养质量、课程教材、技能大赛、教学竞赛、专业群建设、1+X证书、现代学徒制等44个方面,涉及100多个数据观测点。一级指标和二级指标及权重构成如表5所示。

表5　金平果2024年中国高职院校专业竞争力评价指标体系

一 级 指 标	二 级 指 标
师资队伍0.2	专任教师
	杰出人才
	教学团队
平台基地0.15	教学资源库
	教研基地
教学水平0.3	人才培养
	教学成果
	学生竞赛
	教师竞赛
科研产出0.15	科研项目
	高质量论文
	发明专利
声誉影响0.2	双高建设
	办学历史
	优势专业
	教改试点

二、本次大学评价的对象与做法

1. 评价对象

本次评价以教育部网站 2023 年公布的全国高等学校名单为依据，结合学校的实际招生情况，最终确定本次大学评价的对象为 2763 所高校，其中普通本科公办院校 799 所，研究生院校 596 所，民办院校 224 所，独立学院 155 所，高职高专 1543 所，中外合作办学 9 所，职业本科院校 33 所。纳入普通本科院校学科专业评价的对象为 12 个学科门类、92 个专业类、442 个专业。

2. 数据处理

在本次大学和研究生教育及学科专业评价中，收集的原始数据种类多，数量大。本次评价的原始数据主要来自以下 5 个方面：①政府有关部门的统计数据资料（包括汇编、年鉴、报表等）；②国内外有关数据库；③有关政府部门、高校的网站信息；④有关刊物、书籍、报纸、内部资料等；⑤本研究团队在多年评价工作基础上建立的"基础数据库"。

在本次评价中，我们采用人机结合的方式，大量使用 VBA、JAVA 等程序，提高了工作效率和准确性。对波动较大的数据进行了多次校准，以提高准确率。在评价的初步结果出来之后，邀请相关专家对结果进行了分析，将反馈的意见纳入最终的结果，以使评价的结果更具科学性和权威性。

3. 星级标记体系

本次大学评价中，大学及学科专业的星级标记体系由 5★+、5★、5★-、4★、3★、2★、1★组成，分别对应大学或学科专业评价排名的前 2%、2%~5%（包括 5%）、5%~10%（包括 10%）、10%~20%（包括 20%）、20%~50%（包括 50%）、50%~90%（包括 90%）、90%~100%（包括 100%）大学或学科专业。其中 4★及以上的大学或学科专业统计为优秀的大学或学科专业，5★+的大学或学科专业统计为顶尖的大学或学科专业。

4. 结果发布平台

本研究团队在历年大学评价工作中已经积累了大量关于高等教育的原始数据和信息，为了充分发掘这些信息的社会价值，满足不同社会群体了解高等教育的实际需求，本次评价的相关信息将在杭州电子科技大学中国科教评价研究院网（图 1，http：//casee.hdu.edu.cn/）和金平果科教评价网（图 2，

图 1　杭州电子科技大学中国科教评价研究院网站页面截图

www.nseac.com)上同步发布,以便为相关高校提供大学诊断与咨询服务,为高考和考研学生提供个人素质诊断与报考指南服务。

图2　评价信息服务网络平台(中国科教评价网)首页页面截图

三、本次大学评价的部分结果分析

1. 中国本科院校竞争力总排行榜

本次中国本科院校竞争力总排行榜30强如表6所示,在2024年的本科教育评价结果中,北京大学、清华大学、浙江大学仍稳居前三,南京大学跃进10强,其他院校变动幅度也较为平稳。在30强名单中,只有1所文法类院校(中国人民大学)、2所师范类院校(北京师范大学、华东师范大学),其他27所均为综合类和理工类院校。

表6　2024年中国本科院校竞争力总排行榜(30强)

排名	院校名称	地区内序		类型序		排名	院校名称	地区内序		类型序	
1	北京大学	北京	1	综合	1	8	中山大学	广东	1	综合	6
2	清华大学	北京	2	理工	1	9	哈尔滨工业大学	黑龙江	1	理工	3
3	浙江大学	浙江	1	综合	2	10	西安交通大学	陕西	1	理工	4
4	上海交通大学	上海	1	理工	2	11	四川大学	四川	1	综合	7
5	复旦大学	上海	2	综合	3	12	中国科学技术大学	安徽	1	理工	5
6	南京大学	江苏	1	综合	4	13	华中科技大学	湖北	2	理工	6
7	武汉大学	湖北	1	综合	5	14	吉林大学	吉林	1	综合	8

排名	院校名称	地区内序		类型序		排名	院校名称	地区内序		类型序	
15	山东大学	山东	1	综合	9	23	北京理工大学	北京	6	理工	12
16	中国人民大学	北京	3	文法	1	24	华南理工大学	广东	2	理工	13
17	中南大学	湖南	1	理工	7	25	中国科学院大学	北京	7	综合	10
18	同济大学	上海	3	理工	8	26	厦门大学	福建	1	综合	11
19	北京师范大学	北京	4	师范	1	27	华东师范大学	上海	4	师范	2
20	北京航空航天大学	北京	5	理工	9	28	西北工业大学	陕西	2	理工	14
21	天津大学	天津	1	理工	10	29	南开大学	天津	2	综合	12
22	东南大学	江苏	2	理工	11	30	重庆大学	重庆	1	理工	15

在 100 强中,理工类大学数量最多,有 48 所;综合类高校其次,有 33 所;师范类高校排在第三位,有 10 所;剩余的 9 所大学依次属于农林类(5 所)、艺术类(3 所)、文法类(1 所)。由此说明理工类和综合类院校实力非常强,符合目前社会对人才的培养需求。目前农林类、财经类、文法类、医科类和民族类院校的综合竞争实力有待进一步提高。

2. 中国普通高校研究生教育竞争力评价结果与分析

本次进入中国普通高校研究生教育竞争力排行榜的高校研究生培养单位总数为 596 所。本排行榜公布了分 31 个地区(省、自治区、直辖市)和 10 种学校类型(综合类、理工类、农林类、医药类、财经类、文法类、师范类、民族类、艺术类、体育类)的相对排名,这有利于同省(自治区、直辖市)或同类型高校间的比较分析。从整体排名结果来看,理工类院校实力最强,类型排名最后的沈阳工程学院在总排名中位列 585/596 名,文法类和师范类院校整体实力较薄弱。

今年,对高校研究生教育的评价依然坚持分类评价的原则,并进一步对特殊类别的高校进行特殊处理。对部分高校的性质类型进行了调整,以符合实际情况。考虑到文学、政法、艺术、体育类院校的办学特点,对评价体系进行了调整,提高了不同类型院校之间的可比性;又考虑到工业和信息化部主管的 7 所高校和 3 所军事类院校对成果的保密性要求较高,获取评价数据必然受到影响,因此在计算得分时普遍上调了一定比例。这些学校是哈尔滨工业大学、哈尔滨工程大学、北京航空航天大学、南京航空航天大学、北京理工大学、南京理工大学、西北工业大学和国防科技大学、第二军医大学、第四军医大学,上调比例经咨询专家而定。

2024 年中国普通高校研究生教育竞争力 30 强如表 7 所示。北京大学、清华大学稳居前两位,各个院校之间成绩相差不大。结合 2023 年中国普通高校研究生教育竞争力排名情况可以发现:南京大学、中国科学技术大学、天津大学研究生教育竞争力稳步攀升;南开大学和重庆大学进入中国普通高校研究生教育竞争力 30 强名单,排名分列第 25、30 位。

表 7　2024 年中国普通高校研究生教育竞争力 30 强

排名	培养单位名称	地区内序		类型序		2023 年排名
1	北京大学	北京	1	综合	1	2
2	清华大学	北京	2	理工	1	1
3	浙江大学	浙江	1	综合	2	3
4	上海交通大学	上海	1	理工	2	4
5	复旦大学	上海	2	综合	3	5
6	武汉大学	湖北	1	综合	4	6

排名	培养单位名称	地区内序		类型序		2023 年排名
7	中山大学	广东	1	综合	5	7
8	南京大学	江苏	1	综合	6	10
9	中国科学技术大学	安徽	1	理工	3	18
10	华中科技大学	湖北	2	理工	4	8
11	四川大学	四川	1	综合	7	9
12	吉林大学	吉林	1	综合	8	15
13	西安交通大学	陕西	1	理工	5	11
14	同济大学	上海	3	理工	6	12
15	中南大学	湖南	1	理工	7	16
16	山东大学	山东	1	综合	9	19
17	中国人民大学	北京	3	文法	1	21
18	北京师范大学	北京	4	师范	1	25
19	北京航空航天大学	北京	5	理工	8	20
20	东南大学	江苏	2	理工	9	17
21	天津大学	天津	1	理工	10	14
22	哈尔滨工业大学	黑龙江	1	理工	11	13
23	厦门大学	福建	1	综合	10	28
24	北京理工大学	北京	6	理工	12	22
25	南开大学	天津	2	综合	11	32
26	华南理工大学	广东	2	理工	13	24
27	华东师范大学	上海	4	师范	2	29
28	大连理工大学	辽宁	1	理工	14	26
29	电子科技大学	四川	2	理工	15	27
30	重庆大学	重庆	1	理工	16	31

3. 中国民办本科院校竞争力排行榜

民办本科院校是我国高等教育体系中的重要组成部分,在补充和平衡我国高等教育资源方面起着重要作用。近年来,我国民办本科院校的办学条件和教学水平都有了进一步提升,受到越来越多的关注。从教育部公布的全国高等学校名单来看,2024 年民办院校数量 224 所。民办本科院校的 10 强名单如表 8 所示。

表8 2024 年中国民办本科院校竞争力排行榜（10 强）

排名	院校名称	地区内序		排名	院校名称	地区内序	
1	南昌理工学院	江西	1	6	浙江树人学院	浙江	1
2	江西科技学院	江西	2	7	宁波财经学院	浙江	2
3	西京学院	陕西	1	8	武汉东湖学院	湖北	1
4	北京城市学院	北京	1	9	广东科技学院	广东	1
5	吉林外国语大学	吉林	1	10	泰山科技学院	山东	1

从中国民办本科院校竞争力排行榜看，江西省、浙江省均有 2 所民办高校进入 10 强，其他几个省份各居一席。目前，民办本科院校群体的整体实力还比较弱，且排名波动较大。

4. 中国独立学院竞争力排行榜

本次大学评价中，我们也对独立学院进行了评价，因部分独立学院正在经历院校转制，故此次评价的独立学院数量较少，共 155 所。155 所独立学院的 8 强(前 5%)如表 9 所示。

表 9　2024 年中国独立学院竞争力排行榜（8 强）（前 5%）

排名	院校名称	地区内序		排名	院校名称	地区内序	
1	厦门大学嘉庚学院	福建	1	5	云南艺术学院文华学院	云南	1
2	浙江工业大学之江学院	浙江	1	6	南京航空航天大学金城学院	江苏	1
3	北京理工大学珠海学院	广东	1	7	集美大学诚毅学院	福建	2
4	四川大学锦江学院	四川	1	8	浙江农林大学暨阳学院	浙江	2

注：表中分数相同而排名不同，是分数保留小数点后面位数所致。后同。

从 2024 年独立学院竞争力 8 强的排名结果来看，厦门大学嘉庚学院、浙江工业大学之江学院、北京师范大学珠海分校占据前三名。相对于其他类型的院校而言，这些院校的排名波动较大，部分原因是很多院校在转制，还有一部分原因是这类院校的科研水平除极少数高校外都比较低，业绩不稳定。

5. 中国高职高专院校竞争力排行榜

高职(高等职业学校)和高专(高等专科学校)都是大专层次的普通高等学校，是我国高等教育的重要组成部分。在本轮大学评价中，我们进一步完善了高职高专院校的评价指标体系，对 1543 所高职高专院校进行了评价，排名前 5% 的院校情况如表 10 所示。

表 10　2024 年中国高职高专院校竞争力排行榜 74 强（前 5%）

排名	院校名称	地区内序		排名	院校名称	地区内序	
1	无锡职业技术学院	江苏	1	15	重庆工业职业技术学院	重庆	2
2	淄博职业学院	山东	1	16	山东商业职业技术学院	山东	2
3	广东轻工职业技术学院	广东	1	17	顺德职业技术学院	广东	4
4	金华职业技术学院	浙江	1	18	杨凌职业技术学院	陕西	2
5	黄河水利职业技术学院	河南	1	19	常州信息职业技术学院	江苏	3
6	深圳信息职业技术学院	广东	2	20	江苏农林职业技术学院	江苏	4
7	重庆电子工程职业学院	重庆	1	21	长沙民政职业技术学院	湖南	1
8	天津市职业大学	天津	1	22	九江职业技术学院	江西	1
9	北京电子科技职业学院	北京	1	23	新疆农业职业技术学院	新疆	1
10	陕西工业职业技术学院	陕西	1	24	南京信息职业技术学院	江苏	5
11	江苏农牧科技职业学院	江苏	2	25	日照职业技术学院	山东	3
12	浙江金融职业学院	浙江	2	26	芜湖职业技术学院	安徽	1
13	北京工业职业技术学院	北京	2	27	哈尔滨职业技术学院	黑龙江	1
14	广州番禺职业技术学院	广东	3	28	潍坊职业学院	山东	4

排名	院校名称	地区	内序	排名	院校名称	地区	内序
29	浙江交通职业技术学院	浙江	3	54	四川工程职业技术学院	四川	2
30	昆明冶金高等专科学校	云南	1	55	北京信息职业技术学院	北京	3
31	温州职业技术学院	浙江	4	56	北京财贸职业学院	北京	4
32	宁波职业技术学院	浙江	5	57	河南职业技术学院	河南	4
33	贵州交通职业技术学院	贵州	1	58	济南职业学院	山东	6
34	浙江机电职业技术学院	浙江	6	59	武汉船舶职业技术学院	湖北	2
35	武汉职业技术学院	湖北	1	60	江苏建筑职业技术学院	江苏	8
36	常州机电职业技术学院	江苏	6	61	宁夏职业技术学院	宁夏	1
37	福建船政交通职业学院	福建	1	62	重庆城市管理职业学院	重庆	4
38	杭州职业技术学院	浙江	7	63	襄阳职业技术学院	湖北	3
39	江苏经贸职业技术学院	江苏	7	64	广州铁路职业技术学院	广东	7
40	郑州铁路职业技术学院	河南	2	65	四川建筑职业技术学院	四川	3
41	陕西铁路工程职业技术学院	陕西	3	66	江西应用技术职业学院	江西	2
42	重庆工程职业技术学院	重庆	3	67	河北化工医药职业技术学院	河北	1
43	滨州职业学院	山东	5	68	山东科技职业学院	山东	7
44	成都航空职业技术学院	四川	1	69	江苏海事职业技术学院	江苏	9
45	西安航空职业技术学院	陕西	4	70	湖南工业职业技术学院	湖南	4
46	辽宁省交通高等专科学校	辽宁	1	71	浙江经济职业技术学院	浙江	8
47	湖南汽车工程职业学院	湖南	2	72	黑龙江建筑职业技术学院	黑龙江	2
48	广东机电职业技术学院	广东	5	73	福建信息职业技术学院	福建	2
49	广东科学技术职业学院	广东	6	74	青岛职业技术学院	山东	8
50	河南工业职业技术学院	河南	3	75	威海职业学院	山东	9
51	长春职业技术学院	吉林	1	76	浙江旅游职业学院	浙江	9
52	南宁职业技术学院	广西	1	77	天津电子信息职业技术学院	天津	2
53	湖南铁道职业技术学院	湖南	3				

从高职高专院校排名30强的结果来看,山东省有4所,广东省有4所,江苏省有4所,这种分布状况与各省的经济实力和人口数量有密切关系。从排名60强的结果来看,无锡职业技术学院雄踞榜首,其次是淄博职业学院和广东轻工职业技术学院;从地区分布来看,江苏、广东、山东、浙江等省份具有较大优势。

6. 中国大学科技创新竞争力排行榜

大学承担着人才培养、科学研究和社会服务三大主要职能,其中,科学研究在三大职能中占据较大比重,特别是对于一流大学来说,科学研究在其所有职能中占据的比重更大。因此,中国大学科研竞争力评价是中国大学评价的重要组成部分。2024年中国大学科技创新竞争力排行榜和中国大学人文社会科学创新竞争力排行榜20强结果如表11和表12所示。

表11　2024年中国大学科技创新竞争力排行榜（20强）

排名	院校名称	类型序		排名	院校名称	类型序	
1	清华大学	理工	1	11	西安交通大学	理工	5
2	北京大学	综合	1	12	中南大学	理工	6
3	浙江大学	综合	2	13	山东大学	综合	7
4	上海交通大学	理工	2	14	哈尔滨工业大学	理工	7
5	复旦大学	综合	3	15	同济大学	理工	8
6	华中科技大学	理工	3	16	中国科学院大学	综合	8
7	武汉大学	综合	4	17	天津大学	理工	9
8	中国科学技术大学	理工	4	18	南京大学	综合	9
9	中山大学	综合	5	19	吉林大学	综合	10
10	四川大学	综合	6	20	东南大学	理工	10

　　与2023年相比，20强高校的排名整体相对稳定，主要集中在理工类和综合类院校。其中，中国科学技术大学以较为明显优势的得分跻身前20名，反映出一定的科技创新实力。

表12　2024年中国大学人文社会科学创新竞争力排行榜（20强）

排名	院校名称	类型序		排名	院校名称	类型序	
1	北京大学	综合	1	11	北京师范大学	师范	1
2	中国人民大学	文法	1	12	山东大学	综合	8
3	清华大学	理工	1	13	华中科技大学	理工	3
4	复旦大学	综合	2	14	吉林大学	综合	9
5	浙江大学	综合	3	15	西安交通大学	理工	4
6	武汉大学	综合	4	16	同济大学	理工	5
7	南京大学	综合	5	17	南开大学	综合	10
8	四川大学	综合	6	18	厦门大学	综合	11
9	上海交通大学	理工	2	19	东南大学	理工	6
10	中山大学	综合	7	20	华东师范大学	师范	2

　　与2023年相比，北京师范大学跻身前20名，上升势头迅猛。100强院校中比较多的类型是综合类和理工类，由此可见，在科研竞争力方面，综合类和理工类院校，无论科技创新还是人文社会科学发展均在全国处于领先地位。这一方面说明了综合类和理工类院校普遍拥有较为强大的办学资源和资金优势，能在短期内较快地提升其在人文社会科学方面的综合竞争力；另一方面也说明了近年来我国众多优秀的理工类院校充分重视学校的综合发展，加大了人文社会科学方面的建设力度。

7. 中国大学分类型竞争力排行榜

　　在我们的评价对象中，本科院校被分为10种类型：综合类、理工类、师范类、医药类、文法类、财经类、艺术类、体育类、民族类和农林类。为便于大家更好地了解每所高校在其所属类型中的水平和位置，我们秉承"分类评价、同类比较"的原则，分别对不同类型的高校进行了评价和排序，得到了中国大学分类型竞争力排行榜。每种类型的前5名高校如表13所示。

表13 2024年中国大学分类型竞争力排行榜（5强）

类型	第1名	第2名	第3名	第4名	第5名
财经类	中央财经大学	浙江工商大学	西南财经大学	上海财经大学	对外经济贸易大学
理工类	清华大学	上海交通大学	哈尔滨工业大学	西安交通大学	中国科学技术大学
民族类	中央民族大学	中南民族大学	西南民族大学	广西民族大学	云南民族大学
农林类	中国农业大学	华中农业大学	华南农业大学	南京农业大学	西北农林科技大学
师范类	北京师范大学	华东师范大学	华南师范大学	华中师范大学	陕西师范大学
体育类	北京体育大学	上海体育大学	首都体育学院	武汉体育学院	成都体育学院
文法类	中国人民大学	中国政法大学	中国传媒大学	广东外语外贸大学	北京语言大学
医药类	北京协和医学院	首都医科大学	南方医科大学	南京医科大学	温州医科大学
艺术类	中央美术学院	中国美术学院	中央音乐学院	中国音乐学院	南京艺术学院
综合类	北京大学	浙江大学	复旦大学	南京大学	武汉大学

从表13中我们可以看到，与2023年相比，对外经济贸易大学、华中师范大学及陕西师范大学分别挤进财经类和师范类院校的前5名，其他类型院校排名变化不大。中央财经大学、清华大学、中央民族大学、中国农业大学、北京师范大学、北京体育大学、中国人民大学、北京协和医学院、中央美术学院、北京大学分别位居10种类型高校排名首位。结合中国本科院校综合竞争力总排行榜，可以看到北京大学、清华大学、中国人民大学、中国农业大学、北京师范大学这5所各类型首位高校的综合排名情况均靠前。而另外5所各类型榜首高校的总体排名情况稍差。中央财经大学排在第114位，中国美术学院排在第93位，中央民族大学排在第178位，北京协和医学院排在第106位，北京体育大学排在第208位，这在一定程度上反映出我国财经类、民族类、艺术类和体育类高校的综合竞争力相对较弱。

8. 146所双一流高校研究生教育分一级学科竞争力评价结果与分析

2022年9月，《教育部 财政部 国家发展改革委关于公布世界一流大学和一流学科建设高校及建设学科名单的通知》印发，名单中共包括146所高校(除去中国科学院大学)。学科优秀率达到前80%的一流大学A类有5所，分别是北京大学、浙江大学、南京大学、华中科技大学、北京理工大学、中央音乐学院。其中中国音乐学院因开设的学科较为单一，学科优秀率达到100%。另外，部分院校的学科优秀率为0，是因为该校的一流学科为自设学科，而不做统一评价。本次通过学科总数、5★+学科数、5★学科数、5★-学科数以及4★学科数对这146所高校的学科优秀率进行评定，力求从更加全面的角度评价双一流高校的学科建设。评定方法是5★+学科数、5★学科数、5★-学科数以及4★学科数的总和在学科总数中的占比，评定结果如表14所示，其中，排名前三的北京大学、华中科技大学、浙江大学的学科优秀率分别是94.12%、85.11%和85.00%，值得注意的是华中科技大学，其在院校排名中是第10名，但学科优秀率位列第2，由此说明华中科技大学对学科质量的把控十分到位，尤其是一些优势学科在同等高校的学科排名中崭露头角。

表14 146所双一流院校（除中国科学院大学）一级学科等级分布及其学科优秀率

双一流高校排名	院校名称	学科总数	5★+学科数	5★学科数	5★-学科数	4★学科数	学科优秀率/%	学校性质
1	北京大学	51	13	21	7	7	94.12%	一流大学A类
2	清华大学	59	14	10	16	7	79.66%	一流大学A类
3	浙江大学	60	15	16	13	7	85.00%	一流大学A类
4	上海交通大学	57	8	10	10	10	66.67%	一流大学A类

双一流高校排名	院校名称	学科总数	5★+学科数	5★学科数	5★-学科数	4★学科数	学科优秀率/%	学校性质
5	复旦大学	43	13	10	8	3	79.07%	一流大学 A 类
6	武汉大学	57	6	11	12	14	75.44%	一流大学 A 类
7	中山大学	66	4	9	12	13	57.58%	一流大学 A 类
8	南京大学	46	6	12	11	8	80.43%	一流大学 A 类
9	中国科学技术大学	38	5	3	6	7	55.26%	一流大学 A 类
10	华中科技大学	47	4	8	14	14	85.11%	一流大学 A 类
11	四川大学	60	2	9	18	13	70.00%	一流大学 A 类
12	吉林大学	65	3	4	10	18	53.85%	一流大学 A 类
13	西安交通大学	42	6	3	7	10	61.90%	一流大学 A 类
14	同济大学	46	6	3	5	14	60.87%	一流大学 A 类
15	中南大学	44	1	2	13	15	70.45%	一流大学 A 类
16	山东大学	53	1	2	11	18	60.38%	一流大学 A 类
17	中国人民大学	33	13	2	1	5	63.64%	一流大学 A 类
18	北京师范大学	38	8	7	2	12	76.32%	一流大学 A 类
19	北京航空航天大学	40	2	3	8	8	52.50%	一流大学 A 类
20	东南大学	50	4	5	10	14	66.00%	一流大学 A 类
21	天津大学	48	1	4	12	11	58.33%	一流大学 A 类
22	哈尔滨工业大学	42	0	7	6	9	52.38%	一流大学 A 类
23	厦门大学	46	3	4	11	11	63.04%	一流大学 A 类
24	北京理工大学	31	0	3	9	13	80.65%	一流大学 A 类
25	南开大学	42	2	5	5	12	57.14%	一流大学 A 类
26	华南理工大学	40	1	2	8	12	57.50%	一流大学 A 类
27	华东师范大学	40	2	4	10	15	77.50%	一流大学 A 类
28	大连理工大学	41	1	5	7	7	48.78%	一流大学 A 类
29	电子科技大学	31	3	1	5	6	48.39%	一流大学 A 类
30	重庆大学	50	0	4	2	20	52.00%	一流大学 A 类
31	西北工业大学	38	0	3	6	7	42.11%	一流大学 A 类
32	湖南大学	37	0	2	7	9	48.65%	一流大学 B 类
33	兰州大学	49	2	1	3	7	26.53%	一流大学 A 类
34	苏州大学	49	0	0	4	14	36.73%	一流学科
35	中国农业大学	31	6	2	2	7	54.84%	一流大学 A 类
36	东北大学	37	0	1	6	8	40.54%	一流大学 B 类
37	郑州大学	59	0	1	4	14	32.20%	一流大学 B 类
38	西北农林科技大学	29	0	1	7	6	48.28%	一流大学 B 类
39	西南大学	53	1	2	2	7	22.64%	一流学科
40	中国海洋大学	35	2	1	3	5	31.43%	一流大学 A 类
41	上海大学	45	0	0	5	11	35.56%	一流学科

双一流高校排名	院校名称	学科总数	5★+学科数	5★学科数	5★-学科数	4★学科数	学科优秀率/%	学校性质
42	暨南大学	41	0	1	4	5	24.39%	一流学科
43	南京师范大学	41	0	1	5	9	36.59%	一流学科
44	西南交通大学	43	1	0	0	8	20.93%	一流学科
45	南京航空航天大学	35	0	0	4	6	28.57%	一流学科
46	云南大学	42	0	2	3	8	30.95%	一流大学 B 类
47	武汉理工大学	45	0	1	2	4	15.56%	一流学科
48	国防科技大学	21	2	2	3	5	57.14%	一流大学 A 类
49	江南大学	32	2	0	1	4	21.88%	一流学科
50	中国矿业大学	35	2	0	2	5	25.71%	一流学科
51	南昌大学	54	0	1	0	3	7.41%	一流学科
52	华中师范大学	34	1	4	3	5	38.24%	一流学科
53	北京科技大学	31	1	0	2	6	29.03%	一流学科
54	华东理工大学	33	2	0	2	6	30.30%	一流学科
55	华中农业大学	28	0	5	3	7	53.57%	一流学科
56	北京协和医学院	12	2	1	3	1	58.33%	一流学科
57	南京农业大学	31	0	2	4	7	41.94%	一流学科
58	河海大学	41	0	2	1	8	26.83%	一流学科
59	南京医科大学	13	0	0	2	5	53.85%	一流学科
60	南京理工大学	35	0	0	1	8	25.71%	一流学科
61	东北师范大学	38	1	2	4	8	39.47%	一流学科
62	北京工业大学	33	0	0	1	5	18.18%	一流学科
63	陕西师范大学	37	0	1	4	3	21.62%	一流学科
64	北京交通大学	33	0	0	4	8	36.36%	一流学科
65	福州大学	38	0	0	3	4	18.42%	一流学科
66	华南农业大学	30	0	0	1	6	23.33%	一流学科
67	西北大学	38	0	0	0	6	15.79%	一流学科
68	西安电子科技大学	26	1	1	1	4	26.92%	一流学科
69	华南师范大学	34	0	3	3	2	23.53%	一流学科
70	河南大学	49	0	0	1	6	14.29%	一流学科
71	太原理工大学	34	0	1	0	3	11.76%	一流学科
72	新疆大学	37	1	0	1	4	16.22%	一流大学 B 类
73	宁波大学	30	0	1	2	8	36.67%	一流学科
74	广西大学	37	0	0	1	4	13.51%	一流学科
75	湖南师范大学	36	0	1	1	5	19.44%	一流学科
76	贵州大学	51	0	0	1	1	3.92%	一流学科
77	东华大学	30	0	2	1	2	16.67%	一流学科
78	中国地质大学(武汉)	34	1	0	1	2	11.76%	一流学科

双一流高校排名	院校名称	学科总数	5★+学科数	5★学科数	5★-学科数	4★学科数	学科优秀率/%	学校性质
79	山西大学	34	0	1	1	1	8.82%	一流学科
80	北京化工大学	23	1	0	1	4	26.09%	一流学科
81	合肥工业大学	38	1	0	0	5	15.79%	一流学科
82	华北电力大学	23	0	1	1	2	17.39%	一流学科
83	长安大学	33	0	1	0	2	9.09%	一流学科
84	南京林业大学	26	0	0	1	3	15.38%	一流学科
85	北京林业大学	25	1	1	0	5	28.00%	一流学科
86	安徽大学	36	0	0	0	4	11.11%	一流学科
87	中央民族大学	27	1	0	2	2	18.52%	一流大学 A 类
88	南京信息工程大学	25	0	1	1	2	16.00%	一流学科
89	中国石油大学(华东)	32	0	1	1	1	9.38%	一流学科
90	首都师范大学	28	0	3	1	6	35.71%	一流学科
91	哈尔滨工程大学	33	0	0	1	3	12.12%	一流学科
92	上海财经大学	15	1	1	3	4	60.00%	一流学科
93	天津医科大学	12	0	0	0	4	33.33%	一流学科
94	四川农业大学	20	0	1	1	3	25.00%	一流学科
95	北京邮电大学	22	3	0	0	4	31.82%	一流学科
96	东北林业大学	27	0	2	0	2	14.81%	一流学科
97	海南大学	36	0	0	1	0	2.78%	一流学科
98	南方科技大学	9	0	0	1	1	22.22%	一流学科
99	南京邮电大学	24	0	1	2	0	12.50%	一流学科
100	湘潭大学	32	0	1	1	2	12.50%	一流学科
101	北京中医药大学	7	3	0	0	0	42.86%	一流学科
102	东北农业大学	21	0	0	3	2	23.81%	一流学科
103	广州医科大学	8	0	0	0	1	12.50%	一流学科
104	西南财经大学	13	0	1	1	4	46.15%	一流学科
105	大连海事大学	23	0	0	1	1	8.70%	一流学科
106	成都理工大学	26	0	0	1	1	7.69%	一流学科
107	对外经济贸易大学	11	0	1	1	3	45.45%	一流学科
108	中南财经政法大学	18	0	2	2	2	33.33%	一流学科
109	河北工业大学	26	0	0	1	1	7.69%	一流学科
110	中国石油大学(北京)	23	0	0	2	0	8.70%	一流学科
111	南京中医药大学	12	0	0	1	1	16.67%	一流学科
112	中国地质大学(北京)	33	0	1	0	1	6.06%	一流学科
113	宁夏大学	34	0	0	0	1	2.94%	一流学科
114	石河子大学	30	0	1	0	0	3.33%	一流学科
115	西南石油大学	14	0	0	0	1	7.14%	一流学科

双一流高校排名	院校名称	学科总数	5★+学科数	5★学科数	5★-学科数	4★学科数	学科优秀率/%	学校性质
116	中央财经大学	16	1	0	2	2	31.25%	一流学科
117	上海海洋大学	16	0	1	0	2	18.75%	一流学科
118	中国政法大学	13	1	0	0	1	15.38%	一流学科
119	上海中医药大学	7	0	2	1	1	57.14%	一流学科
120	广州中医药大学	9	0	0	2	1	33.33%	一流学科
121	中国药科大学	8	0	1	1	0	25.00%	一流学科
122	内蒙古大学	26	0	0	1	0	3.85%	一流学科
123	辽宁大学	31	0	1	0	6	22.58%	一流学科
124	中国矿业大学（北京）	26	0	1	0	1	7.69%	一流学科
125	天津工业大学	27	0	0	0	1	3.70%	一流学科
126	中国传媒大学	18	1	1	4	1	38.89%	一流学科
127	第二军医大学	13	0	0	0	4	30.77%	一流学科
128	成都中医药大学	8	0	1	1	0	25.00%	一流学科
129	第四军医大学	12	0	0	0	4	33.33%	一流学科
130	延边大学	31	0	1	0	0	3.23%	一流学科
131	北京体育大学	7	1	0	0	0	14.29%	一流学科
132	青海大学	20	0	0	1	0	5.00%	一流学科
133	天津中医药大学	7	0	0	0	2	28.57%	一流学科
134	上海外国语大学	8	1	0	0	0	12.50%	一流学科
135	上海科技大学	8	0	0	0	1	12.50%	一流学科
136	上海体育大学	6	1	0	0	0	16.67%	一流学科
137	中央美术学院	6	2	0	0	1	50.00%	一流学科
138	中央音乐学院	1	0	0	0	1	100.00%	一流学科
139	北京外国语大学	11	1	0	0	0	9.09%	一流学科
140	中国美术学院	5	1	1	0	1	60.00%	一流学科
141	西藏大学	19	0	0	1	1	10.53%	一流学科
142	上海音乐学院	3	1	0	0	0	33.33%	一流学科
143	中国音乐学院	1	0	0	0	0	0.00%	一流学科
144	中国人民公安大学	1	0	0	0	0	0.00%	一流学科
145	中央戏剧学院	2	1	0	0	0	50.00%	一流学科
146	外交学院	4	0	0	1	0	25.00%	一流学科

四、本次大学评价的几点启示

1. 加强分类评价，促进高校特色化发展

从评价结果来看，高校之间的办学特色和优势领域差异显著，这强调了高等教育系统内部多样性的重要性。鼓励高校按照自身特点发展，而非单一追求综合排名，可以更有效地发挥各高校的特色和优势。

这样，不仅可以满足社会和经济发展的多元化需求，也可以激发高校的创新活力和发展潜力。因此，高校应根据自身的定位和目标，明确自己的办学理念和特色，突出自己的优势领域和特色项目，形成自己的品牌和影响力。

通过对不同类型高校(如综合类、理工类、师范类、农林类等)的分类评价，可以更准确地评估各类高校在其专业领域内的发展水平，这有助于促进高校间的健康竞争和合作。分类评价可以避免将不同类型的高校用同一套标准和指标进行评价，从而避免了高校的同质化和趋同化，也避免了高校的盲目扩张和无序发展。分类评价可以让高校更清楚地认识自己的优势和不足，更有针对性地制定发展策略和改进措施，也可以促进高校之间的互学互鉴和优势互补，提升高校的整体水平和社会服务能力。

2. 突出"双一流"建设，提升国际竞争力

通过对"双一流"高校及其学科的专项评价，可以看出中国高等教育在国际竞争力方面的显著提升。这一点对于推动中国高等教育整体水平的提高，尤其是在学科建设、科研创新等方面具有重要意义。"双一流"建设旨在打造一批世界一流的高校和学科，提升中国高等教育的国际地位和声誉。从评价结果来看，"双一流"高校和学科在教育质量、科研水平、人才培养、社会服务等方面都取得了显著的进步和成果，这体现了中国高等教育的发展速度和质量，也为中国高等教育的未来发展奠定了坚实的基础。

高校应更加注重国际化发展，包括加强国际学术交流与合作、引进国际高水平教育资源等，以提升全球影响力和竞争力。国际化发展不仅可以拓宽高校的视野和思路，也可以增强高校的吸引力和竞争力。通过国际化发展，高校可以与世界一流的高校和学者进行交流和合作，学习和借鉴国际先进的教育理念和经验，提升自身的教育质量和水平。同时，高校也可以向国际社会展示自己的办学成就和特色，增加自己的国际知名度和影响力，为中国高等教育的发展赢得更多的尊重和支持。

3. 以数据驱动，促进高等教育质量提升

本次评价工作大量采用数据分析方法，确保评价结果的客观性和准确性。这种基于数据的评价方式有助于客观反映高校的真实水平和问题所在，为高校的发展提供科学依据。数据分析可以从多个维度和角度对高校的各项指标进行量化和比较，从而揭示高校的优势和劣势，发现高校的问题和隐患，为高校的改进和提升提供参考和建议。数据分析也可以对高校的发展趋势和效果进行预测和评估，从而为高校的规划和决策提供支持和依据。

高校应加强内部质量保证体系的建设，利用数据分析等手段，对教育教学、科研创新等方面进行持续的绩效评估和动态监控，以便及时发现问题并采取措施加以改进。绩效评估和动态监控可以让高校及时了解自己的发展状况和成效，及时调整自己的发展策略和措施，及时解决自己的发展困难和挑战。绩效评估和动态监控也可以让高校更好地向社会和相关部门汇报自己的发展情况和成果，增加自己的透明度和公信力，为自己的发展争取更多的支持和资源。

中国大学教育地区竞争力排行榜

地区	排名	本科院校数	双一流大学院校数
北京	1	67	34
江苏	2	75	16
上海	3	41	15
广东	4	65	8
湖北	5	69	7
陕西	6	56	8
山东	7	70	3
浙江	8	59	3
四川	9	52	8
湖南	10	53	5
辽宁	11	61	4
安徽	12	46	3
河南	13	57	2
黑龙江	14	39	4
天津	15	29	5
福建	16	39	2
重庆	17	27	2
吉林	18	37	3
江西	19	45	1
河北	20	58	1
云南	21	32	1
山西	22	33	2
广西	23	35	1
甘肃	24	20	1
贵州	25	28	1
新疆	26	19	2
内蒙古	27	17	1
海南	28	8	1
宁夏	29	8	1
青海	30	4	1
西藏	31	4	1

中国本科院校竞争力总排行榜

排名	院校名称	星级	地区内序		类型序		排名	院校名称	星级	地区内序		类型序	
1	北京大学	5★+	北京	1	综合	1	36	西南大学	5★	重庆	2	综合	14
2	清华大学	5★+	北京	2	理工	1	37	苏州大学	5★	江苏	4	综合	15
3	浙江大学	5★+	浙江	1	综合	2	38	西南交通大学	5★	四川	3	理工	20
4	上海交通大学	5★+	上海	1	理工	2	39	武汉理工大学	5★	湖北	3	理工	21
5	复旦大学	5★+	上海	2	综合	3	40	中国农业大学	5★	北京	8	农林	1
6	南京大学	5★+	江苏	1	综合	4	41	兰州大学	5★	甘肃	1	综合	16
7	武汉大学	5★+	湖北	1	综合	5	42	南昌大学	5★	江西	1	综合	17
8	中山大学	5★+	广东	1	综合	6	43	暨南大学	5★	广东	3	综合	18
9	哈尔滨工业大学	5★+	黑龙江	1	理工	3	44	东北大学	5★	辽宁	2	理工	22
10	西安交通大学	5★+	陕西	1	理工	4	45	南京理工大学	5★	江苏	5	理工	23
11	四川大学	5★+	四川	1	综合	7	46	上海大学	5★	上海	5	综合	19
12	中国科学技术大学	5★+	安徽	1	理工	5	47	华中农业大学	5★	湖北	4	农林	2
13	华中科技大学	5★+	湖北	2	理工	6	48	华东理工大学	5★	上海	6	理工	24
14	吉林大学	5★+	吉林	1	综合	8	49	西安电子科技大学	5★	陕西	3	理工	25
15	山东大学	5★+	山东	1	综合	9	50	合肥工业大学	5★	安徽	2	理工	26
16	中国人民大学	5★+	北京	3	文法	1	51	江南大学	5★	江苏	6	综合	20
17	中南大学	5★+	湖南	1	理工	7	52	国防科技大学	5★	湖南	3	理工	27
18	同济大学	5★+	上海	3	理工	8	53	河海大学	5★	江苏	7	理工	28
19	北京师范大学	5★+	北京	4	师范	1	54	华南师范大学	5★	广东	4	师范	3
20	北京航空航天大学	5★+	北京	5	理工	9	55	北京科技大学	5★	北京	9	理工	29
21	天津大学	5★+	天津	1	理工	10	56	浙江工业大学	5★	浙江	2	理工	30
22	东南大学	5★+	江苏	2	理工	11	57	江苏大学	5★	江苏	8	综合	21
23	北京理工大学	5★+	北京	6	理工	12	58	哈尔滨工程大学	5★	黑龙江	2	理工	31
24	华南理工大学	5★+	广东	2	理工	13	59	北京交通大学	5★	北京	10	理工	32
25	中国科学院大学	5★	北京	7	综合	10	60	华中师范大学	5★	湖北	5	师范	4
26	厦门大学	5★	福建	1	综合	11	61	陕西师范大学	5★	陕西	4	师范	5
27	华东师范大学	5★	上海	4	师范	2	62	北京工业大学	5★-	北京	11	理工	33
28	西北工业大学	5★	陕西	2	理工	14	63	扬州大学	5★-	江苏	9	综合	22
29	南开大学	5★	天津	2	综合	12	64	燕山大学	5★-	河北	1	理工	34
30	重庆大学	5★	重庆	1	理工	15	65	华南农业大学	5★-	广东	5	农林	3
31	大连理工大学	5★	辽宁	1	理工	16	66	中国海洋大学	5★-	山东	2	理工	35
32	电子科技大学	5★	四川	2	理工	17	67	西北大学	5★-	陕西	5	综合	23
33	郑州大学	5★	河南	1	综合	13	68	南京农业大学	5★-	江苏	10	农林	4
34	湖南大学	5★	湖南	2	理工	18	69	东北师范大学	5★-	吉林	2	师范	6
35	南京航空航天大学	5★	江苏	3	理工	19	70	湖南师范大学	5★-	湖南	4	师范	7

排名	院校名称	星级	地区内序	类型序	排名	院校名称	星级	地区内序	类型序
71	宁波大学	5★-	浙江 3	综合 24	110	西安理工大学	5★-	陕西 9	理工 52
72	南京师范大学	5★-	江苏 11	师范 8	111	北京邮电大学	5★-	北京 18	理工 53
73	深圳大学	5★-	广东 6	综合 25	112	南京医科大学	5★-	江苏 16	医药 4
74	云南大学	5★-	云南 1	综合 26	113	北京林业大学	5★-	北京 19	农林 6
75	浙江师范大学	5★-	浙江 4	师范 9	114	中央财经大学	5★-	北京 20	财经 1
76	福州大学	5★-	福建 2	综合 27	115	东北林业大学	5★-	黑龙江 3	农林 7
77	广东工业大学	5★-	广东 7	理工 36	116	河北工业大学	5★-	河北 2	理工 54
78	中国地质大学(武汉)	5★-	湖北 6	理工 37	117	河北大学	5★-	河北 3	综合 36
79	南京工业大学	5★-	江苏 12	理工 38	118	长沙理工大学	5★-	湖南 6	理工 55
80	安徽大学	5★-	安徽 3	综合 28	119	海南大学	5★-	海南 1	综合 37
81	河南大学	5★-	河南 2	综合 29	120	浙江工商大学	5★-	浙江 8	财经 2
82	太原理工大学	5★-	山西 1	理工 39	121	东北农业大学	5★-	黑龙江 4	农林 8
83	中国矿业大学	5★-	江苏 13	理工 40	122	首都师范大学	5★-	北京 21	师范 12
84	东华大学	5★-	上海 7	理工 41	123	江西师范大学	4★	江西 2	师范 13
85	西北农林科技大学	5★-	陕西 6	农林 5	124	上海师范大学	4★	上海 8	师范 14
86	昆明理工大学	5★-	云南 2	理工 42	125	西南财经大学	4★	四川 4	财经 3
87	福建师范大学	5★-	福建 3	师范 10	126	中国音乐学院	4★	北京 22	艺术 4
88	西安建筑科技大学	5★-	陕西 7	理工 43	127	武汉科技大学	4★	湖北 7	理工 56
89	广西大学	5★-	广西 1	综合 30	128	华侨大学	4★	福建 4	综合 38
90	中国石油大学(华东)	5★-	山东 3	理工 44	129	上海理工大学	4★	上海 9	理工 57
91	长安大学	5★-	陕西 8	理工 45	130	上海财经大学	4★	上海 10	财经 4
92	杭州电子科技大学	5★-	浙江 5	理工 46	131	温州医科大学	4★	浙江 9	医药 5
93	中央美术学院	5★-	北京 12	艺术 1	132	南京艺术学院	4★	江苏 17	艺术 5
94	浙江理工大学	5★-	浙江 6	理工 47	133	济南大学	4★	山东 6	综合 39
95	中国美术学院	5★-	浙江 7	艺术 2	134	重庆邮电大学	4★	重庆 3	理工 58
96	广州大学	5★-	广东 8	综合 31	135	对外经济贸易大学	4★	北京 23	财经 5
97	中央音乐学院	5★-	北京 13	艺术 3	136	南京林业大学	4★	江苏 18	农林 9
98	山西大学	5★-	山西 2	综合 32	137	山东科技大学	4★	山东 7	理工 59
99	贵州大学	5★-	贵州 1	综合 33	138	福建农林大学	4★	福建 5	农林 10
100	南京邮电大学	5★-	江苏 14	理工 48	139	中国地质大学(北京)	4★	北京 24	理工 60
101	华北电力大学	5★-	北京 14	理工 49	140	大连海事大学	4★	辽宁 3	理工 61
102	北京化工大学	5★-	北京 15	理工 50	141	新疆大学	4★	新疆 1	综合 40
103	青岛大学	5★-	山东 4	综合 34	142	西南石油大学	4★	四川 5	理工 62
104	南京信息工程大学	5★-	江苏 15	理工 51	143	南通大学	4★	江苏 19	综合 41
105	湘潭大学	5★-	湖南 5	综合 35	144	中南财经政法大学	4★	湖北 8	财经 6
106	北京协和医学院	5★-	北京 16	医药 1	145	四川师范大学	4★	四川 6	师范 15
107	首都医科大学	5★-	北京 17	医药 2	146	河南科技大学	4★	河南 3	理工 63
108	山东师范大学	5★-	山东 5	师范 11	147	四川农业大学	4★	四川 7	农林 11
109	南方医科大学	5★-	广东 9	医药 3	148	中国医科大学	4★	辽宁 4	医药 6

续表

排名	院校名称	星级	地区内序	类型序		排名	院校名称	星级	地区内序	类型序	
149	江西财经大学	4★	江西	3	财经 7	190	石河子大学	4★	新疆	2	综合 48
150	中国政法大学	4★	北京	25	文法 2	191	三峡大学	4★	湖北	12	综合 49
151	西北师范大学	4★	甘肃	2	师范 16	192	兰州交通大学	4★	甘肃	4	理工 78
152	中北大学	4★	山西	3	理工 64	193	山东财经大学	4★	山东	11	财经 9
153	中国计量大学	4★	浙江	10	理工 65	194	成都理工大学	4★	四川	9	理工 79
154	中国传媒大学	4★	北京	26	文法 3	195	重庆交通大学	4★	重庆	5	理工 80
155	长江大学	4★	湖北	9	综合 42	196	杭州师范大学	4★	浙江	11	师范 22
156	内蒙古大学	4★	内蒙古	1	综合 43	197	江苏师范大学	4★	江苏	22	师范 23
157	天津医科大学	4★	天津	3	医药 7	198	中央戏剧学院	4★	北京	29	艺术 7
158	重庆医科大学	4★	重庆	4	医药 8	199	宁夏大学	4★	宁夏	1	综合 50
159	中国石油大学(北京)	4★	北京	27	理工 66	200	江苏科技大学	4★	江苏	23	理工 81
160	山东农业大学	4★	山东	8	农林 12	201	河南农业大学	4★	河南	6	农林 14
161	黑龙江大学	4★	黑龙江	5	综合 44	202	湖南科技大学	4★	湖南	8	理工 82
162	哈尔滨理工大学	4★	黑龙江	6	理工 67	203	北京语言大学	4★	北京	30	文法 5
163	安徽师范大学	4★	安徽	4	师范 17	204	南华大学	4★	湖南	9	综合 51
164	河南师范大学	4★	河南	4	师范 18	205	河北农业大学	4★	河北	4	农林 15
165	广西师范大学	4★	广西	2	师范 19	206	安徽工业大学	4★	安徽	6	理工 83
166	武汉纺织大学	4★	湖北	10	理工 68	207	上海中医药大学	4★	上海	12	医药 13
167	天津工业大学	4★	天津	4	理工 69	208	北京体育大学	4★	北京	31	体育 1
168	陕西科技大学	4★	陕西	10	理工 70	209	中国矿业大学(北京)	4★	北京	32	理工 84
169	南京中医药大学	4★	江苏	20	医药 9	210	湖北工业大学	4★	湖北	13	理工 85
170	湖北大学	4★	湖北	11	综合 45	211	长春理工大学	4★	吉林	3	理工 86
171	哈尔滨医科大学	4★	黑龙江	7	医药 10	212	天津理工大学	4★	天津	6	理工 87
172	南方科技大学	4★	广东	10	综合 46	213	北京外国语大学	4★	北京	33	文法 6
173	河南理工大学	4★	河南	5	理工 71	214	内蒙古农业大学	4★	内蒙古	2	农林 16
174	兰州理工大学	4★	甘肃	3	理工 72	215	北京中医药大学	4★	北京	34	医药 14
175	青岛科技大学	4★	山东	9	理工 73	216	常州大学	4★	江苏	24	理工 88
176	桂林电子科技大学	4★	广西	3	理工 74	217	安徽医科大学	4★	安徽	7	医药 15
177	湖南农业大学	4★	湖南	7	农林 13	218	天津科技大学	4★	天津	7	理工 89
178	中央民族大学	4★	北京	28	民族 1	219	辽宁大学	4★	辽宁	6	综合 52
179	天津师范大学	4★	天津	5	师范 20	220	华东交通大学	4★	江西	4	理工 90
180	中国药科大学	4★	江苏	21	医药 11	221	南昌航空大学	4★	江西	5	理工 91
181	安徽理工大学	4★	安徽	5	理工 75	222	齐鲁工业大学	4★	山东	12	理工 92
182	西南科技大学	4★	四川	8	理工 76	223	吉林农业大学	4★	吉林	4	农林 17
183	广东外语外贸大学	4★	广东	11	文法 4	224	云南师范大学	4★	云南	3	师范 24
184	山西医科大学	4★	山西	4	医药 12	225	河北师范大学	4★	河北	5	师范 25
185	汕头大学	4★	广东	12	综合 47	226	青岛理工大学	4★	山东	13	理工 93
186	东北财经大学	4★	辽宁	5	财经 8	227	上海外国语大学	4★	上海	13	文法 7
187	西安科技大学	4★	陕西	11	理工 77	228	河南工业大学	4★	河南	7	理工 94
188	曲阜师范大学	4★	山东	10	师范 21	229	中南林业科技大学	4★	湖南	10	农林 18
189	上海音乐学院	4★	上海	11	艺术 6	230	上海体育大学	4★	上海	14	体育 2

续表

排名	院校名称	星级	地区内序		类型序		排名	院校名称	星级	地区内序		类型序	
231	上海海事大学	4★	上海	15	理工	95	238	北京工商大学	4★	北京	35	财经	10
232	河北医科大学	4★	河北	6	医药	16	239	安徽农业大学	4★	安徽	8	农林	19
233	烟台大学	4★	山东	14	综合	53	240	广州医科大学	4★	广东	13	医药	17
234	江西理工大学	4★	江西	6	理工	96	241	辽宁工程技术大学	4★	辽宁	7	理工	99
235	山东理工大学	4★	山东	15	理工	97	242	哈尔滨师范大学	4★	黑龙江	8	师范	27
236	桂林理工大学	4★	广西	4	理工	98	243	沈阳工业大学	4★	辽宁	8	理工	100
237	重庆师范大学	4★	重庆	6	师范	26	244	第四军医大学	4★	陕西	12	医药	18

3★(367个):浙江农林大学、集美大学、上海海洋大学、武汉工程大学、郑州轻工业大学、东华理工大学、东北石油大学、首都经济贸易大学、沈阳农业大学、重庆工商大学、西安工业大学、福建医科大学、华北水利水电大学、中南民族大学、景德镇陶瓷大学、第二军医大学、浙江财经大学、浙江海洋大学、上海工程技术大学、内蒙古工业大学、湖州师范学院、中国戏曲学院、武汉轻工大学、长春工业大学、成都中医药大学、安徽财经大学、成都信息工程大学、广州中医药大学、青海大学、贵州师范大学、江西农业大学、山西财经大学、山东建筑大学、辽宁师范大学、四川美术学院、青岛农业大学、云南农业大学、北京电影学院、上海戏剧学院、东北电力大学、南京财经大学、华北理工大学、延边大学、大连工业大学、浙江中医药大学、石家庄铁道大学、鲁东大学、广西医科大学、甘肃农业大学、内蒙古师范大学、沈阳建筑大学、温州大学、沈阳药科大学、广东财经大学、北京建筑大学、云南财经大学、聊城大学、重庆理工大学、湖南工业大学、西安美术学院、西安邮电大学、广西艺术学院、沈阳师范大学、西南政法大学、大连医科大学、湖北美术学院、苏州科技大学、中国民航大学、西南民族大学、广东海洋大学、北京信息科技大学、天津财经大学、天津中医药大学、广西民族大学、华东政法大学、南京审计大学、山西师范大学、徐州医科大学、四川音乐学院、河北科技大学、山西农业大学、西安工程大学、鲁迅美术学院、沈阳航空航天大学、上海电力大学、上海科技大学、哈尔滨商业大学、山东中医药大学、新疆农业大学、西南林业大学、北京联合大学、厦门理工学院、河南中医药大学、上海对外经贸大学、黑龙江中医药大学、西华大学、广州美术学院、云南艺术学院、福建理工大学、吉首大学、西安石油大学、北方工业大学、大连大学、首都体育学院、湖南工商大学、山东工艺美术学院、山东艺术学院、渤海大学、上海应用技术大学、太原科技大学、安徽工程大学、中原工学院、辽宁石油化工大学、广东药科大学、内蒙古科技大学、东莞理工学院、武汉体育学院、盐城工学院、吉林师范大学、外交学院、成都体育学院、海南师范大学、贵州医科大学、宁夏医科大学、河北经贸大学、湖北经济学院、昆明医科大学、云南民族大学、湖南中医药大学、西安外国语大学、安徽建筑大学、南京工程学院、成都大学、天津商业大学、嘉兴学院、河南财经政法大学、新疆医科大学、江西中医药大学、北京石油化工学院、中国社会科学院大学、辽宁工业大学、临沂大学、贵州财经大学、天津外国语大学、黑龙江八一农垦大学、新乡医学院、河北工程大学、福建中医药大学、西华师范大学、大连交通大学、西藏大学、青海师范大学、信阳师范大学、新疆师范大学、湖北医药学院、辽宁科技大学、佛山科学技术学院、北华大学、山东第一医科大学、浙江科学技术大学、天津城建大学、安徽中医药大学、新疆财经大学、湖南理工学院、浙江传媒学院、合肥学院、北方民族大学、南宁师范大学、北京第二外国语学院、湖北中医药大学、湖北文理学院、徐州工程学院、中国人民公安大学、绍兴文理学院、安阳师范学院、广东技术师范大学、长春师范大学、内蒙古民族大学、山东工商学院、贵州民族大学、江西科技师范大学、浙江音乐学院、内蒙古财经大学、广东医科大学、重庆科技学院、辽宁中医药大学、西北民族大学、沈阳化工大学、洛阳师范学院、吉林艺术学院、常熟理工学院、五邑大学、沈阳音乐学院、广西科技大学、天津美术学院、赣南师范大学、吉林财经大学、四川外国语大学、大连外国语大学、闽江学院、齐齐哈尔大学、江汉大学、湖南工程学院、北京舞蹈学院、淮北师范大学、安庆师范大学、大连民族大学、沈阳体育学院、吉林建筑大学、沈阳理工大学、淮阴工学院、星海音乐学院、塔里木大学、北京服装学院、海南医学院、重庆文理学院、宁波工程学院、延安大学、南京体育学院、湖北师范大学、山西传媒学院、西南医科大学、北京印刷学院、遵义医科大学、武汉音乐学院、洛阳理工学院、江苏海洋大学、闽南师范大学、天津体育学院、河北地质大学、大连海洋大学、上海立信会计金融学院、四川轻化工大学、哈尔滨音乐学院、潍坊医学院、淮阴师范学院、常州工学院、天津音乐学院、北京农学院、沈阳大学、南昌理工学院、郑州航空工业管理学院、长沙学院、长春中医药大学、南阳理工学院、江西科技学院、兰州财经大学、山东体育学院、西安音乐学院、广东金融学院、滨州医学院、中国刑事警察学院、西北政法大学、浙江万里学院、江苏理工学院、蚌埠医学院、河南科技学院、广西中医药大学、西安体育学院、内蒙古医科大学、山东交通学院、陕西中医药大学、河南工程学院、南昌工程学院、北京物资学院、佳木斯大学、天津农学院、川北医学院、吉林体育学院、广州体育学院、广东石油化工学院、南阳师范学院、锦州医科大学、西安财经大学、甘肃中医药大学、皖南医学院、哈尔滨体育学院、内江师范学院、仲恺农业工程学院、青海民族大学、盐城师范学院、陕西理工大学、大理大学、南京晓庄学院、成都工业学院、济宁医学院、安徽科学技术学院、桂林医学院、九江学院、浙江外国语学院、西藏民族大学、许昌学院、黑龙江工程学院、承德医学院、湖南第一师范学院、衡阳师范学院、贵州中医药大学、太原师范学院、国际关系学院、湖北汽车工业学院、中国民用航空飞行学院、黑龙江科技大

学、河北科技师范学院、新疆艺术学院、西安医学院、泉州师范学院、德州学院、阜阳师范大学、湖南城市学院、金陵科技学院、吉林化工学院、湖南人文科技学院、长江师范学院、韩山师范学院、成都医学院、上海电机学院、渭南师范学院、河北北方学院、上海第二工业大学、长春大学、西安文理学院、华北科技学院、湖北民族大学、运城学院、贵州师范学院、武汉商学院、惠州学院、长春工程学院、滁州学院、中国人民警察大学、云南中医药大学、黄冈师范学院、新乡学院、上海政法学院、西京学院、重庆三峡学院、昆明学院、桂林旅游学院、台州学院、湖北工程学院、牡丹江师范学院、上海健康医学院、湖南工学院、岭南师范学院、湘南学院、湖北第二师范学院、湖南文理学院、黄山学院、重庆第二师范学院、丽水学院、北京城市学院、贺州学院、遵义师范学院、邵阳学院、山东青年政治学院、天津职业技术师范大学、吉林外国语大学、赣南医学院、桂林航天工业学院、杭州医学院、铜仁学院、山东女子学院、湖北理工学院、福建江夏学院、榆林学院、滨州学院
2★（488 个），1★（122 个）：名单略

中国民办本科院校竞争力排行榜

排名	院校名称	星级	地区内序		排名	院校名称	星级	地区内序	
1	南昌理工学院	5★+	江西	1	36	西安培华学院	4★	陕西	4
2	江西科技学院	5★+	江西	2	37	武昌理工学院	4★	湖北	3
3	西京学院	5★+	陕西	1	38	黄河科技学院	4★	河南	1
4	北京城市学院	5★+	北京	1	39	武汉工商学院	4★	湖北	4
5	吉林外国语大学	5★	吉林	1	40	汉口学院	4★	湖北	5
6	浙江树人学院	5★	浙江	1	41	四川电影电视学院	4★	四川	3
7	宁波财经学院	5★	浙江	2	42	广州城市理工学院	4★	广东	4
8	武汉东湖学院	5★	湖北	1	43	西安外事学院	4★	陕西	5
9	广东科技学院	5★	广东	1	44	郑州商学院	4★	河南	2
10	泰山科技学院	5★	山东	1	45	安徽信息工程学院	3★	安徽	2
11	浙江越秀外国语学院	5★	浙江	3	46	广州商学院	3★	广东	5
12	南京传媒学院	5★-	江苏	1	47	郑州财经学院	3★	河南	3
13	广州工商学院	5★-	广东	2	48	闽南理工学院	3★	福建	2
14	武汉传媒学院	5★-	湖北	2	49	武昌首义学院	3★	湖北	6
15	大连艺术学院	5★-	辽宁	1	50	西安明德理工学院	3★	陕西	6
16	大连东软信息学院	5★-	辽宁	2	51	海口经济学院	3★	海南	2
17	福州外语外贸学院	5★-	福建	1	52	山东英才学院	3★	山东	3
18	河北美术学院	5★-	河北	1	53	南昌工学院	3★	江西	3
19	北海艺术设计学院	5★-	广西	1	54	宁夏理工学院	3★	宁夏	1
20	西安翻译学院	5★-	陕西	2	55	武汉生物工程学院	3★	湖北	7
21	潍坊科技学院	5★-	山东	2	56	湖南涉外经济学院	3★	湖南	1
22	吉林动画学院	5★-	吉林	2	57	烟台南山学院	3★	山东	4
23	四川传媒学院	4★	四川	1	58	上海建桥学院	3★	上海	2
24	广东东软学院	4★	广东	3	59	郑州工业应用技术学院	3★	河南	4
25	长春财经学院	4★	吉林	3	60	长沙医学院	3★	湖南	2
26	无锡太湖学院	4★	江苏	2	61	山东现代学院	3★	山东	5
27	上海视觉艺术学院	4★	上海	1	62	成都东软学院	3★	四川	4
28	西安欧亚学院	4★	陕西	3	63	四川工商学院	3★	四川	5
29	三亚学院	4★	海南	1	64	陕西国际商贸学院	3★	陕西	7
30	河北传媒学院	4★	河北	2	65	厦门华厦学院	3★	福建	3
31	四川文化艺术学院	4★	四川	2	66	三江学院	3★	江苏	4
32	南宁学院	4★	广西	2	67	青岛黄海学院	3★	山东	6
33	安徽新华学院	4★	安徽	1	68	贵阳信息科技学院	3★	贵州	1
34	南通理工学院	4★	江苏	3	69	云南工商学院	3★	云南	1
35	沈阳工学院	4★	辽宁	3	70	福州理工学院	3★	福建	4

排名	院校名称	星级	地区	内序	排名	院校名称	星级	地区	内序
71	重庆财经学院	3★	重庆	1	92	重庆城市科技学院	3★	重庆	3
72	珠海科技学院	3★	广东	6	93	青岛滨海学院	3★	山东	8
73	长春建筑学院	3★	吉林	4	94	江西服装学院	3★	江西	5
74	山东协和学院	3★	山东	7	95	长春科技学院	3★	吉林	5
75	山西工商学院	3★	山西	1	96	齐鲁医药学院	3★	山东	9
76	成都锦城学院	3★	四川	6	97	武汉华夏理工学院	3★	湖北	11
77	沈阳城市学院	3★	辽宁	4	98	重庆对外经贸学院	3★	重庆	4
78	文华学院	3★	湖北	8	99	重庆外语外事学院	3★	重庆	5
79	郑州西亚斯学院	3★	河南	5	100	商丘学院	3★	河南	6
80	河北工程技术学院	3★	河北	3	101	武汉学院	3★	湖北	12
81	阳光学院	3★	福建	5	102	重庆移通学院	3★	重庆	6
82	哈尔滨广厦学院	3★	黑龙江	1	103	广州软件学院	3★	广东	9
83	重庆工程学院	3★	重庆	2	104	广州理工学院	3★	广东	10
84	武汉工程科技学院	3★	湖北	9	105	仰恩大学	3★	福建	6
85	广州南方学院	3★	广东	7	106	湖南应用技术学院	3★	湖南	3
86	宿迁学院	3★	江苏	5	107	郑州工商学院	3★	河南	7
87	广西外国语学院	3★	广西	3	108	泉州信息工程学院	3★	福建	7
88	广东白云学院	3★	广东	8	109	西安交通工程学院	3★	陕西	8
89	武汉城市学院	3★	湖北	10	110	贵州黔南经济学院	3★	贵州	2
90	山西应用科技学院	3★	山西	2	111	茅台学院	3★	贵州	3
91	江西工程学院	3★	江西	4	112	西安工商学院	3★	陕西	9

中国独立学院竞争力排行榜

排名	院校名称	星级	地区	内序	排名	院校名称	星级	地区	内序
1	厦门大学嘉庚学院	5★+	福建	1	31	中国矿业大学徐海学院	4★	江苏	7
2	浙江工业大学之江学院	5★+	浙江	1	32	西安交通大学城市学院	3★	陕西	2
3	北京理工大学珠海学院	5★+	广东	1	33	广东外语外贸大学南国商学院	3★	广东	3
4	四川大学锦江学院	5★	四川	1	34	河北经贸大学经济管理学院	3★	河北	2
5	云南艺术学院文华学院	5★	云南	1	35	大连理工大学城市学院	3★	辽宁	1
6	南京航空航天大学金城学院	5★	江苏	1	36	四川外国语大学成都学院	3★	四川	4
7	集美大学诚毅学院	5★	福建	2	37	苏州大学应用技术学院	3★	江苏	8
8	浙江农林大学暨阳学院	5★-	浙江	2	38	北京邮电大学世纪学院	3★	北京	1
9	浙江理工大学科技与艺术学院	5★-	浙江	3	39	上海师范大学天华学院	3★	上海	1
10	燕山大学里仁学院	5★-	河北	1	40	宁波大学科学技术学院	3★	浙江	7
11	延安大学西安创新学院	5★-	陕西	1	41	北京科技大学天津学院	3★	天津	1
12	湖北工业大学工程技术学院	5★-	湖北	1	42	中国计量大学现代科技学院	3★	浙江	8
13	南京理工大学紫金学院	5★-	江苏	2	43	西安建筑科技大学华清学院	3★	陕西	3
14	江苏科技大学苏州理工学院	5★-	江苏	3	44	新乡医学院三全学院	3★	河南	1
15	电子科技大学中山学院	5★-	广东	2	45	衡阳师范学院南岳学院	3★	湖南	1
16	南京理工大学泰州科技学院	4★	江苏	4	46	山东财经大学燕山学院	3★	山东	1
17	宁夏大学新华学院	4★	宁夏	1	47	浙江师范大学行知学院	3★	浙江	9
18	杭州师范大学钱江学院	4★	浙江	4	48	昆明理工大学津桥学院	3★	云南	2
19	绍兴文理学院元培学院	4★	浙江	5	49	浙江工商大学杭州商学院	3★	浙江	10
20	东南大学成贤学院	4★	江苏	5	50	河北工程大学科信学院	3★	河北	3
21	温州医科大学仁济学院	4★	浙江	6	51	河北大学工商学院	3★	河北	4
22	长春大学旅游学院	4★	吉林	1	52	长江大学文理学院	3★	湖北	5
23	三峡大学科技学院	4★	湖北	2	53	河北师范大学汇华学院	3★	河北	5
24	电子科技大学成都学院	4★	四川	2	54	西南交通大学希望学院	3★	四川	5
25	福建师范大学协和学院	4★	福建	3	55	湖南农业大学东方科技学院	3★	湖南	2
26	武汉体育学院体育科技学院	4★	湖北	3	56	湖南文理学院芙蓉学院	3★	湖南	3
27	湖北师范大学文理学院	4★	湖北	4	57	陕西科技大学镐京学院	3★	陕西	4
28	成都理工大学工程技术学院	4★	四川	3	58	青岛农业大学海都学院	3★	山东	2
29	赣南师范大学科技学院	4★	江西	1	59	大连医科大学中山学院	3★	辽宁	2
30	扬州大学广陵学院	4★	江苏	6	60	湖南理工学院南湖学院	3★	湖南	4

排名	院校名称	星级	地区	内序	排名	院校名称	星级	地区	内序
61	安徽师范大学皖江学院	3★	安徽	1	81	锦州医科大学医疗学院	2★	辽宁	3
62	南京工业大学浦江学院	3★	江苏	9	82	西安科技大学高新学院	2★	陕西	6
63	天津理工大学中环信息学院	3★	天津	2	83	长沙理工大学城南学院	2★	湖南	6
64	阜阳师范大学信息工程学院	3★	安徽	2	84	南昌大学科学技术学院	2★	江西	2
65	江苏师范大学科文学院	3★	江苏	10	85	天津外国语大学滨海外事学院	2★	天津	4
66	西安财经大学行知学院	3★	陕西	5	86	江西财经大学现代经济管理学院	2★	江西	3
67	武汉工程大学邮电与信息工程学院	3★	湖北	6	87	山西医科大学晋祠学院	2★	山西	2
68	西南财经大学天府学院	3★	四川	6	88	华南农业大学珠江学院	2★	广东	4
69	江苏大学京江学院	3★	江苏	11	89	杭州电子科技大学信息工程学院	2★	浙江	11
70	黑龙江工程学院昆仑旅游学院	3★	黑龙江	1	90	华北理工大学轻工学院	2★	河北	6
71	广西民族大学相思湖学院	3★	广西	1	91	湖北经济学院法商学院	2★	湖北	8
72	福州大学至诚学院	3★	福建	4	92	湖南工程学院应用技术学院	2★	湖南	7
73	南京师范大学泰州学院	3★	江苏	12	93	北京第二外国语学院中瑞酒店管理学院	2★	北京	2
74	南京财经大学红山学院	3★	江苏	13	94	天津医科大学临床医学院	2★	天津	5
75	山西师范大学现代文理学院	3★	山西	1	95	遵义医科大学医学与科技学院	2★	贵州	1
76	苏州科技大学天平学院	3★	江苏	14	96	聊城大学东昌学院	2★	山东	3
77	天津财经大学珠江学院	3★	天津	3	97	北京中医药大学东方学院	2★	河北	7
78	湖北文理学院理工学院	2★	湖北	7	98	常州大学怀德学院	2★	江苏	15
79	中南林业科技大学涉外学院	2★	湖南	5	99	贵州医科大学神奇民族医药学院	2★	贵州	2
80	昆明医科大学海源学院	2★	云南	3	100	湖南科技大学潇湘学院	2★	湖南	8

中国大学科技创新竞争力排行榜（100强）

排名	院校名称	类型序		排名	院校名称	类型序	
1	清华大学	理工	1	37	苏州大学	综合	14
2	北京大学	综合	1	38	西南大学	综合	15
3	浙江大学	综合	2	39	东北大学	理工	21
4	上海交通大学	理工	2	40	兰州大学	综合	16
5	复旦大学	综合	3	41	南昌大学	综合	17
6	华中科技大学	理工	3	42	暨南大学	综合	18
7	武汉大学	综合	4	43	中国人民大学	文法	1
8	中国科学技术大学	理工	4	44	浙江工业大学	理工	22
9	中山大学	综合	5	45	深圳大学	综合	19
10	四川大学	综合	6	46	扬州大学	综合	20
11	西安交通大学	理工	5	47	南京航空航天大学	理工	23
12	中南大学	理工	6	48	江南大学	综合	21
13	山东大学	综合	7	49	华东理工大学	理工	24
14	哈尔滨工业大学	理工	7	50	河海大学	理工	25
15	同济大学	理工	8	51	合肥工业大学	理工	26
16	中国科学院大学	综合	8	52	华中农业大学	农林	2
17	天津大学	理工	9	53	西北农林科技大学	农林	3
18	南京大学	综合	9	54	西安电子科技大学	理工	27
19	吉林大学	综合	10	55	南京理工大学	理工	28
20	东南大学	理工	10	56	江苏大学	综合	22
21	北京航空航天大学	理工	11	57	上海大学	综合	23
22	厦门大学	综合	11	58	北京交通大学	理工	29
23	北京理工大学	理工	12	59	广东工业大学	理工	30
24	华南理工大学	理工	13	60	中国地质大学(武汉)	理工	31
25	西北工业大学	理工	14	61	中国海洋大学	理工	32
26	大连理工大学	理工	15	62	北京科技大学	理工	33
27	重庆大学	理工	16	63	昆明理工大学	理工	34
28	郑州大学	综合	12	64	北京工业大学	理工	35
29	电子科技大学	理工	17	65	云南大学	综合	24
30	南开大学	综合	13	66	西北大学	综合	25
31	湖南大学	理工	18	67	陕西师范大学	师范	3
32	华东师范大学	师范	1	68	福州大学	综合	26
33	北京师范大学	师范	2	69	华南师范大学	师范	4
34	中国农业大学	农林	1	70	湖南师范大学	师范	5
35	西南交通大学	理工	19	71	首都医科大学	医药	1
36	武汉理工大学	理工	20	72	南方医科大学	医药	2

续表

排名	院校名称	类型序		排名	院校名称	类型序	
73	华南农业大学	农林	4	87	东北师范大学	师范	8
74	南京农业大学	农林	5	88	海南大学	综合	30
75	中国矿业大学	理工	36	89	哈尔滨工程大学	理工	42
76	河南大学	综合	27	90	贵州大学	综合	31
77	安徽大学	综合	28	91	宁波大学	综合	32
78	燕山大学	理工	37	92	广西大学	综合	33
79	长安大学	理工	38	93	广州大学	综合	34
80	南京医科大学	医药	3	94	南京信息工程大学	理工	43
81	南京师范大学	师范	6	95	山西大学	综合	35
82	中国石油大学(华东)	理工	39	96	西安建筑科技大学	理工	44
83	太原理工大学	理工	40	97	福建师范大学	师范	9
84	杭州电子科技大学	理工	41	98	北京化工大学	理工	45
85	华中师范大学	师范	7	99	华北电力大学	理工	46
86	青岛大学	综合	29	100	东华大学	理工	47

中国大学人文社会科学创新竞争力排行榜（100强）

排名	院校名称	类型序		排名	院校名称	类型序	
1	北京大学	综合	1	37	暨南大学	综合	17
2	中国人民大学	文法	1	38	兰州大学	综合	18
3	清华大学	理工	1	39	电子科技大学	理工	18
4	复旦大学	综合	2	40	华南师范大学	师范	3
5	浙江大学	综合	3	41	上海大学	综合	19
6	武汉大学	综合	4	42	华中师范大学	师范	4
7	南京大学	综合	5	43	武汉理工大学	理工	19
8	四川大学	综合	6	44	陕西师范大学	师范	5
9	上海交通大学	理工	2	45	西南交通大学	理工	20
10	中山大学	综合	7	46	中国农业大学	农林	1
11	北京师范大学	师范	1	47	河海大学	理工	21
12	山东大学	综合	8	48	华中农业大学	农林	2
13	华中科技大学	理工	3	49	东北大学	理工	22
14	吉林大学	综合	9	50	南京师范大学	师范	6
15	西安交通大学	理工	4	51	湖南师范大学	师范	7
16	同济大学	理工	5	52	华东理工大学	理工	23
17	南开大学	综合	10	53	深圳大学	综合	20
18	厦门大学	综合	11	54	西北大学	综合	21
19	东南大学	理工	6	55	扬州大学	综合	22
20	华东师范大学	师范	2	56	云南大学	综合	23
21	中南大学	理工	7	57	福建师范大学	师范	8
22	天津大学	理工	8	58	东北师范大学	师范	9
23	哈尔滨工业大学	理工	9	59	西北农林科技大学	农林	3
24	重庆大学	理工	10	60	浙江工业大学	理工	24
25	中国科学技术大学	理工	11	61	北京交通大学	理工	25
26	华南理工大学	理工	12	62	南京农业大学	农林	4
27	中国科学院大学	综合	12	63	南京航空航天大学	理工	26
28	湖南大学	理工	13	64	广东工业大学	理工	27
29	北京理工大学	理工	14	65	河南大学	综合	24
30	西南大学	综合	13	66	中国地质大学(武汉)	理工	28
31	大连理工大学	理工	15	67	江南大学	综合	25
32	郑州大学	综合	14	68	江苏大学	综合	26
33	北京航空航天大学	理工	16	69	中国海洋大学	理工	29
34	南昌大学	综合	15	70	华南农业大学	农林	5
35	苏州大学	综合	16	71	合肥工业大学	理工	30
36	西北工业大学	理工	17	72	浙江师范大学	师范	10

排名	院校名称	类型	序	排名	院校名称	类型	序
73	浙江工商大学	财经	1	87	湘潭大学	综合	33
74	广州大学	综合	27	88	东北财经大学	财经	3
75	安徽大学	综合	28	89	山东师范大学	师范	12
76	南京理工大学	理工	31	90	南京林业大学	农林	6
77	中南财经政法大学	财经	2	91	上海财经大学	财经	4
78	西安电子科技大学	理工	32	92	西南财经大学	财经	5
79	北京科技大学	理工	33	93	青岛大学	综合	34
80	福州大学	综合	29	94	昆明理工大学	理工	36
81	上海师范大学	师范	11	95	杭州电子科技大学	理工	37
82	山西大学	综合	30	96	河北大学	综合	35
83	海南大学	综合	31	97	中央财经大学	财经	6
84	北京邮电大学	理工	34	98	广西大学	综合	36
85	北京工业大学	理工	35	99	中国矿业大学	理工	38
86	宁波大学	综合	32	100	西安建筑科技大学	理工	39

中国大学分类型竞争力排行榜（前 20%）

综合类（268）

排名	学校名称	排名	学校名称	排名	学校名称
1	北京大学	19	上海大学	37	海南大学
2	浙江大学	20	江南大学	38	华侨大学
3	复旦大学	21	江苏大学	39	济南大学
4	南京大学	22	扬州大学	40	新疆大学
5	武汉大学	23	西北大学	41	南通大学
6	中山大学	24	宁波大学	42	长江大学
7	四川大学	25	深圳大学	43	内蒙古大学
8	吉林大学	26	云南大学	44	黑龙江大学
9	山东大学	27	福州大学	45	湖北大学
10	中国科学院大学	28	安徽大学	46	南方科技大学
11	厦门大学	29	河南大学	47	汕头大学
12	南开大学	30	广西大学	48	石河子大学
13	郑州大学	31	广州大学	49	三峡大学
14	西南大学	32	山西大学	50	宁夏大学
15	苏州大学	33	贵州大学	51	南华大学
16	兰州大学	34	青岛大学	52	辽宁大学
17	南昌大学	35	湘潭大学	53	烟台大学
18	暨南大学	36	河北大学		

理工类（364）

排名	学校名称	排名	学校名称	排名	学校名称
1	清华大学	14	西北工业大学	27	国防科技大学
2	上海交通大学	15	重庆大学	28	河海大学
3	哈尔滨工业大学	16	大连理工大学	29	北京科技大学
4	西安交通大学	17	电子科技大学	30	浙江工业大学
5	中国科学技术大学	18	湖南大学	31	哈尔滨工程大学
6	华中科技大学	19	南京航空航天大学	32	北京交通大学
7	中南大学	20	西南交通大学	33	北京工业大学
8	同济大学	21	武汉理工大学	34	燕山大学
9	北京航空航天大学	22	东北大学	35	中国海洋大学
10	天津大学	23	南京理工大学	36	广东工业大学
11	东南大学	24	华东理工大学	37	中国地质大学(武汉)
12	北京理工大学	25	西安电子科技大学	38	南京工业大学
13	华南理工大学	26	合肥工业大学	39	太原理工大学

排名	学校名称	排名	学校名称	排名	学校名称
40	中国矿业大学	52	西安理工大学	64	中北大学
41	东华大学	53	北京邮电大学	65	中国计量大学
42	昆明理工大学	54	河北工业大学	66	中国石油大学(北京)
43	西安建筑科技大学	55	长沙理工大学	67	哈尔滨理工大学
44	中国石油大学(华东)	56	武汉科技大学	68	武汉纺织大学
45	长安大学	57	上海理工大学	69	天津工业大学
46	杭州电子科技大学	58	重庆邮电大学	70	陕西科技大学
47	浙江理工大学	59	山东科技大学	71	河南理工大学
48	南京邮电大学	60	中国地质大学(北京)	72	兰州理工大学
49	华北电力大学	61	大连海事大学	73	青岛科技大学
50	北京化工大学	62	西南石油大学		
51	南京信息工程大学	63	河南科技大学		

财经类（109）

排名	学校名称	排名	学校名称	排名	学校名称
1	中央财经大学	9	山东财经大学	17	广东财经大学
2	浙江工商大学	10	北京工商大学	18	云南财经大学
3	西南财经大学	11	首都经济贸易大学	19	天津财经大学
4	上海财经大学	12	重庆工商大学	20	南京审计大学
5	对外经济贸易大学	13	浙江财经大学	21	哈尔滨商业大学
6	中南财经政法大学	14	安徽财经大学	22	上海对外经贸大学
7	江西财经大学	15	山西财经大学		
8	东北财经大学	16	南京财经大学		

文法类（68）

排名	学校名称	排名	学校名称	排名	学校名称
1	中国人民大学	6	北京外国语大学	11	西安外国语大学
2	中国政法大学	7	上海外国语大学	12	天津外国语大学
3	中国传媒大学	8	西南政法大学	13	浙江传媒学院
4	广东外语外贸大学	9	华东政法大学	14	北京第二外国语学院
5	北京语言大学	10	外交学院		

师范类（175）

排名	学校名称	排名	学校名称	排名	学校名称
1	北京师范大学	4	华中师范大学	7	湖南师范大学
2	华东师范大学	5	陕西师范大学	8	南京师范大学
3	华南师范大学	6	东北师范大学	9	浙江师范大学

排名	学校名称	排名	学校名称	排名	学校名称
10	福建师范大学	19	广西师范大学	28	湖州师范学院
11	山东师范大学	20	天津师范大学	29	贵州师范大学
12	首都师范大学	21	曲阜师范大学	30	辽宁师范大学
13	江西师范大学	22	杭州师范大学	31	鲁东大学
14	上海师范大学	23	江苏师范大学	32	内蒙古师范大学
15	四川师范大学	24	云南师范大学	33	聊城大学
16	西北师范大学	25	河北师范大学	34	沈阳师范大学
17	安徽师范大学	26	重庆师范大学	35	山西师范大学
18	河南师范大学	27	哈尔滨师范大学		

医药类（108）

排名	学校名称	排名	学校名称	排名	学校名称
1	北京协和医学院	9	南京中医药大学	17	广州医科大学
2	首都医科大学	10	哈尔滨医科大学	18	第四军医大学
3	南方医科大学	11	中国药科大学	19	福建医科大学
4	南京医科大学	12	山西医科大学	20	第二军医大学
5	温州医科大学	13	上海中医药大学	21	成都中医药大学
6	中国医科大学	14	北京中医药大学	22	广州中医药大学
7	天津医科大学	15	安徽医科大学		
8	重庆医科大学	16	河北医科大学		

农林类（47）

排名	学校名称	排名	学校名称	排名	学校名称
1	中国农业大学	4	南京农业大学	7	东北林业大学
2	华中农业大学	5	西北农林科技大学	8	东北农业大学
3	华南农业大学	6	北京林业大学	9	南京林业大学

民族类（17）

排名	学校名称	排名	学校名称	排名	学校名称
1	中央民族大学	2	中南民族大学	3	西南民族大学

艺术类（48）

排名	学校名称	排名	学校名称	排名	学校名称
1	中央美术学院	5	南京艺术学院	9	中国戏曲学院
2	中国美术学院	6	上海音乐学院	10	四川美术学院
3	中央音乐学院	7	中央戏剧学院		
4	中国音乐学院	8	景德镇陶瓷大学		

体育类（16）

排名	学校名称	排名	学校名称	排名	学校名称
1	北京体育大学	2	上海体育学院	3	首都体育学院

9 所合作办学院校竞争力排行榜

学校名称	排名	地区	院校类型	院校性质
香港中文大学(深圳)	1	广东	综合	民办
宁波诺丁汉大学	2	浙江	综合	民办
北京师范大学–香港浸会大学联合国际学院	3	广东	综合	民办
西交利物浦大学	4	江苏	综合	民办
深圳北理莫斯科大学	5	广东	综合	公办
昆山杜克大学	6	江苏	综合	民办
上海纽约大学	7	上海	综合	民办
广东以色列理工学院	8	广东	理工	公办
温州肯恩大学	9	浙江	综合	民办

第二部分

2024 年中国大学本科教育分学科门类、专业类和专业竞争力排行榜

中国大学本科教育分学科门类竞争力排行榜

01 哲学（76）

排名	学校名称	星级	排名	学校名称	星级	排名	学校名称	星级
1	北京大学	5★+	4	南京大学	5★	7	武汉大学	5★-
2	中国人民大学	5★+	5	中山大学	5★-	8	南开大学	5★-
3	复旦大学	5★	6	清华大学	5★-			
4★(7个)：山东大学、山西大学、吉林大学、北京师范大学、华东师范大学、浙江大学、南京师范大学								
3★(23个)，2★(30个)，1★(8个)：名单略								

02 经济学（946）

排名	学校名称	星级	排名	学校名称	星级	排名	学校名称	星级
1	中国人民大学	5★+	26	新疆财经大学	5★	51	湖南工商大学	5★-
2	中央财经大学	5★+	27	安徽财经大学	5★	52	山东财经大学	5★-
3	西南财经大学	5★+	28	湖南大学	5★	53	广东金融学院	5★-
4	上海财经大学	5★+	29	辽宁大学	5★	54	北京工业大学	5★-
5	中南财经政法大学	5★+	30	广东财经大学	5★	55	东南大学	5★-
6	对外经济贸易大学	5★+	31	暨南大学	5★	56	南京农业大学	5★-
7	东北财经大学	5★+	32	吉林大学	5★	57	湘潭大学	5★-
8	北京大学	5★+	33	广东外语外贸大学	5★	58	深圳大学	5★-
9	南开大学	5★+	34	北京工商大学	5★	59	中山大学	5★-
10	厦门大学	5★+	35	四川大学	5★	60	南京审计大学	5★-
11	南京财经大学	5★+	36	山东大学	5★	61	上海交通大学	5★-
12	首都经济贸易大学	5★+	37	华中科技大学	5★	62	福建师范大学	5★-
13	武汉大学	5★+	38	河南大学	5★	63	贵州财经大学	5★-
14	浙江财经大学	5★+	39	上海对外经贸大学	5★	64	云南大学	5★-
15	山西财经大学	5★+	40	安徽大学	5★	65	上海大学	5★-
16	江西财经大学	5★+	41	河南财经政法大学	5★	66	青岛大学	5★-
17	复旦大学	5★+	42	吉林财经大学	5★	67	东北大学	5★-
18	天津财经大学	5★+	43	兰州财经大学	5★	68	苏州大学	5★-
19	西安交通大学	5★+	44	西北大学	5★	69	华南理工大学	5★-
20	哈尔滨商业大学	5★	45	河北经贸大学	5★	70	中国农业大学	5★-
21	南京大学	5★	46	浙江大学	5★	71	华东师范大学	5★-
22	清华大学	5★	47	北京师范大学	5★	72	天津商业大学	5★-
23	云南财经大学	5★	48	河北大学	5★-	73	广西大学	5★-
24	重庆工商大学	5★	49	重庆大学	5★-	74	华南师范大学	5★-
25	浙江工商大学	5★	50	内蒙古财经大学	5★-	75	西安财经大学	5★-

续表

排名	学校名称	星级	排名	学校名称	星级	排名	学校名称	星级
76	华侨大学	5★-	83	湖北大学	5★-	90	武汉理工大学	5★-
77	北京交通大学	5★-	84	浙江工业大学	5★-	91	西南民族大学	5★-
78	中国海洋大学	5★-	85	湖南科技大学	5★-	92	中央民族大学	5★-
79	中南大学	5★-	86	兰州大学	5★-	93	华中师范大学	5★-
80	郑州大学	5★-	87	宁波大学	5★-	94	山东工商学院	5★-
81	陕西师范大学	5★-	88	华东理工大学	5★-	95	河南工业大学	5★-
82	东北师范大学	5★-	89	北京理工大学	5★-			

4★(94个)：长沙理工大学、扬州大学、黑龙江大学、南昌大学、中国政法大学、西南大学、同济大学、上海立信会计金融学院、南京师范大学、湖南师范大学、天津大学、安徽工业大学、中国地质大学(武汉)、南京信息工程大学、福州大学、石河子大学、山西大学、西南政法大学、浙江理工大学、湖北经济学院、大连理工大学、杭州电子科技大学、沈阳工业大学、济南大学、内蒙古大学、华南农业大学、北京科技大学、北京航空航天大学、海南大学、合肥工业大学、新疆大学、重庆理工大学、华中农业大学、哈尔滨工业大学、河海大学、天津工业大学、南京航空航天大学、集美大学、江苏大学、东北农业大学、西北师范大学、福州外语外贸学院、中南民族大学、华东政法大学、四川师范大学、北京物资学院、四川农业大学、江苏师范大学、河北金融学院、中国矿业大学、上海理工大学、天津科技大学、贵州大学、天津师范大学、东莞理工学院、江西师范大学、上海师范大学、云南师范大学、成都理工大学、山东农业大学、西南交通大学、大连海事大学、西南科技大学、湖北工业大学、江南大学、广西财经学院、安徽师范大学、重庆师范大学、广西师范大学、沈阳大学、中南林业科技大学、西安理工大学、西北农林科技大学、北京林业大学、长春财经学院、广东科技学院、北京联合大学、南华大学、昆明理工大学、河南师范大学、南通大学、湖南财政经济学院、上海海事大学、长春工业大学、中国地质大学(北京)、河北农业大学、浙江师范大学、河南财政金融学院、云南民族大学、西藏大学、南京理工大学、广东工业大学、燕山大学、中国石油大学(北京)

3★(284个)，2★(378个)，1★(95个)：名单略

03 法学（766）

排名	学校名称	星级	排名	学校名称	星级	排名	学校名称	星级
1	中国政法大学	5★+	18	东北师范大学	5★	35	南京师范大学	5★
2	中国人民大学	5★+	19	清华大学	5★	36	苏州大学	5★
3	北京大学	5★+	20	中央民族大学	5★	37	华中科技大学	5★
4	武汉大学	5★+	21	安徽大学	5★	38	对外经济贸易大学	5★
5	吉林大学	5★+	22	中国人民公安大学	5★	39	西南大学	5★-
6	复旦大学	5★+	23	兰州大学	5★	40	中南财经政法大学	5★-
7	山东大学	5★+	24	中南大学	5★	41	西安交通大学	5★-
8	厦门大学	5★+	25	湘潭大学	5★	42	广西民族大学	5★-
9	华东政法大学	5★+	26	河南师范大学	5★	43	河海大学	5★-
10	华东师范大学	5★+	27	天津师范大学	5★	44	浙江大学	5★-
11	西南政法大学	5★+	28	上海大学	5★	45	山西大学	5★-
12	华中师范大学	5★+	29	云南民族大学	5★	46	华南师范大学	5★-
13	云南大学	5★+	30	四川大学	5★	47	新疆大学	5★-
14	南开大学	5★+	31	暨南大学	5★	48	广西师范大学	5★-
15	中山大学	5★+	32	北京师范大学	5★	49	内蒙古大学	5★-
16	湖南师范大学	5★	33	郑州大学	5★	50	新疆师范大学	5★-
17	南京大学	5★	34	中南民族大学	5★	51	西北政法大学	5★-

排名	学校名称	星级	排名	学校名称	星级	排名	学校名称	星级
52	安徽师范大学	5★-	61	沈阳师范大学	5★-	70	上海师范大学	5★-
53	贵州大学	5★-	62	上海外国语大学	5★-	71	同济大学	5★-
54	贵州师范大学	5★-	63	浙江工商大学	5★-	72	中国海洋大学	5★-
55	西北师范大学	5★-	64	贵州民族大学	5★-	73	扬州大学	5★-
56	华东理工大学	5★-	65	江西财经大学	5★-	74	黑龙江大学	5★-
57	重庆大学	5★-	66	东南大学	5★-	75	福建师范大学	5★-
58	海南大学	5★-	67	浙江师范大学	5★-	76	中国刑事警察学院	5★-
59	辽宁师范大学	5★-	68	上海交通大学	5★-	77	陕西师范大学	5★-
60	首都师范大学	5★-	69	武汉理工大学	5★-			

4★（76 个）：江西师范大学、华南理工大学、广东外语外贸大学、河南大学、上海政法学院、山东师范大学、河北大学、青海民族大学、外交学院、河北师范大学、西南民族大学、中央财经大学、湖北大学、上海财经大学、烟台大学、广州大学、辽宁大学、西南交通大学、华中农业大学、中国农业大学、四川师范大学、湖南大学、华侨大学、西北民族大学、北京理工大学、曲阜师范大学、福州大学、西南财经大学、大连海事大学、宁波大学、北京航空航天大学、哈尔滨师范大学、广东警官学院、西北农林科技大学、广西大学、北京外国语大学、首都经济贸易大学、西北大学、内蒙古师范大学、南昌大学、杭州师范大学、深圳大学、云南师范大学、宁夏大学、合肥工业大学、江苏师范大学、山西师范大学、河南财经政法大学、中国计量大学、中国地质大学(武汉)、青岛大学、济南大学、湖南科技大学、北京工业大学、云南财经大学、广东财经大学、西华师范大学、华北电力大学、南京理工大学、北京科技大学、山东警察学院、海南师范大学、东北大学、延安大学、东北财经大学、西藏民族大学、延边大学、南京警察学院、哈尔滨工程大学、云南警官学院、江南大学、青海师范大学、聊城大学、浙江工业大学、哈尔滨工业大学、上海海事大学

3★（230 个），2★（306 个），1★（77 个）：名单略

04 教育学（641）

排名	学校名称	星级	排名	学校名称	星级	排名	学校名称	星级
1	北京师范大学	5★+	16	浙江大学	5★	31	首都师范大学	5★
2	华东师范大学	5★+	17	四川师范大学	5★	32	天津师范大学	5★
3	华南师范大学	5★+	18	福建师范大学	5★	33	哈尔滨师范大学	5★-
4	华中师范大学	5★+	19	西北师范大学	5★	34	山东体育学院	5★-
5	北京体育大学	5★+	20	安徽师范大学	5★	35	沈阳体育学院	5★-
6	南京师范大学	5★+	21	辽宁师范大学	5★	36	扬州大学	5★-
7	西南大学	5★+	22	上海体育大学	5★	37	苏州大学	5★-
8	浙江师范大学	5★+	23	曲阜师范大学	5★	38	杭州师范大学	5★-
9	湖南师范大学	5★+	24	河南大学	5★	39	宁波大学	5★-
10	东北师范大学	5★+	25	天津体育学院	5★	40	内蒙古师范大学	5★-
11	陕西师范大学	5★+	26	上海师范大学	5★	41	河北师范大学	5★-
12	广西师范大学	5★+	27	山东师范大学	5★	42	南京体育学院	5★-
13	成都体育学院	5★+	28	江西师范大学	5★	43	海南师范大学	5★-
14	武汉体育学院	5★	29	新疆师范大学	5★	44	贵州师范大学	5★-
15	首都体育学院	5★	30	云南师范大学	5★	45	沈阳师范大学	5★-

续表

排名	学校名称	星级	排名	学校名称	星级	排名	学校名称	星级
46	广州体育学院	5★-	53	江苏师范大学	5★-	60	吉林师范大学	5★-
47	广州大学	5★-	54	哈尔滨体育学院	5★-	61	湖北大学	5★-
48	山西师范大学	5★-	55	河南师范大学	5★-	62	聊城大学	5★-
49	长春师范大学	5★-	56	西安体育学院	5★-	63	河北大学	5★-
50	吉林体育学院	5★-	57	鲁东大学	5★-	64	南通大学	5★-
51	重庆师范大学	5★-	58	吉首大学	5★-			
52	淮北师范大学	5★-	59	西华师范大学	5★-			

4★（64个）：山西大学、南宁师范大学、郑州大学、青海师范大学、温州大学、湖北师范大学、深圳大学、江西科技师范大学、赣南师范大学、湖南科技大学、长沙师范学院、长江大学、西藏民族大学、江南大学、山东大学、集美大学、南京晓庄学院、湖南第一师范学院、喀什大学、延边大学、天津大学、牡丹江师范学院、石河子大学、延安大学、河北体育学院、宁夏大学、安庆师范大学、洛阳师范学院、河北科技师范学院、信阳师范大学、内蒙古民族大学、中央民族大学、广西民族大学、大连大学、中南民族大学、盐城师范学院、郑州师范学院、中国矿业大学、北华大学、渤海大学、中北大学、中国地质大学(武汉)、湖州师范学院、张家口学院、青岛大学、闽南师范大学、昆明学院、怀化学院、岭南师范学院、西安文理学院、中华女子学院、重庆第二师范学院、临沂大学、成都大学、重庆大学、陕西学前师范学院、广西科技师范学院、宝鸡文理学院、湖北经济学院、云南民族大学、浙江工业大学、沈阳大学、大庆师范学院、山西大同大学

3★（193个），2★（256个），1★（64个）：名单略

05 文学（1044）

排名	学校名称	星级	排名	学校名称	星级	排名	学校名称	星级
1	北京大学	5★+	21	对外经济贸易大学	5★+	41	扬州大学	5★
2	南京大学	5★+	22	浙江大学	5★	42	哈尔滨师范大学	5★
3	北京外国语大学	5★+	23	暨南大学	5★	43	山东师范大学	5★
4	武汉大学	5★+	24	四川大学	5★	44	上海大学	5★
5	复旦大学	5★+	25	南开大学	5★	45	内蒙古大学	5★
6	广东外语外贸大学	5★+	26	华中科技大学	5★	46	延边大学	5★
7	上海外国语大学	5★+	27	大连外国语大学	5★	47	南昌大学	5★
8	西安外国语大学	5★+	28	郑州大学	5★	48	福建师范大学	5★
9	天津外国语大学	5★+	29	陕西师范大学	5★	49	西南大学	5★
10	四川外国语大学	5★+	30	河南大学	5★	50	北京师范大学	5★
11	北京语言大学	5★+	31	广西民族大学	5★	51	云南大学	5★
12	湖南师范大学	5★+	32	中山大学	5★	52	云南民族大学	5★
13	中国传媒大学	5★+	33	苏州大学	5★	53	上海交通大学	5★-
14	黑龙江大学	5★+	34	北京第二外国语学院	5★	54	深圳大学	5★-
15	中国人民大学	5★+	35	首都师范大学	5★	55	天津师范大学	5★-
16	南京师范大学	5★+	36	清华大学	5★	56	安徽师范大学	5★-
17	山东大学	5★+	37	河北大学	5★	57	华南师范大学	5★-
18	华东师范大学	5★+	38	吉林大学	5★	58	江西师范大学	5★-
19	厦门大学	5★+	39	安徽大学	5★	59	西北师范大学	5★-
20	华中师范大学	5★+	40	东北师范大学	5★	60	山西大学	5★-

续表

排名	学校名称	星级	排名	学校名称	星级	排名	学校名称	星级
61	上海师范大学	5★-	76	四川师范大学	5★-	91	北京航空航天大学	5★-
62	西北大学	5★-	77	广西师范大学	5★-	92	青岛大学	5★-
63	西南交通大学	5★-	78	中南大学	5★-	93	西南政法大学	5★-
64	中央民族大学	5★-	79	江苏师范大学	5★-	94	宁波大学	5★-
65	湖南大学	5★-	80	河南师范大学	5★-	95	西安交通大学	5★-
66	新疆大学	5★-	81	曲阜师范大学	5★-	96	沈阳师范大学	5★-
67	辽宁大学	5★-	82	湖北大学	5★-	97	中南财经政法大学	5★-
68	河北师范大学	5★-	83	同济大学	5★-	98	西北民族大学	5★-
69	浙江工商大学	5★-	84	西南民族大学	5★-	99	贵州师范大学	5★-
70	湘潭大学	5★-	85	内蒙古师范大学	5★-	100	辽宁师范大学	5★-
71	浙江师范大学	5★-	86	中南民族大学	5★-	101	吉林师范大学	5★-
72	兰州大学	5★-	87	华南理工大学	5★-	102	中国政法大学	5★-
73	中国海洋大学	5★-	88	广西大学	5★-	103	海南师范大学	5★-
74	云南师范大学	5★-	89	重庆师范大学	5★-	104	贵州大学	5★-
75	重庆大学	5★-	90	杭州师范大学	5★-			

4★（105 个）：广州大学、北京印刷学院、牡丹江师范学院、大连理工大学、南宁师范大学、南通大学、北京科技大学、燕山大学、东南大学、海南大学、华侨大学、鲁东大学、新疆师范大学、宁夏大学、北京交通大学、聊城大学、北京理工大学、上海对外经贸大学、赣南师范大学、大连大学、上海理工大学、汕头大学、上海海事大学、济南大学、湖南科技大学、贵州民族大学、哈尔滨工业大学、浙江工业大学、西华师范大学、渤海大学、华东政法大学、南京航空航天大学、河南工业大学、西藏大学、武汉理工大学、河南科技大学、闽南师范大学、浙江财经大学、三峡大学、哈尔滨理工大学、上海财经大学、吉林外国语大学、吉首大学、东北大学、烟台大学、浙江越秀外国语学院、青海师范大学、西南科技大学、信阳师范大学、长江大学、北华大学、温州大学、安庆师范大学、齐齐哈尔大学、长沙理工大学、山东理工大学、内蒙古民族大学、西北政法大学、南京财经大学、山东财经大学、华中农业大学、湖南理工学院、淮北师范大学、河海大学、江南大学、国际关系学院、喀什大学、集美大学、西安翻译学院、中国地质大学（武汉）、北京邮电大学、山西师范大学、重庆工商大学、南京信息工程大学、青岛科技大学、西藏民族大学、中国矿业大学、江西财经大学、延安大学、天津科技大学、北京林业大学、成都理工大学、西北工业大学、杭州电子科技大学、首都经济贸易大学、合肥工业大学、浙江外国语学院、南华大学、太原理工大学、电子科技大学、商丘师范学院、天津理工大学、天津财经大学、青海民族大学、佳木斯大学、河北经贸大学、山西大同大学、绍兴文理学院、浙江万里学院、华东理工大学、浙江理工大学、外交学院、河北科技大学、国防科技大学、武汉科技大学

3★（313 个），2★（418 个），1★（104 个）：名单略

06 历史学（260）

排名	学校名称	星级	排名	学校名称	星级	排名	学校名称	星级
1	北京大学	5★+	8	中国人民大学	5★	15	山东大学	5★-
2	武汉大学	5★+	9	北京师范大学	5★	16	中山大学	5★-
3	南开大学	5★+	10	首都师范大学	5★	17	浙江大学	5★-
4	南京大学	5★+	11	河南大学	5★	18	兰州大学	5★-
5	复旦大学	5★+	12	吉林大学	5★	19	南京师范大学	5★-
6	西北大学	5★	13	郑州大学	5★	20	上海师范大学	5★-
7	四川大学	5★	14	陕西师范大学	5★-	21	东北师范大学	5★-

排名	学校名称	星级	排名	学校名称	星级	排名	学校名称	星级
22	清华大学	5★-	24	厦门大学	5★-	26	安徽大学	5★-
23	河北师范大学	5★-	25	山西大学	5★-			

4★(26个)：华东师范大学、华中师范大学、云南大学、中央民族大学、西南大学、山东师范大学、湖南师范大学、河北大学、安徽师范大学、四川师范大学、暨南大学、江西师范大学、天津师范大学、湖南大学、浙江师范大学、上海大学、福建师范大学、中国社会科学院大学、西北师范大学、苏州大学、吉林师范大学、扬州大学、湖北大学、华南师范大学、曲阜师范大学、云南师范大学

3★(78个)，2★(104个)，1★(26个)：名单略

07 理学（822）

排名	学校名称	星级	排名	学校名称	星级	排名	学校名称	星级
1	北京大学	5★+	29	河南大学	5★	57	大连理工大学	5★-
2	南京大学	5★+	30	四川大学	5★	58	北京理工大学	5★-
3	中山大学	5★+	31	华中科技大学	5★	59	华东理工大学	5★-
4	兰州大学	5★+	32	首都师范大学	5★	60	华南理工大学	5★-
5	北京师范大学	5★+	33	西北师范大学	5★	61	贵州师范大学	5★-
6	武汉大学	5★+	34	西安交通大学	5★	62	新疆大学	5★-
7	中国科学技术大学	5★+	35	中国地质大学(武汉)	5★	63	天津大学	5★-
8	复旦大学	5★+	36	中南大学	5★	64	中国农业大学	5★-
9	厦门大学	5★+	37	江西师范大学	5★	65	广西大学	5★-
10	西北大学	5★+	38	安徽师范大学	5★	66	安徽大学	5★-
11	华东师范大学	5★+	39	山东师范大学	5★	67	天津师范大学	5★-
12	吉林大学	5★+	40	同济大学	5★	68	云南师范大学	5★-
13	南开大学	5★+	41	内蒙古大学	5★	69	湘潭大学	5★-
14	陕西师范大学	5★+	42	山西大学	5★-	70	重庆大学	5★-
15	浙江大学	5★+	43	湖南大学	5★-	71	中国人民大学	5★-
16	云南大学	5★+	44	河北师范大学	5★-	72	湖北大学	5★-
17	湖南师范大学	5★	45	浙江师范大学	5★-	73	曲阜师范大学	5★-
18	中国科学院大学	5★	46	郑州大学	5★-	74	河南师范大学	5★-
19	华中师范大学	5★	47	南昌大学	5★-	75	中国地质大学(北京)	5★-
20	清华大学	5★	48	北京航空航天大学	5★-	76	四川师范大学	5★-
21	东北师范大学	5★	49	苏州大学	5★-	77	宁夏大学	5★-
22	山东大学	5★	50	哈尔滨师范大学	5★-	78	河北大学	5★-
23	华南师范大学	5★	51	辽宁师范大学	5★-	79	贵州大学	5★-
24	南京师范大学	5★	52	扬州大学	5★-	80	暨南大学	5★-
25	西南大学	5★	53	南京信息工程大学	5★-	81	上海师范大学	5★-
26	上海交通大学	5★	54	东南大学	5★-	82	广西师范大学	5★-
27	福建师范大学	5★	55	广州大学	5★-			
28	中国海洋大学	5★	56	哈尔滨工业大学	5★-			

4★(82 个)：宁波大学、内蒙古师范大学、东北林业大学、电子科技大学、华中农业大学、成都理工大学、中国石油大学(华东)、福州大学、山西师范大学、青岛大学、上海大学、西北工业大学、深圳大学、合肥工业大学、海南师范大学、华南农业大学、浙江工业大学、北京工业大学、重庆师范大学、福建农林大学、东北大学、南京农业大学、青海师范大学、北京林业大学、北京化工大学、南京理工大学、西北农林科技大学、西南交通大学、江苏师范大学、中国矿业大学、河海大学、海南大学、杭州师范大学、新疆师范大学、北京科技大学、汕头大学、西安电子科技大学、黑龙江大学、延边大学、济南大学、温州大学、青岛科技大学、西华师范大学、南方医科大学、山东农业大学、吉林师范大学、信阳师范大学、国防科技大学、长江大学、东北农业大学、北京交通大学、上海海洋大学、燕山大学、浙江理工大学、辽宁大学、江苏大学、湖南科技大学、长安大学、南京航空航天大学、湖南农业大学、鲁东大学、杭州电子科技大学、长沙理工大学、聊城大学、西南石油大学、陕西科技大学、武汉理工大学、江南大学、南京林业大学、安徽农业大学、东华大学、广东工业大学、太原理工大学、南京邮电大学、中南林业科技大学、山东理工大学、上海财经大学、沈阳师范大学、中国医科大学、东华理工大学、中南民族大学、南宁师范大学

3★(247 个)，2★(329 个)，1★(82 个)：名单略

08 工学（1147）

排名	学校名称	星级	排名	学校名称	星级	排名	学校名称	星级
1	清华大学	5★+	26	西安电子科技大学	5★	51	江南大学	5★
2	浙江大学	5★+	27	南京航空航天大学	5★	52	郑州大学	5★
3	哈尔滨工业大学	5★+	28	长安大学	5★	53	广东工业大学	5★
4	上海交通大学	5★+	29	东北大学	5★	54	兰州理工大学	5★
5	华中科技大学	5★+	30	北京工业大学	5★	55	哈尔滨工程大学	5★
6	东南大学	5★+	31	西安理工大学	5★	56	中山大学	5★
7	天津大学	5★+	32	江苏大学	5★	57	杭州电子科技大学	5★
8	同济大学	5★+	33	电子科技大学	5★	58	北京大学	5★−
9	大连理工大学	5★+	34	河海大学	5★	59	中国石油大学(华东)	5★−
10	华南理工大学	5★+	35	河北工业大学	5★	60	北京邮电大学	5★−
11	北京航空航天大学	5★+	36	福州大学	5★	61	山东科技大学	5★−
12	中南大学	5★+	37	中国矿业大学	5★	62	西安科技大学	5★−
13	西安交通大学	5★+	38	南京工业大学	5★	63	兰州交通大学	5★−
14	西北工业大学	5★+	39	山东大学	5★	64	厦门大学	5★−
15	武汉理工大学	5★+	40	湖南大学	5★	65	南京大学	5★−
16	吉林大学	5★+	41	浙江工业大学	5★	66	河南科技大学	5★−
17	重庆大学	5★+	42	北京科技大学	5★	67	南京邮电大学	5★−
18	合肥工业大学	5★+	43	中北大学	5★	68	中国地质大学(武汉)	5★−
19	北京理工大学	5★+	44	北京交通大学	5★	69	东华大学	5★−
20	武汉大学	5★+	45	燕山大学	5★	70	南昌大学	5★−
21	四川大学	5★+	46	西安建筑科技大学	5★	71	武汉科技大学	5★−
22	太原理工大学	5★+	47	苏州大学	5★	72	哈尔滨理工大学	5★−
23	昆明理工大学	5★+	48	长沙理工大学	5★	73	中国科学技术大学	5★−
24	西南交通大学	5★	49	上海大学	5★	74	华北电力大学	5★−
25	南京理工大学	5★	50	华东理工大学	5★	75	安徽理工大学	5★−

排名	学校名称	星级	排名	学校名称	星级	排名	学校名称	星级
76	贵州大学	5★-	90	天津工业大学	5★-	104	安徽大学	5★-
77	桂林电子科技大学	5★-	91	浙江理工大学	5★-	105	成都理工大学	5★-
78	复旦大学	5★-	92	扬州大学	5★-	106	东北林业大学	5★-
79	北京化工大学	5★-	93	中国地质大学(北京)	5★-	107	天津理工大学	5★-
80	辽宁工程技术大学	5★-	94	上海理工大学	5★-	108	华东交通大学	5★-
81	河南理工大学	5★-	95	中国矿业大学(北京)	5★-	109	东北石油大学	5★-
82	中国农业大学	5★-	96	内蒙古工业大学	5★-	110	湘潭大学	5★-
83	长春理工大学	5★-	97	广西大学	5★-	111	河南工业大学	5★-
84	大连海事大学	5★-	98	新疆大学	5★-	112	中国科学院大学	5★-
85	南开大学	5★-	99	陕西科技大学	5★-	113	深圳大学	5★-
86	南京林业大学	5★-	100	沈阳建筑大学	5★-	114	兰州大学	5★-
87	重庆邮电大学	5★-	101	西南石油大学	5★-	115	桂林理工大学	5★-
88	中国石油大学(北京)	5★-	102	天津科技大学	5★-			
89	沈阳工业大学	5★-	103	西南科技大学	5★-			

4★(114个)：重庆交通大学、西北农林科技大学、内蒙古科技大学、华侨大学、湖南科技大学、山东理工大学、西北大学、江西理工大学、武汉工程大学、石家庄铁道大学、南昌航空大学、北京建筑大学、西安工业大学、中国海洋大学、安徽工业大学、青岛科技大学、江苏科技大学、湖北工业大学、南华大学、青岛大学、太原科技大学、西南大学、青岛理工大学、南京信息工程大学、三峡大学、长江大学、华北水利水电大学、郑州轻工业大学、国防科技大学、中国计量大学、上海海事大学、济南大学、沈阳航空航天大学、东北农业大学、山东建筑大学、成都信息工程大学、常州大学、华南农业大学、大连工业大学、长春工业大学、齐鲁工业大学、东华理工大学、东北电力大学、北京师范大学、中南林业科技大学、黑龙江大学、大连交通大学、广州大学、华中农业大学、内蒙古农业大学、西安石油大学、北京林业大学、河北科技大学、暨南大学、海南大学、宁波大学、华北理工大学、云南大学、安徽建筑大学、福建农林大学、烟台大学、华东师范大学、沈阳理工大学、山西大学、河北农业大学、西华大学、苏州科技大学、山东农业大学、中国民航大学、辽宁石油化工大学、北京信息科技大学、河北工程大学、华南师范大学、辽宁科技大学、上海工程技术大学、湖南工业大学、南京农业大学、西安工程大学、北方工业大学、西安邮电大学、天津城建大学、南通大学、沈阳化工大学、河北大学、安徽工程大学、重庆理工大学、武汉纺织大学、景德镇陶瓷大学、北京工商大学、中原工学院、南京师范大学、宁夏大学、福建理工大学、集美大学、浙江工商大学、吉林建筑大学、青海大学、辽宁工业大学、内蒙古大学、石河子大学、河南大学、四川轻化工大学、沈阳农业大学、黑龙江科技大学、河南农业大学、福建师范大学、山东师范大学、吉林农业大学、陕西师范大学、河南师范大学、广东海洋大学、广西科技大学、四川农业大学、上海应用技术大学

3★(345个)，2★(458个)，1★(115个)：名单略

09 农学（255）

排名	学校名称	星级	排名	学校名称	星级	排名	学校名称	星级
1	中国农业大学	5★+	7	西南大学	5★	13	河南农业大学	5★
2	华中农业大学	5★+	8	内蒙古农业大学	5★	14	甘肃农业大学	5★-
3	西北农林科技大学	5★+	9	山东农业大学	5★	15	山西农业大学	5★-
4	南京农业大学	5★+	10	浙江大学	5★	16	扬州大学	5★-
5	华南农业大学	5★+	11	福建农林大学	5★	17	上海交通大学	5★-
6	四川农业大学	5★	12	湖南农业大学	5★	18	沈阳农业大学	5★-

排名	学校名称	星级	排名	学校名称	星级	排名	学校名称	星级
19	河北农业大学	5★-	22	云南农业大学	5★-	25	东北农业大学	5★-
20	江西农业大学	5★-	23	安徽农业大学	5★-	26	贵州大学	5★-
21	吉林农业大学	5★-	24	北京林业大学	5★-			

4★(25 个)：新疆农业大学、海南大学、浙江农林大学、青岛农业大学、东北林业大学、南京林业大学、广西大学、黑龙江八一农垦大学、西南林业大学、石河子大学、宁夏大学、长江大学、上海海洋大学、吉林大学、中南林业科技大学、天津农学院、广东海洋大学、青海大学、河南科技大学、北京农学院、兰州大学、中国海洋大学、河南科技学院、塔里木大学、集美大学

3★(77 个)，2★(102 个)，1★(25 个)：名单略

10 医学（435）

排名	学校名称	星级	排名	学校名称	星级	排名	学校名称	星级
1	北京大学	5★+	16	郑州大学	5★	31	天津中医药大学	5★-
2	四川大学	5★+	17	南京医科大学	5★	32	成都中医药大学	5★-
3	中山大学	5★+	18	南方医科大学	5★	33	昆明医科大学	5★-
4	华中科技大学	5★+	19	中国医科大学	5★	34	北京中医药大学	5★-
5	上海交通大学	5★+	20	重庆医科大学	5★	35	广西医科大学	5★-
6	河北医科大学	5★+	21	天津医科大学	5★	36	徐州医科大学	5★-
7	复旦大学	5★+	22	安徽医科大学	5★	37	沈阳药科大学	5★-
8	浙江大学	5★+	23	首都医科大学	5★-	38	大连医科大学	5★-
9	中南大学	5★+	24	福建医科大学	5★-	39	湖南中医药大学	5★-
10	温州医科大学	5★	25	黑龙江中医药大学	5★-	40	宁夏医科大学	5★-
11	吉林大学	5★	26	浙江中医药大学	5★-	41	贵州医科大学	5★-
12	山东大学	5★	27	南京中医药大学	5★-	42	南昌大学	5★-
13	山西医科大学	5★	28	中国药科大学	5★-	43	广州医科大学	5★-
14	武汉大学	5★	29	新疆医科大学	5★-	44	苏州大学	5★-
15	西安交通大学	5★	30	哈尔滨医科大学	5★-			

4★(43 个)：广州中医药大学、辽宁中医药大学、河南中医药大学、福建中医药大学、上海中医药大学、甘肃中医药大学、山东中医药大学、长春中医药大学、安徽中医药大学、兰州大学、广东医科大学、西南医科大学、江西中医药大学、遵义医科大学、第二军医大学、南通大学、青岛大学、内蒙古医科大学、湖北中医药大学、第四军医大学、南华大学、新乡医学院、川北医学院、厦门大学、华北理工大学、贵州中医药大学、广西中医药大学、蚌埠医学院、延边大学、同济大学、暨南大学、广东药科大学、北京协和医学院、滨州医学院、湖北医药学院、南开大学、东南大学、陕西中医药大学、海南医学院、皖南医学院、云南中医药大学、河北大学、锦州医科大学

3★(131 个)，2★(174 个)，1★(43 个)：名单略

12 管理学（1161）

排名	学校名称	星级	排名	学校名称	星级	排名	学校名称	星级
1	中国人民大学	5★+	3	厦门大学	5★+	5	南京大学	5★+
2	武汉大学	5★+	4	中央财经大学	5★+	6	南开大学	5★+

排名	学校名称	星级	排名	学校名称	星级	排名	学校名称	星级
7	东北财经大学	5★+	44	广东财经大学	5★	81	西安理工大学	5★-
8	中南财经政法大学	5★+	45	武汉理工大学	5★	82	新疆财经大学	5★-
9	四川大学	5★+	46	西南大学	5★	83	北京师范大学	5★-
10	浙江大学	5★+	47	安徽财经大学	5★	84	石河子大学	5★-
11	西安交通大学	5★+	48	南京财经大学	5★	85	中国海洋大学	5★-
12	吉林大学	5★+	49	华中师范大学	5★	86	北京航空航天大学	5★-
13	首都经济贸易大学	5★+	50	合肥工业大学	5★	87	大连海事大学	5★-
14	浙江工商大学	5★+	51	中南大学	5★	88	上海海事大学	5★-
15	山西财经大学	5★+	52	华东理工大学	5★	89	安徽大学	5★-
16	江西财经大学	5★+	53	同济大学	5★	90	福建农林大学	5★-
17	天津大学	5★+	54	河北经贸大学	5★	91	北京理工大学	5★-
18	复旦大学	5★+	55	华东师范大学	5★	92	杭州电子科技大学	5★-
19	中山大学	5★+	56	重庆工商大学	5★	93	广州大学	5★-
20	北京交通大学	5★+	57	南昌大学	5★	94	湖南工商大学	5★-
21	西南财经大学	5★+	58	华南农业大学	5★	95	福建师范大学	5★-
22	天津财经大学	5★+	59	华中农业大学	5★-	96	广东工业大学	5★-
23	华南理工大学	5★+	60	辽宁大学	5★-	97	山西大学	5★-
24	北京大学	5★	61	大连理工大学	5★-	98	中国矿业大学	5★-
25	上海财经大学	5★	62	哈尔滨工业大学	5★-	99	东北农业大学	5★-
26	清华大学	5★	63	兰州大学	5★-	100	长沙理工大学	5★-
27	华中科技大学	5★	64	东华大学	5★-	101	电子科技大学	5★-
28	南京农业大学	5★	65	中国农业大学	5★-	102	内蒙古大学	5★-
29	云南财经大学	5★	66	上海对外经贸大学	5★-	103	河南财经政法大学	5★-
30	重庆大学	5★	67	西北大学	5★-	104	长安大学	5★-
31	郑州大学	5★	68	上海交通大学	5★-	105	黑龙江大学	5★-
32	对外经济贸易大学	5★	69	江苏大学	5★-	106	中南林业科技大学	5★-
33	暨南大学	5★	70	东南大学	5★-	107	上海师范大学	5★-
34	哈尔滨商业大学	5★	71	河南大学	5★-	108	西北工业大学	5★-
35	河海大学	5★	72	深圳大学	5★-	109	天津商业大学	5★-
36	湘潭大学	5★	73	燕山大学	5★-	110	北京科技大学	5★-
37	东北大学	5★	74	广东外语外贸大学	5★-	111	华北电力大学	5★-
38	西南交通大学	5★	75	华南师范大学	5★-	112	湖南大学	5★-
39	华侨大学	5★	76	海南大学	5★-	113	武汉科技大学	5★-
40	云南大学	5★	77	苏州大学	5★-	114	吉林财经大学	5★-
41	福州大学	5★	78	北京工商大学	5★-	115	贵州大学	5★-
42	山东大学	5★	79	浙江工业大学	5★-	116	西安建筑科技大学	5★-
43	浙江财经大学	5★	80	上海大学	5★-			

4★（116个）：河南理工大学、上海理工大学、兰州财经大学、湖南农业大学、山东财经大学、东北师范大学、天津理工大学、河北大学、哈尔滨理工大学、西北农林科技大学、南京师范大学、西南民族大学、河北农业大学、西安财经大学、四川师范大学、内蒙古财经大学、郑州航空工业管理学院、贵州财经大学、四川农业大学、中南民族大学、重庆交通大学、中国地质大学(武汉)、广西大学、南京航空航天大学、江苏科技大学、北京林业大学、扬州大学、兰州理工大学、杭州师范大学、南京审计大学、南京理工大学、青岛大学、湖南师范大学、江西农业大学、东北林业大学、重庆理工大学、内蒙古农业大学、北京联合大学、广西师范大学、山东农业大学、陕西师范大学、桂林理工大学、北京化工大学、中国科学技术大学、昆明理工大学、江西师范大学、中国矿业大学(北京)、山东工商学院、山东建筑大学、河北地质大学、湖北大学、北京物资学院、北京第二外国语学院、宁波大学、北京邮电大学、沈阳师范大学、华东政法大学、中国地质大学(北京)、河南工业大学、南京邮电大学、上海工程技术大学、浙江师范大学、山东师范大学、安徽工业大学、济南大学、云南民族大学、西安电子科技大学、西北师范大学、天津工业大学、武汉纺织大学、中国政法大学、新疆大学、江西科技师范大学、河北工业大学、广西民族大学、湖南工业大学、安徽师范大学、成都理工大学、渤海大学、中央民族大学、新疆农业大学、西南政法大学、南京信息工程大学、天津师范大学、三峡大学、南京工业大学、南京林业大学、北京信息科技大学、吉首大学、西华大学、安徽农业大学、沈阳大学、云南师范大学、上海立信会计金融学院、武汉轻工大学、西南科技大学、青岛理工大学、华东交通大学、太原理工大学、辽宁师范大学、河南师范大学、福建江夏学院、内蒙古工业大学、山东科技大学、辽宁工程技术大学、长江大学、沈阳农业大学、湖北工业大学、黑龙江科技大学、汕头大学、江西理工大学、福建理工大学、河北师范大学、南华大学、集美大学、河南农业大学

3★（349个），**2★（464个）**，**1★（116个）**：名单略

13 艺术学（963）

排名	学校名称	星级	排名	学校名称	星级	排名	学校名称	星级
1	南京艺术学院	5★+	23	山东艺术学院	5★	45	山西传媒学院	5★
2	中国美术学院	5★+	24	四川师范大学	5★	46	武汉理工大学	5★
3	中央美术学院	5★+	25	云南艺术学院	5★	47	西北师范大学	5★
4	西安美术学院	5★+	26	首都师范大学	5★	48	北京服装学院	5★
5	中国传媒大学	5★+	27	湖南师范大学	5★	49	大连工业大学	5★-
6	四川美术学院	5★+	28	四川音乐学院	5★	50	深圳大学	5★-
7	广西艺术学院	5★+	29	中国戏曲学院	5★	51	浙江师范大学	5★-
8	清华大学	5★+	30	福建师范大学	5★	52	沈阳师范大学	5★-
9	上海大学	5★+	31	中央民族大学	5★	53	西安音乐学院	5★-
10	北京电影学院	5★+	32	西南大学	5★	54	武汉音乐学院	5★-
11	鲁迅美术学院	5★+	33	浙江传媒学院	5★	55	临沂大学	5★-
12	中央戏剧学院	5★+	34	浙江理工大学	5★	56	安徽师范大学	5★-
13	上海戏剧学院	5★+	35	北京师范大学	5★	57	山西大学	5★-
14	山东工艺美术学院	5★+	36	四川大学	5★	58	江西师范大学	5★-
15	中国音乐学院	5★+	37	上海师范大学	5★	59	南京师范大学	5★-
16	中央音乐学院	5★+	38	陕西师范大学	5★	60	西安工程大学	5★-
17	广州美术学院	5★+	39	山东师范大学	5★	61	山西师范大学	5★-
18	东北师范大学	5★+	40	天津师范大学	5★	62	华中师范大学	5★-
19	华东师范大学	5★+	41	沈阳音乐学院	5★	63	广西师范大学	5★-
20	吉林艺术学院	5★	42	内蒙古师范大学	5★	64	苏州大学	5★-
21	湖北美术学院	5★	43	上海音乐学院	5★	65	北京大学	5★-
22	哈尔滨师范大学	5★	44	星海音乐学院	5★	66	湖南工业大学	5★-

排名	学校名称	星级	排名	学校名称	星级	排名	学校名称	星级
67	杭州师范大学	5★-	77	曲阜师范大学	5★-	87	新疆艺术学院	5★-
68	福州大学	5★-	78	武汉纺织大学	5★-	88	厦门大学	5★-
69	山东大学	5★-	79	东南大学	5★-	89	齐齐哈尔大学	5★-
70	郑州轻工业大学	5★-	80	江西科技师范大学	5★-	90	西安建筑科技大学	5★-
71	河南大学	5★-	81	武汉大学	5★-	91	大连艺术学院	5★-
72	华南师范大学	5★-	82	江苏师范大学	5★-	92	郑州大学	5★-
73	新疆师范大学	5★-	83	江南大学	5★-	93	天津音乐学院	5★-
74	云南师范大学	5★-	84	河北美术学院	5★-	94	景德镇陶瓷大学	5★-
75	辽宁师范大学	5★-	85	河北师范大学	5★-	95	德州学院	5★-
76	北京舞蹈学院	5★-	86	扬州大学	5★-	96	延边大学	5★-5★-

4★（97个）：成都大学、河北传媒学院、许昌学院、吉林动画学院、北海艺术设计学院、黄淮学院、渭南师范学院、九江学院、西南民族大学、云南大学、上海工程技术大学、齐鲁工业大学、聊城大学、北京联合大学、南昌大学、广东工业大学、温州大学、华南理工大学、中原工学院、北京工业大学、重庆师范大学、天津理工大学、南通大学、陕西科技大学、中国地质大学(武汉)、河南师范大学、中国人民大学、黄冈师范学院、武汉传媒学院、佳木斯大学、湖北科技学院、浙江音乐学院、广州大学、湖南科技大学、西藏大学、南京林业大学、商丘师范学院、上海视觉艺术学院、中南林业科技大学、重庆大学、乐山师范学院、新乡学院、洛阳师范学院、长沙理工大学、北京城市学院、四川电影电视学院、内蒙古艺术学院、湖北工业大学、太原理工大学、上饶师范学院、燕山大学、贵州民族大学、浙江大学、重庆邮电大学、浙江工业大学、长春师范大学、太原师范学院、东华大学、长沙师范学院、华南农业大学、宜春学院、西安工业大学、湖南工商大学、湖北工程学院、天津美术学院、济南大学、吉林建筑大学、武汉体育学院、湘南学院、安徽大学、大连大学、武夷学院、江汉大学、河北大学、浙江科技学院、湖南女子学院、西安体育学院、海南师范大学、淮阴师范学院、荆楚理工学院、西北大学、海口经济学院、南昌理工学院、湖南理工学院、青岛大学、同济大学、湖南涉外经济学院、吉林大学、华中科技大学、潍坊学院、汕头大学、厦门理工学院、西安交通大学、闽江学院、燕京理工学院、山东建筑大学、南京大学

3★（289个），2★（385个），1★（96个）：名单略

中国大学本科教育分专业类竞争力排行榜

0101 哲学类（76）

排名	学校名称	星级	排名	学校名称	星级	排名	学校名称	星级
1	北京大学	5★+	4	南京大学	5★	7	武汉大学	5★−
2	中国人民大学	5★+	5	中山大学	5★−	8	南开大学	5★−
3	复旦大学	5★	6	清华大学	5★−			

4★（7 个）：北京师范大学、山东大学、山西大学、吉林大学、华东师范大学、中央民族大学、浙江大学

3★（23 个），2★（30 个），1★（8 个）：名单略

0201 经济学类（484）

排名	学校名称	星级	排名	学校名称	星级	排名	学校名称	星级
1	中国人民大学	5★+	17	暨南大学	5★	33	山东大学	5★−
2	北京大学	5★+	18	清华大学	5★	34	河南大学	5★−
3	武汉大学	5★+	19	山西财经大学	5★	35	哈尔滨商业大学	5★−
4	南京大学	5★+	20	浙江大学	5★	36	新疆财经大学	5★−
5	中央财经大学	5★+	21	中山大学	5★	37	北京师范大学	5★−
6	南开大学	5★+	22	云南财经大学	5★	38	天津财经大学	5★−
7	厦门大学	5★+	23	中国社会科学院大学	5★	39	安徽财经大学	5★−
8	中南财经政法大学	5★+	24	浙江工商大学	5★	40	河北大学	5★−
9	西南财经大学	5★+	25	华中科技大学	5★−	41	重庆工商大学	5★−
10	复旦大学	5★+	26	南京财经大学	5★−	42	福建师范大学	5★−
11	上海财经大学	5★	27	吉林大学	5★−	43	吉林财经大学	5★−
12	东北财经大学	5★	28	山东财经大学	5★−	44	陕西师范大学	5★−
13	四川大学	5★	29	西北大学	5★−	45	北京工商大学	5★−
14	辽宁大学	5★	30	浙江财经大学	5★−	46	湖南师范大学	5★−
15	江西财经大学	5★	31	对外经济贸易大学	5★−	47	安徽大学	5★−
16	湖南大学	5★	32	首都经济贸易大学	5★−	48	广东外语外贸大学	5★−

4★（49 个）：深圳大学、重庆大学、中国政法大学、湘潭大学、云南大学、山西大学、北京理工大学、西安交通大学、北京交通大学、贵州财经大学、湖北大学、郑州大学、兰州财经大学、南京审计大学、北京工业大学、湖南工商大学、中国地质大学(武汉)、兰州大学、上海对外经贸大学、南昌大学、黑龙江大学、四川师范大学、新疆大学、西北师范大学、北京航空航天大学、山东工商学院、华南师范大学、内蒙古工业大学、湖北经济学院、青岛大学、东北师范大学、广东财经大学、内蒙古财经大学、中央民族大学、河北金融学院、安徽师范大学、湖南科技大学、河南财经政法大学、重庆师范大学、西安财经大学、扬州大学、中南民族大学、山东师范大学、福州大学、西南科技大学、西南大学、广西师范大学、广西大学、上海交通大学

3★（145 个），2★（194 个），1★（48 个）：名单略

0202 财政学类（128）

排名	学校名称	星级	排名	学校名称	星级	排名	学校名称	星级
1	中国人民大学	5★+	6	北京大学	5★	11	山东财经大学	5★-
2	中央财经大学	5★+	7	南开大学	5★-	12	江西财经大学	5★-
3	上海财经大学	5★+	8	复旦大学	5★-	13	东北财经大学	5★-
4	西南财经大学	5★	9	中南财经政法大学	5★-			
5	对外经济贸易大学	5★	10	浙江财经大学	5★-			

4★（13个）：厦门大学、广东财经大学、首都经济贸易大学、天津财经大学、辽宁大学、云南财经大学、哈尔滨商业大学、山西财经大学、南京财经大学、新疆财经大学、山东大学、重庆工商大学、内蒙古财经大学

3★（38个），2★（51个），1★（13个）：名单略

0203 金融学类（727）

排名	学校名称	星级	排名	学校名称	星级	排名	学校名称	星级
1	中央财经大学	5★+	26	江西财经大学	5★	51	中山大学	5★-
2	西南财经大学	5★+	27	南京农业大学	5★	52	中国农业大学	5★-
3	对外经济贸易大学	5★+	28	西安交通大学	5★	53	河南大学	5★-
4	南开大学	5★+	29	华东师范大学	5★	54	西安财经大学	5★-
5	中国人民大学	5★+	30	新疆财经大学	5★	55	长沙理工大学	5★-
6	上海财经大学	5★+	31	清华大学	5★	56	北京交通大学	5★-
7	北京大学	5★+	32	吉林大学	5★	57	深圳大学	5★-
8	复旦大学	5★+	33	河北经贸大学	5★	58	西北大学	5★-
9	中南财经政法大学	5★+	34	哈尔滨商业大学	5★	59	济南大学	5★-
10	东北财经大学	5★+	35	广东外语外贸大学	5★	60	天津商业大学	5★-
11	山东财经大学	5★+	36	云南财经大学	5★	61	贵州财经大学	5★-
12	南京财经大学	5★+	37	河南财经政法大学	5★-	62	上海大学	5★-
13	天津财经大学	5★+	38	重庆工商大学	5★-	63	北京师范大学	5★-
14	广东金融学院	5★+	39	厦门大学	5★-	64	安徽大学	5★-
15	浙江工商大学	5★+	40	北京工商大学	5★-	65	中南大学	5★-
16	首都经济贸易大学	5★	41	湖南工商大学	5★-	66	内蒙古财经大学	5★-
17	东北师范大学	5★	42	重庆大学	5★-	67	湖北经济学院	5★-
18	安徽财经大学	5★	43	山东大学	5★-	68	电子科技大学	5★-
19	辽宁大学	5★	44	上海对外经贸大学	5★-	69	同济大学	5★-
20	山西财经大学	5★	45	华中科技大学	5★-	70	河北大学	5★-
21	广东财经大学	5★	46	暨南大学	5★-	71	华南农业大学	5★-
22	武汉大学	5★	47	兰州财经大学	5★-	72	浙江工业大学	5★-
23	浙江财经大学	5★	48	吉林财经大学	5★-	73	西南大学	5★-
24	南京审计大学	5★	49	郑州大学	5★-			
25	湖南大学	5★	50	东南大学	5★-			

4★（72个）：广西大学、青岛大学、大连理工大学、中国海洋大学、江苏师范大学、内蒙古大学、上海立信会计金融学院、四川大学、温州大学、天津大学、上海交通大学、上海师范大学、河南工业大学、华南理工大学、华东理工大学、北京航空航天大学、湖南财政经济学院、江西师范大学、兰州大学、合肥工业大学、湖南师范大学、北京联合大学、南京大学、西北农林科技大学、福州大学、苏州大学、四川农业大学、湘潭大学、南昌大学、北京工业大学、武汉纺织大学、西南民族大学、浙江大学、黑龙江大学、华南师范大学、北京物资学院、华侨大学、广东科技学院、宁波大学、东北大学、南京信息工程大学、长春理工大学、重庆理工大学、中国科学技术大学、南京师范大学、山东农业大学、广州商学院、天津工业大学、三峡大学、武汉理工大学、厦门理工学院、山东工商学院、福州外语外贸学院、天津科技大学、东北农业大学、河南财政金融学院、安徽工业大学、河海大学、沈阳工业大学、西南政法大学、东莞理工学院、江苏大学、湖南科技大学、河南牧业经济学院、燕山大学、广东理工学院、汉口学院、华中师范大学、北京科技大学、石河子大学、北京化工大学、山西工程技术学院

3★（219个），2★（290个），1★（73个）：名单略

0204 经济与贸易类（677）

排名	学校名称	星级	排名	学校名称	星级	排名	学校名称	星级
1	中央财经大学	5★+	24	北京师范大学	5★	47	同济大学	5★-
2	中国人民大学	5★+	25	广东外语外贸大学	5★	48	南京大学	5★-
3	对外经济贸易大学	5★+	26	江西财经大学	5★	49	北京科技大学	5★-
4	南开大学	5★+	27	天津财经大学	5★	50	内蒙古财经大学	5★-
5	上海财经大学	5★+	28	北京工商大学	5★	51	湖北大学	5★-
6	山东财经大学	5★+	29	厦门大学	5★	52	湖南工商大学	5★-
7	西南财经大学	5★+	30	浙江工商大学	5★	53	南京审计大学	5★-
8	复旦大学	5★+	31	浙江财经大学	5★	54	河南工业大学	5★-
9	北京大学	5★+	32	暨南大学	5★	55	海南大学	5★-
10	首都经济贸易大学	5★+	33	上海大学	5★	56	中国农业大学	5★-
11	辽宁大学	5★+	34	浙江大学	5★	57	天津师范大学	5★-
12	中南财经政法大学	5★+	35	广东财经大学	5★-	58	长沙理工大学	5★-
13	西安交通大学	5★+	36	河北经贸大学	5★-	59	河北大学	5★-
14	重庆工商大学	5★+	37	新疆财经大学	5★-	60	南通大学	5★-
15	南京财经大学	5★	38	上海立信会计金融学院	5★-	61	中南大学	5★-
16	安徽财经大学	5★	39	东北财经大学	5★-	62	浙江万里学院	5★-
17	湖南大学	5★	40	武汉大学	5★-	63	吉林财经大学	5★-
18	哈尔滨商业大学	5★	41	兰州财经大学	5★-	64	北京工业大学	5★-
19	浙江工业大学	5★	42	山西财经大学	5★-	65	云南大学	5★-
20	云南财经大学	5★	43	河南财经政法大学	5★-	66	天津商业大学	5★-
21	上海对外经贸大学	5★	44	广西大学	5★-	67	湘潭大学	5★-
22	吉林大学	5★	45	四川大学	5★-	68	北京林业大学	5★-
23	山东大学	5★	46	宁波大学	5★-			

4★（67个）：江苏大学、沈阳工业大学、福州外语外贸学院、西南民族大学、天津工业大学、华东理工大学、中央民族大学、上海交通大学、福建师范大学、河南大学、辽宁对外经贸学院、北京外国语大学、南京农业大学、山东工商学院、浙江理工大学、北京理工大学、湖南财政经济学院、广西财经学院、华南理工大学、广西民族大学、湖南科技大学、

四川外国语大学、广东工业大学、华中科技大学、哈尔滨工业大学、华侨大学、华北水利水电大学、重庆大学、温州大学、贵州财经大学、山东师范大学、中国海洋大学、国际关系学院、青岛大学、西安翻译学院、东北大学、齐鲁理工学院、武汉理工大学、大连海事大学、南京师范大学、河海大学、上海理工大学、中国地质大学(武汉)、华中农业大学、东北农业大学、深圳大学、青岛科技大学、南京信息工程大学、江南大学、西南政法大学、山东农业大学、中南林业科技大学、武汉轻工大学、南京航空航天大学、南华大学、西北大学、杭州电子科技大学、浙江师范大学、南京理工大学、集美大学、安徽大学、上海外国语大学、安徽工业大学、广西外国语学院、大连理工大学、郑州大学、沈阳师范大学

3★(204个)，2★(270个)，1★(68个)：名单略

0301 法学类（609）

排名	学校名称	星级	排名	学校名称	星级	排名	学校名称	星级
1	中国政法大学	5★+	22	烟台大学	5★	43	海南大学	5★-
2	武汉大学	5★+	23	山东大学	5★	44	黑龙江大学	5★-
3	中国人民大学	5★+	24	四川大学	5★	45	北京航空航天大学	5★-
4	北京大学	5★+	25	上海政法学院	5★	46	中南大学	5★-
5	清华大学	5★+	26	山东政法学院	5★	47	复旦大学	5★-
6	华东政法大学	5★+	27	南京师范大学	5★	48	中山大学	5★-
7	西南政法大学	5★+	28	对外经济贸易大学	5★	49	华中科技大学	5★-
8	中南财经政法大学	5★+	29	湖南大学	5★	50	贵州大学	5★-
9	吉林大学	5★+	30	郑州大学	5★	51	新疆大学	5★-
10	西北大学	5★+	31	大连海事大学	5★-	52	东南大学	5★-
11	苏州大学	5★+	32	广东外语外贸大学	5★-	53	宁波大学	5★-
12	湘潭大学	5★+	33	北京理工大学	5★-	54	南开大学	5★-
13	安徽大学	5★	34	云南大学	5★-	55	河北大学	5★-
14	华南理工大学	5★	35	厦门大学	5★-	56	山西大学	5★-
15	重庆大学	5★	36	中国海洋大学	5★-	57	南京大学	5★-
16	暨南大学	5★	37	北京师范大学	5★-	58	中国人民公安大学	5★-
17	湖南师范大学	5★	38	江西财经大学	5★-	59	河南财经政法大学	5★-
18	浙江工商大学	5★	39	辽宁大学	5★-	60	华东师范大学	5★-
19	西北政法大学	5★	40	西安交通大学	5★-	61	中国计量大学	5★-
20	上海交通大学	5★	41	上海财经大学	5★-			
21	浙江大学	5★	42	西南财经大学	5★-			

4★(61个)：天津大学、南昌大学、福州大学、河南大学、中南民族大学、中央财经大学、东北财经大学、兰州大学、华中师范大学、广东财经大学、中央民族大学、广州大学、扬州大学、天津师范大学、北京交通大学、沈阳师范大学、上海海事大学、甘肃政法大学、安徽师范大学、武汉理工大学、福建师范大学、中国社会科学院大学、江西师范大学、同济大学、四川师范大学、安徽财经大学、辽宁师范大学、广西民族大学、华侨大学、南京审计大学、首都经济贸易大学、广西大学、河北经贸大学、云南财经大学、伊犁师范大学、广西师范大学、山东理工大学、上海对外经贸大学、青岛大学、江西理工大学、北京外国语大学、天津财经大学、山西财经大学、内蒙古大学、江苏大学、浙江工业大学、华南师范大学、西北师范大学、宁夏大学、西南大学、河海大学、贵州师范大学、南京航空航天大学、湖北大学、青海民族大学、外交学院、首都师范大学、北方工业大学、河南师范大学、上海大学、湖北经济学院

3★(183个)，2★(243个)，1★(61个)：名单略

0302 政治学类（115）

排名	学校名称	星级	排名	学校名称	星级	排名	学校名称	星级
1	中国人民大学	5★+	5	外交学院	5★	9	吉林大学	5★-
2	北京大学	5★+	6	华中师范大学	5★	10	中山大学	5★-
3	复旦大学	5★	7	厦门大学	5★-	11	中国政法大学	5★-
4	清华大学	5★	8	武汉大学	5★-	12	上海外国语大学	5★-

4★（11 个）：暨南大学、南开大学、山东大学、南京大学、中国社会科学院大学、河南师范大学、天津师范大学、对外经济贸易大学、东北师范大学、山西大学、云南大学

3★（35 个），2★（46 个），1★（11 个）：名单略

0303 社会学类（306）

排名	学校名称	星级	排名	学校名称	星级	排名	学校名称	星级
1	北京大学	5★+	12	华中师范大学	5★	23	吉林农业大学	5★-
2	中国人民大学	5★+	13	华中科技大学	5★	24	西北师范大学	5★-
3	山东大学	5★+	14	中央民族大学	5★	25	北京工业大学	5★-
4	复旦大学	5★+	15	云南民族大学	5★	26	西安交通大学	5★-
5	南开大学	5★+	16	华东理工大学	5★-	27	中国社会科学院大学	5★-
6	南京大学	5★+	17	中山大学	5★-	28	中国政法大学	5★-
7	华东师范大学	5★	18	贵州民族大学	5★-	29	浙江师范大学	5★-
8	上海大学	5★	19	安徽大学	5★-	30	云南大学	5★-
9	厦门大学	5★	20	华中农业大学	5★-	31	天津理工大学	5★-
10	吉林大学	5★	21	中国农业大学	5★-			
11	武汉大学	5★	22	中南大学	5★-			

4★（30 个）：重庆工商大学、清华大学、南京理工大学、江西财经大学、沈阳师范大学、北京科技大学、四川大学、西北农林科技大学、江苏师范大学、北京师范大学、浙江大学、济南大学、贵州大学、郑州大学、兰州大学、南京邮电大学、河海大学、山东理工大学、福州大学、河北大学、中央财经大学、河南师范大学、哈尔滨工程大学、首都经济贸易大学、湖南师范大学、杭州师范大学、华南农业大学、陕西师范大学、南京农业大学、东南大学

3★（92 个），2★（122 个），1★（31 个）：名单略

0304 民族学类（28）

排名	学校名称	星级	排名	学校名称	星级	排名	学校名称	星级
1	中央民族大学	5★+	2	云南大学	5★-	3	中南民族大学	5★-

4★（3 个）：内蒙古大学、兰州大学、广西民族大学

3★（8 个），2★（11 个），1★（3 个）：名单略

0305 马克思主义理论类（330）

排名	学校名称	星级	排名	学校名称	星级	排名	学校名称	星级
1	中国人民大学	5★+	4	复旦大学	5★+	7	北京师范大学	5★+
2	武汉大学	5★+	5	清华大学	5★+	8	兰州大学	5★
3	北京大学	5★+	6	东北师范大学	5★+	9	南京师范大学	5★

排名	学校名称	星级	排名	学校名称	星级	排名	学校名称	星级
10	华中师范大学	5★	18	陕西师范大学	5★-	26	武汉理工大学	5★-
11	山东师范大学	5★	19	安徽师范大学	5★-	27	曲阜师范大学	5★-
12	西南大学	5★	20	广西师范大学	5★-	28	河北师范大学	5★-
13	新疆大学	5★	21	河海大学	5★-	29	新疆师范大学	5★-
14	南开大学	5★	22	江西师范大学	5★-	30	首都师范大学	5★-
15	华东师范大学	5★	23	湘潭大学	5★-	31	哈尔滨师范大学	5★-
16	华南师范大学	5★	24	吉林大学	5★-	32	中南大学	5★-
17	福建师范大学	5★	25	西南交通大学	5★-	33	天津师范大学	5★-

4★（33个）：郑州大学、西北师范大学、湖南师范大学、湖北大学、合肥工业大学、山西师范大学、中国政法大学、湖南科技大学、贵州师范大学、上海师范大学、扬州大学、中国社会科学院大学、海南大学、河南大学、海南师范大学、重庆师范大学、辽宁师范大学、四川师范大学、延安大学、山东大学、苏州大学、安徽大学、四川大学、上海大学、浙江师范大学、江南大学、东北大学、广西大学、云南师范大学、广州大学、河南师范大学、湖南第一师范学院、中国地质大学(武汉)

3★（99个），2★（132个），1★（33个）：名单略

0306 公安学类（33）

排名	学校名称	星级	排名	学校名称	星级	排名	学校名称	星级
1	中国人民公安大学	5★+	2	中国刑事警察学院	5★	3	广东警官学院	5★-

4★（4个）：山东警察学院、福建警察学院、中国人民警察大学、云南警官学院

3★（10个），2★（13个），1★（3个）：名单略

0401 教育学类（485）

排名	学校名称	星级	排名	学校名称	星级	排名	学校名称	星级
1	北京师范大学	5★+	16	曲阜师范大学	5★	31	江苏师范大学	5★-
2	华东师范大学	5★+	17	福建师范大学	5★	32	河北大学	5★-
3	华中师范大学	5★+	18	江西师范大学	5★	33	河北师范大学	5★-
4	东北师范大学	5★+	19	辽宁师范大学	5★	34	海南师范大学	5★-
5	浙江师范大学	5★+	20	河南大学	5★	35	贵州师范大学	5★-
6	西南大学	5★+	21	山东师范大学	5★	36	沈阳师范大学	5★-
7	华南师范大学	5★+	22	新疆师范大学	5★	37	广州大学	5★-
8	陕西师范大学	5★+	23	西北师范大学	5★	38	淮北师范大学	5★-
9	四川师范大学	5★+	24	哈尔滨师范大学	5★	39	湖北师范大学	5★-
10	首都师范大学	5★+	25	安徽师范大学	5★-	40	聊城大学	5★-
11	广西师范大学	5★	26	云南师范大学	5★-	41	南京晓庄学院	5★-
12	南京师范大学	5★	27	重庆师范大学	5★-	42	宁波大学	5★-
13	湖南师范大学	5★	28	杭州师范大学	5★-	43	苏州大学	5★-
14	天津师范大学	5★	29	长春师范大学	5★-	44	重庆第二师范学院	5★-
15	上海师范大学	5★	30	内蒙古师范大学	5★-	45	吉林师范大学	5★-

续表

排名	学校名称	星级	排名	学校名称	星级	排名	学校名称	星级
46	温州大学	5★-	47	青海师范大学	5★-	48	江南大学	5★-
49	天津大学	5★-						

4★（48 个）：湖南第一师范学院、河南师范大学、湖州师范学院、南通大学、长沙师范学院、山西师范大学、鲁东大学、扬州大学、喀什大学、中央民族大学、浙江大学、赣南师范大学、石河子大学、郑州师范学院、青岛大学、延边大学、渤海大学、洛阳师范学院、陕西学前师范学院、西藏民族大学、大理大学、中华女子学院、信阳师范大学、浙江外国语学院、湖南农业大学、湖北大学、昆明学院、南宁师范大学、集美大学、山西大学、临沂大学、西华师范大学、楚雄师范学院、大庆师范学院、长江大学、宝鸡文理学院、贵州师范学院、岭南师范学院、江西科技师范大学、咸阳师范学院、湖南科技大学、渭南师范学院、宁夏大学、太原师范学院、南京特殊教育师范学院、四川外国语大学、呼伦贝尔学院、河北民族师范学院

3★（146 个），2★（194 个），1★（48 个）：名单略

0402 体育学类（489）

排名	学校名称	星级	排名	学校名称	星级	排名	学校名称	星级
1	北京体育大学	5★+	18	河南大学	5★	35	宁波大学	5★-
2	上海体育大学	5★+	19	扬州大学	5★	36	哈尔滨体育学院	5★-
3	成都体育学院	5★+	20	南京师范大学	5★	37	浙江师范大学	5★-
4	首都体育学院	5★+	21	苏州大学	5★	38	内蒙古师范大学	5★-
5	武汉体育学院	5★+	22	吉首大学	5★	39	辽宁师范大学	5★-
6	天津体育学院	5★+	23	曲阜师范大学	5★	40	东北师范大学	5★-
7	沈阳体育学院	5★+	24	西安体育学院	5★	41	山东大学	5★-
8	山东体育学院	5★+	25	江西师范大学	5★-	42	西南大学	5★-
9	南京体育学院	5★+	26	华中师范大学	5★-	43	山西大学	5★-
10	湖南师范大学	5★+	27	河北师范大学	5★-	44	陕西师范大学	5★-
11	安徽师范大学	5★	28	湖南工业大学	5★-	45	郑州大学	5★-
12	广州体育学院	5★	29	云南师范大学	5★-	46	新疆师范大学	5★-
13	华东师范大学	5★	30	山东师范大学	5★-	47	河南师范大学	5★-
14	吉林体育学院	5★	31	山西师范大学	5★-	48	四川师范大学	5★-
15	福建师范大学	5★	32	北京师范大学	5★-	49	哈尔滨师范大学	5★-
16	华南师范大学	5★	33	海南师范大学	5★-			
17	广西师范大学	5★	34	贵州师范大学	5★-			

4★（49 个）：鲁东大学、湖北大学、淮北师范大学、西藏民族大学、杭州师范大学、西北师范大学、深圳大学、沈阳师范大学、吉林大学、广西民族大学、南通大学、华南理工大学、长江大学、上海师范大学、浙江大学、湖南科技大学、集美大学、青海师范大学、吉林师范大学、江苏师范大学、中国矿业大学、广东第二师范学院、大连大学、大连理工大学、中北大学、成都大学、湖南农业大学、宁夏大学、西华师范大学、内蒙古民族大学、湖北经济学院、赣南师范大学、江西科技师范大学、温州大学、中国地质大学(武汉)、长沙师范学院、湖南涉外经济学院、南宁师范大学、太原理工大学、常州大学、聊城大学、延安大学、东北大学、南昌大学、河北体育学院、牡丹江师范学院、广州大学、盐城师范学院、云南大学

3★（147 个），2★（195 个），1★（49 个）：名单略

0501 中国语言文学类（702）

排名	学校名称	星级	排名	学校名称	星级	排名	学校名称	星级
1	北京大学	5★+	25	河北师范大学	5★	49	西南大学	5★-
2	复旦大学	5★+	26	上海师范大学	5★	50	安徽大学	5★-
3	南京大学	5★+	27	武汉大学	5★	51	青海师范大学	5★-
4	北京师范大学	5★+	28	内蒙古师范大学	5★	52	西北民族大学	5★-
5	陕西师范大学	5★+	29	福建师范大学	5★	53	中国人民大学	5★-
6	山东大学	5★+	30	江苏师范大学	5★	54	清华大学	5★-
7	华中师范大学	5★+	31	南开大学	5★	55	天津师范大学	5★-
8	首都师范大学	5★+	32	云南民族大学	5★	56	中国传媒大学	5★-
9	山东师范大学	5★+	33	北京外国语大学	5★	57	江西师范大学	5★-
10	北京语言大学	5★+	34	湖南师范大学	5★	58	曲阜师范大学	5★-
11	暨南大学	5★+	35	哈尔滨师范大学	5★	59	厦门大学	5★-
12	华东师范大学	5★+	36	苏州大学	5★-	60	郑州大学	5★-
13	内蒙古大学	5★+	37	云南师范大学	5★-	61	辽宁大学	5★-
14	中央民族大学	5★+	38	四川大学	5★-	62	贵州师范大学	5★-
15	南京师范大学	5★	39	上海大学	5★-	63	西南交通大学	5★-
16	扬州大学	5★	40	天津外国语大学	5★-	64	南昌大学	5★-
17	河北大学	5★	41	黑龙江大学	5★-	65	广西民族大学	5★-
18	安徽师范大学	5★	42	延边大学	5★-	66	辽宁师范大学	5★-
19	河南大学	5★	43	广西师范大学	5★-	67	湘潭大学	5★-
20	中山大学	5★	44	浙江师范大学	5★-	68	新疆师范大学	5★-
21	四川师范大学	5★	45	新疆大学	5★-	69	海南师范大学	5★-
22	河南师范大学	5★	46	鲁东大学	5★-	70	湖北大学	5★-
23	西南民族大学	5★	47	西北大学	5★-			
24	西北师范大学	5★	48	浙江大学	5★-			

4★（70个）：闽南师范大学、西藏大学、吉林大学、华南师范大学、南通大学、华侨大学、东北师范大学、广东外语外贸大学、山西大学、杭州师范大学、云南大学、兰州大学、安庆师范大学、内蒙古民族大学、重庆师范大学、中南大学、沈阳师范大学、中国社会科学院大学、济南大学、宁波大学、聊城大学、吉林师范大学、贵州民族大学、长春师范大学、海南大学、中南民族大学、广州大学、贵州大学、上海交通大学、青岛大学、深圳大学、延安大学、上海外国语大学、赣南师范大学、信阳师范大学、大连大学、中国海洋大学、淮北师范大学、伊犁师范大学、绍兴文理学院、浙江工业大学、三峡大学、湖南理工学院、西华师范大学、渤海大学、温州大学、西藏民族大学、华中科技大学、青海民族大学、汕头大学、燕山大学、宁夏大学、宁夏师范学院、湖南大学、西南科技大学、西安外国语大学、长江大学、重庆三峡学院、阜阳师范大学、湖南科技大学、吉首大学、宝鸡文理学院、齐齐哈尔大学、浙江越秀外国语学院、北华大学、重庆大学、西华大学、烟台大学、浙江工商大学、喀什大学

3★（211个），2★（281个），1★（70个）：名单略

0502 外国语言文学类（992）

排名	学校名称	星级	排名	学校名称	星级	排名	学校名称	星级
1	北京外国语大学	5★+	3	北京大学	5★+	5	复旦大学	5★+
2	上海外国语大学	5★+	4	南京大学	5★+	6	北京师范大学	5★+

排名	学校名称	星级	排名	学校名称	星级	排名	学校名称	星级
7	湖南师范大学	5★+	38	华中科技大学	5★	69	北京理工大学	5★-
8	延边大学	5★+	39	北京航空航天大学	5★	70	曲阜师范大学	5★-
9	广东外语外贸大学	5★+	40	浙江大学	5★	71	天津师范大学	5★-
10	西安外国语大学	5★+	41	同济大学	5★	72	浙江师范大学	5★-
11	天津外国语大学	5★+	42	苏州大学	5★	73	山东财经大学	5★-
12	四川外国语大学	5★+	43	中国人民大学	5★	74	河南师范大学	5★-
13	北京语言大学	5★+	44	河南大学	5★	75	东南大学	5★-
14	武汉大学	5★+	45	郑州大学	5★	76	河北大学	5★-
15	山东大学	5★+	46	华南师范大学	5★	77	重庆大学	5★-
16	中山大学	5★+	47	西南交通大学	5★	78	中南财经政法大学	5★-
17	厦门大学	5★+	48	四川大学	5★	79	新疆大学	5★-
18	南开大学	5★+	49	上海交通大学	5★	80	中国传媒大学	5★-
19	吉林大学	5★+	50	福建师范大学	5★	81	杭州师范大学	5★-
20	对外经济贸易大学	5★+	51	湖南大学	5★-	82	西安翻译学院	5★-
21	黑龙江大学	5★	52	西北师范大学	5★-	83	内蒙古大学	5★-
22	大连外国语大学	5★	53	西南大学	5★-	84	燕山大学	5★-
23	北京第二外国语学院	5★	54	青岛大学	5★-	85	宁波大学	5★-
24	广西民族大学	5★	55	湘潭大学	5★-	86	重庆师范大学	5★-
25	哈尔滨师范大学	5★	56	云南师范大学	5★-	87	大连理工大学	5★-
26	华东师范大学	5★	57	北京科技大学	5★-	88	深圳大学	5★-
27	华中师范大学	5★	58	哈尔滨工业大学	5★-	89	南京航空航天大学	5★-
28	东北师范大学	5★	59	中南大学	5★-	90	安徽大学	5★-
29	浙江工商大学	5★	60	河北师范大学	5★-	91	海南大学	5★-
30	南京师范大学	5★	61	山东师范大学	5★-	92	南昌大学	5★-
31	吉林外国语大学	5★	62	云南大学	5★-	93	广西师范大学	5★-
32	首都师范大学	5★	63	国际关系学院	5★-	94	哈尔滨理工大学	5★-
33	扬州大学	5★	64	山西大学	5★-	95	大连大学	5★-
34	云南民族大学	5★	65	清华大学	5★-	96	沈阳师范大学	5★-
35	陕西师范大学	5★	66	江西师范大学	5★-	97	安徽师范大学	5★-
36	浙江外国语学院	5★	67	暨南大学	5★-	98	上海师范大学	5★-
37	中国海洋大学	5★	68	广西大学	5★-	99	电子科技大学	5★-

4★(99个)：江苏师范大学、北京林业大学、兰州大学、河南科技大学、南宁师范大学、湖北大学、华南理工大学、外交学院、贵州大学、四川师范大学、中国政法大学、大连海事大学、宁夏大学、浙江越秀外国语学院、西北工业大学、长春师范大学、中国社会科学院大学、长沙理工大学、辽宁大学、赣南师范大学、北京交通大学、鲁东大学、华北理工大学、武汉理工大学、南华大学、湖南科技大学、上海对外经贸大学、中央民族大学、上海海事大学、贵州师范大学、南京信息工程大学、华侨大学、西安交通大学、天津财经大学、南昌航空大学、东北大学、武汉科技大学、杭州电子科技大学、南通大学、太原理工大学、内蒙古工业大学、兰州交通大学、北方工业大学、浙江财经大学、淮南师范学院、上海大学、海南师范大学、辽宁师范大学、湖南工业大学、安庆师范大学、闽南师范大学、西北大学、南京邮电大学、浙江理工大学、洛阳师范学院、南京财经大学、湖南科技学院、西安理工大学、西南民族大学、湖北经济学院、安徽农

续表

业大学、聊城大学、西北民族大学、西南科技大学、华东政法大学、北京邮电大学、中南民族大学、南京农业大学、西北政法大学、上海理工大学、衡阳师范学院、牡丹江师范学院、广州大学、贵州师范学院、长江大学、西安石油大学、天津科技大学、吉林师范大学、三峡大学、大理大学、华东理工大学、湖南理工学院、西南财经大学、国防科技大学、首都经济贸易大学、青海师范大学、佳木斯大学、华中农业大学、广东工业大学、天津理工大学、内蒙古民族大学、青岛科技大学、齐齐哈尔大学、南阳师范学院、汕头大学、合肥工业大学、湖北民族大学、江南大学、西安电子科技大学

3★(298个)，2★(397个)，1★(99个)：名单略

0503 新闻传播学类（659）

排名	学校名称	星级	排名	学校名称	星级	排名	学校名称	星级
1	中国传媒大学	5★+	23	中山大学	5★	45	清华大学	5★-
2	中国人民大学	5★+	24	华东师范大学	5★	46	苏州大学	5★-
3	武汉大学	5★+	25	天津师范大学	5★	47	山东大学	5★-
4	复旦大学	5★+	26	湖南大学	5★	48	上海交通大学	5★-
5	北京大学	5★+	27	浙江传媒学院	5★	49	上海理工大学	5★-
6	南京大学	5★+	28	江西师范大学	5★	50	湖北大学	5★-
7	厦门大学	5★+	29	浙江大学	5★	51	东北师范大学	5★-
8	暨南大学	5★+	30	河南大学	5★	52	中国政法大学	5★-
9	华中科技大学	5★+	31	黑龙江大学	5★	53	北京师范大学	5★-
10	郑州大学	5★+	32	中国社会科学院大学	5★	54	广州大学	5★-
11	湖南师范大学	5★+	33	重庆大学	5★	55	湖南理工学院	5★-
12	河北大学	5★+	34	山西传媒学院	5★-	56	福建师范大学	5★-
13	安徽大学	5★+	35	云南大学	5★-	57	北京交通大学	5★-
14	上海大学	5★	36	华中师范大学	5★-	58	吉林大学	5★-
15	西南政法大学	5★	37	新疆大学	5★-	59	天津外国语大学	5★-
16	四川大学	5★	38	上海外国语大学	5★-	60	北京工商大学	5★-
17	深圳大学	5★	39	西南交通大学	5★-	61	西北政法大学	5★-
18	南昌大学	5★	40	西北大学	5★-	62	北京外国语大学	5★-
19	南京师范大学	5★	41	内蒙古大学	5★-	63	广东外语外贸大学	5★-
20	北京印刷学院	5★	42	安徽师范大学	5★-	64	浙江工业大学	5★-
21	陕西师范大学	5★	43	兰州大学	5★-	65	中央民族大学	5★-
22	华南理工大学	5★	44	山西大学	5★-	66	西南大学	5★-

4★(66个)：江苏师范大学、上海师范大学、华东政法大学、广西大学、河北经贸大学、北京体育大学、山东师范大学、河南工业大学、南京林业大学、湘潭大学、广西艺术学院、成都理工大学、中南财经政法大学、大连理工大学、西安交通大学、吉林师范大学、广东技术师范大学、武汉体育学院、辽宁大学、厦门理工学院、辽宁传媒学院、沈阳师范大学、中南民族大学、中南大学、华南师范大学、重庆工商大学、浙江工商大学、汕头大学、西安外国语大学、三江学院、四川外国语大学、上海财经大学、云南民族大学、山东青年政治学院、海南师范大学、湖北第二师范学院、武汉理工大学、西北民族大学、南开大学、四川师范大学、同济大学、西藏民族大学、湖北经济学院、贵州民族大学、华中农业大学、新疆财经大学、宁夏大学、南宁师范大学、河北师范大学、上海政法学院、吉林工程技术师范学院、云南师范大学、南京财经大学、西北师范大学、贵州师范学院、中央财经大学、西安欧亚学院、闽江学院、武昌首义学院、合肥师范学院、北京联合大学、中国地质大学(武汉)、渤海大学、华侨大学、浙江万里学院、首都经济贸易大学

3★(198个)，2★(263个)，1★(66个)：名单略

0601 历史学类（260）

排名	学校名称	星级	排名	学校名称	星级	排名	学校名称	星级
1	北京大学	5★+	10	首都师范大学	5★	19	上海师范大学	5★-
2	中国人民大学	5★+	11	山东大学	5★	20	东北师范大学	5★-
3	复旦大学	5★+	12	中山大学	5★	21	河北师范大学	5★-
4	北京师范大学	5★+	13	南京大学	5★	22	厦门大学	5★-
5	武汉大学	5★+	14	河南大学	5★-	23	山西大学	5★-
6	西北大学	5★	15	郑州大学	5★-	24	华中师范大学	5★-
7	南开大学	5★	16	陕西师范大学	5★-	25	天津师范大学	5★-
8	四川大学	5★	17	清华大学	5★-	26	安徽大学	5★-
9	吉林大学	5★	18	兰州大学	5★-			

4★(26个)：云南大学、中央民族大学、湖南师范大学、华东师范大学、山东师范大学、西南大学、浙江大学、河北大学、南京师范大学、安徽师范大学、四川师范大学、暨南大学、江西师范大学、湖南大学、浙江师范大学、中国社会科学院大学、上海大学、福建师范大学、西北师范大学、苏州大学、吉林师范大学、湖北大学、华南师范大学、扬州大学、曲阜师范大学、云南师范大学

3★(78个)，2★(104个)，1★(26个)：名单略

0701 数学类（615）

排名	学校名称	星级	排名	学校名称	星级	排名	学校名称	星级
1	北京大学	5★+	22	南京大学	5★	43	山西大学	5★-
2	复旦大学	5★+	23	厦门大学	5★	44	兰州大学	5★-
3	中国科学技术大学	5★+	24	广州大学	5★	45	浙江师范大学	5★-
4	山东大学	5★+	25	西北工业大学	5★	46	华东师范大学	5★-
5	南开大学	5★+	26	华中科技大学	5★	47	内蒙古大学	5★-
6	吉林大学	5★+	27	华南理工大学	5★	48	华南师范大学	5★-
7	中山大学	5★+	28	电子科技大学	5★	49	扬州大学	5★-
8	四川大学	5★+	29	陕西师范大学	5★	50	西北大学	5★-
9	中南大学	5★+	30	湖南师范大学	5★	51	四川师范大学	5★-
10	清华大学	5★+	31	新疆大学	5★	52	福州大学	5★-
11	北京师范大学	5★+	32	云南大学	5★-	53	合肥工业大学	5★-
12	首都师范大学	5★+	33	西安电子科技大学	5★-	54	南京师范大学	5★-
13	上海交通大学	5★	34	湖南大学	5★-	55	北京工业大学	5★-
14	南方科技大学	5★	35	北京理工大学	5★-	56	中国海洋大学	5★-
15	湘潭大学	5★	36	南京信息工程大学	5★-	57	安徽大学	5★-
16	哈尔滨工业大学	5★	37	苏州大学	5★-	58	天津大学	5★-
17	西安交通大学	5★	38	重庆大学	5★-	59	西北师范大学	5★-
18	浙江大学	5★	39	南京理工大学	5★-	60	山东师范大学	5★-
19	大连理工大学	5★	40	杭州电子科技大学	5★-	61	曲阜师范大学	5★-
20	武汉大学	5★	41	东南大学	5★-	62	重庆师范大学	5★-
21	北京航空航天大学	5★	42	上海大学	5★-			

4★（61个）：南昌大学、河南师范大学、广西大学、郑州大学、同济大学、上海师范大学、福建师范大学、湖北大学、中国人民大学、华东理工大学、贵州师范大学、浙江工业大学、哈尔滨师范大学、华中师范大学、宁波大学、西南大学、宁夏大学、东北师范大学、河南大学、江西师范大学、北京交通大学、河北师范大学、上海财经大学、中国矿业大学(北京)、东北大学、西南交通大学、太原理工大学、南京航空航天大学、长沙理工大学、汕头大学、青岛大学、江苏大学、南京邮电大学、重庆邮电大学、哈尔滨工程大学、贵州大学、安徽师范大学、中国矿业大学、北京科技大学、成都信息工程大学、华北水利水电大学、内蒙古师范大学、武汉理工大学、东华大学、广东工业大学、桂林电子科技大学、山西师范大学、天津师范大学、中国科学院大学、集美大学、安徽理工大学、成都理工大学、浙江理工大学、华南农业大学、东北电力大学、河北工业大学、河南科技大学、华北电力大学、广西师范大学、河北大学、闽南师范大学

3★（185个），2★（246个），1★（61个）：名单略

0702 物理学类（402）

排名	学校名称	星级	排名	学校名称	星级	排名	学校名称	星级
1	中国科学技术大学	5★+	15	浙江大学	5★	29	大连理工大学	5★-
2	北京大学	5★+	16	华中师范大学	5★	30	中国科学院大学	5★-
3	南京大学	5★+	17	东南大学	5★	31	同济大学	5★-
4	上海交通大学	5★+	18	郑州大学	5★	32	华南师范大学	5★-
5	清华大学	5★+	19	中山大学	5★	33	厦门大学	5★-
6	吉林大学	5★+	20	北京师范大学	5★	34	北京理工大学	5★-
7	西安交通大学	5★+	21	武汉大学	5★-	35	中南大学	5★-
8	北京航空航天大学	5★+	22	重庆大学	5★-	36	苏州大学	5★-
9	复旦大学	5★	23	四川大学	5★-	37	陕西师范大学	5★-
10	南开大学	5★	24	华东师范大学	5★-	38	华南理工大学	5★-
11	山东大学	5★	25	上海大学	5★-	39	中国人民大学	5★-
12	西北大学	5★	26	湖南师范大学	5★-	40	辽宁师范大学	5★-
13	兰州大学	5★	27	山西大学	5★-			
14	华中科技大学	5★	28	浙江师范大学	5★-			

4★（40个）：电子科技大学、青岛大学、西北师范大学、南京航空航天大学、东北师范大学、南京师范大学、南昌大学、曲阜师范大学、内蒙古大学、西南大学、福建师范大学、山东师范大学、宁波大学、河北师范大学、广西大学、河南师范大学、山西师范大学、东北大学、湘潭大学、河南大学、安徽师范大学、福州大学、四川师范大学、哈尔滨师范大学、安徽大学、南方科技大学、北京科技大学、扬州大学、首都师范大学、燕山大学、江西师范大学、广西师范大学、长江大学、河北大学、北京工业大学、云南大学、吉林师范大学、浙江工业大学、新疆大学、云南师范大学

3★（121个），2★（161个），1★（40个）：名单略

0703 化学类（510）

排名	学校名称	星级	排名	学校名称	星级	排名	学校名称	星级
1	北京大学	5★+	7	华东理工大学	5★+	13	兰州大学	5★
2	南开大学	5★+	8	南京大学	5★+	14	北京化工大学	5★
3	武汉大学	5★+	9	浙江大学	5★+	15	中国科学技术大学	5★
4	吉林大学	5★+	10	湖南大学	5★+	16	天津大学	5★
5	厦门大学	5★+	11	西北大学	5★	17	山东大学	5★
6	四川大学	5★+	12	复旦大学	5★	18	清华大学	5★

续表

排名	学校名称	星级	排名	学校名称	星级	排名	学校名称	星级
19	陕西师范大学	5★	30	青岛科技大学	5★-	41	东北大学	5★-
20	上海交通大学	5★	31	东北师范大学	5★-	42	北京航空航天大学	5★-
21	郑州大学	5★	32	哈尔滨工业大学	5★-	43	中国农业大学	5★-
22	苏州大学	5★	33	中国科学院大学	5★-	44	中国石油大学(华东)	5★-
23	华南理工大学	5★	34	西安交通大学	5★-	45	陕西科技大学	5★-
24	中山大学	5★	35	新疆大学	5★-	46	西南大学	5★-
25	扬州大学	5★	36	南昌大学	5★-	47	大连理工大学	5★-
26	南京工业大学	5★	37	华中师范大学	5★-	48	华东师范大学	5★-
27	华中科技大学	5★-	38	湘潭大学	5★-	49	河南大学	5★-
28	北京理工大学	5★-	39	北京师范大学	5★-	50	南京师范大学	5★-
29	福州大学	5★-	40	江西师范大学	5★-	51	山西大学	5★-

4★(51个)：广西大学、济南大学、安徽师范大学、广西师范大学、浙江师范大学、华南师范大学、福建师范大学、辽宁大学、黑龙江大学、贵州大学、温州大学、内蒙古大学、海南师范大学、河南师范大学、中南大学、暨南大学、安徽大学、河北大学、东北林业大学、同济大学、辽宁师范大学、天津师范大学、湖南师范大学、延边大学、西北师范大学、首都师范大学、云南大学、东华大学、河北师范大学、上海大学、山东师范大学、山西师范大学、浙江工业大学、长春工业大学、中国石油大学(北京)、安徽工业大学、青岛大学、广东工业大学、四川师范大学、西南石油大学、西北农林科技大学、江南大学、武汉工程大学、山东理工大学、湖北大学、中国地质大学(武汉)、中国矿业大学、宁波大学、燕山大学、东北石油大学、江苏科技大学

3★(153个)，2★(204个)，1★(51个)：名单略

0704 天文学类（14）

排名	学校名称	星级	排名	学校名称	星级	排名	学校名称	星级
1	南京大学	5★						

4★(2个)：中国科学技术大学、北京大学

3★(4个)，2★(6个)，1★(1个)：名单略

0705 地理科学类（286）

排名	学校名称	星级	排名	学校名称	星级	排名	学校名称	星级
1	北京师范大学	5★+	11	云南师范大学	5★	21	中国地质大学(武汉)	5★-
2	北京大学	5★+	12	湖南师范大学	5★	22	江西师范大学	5★-
3	南京师范大学	5★+	13	哈尔滨师范大学	5★	23	陕西师范大学	5★-
4	华东师范大学	5★+	14	西南大学	5★	24	内蒙古师范大学	5★-
5	南京大学	5★+	15	福建师范大学	5★	25	西北师范大学	5★-
6	中山大学	5★+	16	首都师范大学	5★	26	河北师范大学	5★-
7	兰州大学	5★	17	华中师范大学	5★-	27	天津师范大学	5★-
8	东北师范大学	5★	18	贵州师范大学	5★-	28	山东师范大学	5★-
9	华南师范大学	5★	19	河南大学	5★-	29	辽宁师范大学	5★-
10	武汉大学	5★	20	西北大学	5★-			

4★（28个）：安徽师范大学、浙江师范大学、云南大学、新疆大学、青海师范大学、河海大学、太原师范学院、南京信息工程大学、四川师范大学、广州大学、南宁师范大学、山西师范大学、海南师范大学、北京联合大学、中国科学院大学、山东科技大学、新疆师范大学、衡阳师范学院、鲁东大学、长春师范大学、成都理工大学、上海师范大学、中国地质大学(北京)、宁夏大学、湖北大学、西华师范大学、西南林业大学、湖北师范大学
3★（86个），2★（114个），1★（29个）：名单略

0706 大气科学类（21）

排名	学校名称	星级	排名	学校名称	星级	排名	学校名称	星级
1	南京信息工程大学	5★	2	北京大学	5★-			
4★（2个）：南京大学、兰州大学								
3★（7个），2★（8个），1★（2个）：名单略								

0707 海洋科学类（51）

排名	学校名称	星级	排名	学校名称	星级	排名	学校名称	星级
1	中国海洋大学	5★+	3	浙江海洋大学	5★	5	天津大学	5★-
2	厦门大学	5★	4	上海海洋大学	5★-			
4★（5个）：广东海洋大学、同济大学、河海大学、国防科技大学、中国地质大学(北京)								
3★（16个），2★（20个），1★（5个）：名单略								

0708 地球物理学类（31）

排名	学校名称	星级	排名	学校名称	星级	排名	学校名称	星级
1	北京大学	5★+	2	武汉大学	5★	3	中国科学技术大学	5★-
4★（3个）：中国地质大学(武汉)、吉林大学、中国石油大学(华东)								
3★（10个），2★（12个），1★（3个）：名单略								

0709 地质学类（33）

排名	学校名称	星级	排名	学校名称	星级	排名	学校名称	星级
1	北京大学	5★+	2	中国地质大学(武汉)	5★	3	南京大学	5★-
4★（4个）：西北大学、中国地质大学(北京)、兰州大学、成都理工大学								
3★（10个），2★（13个），1★（3个）：名单略								

0710 生物科学类（428）

排名	学校名称	星级	排名	学校名称	星级	排名	学校名称	星级
1	北京大学	5★+	7	武汉大学	5★+	13	吉林大学	5★
2	中国农业大学	5★+	8	厦门大学	5★+	14	同济大学	5★
3	复旦大学	5★+	9	上海交通大学	5★+	15	兰州大学	5★
4	中山大学	5★+	10	南京大学	5★	16	华中科技大学	5★
5	华中农业大学	5★+	11	浙江大学	5★	17	北京师范大学	5★
6	清华大学	5★+	12	中国科学技术大学	5★	18	云南大学	5★

续表

排名	学校名称	星级	排名	学校名称	星级	排名	学校名称	星级
19	西南大学	5★	28	华南农业大学	5★-	37	北京林业大学	5★-
20	河南大学	5★	29	陕西师范大学	5★-	38	安徽师范大学	5★-
21	内蒙古大学	5★	30	山东大学	5★-	39	湖南师范大学	5★-
22	东北师范大学	5★-	31	南开大学	5★-	40	四川大学	5★-
23	南京农业大学	5★-	32	海南大学	5★-	41	东北农业大学	5★-
24	东北林业大学	5★-	33	西北大学	5★-	42	湖南农业大学	5★-
25	华东师范大学	5★-	34	暨南大学	5★-	43	广西大学	5★-
26	中南大学	5★-	35	河北师范大学	5★-			
27	福建农林大学	5★-	36	湖北大学	5★-			

4★（43个）：中国海洋大学、西北农林科技大学、南方医科大学、中南林业科技大学、河北大学、扬州大学、南京林业大学、南昌大学、河北农业大学、山东农业大学、安徽农业大学、华南师范大学、首都师范大学、南京师范大学、中国医科大学、深圳大学、河南师范大学、贵州大学、贵州师范大学、华东理工大学、上海海洋大学、宁夏大学、福建师范大学、四川农业大学、华中师范大学、山东师范大学、江南大学、杭州师范大学、吉林农业大学、浙江师范大学、云南师范大学、海南师范大学、哈尔滨师范大学、华南理工大学、西北师范大学、江苏师范大学、安徽大学、重庆师范大学、广西师范大学、上海师范大学、湖南大学、山西大学、汕头大学

3★（128个），2★（171个），1★（43个）：名单略

0711 心理学类（315）

排名	学校名称	星级	排名	学校名称	星级	排名	学校名称	星级
1	北京师范大学	5★+	12	山东师范大学	5★	23	中山大学	5★-
2	北京大学	5★+	13	西北师范大学	5★	24	深圳大学	5★-
3	华南师范大学	5★+	14	福建师范大学	5★	25	广州大学	5★-
4	西南大学	5★+	15	东北师范大学	5★	26	清华大学	5★-
5	陕西师范大学	5★+	16	湖南师范大学	5★	27	首都师范大学	5★-
6	华中师范大学	5★+	17	天津师范大学	5★-	28	西南交通大学	5★-
7	华东师范大学	5★	18	上海师范大学	5★-	29	四川师范大学	5★-
8	浙江大学	5★	19	浙江师范大学	5★-	30	内蒙古师范大学	5★-
9	南京师范大学	5★	20	贵州师范大学	5★-	31	中央财经大学	5★-
10	江西师范大学	5★	21	武汉大学	5★-	32	山西大学	5★-
11	辽宁师范大学	5★	22	河南大学	5★-			

4★（31个）：沈阳师范大学、南方医科大学、温州医科大学、宁夏大学、广西师范大学、河北大学、新乡医学院、闽南师范大学、上海体育大学、北京林业大学、中国人民大学、安徽师范大学、宁波大学、苏州科技大学、北京联合大学、合肥师范学院、苏州大学、山东中医药大学、潍坊医学院、北京体育大学、云南师范大学、南昌大学、浙江理工大学、郑州大学、南开大学、杭州师范大学、青岛大学、中国政法大学、中国科学院大学、吉林大学、南京大学

3★（95个），2★（126个），1★（31个）：名单略

0712 统计学类（370）

排名	学校名称	星级	排名	学校名称	星级	排名	学校名称	星级
1	中国人民大学	5★+	14	山西财经大学	5★	27	山东财经大学	5★-
2	北京大学	5★+	15	曲阜师范大学	5★	28	中山大学	5★-
3	厦门大学	5★+	16	中国科学技术大学	5★	29	云南大学	5★-
4	南开大学	5★+	17	东北师范大学	5★	30	四川大学	5★-
5	华东师范大学	5★+	18	广州大学	5★	31	首都师范大学	5★-
6	上海财经大学	5★+	19	西安交通大学	5★	32	北京理工大学	5★-
7	西南财经大学	5★+	20	中南财经政法大学	5★-	33	西南大学	5★-
8	北京师范大学	5★	21	北京交通大学	5★-	34	华中师范大学	5★-
9	山东大学	5★	22	云南财经大学	5★-	35	南京师范大学	5★-
10	首都经济贸易大学	5★	23	兰州财经大学	5★-	36	中南大学	5★-
11	中央财经大学	5★	24	复旦大学	5★-	37	江西财经大学	5★-
12	安徽大学	5★	25	湖南师范大学	5★-			
13	浙江工商大学	5★	26	长春工业大学	5★-			

4★(37个)：湖南大学、湘潭大学、东北财经大学、武汉大学、福建师范大学、安徽财经大学、南京医科大学、上海对外经贸大学、天津商业大学、南京信息工程大学、河南大学、山东科技大学、华中科技大学、长沙理工大学、对外经济贸易大学、北京工商大学、西安财经大学、吉林大学、重庆大学、苏州大学、景德镇陶瓷大学、广西师范大学、北京航空航天大学、上海立信会计金融学院、吉林财经大学、安徽师范大学、山东工商学院、山东师范大学、内蒙古财经大学、新疆大学、徐州工程学院、桂林理工大学、上海交通大学、中央民族大学、广东财经大学、贵州财经大学、江苏师范大学

3★(111个)，2★(148个)，1★(37个)：名单略

0801 力学类（92）

排名	学校名称	星级	排名	学校名称	星级	排名	学校名称	星级
1	清华大学	5★+	4	北京航空航天大学	5★	7	西安交通大学	5★-
2	北京大学	5★+	5	浙江大学	5★	8	上海交通大学	5★-
3	哈尔滨工业大学	5★	6	大连理工大学	5★-	9	南京航空航天大学	5★-

4★(9个)：上海大学、同济大学、兰州大学、北京理工大学、宁波大学、天津大学、西北工业大学、中国科学技术大学、辽宁工程技术大学

3★(28个)，2★(37个)，1★(9个)：名单略

0802 机械类（705）

排名	学校名称	星级	排名	学校名称	星级	排名	学校名称	星级
1	哈尔滨工业大学	5★+	9	浙江大学	5★+	17	合肥工业大学	5★
2	大连理工大学	5★+	10	上海交通大学	5★+	18	华南理工大学	5★
3	西安交通大学	5★+	11	重庆大学	5★+	19	同济大学	5★
4	西北工业大学	5★+	12	湖南大学	5★+	20	天津大学	5★
5	清华大学	5★+	13	东南大学	5★+	21	北京航空航天大学	5★
6	燕山大学	5★+	14	东北大学	5★+	22	北京理工大学	5★
7	上海大学	5★+	15	武汉理工大学	5★	23	长安大学	5★
8	华中科技大学	5★+	16	吉林大学	5★	24	浙江工业大学	5★

续表

排名	学校名称	星级	排名	学校名称	星级	排名	学校名称	星级
25	江苏大学	5★	41	福州大学	5★-	57	北京交通大学	5★-
26	兰州理工大学	5★	42	桂林电子科技大学	5★-	58	南京林业大学	5★-
27	广东工业大学	5★	43	沈阳航空航天大学	5★-	59	西安工业大学	5★-
28	太原理工大学	5★	44	浙江理工大学	5★-	60	沈阳建筑大学	5★-
29	河北工业大学	5★	45	长春工业大学	5★-	61	天津工业大学	5★-
30	河南科技大学	5★	46	上海理工大学	5★-	62	天津科技大学	5★-
31	南京理工大学	5★	47	湖南科技大学	5★-	63	青岛科技大学	5★-
32	南京航空航天大学	5★	48	北京科技大学	5★-	64	中国矿业大学	5★-
33	西安建筑科技大学	5★	49	杭州电子科技大学	5★-	65	中国石油大学(华东)	5★-
34	太原科技大学	5★	50	兰州交通大学	5★-	66	长春理工大学	5★-
35	武汉科技大学	5★	51	大连交通大学	5★-	67	江南大学	5★-
36	南昌大学	5★-	52	华东理工大学	5★-	68	西安科技大学	5★-
37	沈阳工业大学	5★-	53	昆明理工大学	5★-	69	上海工程技术大学	5★-
38	哈尔滨理工大学	5★-	54	山东大学	5★-	70	中国农业大学	5★-
39	西安理工大学	5★-	55	西南石油大学	5★-	71	山东理工大学	5★-
40	西南交通大学	5★-	56	东华大学	5★-			

4★(70个)：广西科技大学、重庆交通大学、东北石油大学、中国石油大学(北京)、陕西科技大学、安徽工业大学、安徽理工大学、山东科技大学、长沙理工大学、河南工业大学、四川大学、中北大学、华东交通大学、石家庄铁道大学、重庆理工大学、南京工业大学、湖北工业大学、中南大学、北京化工大学、厦门理工学院、贵州大学、北京工业大学、天津理工大学、内蒙古工业大学、辽宁工业大学、哈尔滨工程大学、扬州大学、湖北汽车工业学院、华侨大学、江苏科技大学、东北林业大学、青岛理工大学、江苏理工学院、西安电子科技大学、安徽工程大学、广西大学、南昌航空大学、新疆大学、河南理工大学、西华大学、西安石油大学、内蒙古科技大学、西安工程大学、辽宁工程技术大学、福建理工大学、北京信息科技大学、河北农业大学、湘潭大学、郑州轻工业大学、中国计量大学、宁波大学、陕西理工大学、西南科技大学、浙江科技学院、武汉工程大学、长江大学、山东建筑大学、武汉大学、南华大学、郑州大学、四川轻化工大学、中南林业科技大学、成都工业学院、厦门大学、常州大学、华北水利水电大学、北京邮电大学、北京建筑大学、电子科技大学、中原工学院

3★(212个)，2★(282个)，1★(70个)：名单略

0803 仪器类（197）

排名	学校名称	星级	排名	学校名称	星级	排名	学校名称	星级
1	清华大学	5★+	8	北京理工大学	5★	15	长春理工大学	5★-
2	北京航空航天大学	5★+	9	武汉理工大学	5★	16	南京航空航天大学	5★-
3	天津大学	5★+	10	上海交通大学	5★	17	中国计量大学	5★-
4	东南大学	5★+	11	中北大学	5★	18	桂林电子科技大学	5★-
5	哈尔滨工业大学	5★	12	电子科技大学	5★	19	西安电子科技大学	5★-
6	吉林大学	5★	13	重庆大学	5★	20	燕山大学	5★-
7	西安交通大学	5★	14	合肥工业大学	5★-			

4★(19个)：河北大学、哈尔滨工程大学、江苏大学、哈尔滨理工大学、西安理工大学、大连理工大学、厦门大学、杭州电子科技大学、北京信息科技大学、南京理工大学、沈阳工业大学、北京科技大学、南昌航空大学、西安工业大学、四川大学、上海理工大学、国防科技大学、湖北工业大学、西南石油大学

3★(60个)，2★(78个)，1★(20个)：名单略

0804 材料类（502）

排名	学校名称	星级	排名	学校名称	星级	排名	学校名称	星级
1	武汉理工大学	5★+	18	华东理工大学	5★	35	西安建筑科技大学	5★-
2	哈尔滨工业大学	5★+	19	西北工业大学	5★	36	武汉科技大学	5★-
3	中南大学	5★+	20	吉林大学	5★	37	河南科技大学	5★-
4	中国科学技术大学	5★+	21	苏州大学	5★	38	合肥工业大学	5★-
5	清华大学	5★+	22	天津大学	5★	39	东北大学	5★-
6	复旦大学	5★+	23	中山大学	5★	40	南开大学	5★-
7	燕山大学	5★+	24	北京理工大学	5★	41	上海科技大学	5★-
8	北京航空航天大学	5★+	25	华南理工大学	5★	42	东北师范大学	5★-
9	浙江大学	5★+	26	北京科技大学	5★-	43	安徽工业大学	5★-
10	四川大学	5★+	27	东华大学	5★-	44	重庆大学	5★-
11	西安交通大学	5★	28	郑州大学	5★-	45	南京理工大学	5★-
12	华中科技大学	5★	29	南昌大学	5★-	46	河北工业大学	5★-
13	上海交通大学	5★	30	安徽大学	5★-	47	陕西科技大学	5★-
14	南京大学	5★	31	昆明理工大学	5★-	48	桂林理工大学	5★-
15	中国科学院大学	5★	32	南京工业大学	5★-	49	景德镇陶瓷大学	5★-
16	北京大学	5★	33	上海大学	5★-	50	西安理工大学	5★-
17	东南大学	5★	34	北京化工大学	5★-			

4★（50个）：江苏大学、兰州理工大学、南昌航空大学、大连理工大学、江西理工大学、青岛科技大学、济南大学、浙江理工大学、太原理工大学、天津工业大学、辽宁科技大学、哈尔滨理工大学、中国地质大学(北京)、贵州大学、北京工业大学、中国石油大学(华东)、华北理工大学、南京航空航天大学、西安工业大学、电子科技大学、天津理工大学、湘潭大学、江苏科技大学、广东工业大学、长春理工大学、内蒙古科技大学、哈尔滨工程大学、中国地质大学(武汉)、湖北大学、常州大学、长春工业大学、兰州大学、武汉工程大学、齐鲁工业大学、西南科技大学、中国计量大学、西南石油大学、厦门大学、浙江工业大学、重庆科技学院、华北电力大学、湖南大学、西南交通大学、福州大学、青岛大学、华侨大学、大连交通大学、同济大学、中国石油大学(北京)、太原科技大学

3★（151个），2★（201个），1★（50个）：名单略

0805 能源动力类（276）

排名	学校名称	星级	排名	学校名称	星级	排名	学校名称	星级
1	西安交通大学	5★+	11	重庆大学	5★	21	华东理工大学	5★-
2	华中科技大学	5★+	12	东北大学	5★	22	北京工业大学	5★-
3	清华大学	5★+	13	武汉大学	5★	23	南京理工大学	5★-
4	天津大学	5★+	14	西北工业大学	5★	24	武汉理工大学	5★-
5	浙江大学	5★+	15	吉林大学	5★-	25	南京航空航天大学	5★-
6	山东大学	5★+	16	中国科学技术大学	5★-	26	同济大学	5★-
7	北京科技大学	5★	17	北京理工大学	5★-	27	大连理工大学	5★-
8	中南大学	5★	18	华南理工大学	5★-	28	河海大学	5★-
9	东南大学	5★	19	四川大学	5★-			
10	哈尔滨工业大学	5★	20	北京航空航天大学	5★-			

4★（27个）：华北电力大学、江苏大学、兰州理工大学、昆明理工大学、南京工业大学、内蒙古工业大学、上海理工大学、青岛科技大学、长沙理工大学、东北电力大学、河北工业大学、中国石油大学(华东)、上海交通大学、哈尔滨工程大学、中国石油大学(北京)、沈阳航空航天大学、安徽工业大学、扬州大学、中北大学、青岛大学、郑州大学、上海电力大学、西南交通大学、广东工业大学、郑州轻工业大学、山东理工大学、天津商业大学

3★（83个），2★（110个），1★（28个）：名单略

0806 电气类（585）

排名	学校名称	星级	排名	学校名称	星级	排名	学校名称	星级
1	华北电力大学	5★+	21	三峡大学	5★	41	燕山大学	5★-
2	华中科技大学	5★+	22	西安理工大学	5★	42	昆明理工大学	5★-
3	西安交通大学	5★+	23	西南交通大学	5★	43	东北石油大学	5★-
4	重庆大学	5★+	24	长沙理工大学	5★	44	新疆大学	5★-
5	浙江大学	5★+	25	福州大学	5★	45	上海大学	5★-
6	清华大学	5★+	26	沈阳工业大学	5★	46	南京师范大学	5★-
7	湖南大学	5★+	27	哈尔滨理工大学	5★	47	上海电力大学	5★-
8	天津大学	5★+	28	合肥工业大学	5★	48	中南大学	5★-
9	河北工业大学	5★+	29	江苏大学	5★	49	兰州理工大学	5★-
10	哈尔滨工业大学	5★+	30	上海交通大学	5★-	50	郑州轻工业大学	5★-
11	华南理工大学	5★+	31	东北大学	5★-	51	兰州交通大学	5★-
12	东南大学	5★+	32	南京航空航天大学	5★-	52	青岛大学	5★-
13	西北工业大学	5★	33	郑州大学	5★-	53	天津理工大学	5★-
14	武汉大学	5★	34	河海大学	5★-	54	武汉理工大学	5★-
15	山东大学	5★	35	中国矿业大学	5★-	55	湖北工业大学	5★-
16	南京理工大学	5★	36	太原理工大学	5★-	56	哈尔滨工程大学	5★-
17	四川大学	5★	37	山东科技大学	5★-	57	广东工业大学	5★-
18	大连理工大学	5★	38	北京交通大学	5★-	58	安徽大学	5★-
19	北京航空航天大学	5★	39	辽宁工程技术大学	5★-	59	华东交通大学	5★-
20	东北电力大学	5★	40	广西大学	5★-			

4★（58个）：贵州大学、石家庄铁道大学、西华大学、杭州电子科技大学、内蒙古工业大学、重庆邮电大学、电子科技大学、安徽理工大学、南京工业大学、中国石油大学(华东)、温州大学、山东理工大学、河南理工大学、陕西科技大学、中国科学院大学、天津工业大学、辽宁工业大学、湖南工业大学、南京工程学院、同济大学、南京邮电大学、中国矿业大学(北京)、北华大学、上海海事大学、苏州大学、武汉科技大学、湖南工程学院、北方工业大学、常州工学院、北京理工大学、江南大学、西安科技大学、西安电子科技大学、西安工程大学、南通大学、湖南科技大学、长春工程学院、黑龙江科技大学、大连海事大学、中国计量大学、武汉纺织大学、福建理工大学、黑龙江工程学院、吉林大学、华侨大学、扬州大学、安徽工业大学、中北大学、青海大学、大连交通大学、山西大学、南昌大学、武汉工程大学、许昌学院、辽宁石油化工大学、徐州工程学院、宁波大学、盐城工学院

3★（176个），2★（234个），1★（58个）：名单略

0807 电子信息类(918)

排名	学校名称	星级	排名	学校名称	星级	排名	学校名称	星级
1	电子科技大学	5★+	32	北京交通大学	5★	63	上海大学	5★-
2	西安电子科技大学	5★+	33	中北大学	5★	64	天津理工大学	5★-
3	上海交通大学	5★+	34	河北工业大学	5★	65	昆明理工大学	5★-
4	南京邮电大学	5★+	35	太原理工大学	5★	66	华东师范大学	5★-
5	中山大学	5★+	36	福州大学	5★	67	中国传媒大学	5★-
6	北京大学	5★+	37	大连理工大学	5★	68	西北大学	5★-
7	东南大学	5★+	38	西安理工大学	5★	69	清华大学	5★-
8	华中科技大学	5★+	39	华南理工大学	5★	70	南通大学	5★-
9	北京邮电大学	5★+	40	深圳大学	5★	71	厦门大学	5★-
10	哈尔滨工业大学	5★+	41	西安邮电大学	5★	72	青岛大学	5★-
11	北京航空航天大学	5★+	42	华南师范大学	5★	73	兰州大学	5★-
12	吉林大学	5★+	43	北京工业大学	5★	74	中南大学	5★-
13	杭州电子科技大学	5★+	44	湘潭大学	5★	75	东北大学	5★-
14	北京理工大学	5★+	45	长沙理工大学	5★	76	湖南大学	5★-
15	西安交通大学	5★+	46	西南交通大学	5★	77	兰州交通大学	5★-
16	西北工业大学	5★+	47	合肥工业大学	5★-	78	中国民航大学	5★-
17	浙江大学	5★+	48	黑龙江大学	5★-	79	湖北工业大学	5★-
18	复旦大学	5★+	49	哈尔滨工程大学	5★-	80	湖北大学	5★-
19	南京大学	5★	50	宁波大学	5★-	81	西安科技大学	5★-
20	武汉大学	5★	51	广东工业大学	5★-	82	海南大学	5★-
21	长春理工大学	5★	52	南京信息工程大学	5★-	83	华北电力大学	5★-
22	南京理工大学	5★	53	燕山大学	5★-	84	南昌航空大学	5★-
23	天津大学	5★	54	湖南师范大学	5★-	85	南开大学	5★-
24	中国科学技术大学	5★	55	中国计量大学	5★-	86	河北大学	5★-
25	成都信息工程大学	5★	56	贵州大学	5★-	87	兰州理工大学	5★-
26	桂林电子科技大学	5★	57	哈尔滨理工大学	5★-	88	山东科技大学	5★-
27	重庆邮电大学	5★	58	苏州大学	5★-	89	北京信息科技大学	5★-
28	武汉理工大学	5★	59	郑州大学	5★-	90	天津工业大学	5★-
29	安徽大学	5★	60	四川大学	5★-	91	中国矿业大学	5★-
30	重庆大学	5★	61	上海理工大学	5★-	92	西南科技大学	5★-
31	山东大学	5★	62	山东师范大学	5★-			

4★(92个):新疆大学、暨南大学、西安工业大学、河南师范大学、东莞理工学院、河南科技大学、沈阳工业大学、北方工业大学、北京科技大学、云南大学、齐鲁工业大学、山西大学、浙江工业大学、江西理工大学、大连海事大学、广西师范大学、华侨大学、汕头大学、华东交通大学、南昌大学、北京化工大学、五邑大学、内蒙古大学、聊城大学、西南大学、中南民族大学、青岛科技大学、东北电力大学、烟台大学、长江大学、东北石油大学、河南理工大学、沈阳航空航天大学、福建师范大学、浙江理工大学、北方民族大学、华北理工大学、武汉工程大学、河南工业大学、成都工业学院、华东理工大学、广西大学、武汉科技大学、辽宁工业大学、华南农业大学、南方科技大学、内蒙古工业大学、三

续表

峡大学、安徽建筑大学、长春工业大学、郑州轻工业大学、重庆三峡学院、大连交通大学、常州工学院、江西科技师范大学、福建理工大学、中国石油大学(北京)、集美大学、江苏师范大学、广州大学、国防科技大学、上海电力大学、厦门理工学院、济南大学、同济大学、浙江师范大学、佛山科学技术学院、南京航空航天大学、江苏大学、湖南科技大学、河海大学、广东技术师范大学、东华大学、四川师范大学、中国科学院大学、长安大学、大连东软信息学院、安徽新华学院、南京师范大学、常熟理工学院、河北师范大学、北华航天工业学院、中原工学院、文华学院、西南民族大学、江苏理工学院、运城学院、大连民族大学、陕西师范大学、南华大学、广西民族大学、淮北师范大学

3★（275 个），2★（367 个），1★（92 个）：名单略

0808 自动化类（562）

排名	学校名称	星级	排名	学校名称	星级	排名	学校名称	星级
1	浙江大学	5★+	20	中南大学	5★	39	中国矿业大学	5★-
2	东北大学	5★+	21	重庆大学	5★	40	西安电子科技大学	5★-
3	哈尔滨工业大学	5★+	22	华南理工大学	5★	41	同济大学	5★-
4	东南大学	5★+	23	华东理工大学	5★	42	西南科技大学	5★-
5	北京航空航天大学	5★+	24	山东大学	5★	43	东华大学	5★-
6	南京航空航天大学	5★+	25	燕山大学	5★	44	中国科学技术大学	5★-
7	清华大学	5★+	26	西安理工大学	5★	45	吉林大学	5★-
8	北京理工大学	5★+	27	广东工业大学	5★	46	大连理工大学	5★-
9	上海交通大学	5★+	28	杭州电子科技大学	5★	47	重庆邮电大学	5★-
10	西安交通大学	5★+	29	华北电力大学	5★-	48	河南理工大学	5★-
11	南京理工大学	5★+	30	北京科技大学	5★-	49	江苏大学	5★-
12	华中科技大学	5★	31	合肥工业大学	5★-	50	南京邮电大学	5★-
13	北京交通大学	5★	32	北京工业大学	5★-	51	河南科技大学	5★-
14	西南交通大学	5★	33	东北电力大学	5★-	52	河北工业大学	5★-
15	郑州大学	5★	34	江南大学	5★-	53	兰州交通大学	5★-
16	湖南大学	5★	35	兰州理工大学	5★-	54	南开大学	5★-
17	西北工业大学	5★	36	武汉科技大学	5★-	55	太原科技大学	5★-
18	哈尔滨工程大学	5★	37	华东交通大学	5★-	56	中国地质大学(武汉)	5★-
19	电子科技大学	5★	38	浙江工业大学	5★-			

4★（56 个）：北京邮电大学、太原理工大学、长安大学、西安工业大学、辽宁科技大学、北方工业大学、浙江理工大学、湖南工业大学、北京化工大学、安徽大学、曲阜师范大学、昆明理工大学、中国石油大学(北京)、哈尔滨理工大学、天津大学、青岛大学、中国计量大学、安徽理工大学、武汉理工大学、长沙理工大学、北京信息科技大学、厦门大学、江西理工大学、上海理工大学、辽宁石油化工大学、天津理工大学、广西大学、上海大学、山东科技大学、东北石油大学、郑州轻工业大学、四川大学、河海大学、长春工业大学、天津工业大学、齐鲁工业大学、南京信息工程大学、武汉大学、沈阳工业大学、中北大学、大连海事大学、江苏科技大学、南昌航空大学、内蒙古科技大学、新疆大学、河北大学、河南工业大学、桂林电子科技大学、中国石油大学(华东)、沈阳航空航天大学、广西科技大学、安徽工程大学、湖南科技大学、南京工业大学、福州大学、西安建筑科技大学

3★（169 个），2★（225 个），1★（56 个）：名单略

0809 计算机类（1048）

排名	学校名称	星级	排名	学校名称	星级	排名	学校名称	星级
1	清华大学	5★+	36	北京理工大学	5★	71	长沙理工大学	5★-
2	西安电子科技大学	5★+	37	浙江工业大学	5★	72	湘潭大学	5★-
3	哈尔滨工业大学	5★+	38	新疆大学	5★	73	合肥工业大学	5★-
4	华中科技大学	5★+	39	安徽大学	5★	74	浙江师范大学	5★-
5	国防科技大学	5★+	40	南京邮电大学	5★	75	南昌大学	5★-
6	北京航空航天大学	5★+	41	成都信息工程大学	5★	76	西南石油大学	5★-
7	北京邮电大学	5★+	42	桂林电子科技大学	5★	77	四川大学	5★-
8	浙江大学	5★+	43	云南大学	5★	78	武汉科技大学	5★-
9	电子科技大学	5★+	44	西安理工大学	5★	79	武汉理工大学	5★-
10	上海交通大学	5★+	45	西北大学	5★	80	深圳大学	5★-
11	中国科学技术大学	5★+	46	南京信息工程大学	5★	81	浙江工商大学	5★-
12	北京大学	5★+	47	哈尔滨理工大学	5★	82	广东工业大学	5★-
13	东南大学	5★+	48	广州大学	5★	83	福州大学	5★-
14	南京大学	5★+	49	大连东软信息学院	5★	84	长春工业大学	5★-
15	西北工业大学	5★+	50	西安交通大学	5★	85	东华理工大学	5★-
16	山东大学	5★+	51	华东师范大学	5★	86	山东科技大学	5★-
17	武汉大学	5★+	52	江苏大学	5★	87	济南大学	5★-
18	南开大学	5★+	53	天津理工大学	5★-	88	烟台大学	5★-
19	东北大学	5★+	54	湖南大学	5★-	89	太原理工大学	5★-
20	吉林大学	5★+	55	郑州轻工业大学	5★-	90	河南工业大学	5★-
21	大连理工大学	5★+	56	西南交通大学	5★-	91	北京林业大学	5★-
22	复旦大学	5★	57	暨南大学	5★-	92	武汉工程大学	5★-
23	重庆大学	5★	58	苏州大学	5★-	93	曲阜师范大学	5★-
24	同济大学	5★	59	长春理工大学	5★-	94	江西师范大学	5★-
25	杭州电子科技大学	5★	60	河南大学	5★-	95	上海大学	5★-
26	重庆邮电大学	5★	61	郑州大学	5★-	96	华东交通大学	5★-
27	北京工业大学	5★	62	燕山大学	5★-	97	河海大学	5★-
28	北京交通大学	5★	63	华中师范大学	5★-	98	华北电力大学	5★-
29	华南理工大学	5★	64	北京信息科技大学	5★-	99	西南科技大学	5★-
30	天津大学	5★	65	青岛大学	5★-	100	兰州交通大学	5★-
31	南京航空航天大学	5★	66	哈尔滨工程大学	5★-	101	北京科技大学	5★-
32	南京理工大学	5★	67	华南师范大学	5★-	102	杭州师范大学	5★-
33	中山大学	5★	68	江南大学	5★-	103	中原工学院	5★-
34	中南大学	5★	69	江西财经大学	5★-	104	山西大学	5★-
35	厦门大学	5★	70	西安科技大学	5★-	105	东莞理工学院	5★-

4★（105个）：湖北工业大学、贵州大学、青岛科技大学、黑龙江大学、西南大学、内蒙古工业大学、中北大学、天津工业大学、中国科学院大学、西安邮电大学、西安工业大学、中国人民大学、陕西师范大学、北方工业大学、中国海洋大学、辽宁石油化工大学、昆明理工大学、山东财经大学、集美大学、南昌航空大学、中国地质大学(武汉)、中国矿业

大学、海南大学、合肥学院、福建师范大学、安徽工程大学、内蒙古大学、湖南工商大学、辽宁工程技术大学、兰州大学、北京师范大学、中国农业大学、安阳师范学院、华东理工大学、临沂大学、中国传媒大学、长安大学、吉首大学、温州大学、山东师范大学、西北师范大学、河南理工大学、河北工业大学、湖南师范大学、广西师范大学、河南科技大学、中国石油大学(华东)、扬州大学、青海师范大学、安徽理工大学、北京联合大学、湖南科技大学、江苏科技大学、南华大学、河北师范大学、西华大学、成都理工大学、东北师范大学、浙江理工大学、华侨大学、太原科技大学、兰州理工大学、河南师范大学、广西大学、西安工程大学、安徽师范大学、四川师范大学、常州大学、北京化工大学、东北石油大学、江西理工大学、沈阳航空航天大学、湖北大学、西安石油大学、北方民族大学、山东理工大学、三峡大学、渤海大学、南京师范大学、长江大学、宁波大学、福建理工大学、辽宁科技大学、中国计量大学、中央民族大学、沈阳理工大学、东北电力大学、大连交通大学、石家庄铁道大学、东北林业大学、齐鲁工业大学、东北农业大学、华北水利水电大学、山东工商学院、河北农业大学、湖州师范学院、重庆师范大学、重庆交通大学、安徽农业大学、首都师范大学、南京工业大学、中南民族大学、山西财经大学、湖南工业大学、宁夏大学

3★(314 个),2★(419 个),1★(105 个):名单略

0810 土木类（573）

排名	学校名称	星级	排名	学校名称	星级	排名	学校名称	星级
1	哈尔滨工业大学	5★+	20	山东大学	5★	39	华侨大学	5★-
2	西安建筑科技大学	5★+	21	四川大学	5★	40	吉林建筑大学	5★-
3	东南大学	5★+	22	吉林大学	5★	41	昆明理工大学	5★-
4	同济大学	5★+	23	北京建筑大学	5★	42	石家庄铁道大学	5★-
5	清华大学	5★+	24	南京工业大学	5★	43	苏州科技大学	5★-
6	重庆大学	5★+	25	沈阳建筑大学	5★	44	兰州理工大学	5★-
7	上海交通大学	5★+	26	西南交通大学	5★	45	西安理工大学	5★-
8	武汉大学	5★+	27	兰州交通大学	5★	46	广东工业大学	5★-
9	浙江大学	5★+	28	山东建筑大学	5★	47	浙江工业大学	5★-
10	北京工业大学	5★+	29	安徽建筑大学	5★	48	福州大学	5★-
11	广西大学	5★+	30	华东交通大学	5★-	49	南华大学	5★-
12	湖南大学	5★	31	合肥工业大学	5★-	50	河北工业大学	5★-
13	长安大学	5★	32	太原理工大学	5★-	51	西安科技大学	5★-
14	华中科技大学	5★	33	天津城建大学	5★-	52	扬州大学	5★-
15	郑州大学	5★	34	青岛理工大学	5★-	53	福建理工大学	5★-
16	武汉理工大学	5★	35	广州大学	5★-	54	华北水利水电大学	5★-
17	中南大学	5★	36	河海大学	5★-	55	中国矿业大学	5★-
18	天津大学	5★	37	长沙理工大学	5★-	56	河北工程大学	5★-
19	北京交通大学	5★	38	大连理工大学	5★-	57	北京科技大学	5★-

4★(58 个):重庆交通大学、安徽理工大学、成都理工大学、河南工业大学、辽宁工程技术大学、山东科技大学、华南理工大学、桂林理工大学、中国地质大学(武汉)、内蒙古工业大学、江西理工大学、三峡大学、中国地质大学(北京)、湖南科技大学、中国矿业大学(北京)、深圳大学、济南大学、内蒙古科技大学、南昌大学、东北大学、上海大学、东北电力大学、江苏科技大学、武汉科技大学、河南理工大学、南京理工大学、南京林业大学、中南林业科技大学、汕头大学、西南科技大学、中原工学院、海南大学、贵州大学、南京航空航天大学、东北林业大学、新疆大学、宁波大学、东华大学、沈阳工业大学、兰州大学、湖北工业大学、北方工业大学、东北石油大学、长江大学、河南科技大学、燕山大学、北京航空航天大学、云南大学、安徽工业大学、沈阳大学、湖南工业大学、南昌航空大学、河北建筑工程学院、上海理工大学、烟台大学、江苏大学、大连海事大学、浙江科技学院

3★(172 个),2★(229 个),1★(57 个):名单略

0811 水利类（125）

排名	学校名称	星级	排名	学校名称	星级	排名	学校名称	星级
1	河海大学	5★+	6	三峡大学	5★	11	长安大学	5★-
2	武汉大学	5★+	7	长沙理工大学	5★-	12	西北农林科技大学	5★-
3	天津大学	5★+	8	西安理工大学	5★-	13	河北工程大学	5★-
4	大连理工大学	5★	9	扬州大学	5★-			
5	华北水利水电大学	5★	10	郑州大学	5★-			

4★（12个）：内蒙古农业大学、太原理工大学、东北农业大学、华北电力大学、中国海洋大学、吉林大学、华中科技大学、新疆农业大学、南昌大学、重庆交通大学、南昌工程学院、宁夏大学

3★（38个），2★（50个），1★（12个）：名单略

0812 测绘类（165）

排名	学校名称	星级	排名	学校名称	星级	排名	学校名称	星级
1	武汉大学	5★+	7	西南交通大学	5★	13	西安科技大学	5★-
2	同济大学	5★+	8	中国地质大学(武汉)	5★	14	兰州交通大学	5★-
3	中南大学	5★+	9	中国矿业大学(北京)	5★-	15	山东科技大学	5★-
4	长安大学	5★	10	河南理工大学	5★-	16	吉林大学	5★-
5	河海大学	5★	11	东华理工大学	5★-	17	东北大学	5★-
6	中国矿业大学	5★	12	辽宁工程技术大学	5★-			

4★（16个）：中山大学、电子科技大学、北京航空航天大学、哈尔滨工业大学、中国石油大学(华东)、西安电子科技大学、中国地质大学(北京)、安徽理工大学、南京信息工程大学、北京建筑大学、太原理工大学、昆明理工大学、桂林理工大学、成都理工大学、山东建筑大学、长沙理工大学

3★（50个），2★（66个），1★（16个）：名单略

0813 化工与制药类（464）

排名	学校名称	星级	排名	学校名称	星级	排名	学校名称	星级
1	大连理工大学	5★+	17	西北大学	5★	33	湘潭大学	5★-
2	华东理工大学	5★+	18	江南大学	5★	34	青岛科技大学	5★-
3	北京化工大学	5★+	19	南昌大学	5★	35	重庆大学	5★-
4	天津大学	5★+	20	四川大学	5★	36	宁夏大学	5★-
5	上海交通大学	5★+	21	华南理工大学	5★	37	南京理工大学	5★-
6	清华大学	5★+	22	福州大学	5★	38	中国石油大学(北京)	5★-
7	太原理工大学	5★+	23	郑州大学	5★	39	内蒙古工业大学	5★-
8	浙江大学	5★+	24	河北科技大学	5★-	40	中北大学	5★-
9	东南大学	5★+	25	石河子大学	5★-	41	常州大学	5★-
10	厦门大学	5★	26	中南大学	5★-	42	山东理工大学	5★-
11	湖南大学	5★	27	合肥工业大学	5★-	43	兰州理工大学	5★-
12	浙江工业大学	5★	28	昆明理工大学	5★-	44	新疆大学	5★-
13	武汉工程大学	5★	29	西安交通大学	5★-	45	陕西科技大学	5★-
14	南京工业大学	5★	30	河北工业大学	5★-	46	中国矿业大学	5★-
15	北京理工大学	5★	31	中国石油大学(华东)	5★-			
16	广东工业大学	5★	32	天津科技大学	5★-			

续表

4★(47 个)：济南大学、燕山大学、北京石油化工学院、吉林化工学院、哈尔滨工业大学、四川轻化工大学、广西大学、湖北工业大学、沈阳化工大学、武汉理工大学、湖南师范大学、桂林理工大学、海南大学、广西民族大学、武汉科技大学、中山大学、沈阳工业大学、贵州大学、东北石油大学、苏州大学、西南石油大学、辽宁石油化工大学、安徽工业大学、西南大学、安徽理工大学、西安科技大学、山东大学、华侨大学、湖南科技大学、中国药科大学、天津理工大学、广州大学、兰州大学、上海工程技术大学、河南科技大学、烟台大学、长春工业大学、重庆理工大学、福建农林大学、西安建筑科技大学、武汉轻工大学、上海应用技术大学、齐齐哈尔大学、成都理工大学、河南工业大学、西安石油大学、沈阳药科大学

3★(139 个)，2★(186 个)，1★(46 个)：名单略

0814 地质类（81）

排名	学校名称	星级	排名	学校名称	星级	排名	学校名称	星级
1	中国地质大学(武汉)	5★+	4	成都理工大学	5★	7	吉林大学	5★-
2	中国矿业大学(北京)	5★+	5	中国地质大学(北京)	5★-	8	中国矿业大学	5★-
3	中国石油大学(华东)	5★	6	长安大学	5★-			

4★(8 个)：长江大学、南京大学、西北大学、中南大学、桂林理工大学、东华理工大学、西安科技大学、山东科技大学

3★(25 个)，2★(32 个)，1★(8 个)：名单略

0815 矿业类（84）

排名	学校名称	星级	排名	学校名称	星级	排名	学校名称	星级
1	中国矿业大学	5★+	4	中国石油大学(北京)	5★	7	西南石油大学	5★-
2	北京科技大学	5★+	5	中国石油大学(华东)	5★-	8	东北石油大学	5★-
3	中南大学	5★	6	太原理工大学	5★-			

4★(9 个)：西安石油大学、中国矿业大学(北京)、长江大学、河南理工大学、西安科技大学、昆明理工大学、安徽理工大学、辽宁工程技术大学、武汉科技大学

3★(25 个)，2★(34 个)，1★(8 个)：名单略

0816 纺织类（68）

排名	学校名称	星级	排名	学校名称	星级	排名	学校名称	星级
1	东华大学	5★+	4	苏州大学	5★-	7	武汉纺织大学	5★-
2	浙江理工大学	5★	5	江南大学	5★-			
3	天津工业大学	5★	6	太原理工大学	5★-			

4★(7 个)：青岛大学、大连工业大学、西安工程大学、上海工程技术大学、南通大学、北京服装学院、中原工学院

3★(20 个)，2★(27 个)，1★(7 个)：名单略

0817 轻工类（87）

排名	学校名称	星级	排名	学校名称	星级	排名	学校名称	星级
1	江南大学	5★+	4	陕西科技大学	5★	7	大连工业大学	5★-
2	华南理工大学	5★+	5	广西大学	5★-	8	南京林业大学	5★-
3	天津科技大学	5★	6	齐鲁工业大学	5★-	9	四川大学	5★-

4★(8 个)：湖北工业大学、暨南大学、北京工商大学、西安理工大学、北京印刷学院、湖南工业大学、浙江理工大学、东华大学

3★(27 个)，2★(34 个)，1★(9 个)：名单略

0818 交通运输类（186）

排名	学校名称	星级	排名	学校名称	星级	排名	学校名称	星级
1	大连海事大学	5★+	8	上海海事大学	5★	15	昆明理工大学	5★-
2	中南大学	5★+	9	北京交通大学	5★	16	长沙理工大学	5★-
3	西南交通大学	5★+	10	同济大学	5★-	17	石家庄铁道大学	5★-
4	长安大学	5★+	11	集美大学	5★-	18	哈尔滨工业大学	5★-
5	东南大学	5★	12	重庆交通大学	5★-	19	北京工业大学	5★-
6	北京航空航天大学	5★	13	南京航空航天大学	5★-			
7	武汉理工大学	5★	14	兰州交通大学	5★-			

4★（18个）：华东交通大学、华南理工大学、中国民航大学、吉林大学、哈尔滨工程大学、中国民用航空飞行学院、江苏大学、东北林业大学、山东交通学院、合肥工业大学、大连交通大学、南京林业大学、上海工程技术大学、西安建筑科技大学、河海大学、大连理工大学、北京建筑大学、桂林电子科技大学

3★（56个），2★（74个），1★（19个）：名单略

0819 海洋工程类（44）

排名	学校名称	星级	排名	学校名称	星级	排名	学校名称	星级
1	上海交通大学	5★+	3	浙江海洋大学	5★-			
2	哈尔滨工程大学	5★	4	大连理工大学	5★-			

4★（5个）：西北工业大学、武汉理工大学、华中科技大学、天津大学、大连海事大学

3★（13个），2★（18个），1★（4个）：名单略

0820 航空航天类（78）

排名	学校名称	星级	排名	学校名称	星级	排名	学校名称	星级
1	北京航空航天大学	5★+	4	哈尔滨工业大学	5★	7	北京理工大学	5★-
2	南京航空航天大学	5★+	5	国防科技大学	5★-	8	西安交通大学	5★-
3	西北工业大学	5★	6	清华大学	5★-			

4★（8个）：厦门大学、沈阳航空航天大学、南昌航空大学、中国民航大学、电子科技大学、复旦大学、浙江大学、中国民用航空飞行学院

3★（23个），2★（31个），1★（8个）：名单略

0821 兵器类（22）

排名	学校名称	星级	排名	学校名称	星级	排名	学校名称	星级
1	北京理工大学	5★	2	南京理工大学	5★-			

4★（2个）：西北工业大学、中北大学

3★（7个），2★（9个），1★（2个）：名单略

0822 核工程类（32）

排名	学校名称	星级	排名	学校名称	星级	排名	学校名称	星级
1	清华大学	5★+	2	中国科学技术大学	5★	3	南华大学	5★-

4★（3个）：兰州大学、哈尔滨工程大学、西安交通大学

3★（10个），2★（13个），1★（3个）：名单略

0823 农业工程类（65）

排名	学校名称	星级	排名	学校名称	星级	排名	学校名称	星级
1	中国农业大学	5★+	4	内蒙古农业大学	5★-	7	山西农业大学	5★-
2	东北农业大学	5★	5	沈阳农业大学	5★-			
3	西北农林科技大学	5★	6	河南科技大学	5★-			

4★(6 个)：河北农业大学、江苏大学、扬州大学、新疆农业大学、石河子大学、河南农业大学

3★(20 个)，2★(26 个)，1★(6 个)：名单略

0824 林业工程类（19）

排名	学校名称	星级	排名	学校名称	星级	排名	学校名称	星级
1	南京林业大学	5★	2	东北林业大学	5★-			

4★(2 个)：北京林业大学、西北农林科技大学

3★(6 个)，2★(7 个)，1★(2 个)：名单略

0825 环境科学与工程类（479）

排名	学校名称	星级	排名	学校名称	星级	排名	学校名称	星级
1	北京师范大学	5★+	17	西安建筑科技大学	5★	33	江苏大学	5★-
2	北京大学	5★+	18	中山大学	5★	34	上海交通大学	5★-
3	哈尔滨工业大学	5★+	19	西北农林科技大学	5★	35	北京科技大学	5★-
4	清华大学	5★+	20	广东工业大学	5★	36	长安大学	5★-
5	河海大学	5★+	21	兰州大学	5★	37	江南大学	5★-
6	同济大学	5★+	22	武汉大学	5★	38	湖南大学	5★-
7	南京大学	5★+	23	北京工业大学	5★	39	湘潭大学	5★-
8	浙江大学	5★+	24	中国海洋大学	5★	40	东北师范大学	5★-
9	复旦大学	5★+	25	南京信息工程大学	5★-	41	中国农业大学	5★-
10	大连理工大学	5★+	26	山东大学	5★-	42	中国矿业大学	5★-
11	重庆大学	5★	27	厦门大学	5★-	43	四川大学	5★-
12	南开大学	5★	28	山西大学	5★-	44	西南科技大学	5★-
13	昆明理工大学	5★	29	东华大学	5★-	45	中南大学	5★-
14	华南理工大学	5★	30	苏州科技大学	5★-	46	吉林大学	5★-
15	天津大学	5★	31	浙江工商大学	5★-	47	华北电力大学	5★-
16	华东师范大学	5★	32	浙江工业大学	5★-	48	华东理工大学	5★-

4★(48 个)：河南师范大学、北京化工大学、南京理工大学、桂林理工大学、沈阳大学、中国石油大学(华东)、北京航空航天大学、陕西科技大学、北京建筑大学、中南林业科技大学、天津工业大学、河北科技大学、河北工业大学、华中科技大学、中国地质大学(武汉)、成都理工大学、太原理工大学、北京林业大学、广州大学、重庆工商大学、中国科学技术大学、南昌大学、西安交通大学、西安理工大学、武汉纺织大学、常州大学、安徽工业大学、成都信息工程大学、天津科技大学、中国科学院大学、南昌航空大学、华南农业大学、青岛理工大学、四川农业大学、上海理工大学、中国地质大学(北京)、暨南大学、福州大学、广西师范大学、齐鲁工业大学、合肥工业大学、内蒙古大学、华侨大学、西南大学、湖北工业大学、山东科技大学、桂林电子科技大学、东莞理工学院

3★(144 个)，2★(191 个)，1★(48 个)：名单略

0826 生物医学工程类（124）

排名	学校名称	星级	排名	学校名称	星级	排名	学校名称	星级
1	东南大学	5★+	5	浙江大学	5★	9	南方医科大学	5★-
2	复旦大学	5★+	6	北京航空航天大学	5★	10	北京理工大学	5★-
3	上海交通大学	5★	7	西安交通大学	5★-	11	首都医科大学	5★-
4	四川大学	5★	8	华中科技大学	5★-	12	深圳大学	5★-

4★（13个）：天津大学、东北大学、北京大学、上海理工大学、电子科技大学、中山大学、温州医科大学、重庆大学、天津医科大学、河北工业大学、华南理工大学、重庆医科大学、北京工业大学

3★（37个），2★（50个），1★（12个）：名单略

0827 食品科学与工程类（385）

排名	学校名称	星级	排名	学校名称	星级	排名	学校名称	星级
1	江南大学	5★+	14	江苏大学	5★	27	齐鲁工业大学	5★-
2	中国农业大学	5★+	15	山东农业大学	5★	28	华南农业大学	5★-
3	西北农林科技大学	5★+	16	西南大学	5★	29	沈阳农业大学	5★-
4	华中农业大学	5★+	17	福建农林大学	5★	30	上海海洋大学	5★-
5	南京农业大学	5★+	18	合肥工业大学	5★	31	青岛农业大学	5★-
6	华南理工大学	5★+	19	云南农业大学	5★	32	内蒙古农业大学	5★-
7	河南工业大学	5★+	20	河北农业大学	5★-	33	甘肃农业大学	5★-
8	北京工商大学	5★+	21	天津科技大学	5★-	34	海南大学	5★-
9	吉林农业大学	5★	22	浙江工商大学	5★-	35	河南科技大学	5★-
10	大连工业大学	5★	23	广东海洋大学	5★-	36	黑龙江八一农垦大学	5★-
11	东北农业大学	5★	24	吉林大学	5★-	37	中国海洋大学	5★-
12	扬州大学	5★	25	中南林业科技大学	5★-	38	宁夏大学	5★-
13	南昌大学	5★	26	陕西科技大学	5★-	39	郑州轻工业大学	5★-

4★（38个）：哈尔滨商业大学、湖南农业大学、宁波大学、四川农业大学、南京财经大学、河南农业大学、贵州大学、武汉轻工大学、浙江大学、集美大学、长沙理工大学、上海交通大学、渤海大学、天津商业大学、南京林业大学、天津农学院、浙江海洋大学、西华大学、陕西师范大学、华东理工大学、上海理工大学、齐齐哈尔大学、石河子大学、广西大学、北京林业大学、新疆农业大学、福州大学、天津大学、河南科技学院、安徽农业大学、四川轻化工大学、浙江工业大学、北京农学院、江西农业大学、浙江农林大学、昆明理工大学、常熟理工学院、长江大学

3★（116个），2★（154个），1★（38个）：名单略

0828 建筑类（420）

排名	学校名称	星级	排名	学校名称	星级	排名	学校名称	星级
1	同济大学	5★+	7	华南理工大学	5★+	13	沈阳建筑大学	5★
2	清华大学	5★+	8	重庆大学	5★+	14	北京建筑大学	5★
3	西安建筑科技大学	5★+	9	华中科技大学	5★	15	大连理工大学	5★
4	东南大学	5★+	10	浙江大学	5★	16	西南交通大学	5★
5	天津大学	5★+	11	湖南大学	5★	17	南京大学	5★
6	哈尔滨工业大学	5★+	12	武汉大学	5★	18	北京工业大学	5★

续表

排名	学校名称	星级	排名	学校名称	星级	排名	学校名称	星级
19	山东建筑大学	5★	27	南京林业大学	5★-	35	长安大学	5★-
20	昆明理工大学	5★	28	东北林业大学	5★-	36	安徽建筑大学	5★-
21	苏州科技大学	5★	29	华侨大学	5★-	37	华南农业大学	5★-
22	浙江农林大学	5★-	30	内蒙古工业大学	5★-	38	北京交通大学	5★-
23	深圳大学	5★-	31	青岛理工大学	5★-	39	河北农业大学	5★-
24	南京工业大学	5★-	32	中南大学	5★-	40	福建农林大学	5★-
25	北京林业大学	5★-	33	河北工业大学	5★-	41	华中农业大学	5★-
26	合肥工业大学	5★-	34	浙江工业大学	5★-	42	四川农业大学	5★-

4★（42 个）：天津城建大学、西北农林科技大学、河南农业大学、苏州大学、中国美术学院、福州大学、厦门大学、广州大学、中南林业科技大学、郑州大学、上海交通大学、吉林建筑大学、广东工业大学、中国矿业大学、兰州理工大学、西北大学、西南林业大学、西安交通大学、长沙理工大学、内蒙古科技大学、湖南科技大学、福建理工大学、太原理工大学、中央美术学院、海南大学、石家庄铁道大学、北方工业大学、烟台大学、中山大学、长江大学、广西大学、新疆大学、西南大学、武汉理工大学、兰州交通大学、西南科技大学、桂林理工大学、青岛农业大学、河北工程大学、山东农业大学、河南工业大学、南京农业大学

3★（126 个），2★（168 个），1★（42 个）：名单略

0829 安全科学与工程类（159）

排名	学校名称	星级	排名	学校名称	星级	排名	学校名称	星级
1	中国矿业大学	5★+	7	东北大学	5★	13	中国地质大学(武汉)	5★-
2	中国科学技术大学	5★+	8	大连理工大学	5★	14	中国石油大学(华东)	5★-
3	中国矿业大学(北京)	5★+	9	重庆大学	5★-	15	西安科技大学	5★-
4	中南大学	5★	10	北京理工大学	5★-	16	太原理工大学	5★-
5	北京科技大学	5★	11	中国地质大学(北京)	5★-			
6	武汉理工大学	5★	12	中国石油大学(北京)	5★-			

4★（16 个）：河南理工大学、南京工业大学、辽宁工程技术大学、安徽理工大学、常州大学、湖南科技大学、山东科技大学、南华大学、黑龙江科技大学、西南交通大学、中国民航大学、武汉科技大学、西南科技大学、北京化工大学、南京理工大学、昆明理工大学

3★（48 个），2★（63 个），1★（16 个）：名单略

0830 生物工程类（313）

排名	学校名称	星级	排名	学校名称	星级	排名	学校名称	星级
1	华东理工大学	5★+	9	江南大学	5★	17	天津大学	5★-
2	北京化工大学	5★+	10	天津科技大学	5★	18	大连民族大学	5★-
3	上海交通大学	5★+	11	中国药科大学	5★	19	齐鲁工业大学	5★-
4	华中农业大学	5★+	12	黑龙江大学	5★	20	福建师范大学	5★-
5	大连理工大学	5★+	13	河南农业大学	5★	21	沈阳药科大学	5★-
6	南京工业大学	5★+	14	江西农业大学	5★	22	大连工业大学	5★-
7	浙江工业大学	5★	15	烟台大学	5★	23	温州医科大学	5★-
8	华南理工大学	5★	16	湖北工业大学	5★	24	三峡大学	5★-

排名	学校名称	星级	排名	学校名称	星级	排名	学校名称	星级
25	吉林大学	5★-	28	西北农林科技大学	5★-	31	合肥学院	5★-
26	浙江理工大学	5★-	29	华中科技大学	5★-			
27	武汉大学	5★-	30	陕西科技大学	5★-			

4★（32个）：武汉工程大学、新疆大学、聊城大学、遵义医科大学、安徽工程大学、浙江大学、山东大学、南昌大学、南京林业大学、常熟理工学院、暨南大学、广东药科大学、燕山大学、江西师范大学、武汉理工大学、四川轻化工大学、上海大学、山西医科大学、西南交通大学、吉林农业大学、东南大学、福建农林大学、浙江万里学院、淮北师范大学、河北工业大学、湖北大学、西北大学、郑州轻工业大学、南京中医药大学、西南科技大学、扬州大学、温州大学

3★（94个），2★（125个），1★（31个）：名单略

0831 公安技术类（53）

排名	学校名称	星级	排名	学校名称	星级	排名	学校名称	星级
1	中国人民公安大学	5★+	3	浙江警察学院	5★	5	湖南警察学院	5★-
2	中国刑事警察学院	5★	4	中国人民警察大学	5★-			

4★（6个）：江苏警官学院、辽宁警察学院、中南大学、广东警官学院、四川警察学院、西安科技大学

3★（16个），2★（21个），1★（5个）：名单略

0901 植物生产类（166）

排名	学校名称	星级	排名	学校名称	星级	排名	学校名称	星级
1	中国农业大学	5★+	7	湖南农业大学	5★	13	西南大学	5★-
2	南京农业大学	5★+	8	福建农林大学	5★	14	扬州大学	5★-
3	华南农业大学	5★+	9	山东农业大学	5★-	15	沈阳农业大学	5★-
4	四川农业大学	5★	10	西北农林科技大学	5★-	16	内蒙古农业大学	5★-
5	海南大学	5★	11	河南农业大学	5★-	17	吉林农业大学	5★-
6	华中农业大学	5★	12	安徽农业大学	5★-			

4★（16个）：河北农业大学、甘肃农业大学、云南农业大学、浙江大学、山西农业大学、东北农业大学、石河子大学、新疆农业大学、贵州大学、江西农业大学、黑龙江八一农垦大学、青岛农业大学、浙江农林大学、广西大学、宁夏大学、长江大学

3★（50个），2★（66个），1★（17个）：名单略

0902 自然保护与环境生态类（64）

排名	学校名称	星级	排名	学校名称	星级	排名	学校名称	星级
1	南京农业大学	5★+	3	西南大学	5★	5	西北农林科技大学	5★-
2	中国农业大学	5★	4	浙江大学	5★-	6	北京林业大学	5★-

4★（7个）：华中农业大学、四川农业大学、内蒙古农业大学、沈阳农业大学、山西农业大学、山东农业大学、甘肃农业大学

3★（19个），2★（26个），1★（6个）：名单略

0903 动物生产类（86）

排名	学校名称	星级	排名	学校名称	星级	排名	学校名称	星级
1	中国农业大学	5★+	4	东北农业大学	5★	7	浙江大学	5★-
2	西北农林科技大学	5★+	5	华南农业大学	5★-	8	云南农业大学	5★-
3	华中农业大学	5★	6	西南大学	5★-	9	南京农业大学	5★-
4★(8个)：四川农业大学、湖南农业大学、吉林农业大学、内蒙古农业大学、山东农业大学、扬州大学、广西大学、江西农业大学								
3★(26个)，2★(34个)，1★(9个)：名单略								

0904 动物医学类（81）

排名	学校名称	星级	排名	学校名称	星级	排名	学校名称	星级
1	华中农业大学	5★+	4	南京农业大学	5★	7	江西农业大学	5★-
2	扬州大学	5★+	5	西北农林科技大学	5★-	8	华南农业大学	5★-
3	中国农业大学	5★	6	西南大学	5★-			
4★(8个)：湖南农业大学、四川农业大学、内蒙古农业大学、河南农业大学、山西农业大学、新疆农业大学、吉林农业大学、甘肃农业大学								
3★(25个)，2★(32个)，1★(8个)：名单略								

0905 林学类（136）

排名	学校名称	星级	排名	学校名称	星级	排名	学校名称	星级
1	北京林业大学	5★+	6	西北农林科技大学	5★	11	内蒙古农业大学	5★-
2	东北林业大学	5★+	7	福建农林大学	5★	12	江西农业大学	5★-
3	南京林业大学	5★+	8	中南林业科技大学	5★-	13	山东农业大学	5★-
4	西南林业大学	5★	9	四川农业大学	5★-	14	浙江农林大学	5★-
5	华南农业大学	5★	10	河北农业大学	5★-			
4★(13个)：河南农业大学、贵州大学、华中农业大学、甘肃农业大学、沈阳农业大学、安徽农业大学、山西农业大学、海南大学、北华大学、北京农学院、新疆农业大学、云南农业大学、仲恺农业工程学院								
3★(41个)，2★(54个)，1★(14个)：名单略								

0906 水产类（56）

排名	学校名称	星级	排名	学校名称	星级	排名	学校名称	星级
1	中国海洋大学	5★+	3	华中农业大学	5★	5	宁波大学	5★-
2	上海海洋大学	5★	4	西南大学	5★-	6	广东海洋大学	5★-
4★(5个)：浙江海洋大学、集美大学、河南师范大学、大连海洋大学、青岛农业大学								
3★(17个)，2★(22个)，1★(6个)：名单略								

0907 草学类（29）

排名	学校名称	星级	排名	学校名称	星级	排名	学校名称	星级
1	兰州大学	5★+	2	中国农业大学	5★-	3	北京林业大学	5★-
4★(3个)：内蒙古农业大学、西北农林科技大学、四川农业大学								
3★(9个)，2★(11个)，1★(3个)：名单略								

1001 基础医学类（46）

排名	学校名称	星级	排名	学校名称	星级	排名	学校名称	星级
1	北京大学	5★+	3	中山大学	5★-	5	华中科技大学	5★-
2	复旦大学	5★	4	四川大学	5★-			

4★（4个）：浙江大学、哈尔滨医科大学、河北医科大学、南京医科大学

3★（14个），2★（18个），1★（5个）：名单略

1002 临床医学类（192）

排名	学校名称	星级	排名	学校名称	星级	排名	学校名称	星级
1	北京大学	5★+	8	北京协和医学院	5★	15	中南大学	5★-
2	复旦大学	5★+	9	郑州大学	5★	16	中国医科大学	5★-
3	上海交通大学	5★+	10	山东大学	5★	17	重庆医科大学	5★-
4	华中科技大学	5★+	11	山西医科大学	5★-	18	安徽医科大学	5★-
5	温州医科大学	5★	12	河北医科大学	5★-	19	南京医科大学	5★-
6	中山大学	5★	13	天津医科大学	5★-			
7	浙江大学	5★	14	广州医科大学	5★-			

4★（19个）：南方医科大学、徐州医科大学、首都医科大学、大连医科大学、哈尔滨医科大学、福建医科大学、昆明医科大学、南昌大学、广西医科大学、新疆医科大学、西南医科大学、宁夏医科大学、苏州大学、兰州大学、广东医科大学、山东第一医科大学、南华大学、东南大学、汕头大学

3★（58个），2★（77个），1★（19个）：名单略

1003 口腔医学类（118）

排名	学校名称	星级	排名	学校名称	星级	排名	学校名称	星级
1	四川大学	5★+	5	中山大学	5★	9	华中科技大学	5★-
2	上海交通大学	5★+	6	吉林大学	5★	10	第四军医大学	5★-
3	北京大学	5★	7	山东大学	5★-	11	西安交通大学	5★-
4	武汉大学	5★	8	同济大学	5★-	12	南京医科大学	5★-

4★（12个）：首都医科大学、重庆医科大学、中国医科大学、福建医科大学、广西医科大学、南方医科大学、昆明医科大学、天津医科大学、兰州大学、大连医科大学、哈尔滨医科大学、遵义医科大学

3★（35个），2★（47个），1★（12个）：名单略

1004 公共卫生与预防医学类（136）

排名	学校名称	星级	排名	学校名称	星级	排名	学校名称	星级
1	北京大学	5★+	6	四川大学	5★	11	山东大学	5★-
2	复旦大学	5★+	7	中山大学	5★	12	吉林大学	5★-
3	华中科技大学	5★+	8	武汉大学	5★-	13	厦门大学	5★-
4	南京医科大学	5★	9	郑州大学	5★-	14	安徽医科大学	5★-
5	上海交通大学	5★	10	河北医科大学	5★-			

4★（13个）：广西医科大学、贵州医科大学、重庆医科大学、首都医科大学、天津医科大学、南方医科大学、哈尔滨医科大学、中国医科大学、南昌大学、山西医科大学、青岛大学、新疆医科大学、昆明医科大学

3★（41个），2★（54个），1★（14个）：名单略

1005 中医学类（75）

排名	学校名称	星级	排名	学校名称	星级	排名	学校名称	星级
1	北京中医药大学	5★+	4	成都中医药大学	5★	7	天津中医药大学	5★-
2	广州中医药大学	5★+	5	黑龙江中医药大学	5★-	8	浙江中医药大学	5★-
3	上海中医药大学	5★	6	南京中医药大学	5★-			

4★（7 个）：河南中医药大学、湖南中医药大学、江西中医药大学、安徽中医药大学、长春中医药大学、甘肃中医药大学、内蒙古医科大学
3★（23 个），2★（30 个），1★（7 个）：名单略

1006 中西医结合类（51）

排名	学校名称	星级	排名	学校名称	星级	排名	学校名称	星级
1	北京中医药大学	5★+	3	湖南中医药大学	5★	5	黑龙江中医药大学	5★-
2	成都中医药大学	5★	4	辽宁中医药大学	5★-			

4★（5 个）：南京中医药大学、河北医科大学、安徽中医药大学、天津中医药大学、南方医科大学
3★（16 个），2★（20 个），1★（5 个）：名单略

1007 药学类（275）

排名	学校名称	星级	排名	学校名称	星级	排名	学校名称	星级
1	中国药科大学	5★+	11	安徽医科大学	5★	21	哈尔滨医科大学	5★-
2	沈阳药科大学	5★+	12	中国医科大学	5★	22	南京医科大学	5★-
3	河北医科大学	5★+	13	天津医科大学	5★	23	重庆医科大学	5★-
4	上海交通大学	5★+	14	福建医科大学	5★	24	四川大学	5★-
5	温州医科大学	5★+	15	首都医科大学	5★-	25	广东药科大学	5★-
6	北京大学	5★+	16	吉林大学	5★-	26	延边大学	5★-
7	复旦大学	5★	17	南方医科大学	5★-	27	西安交通大学	5★-
8	中山大学	5★	18	浙江工业大学	5★-	28	新疆医科大学	5★-
9	浙江大学	5★	19	山东大学	5★-			
10	暨南大学	5★	20	黑龙江中医药大学	5★-			

4★（27 个）：郑州大学、华中科技大学、山西医科大学、广州医科大学、苏州大学、中南大学、天津中医药大学、贵州医科大学、南京中医药大学、昆明医科大学、宁夏医科大学、华东理工大学、广西医科大学、徐州医科大学、南开大学、天津大学、厦门大学、兰州大学、浙江中医药大学、中国海洋大学、安徽中医药大学、辽宁中医药大学、北京中医药大学、南昌大学、西南大学、海南医学院、青岛大学
3★（83 个），2★（110 个），1★（27 个）：名单略

1008 中药学类（142）

排名	学校名称	星级	排名	学校名称	星级	排名	学校名称	星级
1	中国药科大学	5★+	6	天津中医药大学	5★	11	辽宁中医药大学	5★-
2	南京中医药大学	5★+	7	广州中医药大学	5★	12	浙江中医药大学	5★-
3	北京中医药大学	5★+	8	甘肃中医药大学	5★-	13	沈阳药科大学	5★-
4	成都中医药大学	5★	9	黑龙江中医药大学	5★-	14	吉林农业大学	5★-
5	上海中医药大学	5★	10	长春中医药大学	5★-			

4★（14个）：贵州中医药大学、江西中医药大学、安徽中医药大学、河南中医药大学、南方医科大学、湖北中医药大学、山东中医药大学、西北大学、山西中医药大学、陕西中医药大学、哈尔滨商业大学、内蒙古医科大学、湖南中医药大学、内蒙古民族大学
3★（43个），2★（57个），1★（14个）：名单略

1009 法医学类（30）

排名	学校名称	星级	排名	学校名称	星级	排名	学校名称	星级
1	四川大学	5★+	2	山西医科大学	5★	3	中山大学	5★-

4★（3个）：河北医科大学、复旦大学、华中科技大学
3★（9个），2★（12个），1★（3个）：名单略

1010 医学技术类（277）

排名	学校名称	星级	排名	学校名称	星级	排名	学校名称	星级
1	南京医科大学	5★+	11	安徽医科大学	5★	21	蚌埠医学院	5★-
2	天津医科大学	5★+	12	福建中医药大学	5★	22	南通大学	5★-
3	温州医科大学	5★+	13	黑龙江中医药大学	5★	23	大连医科大学	5★-
4	北京大学	5★+	14	川北医学院	5★	24	上海中医药大学	5★-
5	河北医科大学	5★+	15	南方医科大学	5★-	25	滨州医学院	5★-
6	浙江中医药大学	5★+	16	徐州医科大学	5★-	26	广州医科大学	5★-
7	四川大学	5★	17	首都医科大学	5★-	27	郑州大学	5★-
8	福建医科大学	5★	18	广东医科大学	5★-	28	新乡医学院	5★-
9	重庆医科大学	5★	19	山西医科大学	5★-			
10	中国医科大学	5★	20	昆明医科大学	5★-			

4★（27个）：山东第一医科大学、成都医学院、河南中医药大学、湖北医药学院、成都中医药大学、上海交通大学、南华大学、华中科技大学、吉林大学、上海健康医学院、广州中医药大学、南京中医药大学、江苏大学、天津大学、中南大学、河北大学、广西医科大学、贵州医科大学、重庆大学、南昌大学、河北北方学院、宁夏医科大学、北华大学、青岛大学、山东中医药大学、新疆医科大学、杭州医学院
3★（84个），2★（110个），1★（28个）：名单略

1011 护理学类（296）

排名	学校名称	星级	排名	学校名称	星级	排名	学校名称	星级
1	北京大学	5★+	11	哈尔滨医科大学	5★	21	南京中医药大学	5★-
2	山西医科大学	5★+	12	浙江中医药大学	5★	22	贵州医科大学	5★-
3	四川大学	5★+	13	温州医科大学	5★	23	吉林大学	5★-
4	复旦大学	5★+	14	南京医科大学	5★	24	遵义医科大学	5★-
5	北京协和医学院	5★+	15	南方医科大学	5★	25	安徽医科大学	5★-
6	山东大学	5★+	16	苏州大学	5★-	26	天津医科大学	5★-
7	中山大学	5★	17	重庆医科大学	5★-	27	中南大学	5★-
8	上海交通大学	5★	18	河北医科大学	5★-	28	广西医科大学	5★-
9	福建医科大学	5★	19	中国医科大学	5★-	29	北京中医药大学	5★-
10	首都医科大学	5★	20	华中科技大学	5★-	30	天津中医药大学	5★-

续表

4★（29个）：成都中医药大学、南昌大学、大连医科大学、山东第一医科大学、华北理工大学、西安交通大学、第二军医大学、延边大学、杭州师范大学、第四军医大学、宁夏医科大学、黑龙江中医药大学、郑州大学、徐州医科大学、蚌埠医学院、锦州医科大学、内蒙古医科大学、福建中医药大学、昆明医科大学、湖北医药学院、大连大学、滨州医学院、武汉大学、湖北中医药大学、西南医科大学、赣南医学院、广西中医药大学、湖南中医药大学、新乡医学院

3★（89个），2★（118个），1★（30个）：名单略

1201 管理科学与工程类（752）

排名	学校名称	星级	排名	学校名称	星级	排名	学校名称	星级
1	清华大学	5★+	26	江西财经大学	5★	51	江苏科技大学	5★-
2	西安交通大学	5★+	27	辽宁工程技术大学	5★	52	西安理工大学	5★-
3	浙江大学	5★+	28	山东建筑大学	5★	53	中国科学技术大学	5★-
4	合肥工业大学	5★+	29	厦门大学	5★	54	华北水利水电大学	5★-
5	天津大学	5★+	30	国防科技大学	5★	55	青岛理工大学	5★-
6	东北财经大学	5★+	31	沈阳建筑大学	5★	56	上海财经大学	5★-
7	大连理工大学	5★+	32	深圳大学	5★	57	山东财经大学	5★-
8	重庆大学	5★+	33	中国矿业大学	5★	58	北京理工大学	5★-
9	武汉大学	5★+	34	华北电力大学	5★	59	南京航空航天大学	5★-
10	中国人民大学	5★+	35	杭州电子科技大学	5★	60	重庆交通大学	5★-
11	南京大学	5★+	36	中央财经大学	5★	61	湖南工商大学	5★-
12	哈尔滨工业大学	5★+	37	北京航空航天大学	5★	62	南京工业大学	5★-
13	北京交通大学	5★+	38	长安大学	5★	63	安徽财经大学	5★-
14	同济大学	5★+	39	徐州工程学院	5★-	64	天津财经大学	5★-
15	东南大学	5★+	40	福建理工大学	5★-	65	长沙理工大学	5★-
16	天津理工大学	5★	41	天津城建大学	5★-	66	南京信息工程大学	5★-
17	西北工业大学	5★	42	北京科技大学	5★-	67	太原理工大学	5★-
18	华中科技大学	5★	43	安徽建筑大学	5★-	68	东华大学	5★-
19	河海大学	5★	44	西安电子科技大学	5★-	69	南京理工大学	5★-
20	复旦大学	5★	45	南昌大学	5★-	70	兰州交通大学	5★-
21	西南交通大学	5★	46	中山大学	5★-	71	浙江工业大学	5★-
22	上海大学	5★	47	广东工业大学	5★-	72	吉林建筑大学	5★-
23	中南大学	5★	48	上海理工大学	5★-	73	昆明理工大学	5★-
24	华东理工大学	5★	49	山西财经大学	5★-	74	三峡大学	5★-
25	西安建筑科技大学	5★	50	北京建筑大学	5★-	75	华侨大学	5★-

4★（75个）：南京邮电大学、济南大学、吉林大学、华中师范大学、华中农业大学、首都经济贸易大学、上海海事大学、辽宁工业大学、北京大学、江苏大学、石家庄铁道大学、中国医科大学、浙江工商大学、河北工业大学、浙江理工大学、福州大学、广州大学、哈尔滨理工大学、北京信息科技大学、上海外国语大学、北方工业大学、南京林业大学、上海应用技术大学、重庆邮电大学、武汉理工大学、兰州大学、山东师范大学、西安科技大学、武汉科技大学、四川大学、郑州大学、扬州大学、南京农业大学、华南理工大学、华东交通大学、苏州科技大学、湖南城市学院、兰州理工大学、南开大学、北京物资学院、上海交通大学、华东师范大学、河北工程技术学院、中国传媒大学、中南财经政法大学、北京工业大学、大连海事大学、中国地质大学(武汉)、西华大学、贵州大学、湘潭大学、福州外语外贸学院、河北

大学、河北建筑工程学院、西交利物浦大学、山东大学、西南财经大学、南京财经大学、东北大学、北京师范大学、西南科技大学、河南财政金融学院、河南理工大学、西安欧亚学院、武汉纺织大学、云南财经大学、江西理工大学、四川轻化工大学、北京邮电大学、四川师范大学、山东科技大学、西京学院、重庆工商大学、南昌理工学院、九江学院

3★(226个)，2★(301个)，1★(75个)：名单略

1202 工商管理类（1079）

排名	学校名称	星级	排名	学校名称	星级	排名	学校名称	星级
1	中国人民大学	5★+	33	新疆财经大学	5★	65	哈尔滨工业大学	5★-
2	上海交通大学	5★+	34	南京财经大学	5★	66	中南大学	5★-
3	西安交通大学	5★+	35	内蒙古财经大学	5★	67	湖南大学	5★-
4	中山大学	5★+	36	重庆工商大学	5★	68	华北电力大学	5★-
5	山东财经大学	5★+	37	北京工商大学	5★	69	中国海洋大学	5★-
6	清华大学	5★+	38	吉林财经大学	5★	70	浙江工业大学	5★-
7	中央财经大学	5★+	39	哈尔滨商业大学	5★	71	武汉科技大学	5★-
8	北京大学	5★+	40	河海大学	5★	72	江苏大学	5★-
9	首都经济贸易大学	5★+	41	深圳大学	5★	73	中国矿业大学	5★-
10	西南财经大学	5★+	42	杭州电子科技大学	5★	74	西安理工大学	5★-
11	中南财经政法大学	5★+	43	郑州航空工业管理学院	5★	75	安徽大学	5★-
12	厦门大学	5★+	44	复旦大学	5★	76	燕山大学	5★-
13	上海财经大学	5★+	45	河北经贸大学	5★	77	东北大学	5★-
14	对外经济贸易大学	5★+	46	南京大学	5★	78	南昌大学	5★-
15	浙江工商大学	5★+	47	湖北经济学院	5★	79	兰州理工大学	5★-
16	东北财经大学	5★+	48	华中科技大学	5★	80	上海立信会计金融学院	5★-
17	天津财经大学	5★+	49	福州大学	5★	81	西安建筑科技大学	5★-
18	山西财经大学	5★+	50	武汉大学	5★	82	山东管理学院	5★-
19	安徽财经大学	5★+	51	华侨大学	5★	83	北京化工大学	5★-
20	江西财经大学	5★+	52	河南大学	5★	84	华东理工大学	5★-
21	云南财经大学	5★+	53	北京交通大学	5★	85	北京信息科技大学	5★-
22	广东财经大学	5★+	54	合肥工业大学	5★	86	西南交通大学	5★-
23	广东外语外贸大学	5★	55	河南财经政法大学	5★-	87	北方工业大学	5★-
24	辽宁大学	5★	56	南京审计大学	5★-	88	北京师范大学	5★-
25	暨南大学	5★	57	同济大学	5★-	89	华东交通大学	5★-
26	浙江财经大学	5★	58	兰州财经大学	5★-	90	西南大学	5★-
27	哈尔滨理工大学	5★	59	长沙理工大学	5★-	91	海南大学	5★-
28	上海对外经贸大学	5★	60	山东大学	5★-	92	广西财经学院	5★-
29	吉林大学	5★	61	武汉理工大学	5★-	93	湖南农业大学	5★-
30	重庆大学	5★	62	云南大学	5★-	94	北京理工大学	5★-
31	南开大学	5★	63	华南理工大学	5★-	95	浙江大学	5★-
32	贵州财经大学	5★	64	湖南工商大学	5★-	96	东华理工大学	5★-

排名	学校名称	星级	排名	学校名称	星级	排名	学校名称	星级
97	北京联合大学	5★-	101	湖南工业大学	5★-	105	山东工商学院	5★-
98	郑州大学	5★-	102	沈阳工业大学	5★-	106	北京科技大学	5★-
99	四川师范大学	5★-	103	西安财经大学	5★-	107	广东工业大学	5★-
100	西安工业大学	5★-	104	湖南财政经济学院	5★-	108	南京信息工程大学	5★-

4★（108 个）：重庆理工大学、西南民族大学、西安石油大学、兰州大学、湖北工业大学、中国劳动关系学院、西北大学、东南大学、华中农业大学、河北工业大学、广州大学、沈阳大学、上海大学、南京师范大学、大连理工大学、成都理工大学、华南师范大学、河北地质大学、安徽工业大学、浙江师范大学、内蒙古农业大学、江苏科技大学、青岛科技大学、青岛大学、东北农业大学、东北师范大学、南京邮电大学、上海外国语大学、南京农业大学、汕头大学、黑龙江八一农垦大学、武汉纺织大学、黑龙江科技大学、集美大学、中南民族大学、中央民族大学、济南大学、湖南师范大学、中国科学技术大学、扬州大学、西安电子科技大学、南京理工大学、西华大学、宁波大学、上海工程技术大学、西安外国语大学、长春大学、西安邮电大学、江南大学、中国石油大学(华东)、江西科技师范大学、武汉轻工大学、山东科技大学、昆明理工大学、安徽师范大学、五邑大学、天津理工大学、中国地质大学(北京)、湖北大学、江西理工大学、哈尔滨工程大学、中国政法大学、西藏民族大学、北京第二外国语学院、西南科技大学、中国传媒大学、天津科技大学、天津商业大学、四川大学、上海体育大学、无锡太湖学院、华东师范大学、河北工程大学、长江大学、湘潭大学、长春财经学院、浙江万里学院、石河子大学、成都大学、西南政法大学、北京外国语大学、安徽新华学院、北京邮电大学、杭州师范大学、广西大学、西安培华学院、北京体育大学、东华大学、苏州大学、郑州轻工业大学、河南理工大学、华北水利水电大学、天津大学、渤海大学、电子科技大学、广西师范大学、吉林工商学院、浙江传媒学院、云南民族大学、上海海事大学、嘉兴学院、上海理工大学、上海商学院、西北工业大学、江苏理工学院、南华大学、中南林业科技大学、中国矿业大学(北京)

3★（324 个），2★（431 个），1★（108 个）：名单略

1203 农业经济管理类（71）

排名	学校名称	星级	排名	学校名称	星级	排名	学校名称	星级
1	中国人民大学	5★+	4	南京农业大学	5★	7	北京林业大学	5★-
2	浙江大学	5★	5	中国农业大学	5★-			
3	华中农业大学	5★	6	西北农林科技大学	5★-			

4★（7 个）：西南大学、南京林业大学、河北农业大学、福建农林大学、东北林业大学、吉林农业大学、浙江农林大学

3★（22 个），2★（28 个），1★（7 个）：名单略

1204 公共管理类（597）

排名	学校名称	星级	排名	学校名称	星级	排名	学校名称	星级
1	中国人民大学	5★+	9	兰州大学	5★+	17	中国地质大学(武汉)	5★
2	北京大学	5★+	10	南京大学	5★+	18	云南大学	5★
3	武汉大学	5★+	11	中央财经大学	5★+	19	中南财经政法大学	5★
4	东北大学	5★+	12	上海财经大学	5★+	20	中国农业大学	5★
5	华东师范大学	5★+	13	四川大学	5★	21	首都经济贸易大学	5★
6	南京农业大学	5★+	14	西北大学	5★	22	华东政法大学	5★
7	西安交通大学	5★+	15	东北财经大学	5★	23	郑州大学	5★
8	复旦大学	5★+	16	湖南农业大学	5★	24	山东财经大学	5★

排名	学校名称	星级	排名	学校名称	星级	排名	学校名称	星级
25	电子科技大学	5★	37	安徽医科大学	5★-	49	华中农业大学	5★-
26	华东理工大学	5★	38	华南农业大学	5★-	50	北京航空航天大学	5★-
27	内蒙古大学	5★	39	华中师范大学	5★-	51	河南大学	5★-
28	中国政法大学	5★	40	华南师范大学	5★-	52	中央民族大学	5★-
29	中国矿业大学	5★	41	上海交通大学	5★-	53	华南理工大学	5★-
30	湘潭大学	5★	42	浙江财经大学	5★-	54	南昌大学	5★-
31	北京师范大学	5★-	43	厦门大学	5★-	55	中南民族大学	5★-
32	燕山大学	5★-	44	南京师范大学	5★-	56	首都医科大学	5★-
33	山东大学	5★-	45	河海大学	5★-	57	安徽财经大学	5★-
34	华中科技大学	5★-	46	山西农业大学	5★-	58	南京医科大学	5★-
35	南开大学	5★-	47	中南大学	5★-	59	大连理工大学	5★-
36	中山大学	5★-	48	哈尔滨医科大学	5★-	60	黑龙江大学	5★-

4★（59个）：西南交通大学、中国地质大学(北京)、浙江工业大学、贵州大学、西南大学、江西农业大学、内蒙古师范大学、福州大学、西南政法大学、南方医科大学、浙江工商大学、东北农业大学、江苏大学、云南民族大学、河北农业大学、浙江中医药大学、暨南大学、浙江大学、西南财经大学、吉林大学、杭州师范大学、山东师范大学、河北地质大学、广西大学、广西师范大学、安徽工业大学、苏州大学、贵州财经大学、武汉科技大学、大连海事大学、广州大学、中国海洋大学、江西师范大学、南京中医药大学、湖北大学、对外经济贸易大学、福建农林大学、上海师范大学、深圳大学、上海海事大学、甘肃农业大学、广西医科大学、山西财经大学、天津师范大学、湖南大学、华北水利水电大学、河北经贸大学、新疆农业大学、长安大学、成都中医药大学、上海理工大学、广西民族大学、江西财经大学、第四军医大学、重庆工商大学、广州中医药大学、福建医科大学、重庆大学、南京信息工程大学

3★（180个），2★（238个），1★（60个）：名单略

1205 图书情报与档案管理类（53）

排名	学校名称	星级	排名	学校名称	星级	排名	学校名称	星级
1	武汉大学	5★+	3	中国人民大学	5★	5	南开大学	5★-
2	南京大学	5★	4	北京大学	5★-			

4★（6个）：中山大学、吉林大学、华中师范大学、郑州大学、湘潭大学、黑龙江大学

3★（16个），2★（21个），1★（5个）：名单略

1206 物流管理与工程类（521）

排名	学校名称	星级	排名	学校名称	星级	排名	学校名称	星级
1	北京交通大学	5★+	9	合肥工业大学	5★+	17	东北财经大学	5★
2	西南交通大学	5★+	10	东南大学	5★+	18	浙江工商大学	5★
3	大连海事大学	5★+	11	同济大学	5★	19	浙江万里学院	5★
4	北京物资学院	5★+	12	华中科技大学	5★	20	北京工商大学	5★
5	上海海事大学	5★+	13	哈尔滨商业大学	5★	21	重庆交通大学	5★
6	武汉理工大学	5★+	14	中南林业科技大学	5★	22	天津科技大学	5★
7	福州大学	5★+	15	重庆工商大学	5★	23	河南工业大学	5★
8	长安大学	5★+	16	云南财经大学	5★	24	南京财经大学	5★

排名	学校名称	星级	排名	学校名称	星级	排名	学校名称	星级
25	华东理工大学	5★	35	山东财经大学	5★-	45	长沙理工大学	5★-
26	广州大学	5★	36	宁波大学	5★-	46	曲阜师范大学	5★-
27	湖南工商大学	5★-	37	兰州交通大学	5★-	47	天津大学	5★-
28	上海对外经贸大学	5★-	38	厦门华厦学院	5★-	48	西安邮电大学	5★-
29	江西财经大学	5★-	39	南京信息工程大学	5★-	49	南开大学	5★-
30	对外经济贸易大学	5★-	40	太原理工大学	5★-	50	安庆师范大学	5★-
31	临沂大学	5★-	41	华南理工大学	5★-	51	集美大学	5★-
32	石家庄铁道大学	5★-	42	华东交通大学	5★-	52	西南财经大学	5★-
33	湖北经济学院	5★-	43	长江大学	5★-			
34	成都工业学院	5★-	44	安徽大学	5★-			

4★(52 个)：吉林大学、内蒙古财经大学、南宁师范大学、渤海大学、山西财经大学、郑州轻工业大学、江苏大学、中央财经大学、贵州财经大学、新疆财经大学、常州工学院、广州工商学院、大连理工大学、苏州大学、重庆大学、广州商学院、中南财经政法大学、广东理工学院、重庆第二师范学院、河南财政金融学院、天津财经大学、郑州财经学院、深圳大学、武汉商学院、桂林电子科技大学、武汉轻工大学、武夷学院、北京化工大学、桂林航天工业学院、北京科技大学、合肥学院、安徽工业大学、上海工程技术大学、华南师范大学、武汉纺织大学、武汉大学、广东财经大学、郑州科技学院、信阳农林学院、湖南应用技术学院、太原学院、鲁东大学、贵州商学院、中国民航大学、浙江海洋大学、四川工业科技学院、常州大学、东华大学、湖南工学院、江西应用科技学院、福建江夏学院、内蒙古工业大学

3★(157 个)，2★(208 个)，1★(52 个)：名单略

1207 工业工程类（159）

排名	学校名称	星级	排名	学校名称	星级	排名	学校名称	星级
1	天津大学	5★+	7	中国计量大学	5★	13	浙江工业大学	5★-
2	清华大学	5★+	8	西北工业大学	5★	14	电子科技大学	5★-
3	上海交通大学	5★+	9	华中科技大学	5★-	15	北京交通大学	5★-
4	南京航空航天大学	5★	10	昆明理工大学	5★-	16	江苏科技大学	5★-
5	东北大学	5★	11	北京航空航天大学	5★-			
6	南京大学	5★	12	北京理工大学	5★-			

4★(16 个)：合肥工业大学、大连交通大学、西安交通大学、西南交通大学、温州大学、燕山大学、郑州大学、郑州航空工业管理学院、武汉科技大学、桂林电子科技大学、哈尔滨商业大学、山东工商学院、山东科技大学、南昌航空大学、湖南大学、福州大学

3★(48 个)，2★(63 个)，1★(16 个)：名单略

1208 电子商务类（519）

排名	学校名称	星级	排名	学校名称	星级	排名	学校名称	星级
1	对外经济贸易大学	5★+	7	北京交通大学	5★+	13	南京大学	5★
2	中央财经大学	5★+	8	合肥工业大学	5★+	14	郑州大学	5★
3	厦门大学	5★+	9	西安交通大学	5★+	15	天津大学	5★
4	武汉大学	5★+	10	上海财经大学	5★+	16	浙江工商大学	5★
5	山东财经大学	5★+	11	湖南大学	5★	17	广东财经大学	5★
6	北京邮电大学	5★+	12	东华大学	5★	18	西安财经大学	5★

排名	学校名称	星级	排名	学校名称	星级	排名	学校名称	星级
19	西安邮电大学	5★	31	闽江学院	5★-	43	武汉工程大学	5★-
20	杭州师范大学	5★	32	西昌学院	5★-	44	北京工商大学	5★-
21	云南财经大学	5★	33	湖南人文科技学院	5★-	45	西北政法大学	5★-
22	浙江万里学院	5★	34	洛阳师范学院	5★-	46	湖北工业大学	5★-
23	河南工业大学	5★	35	华中师范大学	5★-	47	河北科技大学	5★-
24	河南财经政法大学	5★	36	广州南方学院	5★-	48	首都经济贸易大学	5★-
25	东北财经大学	5★	37	天津商业大学	5★-	49	南京邮电大学	5★-
26	江西财经大学	5★	38	西安科技大学	5★-	50	大连理工大学	5★-
27	上海商学院	5★-	39	武汉理工大学	5★-	51	华南理工大学	5★-
28	浙江师范大学	5★-	40	安徽财经大学	5★-	52	北京联合大学	5★-
29	吉林财经大学	5★-	41	广州大学	5★-			
30	阳光学院	5★-	42	南昌大学	5★-			

4★（52个）：五邑大学、南京财经大学、哈尔滨工程大学、成都信息工程大学、燕山大学、广东外语外贸大学、华侨大学、安徽大学、大连海事大学、湘潭大学、广东工业大学、成都东软学院、江西工程学院、西南财经大学、广东金融学院、深圳大学、广州商学院、湖南信息学院、重庆工程学院、泉州信息工程学院、浙江财经大学、大连东软信息学院、暨南大学、中南财经政法大学、武汉工商学院、郑州财经学院、东南大学、武汉商学院、重庆理工大学、西安培华学院、华南师范大学、河南大学、贵州商学院、哈尔滨工业大学、上海师范大学、电子科技大学、郑州科技学院、广州航海学院、黑龙江工程学院昆仑旅游学院、商丘师范学院、河北工程技术学院、南昌理工学院、广东东软学院、西京学院、哈尔滨商业大学、阜阳师范大学、重庆工商大学、湖南财政经济学院、南开大学、广西民族师范学院、湖北商贸学院、湖南涉外经济学院

3★（156个），2★（207个），1★（52个）：名单略

1209 旅游管理类（535）

排名	学校名称	星级	排名	学校名称	星级	排名	学校名称	星级
1	南开大学	5★+	16	江西科技师范大学	5★	31	浙江工商大学	5★-
2	厦门大学	5★+	17	云南财经大学	5★	32	安徽师范大学	5★-
3	中山大学	5★+	18	新疆大学	5★	33	湘潭大学	5★-
4	海南大学	5★+	19	华南师范大学	5★	34	宁波大学	5★-
5	湖南师范大学	5★+	20	桂林理工大学	5★	35	西北师范大学	5★-
6	上海对外经贸大学	5★+	21	广东财经大学	5★	36	云南大学	5★-
7	暨南大学	5★+	22	福建师范大学	5★	37	青岛大学	5★-
8	复旦大学	5★+	23	河北经贸大学	5★	38	南京师范大学	5★-
9	北京第二外国语学院	5★+	24	天津商业大学	5★	39	陕西师范大学	5★-
10	北京联合大学	5★+	25	中南林业科技大学	5★	40	新疆财经大学	5★-
11	上海师范大学	5★+	26	黄山学院	5★	41	广州大学	5★-
12	桂林旅游学院	5★	27	湖北大学	5★	42	贵州师范大学	5★-
13	华侨大学	5★	28	西安外国语大学	5★	43	江西财经大学	5★-
14	华南理工大学	5★	29	西南民族大学	5★-	44	中南财经政法大学	5★-
15	哈尔滨商业大学	5★	30	南昌大学	5★-	45	河南大学	5★-

排名	学校名称	星级	排名	学校名称	星级	排名	学校名称	星级
46	中国海洋大学	5★-	49	贵州财经大学	5★-	52	河南财经政法大学	5★-
47	山西大学	5★-	50	海南热带海洋学院	5★-	53	重庆师范大学	5★-
48	燕山大学	5★-	51	山西财经大学	5★-	54	浙江万里学院	5★-

4★(53 个)：成都信息工程大学、吉首大学、昆明学院、湖南工商大学、四川大学、内蒙古财经大学、华中师范大学、重庆交通大学、上海商学院、新疆师范大学、黑龙江大学、中国地质大学(武汉)、四川旅游学院、沈阳城市学院、鲁东大学、大理大学、成都大学、浙江外国语学院、四川农业大学、内蒙古大学、长春大学旅游学院、成都体育学院、郑州大学、湖北经济学院、珠海科技学院、沈阳师范大学、贵州商学院、浙江越秀外国语学院、洛阳师范学院、重庆工商大学、贵州大学、沈阳大学、三峡大学、泰山学院、华东师范大学、安徽大学、长沙学院、贺州学院、河北地质大学、海南师范大学、北方民族大学、西安文理学院、宁德师范学院、南京晓庄学院、青海民族大学、武汉商学院、西南财经大学、四川师范大学、云南师范大学、太原学院、武夷学院、扬州大学、三亚学院

3★(161 个)，2★(214 个)，1★(53 个)：名单略

1301 艺术学理论类（45）

排名	学校名称	星级	排名	学校名称	星级	排名	学校名称	星级
1	北京大学	5★+	3	中央美术学院	5★-	5	南京艺术学院	5★-
2	东南大学	5★	4	清华大学	5★-			

4★(4 个)：中国美术学院、西安美术学院、上海戏剧学院、广西艺术学院

3★(14 个)，2★(18 个)，1★(4 个)：名单略

302 音乐与舞蹈学类（532）

排名	学校名称	星级	排名	学校名称	星级	排名	学校名称	星级
1	上海音乐学院	5★+	19	福建师范大学	5★	37	上海师范大学	5★-
2	南京艺术学院	5★+	20	吉林艺术学院	5★	38	新疆师范大学	5★-
3	北京师范大学	5★+	21	江西师范大学	5★	39	浙江师范大学	5★-
4	南京师范大学	5★+	22	首都师范大学	5★	40	西南大学	5★-
5	中国传媒大学	5★+	23	中央民族大学	5★	41	贵州民族大学	5★-
6	中央音乐学院	5★+	24	哈尔滨音乐学院	5★	42	沈阳师范大学	5★-
7	中国音乐学院	5★+	25	青岛大学	5★	43	华中师范大学	5★-
8	沈阳音乐学院	5★+	26	西北民族大学	5★	44	华东师范大学	5★-
9	西安音乐学院	5★+	27	山东师范大学	5★	45	河北师范大学	5★-
10	湖南师范大学	5★+	28	内蒙古艺术学院	5★-	46	齐齐哈尔大学	5★-
11	东北师范大学	5★+	29	山东艺术学院	5★-	47	上海戏剧学院	5★-
12	华南师范大学	5★	30	延边大学	5★-	48	河南师范大学	5★-
13	武汉音乐学院	5★	31	广西艺术学院	5★-	49	西南民族大学	5★-
14	星海音乐学院	5★	32	哈尔滨师范大学	5★-	50	河南大学	5★-
15	天津音乐学院	5★	33	陕西师范大学	5★-	51	内蒙古师范大学	5★-
16	浙江音乐学院	5★	34	云南艺术学院	5★-	52	山西师范大学	5★-
17	北京舞蹈学院	5★	35	安徽师范大学	5★-	53	天津师范大学	5★-
18	四川音乐学院	5★	36	四川师范大学	5★-			

续表

4★(53个)：山西大学、济南大学、西北师范大学、云南师范大学、西藏大学、洛阳师范学院、广西师范大学、宁波大学、山东大学、中国戏曲学院、曲阜师范大学、武汉体育学院、佳木斯大学、西安体育学院、新疆艺术学院、郑州大学、深圳大学、周口师范学院、厦门大学、苏州大学、江南大学、燕山大学、山东青年政治学院、广州大学、江苏师范大学、聊城大学、临沂大学、四川大学、河北民族师范学院、江西科技师范大学、湖南文理学院、浙江传媒学院、辽宁师范大学、滨州学院、潍坊学院、海口经济学院、上饶师范学院、重庆师范大学、南昌大学、天津体育学院、大连大学、上海大学、四川工商学院、扬州大学、湖南涉外经济学院、湖南科技大学、肇庆学院、渭南师范学院、海南大学、湖南人文科技学院、兰州城市学院、黄冈师范学院、河北大学

3★(160个)，2★(213个)，1★(53个)：名单略

1303 戏剧与影视学类（517）

排名	学校名称	星级	排名	学校名称	星级	排名	学校名称	星级
1	中国传媒大学	5★+	19	山西传媒学院	5★	37	杭州师范大学	5★-
2	中央戏剧学院	5★+	20	新疆艺术学院	5★	38	沈阳师范大学	5★-
3	北京师范大学	5★+	21	四川师范大学	5★	39	成都大学	5★-
4	上海戏剧学院	5★+	22	哈尔滨师范大学	5★	40	河北大学	5★-
5	北京电影学院	5★+	23	四川美术学院	5★	41	西北大学	5★-
6	南京艺术学院	5★+	24	中国美术学院	5★	42	吉林动画学院	5★-
7	上海大学	5★+	25	南京传媒学院	5★	43	西北师范大学	5★-
8	云南艺术学院	5★+	26	河北传媒学院	5★	44	天津师范大学	5★-
9	吉林艺术学院	5★+	27	西南大学	5★-	45	东北师范大学	5★-
10	中国戏曲学院	5★+	28	上海师范大学	5★-	46	新乡学院	5★-
11	浙江传媒学院	5★	29	陕西师范大学	5★-	47	鲁迅美术学院	5★-
12	南京师范大学	5★	30	华东师范大学	5★-	48	武汉理工大学	5★-
13	武汉大学	5★	31	天津工业大学	5★-	49	辽宁师范大学	5★-
14	江西师范大学	5★	32	重庆大学	5★-	50	北京服装学院	5★-
15	厦门大学	5★	33	四川音乐学院	5★-	51	广州美术学院	5★-
16	南京大学	5★	34	山东艺术学院	5★-	52	武汉音乐学院	5★-
17	福建师范大学	5★	35	黄淮学院	5★-			
18	山西师范大学	5★	36	浙江师范大学	5★-			

4★(51个)：青岛农业大学、内蒙古艺术学院、广州大学、黄冈师范学院、山东师范大学、同济大学、天津音乐学院、南昌理工学院、河南大学、西安美术学院、曲阜师范大学、武汉传媒学院、山东青年政治学院、河北美术学院、邢台学院、南京信息工程大学、大连艺术学院、北京印刷学院、星海音乐学院、汉口学院、广西艺术学院、浙江工业大学、暨南大学、郑州轻工业大学、山西大学、湖北文理学院、池州学院、安徽师范大学、辽宁传媒学院、沈阳音乐学院、深圳大学、景德镇陶瓷大学、湖南师范大学、北京大学、辽宁大学、上海音乐学院、重庆邮电大学、陕西科技大学、海口经济学院、许昌学院、内蒙古大学、西安体育学院、乐山师范学院、长春师范大学、武汉体育学院、成都文理学院、武夷学院、临沂大学、东南大学、吉林体育学院、西安工程大学

3★(156个)，2★(206个)，1★(52个)：名单略

1304 美术学类（453）

排名	学校名称	星级	排名	学校名称	星级	排名	学校名称	星级
1	中央美术学院	5★+	16	华东师范大学	5★	31	西南大学	5★-
2	中国美术学院	5★+	17	陕西师范大学	5★	32	河北师范大学	5★-
3	清华大学	5★+	18	首都师范大学	5★	33	上海师范大学	5★-
4	西安美术学院	5★+	19	天津美术学院	5★	34	山东师范大学	5★-
5	南京艺术学院	5★+	20	广西艺术学院	5★	35	四川师范大学	5★-
6	上海大学	5★+	21	西北师范大学	5★	36	景德镇陶瓷大学	5★-
7	四川大学	5★+	22	湖北美术学院	5★	37	杭州师范大学	5★-
8	广州美术学院	5★+	23	湖南师范大学	5★	38	华中师范大学	5★-
9	鲁迅美术学院	5★+	24	山东艺术学院	5★-	39	北京电影学院	5★-
10	哈尔滨师范大学	5★	25	云南艺术学院	5★-	40	北京师范大学	5★-
11	南京师范大学	5★	26	山东工艺美术学院	5★-	41	内蒙古艺术学院	5★-
12	厦门大学	5★	27	吉林艺术学院	5★-	42	江苏师范大学	5★-
13	中国传媒大学	5★	28	福建师范大学	5★-	43	中央民族大学	5★-
14	四川美术学院	5★	29	内蒙古师范大学	5★-	44	苏州大学	5★-
15	东北师范大学	5★	30	浙江师范大学	5★-	45	中国人民大学	5★-

4★（46 个）：淮北师范大学、沈阳师范大学、广西师范大学、新疆师范大学、曲阜师范大学、云南大学、北京服装学院、河南大学、郑州大学、南通大学、西藏大学、安徽师范大学、渤海大学、天津师范大学、山东大学、浙江传媒学院、青岛大学、西安交通大学、河北美术学院、吉林师范大学、吉林大学、江西师范大学、云南师范大学、聊城大学、新疆艺术学院、福州大学、西北大学、湖南科技大学、长春师范大学、佳木斯大学、深圳大学、海南师范大学、浙江理工大学、浙江大学、北华大学、华南师范大学、江苏大学、东南大学、河南师范大学、齐齐哈尔大学、西南民族大学、河北科技大学、延边大学、山西师范大学、扬州大学、山西大学

3★（136 个），2★（181 个），1★（45 个）：名单略

1305 设计学类（895）

排名	学校名称	星级	排名	学校名称	星级	排名	学校名称	星级
1	清华大学	5★+	13	东华大学	5★+	25	长沙理工大学	5★
2	同济大学	5★+	14	鲁迅美术学院	5★+	26	云南艺术学院	5★
3	中央美术学院	5★+	15	湖北美术学院	5★+	27	景德镇陶瓷大学	5★
4	西安美术学院	5★+	16	浙江理工大学	5★+	28	西安工程大学	5★
5	南京艺术学院	5★+	17	大连工业大学	5★+	29	华东师范大学	5★
6	中国美术学院	5★+	18	吉林艺术学院	5★+	30	上海大学	5★
7	北京服装学院	5★+	19	广州美术学院	5★	31	齐鲁工业大学	5★
8	江南大学	5★+	20	广东工业大学	5★	32	南京林业大学	5★
9	山东工艺美术学院	5★+	21	湖南工业大学	5★	33	广西艺术学院	5★
10	四川美术学院	5★+	22	山东艺术学院	5★	34	福州大学	5★
11	苏州大学	5★+	23	郑州轻工业大学	5★	35	中国传媒大学	5★
12	武汉理工大学	5★+	24	天津美术学院	5★	36	北京工业大学	5★

续表

排名	学校名称	星级	排名	学校名称	星级	排名	学校名称	星级
37	湖北工业大学	5★	55	河北科技大学	5★-	73	南京信息工程大学	5★-
38	北京印刷学院	5★	56	西安建筑科技大学	5★-	74	吉林动画学院	5★-
39	东北师范大学	5★	57	桂林电子科技大学	5★-	75	西南交通大学	5★-
40	内蒙古师范大学	5★	58	西安工业大学	5★-	76	浙江工商大学	5★-
41	武汉纺织大学	5★	59	吉林建筑大学	5★-	77	中原工学院	5★-
42	上海视觉艺术学院	5★	60	广西师范大学	5★-	78	湖南理工学院	5★-
43	四川师范大学	5★	61	杭州师范大学	5★-	79	天津师范大学	5★-
44	江西财经大学	5★	62	陕西科技大学	5★-	80	昆明理工大学	5★-
45	北京理工大学	5★	63	扬州大学	5★-	81	大连艺术学院	5★-
46	中南林业科技大学	5★-	64	山西大学	5★-	82	兰州文理学院	5★-
47	华南理工大学	5★-	65	山东大学	5★-	83	大连理工大学	5★-
48	天津理工大学	5★-	66	徐州工程学院	5★-	84	金陵科技学院	5★-
49	湖南师范大学	5★-	67	齐齐哈尔大学	5★-	85	天津工业大学	5★-
50	安徽工程大学	5★-	68	河北工业大学	5★-	86	黑龙江大学	5★-
51	汕头大学	5★-	69	中央民族大学	5★-	87	北京联合大学	5★-
52	温州大学	5★-	70	哈尔滨师范大学	5★-	88	贺州学院	5★-
53	云南大学	5★-	71	上海理工大学	5★-	89	上海工程技术大学	5★-
54	中国地质大学(武汉)	5★-	72	安徽大学	5★-	90	云南民族大学	5★-

4★(89个)：中南民族大学、华侨大学、江西服装学院、湖北大学、海南师范大学、太原理工大学、兰州财经大学、江苏大学、常州工学院、湖南工商大学、黄山学院、河南工业大学、北京城市学院、盐城工学院、集美大学、海南大学、北京航空航天大学、北京邮电大学、辽东学院、四川大学、浙江万里学院、江西科技师范大学、华南农业大学、苏州科技大学、九江学院、德州学院、河北美术学院、上海第二工业大学、湖南科技大学、商丘师范学院、内蒙古艺术学院、成都大学、曲阜师范大学、大连民族大学、安徽建筑大学、重庆文理学院、燕京理工学院、华中科技大学、北海艺术设计学院、湖北科技学院、湖南工程学院、黄淮学院、深圳大学、宁波财经学院、许昌学院、闽江学院、武汉大学、燕山大学、湖北工程学院、渭南师范学院、华东理工大学、嘉兴学院、北京林业大学、浙江工业大学、哈尔滨理工大学、湘南学院、厦门理工学院、西安交通大学、上海交通大学、北京师范大学、天津大学、浙江科技学院、广东技术师范大学、闽南理工学院、浙江大学、重庆大学、武汉东湖学院、四川农业大学、上海音乐学院、长春建筑学院、东南大学、哈尔滨工业大学、西京学院、西安欧亚学院、湖南女子学院、南华大学、上海建桥学院、山东建筑大学、临沂大学、南昌大学、西南大学、哈尔滨商业大学、武汉设计工程学院、哈尔滨广厦学院、沈阳建筑大学、江汉大学、沈阳航空航天大学、西南林业大学、新乡学院

3★(269个)，2★(358个)，1★(89个)：名单略

中国大学本科教育分专业竞争力排行榜

010101 哲学（75）

排名	学校名称	星级	排名	学校名称	星级	排名	学校名称	星级
1	北京大学	5★+	4	南京大学	5★	7	吉林大学	5★-
2	复旦大学	5★+	5	中国人民大学	5★-	8	山西大学	5★-
3	清华大学	5★	6	中山大学	5★-			

4★（7 个）：华东师范大学、北京师范大学、武汉大学、南开大学、山东大学、浙江大学、南京师范大学
3★（23 个），2★（30 个），1★（7 个）：名单略

020101 经济学（356）

排名	学校名称	星级	排名	学校名称	星级	排名	学校名称	星级
1	复旦大学	5★+	13	厦门大学	5★	25	深圳大学	5★-
2	清华大学	5★+	14	中南财经政法大学	5★	26	云南财经大学	5★-
3	中国人民大学	5★+	15	暨南大学	5★	27	河南大学	5★-
4	南开大学	5★+	16	西北大学	5★	28	中国政法大学	5★-
5	北京大学	5★+	17	湖南大学	5★	29	华中科技大学	5★-
6	上海财经大学	5★+	18	东北财经大学	5★	30	云南大学	5★-
7	武汉大学	5★+	19	辽宁大学	5★-	31	山西财经大学	5★-
8	南京大学	5★	20	福建师范大学	5★-	32	湘潭大学	5★-
9	吉林大学	5★	21	陕西师范大学	5★-	33	山西大学	5★-
10	中央财经大学	5★	22	四川大学	5★-	34	中国社会科学院大学	5★-
11	山东大学	5★	23	湖南师范大学	5★-	35	北京理工大学	5★-
12	北京师范大学	5★	24	江西财经大学	5★-	36	西南财经大学	5★-

4★（35 个）：浙江大学、山东财经大学、北京交通大学、中山大学、南京财经大学、首都经济贸易大学、西安交通大学、浙江工商大学、兰州大学、浙江财经大学、重庆工商大学、四川师范大学、中国地质大学(武汉)、湖北大学、南昌大学、北京工商大学、华南师范大学、安徽财经大学、哈尔滨商业大学、黑龙江大学、青岛大学、吉林财经大学、新疆大学、新疆财经大学、广东外语外贸大学、东北师范大学、扬州大学、湖南工商大学、安徽大学、西南科技大学、中央民族大学、重庆师范大学、重庆大学、安徽师范大学、山东师范大学
3★（107 个），2★（142 个），1★（36 个）：名单略

020102 经济统计学（138）

排名	学校名称	星级	排名	学校名称	星级	排名	学校名称	星级
1	对外经济贸易大学	5★+	6	中南财经政法大学	5★	11	南京财经大学	5★-
2	上海财经大学	5★+	7	东北财经大学	5★	12	天津财经大学	5★-
3	中国人民大学	5★+	8	浙江工商大学	5★-	13	哈尔滨商业大学	5★-
4	厦门大学	5★	9	江西财经大学	5★-	14	西安交通大学	5★-
5	西南财经大学	5★	10	暨南大学	5★-			

续表

4★（14个）：首都经济贸易大学、云南财经大学、河北大学、浙江财经大学、新疆财经大学、湖南大学、中央财经大学、北京工业大学、山东财经大学、辽宁大学、山西财经大学、华中科技大学、重庆工商大学、上海对外经贸大学
3★（41个），2★（55个），1★（14个）：名单略

020104T 资源与环境经济学（13）

排名	学校名称	星级	排名	学校名称	星级	排名	学校名称	星级
1	北京大学	5★						
4★（2个）：中国人民大学、山东财经大学								
3★（4个），2★（5个），1★（1个）：名单略								

020105T 商务经济学（19）

排名	学校名称	星级	排名	学校名称	星级	排名	学校名称	星级
1	南开大学	5★	2	兰州财经大学	5★-			
4★（2个）：福建农林大学、湖北经济学院								
3★（6个），2★（7个），1★（2个）：名单略								

020106T 能源经济（16）

排名	学校名称	星级	排名	学校名称	星级	排名	学校名称	星级
1	中国人民大学	5★	2	山西财经大学	5★-			
4★（1个）：重庆大学								
3★（5个），2★（6个），1★（2个）：名单略								

020109T 数字经济（129）

排名	学校名称	星级	排名	学校名称	星级	排名	学校名称	星级
1	南京大学	5★+	6	浙江工商大学	5★	11	浙江财经大学	5★-
2	南开大学	5★+	7	江西财经大学	5★-	12	广东财经大学	5★-
3	中南财经政法大学	5★+	8	安徽财经大学	5★-	13	湖南大学	5★-
4	中国人民大学	5★	9	西南财经大学	5★-			
5	山东农业大学	5★	10	长沙理工大学	5★-			
4★（13个）：对外经济贸易大学、东北财经大学、重庆移通学院、南京财经大学、天津财经大学、东莞城市学院、贵州财经大学、南宁学院、福州外语外贸学院、湖南工商大学、新疆财经大学、中南民族大学、安徽大学								
3★（39个），2★（51个），1★（13个）：名单略								

020201K 财政学（84）

排名	学校名称	星级	排名	学校名称	星级	排名	学校名称	星级
1	上海财经大学	5★+	4	中央财经大学	5★	7	北京大学	5★-
2	西南财经大学	5★+	5	中南财经政法大学	5★-	8	江西财经大学	5★-
3	中国人民大学	5★	6	浙江财经大学	5★-			
4★（9个）：山东大学、南开大学、厦门大学、东北财经大学、山东财经大学、对外经济贸易大学、辽宁大学、云南财经大学、天津财经大学								
3★（25个），2★（34个），1★（8个）：名单略								

020202 税收学（90）

排名	学校名称	星级	排名	学校名称	星级	排名	学校名称	星级
1	西南财经大学	5★+	4	中国人民大学	5★	7	东北财经大学	5★-
2	中央财经大学	5★+	5	中南财经政法大学	5★	8	广东财经大学	5★-
3	江西财经大学	5★	6	上海财经大学	5★-	9	浙江财经大学	5★-

4★（9个）：山东财经大学、首都经济贸易大学、对外经济贸易大学、山西财经大学、南京财经大学、哈尔滨商业大学、天津财经大学、新疆财经大学、暨南大学

3★（27个），2★（36个），1★（9个）：名单略

020301K 金融学（389）

排名	学校名称	星级	排名	学校名称	星级	排名	学校名称	星级
1	西南财经大学	5★+	14	首都经济贸易大学	5★	27	山东财经大学	5★-
2	湖南大学	5★+	15	中南财经政法大学	5★	28	山东大学	5★-
3	中央财经大学	5★+	16	华东师范大学	5★	29	重庆大学	5★-
4	中国人民大学	5★+	17	吉林大学	5★	30	广东财经大学	5★-
5	北京大学	5★+	18	东北财经大学	5★	31	重庆工商大学	5★-
6	上海财经大学	5★+	19	浙江工商大学	5★	32	北京交通大学	5★-
7	对外经济贸易大学	5★+	20	复旦大学	5★-	33	南开大学	5★-
8	西安交通大学	5★+	21	厦门大学	5★-	34	上海大学	5★-
9	江西财经大学	5★	22	南京农业大学	5★-	35	暨南大学	5★-
10	云南财经大学	5★	23	山西财经大学	5★-	36	中南大学	5★-
11	中山大学	5★	24	新疆财经大学	5★-	37	长沙理工大学	5★-
12	中国农业大学	5★	25	天津财经大学	5★-	38	南京财经大学	5★-
13	安徽财经大学	5★	26	浙江财经大学	5★-	39	广东外语外贸大学	5★-

4★（39个）：广西大学、华中科技大学、河南财经政法大学、华南农业大学、中国海洋大学、西安财经大学、同济大学、浙江工业大学、郑州大学、东北师范大学、上海对外经贸大学、西南大学、深圳大学、上海交通大学、湖南工商大学、广东金融学院、青岛大学、电子科技大学、河北大学、安徽大学、内蒙古大学、上海立信会计金融学院、天津大学、北京工商大学、吉林财经大学、武汉大学、河南大学、天津商业大学、湖北经济学院、大连理工大学、贵州财经大学、西北大学、南京审计大学、北京师范大学、华南理工大学、华东理工大学、河北经贸大学、河南工业大学、江西师范大学

3★（117个），2★（155个），1★（39个）：名单略

020302 金融工程（255）

排名	学校名称	星级	排名	学校名称	星级	排名	学校名称	星级
1	对外经济贸易大学	5★+	8	西南财经大学	5★	15	浙江工商大学	5★-
2	南京财经大学	5★+	9	中国人民大学	5★	16	天津财经大学	5★-
3	山东财经大学	5★+	10	山西财经大学	5★	17	西安交通大学	5★-
4	江苏师范大学	5★+	11	合肥工业大学	5★	18	北京工商大学	5★-
5	南开大学	5★+	12	中南财经政法大学	5★	19	南京大学	5★-
6	东北财经大学	5★	13	中央财经大学	5★	20	四川大学	5★-
7	温州大学	5★	14	哈尔滨商业大学	5★-	21	首都经济贸易大学	5★-

排名	学校名称	星级	排名	学校名称	星级	排名	学校名称	星级
22	武汉大学	5★-	24	南京林业大学	5★-	26	厦门大学	5★-
23	东南大学	5★-	25	浙江财经大学	5★-			

4★（25个）：长春理工大学、上海立信会计金融学院、河海大学、广东外语外贸大学、苏州科技大学、湖南科技大学、安徽财经大学、南京审计大学、南京信息工程大学、中国政法大学、安徽工程大学、中国计量大学、华中师范大学、华中科技大学、广东科技学院、北京科技大学、广东理工学院、宁波财经学院、安庆师范大学、湖北工程学院、厦门理工学院、广西外国语学院、天津科技大学、运城学院、湖南人文科技学院

3★（77个），2★（102个），1★（25个）：名单略

020303 保险学（95）

排名	学校名称	星级	排名	学校名称	星级	排名	学校名称	星级
1	西南财经大学	5★+	5	华东师范大学	5★	9	首都经济贸易大学	5★-
2	对外经济贸易大学	5★+	6	南开大学	5★-	10	北京大学	5★-
3	中央财经大学	5★	7	河北经贸大学	5★-			
4	上海财经大学	5★	8	湖南大学	5★-			

4★（9个）：江西财经大学、广东外语外贸大学、复旦大学、湖南工商大学、广东金融学院、中南财经政法大学、中国人民大学、东北财经大学、吉林财经大学

3★（29个），2★（38个），1★（9个）：名单略

020304 投资学（124）

排名	学校名称	星级	排名	学校名称	星级	排名	学校名称	星级
1	对外经济贸易大学	5★+	5	中南财经政法大学	5★	9	东北财经大学	5★-
2	西南财经大学	5★+	6	浙江工商大学	5★	10	安徽财经大学	5★-
3	上海财经大学	5★	7	广东财经大学	5★-	11	南开大学	5★-
4	中央财经大学	5★	8	南京农业大学	5★-	12	南京审计大学	5★-

4★（13个）：哈尔滨商业大学、重庆工商大学、山东财经大学、广东金融学院、山西工程技术学院、广东科技学院、河南财政金融学院、烟台大学、武汉科技大学、河北经贸大学、天津科技大学、河南牧业经济学院、太原学院

3★（37个），2★（50个），1★（12个）：名单略

020305T 金融数学（71）

排名	学校名称	星级	排名	学校名称	星级	排名	学校名称	星级
1	北京大学	5★+	4	山东财经大学	5★	7	天津大学	5★-
2	西南财经大学	5★	5	南京财经大学	5★-			
3	对外经济贸易大学	5★	6	中南财经政法大学	5★-			

4★（7个）：新疆财经大学、东北财经大学、浙江财经大学、山西财经大学、北京化工大学、济南大学、天津财经大学

3★（22个），2★（28个），1★（7个）：名单略

020306T 信用管理（22）

排名	学校名称	星级	排名	学校名称	星级	排名	学校名称	星级
1	西南财经大学	5★	2	中国人民大学	5★-			

4★（2个）：吉林大学、天津财经大学

3★（7个），2★（9个），1★（2个）：名单略

020307T 经济与金融（78）

排名	学校名称	星级	排名	学校名称	星级	排名	学校名称	星级
1	对外经济贸易大学	5★+	4	云南民族大学	5★	7	广东金融学院	5★-
2	清华大学	5★+	5	安徽工业大学	5★-	8	西安文理学院	5★-
3	燕山大学	5★	6	东莞理工学院	5★-			

4★（8个）：汉口学院、黄冈师范学院、青岛农业大学、安徽新华学院、桂林旅游学院、徐州工程学院、中国民航大学、四川工商学院

3★（23个），2★（31个），1★（8个）：名单略

020308T 精算学（17）

排名	学校名称	星级	排名	学校名称	星级	排名	学校名称	星级
1	对外经济贸易大学	5★	2	中央财经大学	5★-			

4★（1个）：广东金融学院

3★（6个），2★（6个），1★（2个）：名单略

020309T 互联网金融（56）

排名	学校名称	星级	排名	学校名称	星级	排名	学校名称	星级
1	广东理工学院	5★+	3	安徽财经大学	5★	5	沈阳工业大学	5★-
2	广州商学院	5★	4	广东金融学院	5★-	6	安徽工程大学	5★-

4★（5个）：郑州工商学院、辽宁财贸学院、广州理工学院、安徽大学、滇西科技师范学院

3★（17个），2★（22个），1★（6个）：名单略

020310T 金融科技（95）

排名	学校名称	星级	排名	学校名称	星级	排名	学校名称	星级
1	北京邮电大学	5★+	5	广东金融学院	5★	9	郑州财经学院	5★-
2	上海立信会计金融学院	5★+	6	中央财经大学	5★-	10	华南师范大学	5★-
3	山东财经大学	5★	7	重庆财经学院	5★-			
4	深圳大学	5★	8	西南财经大学	5★-			

4★（9个）：湖南财政经济学院、河北金融学院、广州华商学院、江西财经大学、东北财经大学、三亚学院、天津财经大学珠江学院、南宁理工学院、南京农业大学

3★（29个），2★（38个），1★（9个）：名单略

020401 国际经济与贸易（665）

排名	学校名称	星级	排名	学校名称	星级	排名	学校名称	星级
1	对外经济贸易大学	5★+	24	浙江工商大学	5★	47	河南财经政法大学	5★-
2	西南财经大学	5★+	25	浙江财经大学	5★	48	海南大学	5★-
3	南开大学	5★+	26	浙江大学	5★	49	河南工业大学	5★-
4	复旦大学	5★+	27	暨南大学	5★	50	长沙理工大学	5★-
5	湖南大学	5★+	28	天津财经大学	5★	51	中国农业大学	5★-
6	吉林大学	5★+	29	哈尔滨商业大学	5★	52	南通大学	5★-
7	山东大学	5★+	30	上海大学	5★	53	河北大学	5★-
8	中央财经大学	5★+	31	新疆财经大学	5★	54	中南大学	5★-
9	上海对外经贸大学	5★+	32	广东财经大学	5★	55	吉林财经大学	5★-
10	浙江工业大学	5★+	33	上海立信会计金融学院	5★	56	云南大学	5★-
11	中南财经政法大学	5★+	34	东北财经大学	5★-	57	湘潭大学	5★-
12	辽宁大学	5★+	35	武汉大学	5★-	58	天津商业大学	5★-
13	上海财经大学	5★+	36	南京财经大学	5★-	59	浙江万里学院	5★-
14	广东外语外贸大学	5★	37	广西大学	5★-	60	北京工业大学	5★-
15	中国人民大学	5★	38	四川大学	5★-	61	北京林业大学	5★-
16	江西财经大学	5★	39	同济大学	5★-	62	天津师范大学	5★-
17	西安交通大学	5★	40	山西财经大学	5★-	63	内蒙古财经大学	5★-
18	北京师范大学	5★	41	宁波大学	5★-	64	南京审计大学	5★-
19	厦门大学	5★	42	南京大学	5★-	65	辽宁对外经贸学院	5★-
20	山东财经大学	5★	43	兰州财经大学	5★-	66	江苏大学	5★-
21	重庆工商大学	5★	44	安徽财经大学	5★-	67	华东理工大学	5★-
22	首都经济贸易大学	5★	45	北京科技大学	5★-			
23	云南财经大学	5★	46	湖北大学	5★-			

4★(66个)：沈阳工业大学、福州外语外贸学院、福建师范大学、西南民族大学、浙江理工大学、天津工业大学、北京大学、上海交通大学、河南大学、中央民族大学、南京农业大学、北京外国语大学、北京理工大学、山东工商学院、湖南财政经济学院、广东工业大学、重庆大学、广西财经学院、广西民族大学、四川外国语大学、华侨大学、哈尔滨工业大学、华北水利水电大学、华南理工大学、温州大学、华中科技大学、山东师范大学、中国海洋大学、国际关系学院、青岛大学、西安翻译学院、东北大学、贵州财经大学、湖南科技大学、武汉理工大学、南京师范大学、河海大学、大连海事大学、上海理工大学、河北经贸大学、华中农业大学、东北农业大学、深圳大学、南京信息工程大学、中国地质大学(武汉)、青岛科技大学、江南大学、武汉轻工大学、西北大学、西南政法大学、南京航空航天大学、中南林业科技大学、杭州电子科技大学、山东农业大学、南华大学、南京理工大学、浙江师范大学、江西科技学院、安徽大学、集美大学、上海外国语大学、北京工商大学、安徽工业大学、广西外国语学院、郑州大学、大连理工大学

3★(200个)，2★(266个)，1★(66个)：名单略

020402 贸易经济（40）

排名	学校名称	星级	排名	学校名称	星级	排名	学校名称	星级
1	西安交通大学	5★+	3	北京工商大学	5★-			
2	重庆工商大学	5★	4	山东财经大学	5★-			

4★(4个)：首都经济贸易大学、南京财经大学、中国人民大学、中央财经大学

3★(12个)，2★(16个)，1★(4个)：名单略

030101K 法学（580）

排名	学校名称	星级	排名	学校名称	星级	排名	学校名称	星级
1	中国政法大学	5★+	21	大连海事大学	5★	41	华中科技大学	5★-
2	西南政法大学	5★+	22	中国海洋大学	5★	42	厦门大学	5★-
3	武汉大学	5★+	23	复旦大学	5★	43	贵州大学	5★-
4	中国人民大学	5★+	24	西南财经大学	5★	44	南开大学	5★-
5	华东政法大学	5★+	25	苏州大学	5★	45	东南大学	5★-
6	北京大学	5★+	26	江西财经大学	5★	46	华南理工大学	5★-
7	吉林大学	5★+	27	湘潭大学	5★	47	河北大学	5★-
8	西北政法大学	5★+	28	中山大学	5★	48	山西大学	5★-
9	上海交通大学	5★+	29	北京理工大学	5★	49	南京大学	5★-
10	中南财经政法大学	5★+	30	湖南大学	5★-	50	暨南大学	5★-
11	浙江大学	5★+	31	北京航空航天大学	5★-	51	新疆大学	5★-
12	清华大学	5★+	32	湖南师范大学	5★-	52	宁波大学	5★-
13	山东大学	5★	33	浙江工商大学	5★-	53	安徽大学	5★-
14	四川大学	5★	34	辽宁大学	5★-	54	华东师范大学	5★-
15	南京师范大学	5★	35	海南大学	5★-	55	中国人民公安大学	5★-
16	对外经济贸易大学	5★	36	重庆大学	5★-	56	中央财经大学	5★-
17	广东外语外贸大学	5★	37	中南大学	5★-	57	福州大学	5★-
18	云南大学	5★	38	上海财经大学	5★-	58	烟台大学	5★-
19	郑州大学	5★	39	黑龙江大学	5★-			
20	北京师范大学	5★	40	西安交通大学	5★-			

4★（58 个）：河南财经政法大学、天津大学、东北财经大学、上海政法学院、河南大学、广州大学、扬州大学、北京交通大学、中南民族大学、广东财经大学、中央民族大学、华中师范大学、上海海事大学、安徽师范大学、天津师范大学、沈阳师范大学、安徽财经大学、福建师范大学、武汉理工大学、中国社会科学院大学、四川师范大学、河北经贸大学、首都经济贸易大学、江西师范大学、同济大学、华侨大学、兰州大学、甘肃政法大学、山东政法学院、广西师范大学、辽宁师范大学、南京审计大学、广西大学、北京外国语大学、青岛大学、广西民族大学、伊犁师范大学、天津财经大学、上海对外经贸大学、山东理工大学、山西财经大学、西北大学、江西理工大学、华南师范大学、云南财经大学、西北师范大学、内蒙古大学、河海大学、宁夏大学、南昌大学、西南大学、江苏大学、南京航空航天大学、湖北大学、湖北经济学院、贵州师范大学、青海民族大学、外交学院

3★（174 个），2★（232 个），1★（58 个）：名单略

030102T 知识产权（94）

排名	学校名称	星级	排名	学校名称	星级	排名	学校名称	星级
1	中国计量大学	5★+	4	西南政法大学	5★	7	苏州大学	5★-
2	华东政法大学	5★+	5	华南理工大学	5★	8	湖南师范大学	5★-
3	湘潭大学	5★	6	安徽大学	5★-	9	中南财经政法大学	5★-

4★（10 个）：重庆大学、烟台大学、浙江工商大学、暨南大学、大连理工大学、上海政法学院、西南科技大学、南昌大学、浙江工业大学、江苏大学

3★（28 个），2★（38 个），1★（9 个）：名单略

030201 政治学与行政学（84）

排名	学校名称	星级	排名	学校名称	星级	排名	学校名称	星级
1	北京大学	5★+	4	复旦大学	5★	7	中国人民大学	5★-
2	天津师范大学	5★+	5	中国政法大学	5★-	8	中山大学	5★-
3	吉林大学	5★	6	南开大学	5★-			
4★(9个)：厦门大学、云南大学、华东师范大学、山东大学、武汉大学、中国社会科学院大学、河南师范大学、湖南师范大学、南京大学								
3★(25个)，2★(34个)，1★(8个)：名单略								

030202 国际政治（37）

排名	学校名称	星级	排名	学校名称	星级	排名	学校名称	星级
1	复旦大学	5★+	3	中国人民大学	5★-			
2	北京大学	5★	4	上海外国语大学	5★-			
4★(3个)：中国政法大学、中山大学、暨南大学								
3★(12个)，2★(14个)，1★(4个)：名单略								

030203 外交学（15）

排名	学校名称	星级	排名	学校名称	星级	排名	学校名称	星级
1	外交学院	5★	2	武汉大学	5★-			
4★(1个)：厦门大学								
3★(5个)，2★(6个)，1★(1个)：名单略								

030204T 国际事务与国际关系（17）

排名	学校名称	星级	排名	学校名称	星级	排名	学校名称	星级
1	暨南大学	5★	2	国防科技大学	5★-			
4★(1个)：华侨大学								
3★(6个)，2★(6个)，1★(2个)：名单略								

030301 社会学（92）

排名	学校名称	星级	排名	学校名称	星级	排名	学校名称	星级
1	中国人民大学	5★+	4	华东师范大学	5★	7	吉林大学	5★-
2	北京大学	5★+	5	上海大学	5★	8	华中科技大学	5★-
3	复旦大学	5★	6	中山大学	5★-	9	清华大学	5★-
4★(9个)：华中师范大学、中央民族大学、山东大学、中国农业大学、厦门大学、南开大学、中南大学、云南民族大学、贵州民族大学								
3★(28个)，2★(37个)，1★(9个)：名单略								

030302 社会工作（259）

排名	学校名称	星级	排名	学校名称	星级	排名	学校名称	星级
1	中国人民大学	5★+	10	山东大学	5★	19	南京邮电大学	5★-
2	华东师范大学	5★+	11	云南大学	5★	20	贵州大学	5★-
3	北京大学	5★+	12	江西财经大学	5★	21	郑州大学	5★-
4	复旦大学	5★+	13	浙江师范大学	5★	22	华南农业大学	5★-
5	华东理工大学	5★+	14	南京理工大学	5★-	23	首都经济贸易大学	5★-
6	上海大学	5★	15	四川大学	5★-	24	山东理工大学	5★-
7	华中师范大学	5★	16	北京科技大学	5★-	25	杭州师范大学	5★-
8	吉林大学	5★	17	江苏师范大学	5★-	26	南京大学	5★-
9	华中农业大学	5★	18	济南大学	5★-			

4★(26 个)：西北师范大学、厦门大学、南开大学、华中科技大学、安徽大学、河北大学、天津理工大学、中央民族大学、西北农林科技大学、重庆工商大学、北京工业大学、沈阳师范大学、山东青年政治学院、上海师范大学、内蒙古工业大学、长春理工大学、郑州轻工业大学、广西师范大学、扬州大学、东莞理工学院、湖北文理学院、西南大学、华北电力大学、桂林理工大学、首都师范大学、广西科技大学

3★(78 个)，2★(103 个)，1★(26 个)：名单略

030305T 家政学（12）

排名	学校名称	星级	排名	学校名称	星级	排名	学校名称	星级
1	吉林农业大学	5★						

4★(1 个)：湖南女子学院

3★(4 个)，2★(5 个)，1★(1 个)：名单略

030401 民族学（28）

排名	学校名称	星级	排名	学校名称	星级	排名	学校名称	星级
1	云南大学	5★+	2	中央民族大学	5★-	3	中南民族大学	5★-

4★(3 个)：内蒙古大学、广西民族大学、兰州大学

3★(8 个)，2★(11 个)，1★(3 个)：名单略

030502 中国共产党历史（12）

排名	学校名称	星级	排名	学校名称	星级	排名	学校名称	星级
1	中国人民大学	5★						

4★(1 个)：湘潭大学

3★(4 个)，2★(5 个)，1★(1 个)：名单略

030503 思想政治教育（304）

排名	学校名称	星级	排名	学校名称	星级	排名	学校名称	星级
1	北京师范大学	5★+	4	南京师范大学	5★+	7	兰州大学	5★
2	武汉大学	5★+	5	西南大学	5★+	8	华中师范大学	5★
3	东北师范大学	5★+	6	陕西师范大学	5★+	9	河海大学	5★

排名	学校名称	星级	排名	学校名称	星级	排名	学校名称	星级
10	华东师范大学	5★	17	吉林大学	5★-	24	山东师范大学	5★-
11	安徽师范大学	5★	18	西北师范大学	5★-	25	新疆师范大学	5★-
12	江西师范大学	5★	19	河北师范大学	5★-	26	福建师范大学	5★-
13	华南师范大学	5★	20	湖南师范大学	5★-	27	首都师范大学	5★-
14	西南交通大学	5★	21	湖北大学	5★-	28	天津师范大学	5★-
15	曲阜师范大学	5★	22	中南大学	5★-	29	合肥工业大学	5★-
16	武汉理工大学	5★-	23	广西师范大学	5★-	30	郑州大学	5★-

4★(31个)：哈尔滨师范大学、山西师范大学、中国政法大学、湖南科技大学、新疆大学、上海师范大学、扬州大学、海南大学、河南大学、海南师范大学、贵州师范大学、辽宁师范大学、中国社会科学院大学、重庆师范大学、苏州大学、四川师范大学、安徽大学、上海大学、江南大学、浙江师范大学、东北大学、广西大学、湘潭大学、哈尔滨工业大学、宁波大学、广州大学、云南师范大学、河南师范大学、中国地质大学(武汉)、湖南第一师范学院、沈阳师范大学

3★(91个)，2★(122个)，1★(30个)：名单略

030504T 马克思主义理论（54）

排名	学校名称	星级	排名	学校名称	星级	排名	学校名称	星级
1	中国人民大学	5★+	3	四川大学	5★	5	南开大学	5★-
2	山东大学	5★	4	复旦大学	5★-			

4★(6个)：武汉大学、西安交通大学、同济大学、兰州大学、清华大学、天津大学

3★(16个)，2★(22个)，1★(5个)：名单略

030601K 治安学（26）

排名	学校名称	星级	排名	学校名称	星级	排名	学校名称	星级
1	中国人民公安大学	5★+	2	山东警察学院	5★-	3	四川警察学院	5★-

4★(2个)：河南警察学院、浙江警察学院

3★(8个)，2★(10个)，1★(3个)：名单略

030602K 侦查学（31）

排名	学校名称	星级	排名	学校名称	星级	排名	学校名称	星级
1	中国人民公安大学	5★+	2	中国刑事警察学院	5★	3	广东警官学院	5★-

4★(3个)：中南财经政法大学、吉林警察学院、湖北警官学院

3★(10个)，2★(12个)，1★(3个)：名单略

030604TK 禁毒学（12）

排名	学校名称	星级	排名	学校名称	星级	排名	学校名称	星级
1	云南警官学院	5★						

4★(1个)：中国刑事警察学院

3★(4个)，2★(5个)，1★(1个)：名单略

030606TK 经济犯罪侦查（17）

排名	学校名称	星级	排名	学校名称	星级	排名	学校名称	星级
1	中国刑事警察学院	5★	2	广东警官学院	5★-			
4★（1 个）：山东警察学院								
3★（6 个），2★（6 个），1★（2 个）：名单略								

030615TK 警务指挥与战术（19）

排名	学校名称	星级	排名	学校名称	星级	排名	学校名称	星级
1	福建警察学院	5★	2	中国人民公安大学	5★-			
4★（2 个）：中国人民警察大学、南京警察学院								
3★（6 个），2★（7 个），1★（2 个）：名单略								

040101 教育学（85）

排名	学校名称	星级	排名	学校名称	星级	排名	学校名称	星级
1	北京师范大学	5★+	4	陕西师范大学	5★	7	华南师范大学	5★-
2	西南大学	5★+	5	华中师范大学	5★-	8	曲阜师范大学	5★-
3	东北师范大学	5★	6	首都师范大学	5★-	9	湖南师范大学	5★-
4★（8 个）：天津师范大学、福建师范大学、浙江大学、河南大学、南京师范大学、天津大学、辽宁师范大学、山东师范大学								
3★（26 个），2★（34 个），1★（8 个）：名单略								

040102 科学教育（51）

排名	学校名称	星级	排名	学校名称	星级	排名	学校名称	星级
1	广西师范大学	5★+	3	华中师范大学	5★	5	四川师范大学	5★-
2	浙江师范大学	5★	4	上海师范大学	5★-			
4★（5 个）：长春师范大学、东北师范大学、华南师范大学、杭州师范大学、新疆师范大学								
3★（16 个），2★（20 个），1★（5 个）：名单略								

040104 教育技术学（130）

排名	学校名称	星级	排名	学校名称	星级	排名	学校名称	星级
1	华东师范大学	5★+	6	曲阜师范大学	5★	11	西北师范大学	5★-
2	华南师范大学	5★+	7	东北师范大学	5★	12	广州大学	5★-
3	西南大学	5★+	8	北京师范大学	5★-	13	四川师范大学	5★-
4	华中师范大学	5★	9	南京师范大学	5★-			
5	陕西师范大学	5★	10	浙江师范大学	5★-			
4★（13 个）：天津师范大学、首都师范大学、山东师范大学、河南大学、江西师范大学、哈尔滨师范大学、上海师范大学、湖南师范大学、江南大学、广西师范大学、新疆师范大学、江苏师范大学、苏州大学								
3★（39 个），2★（52 个），1★（13 个）：名单略								

040105 艺术教育（29）

排名	学校名称	星级	排名	学校名称	星级	排名	学校名称	星级
1	华东师范大学	5★+	2	福州外语外贸学院	5★-	3	四川美术学院	5★-
4★（3个）：闽南理工学院、潍坊科技学院、北海艺术设计学院							
3★（9个），2★（11个），1★（3个）：名单略							

040106 学前教育（420）

排名	学校名称	星级	排名	学校名称	星级	排名	学校名称	星级
1	北京师范大学	5★+	15	沈阳师范大学	5★	29	上海师范大学	5★-
2	华东师范大学	5★+	16	湖南师范大学	5★	30	西北师范大学	5★-
3	陕西师范大学	5★+	17	陕西学前师范学院	5★	31	西藏民族大学	5★-
4	浙江师范大学	5★+	18	安徽师范大学	5★	32	淮北师范大学	5★-
5	南京师范大学	5★+	19	江西师范大学	5★	33	喀什大学	5★-
6	华中师范大学	5★+	20	洛阳师范学院	5★	34	重庆第二师范学院	5★-
7	西南大学	5★+	21	东北师范大学	5★	35	华南师范大学	5★-
8	首都师范大学	5★+	22	杭州师范大学	5★-	36	咸阳师范学院	5★-
9	云南师范大学	5★	23	河北大学	5★-	37	南京晓庄学院	5★-
10	河南大学	5★	24	新疆师范大学	5★-	38	哈尔滨师范大学	5★-
11	福建师范大学	5★	25	长沙师范学院	5★-	39	山西师范大学	5★-
12	山东师范大学	5★	26	中华女子学院	5★-	40	昆明学院	5★-
13	广西师范大学	5★	27	重庆师范大学	5★-	41	天津师范大学	5★-
14	四川师范大学	5★	28	内蒙古师范大学	5★-	42	大庆师范大学	5★-
4★（42个）：广州大学、贵州师范学院、太原师范学院、宁波大学、辽宁师范大学、渭南师范学院、山东女子学院、呼伦贝尔学院、成都大学、江西科技师范大学、南通大学、吉林师范大学、黔南民族师范学院、长春师范大学、江苏师范大学、湖州师范学院、聊城大学、鲁东大学、温州大学、西华师范大学、深圳大学、河北师范大学、石河子大学、长江大学、贵州师范大学、河南师范大学、青海师范大学、哈尔滨剑桥学院、山东英才学院、湖北师范大学、盐城师范学院、曲阜师范大学、许昌学院、西安文理学院、鞍山师范学院、集宁师范学院、赤峰学院、伊犁师范大学、张家口学院、商丘工学院、南阳理工学院、宜春学院								
3★（126个），2★（168个），1★（42个）：名单略								

040107 小学教育（311）

排名	学校名称	星级	排名	学校名称	星级	排名	学校名称	星级
1	东北师范大学	5★+	9	广西师范大学	5★	17	温州大学	5★-
2	华南师范大学	5★+	10	浙江师范大学	5★	18	扬州大学	5★-
3	首都师范大学	5★+	11	湖南第一师范学院	5★	19	鲁东大学	5★-
4	南京师范大学	5★+	12	海南师范大学	5★	20	吉林师范大学	5★-
5	上海师范大学	5★+	13	宁波大学	5★	21	青海师范大学	5★-
6	江西师范大学	5★+	14	江苏师范大学	5★	22	大理大学	5★-
7	天津师范大学	5★	15	南京晓庄学院	5★	23	聊城大学	5★-
8	杭州师范大学	5★	16	重庆第二师范学院	5★	24	集美大学	5★-

续表

排名	学校名称	星级	排名	学校名称	星级	排名	学校名称	星级
25	四川师范大学	5★-	28	湖州师范学院	5★-	31	重庆师范大学	5★-
26	湖南师范大学	5★-	29	楚雄师范学院	5★-			
27	临沂大学	5★-	30	新疆师范大学	5★-			

4★（31 个）：合肥师范学院、福建师范大学、河北民族师范学院、南通大学、安徽师范大学、浙江外国语学院、湖北师范大学、西北师范大学、渤海大学、贵州师范大学、长春师范学院、青岛大学、天水师范学院、延边大学、岭南师范学院、曲阜师范大学、山东师范大学、广州大学、南宁师范大学、湖北第二师范学院、江南大学、辽宁师范大学、内蒙古师范大学、广西科技师范学院、沈阳大学、长江师范学院、长沙师范学院、盐城师范学院、成都师范学院、河北师范大学、南阳理工学院

3★（94 个），2★（124 个），1★（31 个）：名单略

040108 特殊教育（59）

排名	学校名称	星级	排名	学校名称	星级	排名	学校名称	星级
1	北京师范大学	5★+	3	西南大学	5★	5	华中师范大学	5★-
2	华东师范大学	5★	4	浙江师范大学	5★-	6	四川师范大学	5★-

4★（6 个）：重庆师范大学、西北师范大学、陕西师范大学、湖南师范大学、华南师范大学、郑州师范学院

3★（18 个），2★（23 个），1★（6 个）：名单略

040201 体育教育（341）

排名	学校名称	星级	排名	学校名称	星级	排名	学校名称	星级
1	福建师范大学	5★+	13	东北师范大学	5★	25	江西师范大学	5★-
2	北京体育大学	5★+	14	广西师范大学	5★	26	河北师范大学	5★-
3	华东师范大学	5★+	15	华中师范大学	5★	27	安徽师范大学	5★-
4	成都体育学院	5★+	16	曲阜师范大学	5★	28	西安体育学院	5★-
5	首都体育学院	5★+	17	河南大学	5★	29	山东师范大学	5★-
6	上海体育大学	5★+	18	扬州大学	5★-	30	广州体育学院	5★-
7	北京师范大学	5★+	19	湖南师范大学	5★-	31	沈阳体育学院	5★-
8	宁波大学	5★	20	西南大学	5★-	32	新疆师范大学	5★-
9	华南师范大学	5★	21	吉首大学	5★-	33	辽宁师范大学	5★-
10	天津体育学院	5★	22	南京师范大学	5★-	34	云南师范大学	5★-
11	苏州大学	5★	23	浙江师范大学	5★-			
12	陕西师范大学	5★	24	山西大学	5★-			

4★（34 个）：内蒙古师范大学、哈尔滨体育学院、南通大学、山西师范大学、南京体育学院、河南师范大学、吉林体育学院、鲁东大学、湖南科技大学、哈尔滨师范大学、杭州师范大学、淮北师范大学、湖南工业大学、西藏民族大学、西北师范大学、海南师范大学、郑州大学、贵州师范大学、青海师范大学、深圳大学、赣南师范大学、广西民族大学、四川师范大学、山东体育学院、长江大学、沈阳师范大学、广东第二师范学院、长沙师范学院、云南大学、宁夏大学、成都大学、江西科技师范大学、集美大学、温州大学

3★（103 个），2★（136 个），1★（34 个）：名单略

040202K 运动训练（64）

排名	学校名称	星级	排名	学校名称	星级	排名	学校名称	星级
1	武汉体育学院	5★+	3	首都体育学院	5★	5	天津体育学院	5★-
2	北京体育大学	5★	4	成都体育学院	5★-	6	山东体育学院	5★-

4★（7个）：沈阳体育学院、华南理工大学、吉林体育学院、河南大学、广西师范大学、安徽师范大学、华中师范大学

3★（19个），2★（26个），1★（6个）：名单略

040203 社会体育指导与管理（239）

排名	学校名称	星级	排名	学校名称	星级	排名	学校名称	星级
1	华东师范大学	5★+	9	沈阳体育学院	5★	17	湖南工业大学	5★-
2	山东大学	5★+	10	山东体育学院	5★	18	湖南农业大学	5★-
3	天津体育学院	5★+	11	成都体育学院	5★	19	湖北大学	5★-
4	华南师范大学	5★+	12	湖南师范大学	5★	20	浙江师范大学	5★-
5	南京师范大学	5★+	13	辽宁师范大学	5★-	21	武汉体育学院	5★-
6	首都体育学院	5★	14	安徽师范大学	5★-	22	中国矿业大学	5★-
7	扬州大学	5★	15	广西师范大学	5★-	23	上海体育大学	5★-
8	福建师范大学	5★	16	吉林大学	5★-	24	郑州大学	5★-

4★（24个）：西安体育学院、中国地质大学(武汉)、江西师范大学、山东师范大学、海南师范大学、东北大学、哈尔滨体育学院、南京体育学院、集美大学、云南师范大学、四川师范大学、中北大学、广州体育学院、山西师范大学、上海师范大学、淮北师范大学、贵州师范大学、湖南涉外经济学院、盐城师范学院、江西财经大学、三峡大学、湖北文理学院、长江大学、河北体育学院

3★（72个），2★（95个），1★（24个）：名单略

040204K 武术与民族传统体育（45）

排名	学校名称	星级	排名	学校名称	星级	排名	学校名称	星级
1	北京体育大学	5★+	3	首都体育学院	5★-	5	吉首大学	5★-
2	武汉体育学院	5★	4	成都体育学院	5★-			

4★（4个）：湖南师范大学、河南大学、天津体育学院、广西师范大学

3★（14个），2★（18个），1★（4个）：名单略

040205 运动人体科学（17）

排名	学校名称	星级	排名	学校名称	星级	排名	学校名称	星级
1	北京体育大学	5★	2	成都体育学院	5★-			

4★（1个）：首都体育学院

3★（6个），2★（6个），1★（2个）：名单略

040206T 运动康复（84）

排名	学校名称	星级	排名	学校名称	星级	排名	学校名称	星级
1	北京体育大学	5★+	3	成都体育学院	5★	5	苏州大学	5★-
2	武汉体育学院	5★+	4	天津体育学院	5★	6	首都体育学院	5★-

续表

排名	学校名称	星级	排名	学校名称	星级	排名	学校名称	星级
7	哈尔滨体育学院	5★-	8	大连理工大学	5★-			

4★（9 个）：上海体育大学、河北师范大学、贵州中医药大学时珍学院、湖北中医药大学、山西医科大学、贵州中医药大学、山东中医药大学、潍坊医学院、吉利学院

3★（25 个），2★（34 个），1★（8 个）：名单略

040207T 休闲体育（102）

排名	学校名称	星级	排名	学校名称	星级	排名	学校名称	星级
1	首都体育学院	5★+	5	武汉体育学院	5★	9	南京体育学院	5★-
2	成都体育学院	5★+	6	山东体育学院	5★-	10	湖北经济学院	5★-
3	曲阜师范大学	5★	7	广州体育学院	5★-			
4	安徽师范大学	5★	8	北京体育大学	5★-			

4★（10 个）：沈阳体育学院、常州大学、深圳大学、上海体育大学、四川旅游学院、河北传媒学院、四川外国语大学成都学院、武汉商学院、武汉华夏理工学院、海南大学

3★（31 个），2★（41 个），1★（10 个）：名单略

040208T 体能训练（18）

排名	学校名称	星级	排名	学校名称	星级	排名	学校名称	星级
1	成都体育学院	5★	2	郑州商学院	5★-			

4★（2 个）：北京体育大学、成都银杏酒店管理学院

3★（5 个），2★（7 个），1★（2 个）：名单略

050101 汉语言文学（619）

排名	学校名称	星级	排名	学校名称	星级	排名	学校名称	星级
1	北京师范大学	5★+	16	中国人民大学	5★	31	上海师范大学	5★
2	复旦大学	5★+	17	四川大学	5★	32	安徽师范大学	5★-
3	南京大学	5★+	18	浙江师范大学	5★	33	山东师范大学	5★-
4	山东大学	5★+	19	暨南大学	5★	34	安徽大学	5★-
5	华东师范大学	5★+	20	首都师范大学	5★	35	东北师范大学	5★-
6	浙江大学	5★+	21	清华大学	5★	36	河南大学	5★-
7	北京大学	5★+	22	西南大学	5★	37	黑龙江大学	5★-
8	北京语言大学	5★+	23	华南师范大学	5★	38	广西师范大学	5★-
9	武汉大学	5★+	24	上海大学	5★	39	江西师范大学	5★-
10	陕西师范大学	5★+	25	四川师范大学	5★	40	河北大学	5★-
11	南开大学	5★+	26	苏州大学	5★	41	河南师范大学	5★-
12	中山大学	5★+	27	华中师范大学	5★	42	西北师范大学	5★-
13	福建师范大学	5★	28	西北大学	5★	43	河北大学	5★-
14	湖南师范大学	5★	29	扬州大学	5★	44	天津师范大学	5★-
15	吉林大学	5★	30	南京师范大学	5★	45	中国传媒大学	5★-

排名	学校名称	星级	排名	学校名称	星级	排名	学校名称	星级
46	海南师范大学	5★-	52	山西大学	5★-	58	辽宁大学	5★-
47	哈尔滨师范大学	5★-	53	辽宁师范大学	5★-	59	西南交通大学	5★-
48	中央民族大学	5★-	54	内蒙古大学	5★-	60	南昌大学	5★-
49	曲阜师范大学	5★-	55	云南大学	5★-	61	新疆大学	5★-
50	西南民族大学	5★-	56	湖北大学	5★-	62	闽南师范大学	5★-
51	贵州师范大学	5★-	57	兰州大学	5★-			

4★（62个）：郑州大学、内蒙古师范大学、湘潭大学、江苏师范大学、新疆师范大学、海南大学、中南大学、广州大学、青岛大学、杭州师范大学、宁波大学、广东外语外贸大学、天津外国语大学、延安大学、中国社会科学院大学、温州大学、贵州大学、鲁东大学、南通大学、云南师范大学、厦门大学、重庆师范大学、上海交通大学、华中科技大学、信阳师范大学、浙江工业大学、深圳大学、北京外国语大学、云南民族大学、长春师范大学、汕头大学、聊城大学、中南民族大学、赣南师范大学、沈阳师范大学、大连大学、延边大学、西北民族大学、宁夏大学、绍兴文理学院、淮北师范大学、中国海洋大学、济南大学、渤海大学、湖南大学、长江大学、吉林师范大学、阜阳师范大学、湖南理工学院、西藏民族大学、三峡大学、重庆三峡学院、伊犁师范大学、燕山大学、宝鸡文理学院、广西民族大学、吉首大学、华侨大学、青海师范大学、内蒙古民族大学、安庆师范大学、西藏大学

3★（186个），2★（247个），1★（62个）：名单略

050102 汉语言（25）

排名	学校名称	星级	排名	学校名称	星级	排名	学校名称	星级
1	北京大学	5★+	2	复旦大学	5★-	3	华中师范大学	5★-

4★（2个）：厦门大学、河北师范大学

3★（8个），2★（10个），1★（2个）：名单略

050103 汉语国际教育（328）

排名	学校名称	星级	排名	学校名称	星级	排名	学校名称	星级
1	北京语言大学	5★+	12	江苏师范大学	5★	23	黑龙江大学	5★-
2	华东师范大学	5★+	13	南京大学	5★	24	浙江越秀外国语学院	5★-
3	山东大学	5★+	14	苏州大学	5★	25	湖南师范大学	5★-
4	武汉大学	5★+	15	上海师范大学	5★	26	云南师范大学	5★-
5	暨南大学	5★+	16	四川大学	5★	27	南开大学	5★-
6	首都师范大学	5★+	17	上海大学	5★	28	南京师范大学	5★-
7	河南大学	5★+	18	浙江师范大学	5★	29	福建师范大学	5★-
8	上海外国语大学	5★	19	北京外国语大学	5★	30	郑州大学	5★-
9	河南师范大学	5★	20	西北大学	5★	31	扬州大学	5★-
10	河北大学	5★	21	安徽师范大学	5★	32	安徽大学	5★-
11	山东师范大学	5★	22	天津外国语大学	5★-	33	内蒙古大学	5★-

4★（33个）：西北师范大学、中南民族大学、四川师范大学、中央民族大学、南昌大学、湘潭大学、广西师范大学、华中科技大学、西南大学、天津师范大学、辽宁师范大学、江西师范大学、广西民族大学、哈尔滨师范大学、中国传媒大学、杭州师范大学、辽宁大学、曲阜师范大学、河北师范大学、西南交通大学、西南民族大学、西南科技大学、西安外国语大学、重庆师范大学、贵州师范大学、华中师范大学、海南师范大学、陕西师范大学、沈阳师范大学、湖北大学、华侨大学、西华师范大学、内蒙古师范大学

3★（98个），2★（131个），1★（33个）：名单略

050104 中国少数民族语言文学（33）

排名	学校名称	星级	排名	学校名称	星级	排名	学校名称	星级
1	中央民族大学	5★+	2	西北民族大学	5★	3	内蒙古师范大学	5★-
4★（4个）：西南民族大学、内蒙古大学、西藏大学、广西民族大学									
3★（10个），2★（13个），1★（3个）：名单略									

050107T 秘书学（89）

排名	学校名称	星级	排名	学校名称	星级	排名	学校名称	星级
1	陕西师范大学	5★+	4	安徽师范大学	5★	7	四川师范大学	5★-
2	首都师范大学	5★+	5	山东师范大学	5★-	8	西北师范大学	5★-
3	南京师范大学	5★	6	扬州大学	5★-	9	广西师范大学	5★-
4★（9个）：哈尔滨师范大学、安庆师范大学、云南民族大学、南通大学、江苏师范大学、西华师范大学、云南师范大学、云南农业大学、韩山师范学院									
3★（27个），2★（35个），1★（9个）：名单略									

050201 英语（925）

排名	学校名称	星级	排名	学校名称	星级	排名	学校名称	星级
1	南京大学	5★+	24	北京语言大学	5★	47	云南大学	5★-
2	北京外国语大学	5★+	25	华南师范大学	5★	48	宁波大学	5★-
3	广东外语外贸大学	5★+	26	福建师范大学	5★	49	上海师范大学	5★-
4	上海外国语大学	5★+	27	哈尔滨师范大学	5★	50	杭州师范大学	5★-
5	四川外国语大学	5★+	28	陕西师范大学	5★	51	重庆大学	5★-
6	上海交通大学	5★+	29	北京科技大学	5★	52	天津外国语大学	5★-
7	四川大学	5★+	30	郑州大学	5★	53	西北工业大学	5★-
8	黑龙江大学	5★+	31	北京航空航天大学	5★	54	中国海洋大学	5★-
9	北京大学	5★+	32	中南大学	5★	55	云南师范大学	5★-
10	湖南师范大学	5★+	33	武汉大学	5★	56	江西师范大学	5★-
11	清华大学	5★+	34	延边大学	5★	57	深圳大学	5★-
12	华中师范大学	5★+	35	南开大学	5★	58	吉林大学	5★-
13	湖南大学	5★+	36	中国人民大学	5★	59	杭州电子科技大学	5★-
14	北京师范大学	5★+	37	河南大学	5★	60	天津师范大学	5★-
15	苏州大学	5★+	38	广西大学	5★	61	重庆师范大学	5★-
16	厦门大学	5★+	39	浙江大学	5★	62	西南交通大学	5★-
17	山东大学	5★+	40	中山大学	5★	63	安徽师范大学	5★-
18	大连外国语大学	5★+	41	浙江师范大学	5★	64	四川师范大学	5★-
19	西南大学	5★+	42	首都师范大学	5★	65	南京航空航天大学	5★-
20	东北师范大学	5★	43	同济大学	5★	66	山西大学	5★-
21	南京师范大学	5★	44	浙江工商大学	5★	67	河北师范大学	5★-
22	华东师范大学	5★	45	复旦大学	5★	68	北京交通大学	5★-
23	西安外国语大学	5★	46	西北师范大学	5★	69	广西民族大学	5★-

排名	学校名称	星级	排名	学校名称	星级	排名	学校名称	星级
70	内蒙古大学	5★-	78	湘潭大学	5★-	86	江苏师范大学	5★-
71	宁夏大学	5★-	79	曲阜师范大学	5★-	87	兰州大学	5★-
72	鲁东大学	5★-	80	南昌大学	5★-	88	电子科技大学	5★-
73	山东师范大学	5★-	81	暨南大学	5★-	89	北京第二外国语学院	5★-
74	青岛大学	5★-	82	河南师范大学	5★-	90	太原理工大学	5★-
75	中国政法大学	5★-	83	燕山大学	5★-	91	贵州大学	5★-
76	扬州大学	5★-	84	吉林外国语大学	5★-	92	东南大学	5★-
77	沈阳师范大学	5★-	85	安徽大学	5★-	93	河南科技大学	5★-

4★(92个)：哈尔滨工业大学、河北大学、华中科技大学、大连海事大学、国际关系学院、湖南科技大学、长春师范大学、广西师范大学、武汉科技大学、南宁师范大学、赣南师范大学、南昌航空大学、中国社会科学院大学、山东财经大学、南华大学、对外经济贸易大学、大连理工大学、湖北大学、海南师范大学、贵州师范大学、内蒙古工业大学、西安交通大学、长沙理工大学、南京邮电大学、哈尔滨理工大学、合肥工业大学、武汉理工大学、海南大学、浙江理工大学、华北理工大学、华侨大学、国防科技大学、新疆大学、中国传媒大学、外交学院、北京林业大学、青海师范大学、北方工业大学、聊城大学、西安理工大学、南阳师范学院、兰州交通大学、西安翻译学院、江南大学、洛阳师范学院、广州大学、湖南科技学院、浙江外国语学院、上海理工大学、北京理工大学、西南民族大学、淮南师范学院、华东理工大学、西北政法大学、南通大学、辽宁大学、安庆师范大学、河海大学、牡丹江师范学院、南京理工大学、闽南师范大学、三峡大学、上海对外经贸大学、北京邮电大学、安徽农业大学、汕头大学、上海大学、东北大学、浙江财经大学、湖北民族大学、佳木斯大学、上海海事大学、南京农业大学、中南民族大学、贵州师范学院、辽宁师范大学、青岛科技大学、衡阳师范学院、烟台大学、中北大学、西安石油大学、河南工业大学、中国地质大学(武汉)、中南财经政法大学、内蒙古民族大学、湖北工业大学、南京财经大学、中国地质大学(北京)、湖南理工学院、盐城师范学院、山西大同大学、西北大学

3★(278个)，2★(370个)，1★(92个)：名单略

050202 俄语（161）

排名	学校名称	星级	排名	学校名称	星级	排名	学校名称	星级
1	上海外国语大学	5★+	7	大连外国语大学	5★	13	首都师范大学	5★-
2	湖南师范大学	5★+	8	四川外国语大学	5★	14	华东师范大学	5★-
3	北京大学	5★+	9	哈尔滨师范大学	5★-	15	厦门大学	5★-
4	黑龙江大学	5★	10	南京师范大学	5★-	16	山东大学	5★-
5	北京外国语大学	5★	11	西安外国语大学	5★-			
6	天津外国语大学	5★	12	广东外语外贸大学	5★-			

4★(16个)：东北师范大学、浙江大学、哈尔滨工业大学、西南大学、华中师范大学、山西大学、陕西师范大学、新疆大学、四川大学、延边大学、北京第二外国语学院、吉林大学、复旦大学、河南大学、北京语言大学、北京师范大学

3★(49个)，2★(64个)，1★(16个)：名单略

050203 德语（112）

排名	学校名称	星级	排名	学校名称	星级	排名	学校名称	星级
1	上海外国语大学	5★+	4	同济大学	5★	7	北京航空航天大学	5★-
2	北京外国语大学	5★+	5	四川外国语大学	5★	8	北京大学	5★-
3	广东外语外贸大学	5★	6	西安外国语大学	5★	9	大连外国语大学	5★-

排名	学校名称	星级	排名	学校名称	星级	排名	学校名称	星级
10	天津外国语大学	5★-	11	对外经济贸易大学	5★-			

4★（11 个）：北京理工大学、南京大学、黑龙江大学、华中科技大学、浙江大学、华东师范大学、中国人民大学、首都师范大学、郑州大学、上海交通大学、北京科技大学

3★（34 个），2★（45 个），1★（11 个）：名单略

050204 法语（143）

排名	学校名称	星级	排名	学校名称	星级	排名	学校名称	星级
1	上海外国语大学	5★+	6	北京大学	5★	11	武汉大学	5★-
2	北京外国语大学	5★+	7	湖南师范大学	5★	12	大连外国语大学	5★-
3	南京大学	5★+	8	北京语言大学	5★-	13	广东外语外贸大学	5★-
4	四川外国语大学	5★	9	华东师范大学	5★-	14	四川大学	5★-
5	西安外国语大学	5★	10	山东大学	5★-			

4★（15 个）：上海交通大学、黑龙江大学、中国海洋大学、浙江大学、中国人民大学、天津外国语大学、华中师范大学、扬州大学、吉林外国语大学、复旦大学、湘潭大学、厦门大学、华中科技大学、北京航空航天大学、华南师范大学

3★（43 个），2★（57 个），1★（14 个）：名单略

050205 西班牙语（97）

排名	学校名称	星级	排名	学校名称	星级	排名	学校名称	星级
1	北京外国语大学	5★+	5	西安外国语大学	5★	9	首都师范大学	5★-
2	上海外国语大学	5★+	6	北京大学	5★-	10	黑龙江大学	5★-
3	四川外国语大学	5★	7	天津外国语大学	5★-			
4	广东外语外贸大学	5★	8	南京大学	5★-			

4★（9 个）：浙江大学、北京语言大学、吉林大学、山东大学、中国人民大学、北京第二外国语学院、对外经济贸易大学、复旦大学、大连外国语大学

3★（30 个），2★（38 个），1★（10 个）：名单略

050206 阿拉伯语（39）

排名	学校名称	星级	排名	学校名称	星级	排名	学校名称	星级
1	上海外国语大学	5★+	3	北京大学	5★-			
2	北京外国语大学	5★	4	北京语言大学	5★-			

4★（4 个）：对外经济贸易大学、四川外国语大学、天津外国语大学、黑龙江大学

3★（12 个），2★（15 个），1★（4 个）：名单略

050207 日语（449）

排名	学校名称	星级	排名	学校名称	星级	排名	学校名称	星级
1	上海外国语大学	5★+	4	哈尔滨师范大学	5★+	7	山东大学	5★+
2	天津外国语大学	5★+	5	大连外国语大学	5★+	8	广东外语外贸大学	5★+
3	西安外国语大学	5★+	6	北京外国语大学	5★+	9	四川外国语大学	5★+

排名	学校名称	星级	排名	学校名称	星级	排名	学校名称	星级
10	北京大学	5★	22	大连大学	5★	34	山东师范大学	5★-
11	吉林大学	5★	23	郑州大学	5★-	35	同济大学	5★-
12	黑龙江大学	5★	24	对外经济贸易大学	5★-	36	首都师范大学	5★-
13	南开大学	5★	25	四川大学	5★-	37	东南大学	5★-
14	湖南大学	5★	26	厦门大学	5★-	38	中山大学	5★-
15	北京语言大学	5★	27	武汉大学	5★-	39	重庆大学	5★-
16	浙江工商大学	5★	28	清华大学	5★-	40	中国人民大学	5★-
17	东北师范大学	5★	29	延边大学	5★-	41	华中科技大学	5★-
18	华中师范大学	5★	30	上海交通大学	5★-	42	西南大学	5★-
19	北京第二外国语学院	5★	31	北京科技大学	5★-	43	吉林外国语大学	5★-
20	华东师范大学	5★	32	河南师范大学	5★-	44	河北大学	5★-
21	湖南师范大学	5★	33	浙江大学	5★-	45	中国海洋大学	5★-

4★(45个)：海南大学、西安交通大学、苏州大学、南京师范大学、福建师范大学、河南大学、复旦大学、华南师范大学、扬州大学、云南大学、东北大学、国防科技大学、内蒙古大学、宁波大学、燕山大学、南京航空航天大学、哈尔滨理工大学、杭州师范大学、天津理工大学、山东财经大学、上海对外经贸大学、北京理工大学、南京农业大学、西北大学、山西大学、曲阜师范大学、上海海事大学、天津科技大学、大连理工大学、大连海事大学、中南大学、辽宁师范大学、华南理工大学、国际关系学院、中南财经政法大学、上海师范大学、辽宁大学、江西师范大学、南通大学、北京邮电大学、河南科技大学、湘潭大学、深圳大学、陕西师范大学、贵州大学

3★(135个)，2★(179个)，1★(45个)：名单略

050209 朝鲜语（92）

排名	学校名称	星级	排名	学校名称	星级	排名	学校名称	星级
1	北京外国语大学	5★+	4	山东大学	5★	7	北京大学	5★-
2	上海外国语大学	5★+	5	复旦大学	5★	8	大连外国语大学	5★-
3	延边大学	5★	6	广东外语外贸大学	5★-	9	天津外国语大学	5★-

4★(9个)：北京语言大学、中国海洋大学、湖南师范大学、黑龙江大学、西安外国语大学、四川外国语大学、吉林大学、华中师范大学、哈尔滨工业大学

3★(28个)，2★(37个)，1★(9个)：名单略

050212 印度尼西亚语（16）

排名	学校名称	星级	排名	学校名称	星级	排名	学校名称	星级
1	广东外语外贸大学	5★	2	北京大学	5★-			

4★(1个)：上海外国语大学

3★(5个)，2★(6个)，1★(2个)：名单略

050216 缅甸语（17）

排名	学校名称	星级	排名	学校名称	星级	排名	学校名称	星级
1	云南大学	5★	2	广东外语外贸大学	5★-			

续表

4★（1 个）：云南民族大学
3★（6 个），2★（6 个），1★（2 个）：名单略

050220 泰语（48）

排名	学校名称	星级	排名	学校名称	星级	排名	学校名称	星级
1	广西民族大学	5★+	3	北京大学	5★-	5	天津外国语大学	5★-
2	广东外语外贸大学	5★	4	四川外国语大学	5★-			

4★（5 个）：云南民族大学、上海外国语大学、北京外国语大学、西安外国语大学、云南大学
3★（14 个），2★（19 个），1★（5 个）：名单略

050223 越南语（25）

排名	学校名称	星级	排名	学校名称	星级	排名	学校名称	星级
1	广西民族大学	5★+	2	广东外语外贸大学	5★-	3	四川外国语大学	5★-

4★（2 个）：北京外国语大学、北京大学
3★（8 个），2★（10 个），1★（2 个）：名单略

050228 波兰语（12）

排名	学校名称	星级	排名	学校名称	星级	排名	学校名称	星级
1	北京外国语大学	5★						

4★（1 个）：西安外国语大学
3★（4 个），2★（5 个），1★（1 个）：名单略

050229 捷克语（12）

排名	学校名称	星级	排名	学校名称	星级	排名	学校名称	星级
1	上海外国语大学	5★						

4★（1 个）：北京外国语大学
3★（4 个），2★（5 个），1★（1 个）：名单略

050232 葡萄牙语（33）

排名	学校名称	星级	排名	学校名称	星级	排名	学校名称	星级
1	上海外国语大学	5★+	2	北京外国语大学	5★	3	广东外语外贸大学	5★-

4★（4 个）：西安外国语大学、北京语言大学、湖南师范大学、四川外国语大学
3★（10 个），2★（13 个），1★（3 个）：名单略

050238 意大利语（23）

排名	学校名称	星级	排名	学校名称	星级	排名	学校名称	星级
1	北京外国语大学	5★	2	广东外语外贸大学	5★-			

4★（3 个）：上海外国语大学、对外经济贸易大学、西安外国语大学
3★（7 个），2★（9 个），1★（2 个）：名单略

050261 翻译（269）

排名	学校名称	星级	排名	学校名称	星级	排名	学校名称	星级
1	扬州大学	5★+	10	山东大学	5★	19	南京信息工程大学	5★-
2	西安外国语大学	5★+	11	北京第二外国语学院	5★	20	武汉大学	5★-
3	北京语言大学	5★+	12	河北师范大学	5★	21	河南大学	5★-
4	广东外语外贸大学	5★+	13	黑龙江大学	5★	22	北京外国语大学	5★-
5	大连外国语大学	5★+	14	华中科技大学	5★-	23	陕西师范大学	5★-
6	西北师范大学	5★	15	广西民族大学	5★-	24	福建师范大学	5★-
7	上海外国语大学	5★	16	西南交通大学	5★-	25	湖南工业大学	5★-
8	四川外国语大学	5★	17	华东师范大学	5★-	26	西安翻译学院	5★-
9	天津外国语大学	5★	18	复旦大学	5★-	27	山西大学	5★-

4★（27个）：浙江越秀外国语学院、浙江外国语学院、湖南师范大学、北京航空航天大学、牡丹江师范学院、暨南大学、辽宁大学、曲阜师范大学、广东工业大学、广西师范大学、电子科技大学、华中师范大学、上海海事大学、杭州师范大学、浙江师范大学、浙江大学、长沙理工大学、淮北师范大学、苏州大学、重庆师范大学、重庆交通大学、华南师范大学、华东政法大学、对外经济贸易大学、四川文理学院、西华大学、西南科技大学

3★（81个），2★（107个），1★（27个）：名单略

050262 商务英语（360）

排名	学校名称	星级	排名	学校名称	星级	排名	学校名称	星级
1	华南理工大学	5★+	13	首都经济贸易大学	5★	25	广州航海学院	5★-
2	四川外国语大学	5★+	14	中南财经政法大学	5★	26	大连理工大学	5★-
3	广东外语外贸大学	5★+	15	上海对外经贸大学	5★	27	广州工商学院	5★-
4	黑龙江大学	5★+	16	江西师范大学	5★	28	浙江越秀外国语学院	5★-
5	上海外国语大学	5★+	17	长江大学	5★	29	江苏理工学院	5★-
6	西安外国语大学	5★+	18	湖北经济学院	5★	30	北京第二外国语学院	5★-
7	浙江工商大学	5★+	19	华中农业大学	5★-	31	四川旅游学院	5★-
8	天津外国语大学	5★	20	山西财经大学	5★-	32	运城学院	5★-
9	东北师范大学	5★	21	暨南大学	5★-	33	广州商学院	5★-
10	对外经济贸易大学	5★	22	大连外国语大学	5★-	34	上海海事大学	5★-
11	天津财经大学	5★	23	西南财经大学	5★-	35	北京林业大学	5★-
12	山东财经大学	5★	24	江西财经大学	5★-	36	曲阜师范大学	5★-

4★（36个）：广东培正学院、浙江财经大学、安徽财经大学、南京财经大学、广东科技学院、广东工业大学、上海财经大学、扬州大学、淮南师范学院、郑州商学院、湖南涉外经济学院、福建江夏学院、辽宁大学、江西应用科技学院、河南财政金融学院、广东理工学院、桂林航天工业学院、黑龙江外国语学院、广东金融学院、湖南工程学院、东北财经大学、武汉商学院、济宁学院、吉林外国语大学、宁波工程学院、台州学院、韶关学院、西安财经大学、重庆文理学院、哈尔滨师范大学、西安翻译学院、信阳农林学院、贺州学院、萍乡学院、上海立信会计金融学院、浙江水利水电学院

3★（108个），2★（144个），1★（36个）：名单略

050301 新闻学（308）

排名	学校名称	星级	排名	学校名称	星级	排名	学校名称	星级
1	中国人民大学	5★+	2	清华大学	5★+	3	暨南大学	5★+

排名	学校名称	星级	排名	学校名称	星级	排名	学校名称	星级
4	中国传媒大学	5★+	14	武汉大学	5★	24	湖南师范大学	5★-
5	复旦大学	5★+	15	南昌大学	5★	25	湖南大学	5★-
6	四川大学	5★+	16	山东大学	5★-	26	兰州大学	5★-
7	南京大学	5★	17	云南大学	5★-	27	山西大学	5★-
8	浙江大学	5★	18	西南政法大学	5★-	28	中国社会科学院大学	5★-
9	河北大学	5★	19	中山大学	5★-	29	陕西师范大学	5★-
10	重庆大学	5★	20	北京大学	5★-	30	上海大学	5★-
11	华中科技大学	5★	21	安徽大学	5★-	31	北京外国语大学	5★-
12	南京师范大学	5★	22	华东师范大学	5★-			
13	郑州大学	5★	23	天津师范大学	5★-			

4★（31个）：厦门大学、内蒙古大学、中国政法大学、深圳大学、西北大学、西南大学、苏州大学、中央民族大学、华东政法大学、北京体育大学、武汉体育学院、安徽师范大学、吉林大学、上海财经大学、广东外语外贸大学、江西师范大学、华中师范大学、山东师范大学、新疆大学、广西大学、黑龙江大学、北京工商大学、河北经贸大学、华南理工大学、吉林师范大学、东北师范大学、西北政法大学、湖北经济学院、湖北大学、河南大学、上海外国语大学

3★（92个），2★（123个），1★（31个）：名单略

050302 广播电视学（146）

排名	学校名称	星级	排名	学校名称	星级	排名	学校名称	星级
1	中国传媒大学	5★+	6	南昌大学	5★	11	云南大学	5★-
2	华中科技大学	5★+	7	福建师范大学	5★	12	中国社会科学院大学	5★-
3	中国人民大学	5★+	8	西南政法大学	5★-	13	浙江传媒学院	5★-
4	暨南大学	5★	9	安徽大学	5★-	14	复旦大学	5★-
5	上海大学	5★	10	南京大学	5★-	15	武汉大学	5★-

4★（14个）：河北大学、郑州大学、北京大学、广州大学、大连理工大学、浙江工业大学、重庆大学、厦门大学、山西传媒学院、兰州大学、成都理工大学、上海师范大学、天津师范大学、江苏师范大学

3★（44个），2★（58个），1★（15个）：名单略

050303 广告学（256）

排名	学校名称	星级	排名	学校名称	星级	排名	学校名称	星级
1	中国传媒大学	5★+	10	湖南大学	5★	19	南昌大学	5★-
2	武汉大学	5★+	11	山西大学	5★	20	南京林业大学	5★-
3	南京大学	5★+	12	中国人民大学	5★	21	湖南师范大学	5★-
4	深圳大学	5★+	13	广西艺术学院	5★	22	河南大学	5★-
5	暨南大学	5★+	14	四川大学	5★-	23	北京大学	5★-
6	河北大学	5★	15	复旦大学	5★-	24	华中科技大学	5★-
7	华南理工大学	5★	16	上海大学	5★-	25	湘潭大学	5★-
8	郑州大学	5★	17	江西师范大学	5★-	26	南京师范大学	5★-
9	厦门大学	5★	18	山西传媒学院	5★-			

4★（25个）：江苏师范大学、湖南理工学院、新疆大学、东北师范大学、西南交通大学、云南民族大学、天津师范大学、安徽师范大学、上海理工大学、黑龙江大学、华中农业大学、上海师范大学、武汉理工大学、吉林大学、浙江工业大学、中南民族大学、重庆工商大学、北京工商大学、同济大学、山东理工大学、兰州大学、中国计量大学、闽江学院、苏州大学、四川农业大学
3★（77个），2★（102个），1★（26个）：名单略

050304 传播学（69）

排名	学校名称	星级	排名	学校名称	星级	排名	学校名称	星级
1	中国传媒大学	5★+	4	上海交通大学	5★-	7	武汉大学	5★-
2	中国人民大学	5★	5	复旦大学	5★-			
3	北京师范大学	5★	6	中山大学	5★-			
4★（7个）：北京大学、华中科技大学、华南理工大学、厦门大学、浙江大学、西南政法大学、黑龙江大学								
3★（21个），2★（27个），1★（7个）：名单略								

050305 编辑出版学（32）

排名	学校名称	星级	排名	学校名称	星级	排名	学校名称	星级
1	武汉大学	5★+	2	中国传媒大学	5★	3	华东师范大学	5★-
4★（3个）：湖南师范大学、北京印刷学院、河北大学								
3★（10个），2★（13个），1★（3个）：名单略								

050306T 网络与新媒体（338）

排名	学校名称	星级	排名	学校名称	星级	排名	学校名称	星级
1	中国传媒大学	5★+	13	华中师范大学	5★	25	北京印刷学院	5★-
2	四川大学	5★+	14	浙江传媒学院	5★	26	上海外国语大学	5★-
3	深圳大学	5★+	15	广东外语外贸大学	5★	27	辽宁传媒学院	5★-
4	湖南师范大学	5★+	16	河南工业大学	5★	28	安徽师范大学	5★-
5	暨南大学	5★+	17	安徽大学	5★	29	西安外国语大学	5★-
6	郑州大学	5★+	18	四川外国语大学	5★-	30	南京财经大学	5★-
7	西安交通大学	5★+	19	中国政法大学	5★-	31	苏州大学	5★-
8	上海大学	5★	20	四川师范大学	5★-	32	中南财经政法大学	5★-
9	南京师范大学	5★	21	华南师范大学	5★-	33	合肥师范学院	5★-
10	北京交通大学	5★	22	陕西师范大学	5★-	34	北京联合大学	5★-
11	厦门理工学院	5★	23	广东技术师范大学	5★-			
12	西北大学	5★	24	广州大学	5★-			
4★（34个）：湖南理工学院、西北政法大学、北京语言大学、武昌首义学院、内蒙古大学、西安欧亚学院、贵州民族大学、河南大学、北京邮电大学、武汉工商学院、湖南城市学院、武汉理工大学、山西传媒学院、重庆工商大学、昌吉学院、天津外国语大学、浙江万里学院、吉首大学、河北东方学院、沈阳师范大学、河西学院、广西师范大学、成都大学、广东金融学院、周口师范学院、浙江越秀外国语学院、湖北科技学院、河南牧业经济学院、重庆第二师范学院、华东政法大学、中央民族大学、山东师范大学、重庆师范大学、重庆城市科技学院								
3★（101个），2★（135个），1★（34个）：名单略								

050307T 数字出版（15）

排名	学校名称	星级	排名	学校名称	星级	排名	学校名称	星级
1	北京印刷学院	5★	2	中国传媒大学	5★-			
4★（1个）：中南大学								
3★（5个），2★（6个），1★（1个）：名单略								

050309T 国际新闻与传播（15）

排名	学校名称	星级	排名	学校名称	星级	排名	学校名称	星级
1	上海外国语大学	5★	2	暨南大学	5★-			
4★（1个）：中国人民大学								
3★（5个），2★（6个），1★（1个）：名单略								

060101 历史学（246）

排名	学校名称	星级	排名	学校名称	星级	排名	学校名称	星级
1	北京师范大学	5★+	10	南开大学	5★	19	华东师范大学	5★-
2	复旦大学	5★+	11	清华大学	5★	20	西南大学	5★-
3	东北师范大学	5★+	12	华中师范大学	5★	21	陕西师范大学	5★-
4	北京大学	5★+	13	西北大学	5★-	22	厦门大学	5★-
5	四川大学	5★+	14	山东大学	5★-	23	四川师范大学	5★-
6	中国人民大学	5★	15	首都师范大学	5★-	24	暨南大学	5★-
7	武汉大学	5★	16	兰州大学	5★-	25	江西师范大学	5★-
8	南京大学	5★	17	上海师范大学	5★-			
9	中山大学	5★	18	云南大学	5★-			
4★（24个）：湖南大学、中央民族大学、湖南师范大学、浙江师范大学、郑州大学、安徽大学、浙江大学、中国社会科学院大学、吉林大学、福建师范大学、西北师范大学、苏州大学、安徽师范大学、上海大学、河南大学、河北师范大学、吉林师范大学、华南师范大学、山西大学、河北大学、扬州大学、南京师范大学、湖北大学、云南师范大学								
3★（74个），2★（98个），1★（25个）：名单略								

060102 世界史（18）

排名	学校名称	星级	排名	学校名称	星级	排名	学校名称	星级
1	北京大学	5★	2	首都师范大学	5★-			
4★（2个）：南开大学、武汉大学								
3★（5个），2★（7个），1★（2个）：名单略								

060103 考古学（36）

排名	学校名称	星级	排名	学校名称	星级	排名	学校名称	星级
1	西北大学	5★+	3	吉林大学	5★-			
2	北京大学	5★	4	山东大学	5★-			
4★（3个）：武汉大学、郑州大学、中山大学								
3★（11个），2★（14个），1★（4个）：名单略								

060104 文物与博物馆学（57）

排名	学校名称	星级	排名	学校名称	星级	排名	学校名称	星级
1	复旦大学	5★+	3	河南大学	5★	5	南京师范大学	5★-
2	陕西师范大学	5★	4	四川大学	5★-	6	南开大学	5★-

4★（5个）：兰州大学、吉林大学、北京大学、浙江大学、河北东方学院

3★（18个），2★（22个），1★（6个）：名单略

070101 数学与应用数学（519）

排名	学校名称	星级	排名	学校名称	星级	排名	学校名称	星级
1	北京大学	5★+	19	中山大学	5★	37	北京理工大学	5★-
2	复旦大学	5★+	20	南京大学	5★	38	湘潭大学	5★-
3	浙江大学	5★+	21	吉林大学	5★	39	浙江师范大学	5★-
4	清华大学	5★+	22	华南理工大学	5★	40	中国人民大学	5★-
5	西安交通大学	5★+	23	北京航空航天大学	5★	41	苏州大学	5★-
6	四川大学	5★+	24	新疆大学	5★	42	华南师范大学	5★-
7	北京师范大学	5★+	25	天津大学	5★	43	重庆大学	5★-
8	电子科技大学	5★+	26	西南大学	5★	44	山东师范大学	5★-
9	华东师范大学	5★+	27	陕西师范大学	5★-	45	江西师范大学	5★-
10	山东大学	5★+	28	首都师范大学	5★-	46	上海大学	5★-
11	上海交通大学	5★	29	西北工业大学	5★-	47	东北师范大学	5★-
12	厦门大学	5★	30	华中师范大学	5★-	48	西南交通大学	5★-
13	武汉大学	5★	31	西安电子科技大学	5★-	49	东南大学	5★-
14	中国科学技术大学	5★	32	广州大学	5★-	50	西北大学	5★-
15	同济大学	5★	33	中南大学	5★-	51	四川师范大学	5★-
16	哈尔滨工业大学	5★	34	兰州大学	5★-	52	西北师范大学	5★-
17	大连理工大学	5★	35	福建师范大学	5★-			
18	南开大学	5★	36	湖南师范大学	5★-			

4★（52个）：哈尔滨工程大学、云南大学、宁波大学、山西大学、重庆师范大学、南京师范大学、华中科技大学、南昌大学、河北师范大学、曲阜师范大学、安徽师范大学、福州大学、青岛大学、湖南大学、中国矿业大学、河南师范大学、安徽大学、哈尔滨师范大学、中国科学院大学、扬州大学、内蒙古大学、上海师范大学、广西大学、东华大学、江苏大学、集美大学、郑州大学、汕头大学、上海财经大学、贵州大学、湖北大学、长沙理工大学、华东理工大学、河南大学、山西师范大学、宁夏大学、湖州师范学院、贵州师范大学、华北水利水电大学、南方科技大学、杭州电子科技大学、杭州师范大学、内蒙古师范大学、青海师范大学、河北大学、浙江理工大学、中国计量大学、海南师范大学、华南农业大学、江苏师范大学、成都理工大学、闽南师范大学

3★（156个），2★（207个），1★（52个）：名单略

070102 信息与计算科学（308）

排名	学校名称	星级	排名	学校名称	星级	排名	学校名称	星级
1	复旦大学	5★+	3	南京航空航天大学	5★+	5	北京航空航天大学	5★+
2	南开大学	5★+	4	中国科学技术大学	5★+	6	山东大学	5★+

续表

排名	学校名称	星级	排名	学校名称	星级	排名	学校名称	星级
7	武汉理工大学	5★	16	中山大学	5★-	25	合肥工业大学	5★-
8	北京交通大学	5★	17	广州大学	5★-	26	南京大学	5★-
9	武汉大学	5★	18	吉林大学	5★-	27	桂林电子科技大学	5★-
10	南京邮电大学	5★	19	厦门大学	5★-	28	哈尔滨理工大学	5★-
11	哈尔滨工业大学	5★	20	杭州电子科技大学	5★-	29	华中科技大学	5★-
12	北京大学	5★	21	南京信息工程大学	5★-	30	太原理工大学	5★-
13	大连理工大学	5★	22	湘潭大学	5★-	31	华北电力大学	5★-
14	中南大学	5★	23	南京理工大学	5★-			
15	西安交通大学	5★	24	北京工业大学	5★-			

4★（31 个）：东北大学、湖南大学、中国海洋大学、湖南师范大学、陕西师范大学、浙江大学、浙江工业大学、扬州大学、成都信息工程大学、广东工业大学、西安电子科技大学、山西大学、北京理工大学、新疆大学、安徽理工大学、燕山大学、西北工业大学、内蒙古大学、江西财经大学、华南理工大学、四川大学、湖南科技大学、上海大学、陕西科技大学、电子科技大学、东北电力大学、西南石油大学、中国矿业大学（北京）、安徽大学、河北工业大学、重庆邮电大学

3★（92 个），2★（123 个），1★（31 个）：名单略

070104T 数据计算及应用（24）

排名	学校名称	星级	排名	学校名称	星级	排名	学校名称	星级
1	上海工程技术大学	5★	2	辽宁科技大学	5★-			

4★（3 个）：重庆邮电大学、太原科技大学、淮阴工学院

3★（7 个），2★（10 个），1★（2 个）：名单略

070201 物理学（283）

排名	学校名称	星级	排名	学校名称	星级	排名	学校名称	星级
1	北京大学	5★+	11	武汉大学	5★	21	华南师范大学	5★-
2	清华大学	5★+	12	中国科学院大学	5★	22	厦门大学	5★-
3	中国科学技术大学	5★+	13	华东师范大学	5★	23	陕西师范大学	5★-
4	复旦大学	5★+	14	山东大学	5★	24	西北大学	5★-
5	上海交通大学	5★+	15	山西大学	5★	25	华中师范大学	5★-
6	浙江大学	5★+	16	南开大学	5★-	26	苏州大学	5★-
7	南京大学	5★	17	四川大学	5★-	27	郑州大学	5★-
8	中山大学	5★	18	浙江师范大学	5★-	28	西北师范大学	5★-
9	吉林大学	5★	19	兰州大学	5★-			
10	北京师范大学	5★	20	华中科技大学	5★-			

4★（29 个）：东北师范大学、中国人民大学、西南大学、福建师范大学、湖南师范大学、山东师范大学、河北师范大学、南方科技大学、河南师范大学、宁波大学、重庆大学、曲阜师范大学、山西师范大学、西安交通大学、南京师范大学、辽宁师范大学、安徽师范大学、四川师范大学、广西大学、河南大学、扬州大学、湘潭大学、哈尔滨师范大学、江西师范大学、广西师范大学、南昌大学、云南大学、首都师范大学、东南大学

3★（85 个），2★（113 个），1★（28 个）：名单略

070202 应用物理学（155）

排名	学校名称	星级	排名	学校名称	星级	排名	学校名称	星级
1	上海大学	5★+	7	华南理工大学	5★	13	电子科技大学	5★-
2	中国科学技术大学	5★+	8	北京航空航天大学	5★	14	南开大学	5★-
3	大连理工大学	5★+	9	南京航空航天大学	5★-	15	福州大学	5★-
4	同济大学	5★	10	西安交通大学	5★-	16	东北大学	5★-
5	南京大学	5★	11	吉林大学	5★-			
6	北京理工大学	5★	12	中南大学	5★-			

4★（15 个）：西南交通大学、浙江工业大学、安徽大学、北京科技大学、燕山大学、东南大学、湖南大学、北京工业大学、上海交通大学、西北大学、浙江理工大学、南京理工大学、华东理工大学、山东大学、天津大学

3★（47 个），2★（62 个），1★（15 个）：名单略

070301 化学（310）

排名	学校名称	星级	排名	学校名称	星级	排名	学校名称	星级
1	中国科学技术大学	5★+	12	北京师范大学	5★	23	东北师范大学	5★-
2	浙江大学	5★+	13	南京大学	5★	24	华南师范大学	5★-
3	复旦大学	5★+	14	兰州大学	5★	25	华中科技大学	5★-
4	吉林大学	5★+	15	武汉大学	5★	26	北京理工大学	5★-
5	厦门大学	5★+	16	上海交通大学	5★	27	扬州大学	5★-
6	南开大学	5★+	17	华东师范大学	5★-	28	中国农业大学	5★-
7	四川大学	5★	18	山东大学	5★-	29	江西师范大学	5★-
8	北京大学	5★	19	郑州大学	5★-	30	南京工业大学	5★-
9	湖南大学	5★	20	苏州大学	5★-	31	河南师范大学	5★-
10	中山大学	5★	21	西北大学	5★-			
11	福州大学	5★	22	陕西师范大学	5★-			

4★（31 个）：华中师范大学、西南大学、西北师范大学、山西大学、安徽大学、山东师范大学、南京师范大学、河南大学、河北师范大学、贵州大学、湘潭大学、清华大学、安徽师范大学、华东理工大学、湖南师范大学、浙江师范大学、北京化工大学、北京航空航天大学、中国科学院大学、长春工业大学、辽宁师范大学、天津师范大学、福建师范大学、宁波大学、河北大学、广西师范大学、温州大学、山西师范大学、黑龙江大学、云南大学、四川师范大学

3★（93 个），2★（124 个），1★（31 个）：名单略

070302 应用化学（375）

排名	学校名称	星级	排名	学校名称	星级	排名	学校名称	星级
1	天津大学	5★+	8	南京大学	5★+	15	哈尔滨工业大学	5★
2	华南理工大学	5★+	9	同济大学	5★	16	江南大学	5★
3	大连理工大学	5★+	10	西安交通大学	5★	17	陕西科技大学	5★
4	北京化工大学	5★+	11	浙江工业大学	5★	18	广东工业大学	5★
5	吉林大学	5★+	12	兰州大学	5★	19	南昌大学	5★
6	华东理工大学	5★+	13	上海大学	5★	20	暨南大学	5★-
7	中南大学	5★+	14	东华大学	5★	21	东北大学	5★-

续表

排名	学校名称	星级	排名	学校名称	星级	排名	学校名称	星级
22	青岛科技大学	5★-	28	中国石油大学(北京)	5★-	34	东北林业大学	5★-
23	西北大学	5★-	29	中国石油大学(华东)	5★-	35	中国地质大学(武汉)	5★-
24	武汉工程大学	5★-	30	华南农业大学	5★-	36	浙江理工大学	5★-
25	广西大学	5★-	31	扬州大学	5★-	37	西南石油大学	5★-
26	辽宁大学	5★-	32	燕山大学	5★-	38	武汉大学	5★-
27	济南大学	5★-	33	中国矿业大学	5★-			

4★(37 个)：江苏科技大学、北京大学、四川大学、安徽工业大学、东华理工大学、南开大学、西南科技大学、湖南大学、南京理工大学、陕西师范大学、兰州理工大学、天津理工大学、西北农林科技大学、东北农业大学、桂林理工大学、华侨大学、太原理工大学、河北工业大学、南京工业大学、北京科技大学、武汉纺织大学、山东大学、武汉理工大学、东莞理工学院、辽宁石油化工大学、华中科技大学、长江大学、苏州大学、青岛大学、北京理工大学、郑州大学、长沙理工大学、湘潭大学、东北石油大学、重庆大学、青岛农业大学、山西大学

3★(113 个)，2★(150 个)，1★(37 个)：名单略

070303T 化学生物学（24）

排名	学校名称	星级	排名	学校名称	星级	排名	学校名称	星级
1	厦门大学	5★	2	北京大学	5★-			

4★(3 个)：南开大学、清华大学、湖南大学

3★(7 个)，2★(10 个)，1★(2 个)：名单略

070401 天文学（14）

排名	学校名称	星级	排名	学校名称	星级	排名	学校名称	星级
1	南京大学	5★						

4★(2 个)：中国科学技术大学、北京师范大学

3★(4 个)，2★(6 个)，1★(1 个)：名单略

070501 地理科学（171）

排名	学校名称	星级	排名	学校名称	星级	排名	学校名称	星级
1	华东师范大学	5★+	7	河南大学	5★	13	湖南师范大学	5★-
2	北京师范大学	5★+	8	陕西师范大学	5★	14	云南师范大学	5★-
3	武汉大学	5★+	9	东北师范大学	5★	15	浙江师范大学	5★-
4	北京大学	5★	10	贵州师范大学	5★-	16	安徽师范大学	5★-
5	福建师范大学	5★	11	山东师范大学	5★-	17	内蒙古师范大学	5★-
6	江西师范大学	5★	12	辽宁师范大学	5★-			

4★(17 个)：云南大学、华中师范大学、西北师范大学、南京大学、华南师范大学、西南大学、首都师范大学、哈尔滨师范大学、中山大学、天津师范大学、河北师范大学、南京师范大学、青海师范大学、兰州大学、太原师范学院、四川师范大学、鲁东大学

3★(52 个)，2★(68 个)，1★(17 个)：名单略

070502 自然地理与资源环境（51）

排名	学校名称	星级	排名	学校名称	星级	排名	学校名称	星级
1	北京师范大学	5★+	3	兰州大学	5★	5	西北大学	5★-
2	北京大学	5★	4	南京大学	5★-			

4★（5个）：中山大学、华中师范大学、福建师范大学、河海大学、山西大学

3★（16个），2★（20个），1★（5个）：名单略

070503 人文地理与城乡规划（110）

排名	学校名称	星级	排名	学校名称	星级	排名	学校名称	星级
1	华东师范大学	5★+	5	湖南师范大学	5★	9	东北师范大学	5★-
2	中山大学	5★+	6	西北大学	5★	10	北京师范大学	5★-
3	北京大学	5★	7	西南大学	5★-	11	南京师范大学	5★-
4	兰州大学	5★	8	中国科学院大学	5★-			

4★（11个）：南京大学、河南大学、云南师范大学、广州大学、西北师范大学、北京联合大学、福建师范大学、华南师范大学、贵州师范大学、河北师范大学、泉州师范学院

3★（33个），2★（44个），1★（11个）：名单略

070504 地理信息科学（171）

排名	学校名称	星级	排名	学校名称	星级	排名	学校名称	星级
1	武汉大学	5★+	7	陕西师范大学	5★	13	东北师范大学	5★-
2	南京师范大学	5★+	8	中国地质大学(武汉)	5★	14	北京师范大学	5★-
3	南京大学	5★+	9	哈尔滨师范大学	5★	15	北京大学	5★-
4	华东师范大学	5★	10	兰州大学	5★-	16	山东师范大学	5★-
5	首都师范大学	5★	11	新疆大学	5★-	17	云南师范大学	5★-
6	中山大学	5★	12	中国地质大学(北京)	5★-			

4★（17个）：安徽师范大学、河南大学、辽宁师范大学、西北大学、湖南师范大学、云南大学、山东科技大学、河海大学、中南大学、福建师范大学、兰州交通大学、贵州师范大学、西北师范大学、华中师范大学、内蒙古师范大学、南京信息工程大学、江西理工大学

3★（52个），2★（68个），1★（17个）：名单略

070601 大气科学（17）

排名	学校名称	星级	排名	学校名称	星级	排名	学校名称	星级
1	南京信息工程大学	5★	2	南京大学	5★-			

4★（1个）：兰州大学

3★（6个），2★（6个），1★（2个）：名单略

070602 应用气象学（12）

排名	学校名称	星级	排名	学校名称	星级	排名	学校名称	星级
1	南京信息工程大学	5★						

4★（1个）：兰州大学

3★（4个），2★（5个），1★（1个）：名单略

070701 海洋科学（35）

排名	学校名称	星级	排名	学校名称	星级	排名	学校名称	星级
1	中国海洋大学	5★+	3	同济大学	5★−			
2	厦门大学	5★	4	中山大学	5★−			
4★（3 个）：浙江海洋大学、河海大学、中国地质大学(武汉)								
3★（11 个），2★（14 个），1★（3 个）：名单略								

070702 海洋技术（25）

排名	学校名称	星级	排名	学校名称	星级	排名	学校名称	星级
1	中国海洋大学	5★+	2	天津大学	5★−	3	浙江海洋大学	5★−
4★（2 个）：厦门大学、上海海洋大学								
3★（8 个），2★（10 个），1★（2 个）：名单略								

070703T 海洋资源与环境（17）

排名	学校名称	星级	排名	学校名称	星级	排名	学校名称	星级
1	中国海洋大学	5★	2	浙江海洋大学	5★−			
4★（1 个）：上海海洋大学								
3★（6 个），2★（6 个），1★（2 个）：名单略								

070801 地球物理学（22）

排名	学校名称	星级	排名	学校名称	星级	排名	学校名称	星级
1	武汉大学	5★	2	吉林大学	5★−			
4★（2 个）：北京大学、中国地质大学(武汉)								
3★（7 个），2★（9 个），1★（2 个）：名单略								

070901 地质学（25）

排名	学校名称	星级	排名	学校名称	星级	排名	学校名称	星级
1	西北大学	5★+	2	中国地质大学(武汉)	5★−	3	北京大学	5★−
4★（2 个）：南京大学、成都理工大学								
3★（8 个），2★（10 个），1★（2 个）：名单略								

070903T 地球信息科学与技术（15）

排名	学校名称	星级	排名	学校名称	星级	排名	学校名称	星级
1	北京大学	5★	2	中国地质大学(武汉)	5★−			
4★（1 个）：中国矿业大学								
3★（5 个），2★（6 个），1★（1 个）：名单略								

071001 生物科学（283）

排名	学校名称	星级	排名	学校名称	星级	排名	学校名称	星级
1	复旦大学	5★+	11	山东大学	5★	21	南京农业大学	5★-
2	清华大学	5★+	12	厦门大学	5★	22	兰州大学	5★-
3	北京大学	5★+	13	四川大学	5★	23	河南大学	5★-
4	中国农业大学	5★+	14	华中科技大学	5★	24	吉林大学	5★-
5	武汉大学	5★+	15	西南大学	5★-	25	东北林业大学	5★-
6	中山大学	5★+	16	南开大学	5★-	26	湖南师范大学	5★-
7	华中农业大学	5★	17	北京林业大学	5★-	27	陕西师范大学	5★-
8	南京大学	5★	18	上海交通大学	5★-	28	中南大学	5★-
9	北京师范大学	5★	19	浙江大学	5★-			
10	中国科学技术大学	5★	20	南京师范大学	5★-			

4★（29个）：西北大学、云南大学、东北师范大学、福建农林大学、内蒙古大学、华东师范大学、扬州大学、暨南大学、中国海洋大学、上海海洋大学、首都师范大学、中国医科大学、深圳大学、河北师范大学、东北农业大学、南昌大学、海南大学、华中师范大学、华南师范大学、河北大学、河南师范大学、中国科学院大学、山东师范大学、江西师范大学、安徽师范大学、浙江师范大学、湖北大学、湖南农业大学、重庆师范大学

3★（85个），2★（113个），1★（28个）：名单略

071002 生物技术（285）

排名	学校名称	星级	排名	学校名称	星级	排名	学校名称	星级
1	上海交通大学	5★+	11	南京农业大学	5★	21	广西大学	5★-
2	武汉大学	5★+	12	湖南师范大学	5★	22	吉林农业大学	5★-
3	华中科技大学	5★+	13	江南大学	5★	23	海南大学	5★-
4	厦门大学	5★+	14	东北林业大学	5★	24	华东理工大学	5★-
5	北京师范大学	5★+	15	中国科学技术大学	5★-	25	东北师范大学	5★-
6	北京大学	5★+	16	湖南大学	5★-	26	中国农业大学	5★-
7	华中农业大学	5★	17	南方医科大学	5★-	27	华东师范大学	5★-
8	西北农林科技大学	5★	18	南开大学	5★-	28	福建农林大学	5★-
9	兰州大学	5★	19	内蒙古大学	5★-	29	汕头大学	5★-
10	中山大学	5★	20	华南理工大学	5★-			

4★（28个）：云南大学、安徽医科大学、暨南大学、青岛大学、宁波大学、四川农业大学、深圳大学、扬州大学、安徽农业大学、宁夏大学、山东农业大学、同济大学、河北师范大学、首都师范大学、复旦大学、南昌大学、华南农业大学、东北农业大学、陕西师范大学、塔里木大学、华南师范大学、河北农业大学、安徽师范大学、长江大学、山东大学、中国药科大学、中国海洋大学、云南农业大学

3★（86个），2★（114个），1★（28个）：名单略

071003 生物信息学（52）

排名	学校名称	星级	排名	学校名称	星级	排名	学校名称	星级
1	同济大学	5★+	3	南方医科大学	5★	5	华中科技大学	5★-
2	南京医科大学	5★	4	河北大学	5★-			

4★（5个）：中南大学、东南大学、哈尔滨医科大学、华中农业大学、南方科技大学

3★（16个），2★（21个），1★（5个）：名单略

071004 生态学（85）

排名	学校名称	星级	排名	学校名称	星级	排名	学校名称	星级
1	云南大学	5★+	4	兰州大学	5★	7	复旦大学	5★-
2	北京大学	5★+	5	中山大学	5★-	8	华南农业大学	5★-
3	中国农业大学	5★	6	厦门大学	5★-	9	中南林业科技大学	5★-
4★(8个)：华东师范大学、内蒙古大学、东北师范大学、南京林业大学、四川大学、福建农林大学、浙江大学、东北林业大学								
3★(26个)，2★(34个)，1★(8个)：名单略								

071101 心理学（73）

排名	学校名称	星级	排名	学校名称	星级	排名	学校名称	星级
1	北京师范大学	5★+	4	华中师范大学	5★	7	陕西师范大学	5★-
2	华南师范大学	5★	5	北京大学	5★-			
3	浙江大学	5★	6	西南大学	5★-			
4★(8个)：华东师范大学、福建师范大学、深圳大学、湖南师范大学、东北师范大学、江西师范大学、辽宁师范大学、清华大学								
3★(22个)，2★(29个)，1★(7个)：名单略								

071102 应用心理学（257）

排名	学校名称	星级	排名	学校名称	星级	排名	学校名称	星级
1	天津师范大学	5★+	10	广州大学	5★	19	沈阳师范大学	5★-
2	西南大学	5★+	11	西北师范大学	5★	20	山西大学	5★-
3	华南师范大学	5★+	12	山东师范大学	5★	21	南方医科大学	5★-
4	南京师范大学	5★+	13	华东师范大学	5★	22	温州医科大学	5★-
5	陕西师范大学	5★+	14	华中师范大学	5★-	23	宁夏大学	5★-
6	上海师范大学	5★	15	辽宁师范大学	5★-	24	广西师范大学	5★-
7	浙江师范大学	5★	16	江西师范大学	5★-	25	上海体育大学	5★-
8	贵州师范大学	5★	17	西南交通大学	5★-	26	北京大学	5★-
9	河南大学	5★	18	中央财经大学	5★-			
4★(25个)：河北大学、湖南师范大学、北京林业大学、中国人民大学、宁波大学、苏州科技大学、北京联合大学、合肥师范学院、苏州大学、山东中医药大学、北京体育大学、潍坊医学院、云南师范大学、南昌大学、浙江理工大学、郑州大学、南开大学、新乡医学院、杭州师范大学、青岛大学、中国政法大学、吉林大学、重庆师范大学、南京大学、广州中医药大学								
3★(78个)，2★(102个)，1★(26个)：名单略								

071201 统计学（211）

排名	学校名称	星级	排名	学校名称	星级	排名	学校名称	星级
1	厦门大学	5★+	4	华东师范大学	5★+	7	东北师范大学	5★
2	北京大学	5★+	5	西南财经大学	5★	8	北京师范大学	5★
3	中国人民大学	5★+	6	上海财经大学	5★	9	南开大学	5★

排名	学校名称	星级	排名	学校名称	星级	排名	学校名称	星级
10	山东大学	5★	14	山东财经大学	5★-	18	中国科学技术大学	5★-
11	西安交通大学	5★	15	复旦大学	5★-	19	曲阜师范大学	5★-
12	首都经济贸易大学	5★-	16	山西财经大学	5★-	20	安徽大学	5★-
13	广州大学	5★-	17	北京交通大学	5★-	21	湖南师范大学	5★-
4★(21个)：长春工业大学、中南财经政法大学、中南大学、兰州财经大学、武汉大学、中山大学、云南大学、四川大学、北京理工大学、中央财经大学、西南大学、南京师范大学、首都师范大学、华中师范大学、湘潭大学、福建师范大学、山东科技大学、湖南大学、北京工业大学、河南大学、对外经济贸易大学								
3★(64个)，2★(84个)，1★(21个)：名单略								

071202 应用统计学（187）

排名	学校名称	星级	排名	学校名称	星级	排名	学校名称	星级
1	浙江工商大学	5★+	8	东北财经大学	5★	15	中南财经政法大学	5★-
2	中国人民大学	5★+	9	长沙理工大学	5★	16	上海立信会计金融学院	5★-
3	上海对外经贸大学	5★+	10	天津商业大学	5★-	17	徐州工程学院	5★-
4	南京信息工程大学	5★+	11	南京医科大学	5★-	18	北京师范大学	5★-
5	江西财经大学	5★	12	内蒙古财经大学	5★-	19	山东工商学院	5★-
6	北京工商大学	5★	13	景德镇陶瓷大学	5★-			
7	云南财经大学	5★	14	浙江财经大学	5★-			
4★(18个)：南京邮电大学、桂林理工大学、西安财经大学、内蒙古农业大学、天津工业大学、重庆理工大学、青岛科技大学、天津财经大学、南方医科大学、广东工业大学、重庆医科大学、太原科技大学、西北大学、齐鲁工业大学、哈尔滨理工大学、中南民族大学、广西科技大学、嘉兴学院								
3★(57个)，2★(74个)，1★(19个)：名单略								

080101 理论与应用力学（13）

排名	学校名称	星级	排名	学校名称	星级	排名	学校名称	星级
1	北京大学	5★						
4★(2个)：兰州大学、南方科技大学								
3★(4个)，2★(5个)，1★(1个)：名单略								

080102 工程力学（82）

排名	学校名称	星级	排名	学校名称	星级	排名	学校名称	星级
1	哈尔滨工业大学	5★+	4	大连理工大学	5★	7	上海交通大学	5★-
2	浙江大学	5★+	5	西安交通大学	5★-	8	南京航空航天大学	5★-
3	清华大学	5★	6	北京航空航天大学	5★-			
4★(8个)：同济大学、北京理工大学、天津大学、西北工业大学、河海大学、宁波大学、西南交通大学、华中科技大学								
3★(25个)，2★(33个)，1★(8个)：名单略								

080201 机械工程（122）

排名	学校名称	星级	排名	学校名称	星级	排名	学校名称	星级
1	清华大学	5★+	5	东北大学	5★	9	北京理工大学	5★-
2	上海交通大学	5★+	6	东南大学	5★	10	南京航空航天大学	5★-
3	西安交通大学	5★	7	北京航空航天大学	5★-	11	南京理工大学	5★-
4	浙江大学	5★	8	吉林大学	5★-	12	北京科技大学	5★-

4★（12 个）：浙江工业大学、北京工业大学、北京交通大学、新疆大学、华南理工大学、中国矿业大学、武汉科技大学、东华大学、江南大学、沈阳建筑大学、华侨大学、北京邮电大学

3★（37 个），2★（49 个），1★（12 个）：名单略

080202 机械设计制造及其自动化（517）

排名	学校名称	星级	排名	学校名称	星级	排名	学校名称	星级
1	天津大学	5★+	19	江苏大学	5★	37	西安电子科技大学	5★-
2	华中科技大学	5★+	20	四川大学	5★	38	山东理工大学	5★-
3	哈尔滨工业大学	5★+	21	西安工业大学	5★	39	西安科技大学	5★-
4	西北工业大学	5★+	22	杭州电子科技大学	5★	40	长春理工大学	5★-
5	大连理工大学	5★+	23	上海理工大学	5★	41	安徽理工大学	5★-
6	西南交通大学	5★+	24	沈阳工业大学	5★	42	南昌大学	5★-
7	中南大学	5★+	25	哈尔滨理工大学	5★	43	西安建筑科技大学	5★-
8	重庆大学	5★+	26	电子科技大学	5★	44	太原科技大学	5★-
9	太原理工大学	5★+	27	兰州理工大学	5★-	45	南京林业大学	5★-
10	燕山大学	5★+	28	河北工业大学	5★-	46	上海大学	5★-
11	山东大学	5★	29	贵州大学	5★-	47	湖北工业大学	5★-
12	同济大学	5★	30	福州大学	5★-	48	扬州大学	5★-
13	浙江理工大学	5★	31	石家庄铁道大学	5★-	49	武汉大学	5★-
14	西安理工大学	5★	32	厦门大学	5★-	50	中北大学	5★-
15	合肥工业大学	5★	33	河南科技大学	5★-	51	宁波大学	5★-
16	广东工业大学	5★	34	湖南科技大学	5★-	52	西南科技大学	5★-
17	湖南大学	5★	35	青岛理工大学	5★-			
18	长安大学	5★	36	桂林电子科技大学	5★-			

4★（51 个）：沈阳建筑大学、中国石油大学(北京)、内蒙古科技大学、华东理工大学、中国农业大学、中国石油大学(华东)、广西大学、东北林业大学、江苏科技大学、东北石油大学、辽宁工程技术大学、沈阳航空航天大学、华北水利水电大学、广州大学、兰州交通大学、三峡大学、汕头大学、北京化工大学、厦门理工学院、河南工业大学、中国计量大学、华南农业大学、华东交通大学、河北农业大学、中国科学技术大学、重庆交通大学、河南理工大学、西安石油大学、湘潭大学、南华大学、长沙理工大学、北方工业大学、北京信息科技大学、长江大学、内蒙古工业大学、重庆邮电大学、哈尔滨工程大学、景德镇陶瓷大学、中国地质大学(武汉)、郑州轻工业大学、陕西科技大学、安徽工程大学、安徽工业大学、齐鲁工业大学、烟台大学、江苏师范大学、辽宁工业大学、西华大学、东莞理工学院、大连大学、中原工学院

3★（156 个），2★（206 个），1★（52 个）：名单略

080203 材料成型及控制工程（221）

排名	学校名称	星级	排名	学校名称	星级	排名	学校名称	星级
1	华中科技大学	5★+	9	西安建筑科技大学	5★	17	南昌大学	5★-
2	哈尔滨工业大学	5★+	10	太原理工大学	5★	18	西北工业大学	5★-
3	天津大学	5★+	11	广东工业大学	5★	19	太原科技大学	5★-
4	大连理工大学	5★+	12	合肥工业大学	5★-	20	西安理工大学	5★-
5	山东大学	5★	13	吉林大学	5★-	21	长春工业大学	5★-
6	东北大学	5★	14	昆明理工大学	5★-	22	南京理工大学	5★-
7	燕山大学	5★	15	沈阳工业大学	5★-			
8	河南科技大学	5★	16	兰州理工大学	5★-			

4★（22个）：安徽工业大学、华南理工大学、武汉理工大学、西南交通大学、湖北工业大学、中北大学、湖南科技大学、重庆大学、长安大学、四川大学、江苏大学、福州大学、中国石油大学(华东)、内蒙古工业大学、南昌航空大学、北京理工大学、武汉科技大学、哈尔滨理工大学、贵州大学、安徽工程大学、青海大学、大连交通大学

3★（67个），2★（88个），1★（22个）：名单略

080204 机械电子工程（302）

排名	学校名称	星级	排名	学校名称	星级	排名	学校名称	星级
1	哈尔滨工业大学	5★+	11	河北工业大学	5★	21	桂林电子科技大学	5★-
2	长春理工大学	5★+	12	天津工业大学	5★	22	武汉科技大学	5★-
3	重庆大学	5★+	13	山东科技大学	5★	23	中国农业大学	5★-
4	广东工业大学	5★+	14	江苏大学	5★	24	哈尔滨理工大学	5★-
5	西北工业大学	5★+	15	南京林业大学	5★	25	北京交通大学	5★-
6	浙江理工大学	5★+	16	西安工业大学	5★-	26	沈阳航空航天大学	5★-
7	华南理工大学	5★	17	上海大学	5★-	27	太原科技大学	5★-
8	太原理工大学	5★	18	兰州理工大学	5★-	28	天津理工大学	5★-
9	河南科技大学	5★	19	西安科技大学	5★-	29	广西大学	5★-
10	北京理工大学	5★	20	同济大学	5★-	30	西安航空学院	5★-

4★（30个）：山东理工大学、成都工业学院、长春工业大学、华中农业大学、重庆科技学院、东北林业大学、武昌首义学院、中北大学、长安大学、西安建筑科技大学、西南石油大学、陕西科技大学、山东农业大学、天津科技大学、湖南科技大学、兰州交通大学、沈阳建筑大学、内蒙古科技大学、辽宁工业大学、辽宁工程技术大学、北京建筑大学、中国民航大学、苏州大学、大连工业大学、石家庄铁道大学、重庆理工大学、安徽理工大学、中国计量大学、重庆交通大学、华东交通大学

3★（91个），2★（121个），1★（30个）：名单略

080205 工业设计（216）

排名	学校名称	星级	排名	学校名称	星级	排名	学校名称	星级
1	西安交通大学	5★+	6	浙江理工大学	5★	11	上海交通大学	5★
2	西北工业大学	5★+	7	天津大学	5★	12	浙江工业大学	5★-
3	同济大学	5★+	8	湖南大学	5★	13	陕西科技大学	5★-
4	北京科技大学	5★+	9	江南大学	5★	14	华南理工大学	5★-
5	南京航空航天大学	5★	10	东华大学	5★	15	哈尔滨工程大学	5★-

续表

排名	学校名称	星级	排名	学校名称	星级	排名	学校名称	星级
16	燕山大学	5★-	19	广东工业大学	5★-	22	天津科技大学	5★-
17	南京理工大学	5★-	20	西安理工大学	5★-			
18	武汉理工大学	5★-	21	浙江大学	5★			

4★（21 个）：北京航空航天大学、吉林大学、华东理工大学、合肥工业大学、浙江科技学院、北京工业大学、大连理工大学、北京理工大学、东北大学、杭州电子科技大学、哈尔滨工业大学、江苏大学、北京服装学院、西南石油大学、华侨大学、沈阳航空航天大学、中南林业科技大学、西安电子科技大学、山东工艺美术学院、中国矿业大学、重庆大学

3★（65 个），2★（86 个），1★（22 个）：名单略

080206 过程装备与控制工程（92）

排名	学校名称	星级	排名	学校名称	星级	排名	学校名称	星级
1	西安交通大学	5★+	4	天津大学	5★	7	兰州理工大学	5★-
2	大连理工大学	5★+	5	浙江工业大学	5★	8	东北石油大学	5★-
3	华东理工大学	5★	6	东北大学	5★-	9	南京工业大学	5★-

4★（9 个）：华南理工大学、北京化工大学、中国矿业大学、燕山大学、中国石油大学（北京）、浙江大学、中国石油大学（华东）、四川大学、沈阳化工大学

3★（28 个），2★（37 个），1★（9 个）：名单略

080207 车辆工程（256）

排名	学校名称	星级	排名	学校名称	星级	排名	学校名称	星级
1	清华大学	5★+	10	江苏大学	5★	19	长安大学	5★-
2	北京理工大学	5★+	11	大连交通大学	5★	20	大连理工大学	5★-
3	吉林大学	5★+	12	燕山大学	5★	21	浙江工业大学	5★-
4	同济大学	5★+	13	南京航空航天大学	5★	22	合肥工业大学	5★-
5	湖南大学	5★+	14	河南科技大学	5★-	23	东北大学	5★-
6	武汉理工大学	5★	15	北京航空航天大学	5★-	24	河北工业大学	5★-
7	西安交通大学	5★	16	福州大学	5★-	25	中南大学	5★-
8	兰州交通大学	5★	17	北京交通大学	5★-	26	哈尔滨工业大学	5★-
9	西南交通大学	5★	18	重庆大学	5★-			

4★（25 个）：杭州电子科技大学、上海理工大学、武汉科技大学、中国农业大学、哈尔滨理工大学、石家庄铁道大学、北京科技大学、浙江大学、上海工程技术大学、华南理工大学、南昌大学、湖北汽车工业学院、厦门理工学院、湖南科技大学、华东交通大学、扬州大学、南京理工大学、太原科技大学、太原理工大学、重庆交通大学、沈阳工业大学、山东理工大学、长沙理工大学、广东工业大学、西安理工大学

3★（77 个），2★（102 个），1★（26 个）：名单略

080208 汽车服务工程（117）

排名	学校名称	星级	排名	学校名称	星级	排名	学校名称	星级
1	武汉理工大学	5★+	3	同济大学	5★	5	东北林业大学	5★
2	吉林大学	5★+	4	长安大学	5★	6	江西科技学院	5★

排名	学校名称	星级	排名	学校名称	星级	排名	学校名称	星级
7	长沙理工大学	5★-	9	广西科技大学	5★-	11	上海工程技术大学	5★-
8	西华大学	5★-	10	江苏理工学院	5★-	12	重庆理工大学	5★-

4★(11个)：成都师范学院、重庆交通大学、广东理工学院、宁波工程学院、太原学院、南通理工学院、河南农业大学、成都工业学院、上海师范大学、西安航空学院、厦门理工学院

3★(36个)，2★(46个)，1★(12个)：名单略

080213T 智能制造工程（296）

排名	学校名称	星级	排名	学校名称	星级	排名	学校名称	星级
1	北京理工大学	5★+	11	武汉科技大学	5★	21	武汉理工大学	5★-
2	北京工业大学	5★+	12	上海大学	5★	22	兰州理工大学	5★-
3	山东大学	5★+	13	天津大学	5★	23	河北工业大学	5★-
4	南京理工大学	5★+	14	同济大学	5★	24	山东科技大学	5★-
5	杭州电子科技大学	5★+	15	吉林大学	5★	25	河南工业大学	5★-
6	北京航空航天大学	5★+	16	南京航空航天大学	5★-	26	华北电力大学	5★-
7	合肥工业大学	5★	17	西安工业大学	5★-	27	浙江师范大学	5★-
8	中国矿业大学	5★	18	华南理工大学	5★-	28	三峡大学	5★-
9	浙江理工大学	5★	19	西安交通大学	5★-	29	华侨大学	5★-
10	东北大学	5★	20	江苏大学	5★-	30	青岛大学	5★-

4★(29个)：中国石油大学(华东)、温州大学、湖南科技大学、武汉纺织大学、苏州大学、武汉大学、西南交通大学、华东理工大学、桂林理工大学、河海大学、湖南大学、江苏科技大学、安徽理工大学、大连理工大学、哈尔滨理工大学、南京工业大学、天津工业大学、西安理工大学、广东工业大学、郑州科技学院、哈尔滨工程大学、东华大学、河南理工大学、燕山大学、湖南第一师范学院、厦门理工学院、南昌航空大学科技学院、重庆工商大学、湖北民族大学

3★(89个)，2★(118个)，1★(30个)：名单略

080214T 智能车辆工程（28）

排名	学校名称	星级	排名	学校名称	星级	排名	学校名称	星级
1	重庆工商大学	5★+	2	湖南大学	5★-	3	河北科技学院	5★-

4★(3个)：重庆理工大学、华南理工大学、西南大学

3★(8个)，2★(11个)，1★(3个)：名单略

080216T 新能源汽车工程（45）

排名	学校名称	星级	排名	学校名称	星级	排名	学校名称	星级
1	南通理工学院	5★+	3	中北大学	5★-	5	河南工学院	5★-
2	广东技术师范大学	5★	4	四川工业科技学院	5★-			

4★(4个)：西华大学、南宁学院、广东科技学院、吉利学院

3★(14个)，2★(18个)，1★(4个)：名单略

080217T 增材制造工程（13）

排名	学校名称	星级	排名	学校名称	星级	排名	学校名称	星级
1	新乡学院	5★						

4★（2 个）：西华大学、南昌航空大学

3★（4 个），2★（5 个），1★（1 个）：名单略

080301 测控技术与仪器（190）

排名	学校名称	星级	排名	学校名称	星级	排名	学校名称	星级
1	天津大学	5★+	8	电子科技大学	5★	15	北京理工大学	5★-
2	哈尔滨工业大学	5★+	9	上海交通大学	5★	16	燕山大学	5★-
3	东南大学	5★+	10	武汉理工大学	5★	17	中国计量大学	5★-
4	北京航空航天大学	5★+	11	中北大学	5★-	18	南京航空航天大学	5★-
5	吉林大学	5★	12	合肥工业大学	5★-	19	桂林电子科技大学	5★-
6	西安交通大学	5★	13	重庆大学	5★-			
7	清华大学	5★	14	长春理工大学	5★-			

4★（19 个）：西安电子科技大学、河北大学、哈尔滨工程大学、江苏大学、哈尔滨理工大学、西安理工大学、大连理工大学、厦门大学、北京信息科技大学、南京理工大学、沈阳工业大学、南昌航空大学、北京科技大学、杭州电子科技大学、西安工业大学、四川大学、上海理工大学、国防科技大学、湖北工业大学

3★（57 个），2★（76 个），1★（19 个）：名单略

080303T 智能感知工程（28）

排名	学校名称	星级	排名	学校名称	星级	排名	学校名称	星级
1	太原理工大学	5★+	2	中北大学	5★-	3	北京理工大学	5★-

4★（3 个）：天津大学、东南大学、江苏科技大学

3★（8 个），2★（11 个），1★（3 个）：名单略

080401 材料科学与工程（237）

排名	学校名称	星级	排名	学校名称	星级	排名	学校名称	星级
1	上海交通大学	5★+	9	哈尔滨工业大学	5★	17	北京工业大学	5★-
2	清华大学	5★+	10	华中科技大学	5★	18	东南大学	5★-
3	西安交通大学	5★+	11	北京科技大学	5★	19	北京理工大学	5★-
4	天津大学	5★+	12	中南大学	5★	20	南京理工大学	5★-
5	浙江大学	5★+	13	北京航空航天大学	5★-	21	湖南大学	5★-
6	西北工业大学	5★	14	南京航空航天大学	5★-	22	郑州大学	5★-
7	华南理工大学	5★	15	四川大学	5★-	23	北京化工大学	5★-
8	武汉理工大学	5★	16	重庆大学	5★-	24	北京大学	5★-

4★（23 个）：东北大学、南昌大学、昆明理工大学、同济大学、厦门大学、西南交通大学、中国科学院大学、西安理工大学、浙江理工大学、西安建筑科技大学、天津工业大学、中国石油大学(华东)、南京工业大学、哈尔滨工程大学、西南科技大学、安徽工业大学、福州大学、浙江工业大学、湘潭大学、太原理工大学、济南大学、天津理工大学、吉林大学

3★（72 个），2★（94 个），1★（24 个）：名单略

080402 材料物理（73）

排名	学校名称	星级	排名	学校名称	星级	排名	学校名称	星级
1	南京大学	5★+	4	燕山大学	5★	7	中国科学技术大学	5★-
2	西北工业大学	5★	5	西安交通大学	5★-			
3	哈尔滨工业大学	5★	6	吉林大学	5★-			
4★（8个）：武汉理工大学、复旦大学、西安理工大学、陕西科技大学、安徽大学、东北大学、武汉科技大学、南开大学									
3★（22个），2★（29个），1★（7个）：名单略									

080403 材料化学（131）

排名	学校名称	星级	排名	学校名称	星级	排名	学校名称	星级
1	北京大学	5★+	6	陕西师范大学	5★	11	吉林大学	5★-
2	南京大学	5★+	7	西北大学	5★	12	武汉理工大学	5★-
3	华东理工大学	5★+	8	景德镇陶瓷大学	5★-	13	南昌航空大学	5★-
4	中国科学技术大学	5★	9	湖北大学	5★-			
5	复旦大学	5★	10	黑龙江大学	5★-			
4★（13个）：哈尔滨工业大学、南开大学、中山大学、郑州大学、北京理工大学、青岛科技大学、南京理工大学、武汉科技大学、浙江理工大学、河北大学、兰州大学、长春理工大学、北京科技大学									
3★（40个），2★（52个），1★（13个）：名单略									

080404 冶金工程（40）

排名	学校名称	星级	排名	学校名称	星级	排名	学校名称	星级
1	北京科技大学	5★+	3	中南大学	5★-			
2	东北大学	5★	4	昆明理工大学	5★-			
4★（4个）：重庆大学、西安建筑科技大学、江西理工大学、华北理工大学									
3★（12个），2★（16个），1★（4个）：名单略									

080405 金属材料工程（77）

排名	学校名称	星级	排名	学校名称	星级	排名	学校名称	星级
1	燕山大学	5★+	4	江西理工大学	5★	7	南昌航空大学	5★-
2	上海大学	5★+	5	西安工业大学	5★-	8	大连理工大学	5★-
3	河南科技大学	5★	6	内蒙古科技大学	5★-			
4★（7个）：河北工业大学、西安建筑科技大学、武汉科技大学、安徽工业大学、合肥工业大学、江苏大学、太原理工大学									
3★（24个），2★（30个），1★（8个）：名单略									

080406 无机非金属材料工程（78）

排名	学校名称	星级	排名	学校名称	星级	排名	学校名称	星级
1	武汉理工大学	5★+	4	武汉科技大学	5★	7	桂林理工大学	5★-
2	燕山大学	5★+	5	长春理工大学	5★-	8	上海大学	5★-
3	南京工业大学	5★	6	陕西科技大学	5★-			

续表

| 4★（8 个）：景德镇陶瓷大学、华东理工大学、东华大学、合肥工业大学、齐鲁工业大学、沈阳建筑大学、吉林大学、中南大学 |
| 3★（23 个），2★（31 个），1★（8 个）：名单略 |

080407 高分子材料与工程（185）

排名	学校名称	星级	排名	学校名称	星级	排名	学校名称	星级
1	四川大学	5★+	8	吉林大学	5★	15	大连理工大学	5★-
2	清华大学	5★+	9	华东理工大学	5★	16	燕山大学	5★-
3	华南理工大学	5★+	10	中山大学	5★-	17	苏州大学	5★-
4	复旦大学	5★+	11	哈尔滨工业大学	5★-	18	南京工业大学	5★-
5	北京化工大学	5★	12	武汉理工大学	5★-	19	浙江工业大学	5★-
6	东华大学	5★	13	中国科学技术大学	5★-			
7	西北工业大学	5★	14	北京理工大学	5★-			

| 4★（18 个）：青岛科技大学、武汉工程大学、常州大学、青岛大学、广东工业大学、河北工业大学、江南大学、扬州大学、湖北大学、兰州理工大学、安徽大学、浙江大学、南京理工大学、合肥工业大学、西安工业大学、沈阳化工大学、济南大学、北京服装学院 |
| 3★（56 个），2★（74 个），1★（18 个）：名单略 |

080408 复合材料与工程（44）

排名	学校名称	星级	排名	学校名称	星级	排名	学校名称	星级
1	武汉理工大学	5★+	3	东华大学	5★-			
2	哈尔滨工业大学	5★	4	华东理工大学	5★-			

| 4★（5 个）：西北工业大学、青岛大学、江苏大学、中北大学、天津工业大学 |
| 3★（13 个），2★（18 个），1★（4 个）：名单略 |

080410T 宝石及材料工艺学（20）

排名	学校名称	星级	排名	学校名称	星级	排名	学校名称	星级
1	中国地质大学(武汉)	5★	2	昆明理工大学	5★-			

| 4★（2 个）：桂林理工大学、中国地质大学(北京) |
| 3★（6 个），2★（8 个），1★（2 个）：名单略 |

080411T 焊接技术与工程（44）

排名	学校名称	星级	排名	学校名称	星级	排名	学校名称	星级
1	哈尔滨工业大学	5★+	3	大连交通大学	5★-			
2	江苏科技大学	5★	4	沈阳工业大学	5★-			

| 4★（5 个）：南昌航空大学、西安石油大学、兰州理工大学、南京工业大学、北京工业大学 |
| 3★（13 个），2★（18 个），1★（4 个）：名单略 |

080412T 功能材料（52）

排名	学校名称	星级	排名	学校名称	星级	排名	学校名称	星级
1	北京化工大学	5★+	3	兰州大学	5★	5	昆明理工大学	5★-
2	天津大学	5★	4	华南理工大学	5★-			

4★(5个)：大连理工大学、东华大学、沈阳工业大学、长春理工大学、西安建筑科技大学

3★(16个)，2★(21个)，1★(5个)：名单略

080413T 纳米材料与技术（15）

排名	学校名称	星级	排名	学校名称	星级	排名	学校名称	星级
1	苏州大学	5★	2	北京航空航天大学	5★-			

4★(1个)：南京理工大学

3★(5个)，2★(6个)，1★(1个)：名单略

080414T 新能源材料与器件（131）

排名	学校名称	星级	排名	学校名称	星级	排名	学校名称	星级
1	电子科技大学	5★+	6	四川大学	5★	11	同济大学	5★-
2	中南大学	5★+	7	苏州大学	5★	12	广东工业大学	5★-
3	武汉理工大学	5★+	8	北京理工大学	5★-	13	昆明理工大学	5★-
4	华东理工大学	5★	9	南京航空航天大学	5★-			
5	合肥工业大学	5★	10	南京工业大学	5★-			

4★(13个)：安徽大学、华北电力大学、浙江理工大学、西南石油大学、湘潭大学、景德镇陶瓷大学、江苏科技大学、河南理工大学、东北大学、哈尔滨工程大学、长春理工大学、天津理工大学、桂林电子科技大学

3★(40个)，2★(52个)，1★(13个)：名单略

080501 能源与动力工程（188）

排名	学校名称	星级	排名	学校名称	星级	排名	学校名称	星级
1	西安交通大学	5★+	8	江苏大学	5★	15	大连理工大学	5★-
2	清华大学	5★+	9	华中科技大学	5★	16	中国科学技术大学	5★-
3	天津大学	5★+	10	上海交通大学	5★-	17	山东大学	5★-
4	华北电力大学	5★+	11	南京航空航天大学	5★-	18	华东理工大学	5★-
5	西北工业大学	5★	12	北京科技大学	5★-	19	重庆大学	5★-
6	东南大学	5★	13	哈尔滨工程大学	5★-			
7	哈尔滨工业大学	5★	14	武汉理工大学	5★-			

4★(19个)：北京理工大学、武汉大学、东北大学、华南理工大学、北京航空航天大学、四川大学、兰州理工大学、南京理工大学、东北电力大学、同济大学、上海理工大学、中南大学、昆明理工大学、河北工业大学、内蒙古工业大学、南京工业大学、吉林大学、中国石油大学(华东)、中国石油大学(北京)

3★(56个)，2★(75个)，1★(19个)：名单略

080502T 能源与环境系统工程（17）

排名	学校名称	星级	排名	学校名称	星级	排名	学校名称	星级
1	浙江大学	5★	2	山东大学	5★-			

4★（1 个）：东华大学

3★（6 个），2★（6 个），1★（2 个）：名单略

080503T 新能源科学与工程（144）

排名	学校名称	星级	排名	学校名称	星级	排名	学校名称	星级
1	西安交通大学	5★+	6	江苏大学	5★	11	南京工业大学	5★-
2	华北电力大学	5★+	7	中南大学	5★	12	重庆大学	5★-
3	华中科技大学	5★+	8	昆明理工大学	5★-	13	北京科技大学	5★-
4	北京工业大学	5★	9	内蒙古工业大学	5★-	14	山东大学	5★-
5	兰州理工大学	5★	10	南京理工大学	5★-			

4★（15 个）：河海大学、青岛科技大学、厦门大学、长沙理工大学、东南大学、东北电力大学、上海理工大学、常熟理工学院、东北大学、中国石油大学(北京)、河北工业大学、哈尔滨工业大学、中国石油大学(华东)、沈阳航空航天大学、南京大学

3★（43 个），2★（58 个），1★（14 个）：名单略

080504T 储能科学与工程（59）

排名	学校名称	星级	排名	学校名称	星级	排名	学校名称	星级
1	武汉大学	5★+	3	山东大学	5★	5	中国矿业大学	5★-
2	华北电力大学	5★	4	华中科技大学	5★-	6	武汉理工大学	5★-

4★（6 个）：北京科技大学、西安交通大学、华南师范大学、哈尔滨工业大学、上海交通大学、西南石油大学

3★（18 个），2★（23 个），1★（6 个）：名单略

080601 电气工程及其自动化（573）

排名	学校名称	星级	排名	学校名称	星级	排名	学校名称	星级
1	华中科技大学	5★+	14	武汉大学	5★	27	三峡大学	5★
2	西安交通大学	5★+	15	华南理工大学	5★	28	广西大学	5★
3	浙江大学	5★+	16	长沙理工大学	5★	29	合肥工业大学	5★
4	重庆大学	5★+	17	西北工业大学	5★	30	中国矿业大学	5★-
5	哈尔滨工业大学	5★+	18	山东大学	5★	31	燕山大学	5★-
6	华北电力大学	5★+	19	河北工业大学	5★	32	大连理工大学	5★-
7	西南交通大学	5★+	20	福州大学	5★	33	西安理工大学	5★-
8	清华大学	5★+	21	南京航空航天大学	5★	34	北京航空航天大学	5★-
9	湖南大学	5★+	22	沈阳工业大学	5★	35	上海大学	5★-
10	天津大学	5★+	23	东北电力大学	5★	36	郑州大学	5★-
11	东南大学	5★+	24	太原理工大学	5★	37	南京理工大学	5★-
12	哈尔滨理工大学	5★	25	北京交通大学	5★	38	昆明理工大学	5★-
13	江苏大学	5★	26	四川大学	5★	39	河海大学	5★-

排名	学校名称	星级	排名	学校名称	星级	排名	学校名称	星级
40	新疆大学	5★-	46	武汉理工大学	5★-	52	兰州理工大学	5★-
41	辽宁工程技术大学	5★-	47	天津理工大学	5★-	53	广东工业大学	5★-
42	东北石油大学	5★-	48	哈尔滨工程大学	5★-	54	石家庄铁道大学	5★-
43	中南大学	5★-	49	上海电力大学	5★-	55	贵州大学	5★-
44	兰州交通大学	5★-	50	青岛大学	5★-	56	华东交通大学	5★-
45	南京师范大学	5★-	51	湖北工业大学	5★-	57	安徽理工大学	5★-

4★(58个)：安徽大学、郑州轻工业大学、南京工业大学、西华大学、山东科技大学、中国石油大学(华东)、上海交通大学、温州大学、东北大学、河南理工大学、杭州电子科技大学、内蒙古工业大学、陕西科技大学、中国科学院大学、电子科技大学、中国矿业大学(北京)、重庆邮电大学、山东理工大学、天津工业大学、同济大学、湖南工业大学、湖南工程学院、常州工学院、北方工业大学、武汉科技大学、西安科技大学、北华大学、江南大学、西安电子科技大学、西安工程大学、北京理工大学、上海海事大学、南京工程学院、长春工程学院、南通大学、武汉纺织大学、黑龙江工程学院、湖南科技大学、宁波大学、福建理工大学、大连海事大学、辽宁工业大学、华侨大学、吉林大学、安徽工业大学、扬州大学、青海大学、大连交通大学、山西大学、武汉工程大学、南昌大学、中国计量大学、辽宁石油化工大学、徐州工程学院、西安建筑科技大学、盐城工学院、许昌学院、沈阳化工大学

3★(172个)，2★(229个)，1★(57个)：名单略

080602T 智能电网信息工程（38）

排名	学校名称	星级	排名	学校名称	星级	排名	学校名称	星级
1	华北电力大学	5★+	3	三峡大学	5★-			
2	天津大学	5★	4	东北电力大学	5★-			

4★(4个)：南京邮电大学、西安理工大学、福州大学、辽宁工程技术大学

3★(11个)，2★(15个)，1★(4个)：名单略

080604T 电气工程与智能控制（39）

排名	学校名称	星级	排名	学校名称	星级	排名	学校名称	星级
1	合肥工业大学	5★+	3	沈阳工业大学	5★-			
2	西安理工大学	5★	4	哈尔滨理工大学	5★-			

4★(4个)：上海海事大学、苏州大学、辽宁工程技术大学、山东科技大学

3★(12个)，2★(15个)，1★(4个)：名单略

080701 电子信息工程（642）

排名	学校名称	星级	排名	学校名称	星级	排名	学校名称	星级
1	西安电子科技大学	5★+	8	大连理工大学	5★+	15	燕山大学	5★
2	北京理工大学	5★+	9	华中科技大学	5★+	16	中国科学技术大学	5★
3	北京邮电大学	5★+	10	武汉大学	5★+	17	成都信息工程大学	5★
4	电子科技大学	5★+	11	哈尔滨工业大学	5★+	18	哈尔滨工程大学	5★
5	北京航空航天大学	5★+	12	北京工业大学	5★+	19	厦门大学	5★
6	杭州电子科技大学	5★+	13	南京理工大学	5★+	20	重庆大学	5★
7	南京邮电大学	5★+	14	四川大学	5★	21	长春理工大学	5★

续表

排名	学校名称	星级	排名	学校名称	星级	排名	学校名称	星级
22	安徽大学	5★	37	武汉理工大学	5★-	52	西安科技大学	5★-
23	中北大学	5★	38	天津理工大学	5★-	53	浙江理工大学	5★-
24	太原理工大学	5★	39	青岛大学	5★-	54	中国计量大学	5★-
25	合肥工业大学	5★	40	苏州大学	5★-	55	湖南师范大学	5★-
26	河北工业大学	5★	41	山东师范大学	5★-	56	河南科技大学	5★-
27	东北大学	5★	42	东北石油大学	5★-	57	沈阳工业大学	5★-
28	重庆邮电大学	5★	43	长江大学	5★-	58	海南大学	5★-
29	桂林电子科技大学	5★	44	郑州大学	5★-	59	新疆大学	5★-
30	西南交通大学	5★	45	北方工业大学	5★-	60	长春工业大学	5★-
31	中国矿业大学	5★	46	南通大学	5★-	61	西南科技大学	5★-
32	深圳大学	5★	47	哈尔滨理工大学	5★-	62	华北理工大学	5★-
33	南京信息工程大学	5★-	48	天津工业大学	5★-	63	武汉科技大学	5★-
34	中国民航大学	5★-	49	汕头大学	5★-	64	上海理工大学	5★-
35	长沙理工大学	5★-	50	湖北工业大学	5★-			
36	大连海事大学	5★-	51	湘潭大学	5★-			

4★(64 个)：西北工业大学、广西师范大学、浙江大学、河南师范大学、北京化工大学、东北电力大学、天津大学、河南工业大学、重庆三峡学院、沈阳航空航天大学、北方民族大学、中国石油大学(北京)、江西科技师范大学、上海大学、安徽建筑大学、吉林大学、东莞理工学院、辽宁工业大学、华南农业大学、中国传媒大学、常州工学院、中国科学院大学、福州大学、西南民族大学、郑州轻工业大学、湖南大学、四川师范大学、广州大学、河海大学、江苏理工学院、内蒙古工业大学、中南大学、国防科技大学、中原工学院、西安工业大学、大连东软信息学院、西安理工大学、贵州师范大学、黑龙江大学、大连民族大学、北京大学、常熟理工学院、阳光学院、湖南城市学院、梧州学院、云南大学、西北大学、同济大学、东华大学、齐鲁工业大学、北华航天工业学院、中国海洋大学、广东工业大学、淮北师范大学、浙江工业大学、河北师范大学、南京师范大学、贵州大学、南宁师范大学、华南师范大学、东华理工大学、广西民族大学、南华大学、河北农业大学

3★(193 个)，2★(257 个)，1★(64 个)：名单略

080702 电子科学与技术（154）

排名	学校名称	星级	排名	学校名称	星级	排名	学校名称	星级
1	东南大学	5★+	6	浙江大学	5★	11	天津大学	5★-
2	西安电子科技大学	5★+	7	杭州电子科技大学	5★	12	北京邮电大学	5★-
3	西安交通大学	5★+	8	南京邮电大学	5★	13	北京航空航天大学	5★-
4	上海交通大学	5★	9	国防科技大学	5★-	14	河北工业大学	5★-
5	电子科技大学	5★	10	华中科技大学	5★-	15	北京理工大学	5★-

4★(16 个)：复旦大学、北京交通大学、西北工业大学、吉林大学、北京工业大学、湖南大学、福州大学、燕山大学、哈尔滨工业大学、中国计量大学、南京理工大学、成都信息工程大学、西安理工大学、长春工业大学、黑龙江大学、大连理工大学

3★(46 个)，2★(62 个)，1★(15 个)：名单略

080703 通信工程（494）

排名	学校名称	星级	排名	学校名称	星级	排名	学校名称	星级
1	西安电子科技大学	5★+	18	西南交通大学	5★	35	华北电力大学	5★-
2	北京邮电大学	5★+	19	成都信息工程大学	5★	36	西安邮电大学	5★-
3	南京邮电大学	5★+	20	长春理工大学	5★	37	广东工业大学	5★-
4	哈尔滨工业大学	5★+	21	重庆大学	5★	38	西安理工大学	5★-
5	北京航空航天大学	5★+	22	重庆邮电大学	5★	39	天津理工大学	5★-
6	杭州电子科技大学	5★+	23	昆明理工大学	5★	40	海南大学	5★-
7	电子科技大学	5★+	24	武汉理工大学	5★	41	南通大学	5★-
8	西北工业大学	5★+	25	郑州大学	5★	42	五邑大学	5★-
9	上海大学	5★+	26	河北工业大学	5★-	43	云南大学	5★-
10	宁波大学	5★+	27	深圳大学	5★-	44	山东师范大学	5★-
11	吉林大学	5★	28	黑龙江大学	5★-	45	聊城大学	5★-
12	北京交通大学	5★	29	南昌大学	5★-	46	山东科技大学	5★-
13	南京理工大学	5★	30	太原理工大学	5★-	47	中国民航大学	5★-
14	北京理工大学	5★	31	华东交通大学	5★-	48	贵州大学	5★-
15	北京科技大学	5★	32	桂林电子科技大学	5★-	49	兰州交通大学	5★-
16	武汉大学	5★	33	安徽大学	5★-			
17	华中科技大学	5★	34	北京信息科技大学	5★-			

4★（50个）：兰州理工大学、中山大学、东莞理工学院、河海大学、兰州大学、新疆大学、苏州大学、中南大学、河南理工大学、湖南大学、西安科技大学、中南民族大学、湘潭大学、福建理工大学、华东师范大学、合肥工业大学、河北大学、三峡大学、南京大学、湖北大学、新疆理工学院、四川大学、复旦大学、天津大学、西南大学、北京大学、中国科学技术大学、济南大学、天津商业大学、厦门大学、哈尔滨工程大学、安徽新华学院、山东大学、集美大学、中北大学、同济大学、北京工业大学、广西大学、南开大学、东北大学、西安明德理工学院、大连工业大学、中国计量大学、中国传媒大学、怀化学院、广东技术师范大学、长沙理工大学、文华学院、国防科技大学、贺州学院

3★（148个），2★（198个），1★（49个）：名单略

080704 微电子科学与工程（115）

排名	学校名称	星级	排名	学校名称	星级	排名	学校名称	星级
1	西安交通大学	5★+	5	复旦大学	5★	9	南京邮电大学	5★-
2	上海交通大学	5★+	6	西安电子科技大学	5★	10	青岛大学	5★-
3	北京大学	5★	7	华东师范大学	5★-	11	电子科技大学	5★-
4	南京大学	5★	8	武汉大学	5★-	12	中山大学	5★-

4★（11个）：华南理工大学、福州大学、吉林大学、四川大学、西北工业大学、哈尔滨工业大学、华中科技大学、成都信息工程大学、浙江大学、南开大学、宁波大学

3★（35个），2★（46个），1★（11个）：名单略

080705 光电信息科学与工程（218）

排名	学校名称	星级	排名	学校名称	星级	排名	学校名称	星级
1	浙江大学	5★+	3	北京理工大学	5★+	5	南京理工大学	5★
2	华中科技大学	5★+	4	复旦大学	5★+	6	天津大学	5★

续表

排名	学校名称	星级	排名	学校名称	星级	排名	学校名称	星级
7	电子科技大学	5★	13	南开大学	5★-	19	华南理工大学	5★-
8	哈尔滨工业大学	5★	14	中国科学技术大学	5★-	20	西安电子科技大学	5★-
9	北京邮电大学	5★	15	山东大学	5★-	21	中北大学	5★-
10	南京邮电大学	5★	16	深圳大学	5★-	22	西安交通大学	5★-
11	中山大学	5★	17	北京交通大学	5★-			
12	长春理工大学	5★-	18	西北工业大学	5★-			

4★（22 个）：华南师范大学、上海理工大学、太原理工大学、哈尔滨工程大学、重庆大学、暨南大学、安徽大学、武汉理工大学、南京大学、四川大学、吉林大学、北京航空航天大学、中国计量大学、山西大学、武汉大学、桂林电子科技大学、大连理工大学、西南科技大学、浙江工业大学、宁波大学、西安工业大学、南京师范大学
3★（65 个），2★（87 个），1★（22 个）：名单略

080706 信息工程（58）

排名	学校名称	星级	排名	学校名称	星级	排名	学校名称	星级
1	东南大学	5★+	3	上海交通大学	5★	5	北京邮电大学	5★-
2	西安交通大学	5★	4	华南理工大学	5★-	6	西安电子科技大学	5★-

4★（6 个）：浙江大学、西北工业大学、北京交通大学、吉林大学、上海大学、华南师范大学
3★（17 个），2★（23 个），1★（6 个）：名单略

080707T 广播电视工程（12）

排名	学校名称	星级	排名	学校名称	星级	排名	学校名称	星级
1	南京邮电大学	5★						

4★（1 个）：中国传媒大学
3★（4 个），2★（5 个），1★（1 个）：名单略

080709T 电子封装技术（14）

排名	学校名称	星级	排名	学校名称	星级	排名	学校名称	星级
1	哈尔滨工业大学	5★						

4★（2 个）：西安电子科技大学、北京理工大学
3★（4 个），2★（6 个），1★（1 个）：名单略

080710T 集成电路设计与集成系统（88）

排名	学校名称	星级	排名	学校名称	星级	排名	学校名称	星级
1	天津大学	5★+	4	大连理工大学	5★	7	杭州电子科技大学	5★-
2	西安电子科技大学	5★+	5	电子科技大学	5★-	8	南京大学	5★-
3	华中科技大学	5★	6	山东大学	5★-	9	华南理工大学	5★-

4★（9 个）：北京航空航天大学、南京邮电大学、北京大学、安徽大学、厦门大学、福州大学、武汉大学、西安邮电大学、哈尔滨理工大学
3★（26 个），2★（35 个），1★（9 个）：名单略

080711T 医学信息工程（57）

排名	学校名称	星级	排名	学校名称	星级	排名	学校名称	星级
1	四川大学	5★+	3	安徽医科大学	5★	5	浙江中医药大学	5★-
2	杭州电子科技大学	5★	4	重庆医科大学	5★-	6	成都中医药大学	5★-

4★（5个）：广西医科大学、江西中医药大学、广州中医药大学、西华大学、重庆邮电大学

3★（18个），2★（22个），1★（6个）：名单略

080712T 电磁场与无线技术（12）

排名	学校名称	星级	排名	学校名称	星级	排名	学校名称	星级
1	南京邮电大学	5★						

4★（1个）：哈尔滨工业大学

3★（4个），2★（5个），1★（1个）：名单略

080714T 电子信息科学与技术（167）

排名	学校名称	星级	排名	学校名称	星级	排名	学校名称	星级
1	清华大学	5★+	7	北京邮电大学	5★	13	成都信息工程大学	5★-
2	南京大学	5★+	8	中山大学	5★	14	湖南师范大学	5★-
3	北京大学	5★+	9	吉林大学	5★-	15	南开大学	5★-
4	厦门大学	5★	10	宁波大学	5★-	16	长沙理工大学	5★-
5	西安电子科技大学	5★	11	华南师范大学	5★-	17	兰州理工大学	5★-
6	复旦大学	5★	12	电子科技大学	5★-			

4★（16个）：华东师范大学、上海大学、中南大学、武汉大学、烟台大学、长春理工大学、山西大学、黑龙江大学、江西理工大学、西南交通大学、兰州大学、泰山学院、湖南科技大学、宜宾学院、陕西师范大学、皖西学院

3★（51个），2★（66个），1★（17个）：名单略

080717T 人工智能（479）

排名	学校名称	星级	排名	学校名称	星级	排名	学校名称	星级
1	南京大学	5★+	14	哈尔滨工业大学	5★	27	西南大学	5★-
2	山东大学	5★+	15	华南师范大学	5★	28	北京交通大学	5★-
3	上海交通大学	5★+	16	大连理工大学	5★	29	北京师范大学	5★-
4	北京理工大学	5★+	17	东北大学	5★	30	南京航空航天大学	5★-
5	四川大学	5★+	18	武汉大学	5★	31	重庆大学	5★-
6	西安电子科技大学	5★+	19	华中科技大学	5★	32	复旦大学	5★-
7	同济大学	5★+	20	天津大学	5★	33	电子科技大学	5★-
8	北京科技大学	5★+	21	广东工业大学	5★	34	北京邮电大学	5★-
9	东南大学	5★+	22	长安大学	5★	35	南京工业大学	5★-
10	北京航空航天大学	5★+	23	厦门大学	5★	36	北京化工大学	5★-
11	浙江大学	5★	24	西北工业大学	5★	37	中北大学	5★-
12	西安交通大学	5★	25	南京农业大学	5★-	38	河北工业大学	5★-
13	中国矿业大学	5★	26	中国科学院大学	5★-	39	武汉理工大学	5★-

排名	学校名称	星级	排名	学校名称	星级	排名	学校名称	星级
40	青岛科技大学	5★-	43	中南大学	5★-	46	华南理工大学	5★-
41	上海理工大学	5★-	44	中山大学	5★-	47	河南工业大学	5★-
42	福建技术师范学院	5★-	45	长沙理工大学	5★-	48	安徽大学	5★-

4★（48 个）：中国科学技术大学、湖南工商大学、南京信息工程大学、温州大学、首都师范大学、长春师范大学、中国农业大学、安徽工业大学、南京师范大学、湖南第一师范学院、云南师范大学、上海海事大学、重庆邮电大学、河南大学、重庆移通学院、西安理工大学、华北水利水电大学、西南交通大学、上海大学、吉林大学、湖南师范大学、福州大学、成都理工大学、北京工业大学、西安建筑科技大学、中国民航大学、南京邮电大学、中国矿业大学（北京）、湖南大学、陕西师范大学、陕西科技大学、太原理工大学、江苏科技大学、南通大学、哈尔滨工程大学、郑州大学、广东理工学院、华东理工大学、河南理工大学、贵阳人文科技学院、暨南大学、江南大学、山东财经大学、湘潭大学、四川大学锦江学院、福州外语外贸学院、海南大学、广州城市理工学院

3★（144 个），2★（191 个），1★（48 个）：名单略

080801 自动化（445）

排名	学校名称	星级	排名	学校名称	星级	排名	学校名称	星级
1	清华大学	5★+	16	东南大学	5★	31	大连理工大学	5★-
2	北京理工大学	5★+	17	西安理工大学	5★	32	华北电力大学	5★-
3	哈尔滨工程大学	5★+	18	华东理工大学	5★	33	湖南大学	5★-
4	北京航空航天大学	5★+	19	燕山大学	5★	34	华南理工大学	5★-
5	哈尔滨工业大学	5★+	20	电子科技大学	5★	35	中国科学技术大学	5★-
6	上海交通大学	5★+	21	北京科技大学	5★	36	江苏大学	5★-
7	南京航空航天大学	5★+	22	同济大学	5★	37	浙江工业大学	5★-
8	浙江大学	5★+	23	南京理工大学	5★-	38	合肥工业大学	5★-
9	西安交通大学	5★+	24	北京交通大学	5★-	39	河北工业大学	5★-
10	东北大学	5★	25	山东大学	5★-	40	北京工业大学	5★-
11	华中科技大学	5★	26	重庆大学	5★-	41	西安电子科技大学	5★-
12	西北工业大学	5★	27	兰州理工大学	5★-	42	南京邮电大学	5★-
13	杭州电子科技大学	5★	28	武汉科技大学	5★-	43	河南科技大学	5★-
14	江南大学	5★	29	中南大学	5★-	44	南开大学	5★-
15	广东工业大学	5★	30	东华大学	5★-	45	东北电力大学	5★-

4★（44 个）：郑州大学、北京化工大学、西南科技大学、中国地质大学（武汉）、吉林大学、中国矿业大学、北京邮电大学、华东交通大学、曲阜师范大学、太原科技大学、辽宁科技大学、北方工业大学、哈尔滨理工大学、重庆邮电大学、青岛大学、西南交通大学、武汉理工大学、上海大学、中国计量大学、中国石油大学（北京）、长安大学、西安工业大学、东北石油大学、天津大学、河南理工大学、四川大学、湖南工业大学、厦门大学、江西理工大学、辽宁石油化工大学、安徽大学、天津理工大学、安徽理工大学、北京信息科技大学、天津工业大学、浙江理工大学、大连海事大学、昆明理工大学、南昌航空大学、西安建筑科技大学、武汉大学、内蒙古科技大学、扬州大学、河北大学

3★（134 个），2★（178 个），1★（44 个）：名单略

080802T 轨道交通信号与控制（51）

排名	学校名称	星级	排名	学校名称	星级	排名	学校名称	星级
1	西南交通大学	5★+	3	南京理工大学	5★	5	中北大学	5★-

排名	学校名称	星级	排名	学校名称	星级	排名	学校名称	星级
2	北京交通大学	5★	4	郑州大学	5★-			
4★(5个)：苏州大学、兰州交通大学、中南大学、长沙理工大学、河南理工大学								
3★(16个)，2★(20个)，1★(5个)：名单略								

080803T 机器人工程（333）

排名	学校名称	星级	排名	学校名称	星级	排名	学校名称	星级
1	北京大学	5★+	12	合肥工业大学	5★	23	上海理工大学	5★-
2	东南大学	5★+	13	西北工业大学	5★	24	浙江理工大学	5★-
3	东北大学	5★+	14	重庆大学	5★	25	重庆邮电大学	5★-
4	燕山大学	5★+	15	广西科技大学	5★	26	哈尔滨工程大学	5★-
5	浙江大学	5★+	16	华南理工大学	5★	27	太原理工大学	5★-
6	河海大学	5★+	17	广东技术师范大学	5★	28	安徽工程大学	5★-
7	中国矿业大学	5★+	18	北京工业大学	5★-	29	电子科技大学	5★-
8	北京航空航天大学	5★	19	北京化工大学	5★-	30	成都信息工程大学	5★-
9	华北电力大学	5★	20	南京航空航天大学	5★-	31	西安理工大学	5★-
10	哈尔滨工业大学	5★	21	东北电力大学	5★-	32	广州大学	5★-
11	湖南大学	5★	22	山东大学	5★-	33	广东工业大学	5★-
4★(34个)：安徽大学、浙江工业大学、深圳大学、上海应用技术大学、广东理工学院、浙江师范大学、江西科技学院、北京科技大学、长安大学、西南科技大学、武汉科技大学、西安电子科技大学、南京理工大学、湖南工业大学、南京信息工程大学、福州大学、昆明理工大学、华东理工大学、石家庄学院、山东科技大学、河南工学院、兰州理工大学、新疆大学、上海大学、湖北工业大学、西安工业大学、广东东软学院、吉林大学、国防科技大学、莆田学院、中北大学、河南理工大学、洛阳理工学院、武汉理工大学								
3★(100个)，2★(133个)，1★(33个)：名单略								

080806T 智能装备与系统（14）

排名	学校名称	星级	排名	学校名称	星级	排名	学校名称	星级
1	西安明德理工学院	5★						
4★(2个)：北京交通大学、吉林化工学院								
3★(4个)，2★(6个)，1★(1个)：名单略								

080901 计算机科学与技术（932）

排名	学校名称	星级	排名	学校名称	星级	排名	学校名称	星级
1	清华大学	5★+	8	电子科技大学	5★+	15	天津大学	5★+
2	浙江大学	5★+	9	东南大学	5★+	16	东北大学	5★+
3	北京航空航天大学	5★+	10	华中科技大学	5★+	17	中国科学技术大学	5★+
4	西安电子科技大学	5★+	11	西北工业大学	5★+	18	杭州电子科技大学	5★+
5	北京大学	5★+	12	北京理工大学	5★+	19	华南理工大学	5★+
6	国防科技大学	5★+	13	北京交通大学	5★+	20	武汉大学	5★
7	上海交通大学	5★+	14	哈尔滨工业大学	5★+	21	西安交通大学	5★

续表

排名	学校名称	星级	排名	学校名称	星级	排名	学校名称	星级
22	同济大学	5★	46	厦门大学	5★	70	中国人民大学	5★-
23	南京理工大学	5★	47	广东工业大学	5★	71	长春理工大学	5★-
24	山东大学	5★	48	中国海洋大学	5★-	72	华东理工大学	5★-
25	合肥工业大学	5★	49	太原理工大学	5★-	73	湘潭大学	5★-
26	北京邮电大学	5★	50	昆明理工大学	5★-	74	陕西师范大学	5★-
27	大连理工大学	5★	51	燕山大学	5★-	75	兰州大学	5★-
28	中南大学	5★	52	新疆大学	5★-	76	天津理工大学	5★-
29	南京大学	5★	53	哈尔滨工程大学	5★-	77	暨南大学	5★-
30	重庆邮电大学	5★	54	苏州大学	5★-	78	郑州大学	5★-
31	中山大学	5★	55	中国科学院大学	5★-	79	南京信息工程大学	5★-
32	南京航空航天大学	5★	56	哈尔滨理工大学	5★-	80	江南大学	5★-
33	吉林大学	5★	57	安徽大学	5★-	81	内蒙古大学	5★-
34	四川大学	5★	58	南开大学	5★-	82	青海师范大学	5★-
35	河海大学	5★	59	北京师范大学	5★-	83	广西大学	5★-
36	重庆大学	5★	60	北京科技大学	5★-	84	贵州大学	5★-
37	南京邮电大学	5★	61	成都信息工程大学	5★-	85	武汉科技大学	5★-
38	北京工业大学	5★	62	云南大学	5★-	86	长沙理工大学	5★-
39	湖南大学	5★	63	西北大学	5★-	87	西安工业大学	5★-
40	西安理工大学	5★	64	中国矿业大学	5★-	88	长安大学	5★-
41	复旦大学	5★	65	江苏大学	5★-	89	济南大学	5★-
42	福州大学	5★	66	山东师范大学	5★-	90	三峡大学	5★-
43	武汉理工大学	5★	67	山西大学	5★-	91	南昌大学	5★-
44	西南交通大学	5★	68	桂林电子科技大学	5★-	92	东北石油大学	5★-
45	深圳大学	5★	69	中国农业大学	5★-	93	浙江师范大学	5★-

4★(93 个):华北电力大学、河南工业大学、兰州交通大学、青岛大学、东北电力大学、扬州大学、西安工程大学、华南师范大学、长春工业大学、华中师范大学、北京化工大学、郑州轻工业大学、东北林业大学、山东理工大学、北京信息科技大学、重庆交通大学、江西师范大学、兰州理工大学、北方工业大学、河南大学、烟台大学、宁波大学、中北大学、常州大学、安徽师范大学、河南理工大学、浙江工商大学、内蒙古工业大学、首都师范大学、湖北工业大学、西安石油大学、西藏大学、河南师范大学、黑龙江大学、南京师范大学、湖南科技大学、福建师范大学、西安建筑科技大学、浙江理工大学、西南石油大学、东北师范大学、安徽理工大学、西安科技大学、河南科技大学、江苏科技大学、南京工业大学、太原科技大学、江西理工大学、西北师范大学、沈阳航空航天大学、杭州师范大学、西南科技大学、北京工商大学、华东交通大学、中国地质大学(武汉)、中国计量大学、华侨大学、上海师范大学、华北水利水电大学、西华大学、中国石油大学(华东)、江西财经大学、河北农业大学、北方民族大学、山东财经大学、沈阳理工大学、青岛科技大学、中央民族大学、东华理工大学、沈阳建筑大学、辽宁石油化工大学、山西财经大学、安徽工业大学、中南民族大学、渤海大学、石家庄铁道大学、河北师范大学、北京林业大学、曲阜师范大学、安徽农业大学、宁夏大学、合肥学院、东莞理工学院、云南师范大学、河北工程大学、闽南师范大学、中国石油大学(北京)、山东工商学院、北京语言大学、湖南工业大学、山东农业大学、齐齐哈尔大学、广州大学

3★(280 个),2★(373 个),1★(93 个):名单略

080902 软件工程（611）

排名	学校名称	星级	排名	学校名称	星级	排名	学校名称	星级
1	清华大学	5★+	22	北京邮电大学	5★	43	河南大学	5★-
2	电子科技大学	5★+	23	北京理工大学	5★	44	厦门大学	5★-
3	大连理工大学	5★+	24	重庆大学	5★	45	西南交通大学	5★-
4	南京大学	5★+	25	苏州大学	5★	46	云南大学	5★-
5	北京航空航天大学	5★+	26	郑州大学	5★	47	西南科技大学	5★-
6	东北大学	5★+	27	华中科技大学	5★	48	天津工业大学	5★-
7	华南理工大学	5★+	28	中山大学	5★	49	燕山大学	5★-
8	浙江大学	5★+	29	山东大学	5★	50	辽宁工程技术大学	5★-
9	北京交通大学	5★+	30	南京航空航天大学	5★	51	成都信息工程大学	5★-
10	西北工业大学	5★+	31	西北大学	5★	52	华南师范大学	5★-
11	上海交通大学	5★+	32	南开大学	5★-	53	复旦大学	5★-
12	吉林大学	5★+	33	青岛大学	5★-	54	华东交通大学	5★-
13	华东师范大学	5★	34	北京大学	5★-	55	哈尔滨理工大学	5★-
14	西安电子科技大学	5★	35	杭州电子科技大学	5★-	56	大连交通大学	5★-
15	哈尔滨工业大学	5★	36	重庆邮电大学	5★-	57	浙江工业大学	5★-
16	武汉大学	5★	37	哈尔滨工程大学	5★-	58	浙江师范大学	5★-
17	南京理工大学	5★	38	中南大学	5★-	59	湖南大学	5★-
18	同济大学	5★	39	郑州轻工业大学	5★-	60	南京邮电大学	5★-
19	北京工业大学	5★	40	西安交通大学	5★-	61	武汉工程大学	5★-
20	天津大学	5★	41	南华大学	5★-			
21	东南大学	5★	42	新疆大学	5★-			

4★（61个）：东华理工大学、西安科技大学、广西师范大学、扬州大学、南昌航空大学、江西财经大学、西南大学、江西师范大学、山东科技大学、长沙理工大学、武汉科技大学、安徽大学、南京信息工程大学、长春理工大学、曲阜师范大学、湖北大学、西安理工大学、安徽工程大学、深圳大学、北京联合大学、南昌大学、重庆师范大学、中原工学院、合肥工业大学、湖南师范大学、陕西师范大学、西南石油大学、桂林电子科技大学、四川师范大学、山西大学、湘潭大学、太原理工大学、东莞理工学院、广东工业大学、四川大学、青岛科技大学、长春工业大学、湖南工商大学、西安工业大学、武汉理工大学、成都理工大学、湖北工业大学、贵州大学、中国地质大学（武汉）、烟台大学、天津理工大学、国防科技大学、安阳师范学院、浙江工商大学、上海应用技术大学、湖北经济学院、泉州信息工程学院、河南工业大学、大连东软信息学院、北京信息科技大学、金陵科技学院、河南科技大学、河海大学、中国海洋大学、吉首大学、兰州交通大学

3★（184个），2★（244个），1★（61个）：名单略

080903 网络工程（282）

排名	学校名称	星级	排名	学校名称	星级	排名	学校名称	星级
1	北京邮电大学	5★+	7	重庆邮电大学	5★	13	福州大学	5★
2	西安电子科技大学	5★+	8	电子科技大学	5★	14	广东工业大学	5★
3	浙江工业大学	5★+	9	华南理工大学	5★	15	辽宁科技大学	5★-
4	杭州电子科技大学	5★+	10	济南大学	5★	16	安徽大学	5★-
5	哈尔滨理工大学	5★+	11	大连理工大学	5★	17	大连民族大学	5★-
6	南京邮电大学	5★+	12	温州大学	5★	18	湖南人文科技学院	5★-

排名	学校名称	星级	排名	学校名称	星级	排名	学校名称	星级
19	大连海事大学	5★-	23	长春大学	5★-	27	郑州轻工业大学	5★-
20	巢湖学院	5★-	24	北京信息科技大学	5★-	28	山东科技大学	5★-
21	成都信息工程大学	5★-	25	河南大学	5★-			
22	南京信息工程大学	5★-	26	西安理工大学	5★-			

4★（28 个）：黑龙江大学、国防科技大学、福建师范大学、桂林电子科技大学、西南大学、武汉科技大学、南昌航空大学、辽宁工程技术大学、四川师范大学、上海海事大学、西安邮电大学、成都工业学院、北京林业大学、长沙理工大学、东莞理工学院、河北经贸大学、西安科技大学、华南师范大学、湖南信息学院、太原学院、广州工商学院、广州大学、广东技术师范大学、西南石油大学、四川轻化工大学、南京工程学院、枣庄学院、浙江传媒学院

3★（85 个），2★（113 个），1★（28 个）：名单略

080904K 信息安全（126）

排名	学校名称	星级	排名	学校名称	星级	排名	学校名称	星级
1	上海交通大学	5★+	6	西安电子科技大学	5★	11	北京交通大学	5★-
2	北京邮电大学	5★+	7	哈尔滨工业大学	5★-	12	复旦大学	5★-
3	杭州电子科技大学	5★+	8	西北工业大学	5★-	13	南京邮电大学	5★-
4	北京航空航天大学	5★	9	华中科技大学	5★-			
5	中国科学技术大学	5★	10	武汉大学	5★-			

4★（12 个）：广州大学、桂林电子科技大学、浙江大学、北京工业大学、南京航空航天大学、湖南大学、天津理工大学、国防科技大学、暨南大学、海南大学、成都信息工程大学、北京电子科技学院

3★（38 个），2★（50 个），1★（13 个）：名单略

080905 物联网工程（492）

排名	学校名称	星级	排名	学校名称	星级	排名	学校名称	星级
1	电子科技大学	5★+	18	合肥工业大学	5★	35	南开大学	5★-
2	西安交通大学	5★+	19	东南大学	5★	36	大连海事大学	5★-
3	吉林大学	5★+	20	西安电子科技大学	5★	37	武汉理工大学	5★-
4	哈尔滨工业大学	5★+	21	滁州学院	5★	38	江南大学	5★-
5	河北工业大学	5★+	22	华中科技大学	5★	39	西安理工大学	5★-
6	西北工业大学	5★+	23	东北大学	5★	40	南京信息工程大学	5★-
7	广东工业大学	5★+	24	无锡太湖学院	5★	41	江西财经大学	5★-
8	北京工业大学	5★+	25	天津大学	5★	42	太原理工大学	5★-
9	北京交通大学	5★+	26	重庆大学	5★-	43	暨南大学	5★-
10	安徽大学	5★+	27	浙江万里学院	5★-	44	山东师范大学	5★-
11	西北大学	5★	28	北京物资学院	5★-	45	中北大学	5★-
12	四川大学	5★	29	北京科技大学	5★-	46	哈尔滨理工大学	5★-
13	北京邮电大学	5★	30	宁夏理工学院	5★-	47	华中师范大学	5★-
14	河海大学	5★	31	江苏大学	5★-	48	成都理工大学	5★-
15	齐鲁工业大学	5★	32	福州大学	5★-	49	四川农业大学	5★-
16	桂林电子科技大学	5★	33	浙江工业大学	5★-			
17	南京航空航天大学	5★	34	重庆邮电大学	5★-			

4★（49个）：南京邮电大学、南昌航空大学、南华大学、北京林业大学、黑龙江大学、河南理工大学、东北农业大学、中国传媒大学、昆明理工大学、南京财经大学、烟台大学、河南科技大学、国防科技大学、长安大学、山东科技大学、重庆工程学院、西北师范大学、天津工业大学、安徽理工大学、华东交通大学、成都信息工程大学、安徽师范大学、桂林理工大学、华北电力大学、西南石油大学、曲阜师范大学、哈尔滨师范大学、桂林航天工业学院、湖南工商大学、平顶山学院、郑州科技学院、湖北大学、湖南师范大学、成都东软学院、云南大学、福州理工学院、天津理工大学、西安科技大学、南宁学院、广东技术师范大学、新疆工程学院、重庆三峡学院、东北石油大学、天津师范大学、华南师范大学、河南师范大学、贵州商学院、南阳理工学院、山东农业工程学院

3★（148个），2★（197个），1★（49个）：名单略

080906 数字媒体技术（234）

排名	学校名称	星级	排名	学校名称	星级	排名	学校名称	星级
1	上海大学	5★+	9	江南大学	5★	17	安徽大学	5★-
2	北京邮电大学	5★+	10	东北大学	5★	18	华中师范大学	5★-
3	北京工业大学	5★+	11	大连东软信息学院	5★	19	重庆邮电大学	5★-
4	山东大学	5★+	12	电子科技大学	5★	20	浙江传媒学院	5★-
5	厦门大学	5★+	13	大连理工大学	5★-	21	南京邮电大学	5★-
6	浙江工业大学	5★	14	福州大学	5★-	22	西安理工大学	5★-
7	中国传媒大学	5★	15	山东财经大学	5★-	23	兰州大学	5★-
8	哈尔滨工业大学	5★	16	杭州电子科技大学	5★-			

4★（24个）：广东工业大学、云南大学、北京林业大学、北方工业大学、安庆师范大学、东北师范大学、西安电子科技大学、成都信息工程大学、长春工业大学、浙江理工大学、哈尔滨师范大学、福建师范大学、上海理工大学、许昌学院、重庆移通学院、重庆工程学院、广州工商学院、西南石油大学、运城学院、兰州文理学院、四川旅游学院、成都理工大学、山东工商学院、渭南师范学院

3★（70个），2★（94个），1★（23个）：名单略

080907T 智能科学与技术（186）

排名	学校名称	星级	排名	学校名称	星级	排名	学校名称	星级
1	北京大学	5★+	8	南京理工大学	5★	15	武汉工程大学	5★-
2	南开大学	5★+	9	中山大学	5★	16	上海大学	5★-
3	西安电子科技大学	5★+	10	杭州电子科技大学	5★-	17	安徽大学	5★-
4	重庆邮电大学	5★+	11	复旦大学	5★-	18	浙江工业大学	5★-
5	华南理工大学	5★	12	合肥工业大学	5★-	19	河海大学	5★-
6	燕山大学	5★	13	西安邮电大学	5★-			
7	北京邮电大学	5★	14	西南大学	5★-			

4★（18个）：中国海洋大学、长春理工大学、大连海事大学、西北大学、华北电力大学、浙江师范大学、江苏大学、华东理工大学、南京大学、桂林电子科技大学、华中科技大学、新疆大学、国防科技大学、北京信息科技大学、西安科技大学、山东科技大学、广州商学院、成都理工大学

3★（56个），2★（74个），1★（19个）：名单略

080908T 空间信息与数字技术（17）

排名	学校名称	星级	排名	学校名称	星级	排名	学校名称	星级
1	西安电子科技大学	5★	2	吉林大学	5★-			

4★（1 个）：北京邮电大学

3★（6 个），2★（6 个），1★（2 个）：名单略

080910T 数据科学与大数据技术（711）

排名	学校名称	星级	排名	学校名称	星级	排名	学校名称	星级
1	华东师范大学	5★+	25	中国农业大学	5★	49	郑州财经学院	5★-
2	中南大学	5★+	26	贵州大学	5★	50	中国计量大学	5★-
3	哈尔滨工业大学	5★+	27	同济大学	5★	51	湖南师范大学	5★-
4	南开大学	5★+	28	华中师范大学	5★	52	南京审计大学	5★-
5	山东大学	5★+	29	中国人民大学	5★	53	北京林业大学	5★-
6	复旦大学	5★+	30	浙江工业大学	5★	54	曲阜师范大学	5★-
7	北京大学	5★+	31	太原理工大学	5★	55	广东工业大学	5★-
8	北京邮电大学	5★+	32	华中农业大学	5★	56	兰州大学	5★-
9	海南大学	5★+	33	中北大学	5★	57	重庆理工大学	5★-
10	电子科技大学	5★+	34	广州商学院	5★	58	厦门大学	5★-
11	北京理工大学	5★+	35	上海对外经贸大学	5★	59	洛阳理工学院	5★-
12	上海财经大学	5★+	36	山东师范大学	5★	60	浙江工商大学	5★-
13	重庆大学	5★+	37	河南大学	5★-	61	中央财经大学	5★-
14	武汉大学	5★+	38	上海工程技术大学	5★-	62	山东财经大学	5★-
15	西安电子科技大学	5★	39	北京化工大学	5★-	63	福州大学	5★-
16	西安理工大学	5★	40	武汉理工大学	5★-	64	西北师范大学	5★-
17	中国矿业大学	5★	41	山东科技大学	5★-	65	杭州师范大学	5★-
18	贵州师范大学	5★	42	中国石油大学(华东)	5★-	66	安阳师范学院	5★-
19	上海大学	5★	43	中南财经政法大学	5★-	67	郑州轻工业大学	5★-
20	江西财经大学	5★	44	南京邮电大学	5★-	68	国防科技大学	5★-
21	西北工业大学	5★	45	华北电力大学	5★-	69	德州学院	5★-
22	天津大学	5★	46	浙江财经大学	5★-	70	许昌学院	5★-
23	南京信息工程大学	5★	47	西南财经大学	5★-	71	广东科技学院	5★-
24	长春理工大学	5★	48	湘潭大学	5★-			

4★（71 个）：温州大学、对外经济贸易大学、西南交通大学、郑州科技学院、常州大学、天津工业大学、山西大学、南宁学院、广东金融学院、湖北大学、广州大学、上海健康医学院、重庆文理学院、兰州理工大学、太原师范学院、河北大学、浙江海洋大学、华中科技大学、成都信息工程大学、山东中医药大学、上海体育大学、南通大学、兰州城市学院、广西科技大学、华南理工大学、池州学院、陕西科技大学、河南城建学院、华南农业大学、中国科学技术大学、吉林师范大学、安徽工业大学、长沙理工大学、湖州师范学院、安顺学院、重庆邮电大学、广东财经大学、云南财经大学、大连海事大学、吉林大学、东北财经大学、重庆工商大学、贵州理工学院、桂林航天工业学院、南京理工大学、北京师范大学、广西师范大学、山西财经大学、河北东方学院、西南石油大学、佛山科学技术学院、河北工业大学、湖北经济学院、济南大学、上海理工大学、中国海洋大学、湖南工商大学、汕头大学、天津理工大学、宁夏理工学院、安徽农业大学、河南科技大学、内蒙古大学、昆明理工大学、河南农业大学、中国地质大学(北京)、河南工业大学、福州外语外贸学院、湖南第一师范学院、河南理工大学、武汉工程大学

3★（214 个），2★（284 个），1★（71 个）：名单略

080911TK 网络空间安全（113）

排名	学校名称	星级	排名	学校名称	星级	排名	学校名称	星级
1	山东大学	5★+	5	暨南大学	5★	9	杭州电子科技大学	5★-
2	东南大学	5★+	6	四川大学	5★	10	武汉大学	5★-
3	西安电子科技大学	5★	7	中国科学院大学	5★-	11	云南大学	5★-
4	电子科技大学	5★	8	天津大学	5★-			
4★（12个）：南昌大学、中山大学、北京理工大学、华中科技大学、北京邮电大学、厦门大学、西安交通大学、西北工业大学、吉林大学、国防科技大学、广东技术师范大学、黄河科技学院								
3★（34个），2★（45个），1★（11个）：名单略								

080916T 虚拟现实技术（27）

排名	学校名称	星级	排名	学校名称	星级	排名	学校名称	星级
1	重庆工程学院	5★+	2	江西财经大学	5★-	3	吉利学院	5★-
4★（2个）：江西科技师范大学、河北工程技术学院								
3★（9个），2★（10个），1★（3个）：名单略								

080917T 区块链工程（27）

排名	学校名称	星级	排名	学校名称	星级	排名	学校名称	星级
1	湖南信息学院	5★+	2	河北工程技术学院	5★-	3	成都信息工程大学	5★-
4★（2个）：郑州西亚斯学院、安徽理工大学								
3★（9个），2★（10个），1★（3个）：名单略								

080918TK 密码科学与技术（13）

排名	学校名称	星级	排名	学校名称	星级	排名	学校名称	星级
1	西安电子科技大学	5★						
4★（2个）：海南大学、北京理工大学								
3★（4个），2★（5个），1★（1个）：名单略								

081001 土木工程（529）

排名	学校名称	星级	排名	学校名称	星级	排名	学校名称	星级
1	同济大学	5★+	10	大连理工大学	5★+	19	北京建筑大学	5★
2	东南大学	5★+	11	中南大学	5★+	20	南京工业大学	5★
3	浙江大学	5★+	12	重庆大学	5★	21	武汉大学	5★
4	清华大学	5★+	13	西南交通大学	5★	22	福州大学	5★
5	西安建筑科技大学	5★+	14	长沙理工大学	5★	23	上海交通大学	5★
6	河海大学	5★+	15	华中科技大学	5★	24	四川大学	5★
7	湖南大学	5★+	16	华南理工大学	5★	25	三峡大学	5★
8	北京交通大学	5★+	17	北京工业大学	5★	26	重庆交通大学	5★
9	哈尔滨工业大学	5★+	18	天津大学	5★	27	沈阳建筑大学	5★-

续表

排名	学校名称	星级	排名	学校名称	星级	排名	学校名称	星级
28	石家庄铁道大学	5★-	37	西安科技大学	5★-	46	华东交通大学	5★-
29	武汉理工大学	5★-	38	郑州大学	5★-	47	浙江工业大学	5★-
30	兰州理工大学	5★-	39	广西大学	5★-	48	华侨大学	5★-
31	合肥工业大学	5★-	40	青岛理工大学	5★-	49	西安理工大学	5★-
32	深圳大学	5★-	41	广州大学	5★-	50	河南工业大学	5★-
33	长安大学	5★-	42	安徽理工大学	5★-	51	中国地质大学（武汉）	5★-
34	兰州交通大学	5★-	43	北京科技大学	5★-	52	成都理工大学	5★-
35	太原理工大学	5★-	44	辽宁工程技术大学	5★-	53	上海大学	5★-
36	中国矿业大学	5★-	45	东北大学	5★-			

4★（53 个）：安徽建筑大学、昆明理工大学、海南大学、山东科技大学、汕头大学、吉林大学、扬州大学、湖南科技大学、北京航空航天大学、山东建筑大学、苏州科技大学、西南科技大学、南昌大学、东北林业大学、中国地质大学(北京)、河北工业大学、南京林业大学、南京航空航天大学、中国矿业大学(北京)、天津城建大学、广东工业大学、宁波大学、华北水利水电大学、兰州大学、桂林理工大学、湖北工业大学、东北电力大学、长江大学、云南大学、内蒙古科技大学、贵州大学、吉林建筑大学、中山大学、河北工程大学、湘潭大学、江苏科技大学、沈阳工业大学、河南理工大学、广西科技大学、沈阳大学、燕山大学、南京理工大学、东北石油大学、新疆大学、武汉科技大学、南昌航空大学、大连海事大学、烟台大学、江西理工大学、济南大学、江苏大学、中南林业科技大学、厦门大学

3★（159 个），2★（211 个），1★（53 个）：名单略

081002 建筑环境与能源应用工程（166）

排名	学校名称	星级	排名	学校名称	星级	排名	学校名称	星级
1	西安建筑科技大学	5★+	7	东南大学	5★	13	西南交通大学	5★-
2	同济大学	5★+	8	哈尔滨工业大学	5★	14	兰州交通大学	5★-
3	湖南大学	5★+	9	天津大学	5★-	15	南京工业大学	5★-
4	清华大学	5★	10	沈阳建筑大学	5★-	16	中南大学	5★-
5	重庆大学	5★	11	北京工业大学	5★-	17	长安大学	5★-
6	大连理工大学	5★	12	广州大学	5★-			

4★（16 个）：北京建筑大学、长沙理工大学、安徽建筑大学、合肥工业大学、青岛理工大学、东华大学、太原理工大学、广东工业大学、中国矿业大学、武汉理工大学、石家庄铁道大学、湖南科技大学、北京科技大学、吉林建筑大学、华中科技大学、山东建筑大学

3★（50 个），2★（66 个），1★（17 个）：名单略

081003 给排水科学与工程（161）

排名	学校名称	星级	排名	学校名称	星级	排名	学校名称	星级
1	哈尔滨工业大学	5★+	7	兰州交通大学	5★	13	武汉大学	5★-
2	北京建筑大学	5★+	8	湖南大学	5★	14	浙江工业大学	5★-
3	同济大学	5★+	9	广州大学	5★-	15	华东交通大学	5★-
4	重庆大学	5★	10	华侨大学	5★-	16	南京工业大学	5★-
5	华中科技大学	5★	11	河海大学	5★-			
6	西安建筑科技大学	5★	12	北京工业大学	5★-			

续表

4★(16个)：沈阳建筑大学、长安大学、长沙理工大学、青岛理工大学、太原理工大学、合肥工业大学、安徽建筑大学、昆明理工大学、东南大学、福州大学、武汉理工大学、兰州理工大学、天津城建大学、南华大学、河北工业大学、山东建筑大学	
3★(49个)，2★(64个)，1★(16个)：名单略	

081004 建筑电气与智能化（66）

排名	学校名称	星级	排名	学校名称	星级	排名	学校名称	星级
1	西安建筑科技大学	5★+	4	同济大学	5★-	7	哈尔滨工业大学	5★-
2	安徽建筑大学	5★	5	北京建筑大学	5★-			
3	华东交通大学	5★	6	沈阳建筑大学	5★-			

4★(6个)：苏州科技大学、兰州交通大学、南京工业大学、扬州大学、郑州轻工业大学、河北建筑工程学院	
3★(20个)，2★(26个)，1★(7个)：名单略	

081005T 城市地下空间工程（74）

排名	学校名称	星级	排名	学校名称	星级	排名	学校名称	星级
1	西安建筑科技大学	5★+	4	中南大学	5★	7	西安理工大学	5★-
2	山东大学	5★	5	西南交通大学	5★-			
3	东南大学	5★	6	石家庄铁道大学	5★-			

4★(8个)：南京工业大学、合肥工业大学、哈尔滨工业大学、太原理工大学、山东建筑大学、天津城建大学、四川大学、重庆大学	
3★(22个)，2★(30个)，1★(7个)：名单略	

081006T 道路桥梁与渡河工程（81）

排名	学校名称	星级	排名	学校名称	星级	排名	学校名称	星级
1	长安大学	5★+	4	哈尔滨工业大学	5★	7	武汉理工大学	5★-
2	东南大学	5★+	5	长沙理工大学	5★-	8	兰州理工大学	5★-
3	西南交通大学	5★	6	河北工业大学	5★-			

4★(8个)：吉林大学、郑州大学、吉林建筑大学、山东建筑大学、沈阳建筑大学、兰州交通大学、太原理工大学、天津城建大学	
3★(25个)，2★(32个)，1★(8个)：名单略	

081007T 铁道工程（14）

排名	学校名称	星级	排名	学校名称	星级	排名	学校名称	星级
1	西南交通大学	5★						

4★(2个)：中南大学、华东交通大学	
3★(4个)，2★(6个)，1★(1个)：名单略	

081008T 智能建造（101）

排名	学校名称	星级	排名	学校名称	星级	排名	学校名称	星级
1	同济大学	5★+	5	青岛理工大学	5★	9	湖南工业大学	5★-
2	华中科技大学	5★+	6	福州大学	5★-	10	华南理工大学	5★-
3	东南大学	5★	7	北京建筑大学	5★-			
4	武汉大学	5★	8	福州外语外贸学院	5★-			

4★（10 个）：西南交通大学、北京工业大学、重庆大学、南宁理工学院、石家庄铁道大学、河南工业大学、山东建筑大学、西京学院、青岛城市学院、天津城建大学

3★（31 个），2★（40 个），1★（10 个）：名单略

081101 水利水电工程（83）

排名	学校名称	星级	排名	学校名称	星级	排名	学校名称	星级
1	武汉大学	5★+	4	天津大学	5★	7	华北水利水电大学	5★-
2	河海大学	5★+	5	三峡大学	5★-	8	郑州大学	5★-
3	大连理工大学	5★	6	西安理工大学	5★-			

4★（9 个）：华中科技大学、南昌大学、新疆农业大学、长沙理工大学、扬州大学、西北农林科技大学、河北工程大学、内蒙古农业大学、宁夏大学

3★（25 个），2★（33 个），1★（8 个）：名单略

081102 水文与水资源工程（50）

排名	学校名称	星级	排名	学校名称	星级	排名	学校名称	星级
1	河海大学	5★+	3	吉林大学	5★	5	西安理工大学	5★-
2	长安大学	5★	4	武汉大学	5★-			

4★（5 个）：郑州大学、太原理工大学、中国地质大学(北京)、西北农林科技大学、三峡大学

3★（15 个），2★（20 个），1★（5 个）：名单略

081103 港口航道与海岸工程（32）

排名	学校名称	星级	排名	学校名称	星级	排名	学校名称	星级
1	河海大学	5★+	2	天津大学	5★	3	大连理工大学	5★-

4★（3 个）：中国海洋大学、武汉大学、重庆交通大学

3★（10 个），2★（13 个），1★（3 个）：名单略

081201 测绘工程（147）

排名	学校名称	星级	排名	学校名称	星级	排名	学校名称	星级
1	武汉大学	5★+	6	辽宁工程技术大学	5★	11	西南交通大学	5★-
2	同济大学	5★+	7	东华理工大学	5★	12	太原理工大学	5★-
3	河南理工大学	5★+	8	西安科技大学	5★-	13	长安大学	5★-
4	中国矿业大学	5★	9	兰州交通大学	5★-	14	昆明理工大学	5★-
5	中南大学	5★	10	河海大学	5★-	15	山东科技大学	5★-

4★（14个）：安徽理工大学、中国地质大学(北京)、中国地质大学(武汉)、江西理工大学、北京建筑大学、吉林大学、中国矿业大学(北京)、南京信息工程大学、成都理工大学、山东建筑大学、长沙理工大学、东北大学、合肥工业大学、南京工业大学
3★（45个），2★（58个），1★（15个）：名单略

081202 遥感科学与技术（61）

排名	学校名称	星级	排名	学校名称	星级	排名	学校名称	星级
1	武汉大学	5★+	3	中南大学	5★	5	中国矿业大学(北京)	5★-
2	长安大学	5★	4	河海大学	5★-	6	中国地质大学(武汉)	5★-

4★（6个）：河南理工大学、中国矿业大学、东华理工大学、辽宁工程技术大学、山东科技大学、北京航空航天大学
3★（19个），2★（24个），1★（6个）：名单略

081205T 地理空间信息工程（18）

排名	学校名称	星级	排名	学校名称	星级	排名	学校名称	星级
1	深圳大学	5★	2	南京信息工程大学	5★-			

4★（2个）：滇西应用技术大学、中国地质大学(武汉)
3★（5个），2★（7个），1★（2个）：名单略

081301 化学工程与工艺（329）

排名	学校名称	星级	排名	学校名称	星级	排名	学校名称	星级
1	天津大学	5★+	12	中国石油大学(华东)	5★	23	北京理工大学	5★-
2	大连理工大学	5★+	13	广东工业大学	5★	24	西安交通大学	5★-
3	华东理工大学	5★+	14	厦门大学	5★	25	上海交通大学	5★-
4	北京化工大学	5★+	15	中国石油大学(北京)	5★	26	内蒙古工业大学	5★-
5	南京工业大学	5★+	16	湖南大学	5★	27	兰州理工大学	5★-
6	浙江大学	5★+	17	太原理工大学	5★-	28	新疆大学	5★-
7	华南理工大学	5★+	18	四川大学	5★-	29	东南大学	5★-
8	浙江工业大学	5★	19	南京理工大学	5★-	30	合肥工业大学	5★-
9	福州大学	5★	20	武汉工程大学	5★-	31	河北工业大学	5★-
10	中南大学	5★	21	江南大学	5★-	32	海南大学	5★-
11	哈尔滨工业大学	5★	22	广西大学	5★-	33	郑州大学	5★-

4★（33个）：重庆大学、武汉科技大学、中山大学、昆明理工大学、天津科技大学、陕西科技大学、青岛科技大学、东北石油大学、中国矿业大学、湘潭大学、西北大学、山东理工大学、中北大学、沈阳化工大学、苏州大学、济南大学、南昌大学、湖南师范大学、西南石油大学、河北科技大学、燕山大学、广西民族大学、长春工业大学、石河子大学、华侨大学、桂林理工大学、安徽理工大学、辽宁石油化工大学、宁夏大学、沈阳工业大学、安徽工业大学、成都理工大学、西安科技大学
3★（99个），2★（131个），1★（33个）：名单略

081302 制药工程（257）

排名	学校名称	星级	排名	学校名称	星级	排名	学校名称	星级
1	华东理工大学	5★+	10	中国药科大学	5★	19	郑州大学	5★-
2	天津大学	5★+	11	天津科技大学	5★	20	沈阳药科大学	5★-
3	北京化工大学	5★+	12	四川大学	5★	21	西安交通大学	5★-
4	南京工业大学	5★+	13	河北工业大学	5★	22	武汉理工大学	5★-
5	江南大学	5★+	14	昆明理工大学	5★-	23	广东工业大学	5★-
6	武汉工程大学	5★	15	西南交通大学	5★-	24	中南大学	5★-
7	河北科技大学	5★	16	湘潭大学	5★-	25	常州大学	5★-
8	大连理工大学	5★	17	南昌大学	5★-	26	青岛科技大学	5★-
9	浙江工业大学	5★	18	西北大学	5★-			

4★（25 个）：西南大学、哈尔滨商业大学、福州大学、重庆大学、北京理工大学、南京理工大学、太原理工大学、华南理工大学、广西师范大学、台州学院、东南大学、江西科技师范大学、新乡学院、临沂大学、云南大学、贵州大学、重庆理工大学、四川轻化工大学、上海工程技术大学、湖南师范大学、湖北工业大学、遵义医科大学、兰州理工大学、福建农林大学、吉林化工学院

3★（78 个），2★（102 个），1★（26 个）：名单略

081303T 资源循环科学与工程（32）

排名	学校名称	星级	排名	学校名称	星级	排名	学校名称	星级
1	华东理工大学	5★+	2	大连理工大学	5★	3	福州大学	5★-

4★（3 个）：西安建筑科技大学、南京工业大学、东北大学

3★（10 个），2★（13 个），1★（3 个）：名单略

081304T 能源化学工程（64）

排名	学校名称	星级	排名	学校名称	星级	排名	学校名称	星级
1	北京化工大学	5★+	3	北京理工大学	5★	5	合肥工业大学	5★-
2	浙江工业大学	5★	4	华南理工大学	5★-	6	大连理工大学	5★-

4★（7 个）：西北大学、广东工业大学、中国石油大学(北京)、中国石油大学(华东)、燕山大学、武汉工程大学、中国矿业大学

3★（19 个），2★（26 个），1★（6 个）：名单略

081401 地质工程（55）

排名	学校名称	星级	排名	学校名称	星级	排名	学校名称	星级
1	长安大学	5★+	3	同济大学	5★	5	南京大学	5★-
2	中国矿业大学	5★	4	成都理工大学	5★-	6	中国地质大学(武汉)	5★-

4★（5 个）：西南交通大学、西安科技大学、中国地质大学(北京)、中南大学、河海大学

3★（17 个），2★（22 个），1★（5 个）：名单略

081402 勘查技术与工程（32）

排名	学校名称	星级	排名	学校名称	星级	排名	学校名称	星级
1	吉林大学	5★+	2	长江大学	5★	3	中国地质大学(武汉)	5★-
4★(3个)：东华理工大学、中国地质大学(北京)、成都理工大学								
3★(10个)，2★(13个)，1★(3个)：名单略								

081403 资源勘查工程（49）

排名	学校名称	星级	排名	学校名称	星级	排名	学校名称	星级
1	成都理工大学	5★+	3	长安大学	5★-	5	东华理工大学	5★-
2	长江大学	5★	4	桂林理工大学	5★-			
4★(5个)：中国地质大学(北京)、西北大学、中国地质大学(武汉)、昆明理工大学、中国石油大学(华东)								
3★(15个)，2★(19个)，1★(5个)：名单略								

081404T 地下水科学与工程（14）

排名	学校名称	星级	排名	学校名称	星级	排名	学校名称	星级
1	中国地质大学(武汉)	5★						
4★(2个)：中国地质大学(北京)、长安大学								
3★(4个)，2★(6个)，1★(1个)：名单略								

081501 采矿工程（45）

排名	学校名称	星级	排名	学校名称	星级	排名	学校名称	星级
1	中国矿业大学	5★+	3	太原理工大学	5★-	5	中南大学	5★-
2	西安科技大学	5★	4	河南理工大学	5★-			
4★(4个)：安徽理工大学、北京科技大学、辽宁工程技术大学、重庆大学								
3★(14个)，2★(18个)，1★(4个)：名单略								

081502 石油工程（22）

排名	学校名称	星级	排名	学校名称	星级	排名	学校名称	星级
1	西南石油大学	5★	2	中国石油大学(北京)	5★-			
4★(2个)：西安石油大学、中国石油大学(华东)								
3★(7个)，2★(9个)，1★(2个)：名单略								

081503 矿物加工工程（35）

排名	学校名称	星级	排名	学校名称	星级	排名	学校名称	星级
1	中国矿业大学	5★+	3	中南大学	5★-			
2	东北大学	5★	4	昆明理工大学	5★-			
4★(3个)：武汉科技大学、太原理工大学、北京科技大学								
3★(11个)，2★(14个)，1★(3个)：名单略								

081504 油气储运工程（33）

排名	学校名称	星级	排名	学校名称	星级	排名	学校名称	星级
1	西南石油大学	5★+	2	长江大学	5★	3	东北石油大学	5★-
4★（4个）：中国石油大学(北京)、辽宁石油化工大学、中国石油大学(华东)、华东理工大学								
3★（10个），2★（13个），1★（3个）：名单略								

081507T 智能采矿工程（16）

排名	学校名称	星级	排名	学校名称	星级	排名	学校名称	星级
1	北京科技大学	5★	2	山东科技大学	5★-			
4★（1个）：黑龙江科技大学								
3★（5个），2★（6个），1★（2个）：名单略								

081601 纺织工程（41）

排名	学校名称	星级	排名	学校名称	星级	排名	学校名称	星级
1	东华大学	5★+	3	江南大学	5★-			
2	浙江理工大学	5★	4	天津工业大学	5★-			
4★（4个）：苏州大学、青岛大学、大连工业大学、武汉纺织大学								
3★（13个），2★（16个），1★（4个）：名单略								

081602 服装设计与工程（58）

排名	学校名称	星级	排名	学校名称	星级	排名	学校名称	星级
1	东华大学	5★+	3	苏州大学	5★	5	西安工程大学	5★-
2	浙江理工大学	5★	4	江南大学	5★-	6	北京服装学院	5★-
4★（6个）：天津工业大学、上海工程技术大学、武汉纺织大学、青岛大学、江西服装学院、德州学院								
3★（17个），2★（23个），1★（6个）：名单略								

081603T 非织造材料与工程（15）

排名	学校名称	星级	排名	学校名称	星级	排名	学校名称	星级
1	东华大学	5★	2	天津工业大学	5★-			
4★（1个）：浙江理工大学								
3★（5个），2★（6个），1★（1个）：名单略								

081701 轻化工程（42）

排名	学校名称	星级	排名	学校名称	星级	排名	学校名称	星级
1	江南大学	5★+	3	华南理工大学	5★-			
2	四川大学	5★	4	陕西科技大学	5★-			
4★（4个）：天津科技大学、南京林业大学、广西大学、大连工业大学								
3★（13个），2★（17个），1★（4个）：名单略								

081702 包装工程（37）

排名	学校名称	星级	排名	学校名称	星级	排名	学校名称	星级
1	江南大学	5★+	3	广西大学	5★-			
2	天津科技大学	5★	4	陕西科技大学	5★-			
4★（3个）：大连工业大学、齐鲁工业大学、南京林业大学								
3★（12个），2★（14个），1★（4个）：名单略								

081705T 化妆品技术与工程（14）

排名	学校名称	星级	排名	学校名称	星级	排名	学校名称	星级
1	北京工商大学	5★						
4★（2个）：上海应用技术大学、徐州工程学院								
3★（4个），2★（6个），1★（1个）：名单略								

081801 交通运输（107）

排名	学校名称	星级	排名	学校名称	星级	排名	学校名称	星级
1	北京交通大学	5★+	5	中南大学	5★	9	石家庄铁道大学	5★-
2	西南交通大学	5★+	6	南京航空航天大学	5★-	10	武汉理工大学	5★-
3	同济大学	5★	7	大连海事大学	5★-	11	北京航空航天大学	5★-
4	长安大学	5★	8	兰州交通大学	5★-			
4★（10个）：吉林大学、东南大学、上海海事大学、长沙理工大学、华东交通大学、重庆交通大学、华南理工大学、江苏大学、西安建筑科技大学、中国民航大学								
3★（33个），2★（42个），1★（11个）：名单略								

081802 交通工程（106）

排名	学校名称	星级	排名	学校名称	星级	排名	学校名称	星级
1	北京交通大学	5★+	5	长安大学	5★	9	兰州交通大学	5★-
2	西南交通大学	5★+	6	长沙理工大学	5★-	10	昆明理工大学	5★-
3	东南大学	5★	7	北京工业大学	5★-	11	华东交通大学	5★-
4	同济大学	5★	8	哈尔滨工业大学	5★-			
4★（10个）：上海海事大学、华南理工大学、石家庄铁道大学、重庆交通大学、东北林业大学、武汉理工大学、河海大学、吉林大学、江苏大学、大连海事大学								
3★（32个），2★（42个），1★（11个）：名单略								

081803K 航海技术（17）

排名	学校名称	星级	排名	学校名称	星级	排名	学校名称	星级
1	大连海事大学	5★	2	上海海事大学	5★-			
4★（1个）：武汉理工大学								
3★（6个），2★（6个），1★（2个）：名单略								

081804K 轮机工程（20）

排名	学校名称	星级	排名	学校名称	星级	排名	学校名称	星级
1	大连海事大学	5★	2	武汉理工大学	5★-			
4★（2个）：上海海事大学、集美大学								
3★（6个），2★（8个），1★（2个）：名单略								

081805K 飞行技术（18）

排名	学校名称	星级	排名	学校名称	星级	排名	学校名称	星级
1	南京航空航天大学	5★	2	中国民用航空飞行学院	5★-			
4★（2个）：中国民航大学、北京航空航天大学								
3★（5个），2★（7个），1★（2个）：名单略								

081806T 交通设备与控制工程（14）

排名	学校名称	星级	排名	学校名称	星级	排名	学校名称	星级
1	中南大学	5★						
4★（2个）：哈尔滨工业大学、北京工业大学								
3★（4个），2★（6个），1★（1个）：名单略								

081808TK 船舶电子电气工程（12）

排名	学校名称	星级	排名	学校名称	星级	排名	学校名称	星级
1	大连海事大学	5★						
4★（1个）：上海海事大学								
3★（4个），2★（5个），1★（1个）：名单略								

081811T 智慧交通（22）

排名	学校名称	星级	排名	学校名称	星级	排名	学校名称	星级
1	西南交通大学	5★	2	东南大学	5★-			
4★（2个）：中国民航大学、深圳大学								
3★（7个），2★（9个），1★（2个）：名单略								

081901 船舶与海洋工程（33）

排名	学校名称	星级	排名	学校名称	星级	排名	学校名称	星级
1	上海交通大学	5★+	2	哈尔滨工程大学	5★	3	武汉理工大学	5★-
4★（4个）：江苏科技大学、大连理工大学、华中科技大学、天津大学								
3★（10个），2★（13个），1★（3个）：名单略								

082001 航空航天工程（20）

排名	学校名称	星级	排名	学校名称	星级	排名	学校名称	星级
1	南京航空航天大学	5★	2	西北工业大学	5★-			
4★（2个）：上海交通大学、清华大学								
3★（6个），2★（8个），1★（2个）：名单略								

082002 飞行器设计与工程（30）

排名	学校名称	星级	排名	学校名称	星级	排名	学校名称	星级
1	西北工业大学	5★+	2	北京航空航天大学	5★	3	南京航空航天大学	5★-
4★（3个）：北京理工大学、哈尔滨工业大学、西安交通大学								
3★（9个），2★（12个），1★（3个）：名单略								

082003 飞行器制造工程（39）

排名	学校名称	星级	排名	学校名称	星级	排名	学校名称	星级
1	西北工业大学	5★+	3	沈阳航空航天大学	5★-			
2	南京航空航天大学	5★	4	哈尔滨工业大学	5★-			
4★（4个）：北京航空航天大学、南昌航空大学、中北大学、同济大学								
3★（12个），2★（15个），1★（4个）：名单略								

082004 飞行器动力工程（24）

排名	学校名称	星级	排名	学校名称	星级	排名	学校名称	星级
1	西北工业大学	5★	2	北京航空航天大学	5★-			
4★（3个）：南京航空航天大学、沈阳航空航天大学、哈尔滨工业大学								
3★（7个），2★（10个），1★（2个）：名单略								

082008T 飞行器控制与信息工程（15）

排名	学校名称	星级	排名	学校名称	星级	排名	学校名称	星级
1	北京航空航天大学	5★	2	四川大学	5★-			
4★（1个）：电子科技大学								
3★（5个），2★（6个），1★（1个）：名单略								

082009T 无人驾驶航空器系统工程（18）

排名	学校名称	星级	排名	学校名称	星级	排名	学校名称	星级
1	北京航空航天大学	5★	2	电子科技大学	5★-			
4★（2个）：中国民航大学、北京科技大学天津学院								
3★（5个），2★（7个），1★（2个）：名单略								

082103 探测制导与控制技术（14）

排名	学校名称	星级	排名	学校名称	星级	排名	学校名称	星级
1	西北工业大学	5★						
4★（2个）：沈阳理工大学、南京理工大学								
3★（4个），2★（6个），1★（1个）：名单略								

082107 信息对抗技术（13）

排名	学校名称	星级	排名	学校名称	星级	排名	学校名称	星级
1	北京理工大学	5★						
4★（2个）：中北大学、西南科技大学								
3★（4个），2★（5个），1★（1个）：名单略								

082201 核工程与核技术（31）

排名	学校名称	星级	排名	学校名称	星级	排名	学校名称	星级
1	西安交通大学	5★+	2	哈尔滨工程大学	5★	3	南华大学	5★-
4★（3个）：上海交通大学、清华大学、中国科学技术大学								
3★（10个），2★（12个），1★（3个）：名单略								

082302 农业机械化及其自动化（37）

排名	学校名称	星级	排名	学校名称	星级	排名	学校名称	星级
1	华中农业大学	5★+	3	东北农业大学	5★-			
2	吉林大学	5★	4	华南农业大学	5★-			
4★（3个）：中国农业大学、内蒙古农业大学、河南科技大学								
3★（12个），2★（14个），1★（4个）：名单略								

082305 农业水利工程（33）

排名	学校名称	星级	排名	学校名称	星级	排名	学校名称	星级
1	中国农业大学	5★+	2	西北农林科技大学	5★	3	河海大学	5★-
4★（4个）：东北农业大学、河北农业大学、扬州大学、沈阳农业大学								
3★（10个），2★（13个），1★（3个）：名单略								

082306T 土地整治工程（15）

排名	学校名称	星级	排名	学校名称	星级	排名	学校名称	星级
1	长安大学	5★	2	河海大学	5★-			
4★（1个）：山西农业大学								
3★（5个），2★（6个），1★（1个）：名单略								

082307T 农业智能装备工程（16）

排名	学校名称	星级	排名	学校名称	星级	排名	学校名称	星级
1	南京农业大学	5★	2	中国农业大学	5★-			
4★（1个）：山东理工大学								
3★（5个），2★（6个），1★（2个）：名单略								

082402 木材科学与工程（16）

排名	学校名称	星级	排名	学校名称	星级	排名	学校名称	星级
1	东北林业大学	5★	2	南京林业大学	5★-			
4★（1个）：浙江农林大学								
3★（5个），2★（6个），1★（2个）：名单略								

082501 环境科学与工程（49）

排名	学校名称	星级	排名	学校名称	星级	排名	学校名称	星级
1	上海交通大学	5★+	3	华南理工大学	5★-	5	暨南大学	5★-
2	北京大学	5★	4	中国科学技术大学	5★-			
4★（5个）：南京信息工程大学、西南大学、中国人民大学、浙江师范大学、辽宁工业大学									
3★（15个），2★（19个），1★（5个）：名单略									

082502 环境工程（352）

排名	学校名称	星级	排名	学校名称	星级	排名	学校名称	星级
1	同济大学	5★+	13	东华大学	5★	25	华南理工大学	5★-
2	清华大学	5★+	14	武汉大学	5★	26	浙江工业大学	5★-
3	哈尔滨工业大学	5★+	15	昆明理工大学	5★	27	重庆大学	5★-
4	西安建筑科技大学	5★+	16	北京大学	5★	28	兰州大学	5★-
5	华东理工大学	5★+	17	南京理工大学	5★	29	中山大学	5★-
6	南京大学	5★+	18	桂林理工大学	5★	30	四川大学	5★-
7	天津大学	5★+	19	中南大学	5★-	31	长安大学	5★-
8	北京师范大学	5★	20	河海大学	5★-	32	湖南大学	5★-
9	大连理工大学	5★	21	山东大学	5★-	33	北京航空航天大学	5★-
10	北京工业大学	5★	22	南开大学	5★-	34	广东工业大学	5★-
11	西南科技大学	5★	23	江南大学	5★-	35	中国海洋大学	5★-
12	北京化工大学	5★	24	北京科技大学	5★-			
4★（35个）：华中科技大学、太原理工大学、天津工业大学、江苏大学、中国地质大学(武汉)、河南师范大学、中国矿业大学、吉林大学、南昌大学、西安理工大学、重庆工商大学、山西大学、河北科技大学、常州大学、南昌航空大学、沈阳大学、苏州科技大学、中国地质大学(北京)、安徽理工大学、成都信息工程大学、武汉纺织大学、上海理工大学、东北师范大学、福州大学、大连交通大学、西安交通大学、浙江工商大学、华北电力大学、湘潭大学、广州大学、合肥工业大学、北京建筑大学、中国石油大学(华东)、湖北工业大学、山东科技大学									
3★（106个），2★（141个），1★（35个）：名单略									

082503 环境科学（176）

排名	学校名称	星级	排名	学校名称	星级	排名	学校名称	星级
1	北京大学	5★+	7	南京大学	5★	13	南开大学	5★-
2	北京师范大学	5★+	8	中国科学院大学	5★	14	华东师范大学	5★-
3	浙江大学	5★+	9	南京信息工程大学	5★	15	哈尔滨工业大学	5★-
4	同济大学	5★+	10	天津大学	5★-	16	中山大学	5★-
5	复旦大学	5★	11	中国海洋大学	5★-	17	兰州大学	5★-
6	河海大学	5★	12	大连理工大学	5★-	18	厦门大学	5★-
4★（17个）：武汉大学、重庆大学、东北师范大学、西安建筑科技大学、北京工业大学、山西大学、山东大学、湘潭大学、西北农林科技大学、昆明理工大学、长安大学、湖南大学、中国矿业大学、中国科学技术大学、中南林业科技大学、北京科技大学、苏州科技大学									
3★（53个），2★（70个），1★（18个）：名单略									

082504 环境生态工程（71）

排名	学校名称	星级	排名	学校名称	星级	排名	学校名称	星级
1	华东师范大学	5★+	4	大连理工大学	5★	7	哈尔滨工业大学	5★-
2	重庆大学	5★	5	北京师范大学	5★-			
3	广东工业大学	5★	6	厦门大学	5★-			
4★（7个）：河海大学、合肥工业大学、沈阳大学、南开大学、南京信息工程大学、华中农业大学、辽宁大学								
3★（22个），2★（28个），1★（7个）：名单略								

082505T 环保设备工程（15）

排名	学校名称	星级	排名	学校名称	星级	排名	学校名称	星级
1	江苏大学	5★	2	湘潭大学	5★-			
4★（1个）：河北工业大学								
3★（5个），2★（6个），1★（1个）：名单略								

082506T 资源环境科学（16）

排名	学校名称	星级	排名	学校名称	星级	排名	学校名称	星级
1	中国农业大学	5★	2	西北农林科技大学	5★-			
4★（1个）：昆明理工大学								
3★（5个），2★（6个），1★（2个）：名单略								

082601 生物医学工程（122）

排名	学校名称	星级	排名	学校名称	星级	排名	学校名称	星级
1	复旦大学	5★+	5	北京航空航天大学	5★	9	南方医科大学	5★-
2	上海交通大学	5★+	6	西安交通大学	5★	10	北京理工大学	5★-
3	四川大学	5★	7	华中科技大学	5★-	11	深圳大学	5★-
4	浙江大学	5★	8	东南大学	5★-	12	天津大学	5★-
4★（12个）：东北大学、北京大学、电子科技大学、上海理工大学、中山大学、温州医科大学、重庆大学、天津医科大学、首都医科大学、河北工业大学、华南理工大学、重庆医科大学								
3★（37个），2★（49个），1★（12个）：名单略								

082701 食品科学与工程（283）

排名	学校名称	星级	排名	学校名称	星级	排名	学校名称	星级
1	江南大学	5★+	8	北京工商大学	5★	15	西北农林科技大学	5★-
2	东北农业大学	5★+	9	河南工业大学	5★	16	广东海洋大学	5★-
3	华中农业大学	5★+	10	大连工业大学	5★	17	吉林农业大学	5★-
4	天津科技大学	5★+	11	南昌大学	5★	18	合肥工业大学	5★-
5	浙江大学	5★+	12	华南理工大学	5★	19	江苏大学	5★-
6	中国农业大学	5★+	13	中国海洋大学	5★	20	河北农业大学	5★-
7	南京农业大学	5★	14	西南大学	5★	21	上海海洋大学	5★-

排名	学校名称	星级	排名	学校名称	星级	排名	学校名称	星级
22	吉林大学	5★-	25	山东农业大学	5★-	28	郑州轻工业大学	5★-
23	中南林业科技大学	5★-	26	陕西科技大学	5★-			
24	福建农林大学	5★-	27	内蒙古农业大学	5★-			

4★（29个）：沈阳农业大学、宁波大学、齐鲁工业大学、云南农业大学、甘肃农业大学、海南大学、宁夏大学、长沙理工大学、浙江工商大学、扬州大学、上海交通大学、集美大学、南京财经大学、武汉轻工大学、华南农业大学、哈尔滨商业大学、北京林业大学、黑龙江八一农垦大学、渤海大学、湖南农业大学、福州大学、四川农业大学、上海理工大学、浙江海洋大学、南京林业大学、河南科技大学、天津大学、青岛农业大学、广西大学

3★（85个），2★（113个），1★（28个）：名单略

082702 食品质量与安全（240）

排名	学校名称	星级	排名	学校名称	星级	排名	学校名称	星级
1	江南大学	5★+	9	西南大学	5★	17	沈阳农业大学	5★-
2	大连工业大学	5★+	10	华南农业大学	5★	18	中国计量大学	5★-
3	浙江工商大学	5★+	11	江苏大学	5★	19	山东农业大学	5★-
4	北京工商大学	5★+	12	合肥工业大学	5★	20	东北农业大学	5★-
5	华中农业大学	5★+	13	华南理工大学	5★-	21	天津科技大学	5★-
6	中国农业大学	5★	14	扬州大学	5★-	22	广东海洋大学	5★-
7	南京农业大学	5★	15	福建农林大学	5★-	23	河南科技大学	5★-
8	南昌大学	5★	16	云南农业大学	5★-	24	河北农业大学	5★-

4★（24个）：西北农林科技大学、青岛农业大学、吉林大学、常熟理工学院、海南大学、滁州学院、天津农学院、黑龙江八一农垦大学、河南工业大学、石河子大学、吉林农业大学、上海理工大学、四川农业大学、成都中医药大学、陕西师范大学、武汉轻工大学、内蒙古农业大学、重庆师范大学、天津商业大学、湖南农业大学、华东理工大学、南京中医药大学、广州工商学院、江西农业大学

3★（72个），2★（96个），1★（24个）：名单略

082703 粮食工程（14）

排名	学校名称	星级	排名	学校名称	星级	排名	学校名称	星级
1	河南工业大学	5★						

4★（2个）：吉林农业大学、东北农业大学

3★（4个），2★（6个），1★（1个）：名单略

082705 酿酒工程（26）

排名	学校名称	星级	排名	学校名称	星级	排名	学校名称	星级
1	江南大学	5★+	2	齐鲁工业大学	5★-	3	北京工商大学	5★-

4★（2个）：贵州大学、吉林农业大学

3★（8个），2★（10个），1★（3个）：名单略

082706T 葡萄与葡萄酒工程（16）

排名	学校名称	星级	排名	学校名称	星级	排名	学校名称	星级
1	中国农业大学	5★	2	西北农林科技大学	5★-			
4★（1个）：大连工业大学								
3★（5个），2★（6个），1★（2个）：名单略								

082707T 食品营养与检验教育（12）

排名	学校名称	星级	排名	学校名称	星级	排名	学校名称	星级
1	河南工业大学	5★						
4★（1个）：内蒙古农业大学								
3★（4个），2★（5个），1★（1个）：名单略								

082708T 烹饪与营养教育（26）

排名	学校名称	星级	排名	学校名称	星级	排名	学校名称	星级
1	扬州大学	5★+	2	哈尔滨商业大学	5★-	3	四川旅游学院	5★-
4★（2个）：济南大学、普洱学院								
3★（8个），2★（10个），1★（3个）：名单略								

082710T 食品营养与健康（42）

排名	学校名称	星级	排名	学校名称	星级	排名	学校名称	星级
1	中国药科大学	5★+	3	华中农业大学	5★-			
2	江西师范大学	5★	4	中国农业大学	5★-			
4★（4个）：河南农业大学、合肥工业大学、江西中医药大学、滇西应用技术大学								
3★（13个），2★（17个），1★（4个）：名单略								

082801 建筑学（291）

排名	学校名称	星级	排名	学校名称	星级	排名	学校名称	星级
1	同济大学	5★+	11	大连理工大学	5★	21	合肥工业大学	5★-
2	清华大学	5★+	12	沈阳建筑大学	5★	22	昆明理工大学	5★-
3	西安建筑科技大学	5★+	13	西南交通大学	5★	23	华侨大学	5★-
4	天津大学	5★+	14	湖南大学	5★	24	中南大学	5★-
5	东南大学	5★+	15	武汉大学	5★	25	山东建筑大学	5★-
6	哈尔滨工业大学	5★+	16	南京大学	5★-	26	青岛理工大学	5★-
7	重庆大学	5★	17	北京工业大学	5★-	27	苏州科技大学	5★-
8	华南理工大学	5★	18	内蒙古工业大学	5★-	28	河北工业大学	5★-
9	北京建筑大学	5★	19	华中科技大学	5★-	29	南京工业大学	5★-
10	浙江大学	5★	20	深圳大学	5★-			

4★（29个）：厦门大学、北京交通大学、广州大学、兰州理工大学、郑州大学、内蒙古科技大学、安徽建筑大学、吉林建筑大学、西安交通大学、太原理工大学、长沙理工大学、天津城建大学、长安大学、广东工业大学、上海交通大学、湖南科技大学、浙江工业大学、石家庄铁道大学、中国美术学院、中国矿业大学、烟台大学、广西大学、北方工业大学、新疆大学、苏州大学、中央美术学院、福州大学、河南工业大学、四川大学
3★（88个），2★（116个），1★（29个）：名单略

082802 城乡规划（207）

排名	学校名称	星级	排名	学校名称	星级	排名	学校名称	星级
1	同济大学	5★+	8	重庆大学	5★	15	北京工业大学	5★-
2	东南大学	5★+	9	华中科技大学	5★	16	西北大学	5★-
3	西安建筑科技大学	5★+	10	武汉大学	5★	17	浙江工业大学	5★-
4	天津大学	5★+	11	沈阳建筑大学	5★-	18	苏州科技大学	5★-
5	哈尔滨工业大学	5★	12	大连理工大学	5★-	19	山东建筑大学	5★-
6	华南理工大学	5★	13	南京大学	5★-	20	昆明理工大学	5★-
7	清华大学	5★	14	湖南大学	5★-	21	南京工业大学	5★-

4★（20个）：北京建筑大学、中山大学、深圳大学、安徽建筑大学、长安大学、西南交通大学、合肥工业大学、南京林业大学、北京林业大学、北京交通大学、浙江农林大学、河北工业大学、福州大学、河北农业大学、东北林业大学、西南科技大学、中南大学、华侨大学、贵州大学、浙江大学
3★（63个），2★（82个），1★（21个）：名单略

082803 风景园林（187）

排名	学校名称	星级	排名	学校名称	星级	排名	学校名称	星级
1	同济大学	5★+	8	西安建筑科技大学	5★	15	华南农业大学	5★-
2	东南大学	5★+	9	华中农业大学	5★	16	东北林业大学	5★-
3	北京林业大学	5★+	10	浙江农林大学	5★-	17	沈阳建筑大学	5★-
4	哈尔滨工业大学	5★+	11	福建农林大学	5★-	18	西北农林科技大学	5★-
5	华南理工大学	5★	12	清华大学	5★-	19	四川农业大学	5★-
6	南京林业大学	5★	13	中南林业科技大学	5★-			
7	重庆大学	5★	14	天津大学	5★-			

4★（18个）：河北农业大学、西南林业大学、河南农业大学、北京建筑大学、上海交通大学、西南大学、苏州科技大学、海南大学、山东建筑大学、西南交通大学、青岛农业大学、南京农业大学、东北农业大学、山东农业大学、长江大学、沈阳农业大学、昆明理工大学、中国美术学院
3★（57个），2★（74个），1★（19个）：名单略

082901 安全工程（151）

排名	学校名称	星级	排名	学校名称	星级	排名	学校名称	星级
1	西安科技大学	5★+	6	中国矿业大学	5★	11	湖南科技大学	5★-
2	太原理工大学	5★+	7	山东科技大学	5★	12	中南大学	5★-
3	河南理工大学	5★+	8	常州大学	5★	13	北京科技大学	5★-
4	辽宁工程技术大学	5★	9	安徽理工大学	5★-	14	武汉理工大学	5★-
5	南京工业大学	5★	10	南华大学	5★-	15	黑龙江科技大学	5★-

4★(15 个)：东北大学、大连理工大学、重庆大学、北京理工大学、中国地质大学(北京)、中国石油大学(北京)、中国科学技术大学、中国地质大学(武汉)、中国石油大学(华东)、西南交通大学、西安建筑科技大学、中国矿业大学(北京)、武汉科技大学、中国民航大学、北京化工大学
3★(46 个)，2★(60 个)，1★(15 个)：名单略

082902T 应急技术与管理（34）

排名	学校名称	星级	排名	学校名称	星级	排名	学校名称	星级
1	西华大学	5★+	2	西南科技大学	5★	3	太原科技大学	5★-

4★(4 个)：安徽理工大学、常熟理工学院、中国民航大学、石家庄铁道大学
3★(10 个)，2★(14 个)，1★(3 个)：名单略

083001 生物工程（242）

排名	学校名称	星级	排名	学校名称	星级	排名	学校名称	星级
1	华东理工大学	5★+	9	浙江工业大学	5★	17	天津大学	5★-
2	北京化工大学	5★+	10	河南农业大学	5★	18	三峡大学	5★-
3	上海交通大学	5★+	11	江西农业大学	5★	19	大连工业大学	5★-
4	华中农业大学	5★+	12	大连民族大学	5★	20	齐鲁工业大学	5★-
5	南京工业大学	5★+	13	烟台大学	5★-	21	西北农林科技大学	5★-
6	大连理工大学	5★	14	湖北工业大学	5★-	22	陕西科技大学	5★-
7	江南大学	5★	15	福建师范大学	5★-	23	黑龙江大学	5★-
8	天津科技大学	5★	16	华南理工大学	5★-	24	合肥学院	5★-

4★(24 个)：新疆大学、武汉工程大学、遵义医科大学、聊城大学、山东大学、浙江大学、南京林业大学、南昌大学、西南交通大学、东南大学、燕山大学、淮北师范大学、四川轻化工大学、沈阳药科大学、江西师范大学、常熟理工学院、福建农林大学、河北工业大学、西北大学、吉林农业大学、湖北大学、浙江万里学院、郑州轻工业大学、西南科技大学
3★(73 个)，2★(97 个)，1★(24 个)：名单略

083002T 生物制药（121）

排名	学校名称	星级	排名	学校名称	星级	排名	学校名称	星级
1	中国药科大学	5★+	5	武汉大学	5★	9	安徽工程大学	5★-
2	华中科技大学	5★+	6	浙江工业大学	5★	10	山西医科大学	5★-
3	温州医科大学	5★	7	华南理工大学	5★-	11	武汉理工大学	5★-
4	浙江理工大学	5★	8	吉林大学	5★-	12	暨南大学	5★-

4★(12 个)：沈阳药科大学、南京中医药大学、长春中医药大学、福建医科大学、广州大学、黑龙江大学、河北医科大学、安徽农业大学、温州大学、上海海洋大学、聊城大学、上海大学
3★(37 个)，2★(48 个)，1★(12 个)：名单略

083101K 刑事科学技术（28）

排名	学校名称	星级	排名	学校名称	星级	排名	学校名称	星级
1	中国刑事警察学院	5★+	2	中国人民公安大学	5★-	3	江苏警官学院	5★-
4★(3个)：广东警官学院、湖南警察学院、湖北警官学院							
3★(8个)，2★(11个)，1★(3个)：名单略							

083102K 消防工程（24）

排名	学校名称	星级	排名	学校名称	星级	排名	学校名称	星级
1	中国人民警察大学	5★	2	中南大学	5★-			
4★(3个)：西安科技大学、中国矿业大学、中国消防救援学院							
3★(7个)，2★(10个)，1★(2个)：名单略							

083103TK 交通管理工程（20）

排名	学校名称	星级	排名	学校名称	星级	排名	学校名称	星级
1	湖南警察学院	5★	2	浙江警察学院	5★-			
4★(2个)：四川警察学院、中国人民公安大学							
3★(6个)，2★(8个)，1★(2个)：名单略							

083108TK 网络安全与执法（25）

排名	学校名称	星级	排名	学校名称	星级	排名	学校名称	星级
1	中国人民公安大学	5★+	2	辽宁警察学院	5★-	3	中国刑事警察学院	5★-
4★(2个)：浙江警察学院、河南警察学院							
3★(8个)，2★(10个)，1★(2个)：名单略							

090101 农学（76）

排名	学校名称	星级	排名	学校名称	星级	排名	学校名称	星级
1	西北农林科技大学	5★+	4	华中农业大学	5★	7	四川农业大学	5★-
2	中国农业大学	5★+	5	甘肃农业大学	5★-	8	华南农业大学	5★-
3	南京农业大学	5★	6	福建农林大学	5★-			
4★(7个)：西南大学、内蒙古农业大学、扬州大学、山东农业大学、湖南农业大学、河南农业大学、河北农业大学							
3★(23个)，2★(30个)，1★(8个)：名单略							

090102 园艺（113）

排名	学校名称	星级	排名	学校名称	星级	排名	学校名称	星级
1	南京农业大学	5★+	5	华南农业大学	5★	9	东北农业大学	5★-
2	华中农业大学	5★+	6	沈阳农业大学	5★	10	西南大学	5★-
3	中国农业大学	5★	7	河南农业大学	5★-	11	湖南农业大学	5★-
4	山东农业大学	5★	8	西北农林科技大学	5★-			

续表

4★（12 个）：山西农业大学、福建农林大学、四川农业大学、河北农业大学、浙江大学、扬州大学、甘肃农业大学、安徽农业大学、塔里木大学、海南大学、宁夏大学、青岛农业大学
3★（34 个），2★（45 个），1★（11 个）：名单略

090103 植物保护（59）

排名	学校名称	星级	排名	学校名称	星级	排名	学校名称	星级
1	西北农林科技大学	5★+	3	中国农业大学	5★	5	福建农林大学	5★-
2	南京农业大学	5★	4	华南农业大学	5★-	6	贵州大学	5★-
4★（6 个）：华中农业大学、吉林农业大学、西南大学、云南农业大学、浙江大学、扬州大学								
3★（18 个），2★（23 个），1★（6 个）：名单略								

090104 植物科学与技术（22）

排名	学校名称	星级	排名	学校名称	星级	排名	学校名称	星级
1	华中农业大学	5★	2	内蒙古农业大学	5★-			
4★（2 个）：西南大学、上海交通大学								
3★（7 个），2★（9 个），1★（2 个）：名单略								

090105 种子科学与工程（43）

排名	学校名称	星级	排名	学校名称	星级	排名	学校名称	星级
1	中国农业大学	5★+	3	南京农业大学	5★-			
2	扬州大学	5★	4	湖南农业大学	5★-			
4★（5 个）：华南农业大学、甘肃农业大学、华中农业大学、河南农业大学、石河子大学								
3★（13 个），2★（17 个），1★（4 个）：名单略								

090106 设施农业科学与工程（41）

排名	学校名称	星级	排名	学校名称	星级	排名	学校名称	星级
1	西北农林科技大学	5★+	3	沈阳农业大学	5★-			
2	中国农业大学	5★	4	南京农业大学	5★-			
4★（4 个）：华中农业大学、河南农业大学、山东农业大学、海南大学								
3★（13 个），2★（16 个），1★（4 个）：名单略								

090107T 茶学（30）

排名	学校名称	星级	排名	学校名称	星级	排名	学校名称	星级
1	安徽农业大学	5★+	2	湖南农业大学	5★	3	福建农林大学	5★-
4★（3 个）：华南农业大学、四川农业大学、浙江大学								
3★（9 个），2★（12 个），1★（3 个）：名单略								

090109T 应用生物科学（14）

排名	学校名称	星级	排名	学校名称	星级	排名	学校名称	星级
1	安徽农业大学	5★						
4★（2个）：华中农业大学、山东农业大学								
3★（4个），2★（6个），1★（1个）：名单略								

090112T 智慧农业（33）

排名	学校名称	星级	排名	学校名称	星级	排名	学校名称	星级
1	华中农业大学	5★+	2	福建农林大学	5★	3	河北农业大学	5★-
4★（4个）：青岛农业大学、吉林农业大学、河南农业大学、聊城大学								
3★（10个），2★（13个），1★（3个）：名单略								

090201 农业资源与环境（50）

排名	学校名称	星级	排名	学校名称	星级	排名	学校名称	星级
1	南京农业大学	5★+	3	华中农业大学	5★	5	西南大学	5★-
2	浙江大学	5★	4	浙江农林大学	5★-			
4★（5个）：吉林农业大学、沈阳农业大学、四川农业大学、山东农业大学、山西农业大学								
3★（15个），2★（20个），1★（5个）：名单略								

090203 水土保持与荒漠化防治（21）

排名	学校名称	星级	排名	学校名称	星级	排名	学校名称	星级
1	北京林业大学	5★	2	西北农林科技大学	5★-			
4★（2个）：内蒙古农业大学、甘肃农业大学								
3★（7个），2★（8个），1★（2个）：名单略								

090301 动物科学（82）

排名	学校名称	星级	排名	学校名称	星级	排名	学校名称	星级
1	中国农业大学	5★+	4	南京农业大学	5★	7	浙江大学	5★-
2	华中农业大学	5★+	5	华南农业大学	5★-	8	西南大学	5★-
3	西北农林科技大学	5★	6	四川农业大学	5★-			
4★（8个）：东北农业大学、湖南农业大学、山东农业大学、吉林农业大学、内蒙古农业大学、扬州大学、广西大学、江西农业大学								
3★（25个），2★（33个），1★（8个）：名单略								

090401 动物医学（73）

排名	学校名称	星级	排名	学校名称	星级	排名	学校名称	星级
1	南京农业大学	5★+	4	华中农业大学	5★	7	华南农业大学	5★-
2	扬州大学	5★	5	四川农业大学	5★-			
3	中国农业大学	5★	6	西北农林科技大学	5★-			

4★（8个）：吉林大学、西南大学、吉林农业大学、江西农业大学、甘肃农业大学、山西农业大学、广西大学、黑龙江八一农垦大学
3★（22个），2★（29个），1★（7个）：名单略

090402 动物药学（23）

排名	学校名称	星级	排名	学校名称	星级	排名	学校名称	星级
1	南京农业大学	5★	2	江西农业大学	5★-			
4★（3个）：华南农业大学、武汉轻工大学、湖南农业大学								
3★（7个），2★（9个），1★（2个）：名单略								

090403T 动植物检疫（22）

排名	学校名称	星级	排名	学校名称	星级	排名	学校名称	星级
1	扬州大学	5★	2	中国计量大学	5★-			
4★（2个）：山西农业大学、四川农业大学								
3★（7个），2★（9个），1★（2个）：名单略								

090501 林学（48）

排名	学校名称	星级	排名	学校名称	星级	排名	学校名称	星级
1	北京林业大学	5★+	3	南京林业大学	5★-	5	华南农业大学	5★-
2	东北林业大学	5★	4	西北农林科技大学	5★-			
4★（5个）：内蒙古农业大学、西南林业大学、江西农业大学、福建农林大学、四川农业大学								
3★（14个），2★（19个），1★（5个）：名单略								

090502 园林（129）

排名	学校名称	星级	排名	学校名称	星级	排名	学校名称	星级
1	南京林业大学	5★+	6	福建农林大学	5★	11	浙江农林大学	5★-
2	北京林业大学	5★+	7	江西农业大学	5★-	12	中南林业科技大学	5★-
3	东北林业大学	5★+	8	四川农业大学	5★-	13	沈阳农业大学	5★-
4	华中农业大学	5★	9	河南农业大学	5★-			
5	西南林业大学	5★	10	华南农业大学	5★-			
4★（13个）：西北农林科技大学、河北农业大学、内蒙古农业大学、安徽农业大学、山东农业大学、甘肃农业大学、青岛农业大学、海南大学、北京农学院、山西农业大学、云南农业大学、仲恺农业工程学院、北华大学								
3★（39个），2★（51个），1★（13个）：名单略								

090503 森林保护（17）

排名	学校名称	星级	排名	学校名称	星级	排名	学校名称	星级
1	北京林业大学	5★	2	东北林业大学	5★-			
4★（1个）：南京林业大学								
3★（6个），2★（6个），1★（2个）：名单略								

090601 水产养殖学（53）

排名	学校名称	星级	排名	学校名称	星级	排名	学校名称	星级
1	上海海洋大学	5★+	3	宁波大学	5★	5	广东海洋大学	5★-
2	中国海洋大学	5★	4	华中农业大学	5★-			
4★(6个)：西南大学、集美大学、河南师范大学、南京农业大学、大连海洋大学、青岛农业大学								
3★(16个)，2★(21个)，1★(5个)：名单略								

090603T 水族科学与技术（12）

排名	学校名称	星级	排名	学校名称	星级	排名	学校名称	星级
1	华中农业大学	5★						
4★(1个)：西南大学								
3★(4个)，2★(5个)，1★(1个)：名单略								

090701 草业科学（29）

排名	学校名称	星级	排名	学校名称	星级	排名	学校名称	星级
1	兰州大学	5★+	2	北京林业大学	5★-	3	内蒙古农业大学	5★-
4★(3个)：中国农业大学、西北农林科技大学、四川农业大学								
3★(9个)，2★(11个)，1★(3个)：名单略								

100101K 基础医学（36）

排名	学校名称	星级	排名	学校名称	星级	排名	学校名称	星级
1	北京大学	5★+	3	中山大学	5★-			
2	复旦大学	5★	4	哈尔滨医科大学	5★-			
4★(3个)：南京医科大学、南方医科大学、中南大学								
3★(11个)，2★(14个)，1★(4个)：名单略								

100201K 临床医学（192）

排名	学校名称	星级	排名	学校名称	星级	排名	学校名称	星级
1	中山大学	5★+	8	南方医科大学	5★	15	同济大学	5★-
2	浙江大学	5★+	9	北京协和医学院	5★	16	重庆医科大学	5★-
3	上海交通大学	5★+	10	山东大学	5★	17	郑州大学	5★-
4	北京大学	5★+	11	西安交通大学	5★-	18	山西医科大学	5★-
5	复旦大学	5★	12	四川大学	5★-	19	温州医科大学	5★-
6	华中科技大学	5★	13	武汉大学	5★-			
7	中南大学	5★	14	首都医科大学	5★-			
4★(19个)：哈尔滨医科大学、吉林大学、中国医科大学、安徽医科大学、新疆医科大学、福建医科大学、河北医科大学、广州医科大学、南昌大学、昆明医科大学、天津医科大学、南京大学、广西医科大学、暨南大学、兰州大学、苏州大学、南京医科大学、徐州医科大学、大连医科大学								
3★(58个)，2★(77个)，1★(19个)：名单略								

100202TK 麻醉学（61）

排名	学校名称	星级	排名	学校名称	星级	排名	学校名称	星级
1	徐州医科大学	5★+	3	中南大学	5★	5	安徽医科大学	5★-
2	中国医科大学	5★	4	重庆医科大学	5★-	6	山西医科大学	5★-

4★（6 个）：河北医科大学、温州医科大学、福建医科大学、天津医科大学、哈尔滨医科大学、广东医科大学

3★（19 个），2★（24 个），1★（6 个）：名单略

100203TK 医学影像学（79）

排名	学校名称	星级	排名	学校名称	星级	排名	学校名称	星级
1	南方医科大学	5★+	4	重庆医科大学	5★	7	中国医科大学	5★-
2	东南大学	5★+	5	天津医科大学	5★-	8	南京医科大学	5★-
3	山西医科大学	5★	6	温州医科大学	5★-			

4★（8 个）：大连医科大学、广州医科大学、河北医科大学、安徽医科大学、华中科技大学、南昌大学、南通大学、哈尔滨医科大学

3★（24 个），2★（31 个），1★（8 个）：名单略

100204TK 眼视光医学（31）

排名	学校名称	星级	排名	学校名称	星级	排名	学校名称	星级
1	温州医科大学	5★+	2	天津医科大学	5★	3	首都医科大学	5★-

4★（3 个）：中国医科大学、南开大学、重庆医科大学

3★（10 个），2★（12 个），1★（3 个）：名单略

100205TK 精神医学（36）

排名	学校名称	星级	排名	学校名称	星级	排名	学校名称	星级
1	中南大学	5★+	3	南京医科大学	5★-			
2	温州医科大学	5★	4	首都医科大学	5★-			

4★（3 个）：中国医科大学、重庆医科大学、第二军医大学

3★（11 个），2★（14 个），1★（4 个）：名单略

100207TK 儿科学（45）

排名	学校名称	星级	排名	学校名称	星级	排名	学校名称	星级
1	重庆医科大学	5★+	3	首都医科大学	5★-	5	南京医科大学	5★-
2	温州医科大学	5★	4	中国医科大学	5★-			

4★（4 个）：南方医科大学、上海交通大学、山西医科大学、郑州大学

3★（14 个），2★（18 个），1★（4 个）：名单略

100301K 口腔医学（118）

排名	学校名称	星级	排名	学校名称	星级	排名	学校名称	星级
1	上海交通大学	5★+	2	北京大学	5★+	3	四川大学	5★

排名	学校名称	星级	排名	学校名称	星级	排名	学校名称	星级
4	南京医科大学	5★	7	武汉大学	5★-	10	吉林大学	5★-
5	首都医科大学	5★	8	重庆医科大学	5★-	11	山东大学	5★-
6	中山大学	5★	9	中国医科大学	5★-	12	福建医科大学	5★-
4★(12个)：同济大学、广西医科大学、南方医科大学、华中科技大学、昆明医科大学、天津医科大学、第四军医大学、西安交通大学、兰州大学、大连医科大学、哈尔滨医科大学、遵义医科大学								
3★(35个)，2★(47个)，1★(12个)：名单略								

100401K 预防医学（125）

排名	学校名称	星级	排名	学校名称	星级	排名	学校名称	星级
1	北京大学	5★+	6	首都医科大学	5★	11	哈尔滨医科大学	5★-
2	中山大学	5★+	7	天津医科大学	5★-	12	中国医科大学	5★-
3	华中科技大学	5★+	8	南方医科大学	5★-	13	河北医科大学	5★-
4	南京医科大学	5★	9	四川大学	5★-			
5	复旦大学	5★	10	郑州大学	5★-			
4★(12个)：南昌大学、厦门大学、山西医科大学、上海交通大学、山东大学、吉林大学、青岛大学、安徽医科大学、广西医科大学、重庆医科大学、新疆医科大学、西安交通大学								
3★(38个)，2★(50个)，1★(12个)：名单略								

100402 食品卫生与营养学（30）

排名	学校名称	星级	排名	学校名称	星级	排名	学校名称	星级
1	安徽医科大学	5★+	2	河北医科大学	5★	3	上海交通大学	5★-
4★(3个)：四川大学、重庆医科大学、贵州医科大学								
3★(9个)，2★(12个)，1★(3个)：名单略								

100501K 中医学（65）

排名	学校名称	星级	排名	学校名称	星级	排名	学校名称	星级
1	北京中医药大学	5★+	4	广州中医药大学	5★-	7	浙江中医药大学	5★-
2	上海中医药大学	5★	5	天津中医药大学	5★-			
3	黑龙江中医药大学	5★	6	南京中医药大学	5★-			
4★(6个)：成都中医药大学、安徽中医药大学、辽宁中医药大学、河南中医药大学、长春中医药大学、山东中医药大学								
3★(20个)，2★(26个)，1★(6个)：名单略								

100502K 针灸推拿学（51）

排名	学校名称	星级	排名	学校名称	星级	排名	学校名称	星级
1	北京中医药大学	5★+	3	成都中医药大学	5★	5	广州中医药大学	5★-
2	湖南中医药大学	5★	4	天津中医药大学	5★-			
4★(5个)：黑龙江中医药大学、长春中医药大学、湖北中医药大学、南京中医药大学、浙江中医药大学								
3★(16个)，2★(20个)，1★(5个)：名单略								

100510TK 中医康复学（22）

排名	学校名称	星级	排名	学校名称	星级	排名	学校名称	星级
1	黑龙江中医药大学	5★	2	南京中医药大学	5★-			

4★（2 个）：浙江中医药大学、安徽中医药大学

3★（7 个），2★（9 个），1★（2 个）：名单略

100511TK 中医养生学（15）

排名	学校名称	星级	排名	学校名称	星级	排名	学校名称	星级
1	河南中医药大学	5★	2	江西中医药大学	5★-			

4★（1 个）：广州中医药大学

3★（5 个），2★（6 个），1★（1 个）：名单略

100513TK 中医骨伤科学（23）

排名	学校名称	星级	排名	学校名称	星级	排名	学校名称	星级
1	江西中医药大学	5★	2	北京中医药大学	5★-			

4★（3 个）：河南中医药大学、贵州中医药大学、黑龙江中医药大学

3★（7 个），2★（9 个），1★（2 个）：名单略

100601K 中西医临床医学（51）

排名	学校名称	星级	排名	学校名称	星级	排名	学校名称	星级
1	成都中医药大学	5★+	3	辽宁中医药大学	5★	5	南京中医药大学	5★-
2	湖南中医药大学	5★	4	黑龙江中医药大学	5★-			

4★（5 个）：安徽中医药大学、天津中医药大学、河北医科大学、南方医科大学、广州中医药大学

3★（16 个），2★（20 个），1★（5 个）：名单略

100701 药学（250）

排名	学校名称	星级	排名	学校名称	星级	排名	学校名称	星级
1	中国药科大学	5★+	10	南京医科大学	5★	19	华东理工大学	5★-
2	沈阳药科大学	5★+	11	南方医科大学	5★	20	浙江工业大学	5★-
3	北京大学	5★+	12	温州医科大学	5★	21	暨南大学	5★-
4	复旦大学	5★+	13	四川大学	5★	22	山西医科大学	5★-
5	苏州大学	5★+	14	天津医科大学	5★-	23	黑龙江中医药大学	5★-
6	上海交通大学	5★	15	新疆医科大学	5★-	24	吉林大学	5★-
7	安徽医科大学	5★	16	华中科技大学	5★-	25	中国海洋大学	5★-
8	中山大学	5★	17	首都医科大学	5★-			
9	西安交通大学	5★	18	中南大学	5★-			

4★（25 个）：河北医科大学、天津大学、山东大学、延边大学、浙江大学、武汉大学、福建医科大学、南昌大学、厦门大学、西南大学、哈尔滨医科大学、南京中医药大学、宁夏医科大学、兰州大学、青岛大学、浙江中医药大学、南开大学、郑州大学、北京中医药大学、广西医科大学、中国医科大学、烟台大学、辽宁中医药大学、第二军医大学、重庆医科大学

3★（75 个），2★（100 个），1★（25 个）：名单略

100702 药物制剂（87）

排名	学校名称	星级	排名	学校名称	星级	排名	学校名称	星级
1	中国药科大学	5★+	4	中国医科大学	5★	7	河北医科大学	5★-
2	沈阳药科大学	5★+	5	吉林大学	5★-	8	延边大学	5★-
3	浙江工业大学	5★	6	天津医科大学	5★-	9	广东药科大学	5★-
4★(8个)：黑龙江中医药大学、福建医科大学、辽宁中医药大学、郑州大学、安徽医科大学、安徽中医药大学、南京中医药大学、天津中医药大学								
3★(27个)，2★(34个)，1★(9个)：名单略								

100703TK 临床药学（54）

排名	学校名称	星级	排名	学校名称	星级	排名	学校名称	星级
1	中国医科大学	5★+	3	沈阳药科大学	5★	5	哈尔滨医科大学	5★-
2	中国药科大学	5★	4	首都医科大学	5★-			
4★(6个)：安徽医科大学、南方医科大学、温州医科大学、上海交通大学、南京医科大学、山东大学								
3★(16个)，2★(22个)，1★(5个)：名单略								

100704T 药事管理（13）

排名	学校名称	星级	排名	学校名称	星级	排名	学校名称	星级
1	中国药科大学	5★						
4★(2个)：沈阳药科大学、贵州医科大学								
3★(4个)，2★(5个)，1★(1个)：名单略								

100705T 药物分析（19）

排名	学校名称	星级	排名	学校名称	星级	排名	学校名称	星级
1	中国药科大学	5★	2	沈阳药科大学	5★-			
4★(2个)：河北医科大学、黑龙江中医药大学								
3★(6个)，2★(7个)，1★(2个)：名单略								

100801 中药学（112）

排名	学校名称	星级	排名	学校名称	星级	排名	学校名称	星级
1	中国药科大学	5★+	5	浙江中医药大学	5★	9	上海中医药大学	5★-
2	南京中医药大学	5★+	6	黑龙江中医药大学	5★	10	南方医科大学	5★-
3	北京中医药大学	5★	7	长春中医药大学	5★-	11	沈阳药科大学	5★-
4	天津中医药大学	5★	8	安徽中医药大学	5★-	12	成都中医药大学	5★-
4★(12个)：辽宁中医药大学、广州中医药大学、甘肃中医药大学、西北大学、吉林农业大学、哈尔滨商业大学、第二军医大学、江西中医药大学、河南中医药大学、贵州中医药大学、山东中医药大学、湖南中医药大学								
3★(37个)，2★(48个)，1★(12个)：名单略								

100802 中药资源与开发（34）

排名	学校名称	星级	排名	学校名称	星级	排名	学校名称	星级
1	中国药科大学	5★+	2	南京中医药大学	5★	3	黑龙江中医药大学	5★-

续表

4★（4个）：天津中医药大学、吉林农业大学、沈阳药科大学、辽宁中医药大学
3★（10个），2★（14个），1★（3个）：名单略

100805T 中药制药（25）

排名	学校名称	星级	排名	学校名称	星级	排名	学校名称	星级
1	北京中医药大学	5★+	2	天津中医药大学	5★-	3	中国药科大学	5★-
4★（2个）：南京中医药大学、江西中医药大学								
3★（8个），2★（10个），1★（2个）：名单略								

100806T 中草药栽培与鉴定（19）

排名	学校名称	星级	排名	学校名称	星级	排名	学校名称	星级
1	浙江中医药大学	5★	2	辽宁中医药大学	5★-			
4★（2个）：吉林农业大学、贵州中医药大学								
3★（6个），2★（7个），1★（2个）：名单略								

100901K 法医学（30）

排名	学校名称	星级	排名	学校名称	星级	排名	学校名称	星级
1	中国医科大学	5★+	2	山西医科大学	5★	3	四川大学	5★-
4★（3个）：河北医科大学、中山大学、西安交通大学								
3★（9个），2★（12个），1★（3个）：名单略								

101001 医学检验技术（166）

排名	学校名称	星级	排名	学校名称	星级	排名	学校名称	星级
1	重庆医科大学	5★+	7	南方医科大学	5★	13	成都医学院	5★-
2	温州医科大学	5★+	8	南通大学	5★	14	蚌埠医学院	5★-
3	北京大学	5★+	9	大连医科大学	5★-	15	徐州医科大学	5★-
4	广州医科大学	5★	10	上海交通大学	5★-	16	安徽医科大学	5★-
5	天津医科大学	5★	11	华中科技大学	5★-	17	中国医科大学	5★-
6	南京医科大学	5★	12	福建医科大学	5★-			
4★（16个）：河北医科大学、广东医科大学、中南大学、首都医科大学、新乡医学院、郑州大学、山西医科大学、河北北方学院、北华大学、江苏大学、贵州医科大学、青岛大学、宁夏医科大学、广西医科大学、湖北医药学院、四川大学								
3★（50个），2★（66个），1★（17个）：名单略								

101002 医学实验技术（19）

排名	学校名称	星级	排名	学校名称	星级	排名	学校名称	星级
1	北京大学	5★	2	黑龙江中医药大学	5★-			
4★（2个）：浙江中医药大学、贵州中医药大学								
3★（6个），2★（7个），1★（2个）：名单略								

101003 医学影像技术（103）

排名	学校名称	星级	排名	学校名称	星级	排名	学校名称	星级
1	天津医科大学	5★+	5	中国医科大学	5★	9	徐州医科大学	5★-
2	福建医科大学	5★+	6	四川大学	5★-	10	浙江中医药大学	5★-
3	南京医科大学	5★	7	北京大学	5★-			
4	河北医科大学	5★	8	山东第一医科大学	5★-			

4★（11个）：上海健康医学院、川北医学院、重庆医科大学、昆明医科大学、北京中医药大学东方学院、温州医科大学、河南中医药大学、山西医科大学、首都医科大学、郑州大学、新乡医学院

3★（31个），2★（41个），1★（10个）：名单略

101004 眼视光学（32）

排名	学校名称	星级	排名	学校名称	星级	排名	学校名称	星级
1	南京医科大学	5★+	2	天津医科大学	5★	3	四川大学	5★-

4★（3个）：川北医学院、辽宁何氏医学院、福建医科大学

3★（10个），2★（13个），1★（3个）：名单略

101005 康复治疗学（183）

排名	学校名称	星级	排名	学校名称	星级	排名	学校名称	星级
1	南京医科大学	5★+	7	福建医科大学	5★	13	河南中医药大学	5★-
2	天津医科大学	5★+	8	中国医科大学	5★	14	南京中医药大学	5★-
3	福建中医药大学	5★+	9	吉林大学	5★	15	四川大学	5★-
4	黑龙江中医药大学	5★+	10	安徽医科大学	5★-	16	广州中医药大学	5★-
5	温州医科大学	5★	11	首都医科大学	5★-	17	广州医科大学	5★-
6	南方医科大学	5★	12	成都中医药大学	5★-	18	南通大学	5★-

4★（19个）：河北医科大学、湖北医药学院、浙江中医药大学、上海中医药大学、徐州医科大学、滨州医学院、重庆医科大学、华北理工大学、山西医科大学、北京中医药大学东方学院、新乡医学院、山东中医药大学、南昌大学、郑州大学、北京中医药大学、承德医学院、上海体育大学、新乡医学院三全学院、山东第一医科大学

3★（55个），2★（73个），1★（18个）：名单略

101006 口腔医学技术（32）

排名	学校名称	星级	排名	学校名称	星级	排名	学校名称	星级
1	北京大学	5★+	2	重庆医科大学	5★	3	四川大学	5★-

4★（3个）：西安外事学院、广东医科大学、新乡医学院三全学院

3★（10个），2★（13个），1★（3个）：名单略

101007 卫生检验与检疫（56）

排名	学校名称	星级	排名	学校名称	星级	排名	学校名称	星级
1	温州医科大学	5★+	3	南京医科大学	5★	5	河北大学	5★-
2	河北医科大学	5★	4	南华大学	5★-	6	广东医科大学	5★-

4★（5个）：浙江中医药大学、安徽医科大学、昆明医科大学、四川大学、重庆医科大学

3★（17个），2★（22个），1★（6个）：名单略

101008T 听力与言语康复学（16）

排名	学校名称	星级	排名	学校名称	星级	排名	学校名称	星级
1	浙江中医药大学	5★	2	温州医科大学	5★-			

4★（1 个）：上海中医药大学

3★（5 个），2★（6 个），1★（2 个）：名单略

101009T 康复物理治疗（18）

排名	学校名称	星级	排名	学校名称	星级	排名	学校名称	星级
1	福建中医药大学	5★	2	昆明医科大学	5★-			

4★（2 个）：上海中医药大学、北京体育大学

3★（5 个），2★（7 个），1★（2 个）：名单略

101011T 智能医学工程（69）

排名	学校名称	星级	排名	学校名称	星级	排名	学校名称	星级
1	山东大学	5★+	4	南京医科大学	5★-	7	西安电子科技大学	5★-
2	天津大学	5★	5	重庆大学	5★-			
3	川北医学院	5★	6	天津医科大学	5★-			

4★（7 个）：北京航空航天大学、东北大学、哈尔滨医科大学、山西医科大学、上海中医药大学、皖南医学院、深圳技术大学

3★（21 个），2★（27 个），1★（7 个）：名单略

101101 护理学（296）

排名	学校名称	星级	排名	学校名称	星级	排名	学校名称	星级
1	北京大学	5★+	11	苏州大学	5★	21	华中科技大学	5★-
2	山西医科大学	5★+	12	南方医科大学	5★	22	河北医科大学	5★-
3	北京协和医学院	5★+	13	重庆医科大学	5★	23	安徽医科大学	5★-
4	复旦大学	5★+	14	福建医科大学	5★	24	天津医科大学	5★-
5	首都医科大学	5★+	15	上海交通大学	5★	25	广西医科大学	5★-
6	哈尔滨医科大学	5★+	16	中山大学	5★-	26	北京中医药大学	5★-
7	南京中医药大学	5★	17	中国医科大学	5★-	27	天津中医药大学	5★-
8	南京医科大学	5★	18	四川大学	5★-	28	中南大学	5★-
9	山东大学	5★	19	浙江中医药大学	5★-	29	成都中医药大学	5★-
10	吉林大学	5★	20	温州医科大学	5★-	30	大连医科大学	5★-

4★（29 个）：南昌大学、延边大学、西安交通大学、华北理工大学、杭州师范大学、宁夏医科大学、郑州大学、锦州医科大学、第四军医大学、福建中医药大学、内蒙古医科大学、湖北医药学院、蚌埠医学院、遵义医科大学、昆明医科大学、第二军医大学、贵州医科大学、大连大学、山东第一医科大学、滨州医学院、西南医科大学、湖南中医药大学、新乡医学院、广西中医药大学、南华大学、河南大学、广州医科大学、徐州医科大学、武汉大学

3★（89 个），2★（118 个），1★（30 个）：名单略

101102T 助产学（72）

排名	学校名称	星级	排名	学校名称	星级	排名	学校名称	星级
1	山西医科大学	5★+	4	黑龙江中医药大学	5★	7	首都医科大学	5★-
2	浙江中医药大学	5★	5	湖北中医药大学	5★-			
3	福建医科大学	5★	6	贵州医科大学	5★-			

4★（7个）：遵义医科大学、徐州医科大学、河北医科大学、赣南医学院、温州医科大学、川北医学院、山东第一医科大学

3★（22个），2★（29个），1★（7个）：名单略

120101 管理科学（36）

排名	学校名称	星级	排名	学校名称	星级	排名	学校名称	星级
1	厦门大学	5★+	3	复旦大学	5★-			
2	中国科学技术大学	5★	4	上海理工大学	5★-			

4★（3个）：上海大学、中国人民大学、上海海事大学

3★（11个），2★（14个），1★（4个）：名单略

120102 信息管理与信息系统（335）

排名	学校名称	星级	排名	学校名称	星级	排名	学校名称	星级
1	清华大学	5★+	13	上海大学	5★	25	北京科技大学	5★-
2	南京大学	5★+	14	南京航空航天大学	5★	26	江西财经大学	5★-
3	北京航空航天大学	5★+	15	东南大学	5★	27	广东工业大学	5★-
4	大连理工大学	5★+	16	哈尔滨工业大学	5★	28	山东财经大学	5★-
5	同济大学	5★+	17	华东理工大学	5★	29	西安建筑科技大学	5★-
6	武汉大学	5★+	18	杭州电子科技大学	5★-	30	南京理工大学	5★-
7	合肥工业大学	5★+	19	西北工业大学	5★-	31	重庆大学	5★-
8	北京理工大学	5★	20	北京大学	5★-	32	首都经济贸易大学	5★-
9	北京交通大学	5★	21	东华大学	5★-	33	江苏科技大学	5★-
10	中山大学	5★	22	华中科技大学	5★-	34	天津大学	5★-
11	上海财经大学	5★	23	南京信息工程大学	5★-			
12	中国人民大学	5★	24	西安电子科技大学	5★-			

4★（33个）：西南交通大学、哈尔滨理工大学、深圳大学、河海大学、浙江大学、天津财经大学、中国医科大学、南京邮电大学、济南大学、山东师范大学、浙江工商大学、辽宁工程技术大学、上海外国语大学、兰州大学、复旦大学、北京工业大学、南开大学、江苏大学、昆明理工大学、上海交通大学、福州大学、河北大学、安徽财经大学、重庆邮电大学、吉林大学、北京物资学院、中央财经大学、上海应用技术大学、浙江理工大学、东北大学、华东师范大学、中国传媒大学、徐州工程学院

3★（101个），2★（134个），1★（33个）：名单略

120103 工程管理（393）

排名	学校名称	星级	排名	学校名称	星级	排名	学校名称	星级
1	东南大学	5★+	2	天津大学	5★+	3	大连理工大学	5★+

排名	学校名称	星级	排名	学校名称	星级	排名	学校名称	星级
4	同济大学	5★+	16	辽宁工程技术大学	5★	28	浙江工业大学	5★-
5	中国矿业大学	5★+	17	东北财经大学	5★	29	河北工业大学	5★-
6	华中科技大学	5★+	18	华北电力大学	5★	30	南京工业大学	5★-
7	北京交通大学	5★+	19	重庆大学	5★	31	北京建筑大学	5★-
8	西北工业大学	5★+	20	武汉大学	5★	32	长安大学	5★-
9	太原理工大学	5★	21	三峡大学	5★-	33	深圳大学	5★-
10	河海大学	5★	22	沈阳建筑大学	5★-	34	福建理工大学	5★-
11	中南大学	5★	23	西南交通大学	5★-	35	广州大学	5★-
12	西安理工大学	5★	24	天津理工大学	5★-	36	湖南工商大学	5★-
13	西安建筑科技大学	5★	25	兰州交通大学	5★-	37	石家庄铁道大学	5★-
14	长沙理工大学	5★	26	华北水利水电大学	5★-	38	山东建筑大学	5★-
15	哈尔滨工业大学	5★	27	华东理工大学	5★-	39	徐州工程学院	5★-

4★（40 个）：华侨大学、重庆交通大学、北方工业大学、苏州科技大学、吉林建筑大学、扬州大学、江西财经大学、西安科技大学、江苏大学、中央财经大学、安徽建筑大学、福州大学、吉林大学、北京科技大学、天津城建大学、清华大学、南京林业大学、华南理工大学、广东工业大学、贵州大学、华东交通大学、南京农业大学、湖南城市学院、重庆工商大学、江苏科技大学、辽宁工业大学、山东大学、华中农业大学、武汉理工大学、郑州大学、集美大学、河南理工大学、河北工程技术学院、山西工程技术学院、河北科技师范学院、河北工程大学、中国地质大学（武汉）、河南工业大学、东北农业大学、北京航空航天大学

3★（118 个），2★（157 个），1★（39 个）：名单略

120104 房地产开发与管理（40）

排名	学校名称	星级	排名	学校名称	星级	排名	学校名称	星级
1	东北财经大学	5★+	3	天津城建大学	5★-			
2	广东工业大学	5★	4	安徽建筑大学	5★-			

4★（4 个）：重庆大学、南京财经大学、沈阳建筑大学、华中师范大学

3★（12 个），2★（16 个），1★（4 个）：名单略

120105 工程造价（264）

排名	学校名称	星级	排名	学校名称	星级	排名	学校名称	星级
1	天津理工大学	5★+	10	西南交通大学	5★	19	西安欧亚学院	5★-
2	华北电力大学	5★+	11	重庆交通大学	5★	20	西华大学	5★-
3	沈阳建筑大学	5★+	12	九江学院	5★	21	四川轻化工大学	5★-
4	山东建筑大学	5★+	13	兰州理工大学	5★	22	安徽财经大学	5★-
5	青岛理工大学	5★+	14	成都师范学院	5★-	23	河南财政金融学院	5★-
6	北京建筑大学	5★	15	河北建筑工程学院	5★-	24	南昌理工学院	5★-
7	重庆工程学院	5★	16	重庆大学	5★-	25	安徽理工大学	5★-
8	四川师范大学	5★	17	武汉纺织大学	5★-	26	华北水利水电大学	5★-
9	长安大学	5★	18	福建理工大学	5★-			

4★（27个）：福州外语外贸学院、云南农业大学、南昌工程学院、长春建筑学院、河北工程技术学院、山西应用科技学院、江西理工大学、辽宁工业大学、中原工学院、西京学院、成都工业学院、西南科技大学、西南石油大学、郑州财经学院、黄河交通学院、青岛黄海学院、中南财经政法大学、郑州科技学院、山东农业工程学院、新疆财经大学、西安思源学院、山东英才学院、西安翻译学院、云南经济管理学院、山西财经大学、山东协和学院、兰州交通大学
3★（79个），2★（106个），1★（26个）：名单略

120108T 大数据管理与应用（210）

排名	学校名称	星级	排名	学校名称	星级	排名	学校名称	星级
1	西安交通大学	5★+	8	大连理工大学	5★	15	成都理工大学	5★-
2	合肥工业大学	5★+	9	中国矿业大学	5★	16	上海外国语大学	5★-
3	吉林大学	5★+	10	广东工业大学	5★	17	江苏科技大学	5★-
4	华中师范大学	5★+	11	天津理工大学	5★	18	南京财经大学	5★-
5	哈尔滨工业大学	5★	12	大连海事大学	5★-	19	广东科技学院	5★-
6	湖南工商大学	5★	13	东北财经大学	5★-	20	广东财经大学	5★-
7	山东财经大学	5★	14	河海大学	5★-	21	北京大学	5★-
4★（21个）：浙江越秀外国语学院、西安电子科技大学、南京林业大学、重庆工商大学、南京邮电大学、桂林电子科技大学、西安建筑科技大学、江西财经大学现代经济管理学院、广东东软学院、北京工商大学、西安工程大学、北京邮电大学、湖北工业大学、武汉大学、哈尔滨工程大学、华南理工大学、南京理工大学、中南财经政法大学、上海交通大学、成都东软学院、山东理工大学								
3★（63个），2★（84个），1★（21个）：名单略								

120109T 工程审计（13）

排名	学校名称	星级	排名	学校名称	星级	排名	学校名称	星级
1	南京审计大学	5★						
4★（2个）：南宁学院、青岛理工大学								
3★（4个），2★（5个），1★（1个）：名单略								

120111T 应急管理（39）

排名	学校名称	星级	排名	学校名称	星级	排名	学校名称	星级
1	武汉理工大学	5★+	3	西华大学	5★-			
2	江西理工大学	5★	4	中国矿业大学	5★-			
4★（4个）：华北科技学院、南京信息工程大学、湘潭大学、暨南大学								
3★（12个），2★（15个），1★（4个）：名单略								

120201K 工商管理（538）

排名	学校名称	星级	排名	学校名称	星级	排名	学校名称	星级
1	上海交通大学	5★+	6	西南财经大学	5★+	11	厦门大学	5★+
2	中国人民大学	5★+	7	南京大学	5★+	12	湖南大学	5★
3	东北财经大学	5★+	8	首都经济贸易大学	5★+	13	大连理工大学	5★
4	上海财经大学	5★+	9	中南财经政法大学	5★+	14	天津财经大学	5★
5	中山大学	5★+	10	西安交通大学	5★+	15	北京交通大学	5★

排名	学校名称	星级	排名	学校名称	星级	排名	学校名称	星级
16	华南理工大学	5★	29	浙江大学	5★-	42	江西财经大学	5★-
17	暨南大学	5★	30	广州大学	5★-	43	上海外国语大学	5★-
18	合肥工业大学	5★	31	东北大学	5★-	44	西安理工大学	5★-
19	南开大学	5★	32	武汉理工大学	5★-	45	燕山大学	5★-
20	山东大学	5★	33	云南大学	5★-	46	武汉大学	5★-
21	中南大学	5★	34	中国科学技术大学	5★-	47	北京科技大学	5★-
22	吉林大学	5★	35	北京理工大学	5★-	48	华侨大学	5★-
23	哈尔滨理工大学	5★	36	浙江工业大学	5★-	49	山西财经大学	5★-
24	华中科技大学	5★	37	山东财经大学	5★-	50	华东理工大学	5★-
25	对外经济贸易大学	5★	38	云南财经大学	5★-	51	海南大学	5★-
26	辽宁大学	5★	39	中央财经大学	5★-	52	西北大学	5★-
27	重庆大学	5★	40	哈尔滨工业大学	5★-	53	北京工商大学	5★-
28	浙江工商大学	5★-	41	河南大学	5★-	54	河北工业大学	5★-

4★(54 个):浙江财经大学、哈尔滨工程大学、郑州大学、天津大学、江苏大学、江南大学、西南交通大学、深圳大学、河海大学、安徽财经大学、南京师范大学、中国海洋大学、清华大学、北京大学、武汉科技大学、福州大学、湖南工商大学、南京财经大学、复旦大学、上海大学、华北电力大学、安徽大学、广东外语外贸大学、南昌大学、西南大学、西安建筑科技大学、华东师范大学、成都理工大学、重庆工商大学、河北经贸大学、电子科技大学、天津理工大学、东华大学、中国地质大学(北京)、浙江师范大学、广东工业大学、宁波大学、广西大学、苏州大学、青岛大学、吉林财经大学、上海商学院、上海对外经贸大学、扬州大学、西南科技大学、山东科技大学、新疆财经大学、北京化工大学、广东财经大学、北京师范大学、杭州电子科技大学、北方工业大学、山东工商学院、长沙理工大学

3★(161 个),2★(215 个),1★(54 个):名单略

120202 市场营销(579)

排名	学校名称	星级	排名	学校名称	星级	排名	学校名称	星级
1	上海财经大学	5★+	17	浙江工商大学	5★	33	贵州财经大学	5★-
2	西南财经大学	5★+	18	广东财经大学	5★	34	上海对外经贸大学	5★-
3	北京大学	5★+	19	重庆大学	5★	35	山东财经大学	5★-
4	对外经济贸易大学	5★+	20	辽宁大学	5★	36	内蒙古财经大学	5★-
5	中央财经大学	5★+	21	广东外语外贸大学	5★	37	湖北中医药大学	5★-
6	华中科技大学	5★+	22	首都经济贸易大学	5★	38	湖南工业大学	5★-
7	福州大学	5★+	23	华北电力大学	5★	39	兰州理工大学	5★-
8	山西财经大学	5★+	24	暨南大学	5★	40	湖南农业大学	5★-
9	中南财经政法大学	5★+	25	浙江财经大学	5★	41	东华理工大学	5★-
10	天津财经大学	5★+	26	云南财经大学	5★	42	五邑大学	5★-
11	哈尔滨理工大学	5★+	27	深圳大学	5★	43	中国人民大学	5★-
12	东北财经大学	5★+	28	武汉大学	5★	44	长沙理工大学	5★-
13	复旦大学	5★	29	河南财经政法大学	5★-	45	南京大学	5★-
14	同济大学	5★	30	新疆财经大学	5★-	46	贵州师范大学	5★-
15	重庆工商大学	5★	31	华中农业大学	5★-	47	湖北工业大学	5★-
16	江西财经大学	5★	32	安徽财经大学	5★-	48	吉林大学	5★-

续表

排名	学校名称	星级	排名	学校名称	星级	排名	学校名称	星级
49	哈尔滨工业大学	5★-	53	西南大学	5★-	57	华南理工大学	5★-
50	武汉科技大学	5★-	54	西安理工大学	5★-	58	南开大学	5★-
51	北京工商大学	5★-	55	湖北经济学院	5★-			
52	东北大学	5★-	56	南京财经大学	5★-			

4★(58个)：四川大学、上海应用技术大学、中南林业科技大学、天津中医药大学、重庆邮电大学、哈尔滨商业大学、东华大学、华东理工大学、厦门大学、中国农业大学、石河子大学、西安工业大学、中北大学、兰州大学、广东工业大学、西北工业大学、武汉理工大学、沈阳师范大学、重庆工程学院、河海大学、渤海大学、河北经贸大学、江苏大学、兰州财经大学、中国矿业大学、中国石油大学(华东)、西南政法大学、湖南工商大学、南京邮电大学、上海工程技术大学、吉利学院、北京第二外国语学院、中原工学院、东北农业大学、沈阳药科大学、郑州大学、辽宁石油化工大学、齐鲁工业大学、中国地质大学(武汉)、陕西科技大学、天津商业大学、合肥工业大学、太原科技大学、广州工商学院、西安电子科技大学、河南理工大学、集美大学、大庆师范学院、成都理工大学、青岛理工大学、河南牧业经济学院、贵州商学院、西南民族大学、南京农业大学、河南大学、桂林理工大学、山东管理学院、四川师范大学

3★(174个)，2★(231个)，1★(58个)：名单略

120203K 会计学（659）

排名	学校名称	星级	排名	学校名称	星级	排名	学校名称	星级
1	东北财经大学	5★+	23	浙江工商大学	5★	45	重庆理工大学	5★-
2	西南财经大学	5★+	24	首都经济贸易大学	5★	46	燕山大学	5★-
3	云南财经大学	5★+	25	河南大学	5★	47	山东财经大学	5★-
4	对外经济贸易大学	5★+	26	湖南大学	5★	48	安徽财经大学	5★-
5	上海财经大学	5★+	27	长沙理工大学	5★	49	河南财经政法大学	5★-
6	江西财经大学	5★+	28	山东大学	5★	50	东南大学	5★-
7	北京大学	5★+	29	南京大学	5★	51	中国矿业大学	5★-
8	山西财经大学	5★+	30	上海交通大学	5★	52	河北经贸大学	5★-
9	厦门大学	5★+	31	重庆工商大学	5★	53	杭州电子科技大学	5★-
10	中央财经大学	5★+	32	南开大学	5★	54	华东交通大学	5★-
11	西安交通大学	5★+	33	同济大学	5★	55	新疆财经大学	5★-
12	暨南大学	5★+	34	浙江财经大学	5★-	56	南京财经大学	5★-
13	天津财经大学	5★+	35	河海大学	5★-	57	兰州财经大学	5★-
14	中南财经政法大学	5★	36	广东外语外贸大学	5★-	58	广东财经大学	5★-
15	复旦大学	5★	37	福州大学	5★-	59	武汉纺织大学	5★-
16	中南大学	5★	38	合肥工业大学	5★-	60	武汉理工大学	5★-
17	哈尔滨商业大学	5★	39	西南交通大学	5★-	61	湖南工商大学	5★-
18	北京交通大学	5★	40	北京师范大学	5★-	62	内蒙古财经大学	5★-
19	中国人民大学	5★	41	云南大学	5★-	63	西安财经大学	5★-
20	重庆大学	5★	42	贵州财经大学	5★-	64	兰州大学	5★-
21	中山大学	5★	43	吉林财经大学	5★-	65	黑龙江八一农垦大学	5★-
22	中国海洋大学	5★	44	北京工商大学	5★-	66	南京审计大学	5★-

续表

4★（66 个）：郑州航空工业管理学院、深圳大学、沈阳大学、上海对外经贸大学、北方工业大学、东北师范大学、南昌大学、华南师范大学、内蒙古农业大学、南京理工大学、安徽工业大学、兰州理工大学、黑龙江科技大学、沈阳工业大学、湖南财政经济学院、济南大学、上海立信会计金融学院、西安工业大学、广西财经学院、中南民族大学、东北农业大学、湖南农业大学、集美大学、九江学院、长春大学、华北水利水电大学、河北地质大学、江苏科技大学、浙江万里学院、西华大学、湖北工业大学、南京航空航天大学金城学院、成都大学、南京农业大学、汕头大学、安徽大学、吉林工商学院、湖南师范大学、武汉轻工大学、北京化工大学、邵阳学院、武汉大学、中国石油大学（华东）、华南理工大学、广州南方学院、江西理工大学、北京理工大学、南京信息工程大学、哈尔滨工业大学、宁波大学、郑州轻工业大学、广州华商学院、海南大学、辽宁大学、吉林大学、华中科技大学、南华大学、四川大学、西安培华学院、湖北经济学院、北京科技大学、西藏民族大学、无锡太湖学院、嘉兴学院、浙江大学、西安石油大学

3★（198 个），2★（263 个），1★（66 个）：名单略

120204 财务管理（686）

排名	学校名称	星级	排名	学校名称	星级	排名	学校名称	星级
1	东北财经大学	5★+	24	江西财经大学	5★	47	湖南财政经济学院	5★-
2	厦门大学	5★+	25	重庆大学	5★	48	南京大学	5★-
3	中国人民大学	5★+	26	安徽财经大学	5★	49	南京审计大学	5★-
4	上海财经大学	5★+	27	新疆财经大学	5★	50	吉林大学	5★-
5	复旦大学	5★+	28	山东管理学院	5★	51	安徽科技学院	5★-
6	中央财经大学	5★+	29	天津大学	5★	52	西安财经大学	5★-
7	对外经济贸易大学	5★+	30	北京联合大学	5★	53	东华大学	5★-
8	云南财经大学	5★+	31	内蒙古财经大学	5★	54	郑州航空工业管理学院	5★-
9	山西财经大学	5★+	32	江西科技师范大学	5★	55	华侨大学	5★-
10	浙江工商大学	5★+	33	安徽新华学院	5★	56	湖北经济学院	5★-
11	哈尔滨商业大学	5★+	34	山东财经大学	5★	57	四川大学	5★-
12	天津科技大学	5★+	35	重庆工商大学	5★-	58	长沙理工大学	5★-
13	西南财经大学	5★+	36	杭州电子科技大学	5★-	59	上海对外经贸大学	5★-
14	广东外语外贸大学	5★+	37	吉林财经大学	5★-	60	东华理工大学	5★-
15	北京工商大学	5★	38	北京信息科技大学	5★-	61	福州大学	5★-
16	浙江财经大学	5★	39	安徽师范大学	5★-	62	南开大学	5★-
17	中南财经政法大学	5★	40	北京第二外国语学院	5★-	63	江苏大学	5★-
18	浙江工业大学	5★	41	中央民族大学	5★-	64	哈尔滨理工大学	5★-
19	广东财经大学	5★	42	河南财经政法大学	5★-	65	河海大学	5★-
20	首都经济贸易大学	5★	43	北京交通大学	5★-	66	华中科技大学	5★-
21	暨南大学	5★	44	贵州财经大学	5★-	67	华北电力大学	5★-
22	天津财经大学	5★	45	天津商业大学	5★-	68	武汉理工大学	5★-
23	兰州财经大学	5★	46	哈尔滨工业大学	5★-	69	武汉大学	5★-

4★（68 个）：福建江夏学院、四川师范大学、南京财经大学、青岛科技大学、河北经贸大学、上海海事大学、内蒙古工业大学、华南理工大学、大连财经学院、华东理工大学、重庆理工大学、张家口学院、大连海事大学、上海立信会计金融学院、福建农林大学、山西师范大学、武汉科技大学、中国石油大学（北京）、福建师范大学、中国海洋大学、沈阳大学、湖南工商大学、江苏科技大学、广州工商学院、湖南工业大学、宁波财经学院、云南大学、厦门理工学院、广东科技学院、河南大学、兰州理工大学、华南师范大学、湖南信息学院、河南理工大学、三峡大学、河北地质大学、浙江万

里学院、青岛理工大学、云南民族大学、郑州大学、西安外事学院、四川农业大学、甘肃政法大学、成都理工大学、阜阳师范大学、山西工商学院、中南民族大学、石河子大学、广东金融学院、西南民族大学、潍坊科技学院、南通理工学院、上海大学、西南石油大学、哈尔滨广厦学院、西安思源学院、上海外国语大学、北京化工大学、黑龙江外国语学院、山东师范大学、洛阳理工学院、四川工商学院、西京学院、山东建筑大学、景德镇陶瓷大学、山东工商学院、上海电机学院、武汉商学院
3★(206个)，2★(274个)，1★(69个)：名单略

120205 国际商务（126）

排名	学校名称	星级	排名	学校名称	星级	排名	学校名称	星级
1	厦门大学	5★+	6	暨南大学	5★	11	中国政法大学	5★-
2	西南财经大学	5★+	7	新疆财经大学	5★-	12	山东财经大学	5★-
3	天津财经大学	5★+	8	安徽财经大学	5★-	13	对外经济贸易大学	5★-
4	浙江工商大学	5★	9	辽宁大学	5★-			
5	中央财经大学	5★	10	广东外语外贸大学	5★-			

4★(12个)：华侨大学、广东财经大学、山西财经大学、辽宁师范大学、杭州师范大学、上海对外经贸大学、江西财经大学、西交利物浦大学、北京联合大学、贵州财经大学、吉林财经大学、中南财经政法大学
3★(38个)，2★(50个)，1★(13个)：名单略

120206 人力资源管理（416）

排名	学校名称	星级	排名	学校名称	星级	排名	学校名称	星级
1	中国人民大学	5★+	15	中国矿业大学	5★	29	山西财经大学	5★-
2	东北财经大学	5★+	16	哈尔滨理工大学	5★	30	四川大学	5★-
3	山东财经大学	5★+	17	西南民族大学	5★	31	河北经贸大学	5★-
4	厦门大学	5★+	18	广东外语外贸大学	5★	32	中国劳动关系学院	5★-
5	浙江工商大学	5★+	19	西安工业大学	5★	33	南开大学	5★-
6	吉林大学	5★+	20	西南财经大学	5★	34	华东师范大学	5★-
7	天津财经大学	5★+	21	华东交通大学	5★	35	内蒙古财经大学	5★-
8	华侨大学	5★+	22	深圳大学	5★-	36	郑州航空工业管理学院	5★-
9	首都经济贸易大学	5★	23	兰州大学	5★-	37	江苏大学	5★-
10	河海大学	5★	24	安徽财经大学	5★-	38	武汉大学	5★-
11	江西财经大学	5★	25	南京信息工程大学	5★-	39	贵州财经大学	5★-
12	中央财经大学	5★	26	西安石油大学	5★-	40	陕西师范大学	5★-
13	北京师范大学	5★	27	对外经济贸易大学	5★-	41	湖北大学	5★-
14	辽宁大学	5★	28	湖南理工学院	5★-	42	华东理工大学	5★-

4★(41个)：中南财经政法大学、云南财经大学、华北电力大学、华南理工大学、上海师范大学、上海交通大学、重庆工商大学、广东工业大学、南京财经大学、浙江水利水电学院、安徽大学、北京联合大学、河北大学、浙江财经大学、吉林财经大学、天津商业大学、河南大学、东北师范大学、湘潭大学、青海大学、郑州大学、华中农业大学、南京理工大学、福建江夏学院、云南民族大学、西北大学、南京师范大学、武汉理工大学、江西科技学院、长沙理工大学、杭州电子科技大学、哈尔滨商业大学、广州工商学院、广东财经大学、南京工业大学、广西师范大学、华南师范大学、兰州财经大学、华南农业大学、上海立信会计金融学院、华中师范大学
3★(125个)，2★(166个)，1★(42个)：名单略

120207 审计学（198）

排名	学校名称	星级	排名	学校名称	星级	排名	学校名称	星级
1	浙江工商大学	5★+	8	浙江财经大学	5★	15	西南财经大学	5★-
2	山西财经大学	5★+	9	广东财经大学	5★	16	石河子大学	5★-
3	南京审计大学	5★+	10	天津财经大学	5★	17	上海对外经贸大学	5★-
4	南京财经大学	5★+	11	吉林财经大学	5★-	18	郑州航空工业管理学院	5★-
5	上海立信会计金融学院	5★	12	哈尔滨商业大学	5★-	19	云南财经大学	5★-
6	厦门大学	5★	13	山东财经大学	5★-	20	湖南工商大学	5★-
7	安徽财经大学	5★	14	广东外语外贸大学	5★-			

4★（20 个）：兰州财经大学、重庆工商大学、山东工商学院、河北经贸大学、四川师范大学、杭州电子科技大学、福州外语外贸学院、郑州商学院、山东管理学院、黑龙江财经学院、贵州财经大学、长春财经学院、广州商学院、山西应用科技学院、西南政法大学、太原学院、滁州学院、福建江夏学院、西安财经大学、内蒙古财经大学

3★（59 个），2★（79 个），1★（20 个）：名单略

120208 资产评估（68）

排名	学校名称	星级	排名	学校名称	星级	排名	学校名称	星级
1	东北财经大学	5★+	4	山西财经大学	5★-	7	上海对外经贸大学	5★-
2	首都经济贸易大学	5★	5	山东财经大学	5★-			
3	中央财经大学	5★	6	南京财经大学	5★-			

4★（7 个）：浙江财经大学、内蒙古财经大学、广东财经大学、河北经贸大学、山东工商学院、云南财经大学、四川农业大学

3★（20 个），2★（27 个），1★（7 个）：名单略

120209 物业管理（24）

排名	学校名称	星级	排名	学校名称	星级	排名	学校名称	星级
1	北京林业大学	5★	2	内蒙古财经大学	5★-			

4★（3 个）：长沙学院、武汉科技大学、河南牧业经济学院

3★（7 个），2★（10 个），1★（2 个）：名单略

120210 文化产业管理（137）

排名	学校名称	星级	排名	学校名称	星级	排名	学校名称	星级
1	北京大学	5★+	6	浙江工商大学	5★	11	浙江师范大学	5★-
2	同济大学	5★+	7	浙江传媒学院	5★	12	广西师范大学	5★-
3	西安建筑科技大学	5★+	8	山东财经大学	5★-	13	济南大学	5★-
4	中央财经大学	5★	9	大连艺术学院	5★-	14	华南师范大学	5★-
5	中国传媒大学	5★	10	山东工艺美术学院	5★-			

4★（13 个）：河南大学、厦门理工学院、西南大学、暨南大学、山西传媒学院、山东农业大学、山西财经大学、华东政法大学、湖南师范大学、广西艺术学院、广东财经大学、中国海洋大学、西南民族大学

3★（42 个），2★（54 个），1★（14 个）：名单略

120212T 体育经济与管理（27）

排名	学校名称	星级	排名	学校名称	星级	排名	学校名称	星级
1	中央财经大学	5★+	2	哈尔滨商业大学	5★-	3	山西财经大学	5★-
4★（2个）：北京体育大学、山东财经大学								
3★（9个），2★（10个），1★（3个）：名单略								

120213T 财务会计教育（14）

排名	学校名称	星级	排名	学校名称	星级	排名	学校名称	星级
1	华中师范大学	5★						
4★（2个）：汉口学院、内蒙古农业大学								
3★（4个），2★（6个），1★（1个）：名单略								

120301 农林经济管理（62）

排名	学校名称	星级	排名	学校名称	星级	排名	学校名称	星级
1	南京农业大学	5★+	3	西北农林科技大学	5★	5	中国人民大学	5★-
2	中国农业大学	5★	4	浙江大学	5★-	6	北京林业大学	5★-
4★（6个）：东北林业大学、河北农业大学、吉林农业大学、浙江农林大学、南京林业大学、华中农业大学								
3★（19个），2★（25个），1★（6个）：名单略								

120302 农村区域发展（26）

排名	学校名称	星级	排名	学校名称	星级	排名	学校名称	星级
1	中国人民大学	5★+	2	中国农业大学	5★-	3	南京农业大学	5★-
4★（2个）：福建农林大学、扬州大学								
3★（8个），2★（10个），1★（3个）：名单略								

120401 公共事业管理（246）

排名	学校名称	星级	排名	学校名称	星级	排名	学校名称	星级
1	复旦大学	5★+	10	云南大学	5★	19	华东理工大学	5★-
2	北京师范大学	5★+	11	中国农业大学	5★	20	江苏大学	5★-
3	兰州大学	5★+	12	首都医科大学	5★	21	华东政法大学	5★-
4	东北大学	5★+	13	广西大学	5★-	22	中央民族大学	5★-
5	华东师范大学	5★+	14	安徽医科大学	5★-	23	郑州大学	5★-
6	华中科技大学	5★	15	南方医科大学	5★-	24	中国政法大学	5★-
7	哈尔滨医科大学	5★	16	东北财经大学	5★-	25	第四军医大学	5★-
8	南京医科大学	5★	17	武汉大学	5★-			
9	大连理工大学	5★	18	西南交通大学	5★-			
4★（24个）：湘潭大学、燕山大学、山东大学、上海理工大学、华南师范大学、中南财经政法大学、杭州师范大学、中国地质大学(武汉)、福建医科大学、福州大学、中央财经大学、第二军医大学、南京师范大学、南京中医药大学、江西师范大学、宁夏医科大学、湖南农业大学、浙江中医药大学、南京特殊教育师范学院、潍坊医学院、中山大学、河南理工大学、重庆医科大学、广西医科大学								
3★（74个），2★（98个），1★（25个）：名单略								

120402 行政管理（292）

排名	学校名称	星级	排名	学校名称	星级	排名	学校名称	星级
1	上海交通大学	5★+	11	西北大学	5★	21	华东政法大学	5★-
2	南京大学	5★+	12	兰州大学	5★	22	中国政法大学	5★-
3	厦门大学	5★+	13	中南大学	5★	23	郑州大学	5★-
4	北京大学	5★+	14	北京航空航天大学	5★	24	广州大学	5★-
5	南开大学	5★+	15	四川大学	5★	25	山东大学	5★-
6	华南理工大学	5★+	16	燕山大学	5★-	26	内蒙古大学	5★-
7	东北大学	5★	17	武汉大学	5★-	27	湘潭大学	5★-
8	中山大学	5★	18	南京农业大学	5★-	28	华中师范大学	5★-
9	中国人民大学	5★	19	电子科技大学	5★-	29	天津师范大学	5★-
10	华东师范大学	5★	20	黑龙江大学	5★-			

4★（29 个）：西安交通大学、浙江工商大学、中央财经大学、西南财经大学、南昌大学、暨南大学、中国矿业大学(北京)、深圳大学、南京师范大学、安徽工业大学、上海财经大学、武汉科技大学、浙江工业大学、西南政法大学、华北水利水电大学、中国地质大学(武汉)、广西民族大学、湖南大学、西南大学、云南大学、华南农业大学、山东财经大学、复旦大学、湖南农业大学、浙江大学、华南师范大学、中国矿业大学、吉林大学、东北财经大学

3★（88 个），2★（117 个），1★（29 个）：名单略

120403 劳动与社会保障（125）

排名	学校名称	星级	排名	学校名称	星级	排名	学校名称	星级
1	上海财经大学	5★+	6	南京大学	5★	11	吉林大学	5★-
2	西安交通大学	5★+	7	浙江大学	5★-	12	山东财经大学	5★-
3	西北大学	5★+	8	中国人民大学	5★-	13	河海大学	5★-
4	内蒙古大学	5★	9	南京农业大学	5★-			
5	东北财经大学	5★	10	中南财经政法大学	5★-			

4★（12 个）：武汉大学、首都经济贸易大学、中央财经大学、华东政法大学、安徽财经大学、贵州财经大学、湖南农业大学、东南大学、辽宁大学、江西财经大学、四川大学、华中师范大学

3★（38 个），2★（50 个），1★（12 个）：名单略

120404 土地资源管理（90）

排名	学校名称	星级	排名	学校名称	星级	排名	学校名称	星级
1	南京农业大学	5★+	4	中国农业大学	5★	7	吉林大学	5★-
2	中国人民大学	5★+	5	中国地质大学(北京)	5★	8	武汉大学	5★-
3	中国矿业大学	5★	6	浙江大学	5★-	9	华中农业大学	5★-

4★（9 个）：河北农业大学、河北地质大学、山西农业大学、东北大学、东北农业大学、河海大学、中国地质大学(武汉)、内蒙古师范大学、江西农业大学

3★（27 个），2★（36 个），1★（9 个）：名单略

120405 城市管理（47）

排名	学校名称	星级	排名	学校名称	星级	排名	学校名称	星级
1	中国人民大学	5★+	2	北京大学	5★	3	南开大学	5★-

排名	学校名称	星级	排名	学校名称	星级	排名	学校名称	星级
4	首都经济贸易大学	5★-	5	苏州大学	5★-			
4★（4个）：电子科技大学、安徽建筑大学、浙江财经大学、重庆大学								
3★（15个），2★（18个），1★（5个）：名单略								

120407T 交通管理（12）

排名	学校名称	星级	排名	学校名称	星级	排名	学校名称	星级
1	上海海事大学	5★						
4★（1个）：大连海事大学								
3★（4个），2★（5个），1★（1个）：名单略								

120409T 公共关系学（12）

排名	学校名称	星级	排名	学校名称	星级	排名	学校名称	星级
1	东华大学	5★						
4★（1个）：上海外国语大学								
3★（4个），2★（5个），1★（1个）：名单略								

120410T 健康服务与管理（126）

排名	学校名称	星级	排名	学校名称	星级	排名	学校名称	星级
1	海南医学院	5★+	6	广州中医药大学	5★	11	湖北中医药大学	5★-
2	贵州医科大学	5★+	7	广西师范大学	5★-	12	南京中医药大学	5★-
3	广东药科大学	5★+	8	成都医学院	5★-	13	北京中医药大学东方学院	5★-
4	浙江中医药大学	5★	9	新疆医科大学	5★-			
5	安徽医科大学	5★	10	杭州师范大学	5★-			
4★（12个）：成都中医药大学、成都东软学院、右江民族医学院、山西医科大学、上海健康医学院、中国医科大学、武汉轻工大学、蚌埠医学院、广西医科大学、天津中医药大学、贵州中医药大学时珍学院、河北科技学院								
3★（38个），2★（50个），1★（13个）：名单略								

120413T 医疗保险（17）

排名	学校名称	星级	排名	学校名称	星级	排名	学校名称	星级
1	南京医科大学康达学院	5★	2	贵州中医药大学	5★-			
4★（1个）：山东第一医科大学								
3★（6个），2★（6个），1★（2个）：名单略								

120414T 养老服务管理（22）

排名	学校名称	星级	排名	学校名称	星级	排名	学校名称	星级
1	山东女子学院	5★	2	上海建桥学院	5★-			
4★（2个）：贵州中医药大学、沈阳医学院								
3★（7个），2★（9个），1★（2个）：名单略								

120501 图书馆学（18）

排名	学校名称	星级	排名	学校名称	星级	排名	学校名称	星级
1	北京大学	5★	2	武汉大学	5★-			
4★（2 个）：南京大学、中山大学								
3★（5 个），2★（7 个），1★（2 个）：名单略								

120502 档案学（34）

排名	学校名称	星级	排名	学校名称	星级	排名	学校名称	星级
1	中国人民大学	5★+	2	武汉大学	5★	3	南京大学	5★-
4★（4 个）：上海大学、中山大学、吉林大学、河北大学								
3★（10 个），2★（14 个），1★（3 个）：名单略								

120503 信息资源管理（18）

排名	学校名称	星级	排名	学校名称	星级	排名	学校名称	星级
1	中国人民大学	5★	2	上海大学	5★-			
4★（2 个）：华中师范大学、四川大学								
3★（5 个），2★（7 个），1★（2 个）：名单略								

120601 物流管理（432）

排名	学校名称	星级	排名	学校名称	星级	排名	学校名称	星级
1	大连海事大学	5★+	16	合肥工业大学	5★	31	兰州交通大学	5★-
2	东南大学	5★+	17	天津科技大学	5★	32	太原理工大学	5★-
3	哈尔滨商业大学	5★+	18	广州大学	5★	33	同济大学	5★-
4	北京交通大学	5★+	19	河南工业大学	5★	34	曲阜师范大学	5★-
5	上海海事大学	5★+	20	成都工业学院	5★	35	对外经济贸易大学	5★-
6	浙江万里学院	5★+	21	中南林业科技大学	5★	36	西安邮电大学	5★-
7	北京物资学院	5★+	22	云南财经大学	5★	37	长江大学	5★-
8	重庆工商大学	5★+	23	华东理工大学	5★-	38	湖北经济学院	5★-
9	福州大学	5★+	24	湖南工商大学	5★-	39	山东财经大学	5★-
10	东北财经大学	5★	25	临沂大学	5★-	40	安徽大学	5★-
11	浙江工商大学	5★	26	西南交通大学	5★-	41	安庆师范大学	5★-
12	重庆交通大学	5★	27	石家庄铁道大学	5★-	42	集美大学	5★-
13	南京财经大学	5★	28	上海对外经贸大学	5★-	43	华东交通大学	5★-
14	北京工商大学	5★	29	宁波大学	5★-			
15	华中科技大学	5★	30	江西财经大学	5★-			
4★（43 个）：南京信息工程大学、渤海大学、山西财经大学、贵州财经大学、南宁师范大学、武汉理工大学、江苏大学、常州工学院、南开大学、郑州轻工业大学、新疆财经大学、内蒙古财经大学、西南财经大学、广州工商学院、广东理工学院、广东科技学院、福州外语外贸学院、大连理工大学、桂林电子科技大学、苏州大学、武汉纺织大学、武汉商学院、武汉轻工大学、广州商学院、中南财经政法大学、河南财政金融学院、天津财经大学、长安大学、上海工程技术大学、北京化工大学、郑州财经学院、信阳农林学院、重庆大学、浙江海洋大学、华南师范大学、武夷学院、湖南应用技术学院、广东财经大学、重庆第二师范学院、吉林大学、中国民航大学、武汉大学、郑州科技学院								
3★（130 个），2★（173 个），1★（43 个）：名单略								

120602 物流工程（103）

排名	学校名称	星级	排名	学校名称	星级	排名	学校名称	星级
1	天津大学	5★+	5	北京物资学院	5★	9	长安大学	5★-
2	大连海事大学	5★+	6	武汉理工大学	5★-	10	中南林业科技大学	5★-
3	北京交通大学	5★	7	西南交通大学	5★-			
4	上海海事大学	5★	8	华南理工大学	5★-			

4★（11个）：山东交通学院、安徽工业大学、哈尔滨商业大学、长沙理工大学、厦门华厦学院、北京科技大学、太原学院、鲁东大学、桂林航天工业学院、吉林大学、南京农业大学

3★（31个），2★（41个），1★（10个）：名单略

120604T 供应链管理（72）

排名	学校名称	星级	排名	学校名称	星级	排名	学校名称	星级
1	合肥学院	5★+	4	西南财经大学	5★	7	广东金融学院	5★-
2	北京物资学院	5★	5	中央财经大学	5★-			
3	广州城市理工学院	5★	6	广东科技学院	5★-			

4★（7个）：福州外语外贸学院、集美大学诚毅学院、西交利物浦大学、郑州西亚斯学院、成都东软学院、郑州财经学院、安阳师范学院

3★（22个），2★（29个），1★（7个）：名单略

120701 工业工程（142）

排名	学校名称	星级	排名	学校名称	星级	排名	学校名称	星级
1	天津大学	5★+	6	东北大学	5★	11	北京理工大学	5★-
2	清华大学	5★+	7	南京大学	5★	12	电子科技大学	5★-
3	上海交通大学	5★+	8	西北工业大学	5★-	13	江苏科技大学	5★-
4	浙江工业大学	5★	9	北京航空航天大学	5★-	14	合肥工业大学	5★-
5	南京航空航天大学	5★	10	华中科技大学	5★-			

4★（14个）：大连交通大学、北京交通大学、西安交通大学、西南交通大学、温州大学、燕山大学、郑州大学、武汉科技大学、桂林电子科技大学、郑州航空工业管理学院、山东工商学院、山东科技大学、南昌航空大学、湖南大学

3★（43个），2★（57个），1★（14个）：名单略

120703T 质量管理工程（21）

排名	学校名称	星级	排名	学校名称	星级	排名	学校名称	星级
1	中国计量大学	5★	2	昆明理工大学	5★-			

4★（2个）：南宁学院、南京财经大学

3★（7个），2★（8个），1★（2个）：名单略

120801 电子商务（457）

排名	学校名称	星级	排名	学校名称	星级	排名	学校名称	星级
1	对外经济贸易大学	5★+	3	中央财经大学	5★+	5	厦门大学	5★+
2	浙江工商大学	5★+	4	山东财经大学	5★+	6	西安财经大学	5★+

排名	学校名称	星级	排名	学校名称	星级	排名	学校名称	星级
7	杭州师范大学	5★+	21	江西财经大学	5★	35	西安科技大学	5★-
8	北京交通大学	5★+	22	阳光学院	5★	36	武汉理工大学	5★-
9	西安邮电大学	5★+	23	闽江学院	5★	37	浙江师范大学	5★-
10	西安交通大学	5★	24	西昌学院	5★-	38	北京工商大学	5★-
11	合肥工业大学	5★	25	南京大学	5★-	39	广州大学	5★-
12	广东财经大学	5★	26	湖南人文科技学院	5★-	40	天津大学	5★-
13	上海财经大学	5★	27	武汉大学	5★-	41	南昌大学	5★-
14	北京邮电大学	5★	28	吉林财经大学	5★-	42	武汉工程大学	5★-
15	东北财经大学	5★	29	郑州大学	5★-	43	华中师范大学	5★-
16	河南工业大学	5★	30	洛阳师范学院	5★-	44	安徽财经大学	5★-
17	云南财经大学	5★	31	天津商业大学	5★-	45	首都经济贸易大学	5★-
18	湖南大学	5★	32	上海商学院	5★-	46	湖北工业大学	5★-
19	东华大学	5★	33	广州南方学院	5★-			
20	河南财经政法大学	5★	34	浙江万里学院	5★-			

4★（45 个）：南京邮电大学、大连理工大学、南京财经大学、哈尔滨工程大学、华侨大学、北京联合大学、五邑大学、燕山大学、成都信息工程大学、安徽大学、河北科技大学、大连海事大学、华南理工大学、广东外语外贸大学、西南财经大学、广东金融学院、广州商学院、广东工业大学、成都东软学院、重庆工程学院、大连东软信息学院、江西工程学院、深圳大学、湘潭大学、南通理工学院、湖南信息学院、西安培华学院、泉州信息工程学院、武汉工商学院、暨南大学、中南财经政法大学、浙江财经大学、贵州商学院、东南大学、电子科技大学、南昌理工学院、河南大学、郑州科技学院、武汉商学院、郑州财经学院、华南师范大学、哈尔滨工业大学、上海师范大学、商丘师范学院、哈尔滨商业大学

3★（138 个），2★（182 个），1★（46 个）：名单略

120802T 电子商务及法律（16）

排名	学校名称	星级	排名	学校名称	星级	排名	学校名称	星级
1	重庆理工大学	5★	2	西北政法大学	5★-			

4★（1 个）：浙江万里学院

3★（5 个），2★（6 个），1★（2 个）：名单略

120803T 跨境电子商务（89）

排名	学校名称	星级	排名	学校名称	星级	排名	学校名称	星级
1	黑龙江工程学院昆仑旅游学院	5★+	4	广东科学学院	5★	7	滇西应用技术大学	5★-
2	湖南工商大学	5★+	5	广西民族师范学院	5★-	8	郑州商学院	5★-
3	九江学院	5★	6	浙江外国语学院	5★-	9	四川外国语大学成都学院	5★-

4★（9 个）：浙江万里学院、广州航海学院、阳光学院、广西外国语学院、广东理工学院、广州工商学院、南宁理工学院、伊犁师范大学、郑州财经学院

3★（27 个），2★（35 个），1★（9 个）：名单略

120901K 旅游管理（428）

排名	学校名称	星级	排名	学校名称	星级	排名	学校名称	星级
1	北京第二外国语学院	5★+	16	厦门大学	5★	31	中国海洋大学	5★-
2	中山大学	5★+	17	宁波大学	5★	32	华侨大学	5★-
3	海南大学	5★+	18	北京联合大学	5★	33	江西财经大学	5★-
4	南开大学	5★+	19	广州大学	5★	34	南昌大学	5★-
5	西南民族大学	5★+	20	华南理工大学	5★	35	贵州师范大学	5★-
6	浙江工商大学	5★+	21	西安外国语大学	5★	36	江西科技师范大学	5★-
7	湖北大学	5★+	22	西北师范大学	5★-	37	新疆财经大学	5★-
8	湖南师范大学	5★+	23	南京师范大学	5★-	38	山西大学	5★-
9	上海师范大学	5★+	24	燕山大学	5★-	39	贵州财经大学	5★-
10	云南大学	5★	25	复旦大学	5★-	40	山西财经大学	5★-
11	桂林理工大学	5★	26	青岛大学	5★-	41	哈尔滨商业大学	5★-
12	陕西师范大学	5★	27	新疆大学	5★-	42	吉首大学	5★-
13	暨南大学	5★	28	中南财经政法大学	5★-	43	成都信息工程大学	5★-
14	中南林业科技大学	5★	29	安徽师范大学	5★-			
15	湘潭大学	5★	30	河南大学	5★-			

4★（43个）：海南热带海洋学院、河南财经政法大学、福建师范大学、内蒙古财经大学、重庆交通大学、鲁东大学、华中师范大学、重庆师范大学、洛阳师范学院、华南师范大学、长春大学旅游学院、西南财经大学、泰山学院、黑龙江大学、桂林旅游学院、新疆师范大学、浙江外国语学院、河北经贸大学、贵州大学、中国地质大学(武汉)、黄山学院、长沙学院、内蒙古大学、华东师范大学、大理大学、湖北经济学院、成都体育学院、珠海科技学院、四川农业大学、西安文理学院、贺州学院、成都大学、北方民族大学、四川大学、沈阳大学、青海民族大学、河北地质大学、安徽大学、三峡大学、南京晓庄学院、沈阳师范大学、广西师范大学、东北财经大学

3★（128个），2★（171个），1★（43个）：名单略

120902 酒店管理（184）

排名	学校名称	星级	排名	学校名称	星级	排名	学校名称	星级
1	昆明学院	5★+	7	华侨大学	5★	13	沈阳城市学院	5★-
2	北京联合大学	5★+	8	武汉商学院	5★	14	江西科技师范大学	5★-
3	北京第二外国语学院	5★+	9	广东财经大学	5★	15	哈尔滨商业大学	5★-
4	海南大学	5★+	10	厦门大学	5★-	16	沈阳师范大学	5★-
5	桂林旅游学院	5★	11	上海商学院	5★-	17	四川旅游学院	5★-
6	天津商业大学	5★	12	湖南工商大学	5★-	18	湖南师范大学	5★-

4★（19个）：云南财经大学、新疆大学、黄山学院、海南师范大学、浙江越秀外国语学院、贵州商学院、武夷学院、三亚学院、桂林理工大学、桂林航天工业学院、宁德师范学院、四川工业科技学院、上海杉达学院、福建师范大学、太原学院、华南师范大学、郑州大学、广东金融学院、重庆科技学院

3★（55个），2★（74个），1★（18个）：名单略

120903 会展经济与管理（100）

排名	学校名称	星级	排名	学校名称	星级	排名	学校名称	星级
1	南开大学	5★+	2	上海对外经贸大学	5★+	3	云南财经大学	5★

排名	学校名称	星级	排名	学校名称	星级	排名	学校名称	星级
4	中山大学	5★	7	华南理工大学	5★-	10	华南师范大学	5★-
5	四川大学	5★	8	北京第二外国语学院	5★-			
6	浙江万里学院	5★-	9	上海师范大学	5★-			
4★（10个）：桂林旅游学院、四川旅游学院、贵州商学院、海南大学、重庆文理学院、湖南师范大学、河北经贸大学、浙江传媒学院、广东财经大学、上海理工大学								
3★（30个），2★（40个），1★（10个）：名单略								

120904T 旅游管理与服务教育（38）

排名	学校名称	星级	排名	学校名称	星级	排名	学校名称	星级
1	三明学院	5★+	3	湖北师范大学	5★-			
2	宁德师范学院	5★	4	成都银杏酒店管理学院	5★-			
4★（4个）：福建商学院、河北环境工程学院、河北师范大学、萍乡学院								
3★（11个），2★（15个），1★（4个）：名单略								

130101 艺术史论（17）

排名	学校名称	星级	排名	学校名称	星级	排名	学校名称	星级
1	北京大学	5★	2	中国美术学院	5★-			
4★（1个）：中央美术学院								
3★（6个），2★（6个），1★（2个）：名单略								

130102T 艺术管理（29）

排名	学校名称	星级	排名	学校名称	星级	排名	学校名称	星级
1	中央美术学院	5★+	2	上海戏剧学院	5★-	3	南京艺术学院	5★-
4★（3个）：贵州商学院、云南艺术学院、广西艺术学院								
3★（9个），2★（11个），1★（3个）：名单略								

130103T 非物质文化遗产保护（12）

排名	学校名称	星级	排名	学校名称	星级	排名	学校名称	星级
1	郑州工程技术学院	5★						
4★（1个）：山西传媒学院								
3★（4个），2★（5个），1★（1个）：名单略								

130201 音乐表演（234）

排名	学校名称	星级	排名	学校名称	星级	排名	学校名称	星级
1	上海音乐学院	5★+	4	天津音乐学院	5★+	7	西安音乐学院	5★
2	沈阳音乐学院	5★+	5	吉林艺术学院	5★+	8	首都师范大学	5★
3	南京艺术学院	5★+	6	湖南师范大学	5★	9	浙江音乐学院	5★

续表

排名	学校名称	星级	排名	学校名称	星级	排名	学校名称	星级
10	武汉音乐学院	5★	15	内蒙古艺术学院	5★-	20	江西师范大学	5★-
11	四川音乐学院	5★	16	中央音乐学院	5★-	21	山西大学	5★-
12	星海音乐学院	5★	17	中国音乐学院	5★-	22	华南师范大学	5★-
13	安徽师范大学	5★-	18	山东艺术学院	5★-	23	贵州民族大学	5★-
14	广西艺术学院	5★-	19	洛阳师范学院	5★-			

4★（24个）：哈尔滨师范大学、佳木斯大学、沈阳师范大学、齐齐哈尔大学、燕山大学、云南艺术学院、内蒙古师范大学、西北师范大学、四川师范大学、哈尔滨音乐学院、苏州大学、延边大学、上海师范大学、华东师范大学、西北民族大学、郑州大学、河南大学、海南大学、东北大学、山东师范大学、中国传媒大学、深圳大学、河南师范大学、大连大学

3★（70个），2★（94个），1★（23个）：名单略

130202 音乐学（388）

排名	学校名称	星级	排名	学校名称	星级	排名	学校名称	星级
1	上海音乐学院	5★+	14	首都师范大学	5★	27	山东师范大学	5★-
2	福建师范大学	5★+	15	安徽师范大学	5★	28	延边大学	5★-
3	东北师范大学	5★+	16	新疆师范大学	5★	29	河北师范大学	5★-
4	南京师范大学	5★+	17	哈尔滨师范大学	5★	30	山东大学	5★-
5	中央音乐学院	5★+	18	湖南师范大学	5★	31	宁波大学	5★-
6	南京艺术学院	5★+	19	山西师范大学	5★	32	哈尔滨音乐学院	5★-
7	中国音乐学院	5★+	20	西南大学	5★-	33	华中师范大学	5★-
8	天津音乐学院	5★+	21	浙江音乐学院	5★-	34	沈阳音乐学院	5★-
9	武汉音乐学院	5★	22	陕西师范大学	5★-	35	江西师范大学	5★-
10	浙江师范大学	5★	23	济南大学	5★-	36	四川音乐学院	5★-
11	上海师范大学	5★	24	华东师范大学	5★-	37	中央民族大学	5★-
12	北京师范大学	5★	25	吉林艺术学院	5★-	38	山东艺术学院	5★-
13	西安音乐学院	5★	26	星海音乐学院	5★-	39	四川师范大学	5★-

4★（39个）：沈阳师范大学、广西师范大学、中国传媒大学、周口师范学院、河南师范大学、江南大学、西藏大学、河南大学、青岛大学、湖南涉外经济学院、广州大学、肇庆学院、泉州师范学院、黄冈师范学院、邵阳学院、南昌大学、嘉应学院、华南师范大学、渭南师范学院、广西艺术学院、内蒙古师范大学、湖南工业大学、云南师范大学、湖南人文科技学院、兰州城市学院、天津师范大学、赣南师范大学、唐山师范学院、河北大学、聊城大学、江苏师范大学、衡阳师范学院、扬州大学、长沙师范学院、湖南文理学院、怀化学院、湖南城市学院、湖州师范学院、湖南科技大学

3★（116个），2★（155个），1★（39个）：名单略

130203 作曲与作曲技术理论（35）

排名	学校名称	星级	排名	学校名称	星级	排名	学校名称	星级
1	上海音乐学院	5★+	3	南京艺术学院	5★-			
2	沈阳音乐学院	5★	4	中国传媒大学	5★-			

4★（3个）：中央音乐学院、浙江音乐学院、四川音乐学院

3★（11个），2★（14个），1★（3个）：名单略

130204 舞蹈表演（150）

排名	学校名称	星级	排名	学校名称	星级	排名	学校名称	星级
1	北京舞蹈学院	5★+	6	西北民族大学	5★	11	山东艺术学院	5★-
2	上海戏剧学院	5★+	7	云南艺术学院	5★	12	四川大学	5★-
3	中央民族大学	5★+	8	延边大学	5★	13	西南民族大学	5★-
4	内蒙古艺术学院	5★	9	广西艺术学院	5★-	14	贵州民族大学	5★-
5	南京艺术学院	5★	10	沈阳音乐学院	5★-	15	武汉体育学院	5★-

4★（15 个）：武汉音乐学院、西安音乐学院、四川师范大学、四川工商学院、首都体育学院、山东体育学院、西安体育学院、四川音乐学院、临沂大学、北京体育大学、沈阳体育学院、安徽师范大学、星海音乐学院、哈尔滨体育学院、吉林艺术学院

3★（45 个），2★（60 个），1★（15 个）：名单略

130205 舞蹈学（201）

排名	学校名称	星级	排名	学校名称	星级	排名	学校名称	星级
1	南京艺术学院	5★+	8	云南艺术学院	5★	15	星海音乐学院	5★-
2	北京师范大学	5★+	9	首都师范大学	5★	16	上海师范大学	5★-
3	福建师范大学	5★+	10	沈阳音乐学院	5★	17	四川师范大学	5★-
4	北京舞蹈学院	5★+	11	湖南师范大学	5★-	18	潍坊学院	5★-
5	西北民族大学	5★	12	新疆师范大学	5★-	19	西安体育学院	5★-
6	山东师范大学	5★	13	天津体育学院	5★-	20	华中师范大学	5★-
7	陕西师范大学	5★	14	天津师范大学	5★-			

4★（20 个）：中央民族大学、曲阜师范大学、浙江师范大学、华南师范大学、上饶师范学院、浙江音乐学院、南京师范大学、海口经济学院、云南民族大学、聊城大学、滨州学院、河北民族师范学院、西南大学、洛阳师范学院、广西师范大学、四川音乐学院、江西师范大学、武汉体育学院、济南大学、廊坊师范学院

3★（61 个），2★（80 个），1★（20 个）：名单略

130206 舞蹈编导（76）

排名	学校名称	星级	排名	学校名称	星级	排名	学校名称	星级
1	东北师范大学	5★+	4	齐齐哈尔大学	5★	7	西安音乐学院	5★-
2	南京艺术学院	5★+	5	哈尔滨师范大学	5★-	8	山西大学	5★-
3	北京舞蹈学院	5★	6	山东青年政治学院	5★-			

4★（7 个）：深圳大学、广东海洋大学、云南艺术学院、湖南文理学院、广州大学、东北石油大学、浙江传媒学院

3★（23 个），2★（30 个），1★（8 个）：名单略

130208TK 航空服务艺术与管理（71）

排名	学校名称	星级	排名	学校名称	星级	排名	学校名称	星级
1	河北民族师范学院	5★+	4	中国民航大学	5★	7	内蒙古师范大学	5★-
2	宁夏理工学院	5★	5	郑州航空工业管理学院	5★-			
3	滨州学院	5★	6	山东师范大学	5★-			

4★（7 个）：曲阜师范大学、安徽师范大学、湖北民族大学、贵州民族大学、南宁师范大学、西北民族大学、保定学院

3★（22 个），2★（28 个），1★（7 个）：名单略

130212T 音乐教育（28）

排名	学校名称	星级	排名	学校名称	星级	排名	学校名称	星级
1	中国音乐学院	5★+	2	武汉音乐学院	5★-	3	广西艺术学院	5★-
4★（3个）：星海音乐学院、广州华立学院、天津音乐学院								
3★（8个），2★（11个），1★（3个）：名单略								

130301 表演（146）

排名	学校名称	星级	排名	学校名称	星级	排名	学校名称	星级
1	上海戏剧学院	5★+	6	山西师范大学	5★	11	邢台学院	5★-
2	中央戏剧学院	5★+	7	中国戏曲学院	5★	12	天津工业大学	5★-
3	北京电影学院	5★+	8	吉林艺术学院	5★-	13	天津师范大学	5★-
4	南京艺术学院	5★	9	沈阳师范大学	5★-	14	天津音乐学院	5★-
5	中国传媒大学	5★	10	云南艺术学院	5★-	15	辽宁大学	5★-
4★（14个）：上海师范大学、北京联合大学、武汉大学、深圳大学、四川师范大学、河北传媒学院、吉林体育学院、上海大学、大连艺术学院、河南大学、重庆大学、南昌理工学院、江西师范大学、广西艺术学院								
3★（44个），2★（58个），1★（15个）：名单略								

130304 戏剧影视文学（95）

排名	学校名称	星级	排名	学校名称	星级	排名	学校名称	星级
1	南京大学	5★+	5	中国传媒大学	5★	9	山西师范大学	5★-
2	上海戏剧学院	5★+	6	北京电影学院	5★-	10	武汉大学	5★-
3	北京师范大学	5★	7	中央戏剧学院	5★-			
4	厦门大学	5★	8	南京艺术学院	5★-			
4★（9个）：上海大学、中国戏曲学院、浙江师范大学、云南艺术学院、河北大学、曲阜师范大学、北京大学、西南大学、海南大学								
3★（29个），2★（38个），1★（9个）：名单略								

130305 广播电视编导（226）

排名	学校名称	星级	排名	学校名称	星级	排名	学校名称	星级
1	中国传媒大学	5★+	9	成都大学	5★	17	吉林艺术学院	5★-
2	福建师范大学	5★+	10	上海师范大学	5★	18	哈尔滨师范大学	5★-
3	上海戏剧学院	5★+	11	浙江传媒学院	5★	19	江西师范大学	5★-
4	南京师范大学	5★+	12	东北师范大学	5★-	20	云南艺术学院	5★-
5	南京艺术学院	5★+	13	西南大学	5★-	21	南昌理工学院	5★-
6	上海大学	5★	14	西北师范大学	5★-	22	新疆艺术学院	5★-
7	河北传媒学院	5★	15	陕西师范大学	5★-	23	新乡学院	5★-
8	华东师范大学	5★	16	南京传媒学院	5★-			
4★（22个）：西北大学、四川师范大学、山东师范大学、湖北文理学院、河北美术学院、山西传媒学院、池州学院、广州大学、山东艺术学院、武汉传媒学院、黄冈师范学院、成都文理学院、湖北民族大学、聊城大学、重庆邮电大学、武夷学院、北京电影学院、荆楚理工学院、四川音乐学院、临沂大学、陕西科技大学、内蒙古民族大学								
3★（68个），2★（90个），1★（23个）：名单略								

130306 戏剧影视导演（32）

排名	学校名称	星级	排名	学校名称	星级	排名	学校名称	星级
1	北京电影学院	5★+	2	中央戏剧学院	5★	3	上海戏剧学院	5★-
4★（3 个）：中国传媒大学、南京艺术学院、上海大学								
3★（10 个），2★（13 个），1★（3 个）：名单略								

130307 戏剧影视美术设计（53）

排名	学校名称	星级	排名	学校名称	星级	排名	学校名称	星级
1	上海戏剧学院	5★+	3	北京电影学院	5★	5	上海大学	5★-
2	中央戏剧学院	5★	4	中国传媒大学	5★-			
4★（6 个）：南京艺术学院、中国戏曲学院、四川美术学院、天津音乐学院、山东艺术学院、云南艺术学院								
3★（16 个），2★（21 个），1★（5 个）：名单略								

130308 录音艺术（35）

排名	学校名称	星级	排名	学校名称	星级	排名	学校名称	星级
1	中国传媒大学	5★+	3	南京艺术学院	5★-			
2	北京电影学院	5★	4	中国美术学院	5★-			
4★（3 个）：中央戏剧学院、武汉音乐学院、星海音乐学院								
3★（11 个），2★（14 个），1★（3 个）：名单略								

130309 播音与主持艺术（232）

排名	学校名称	星级	排名	学校名称	星级	排名	学校名称	星级
1	中国传媒大学	5★+	9	西南大学	5★	17	河北传媒学院	5★-
2	南京师范大学	5★+	10	天津师范大学	5★	18	安徽师范大学	5★-
3	华东师范大学	5★+	11	四川师范大学	5★	19	辽宁师范大学	5★-
4	浙江传媒学院	5★+	12	山西师范大学	5★	20	西安体育学院	5★-
5	陕西师范大学	5★+	13	中央戏剧学院	5★-	21	四川音乐学院	5★-
6	福建师范大学	5★	14	山东青年政治学院	5★-	22	许昌学院	5★-
7	新疆艺术学院	5★	15	浙江工业大学	5★-	23	武汉体育学院	5★-
8	山西传媒学院	5★	16	重庆大学	5★-			
4★（23 个）：乐山师范学院、吉林艺术学院、沈阳音乐学院、湖南师范大学、上海戏剧学院、海口经济学院、大连艺术学院、武汉传媒学院、郑州科技学院、河南大学、内蒙古大学、广西外国语学院、南宁师范大学、西安培华学院、汉口学院、广州大学、西安翻译学院、武汉大学、成都理工大学、宝鸡文理学院、邯郸学院、江苏师范大学、辽宁大学								
3★（70 个），2★（93 个），1★（23 个）：名单略								

130310 动画（251）

排名	学校名称	星级	排名	学校名称	星级	排名	学校名称	星级
1	中国传媒大学	5★+	5	南京艺术学院	5★+	9	吉林艺术学院	5★
2	北京电影学院	5★+	6	天津工业大学	5★	10	杭州师范大学	5★
3	成都大学	5★+	7	哈尔滨师范大学	5★	11	吉林动画学院	5★
4	中国美术学院	5★+	8	武汉理工大学	5★	12	浙江传媒学院	5★

排名	学校名称	星级	排名	学校名称	星级	排名	学校名称	星级
13	青岛农业大学	5★	18	南京传媒学院	5★-	23	西安美术学院	5★-
14	山西传媒学院	5★-	19	同济大学	5★-	24	江西师范大学	5★-
15	四川美术学院	5★-	20	广州美术学院	5★-	25	南京信息工程大学	5★-
16	黄淮学院	5★-	21	鲁迅美术学院	5★-			
17	上海大学	5★-	22	北京印刷学院	5★-			

4★(25个)：内蒙古艺术学院、郑州轻工业大学、辽宁师范大学、河北美术学院、浙江师范大学、北海艺术设计学院、辽宁传媒学院、景德镇陶瓷大学、北京服装学院、东南大学、南京邮电大学、湖北美术学院、江西科技师范大学、成都东软学院、长春师范大学、黄冈师范学院、华南农业大学、四川音乐学院、中国人民大学、福州外语外贸学院、武汉商学院、吉林工程技术师范学院、吉林工商学院、西安工程大学、新乡学院

3★(76个)，2★(100个)，1★(25个)：名单略

130311T 影视摄影与制作（75）

排名	学校名称	星级	排名	学校名称	星级	排名	学校名称	星级
1	中国传媒大学	5★+	4	南京艺术学院	5★	7	上海大学	5★-
2	北京电影学院	5★+	5	中国美术学院	5★-	8	重庆大学	5★-
3	上海戏剧学院	5★	6	浙江传媒学院	5★-			

4★(7个)：山西传媒学院、云南艺术学院、四川美术学院、华南农业大学珠江学院、南京传媒学院、汉口学院、江苏师范大学

3★(23个)，2★(30个)，1★(7个)：名单略

130401 美术学（333）

排名	学校名称	星级	排名	学校名称	星级	排名	学校名称	星级
1	南京艺术学院	5★+	12	中国美术学院	5★	23	云南艺术学院	5★-
2	首都师范大学	5★+	13	苏州大学	5★	24	河北师范大学	5★-
3	中央美术学院	5★+	14	内蒙古师范大学	5★	25	上海师范大学	5★-
4	福建师范大学	5★+	15	山东师范大学	5★	26	四川美术学院	5★-
5	东北师范大学	5★+	16	华东师范大学	5★	27	山东工艺美术学院	5★-
6	西安美术学院	5★+	17	陕西师范大学	5★	28	西藏大学	5★-
7	上海大学	5★+	18	湖南师范大学	5★-	29	中央民族大学	5★-
8	哈尔滨师范大学	5★	19	浙江师范大学	5★-	30	西南大学	5★-
9	四川大学	5★	20	广州美术学院	5★-	31	华中师范大学	5★-
10	西北师范大学	5★	21	江苏师范大学	5★-	32	四川师范大学	5★-
11	南京师范大学	5★	22	南通大学	5★-	33	山东大学	5★-

4★(34个)：河南大学、北京师范大学、新疆师范大学、吉林艺术学院、沈阳师范大学、中国人民大学、安徽师范大学、杭州师范大学、渤海大学、鲁迅美术学院、浙江理工大学、山东艺术学院、广西艺术学院、淮北师范大学、东南大学、江苏大学、河南师范大学、聊城大学、深圳大学、广西师范大学、西北大学、云南师范大学、江西师范大学、曲阜师范大学、长沙师范学院、湖南科技大学、华南师范大学、扬州大学、湖北美术学院、天津美术学院、景德镇陶瓷大学、山东建筑大学、云南大学、西南民族大学

3★(100个)，2★(133个)，1★(33个)：名单略

130402 绘画（160）

排名	学校名称	星级	排名	学校名称	星级	排名	学校名称	星级
1	中央美术学院	5★+	7	四川美术学院	5★	13	上海大学	5★-
2	西安美术学院	5★+	8	云南艺术学院	5★	14	鲁迅美术学院	5★-
3	中国美术学院	5★+	9	吉林艺术学院	5★-	15	广州美术学院	5★-
4	南京艺术学院	5★	10	湖北美术学院	5★-	16	清华大学	5★-
5	厦门大学	5★	11	天津美术学院	5★-			
6	首都师范大学	5★	12	广西艺术学院	5★-			

4★（16 个）：哈尔滨师范大学、华东师范大学、内蒙古艺术学院、山东艺术学院、南京师范大学、陕西师范大学、湖南师范大学、中国人民大学、吉林大学、山东工艺美术学院、沈阳师范大学、云南大学、广西师范大学、青岛大学、西南大学、四川音乐学院

3★（48 个），2★（64 个），1★（16 个）：名单略

130403 雕塑（53）

排名	学校名称	星级	排名	学校名称	星级	排名	学校名称	星级
1	中央美术学院	5★+	3	西安美术学院	5★	5	上海大学	5★-
2	中国美术学院	5★	4	东北师范大学	5★-			

4★（6 个）：鲁迅美术学院、清华大学、哈尔滨师范大学、广州美术学院、华东师范大学、南京艺术学院

3★（16 个），2★（21 个），1★（5 个）：名单略

130404 摄影（74）

排名	学校名称	星级	排名	学校名称	星级	排名	学校名称	星级
1	北京电影学院	5★+	4	清华大学	5★	7	西安美术学院	5★-
2	中国美术学院	5★	5	中国传媒大学	5★-			
3	哈尔滨师范大学	5★	6	浙江传媒学院	5★-			

4★（8 个）：南京艺术学院、鲁迅美术学院、天津美术学院、天津师范大学、四川美术学院、上海工程技术大学、广州美术学院、丽水学院

3★（22 个），2★（30 个），1★（7 个）：名单略

130405T 书法学（130）

排名	学校名称	星级	排名	学校名称	星级	排名	学校名称	星级
1	中国美术学院	5★+	6	西北师范大学	5★	11	南京师范大学	5★-
2	中央美术学院	5★+	7	四川大学	5★	12	曲阜师范大学	5★-
3	南京艺术学院	5★+	8	广州美术学院	5★-	13	山东艺术学院	5★-
4	西安美术学院	5★	9	西安交通大学	5★-			
5	哈尔滨师范大学	5★	10	四川美术学院	5★-			

4★（13 个）：广西艺术学院、北京师范大学、河北美术学院、郑州大学、山西师范大学、淮北师范大学、杭州师范大学、湖北美术学院、鲁迅美术学院、重庆城市科技学院、肇庆学院、首都师范大学、太原师范学院

3★（39 个），2★（52 个），1★（13 个）：名单略

130406T 中国画（34）

排名	学校名称	星级	排名	学校名称	星级	排名	学校名称	星级
1	中国美术学院	5★+	2	中央美术学院	5★	3	西安美术学院	5★-
4★（4个）：南京艺术学院、四川美术学院、广西艺术学院、南京师范大学								
3★（10个），2★（14个），1★（3个）：名单略								

130409T 文物保护与修复（13）

排名	学校名称	星级	排名	学校名称	星级	排名	学校名称	星级
1	河北东方学院	5★						
4★（2个）：中国美术学院、中央美术学院								
3★（4个），2★（5个），1★（1个）：名单略								

130501 艺术设计学（52）

排名	学校名称	星级	排名	学校名称	星级	排名	学校名称	星级
1	南京艺术学院	5★+	3	苏州大学	5★	5	山东工艺美术学院	5★-
2	西安美术学院	5★	4	中国美术学院	5★-			
4★（5个）：武汉理工大学、四川美术学院、湖南师范大学、湖南工业大学、广州美术学院								
3★（16个），2★（21个），1★（5个）：名单略								

130502 视觉传达设计（722）

排名	学校名称	星级	排名	学校名称	星级	排名	学校名称	星级
1	中国美术学院	5★+	19	徐州工程学院	5★	37	湖北工业大学	5★-
2	江南大学	5★+	20	大连工业大学	5★	38	长沙理工大学	5★-
3	清华大学	5★+	21	武汉理工大学	5★	39	北京服装学院	5★-
4	西安美术学院	5★+	22	陕西科技大学	5★	40	中国传媒大学	5★-
5	南京艺术学院	5★+	23	云南艺术学院	5★	41	上海大学	5★-
6	郑州轻工业大学	5★+	24	广西艺术学院	5★	42	宁波财经学院	5★-
7	浙江理工大学	5★+	25	湖南工业大学	5★	43	湖南工商大学	5★-
8	山东工艺美术学院	5★+	26	内蒙古师范大学	5★	44	四川美术学院	5★-
9	中央美术学院	5★+	27	兰州财经大学	5★	45	江西科技师范大学	5★-
10	鲁迅美术学院	5★+	28	上海视觉艺术学院	5★	46	湖南理工学院	5★-
11	湖北美术学院	5★+	29	北京印刷学院	5★	47	西安工程大学	5★-
12	吉林艺术学院	5★+	30	浙江工商大学	5★	48	苏州科技大学	5★-
13	上海交通大学	5★+	31	北京航空航天大学	5★	49	山东艺术学院	5★-
14	齐鲁工业大学	5★+	32	天津工业大学	5★	50	曲阜师范大学	5★-
15	同济大学	5★	33	海南大学	5★	51	黑龙江大学	5★-
16	四川师范大学	5★	34	广州美术学院	5★	52	汕头大学	5★-
17	云南大学	5★	35	深圳大学	5★	53	景德镇陶瓷大学	5★-
18	天津美术学院	5★	36	上海理工大学	5★	54	中原工学院	5★-

排名	学校名称	星级	排名	学校名称	星级	排名	学校名称	星级
55	浙江工业大学	5★-	61	湖北理工学院	5★-	67	渭南师范学院	5★-
56	郑州科技学院	5★-	62	商丘师范学院	5★-	68	武汉纺织大学	5★-
57	广西师范大学	5★-	63	福州大学	5★-	69	许昌学院	5★-
58	中南财经政法大学	5★-	64	上海建桥学院	5★-	70	郑州大学	5★-
59	昆明学院	5★-	65	西南科技大学	5★-	71	黄淮学院	5★-
60	天津理工大学	5★-	66	新余学院	5★-	72	广东工业大学	5★-

4★(72 个)：广东财经大学、安徽大学、天津师范大学、青岛大学、大连艺术学院、东北师范大学、浙江科技学院、北京科技大学、安康学院、北京城市学院、华南农业大学、宜春学院、燕京理工学院、山东大学、西安工业大学、武汉东湖学院、咸阳师范学院、临沂大学、南京林业大学、成都大学、嘉兴学院、北海艺术设计学院、闽南理工学院、兰州工业学院、湖北科技学院、辽东学院、哈尔滨广厦学院、河北美术学院、闽江学院、青岛农业大学、北京理工大学、哈尔滨理工大学、中南林业科技大学、中国地质大学(武汉)、山西应用科技学院、九江学院、山东女子学院、宁波大学、西安欧亚学院、淮阴师范学院、新乡学院、郑州商学院、河北工业大学、四川农业大学、池州学院、湖北工程学院、青岛科技大学、西京学院、武汉轻工大学、湖南女子学院、湖南工程学院、德州学院、浙江农林大学、山东农业工程学院、北京工业大学、河北环境工程学院、河北民族师范学院、湘南学院、西安文理学院、安徽工程大学、湖北经济学院、安徽文达信息工程学院、武夷学院、安徽建筑大学、四川大学、云南财经大学、邢台学院、吉首大学、中国人民大学、西安建筑科技大学、安徽工业大学、重庆第二师范学院

3★(217 个)，2★(289 个)，1★(72 个)：名单略

130503 环境设计（721）

排名	学校名称	星级	排名	学校名称	星级	排名	学校名称	星级
1	西安美术学院	5★+	20	昆明理工大学	5★	39	云南艺术学院	5★-
2	清华大学	5★+	21	东北师范大学	5★	40	景德镇陶瓷大学	5★-
3	南京艺术学院	5★+	22	兰州文理学院	5★	41	重庆文理学院	5★-
4	南京林业大学	5★+	23	安徽工程大学	5★	42	北京服装学院	5★-
5	吉林建筑大学	5★+	24	华东师范大学	5★	43	集美大学	5★-
6	江南大学	5★+	25	山东工艺美术学院	5★	44	山东艺术学院	5★-
7	西安建筑科技大学	5★+	26	北京工业大学	5★	45	海南师范大学	5★-
8	浙江理工大学	5★+	27	大连理工大学	5★	46	盐城工学院	5★-
9	广西艺术学院	5★+	28	哈尔滨师范大学	5★	47	浙江万里学院	5★-
10	中南林业科技大学	5★+	29	广州美术学院	5★	48	西安工程大学	5★-
11	扬州大学	5★+	30	河北工业大学	5★	49	云南大学	5★-
12	郑州轻工业大学	5★+	31	山西大学	5★	50	长沙理工大学	5★-
13	湖北美术学院	5★+	32	天津大学	5★	51	安徽大学	5★-
14	鲁迅美术学院	5★+	33	华南理工大学	5★	52	温州大学	5★-
15	大连工业大学	5★	34	广东工业大学	5★	53	内蒙古师范大学	5★-
16	同济大学	5★	35	东华大学	5★	54	安徽建筑大学	5★-
17	上海大学	5★	36	中南民族大学	5★	55	中原工学院	5★-
18	武汉理工大学	5★	37	吉林艺术学院	5★-	56	武汉大学	5★-
19	四川美术学院	5★	38	贺州学院	5★-	57	西北农林科技大学	5★-

排名	学校名称	星级	排名	学校名称	星级	排名	学校名称	星级
58	长春建筑学院	5★-	63	湖南工程学院	5★-	68	商丘师范学院	5★-
59	大连艺术学院	5★-	64	江西财经大学	5★-	69	西安交通大学	5★-
60	四川师范大学	5★-	65	广西师范大学	5★-	70	中国矿业大学	5★-
61	德州学院	5★-	66	湘南学院	5★-	71	新余学院	5★-
62	西南林业大学	5★-	67	沈阳建筑大学	5★-	72	湖南工商大学	5★-

4★(72个)：渭南师范学院、北京联合大学、黄淮学院、九江学院、西安工业大学、苏州大学、商丘工学院、河北美术学院、南阳理工学院、北京理工大学、齐鲁工业大学、北海艺术设计学院、华中科技大学、中国美术学院、广西科技大学、湖南理工学院、湖北科技学院、燕京理工学院、宜春学院、燕山大学、华东理工大学、武汉设计工程学院、北京城市学院、闽南理工学院、天津师范大学、桂林理工大学、西京学院、哈尔滨理工大学、菏泽学院、西安欧亚学院、四川工商学院、辽东学院、天津理工大学、荆楚理工学院、中国地质大学(武汉)、上饶师范学院、北京农学院、哈尔滨广厦学院、山东农业大学、佳木斯大学、杭州师范大学、新乡学院、郑州科技学院、上海视觉艺术学院、南开大学、西安石油大学、沈阳师范大学、哈尔滨商业大学、上海理工大学、河南工程学院、天津美术学院、许昌学院、黑龙江外国语学院、烟台南山学院、齐齐哈尔大学、厦门大学嘉庚学院、西南交通大学、成都大学、湖南城市学院、武汉东湖学院、河南农业大学、四川大学、上海应用技术大学、牡丹江师范学院、嘉兴学院、合肥工业大学、乐山师范学院、武汉生物工程学院、武汉城市学院、东北大学、南京航空航天大学、福州大学

3★(217个)，2★(288个)，1★(72个)：名单略

130504 产品设计（402）

排名	学校名称	星级	排名	学校名称	星级	排名	学校名称	星级
1	清华大学	5★+	15	南京艺术学院	5★	29	云南艺术学院	5★-
2	江南大学	5★+	16	广东工业大学	5★	30	大连民族大学	5★-
3	中央美术学院	5★+	17	武汉理工大学	5★	31	西安工业大学	5★-
4	浙江理工大学	5★+	18	湖北美术学院	5★	32	成都大学	5★-
5	广州美术学院	5★+	19	湖南工业大学	5★	33	西南交通大学	5★-
6	郑州轻工业大学	5★+	20	东南大学	5★	34	四川美术学院	5★-
7	同济大学	5★+	21	福州大学	5★-	35	中国美术学院	5★-
8	山东工艺美术学院	5★+	22	桂林电子科技大学	5★-	36	常州工学院	5★-
9	鲁迅美术学院	5★	23	齐鲁工业大学	5★-	37	华南理工大学	5★-
10	北京服装学院	5★	24	山东大学	5★-	38	河南工业大学	5★-
11	南京林业大学	5★	25	燕山大学	5★-	39	湖南科技大学	5★-
12	北京理工大学	5★	26	吉林艺术学院	5★-	40	南京师范大学	5★-
13	湖北工业大学	5★	27	北京工业大学	5★-			
14	天津理工大学	5★	28	景德镇陶瓷大学	5★-			

4★(40个)：江苏大学、西安工程大学、内蒙古师范大学、西北工业大学、大连工业大学、陕西科技大学、西安美术学院、华东师范大学、沈阳航空航天大学、中南林业科技大学、江西财经大学、天津科技大学、华侨大学、广西师范大学、华中科技大学、黄山学院、四川农业大学、北京林业大学、上海第二工业大学、北海艺术设计学院、北京城市学院、西华大学、华南农业大学、南昌大学、北京工商大学、山东科技大学、哈尔滨商业大学、中国地质大学(北京)、杭州电子科技大学、辽宁石油化工大学、武汉大学、北京化工大学、江汉大学、湖北工程学院、重庆大学、许昌学院、广西艺术学院、苏州大学、九江学院、沈阳理工大学

3★(121个)，2★(161个)，1★(40个)：名单略

130505 服装与服饰设计（212）

排名	学校名称	星级	排名	学校名称	星级	排名	学校名称	星级
1	北京服装学院	5★+	8	苏州大学	5★	15	山东工艺美术学院	5★-
2	浙江理工大学	5★+	9	东华大学	5★	16	中央美术学院	5★-
3	江南大学	5★+	10	大连工业大学	5★	17	温州大学	5★-
4	武汉纺织大学	5★+	11	西安工程大学	5★	18	齐齐哈尔大学	5★-
5	中国美术学院	5★	12	河北科技大学	5★-	19	江西服装学院	5★-
6	鲁迅美术学院	5★	13	湖北美术学院	5★-	20	清华大学	5★-
7	西安美术学院	5★	14	太原理工大学	5★-	21	中央民族大学	5★-

4★（21 个）：东北师范大学、四川美术学院、四川大学、陕西科技大学、金陵科技学院、上海工程技术大学、广东工业大学、北京联合大学、闽江学院、内蒙古艺术学院、大连艺术学院、安徽工程大学、中原工学院、郑州轻工业大学、华南农业大学、湖南女子学院、四川师范大学、西南大学、德州学院、齐鲁工业大学、厦门理工学院

3★（64 个），2★（85 个），1★（21 个）：名单略

130506 公共艺术（64）

排名	学校名称	星级	排名	学校名称	星级	排名	学校名称	星级
1	北京服装学院	5★+	3	中国美术学院	5★	5	华东师范大学	5★-
2	江南大学	5★	4	南京艺术学院	5★-	6	扬州大学	5★-

4★（7 个）：杭州师范大学、西安美术学院、湖北美术学院、浙江工业大学、四川美术学院、湖北工业大学、南京林业大学

3★（19 个），2★（26 个），1★（6 个）：名单略

130507 工艺美术（92）

排名	学校名称	星级	排名	学校名称	星级	排名	学校名称	星级
1	西安美术学院	5★+	4	中国美术学院	5★	7	鲁迅美术学院	5★-
2	南京艺术学院	5★+	5	太原理工大学	5★	8	广州美术学院	5★-
3	清华大学	5★	6	山东工艺美术学院	5★-	9	云南民族大学	5★-

4★（9 个）：山东艺术学院、湖北美术学院、上海视觉艺术学院、四川美术学院、郑州轻工业大学、桂林旅游学院、桂林电子科技大学、北京工业大学、景德镇陶瓷大学

3★（28 个），2★（37 个），1★（9 个）：名单略

130508 数字媒体艺术（350）

排名	学校名称	星级	排名	学校名称	星级	排名	学校名称	星级
1	北京服装学院	5★+	8	华东理工大学	5★	15	江南大学	5★-
2	长沙理工大学	5★+	9	浙江理工大学	5★	16	鲁迅美术学院	5★-
3	吉林艺术学院	5★+	10	湖南工业大学	5★	17	天津师范大学	5★-
4	中国传媒大学	5★+	11	广东工业大学	5★	18	江西财经大学	5★-
5	北京联合大学	5★+	12	四川美术学院	5★	19	武汉纺织大学	5★-
6	南京艺术学院	5★+	13	北京邮电大学	5★	20	上海大学	5★-
7	北京印刷学院	5★+	14	吉林动画学院	5★-	21	上海工程技术大学	5★-

排名	学校名称	星级	排名	学校名称	星级	排名	学校名称	星级
22	山东艺术学院	5★-	27	山西传媒学院	5★-	32	哈尔滨工业大学	5★-
23	东华大学	5★-	28	重庆工程学院	5★-	33	山东工艺美术学院	5★-
24	天津美术学院	5★-	29	南华大学	5★-	34	南京信息工程大学	5★-
25	湖北大学	5★-	30	四川师范大学	5★-	35	福州大学	5★-
26	郑州轻工业大学	5★-	31	广州航海学院	5★-			

4★(35个)：北京林业大学、苏州大学、首都师范大学、北京工商大学、北京交通大学、北京电影学院、北海艺术设计学院、西安美术学院、南京邮电大学、山西农业大学、浙江越秀外国语学院、中国美术学院、泉州信息工程学院、贺州学院、大连工业大学、桂林电子科技大学、河北东方学院、山西工商学院、齐鲁工业大学、广州大学、浙江师范大学、江西理工大学、广州美术学院、金陵科技学院、重庆邮电大学、常州大学、汕头大学、北京师范大学、湖南师范大学、邯郸学院、杭州师范大学、浙江工业大学、浙江农林大学、北京工业大学、中国人民大学

3★(105个)，2★(140个)，1★(35个)：名单略

130509T 艺术与科技（73）

排名	学校名称	星级	排名	学校名称	星级	排名	学校名称	星级
1	清华大学	5★+	4	西安美术学院	5★	7	东华大学	5★-
2	中国美术学院	5★	5	四川美术学院	5★-			
3	北京服装学院	5★	6	上海大学	5★-			

4★(8个)：山东工艺美术学院、浙江大学、南京信息工程大学、中国传媒大学、大连工业大学、广西艺术学院、上海音乐学院、广州美术学院

3★(22个)，2★(29个)，1★(7个)：名单略

130511T 新媒体艺术（18）

排名	学校名称	星级	排名	学校名称	星级	排名	学校名称	星级
1	南宁学院	5★	2	南京传媒学院	5★-			

4★(2个)：重庆城市科技学院、绵阳城市学院

3★(5个)，2★(7个)，1★(2个)：名单略

第三部分

2024 年中国研究生教育及学科竞争力排行榜

中国研究生教育地区竞争力排行榜

排名	地区	学校数量	办学资源序	教研产出序	质量与影响序	学术声誉序
1	北京	59	1	1	1	1
2	江苏	34	2	2	3	2
3	上海	29	3	3	2	3
4	广东	27	4	6	5	4
5	湖北	29	6	4	4	5
6	陕西	29	5	5	8	7
7	山东	30	7	10	7	6
8	浙江	22	11	9	6	8
9	四川	24	10	7	9	9
10	湖南	19	8	11	10	10
11	辽宁	37	9	8	16	11
12	天津	18	12	12	11	12
13	安徽	20	15	13	12	14
14	河南	19	16	14	14	13
15	黑龙江	21	13	16	15	15
16	福建	12	17	17	13	16
17	吉林	19	14	18	18	18
18	重庆	13	18	15	17	17
19	甘肃	10	21	19	19	21
20	江西	16	20	23	20	19
21	河北	24	22	20	23	20
22	云南	13	19	22	21	22
23	山西	12	23	21	22	23
24	广西	14	25	24	24	24
25	新疆	11	24	26	28	25
26	贵州	9	26	25	26	26
27	内蒙古	10	27	27	27	27
28	海南	4	28	29	25	28
29	宁夏	4	29	28	29	29
30	青海	3	30	30	30	30
31	西藏	4	31	31	31	31

中国普通高校研究生教育竞争力排行榜

排名	院校名称	星级	地区内序		类型序		排名	院校名称	星级	地区内序		类型序	
1	北京大学	5★+	北京	1	综合	1	32	湖南大学	5★-	湖南	2	理工	18
2	清华大学	5★+	北京	2	理工	1	33	兰州大学	5★-	甘肃	1	综合	12
3	浙江大学	5★+	浙江	1	综合	2	34	苏州大学	5★-	江苏	3	综合	13
4	上海交通大学	5★+	上海	1	理工	2	35	中国农业大学	5★-	北京	7	农林	1
5	复旦大学	5★+	上海	2	综合	3	36	东北大学	5★-	辽宁	2	理工	19
6	武汉大学	5★+	湖北	1	综合	4	37	郑州大学	5★-	河南	1	综合	14
7	中山大学	5★+	广东	1	综合	5	38	西北农林科技大学	5★-	陕西	3	农林	2
8	南京大学	5★+	江苏	1	综合	6	39	西南大学	5★-	重庆	2	综合	15
9	中国科学技术大学	5★+	安徽	1	理工	3	40	中国海洋大学	5★-	山东	2	理工	20
10	华中科技大学	5★+	湖北	2	理工	4	41	首都医科大学	5★-	北京	8	医药	1
11	四川大学	5★+	四川	1	综合	7	42	上海大学	5★-	上海	5	综合	16
12	吉林大学	5★+	吉林	1	综合	8	43	暨南大学	5★-	广东	3	综合	17
13	西安交通大学	5★	陕西	1	理工	5	44	南京师范大学	5★-	江苏	4	师范	3
14	同济大学	5★	上海	3	理工	6	45	西南交通大学	5★-	四川	3	理工	21
15	中南大学	5★	湖南	1	理工	7	46	南京航空航天大学	5★-	江苏	5	理工	22
16	山东大学	5★	山东	1	综合	9	47	云南大学	5★-	云南	1	综合	18
17	中国人民大学	5★	北京	3	文法	1	48	武汉理工大学	5★-	湖北	3	理工	23
18	北京师范大学	5★	北京	4	师范	1	49	国防科技大学	5★-	湖南	3	理工	24
19	北京航空航天大学	5★	北京	5	理工	8	50	江南大学	5★-	江苏	6	综合	19
20	东南大学	5★	江苏	2	理工	9	51	中国矿业大学	5★-	江苏	7	理工	25
21	天津大学	5★	天津	1	理工	10	52	南昌大学	5★-	江西	1	综合	20
22	哈尔滨工业大学	5★	黑龙江	1	理工	11	53	华中师范大学	5★-	湖北	4	师范	4
23	厦门大学	5★	福建	1	综合	10	54	北京科技大学	5★-	北京	9	理工	26
24	北京理工大学	5★	北京	6	理工	12	55	华东理工大学	5★-	上海	6	理工	27
25	南开大学	5★	天津	2	综合	11	56	华中农业大学	5★-	湖北	5	农林	3
26	华南理工大学	5★	广东	2	理工	13	57	北京协和医学院	5★-	北京	10	医药	2
27	华东师范大学	5★	上海	4	师范	2	58	南京农业大学	5★-	江苏	8	农林	4
28	大连理工大学	5★	辽宁	1	理工	14	59	河海大学	5★-	江苏	9	理工	28
29	电子科技大学	5★	四川	2	理工	15	60	深圳大学	5★-	广东	4	综合	21
30	重庆大学	5★	重庆	1	理工	16	61	南京医科大学	4★	江苏	10	医药	3
31	西北工业大学	5★-	陕西	2	理工	17	62	扬州大学	4★	江苏	11	综合	22

排名	院校名称	星级	地区	内序	类型	序	排名	院校名称	星级	地区	内序	类型	序
63	江苏大学	4★	江苏	12	综合	23	97	南京工业大学	4★	江苏	14	理工	45
64	南京理工大学	4★	江苏	13	理工	29	98	长安大学	4★	陕西	8	理工	46
65	青岛大学	4★	山东	3	综合	24	99	南京林业大学	4★	江苏	15	农林	6
66	昆明理工大学	4★	云南	2	理工	30	100	北京林业大学	4★	北京	15	农林	7
67	东北师范大学	4★	吉林	2	师范	5	101	重庆医科大学	4★	重庆	3	医药	5
68	燕山大学	4★	河北	1	理工	31	102	上海理工大学	4★	上海	8	理工	47
69	北京工业大学	4★	北京	11	理工	32	103	安徽大学	4★	安徽	3	综合	34
70	陕西师范大学	4★	陕西	4	师范	6	104	福建师范大学	4★	福建	3	师范	10
71	北京交通大学	4★	北京	12	理工	33	105	中央民族大学	4★	北京	16	民族	1
72	福州大学	4★	福建	2	综合	25	106	南京信息工程大学	4★	江苏	16	理工	48
73	华南农业大学	4★	广东	5	农林	5	107	中国石油大学(华东)	4★	山东	4	理工	49
74	浙江工业大学	4★	浙江	2	理工	34	108	首都师范大学	4★	北京	17	师范	11
75	西北大学	4★	陕西	5	综合	26	109	浙江理工大学	4★	浙江	6	理工	50
76	西安电子科技大学	4★	陕西	6	理工	35	110	哈尔滨工程大学	4★	黑龙江	2	理工	51
77	华南师范大学	4★	广东	6	师范	7	111	福建农林大学	4★	福建	4	农林	8
78	河南大学	4★	河南	2	综合	27	112	山东科技大学	4★	山东	5	理工	52
79	太原理工大学	4★	山西	1	理工	36	113	上海师范大学	4★	上海	9	师范	12
80	新疆大学	4★	新疆	1	综合	28	114	山东师范大学	4★	山东	6	师范	13
81	宁波大学	4★	浙江	3	综合	29	115	上海财经大学	4★	上海	10	财经	1
82	南方医科大学	4★	广东	7	医药	4	116	天津医科大学	4★	天津	3	医药	6
83	广西大学	4★	广西	1	综合	30	117	四川农业大学	4★	四川	4	农林	9
84	湖南师范大学	4★	湖南	4	师范	8	118	北京邮电大学	4★	北京	18	理工	53
85	贵州大学	4★	贵州	1	综合	31	119	东北林业大学	4★	黑龙江	3	农林	10
86	东华大学	4★	上海	7	理工	37	120	西安理工大学	3★	陕西	9	理工	54
87	中国地质大学(武汉)	4★	湖北	6	理工	38	121	长沙理工大学	3★	湖南	5	理工	55
88	山西大学	4★	山西	2	综合	32	122	海南大学	3★	海南	1	综合	35
89	北京化工大学	4★	北京	13	理工	39	123	南方科技大学	3★	广东	10	综合	36
90	合肥工业大学	4★	安徽	2	理工	40	124	湖南农业大学	3★	湖南	6	农林	11
91	广东工业大学	4★	广东	8	理工	41	125	江西师范大学	3★	江西	2	师范	14
92	浙江师范大学	4★	浙江	4	师范	9	126	南京邮电大学	3★	江苏	17	理工	56
93	广州大学	4★	广东	9	综合	33	127	湘潭大学	3★	湖南	7	综合	37
94	华北电力大学	4★	北京	14	理工	42	128	北京中医药大学	3★	北京	19	医药	7
95	杭州电子科技大学	4★	浙江	5	理工	43	129	河北大学	3★	河北	2	综合	38
96	西安建筑科技大学	4★	陕西	7	理工	44	130	东北农业大学	3★	黑龙江	4	农林	12

排名	院校名称	星级	地区内序		类型序		排名	院校名称	星级	地区内序		类型序	
131	温州医科大学	3★	浙江	7	医药	8	165	湖北大学	3★	湖北	9	综合	42
132	广州医科大学	3★	广东	11	医药	9	166	中国药科大学	3★	江苏	20	医药	19
133	西南财经大学	3★	四川	5	财经	2	167	长江大学	3★	湖北	10	综合	43
134	大连海事大学	3★	辽宁	3	理工	57	168	河南师范大学	3★	河南	5	师范	17
135	西北师范大学	3★	甘肃	2	师范	15	169	华侨大学	3★	福建	6	综合	44
136	成都理工大学	3★	四川	6	理工	58	170	黑龙江大学	3★	黑龙江	6	综合	45
137	对外经济贸易大学	3★	北京	20	财经	3	171	内蒙古大学	3★	内蒙古	1	综合	46
138	中南财经政法大学	3★	湖北	7	财经	4	172	西安科技大学	3★	陕西	10	理工	67
139	河北工业大学	3★	河北	3	理工	59	173	河南农业大学	3★	河南	6	农林	15
140	中国医科大学	3★	辽宁	4	医药	10	174	安徽农业大学	3★	安徽	5	农林	16
141	哈尔滨医科大学	3★	黑龙江	5	医药	11	175	兰州理工大学	3★	甘肃	4	理工	68
142	中国石油大学(北京)	3★	北京	21	理工	60	176	天津师范大学	3★	天津	4	师范	18
143	南京中医药大学	3★	江苏	18	医药	12	177	浙江农林大学	3★	浙江	9	农林	17
144	安徽医科大学	3★	安徽	4	医药	13	178	中国计量大学	3★	浙江	10	理工	69
145	中国地质大学(北京)	3★	北京	22	理工	61	179	杭州师范大学	3★	浙江	11	师范	19
146	南通大学	3★	江苏	19	综合	39	180	广西师范大学	3★	广西	2	师范	20
147	宁夏大学	3★	宁夏	1	综合	40	181	安徽师范大学	3★	安徽	6	师范	21
148	石河子大学	3★	新疆	2	综合	41	182	西南科技大学	3★	四川	8	理工	70
149	西南石油大学	3★	四川	7	理工	62	183	江苏师范大学	3★	江苏	21	师范	22
150	武汉科技大学	3★	湖北	8	理工	63	184	内蒙古农业大学	3★	内蒙古	2	农林	18
151	中央财经大学	3★	北京	23	财经	5	185	广西医科大学	3★	广西	3	医药	20
152	上海海洋大学	3★	上海	11	农林	13	186	甘肃农业大学	3★	甘肃	5	农林	19
153	中国政法大学	3★	北京	24	文法	2	187	三峡大学	3★	湖北	11	综合	47
154	上海中医药大学	3★	上海	12	医药	14	188	中北大学	3★	山西	4	理工	71
155	兰州交通大学	3★	甘肃	3	理工	64	189	南华大学	3★	湖南	8	综合	48
156	河北医科大学	3★	河北	4	医药	15	190	辽宁大学	3★	辽宁	5	综合	49
157	福建医科大学	3★	福建	5	医药	16	191	中国矿业大学(北京)	3★	北京	25	理工	72
158	河南理工大学	3★	河南	3	理工	65	192	汕头大学	3★	广东	13	综合	50
159	广州中医药大学	3★	广东	12	医药	17	193	陕西科技大学	3★	陕西	11	理工	73
160	山西医科大学	3★	山西	3	医药	18	194	湖南科技大学	3★	湖南	9	理工	74
161	山东农业大学	3★	山东	7	农林	14	195	济南大学	3★	山东	9	综合	51
162	河南科技大学	3★	河南	4	理工	66	196	沈阳农业大学	3★	辽宁	6	农林	20
163	浙江工商大学	3★	浙江	8	财经	6	197	四川师范大学	3★	四川	9	师范	23
164	曲阜师范大学	3★	山东	8	师范	16	198	天津工业大学	3★	天津	5	理工	75

排名	院校名称	星级	地区内序		类型序		排名	院校名称	星级	地区内序		类型序	
199	江苏科技大学	3★	江苏	22	理工	76	233	重庆交通大学	3★	重庆	5	理工	91
200	中国传媒大学	3★	北京	26	文法	3	234	新疆医科大学	3★	新疆	3	医药	26
201	第二军医大学	3★	上海	13	医药	21	235	沈阳药科大学	3★	辽宁	10	医药	27
202	重庆邮电大学	3★	重庆	4	理工	77	236	延边大学	3★	吉林	5	综合	54
203	北京工商大学	3★	北京	27	财经	7	237	山东理工大学	3★	山东	13	理工	92
204	广东外语外贸大学	3★	广东	14	文法	4	238	浙江中医药大学	3★	浙江	13	医药	28
205	桂林理工大学	3★	广西	4	理工	78	239	河南中医药大学	3★	河南	7	医药	29
206	河北农业大学	3★	河北	5	农林	21	240	江西农业大学	3★	江西	6	农林	25
207	天津科技大学	3★	天津	6	理工	79	241	辽宁师范大学	3★	辽宁	11	师范	26
208	大连医科大学	3★	辽宁	7	医药	22	242	湖北工业大学	3★	湖北	12	理工	93
209	成都中医药大学	3★	四川	10	医药	23	243	天津理工大学	3★	天津	7	理工	94
210	温州大学	3★	浙江	12	综合	52	244	北京体育大学	3★	北京	28	体育	1
211	青岛科技大学	3★	山东	10	理工	80	245	云南农业大学	3★	云南	5	农林	26
212	昆明医科大学	3★	云南	3	医药	24	246	青海大学	3★	青海	1	综合	55
213	哈尔滨理工大学	3★	黑龙江	7	理工	81	247	新疆农业大学	3★	新疆	4	农林	27
214	云南师范大学	3★	云南	4	师范	24	248	中国社会科学院大学	3★	北京	29	综合	56
215	江西理工大学	3★	江西	3	理工	82	249	武汉工程大学	3★	湖北	13	理工	95
216	第四军医大学	3★	陕西	12	医药	25	250	贵州医科大学	3★	贵州	2	医药	30
217	长春理工大学	3★	吉林	3	理工	83	251	贵州师范大学	3★	贵州	3	师范	27
218	山东财经大学	3★	山东	11	财经	8	252	重庆工商大学	3★	重庆	6	财经	11
219	山西农业大学	3★	山西	5	农林	22	253	上海工程技术大学	3★	上海	15	理工	96
220	江西财经大学	3★	江西	4	财经	9	254	苏州科技大学	3★	江苏	24	综合	57
221	东北财经大学	3★	辽宁	8	财经	10	255	中南民族大学	3★	湖北	14	民族	2
222	齐鲁工业大学	3★	山东	12	理工	84	256	重庆师范大学	3★	重庆	7	师范	28
223	华北理工大学	3★	河北	6	综合	53	257	西南民族大学	3★	四川	11	民族	3
224	河北师范大学	3★	河北	7	师范	25	258	安徽工业大学	3★	安徽	8	理工	97
225	辽宁工程技术大学	3★	辽宁	9	理工	85	259	沈阳工业大学	3★	辽宁	12	理工	98
226	桂林电子科技大学	3★	广西	5	理工	86	260	徐州医科大学	3★	江苏	25	医药	31
227	吉林农业大学	3★	吉林	4	农林	23	261	天津中医药大学	3★	天津	8	医药	32
228	安徽理工大学	3★	安徽	7	理工	87	262	东华理工大学	3★	江西	7	理工	99
229	华东交通大学	3★	江西	5	理工	88	263	渤海大学	3★	辽宁	13	综合	58
230	常州大学	3★	江苏	23	理工	89	264	上海外国语大学	3★	上海	16	文法	5
231	上海海事大学	3★	上海	14	理工	90	265	青岛理工大学	3★	山东	14	理工	100
232	中南林业科技大学	3★	湖南	10	农林	24	266	上海科技大学	3★	上海	17	理工	101

排名	院校名称	星级	地区内序	类型序	排名	院校名称	星级	地区内序	类型序
267	哈尔滨师范大学	3★	黑龙江	8	师范	29	301	上海电力大学	2★	上海	20	理工	115
268	烟台大学	3★	山东	15	综合	59	302	北京外国语大学	2★	北京	33	文法	8
269	上海体育大学	3★	上海	18	体育	2	303	山西师范大学	2★	山西	7	师范	32
270	山东中医药大学	3★	山东	16	医药	33	304	江西中医药大学	2★	江西	9	医药	38
271	南昌航空大学	3★	江西	8	理工	102	305	西安工业大学	2★	陕西	13	理工	116
272	青岛农业大学	3★	山东	17	农林	28	306	大连工业大学	2★	辽宁	15	理工	117
273	中央美术学院	3★	北京	30	艺术	1	307	长春工业大学	2★	吉林	7	理工	118
274	南京财经大学	3★	江苏	26	财经	12	308	黑龙江中医药大学	2★	黑龙江	10	医药	39
275	武汉纺织大学	3★	湖北	15	理工	103	309	广西民族大学	2★	广西	6	民族	4
276	华东政法大学	3★	上海	19	文法	6	310	西华师范大学	2★	四川	13	师范	33
277	湖南中医药大学	3★	湖南	11	医药	34	311	中国美术学院	2★	浙江	16	艺术	3
278	内蒙古科技大学	3★	内蒙古	3	理工	104	312	河北科技大学	2★	河北	9	理工	119
279	河南工业大学	3★	河南	8	理工	105	313	山东第一医科大学	2★	山东	19	医药	40
280	西南政法大学	3★	重庆	8	文法	7	314	西华大学	2★	四川	14	综合	61
281	浙江财经大学	3★	浙江	14	财经	13	315	武汉轻工大学	2★	湖北	16	理工	120
282	中央音乐学院	3★	北京	31	艺术	2	316	成都信息工程大学	2★	四川	15	理工	121
283	宁夏医科大学	3★	宁夏	2	医药	35	317	西安邮电大学	2★	陕西	14	理工	122
284	西南医科大学	3★	四川	12	医药	36	318	南京艺术学院	2★	江苏	27	艺术	4
285	遵义医科大学	3★	贵州	4	医药	37	319	北京建筑大学	2★	北京	34	理工	123
286	聊城大学	3★	山东	18	师范	30	320	郑州轻工业大学	2★	河南	9	理工	124
287	内蒙古师范大学	3★	内蒙古	4	师范	31	321	华北水利水电大学	2★	河南	10	理工	125
288	沈阳建筑大学	3★	辽宁	14	理工	106	322	广东医科大学	2★	广东	15	医药	41
289	东北石油大学	3★	黑龙江	9	理工	107	323	辽宁中医药大学	2★	辽宁	16	医药	42
290	湖南工业大学	3★	湖南	12	理工	108	324	新疆师范大学	2★	新疆	5	师范	34
291	重庆理工大学	3★	重庆	9	理工	109	325	鲁东大学	2★	山东	20	师范	35
292	浙江海洋大学	3★	浙江	15	农林	29	326	广东药科大学	2★	广东	16	医药	43
293	首都经济贸易大学	3★	北京	32	财经	14	327	西安石油大学	2★	陕西	15	理工	126
294	太原科技大学	3★	山西	6	理工	110	328	景德镇陶瓷大学	2★	江西	10	艺术	5
295	西南林业大学	3★	云南	6	农林	30	329	甘肃中医药大学	2★	甘肃	6	医药	44
296	内蒙古工业大学	3★	内蒙古	5	理工	111	330	广东海洋大学	2★	广东	17	农林	31
297	集美大学	3★	福建	7	综合	60	331	佛山科学技术学院	2★	广东	18	理工	127
298	中国民航大学	3★	天津	9	理工	112	332	上海应用技术大学	2★	上海	21	理工	128
299	东北电力大学	2★	吉林	6	理工	113	333	西安工程大学	2★	陕西	16	理工	129
300	石家庄铁道大学	2★	河北	8	理工	114	334	山西财经大学	2★	山西	8	财经	15

排名	院校名称	星级	地区内序		类型序		排名	院校名称	星级	地区内序		类型序	
335	辽宁工业大学	2★	辽宁	17	理工	130	369	青海师范大学	2★	青海	2	师范	40
336	云南民族大学	2★	云南	7	民族	5	370	广东财经大学	2★	广东	19	财经	20
337	绍兴文理学院	2★	浙江	17	综合	62	371	大连交通大学	2★	辽宁	21	理工	135
338	广西中医药大学	2★	广西	7	医药	45	372	哈尔滨商业大学	2★	黑龙江	12	财经	21
339	湖北中医药大学	2★	湖北	17	医药	46	373	安徽工程大学	2★	安徽	11	理工	136
340	安徽中医药大学	2★	安徽	9	医药	47	374	东莞理工学院	2★	广东	20	理工	137
341	西北政法大学	2★	陕西	17	文法	9	375	海南师范大学	2★	海南	2	师范	41
342	天津财经大学	2★	天津	10	财经	16	376	海南医学院	2★	海南	3	医药	55
343	辽宁石油化工大学	2★	辽宁	18	理工	131	377	河北工程大学	2★	河北	10	理工	138
344	北京信息科技大学	2★	北京	35	理工	132	378	北京电影学院	2★	北京	38	艺术	6
345	安徽财经大学	2★	安徽	10	财经	17	379	滨州医学院	2★	山东	23	医药	56
346	北京语言大学	2★	北京	36	文法	10	380	中原工学院	2★	河南	13	理工	139
347	西北民族大学	2★	甘肃	7	民族	6	381	四川轻化工大学	2★	四川	16	理工	140
348	沈阳师范大学	2★	辽宁	19	师范	36	382	武汉体育学院	2★	湖北	19	体育	3
349	吉林师范大学	2★	吉林	8	师范	37	383	蚌埠医学院	2★	安徽	12	医药	57
350	新乡医学院	2★	河南	11	医药	48	384	沈阳航空航天大学	2★	辽宁	22	理工	141
351	南京审计大学	2★	江苏	28	财经	18	385	湖北医药学院	2★	湖北	20	医药	58
352	北方工业大学	2★	北京	37	理工	133	386	齐齐哈尔大学	2★	黑龙江	13	综合	68
353	西藏大学	2★	西藏	1	综合	63	387	西安外国语大学	2★	陕西	20	文法	11
354	吉首大学	2★	湖南	13	综合	64	388	湖南工商大学	2★	湖南	14	财经	22
355	福建中医药大学	2★	福建	8	医药	49	389	大连海洋大学	2★	辽宁	23	农林	33
356	黑龙江八一农垦大学	2★	黑龙江	11	农林	32	390	上海音乐学院	2★	上海	22	艺术	7
357	南宁师范大学	2★	广西	8	师范	38	391	成都大学	2★	四川	17	综合	69
358	信阳师范大学	2★	河南	12	师范	39	392	贵州中医药大学	2★	贵州	5	医药	59
359	江汉大学	2★	湖北	18	综合	65	393	北华大学	2★	吉林	10	综合	70
360	大理大学	2★	云南	8	综合	66	394	天津城建大学	2★	天津	11	理工	142
361	云南财经大学	2★	云南	9	财经	19	395	内蒙古民族大学	2★	内蒙古	7	民族	7
362	山东建筑大学	2★	山东	21	理工	134	396	赣南师范大学	2★	江西	11	师范	42
363	锦州医科大学	2★	辽宁	20	医药	50	397	贵州财经大学	2★	贵州	6	财经	23
364	延安大学	2★	陕西	18	综合	67	398	大连大学	2★	辽宁	24	综合	71
365	陕西中医药大学	2★	陕西	19	医药	51	399	川北医学院	2★	四川	18	医药	60
366	潍坊医学院	2★	山东	22	医药	52	400	中国音乐学院	2★	北京	39	艺术	8
367	内蒙古医科大学	2★	内蒙古	6	医药	53	401	皖南医学院	2★	安徽	13	医药	61
368	长春中医药大学	2★	吉林	9	医药	54	402	淮北师范大学	2★	安徽	14	师范	43

续表

排名	院校名称	星级	地区内序		类型序		排名	院校名称	星级	地区内序		类型序	
403	仲恺农业工程学院	2★	广东	21	农林	34	437	上海戏剧学院	2★	上海	24	艺术	11
404	上海对外经贸大学	2★	上海	23	财经	24	438	沈阳理工大学	2★	辽宁	27	理工	154
405	北方民族大学	2★	宁夏	3	民族	8	439	四川外国语大学	2★	重庆	10	文法	13
406	湖州师范学院	2★	浙江	18	师范	44	440	兰州财经大学	2★	甘肃	8	财经	28
407	辽宁科技大学	2★	辽宁	25	理工	143	441	闽南师范大学	2★	福建	11	师范	48
408	天津商业大学	2★	天津	12	财经	25	442	西藏民族大学	2★	西藏	2	民族	11
409	河南科技学院	2★	河南	14	师范	45	443	济宁医学院	2★	山东	24	医药	65
410	江苏海洋大学	2★	江苏	29	理工	144	444	吉林财经大学	2★	吉林	11	财经	29
411	贵州民族大学	2★	贵州	7	民族	9	445	临沂大学	2★	山东	25	综合	74
412	北京联合大学	2★	北京	40	综合	72	446	西安医学院	2★	陕西	22	医药	66
413	塔里木大学	2★	新疆	6	农林	35	447	长春师范大学	2★	吉林	12	师范	49
414	安徽建筑大学	2★	安徽	15	理工	145	448	郑州航空工业管理学院	2★	河南	16	理工	155
415	中国人民公安大学	2★	北京	41	文法	12	449	青海民族大学	2★	青海	3	民族	12
416	河南财经政法大学	2★	河南	15	财经	26	450	成都医学院	2★	四川	20	医药	67
417	盐城工学院	2★	江苏	30	理工	146	451	赣南医学院	2★	江西	13	医药	68
418	江西科技师范大学	2★	江西	12	师范	46	452	重庆科技学院	2★	重庆	11	理工	156
419	沈阳化工大学	2★	辽宁	26	理工	147	453	河北地质大学	2★	河北	13	理工	157
420	陕西理工大学	2★	陕西	21	理工	148	454	北京印刷学院	2★	北京	44	理工	158
421	福建理工大学	2★	福建	9	理工	149	455	大连民族大学	2★	辽宁	28	民族	13
422	广州美术学院	2★	广东	22	艺术	9	456	五邑大学	2★	广东	23	综合	75
423	桂林医学院	2★	广西	9	医药	62	457	吉林建筑大学	2★	吉林	13	理工	159
424	河北经贸大学	2★	河北	11	财经	27	458	湖南理工学院	2★	湖南	15	理工	160
425	北京农学院	2★	北京	42	农林	36	459	宝鸡文理学院	2★	陕西	23	师范	50
426	成都体育学院	2★	四川	19	体育	4	460	新疆财经大学	2★	新疆	7	财经	30
427	云南中医药大学	2★	云南	10	医药	63	461	安庆师范大学	2★	安徽	16	师范	51
428	湖北师范大学	2★	湖北	21	师范	47	462	广西艺术学院	2★	广西	11	艺术	12
429	河北中医药大学	2★	河北	12	医药	64	463	天津职业技术师范大学	2★	天津	13	师范	52
430	广西科技大学	2★	广西	10	理工	150	464	北京物资学院	2★	北京	45	财经	31
431	湖北民族大学	2★	湖北	22	民族	10	465	河北北方学院	2★	河北	14	综合	76
432	厦门理工学院	2★	福建	10	理工	151	466	西安财经大学	2★	陕西	24	财经	32
433	中央戏剧学院	2★	北京	43	艺术	10	467	北京第二外国语学院	2★	北京	46	文法	14
434	南京工程学院	2★	江苏	31	理工	152	468	天津农学院	2★	天津	14	农林	37
435	佳木斯大学	2★	黑龙江	14	综合	73	469	湖北经济学院	2★	湖北	23	财经	33
436	浙江科技学院	2★	浙江	19	理工	153	470	山东工商学院	2★	山东	26	财经	34

排名	院校名称	星级	地区内序		类型序		排名	院校名称	星级	地区内序		类型序	
471	大连外国语大学	2★	辽宁	29	文法	15	505	合肥学院	2★	安徽	17	综合	80
472	南阳师范学院	2★	河南	17	师范	53	506	湖南工程学院	2★	湖南	16	理工	167
473	沈阳大学	2★	辽宁	30	综合	77	507	北部湾大学	2★	广西	13	综合	81
474	外交学院	2★	北京	47	文法	16	508	武汉音乐学院	2★	湖北	26	艺术	17
475	首都体育学院	2★	北京	48	体育	5	509	洛阳师范学院	2★	河南	18	师范	58
476	北京服装学院	2★	北京	49	理工	161	510	阜阳师范大学	2★	安徽	18	师范	59
477	西安美术学院	2★	陕西	25	艺术	13	511	南昌工程学院	2★	江西	14	理工	168
478	重庆三峡学院	2★	重庆	12	综合	78	512	衡阳师范学院	2★	湖南	17	师范	60
479	广东技术师范大学	2★	广东	24	师范	54	513	河北科技师范学院	2★	河北	16	师范	61
480	湖北文理学院	2★	湖北	24	综合	79	514	长春大学	2★	吉林	14	综合	82
481	淮阴工学院	2★	江苏	32	理工	162	515	山东交通学院	2★	山东	28	理工	169
482	太原师范学院	2★	山西	9	师范	55	516	广东金融学院	2★	广东	25	财经	36
483	江苏理工学院	2★	江苏	33	师范	56	517	西京学院	2★	陕西	27	综合	83
484	天津外国语大学	2★	天津	15	文法	17	518	星海音乐学院	2★	广东	26	艺术	18
485	黑龙江科技大学	2★	黑龙江	15	理工	163	519	山西大同大学	2★	山西	11	师范	62
486	中国民用航空飞行学院	2★	四川	21	理工	164	520	安徽科技学院	2★	安徽	19	理工	170
487	内蒙古财经大学	2★	内蒙古	8	财经	35	521	伊犁师范大学	2★	新疆	8	师范	63
488	右江民族医学院	2★	广西	12	医药	69	522	昆明学院	2★	云南	11	师范	64
489	上海政法学院	2★	上海	25	文法	18	523	湖北汽车工业学院	2★	湖北	27	理工	171
490	山西中医药大学	2★	山西	10	医药	70	524	井冈山大学	2★	江西	15	综合	84
491	沈阳体育学院	2★	辽宁	31	体育	6	525	吉林化工学院	2★	吉林	15	理工	172
492	湖北美术学院	2★	湖北	25	艺术	14	526	喀什大学	2★	新疆	9	师范	65
493	南京体育学院	2★	江苏	34	体育	7	527	广州体育学院	2★	广东	27	体育	10
494	北京石油化工学院	2★	北京	50	理工	165	528	安阳师范学院	2★	河南	19	师范	66
495	上海第二工业大学	2★	上海	26	理工	166	529	哈尔滨体育学院	2★	黑龙江	17	体育	11
496	山东艺术学院	2★	山东	27	艺术	15	530	上海电机学院	2★	上海	27	理工	173
497	四川美术学院	2★	重庆	13	艺术	16	531	国际关系学院	2★	北京	51	文法	21
498	天津体育学院	2★	天津	16	体育	8	532	天水师范学院	2★	甘肃	10	师范	67
499	西安体育学院	2★	陕西	26	体育	9	533	云南艺术学院	2★	云南	12	艺术	19
500	承德医学院	2★	河北	15	医药	71	534	防灾科技学院	2★	河北	17	理工	174
501	浙江传媒学院	2★	浙江	20	文法	19	535	华北科技学院	2★	河北	18	理工	175
502	西藏农牧学院	2★	西藏	3	农林	38	536	河北建筑工程学院	2★	河北	19	理工	176
503	甘肃政法大学	2★	甘肃	9	文法	20	537	宁夏师范学院	1★	宁夏	4	师范	68
504	牡丹江师范学院	2★	黑龙江	16	师范	57	538	上海立信会计金融学院	1★	上海	28	财经	37

排名	院校名称	星级	地区内序		类型序		排名	院校名称	星级	地区内序		类型序	
539	邵阳学院	1★	湖南	18	综合	85	568	内蒙古艺术学院	1★	内蒙古	10	艺术	27
540	中国戏曲学院	1★	北京	52	艺术	20	569	沈阳音乐学院	1★	辽宁	35	艺术	28
541	浙江万里学院	1★	浙江	21	理工	177	570	北华航天工业学院	1★	河北	20	理工	179
542	中国刑事警察学院	1★	辽宁	32	文法	22	571	长春工程学院	1★	吉林	19	理工	180
543	哈尔滨音乐学院	1★	黑龙江	18	艺术	21	572	天津音乐学院	1★	天津	18	艺术	29
544	吉林体育学院	1★	吉林	16	体育	12	573	浙江音乐学院	1★	浙江	22	艺术	30
545	榆林学院	1★	陕西	28	综合	86	574	中国人民警察大学	1★	河北	21	文法	25
546	山东体育学院	1★	山东	29	体育	13	575	四川音乐学院	1★	四川	22	艺术	31
547	牡丹江医学院	1★	黑龙江	19	医药	72	576	绵阳师范学院	1★	四川	23	师范	73
548	黄冈师范学院	1★	湖北	28	师范	69	577	山东工艺美术学院	1★	山东	30	艺术	32
549	广西财经学院	1★	广西	14	财经	38	578	山东政法学院	1★	山东	31	文法	26
550	贵阳学院	1★	贵州	8	综合	87	579	湖南人文科技学院	1★	湖南	19	师范	74
551	沈阳医学院	1★	辽宁	33	医药	73	580	北京电子科技学院	1★	北京	55	理工	181
552	赤峰学院	1★	内蒙古	9	师范	70	581	中华女子学院	1★	北京	56	综合	91
553	宜春学院	1★	江西	16	综合	88	582	新疆艺术学院	1★	新疆	10	艺术	33
554	吉林外国语大学	1★	吉林	17	文法	23	583	北京城市学院	1★	北京	57	综合	92
555	海南热带海洋学院	1★	海南	4	综合	89	584	中国青年政治学院	1★	北京	58	文法	27
556	吉林艺术学院	1★	吉林	18	艺术	22	585	沈阳工程学院	1★	辽宁	36	理工	182
557	闽江学院	1★	福建	12	综合	90	586	黔南民族师范学院	1★	贵州	9	师范	75
558	鲁迅美术学院	1★	辽宁	34	艺术	23	587	鞍山师范学院	1★	辽宁	37	师范	76
559	北京舞蹈学院	1★	北京	53	艺术	24	588	河北传媒学院	1★	河北	22	文法	28
560	湖北科技学院	1★	湖北	29	理工	178	589	西藏藏医药大学	1★	西藏	4	医药	76
561	天津美术学院	1★	天津	17	艺术	25	590	上海海关学院	1★	上海	29	文法	29
562	中国劳动关系学院	1★	北京	54	文法	24	591	昌吉学院	1★	新疆	11	师范	77
563	西安音乐学院	1★	陕西	29	艺术	26	592	河北金融学院	1★	河北	23	财经	39
564	齐齐哈尔医学院	1★	黑龙江	20	医药	74	593	四川警察学院	1★	四川	24	文法	30
565	合肥师范学院	1★	安徽	20	师范	71	594	云南警官学院	1★	云南	13	文法	31
566	泉州师范学院	1★	福建	13	师范	72	595	中央司法警官学院	1★	河北	24	文法	32
567	长治医学院	1★	山西	12	医药	75	596	黑龙江东方学院	1★	黑龙江	21	综合	93

中国高校一流学科建设综合竞争力排行榜

排名	学校名称	进入 ESI 学科数(5 分)	中国 5★+学科数(4 分)	中国 5★学科数(3 分)	中国 5★−学科数(2 分)	中国 4★学科数(1 分)	实际得分
1	北京大学	22	13	21	7	7	246
2	浙江大学	21	15	16	13	7	246
3	清华大学	21	14	10	16	7	230
4	复旦大学	21	13	10	8	3	206
5	上海交通大学	21	8	10	10	10	197
6	武汉大学	20	6	11	12	14	195
7	南京大学	20	6	12	11	8	190
8	四川大学	20	2	9	18	13	184
9	华中科技大学	20	4	8	14	14	182
10	中山大学	20	4	9	12	13	180
11	中国科学院大学	22	2	3	9	22	167
12	吉林大学	19	3	4	10	18	157
13	厦门大学	19	3	4	11	11	152
14	西安交通大学	19	6	3	7	10	152
15	山东大学	20	1	2	11	18	150
16	北京师范大学	16	8	7	2	12	149
17	同济大学	18	6	3	5	14	147
18	中南大学	19	1	2	13	15	146
19	华东师范大学	17	2	4	10	15	140
20	东南大学	14	4	5	10	14	135
21	中国科学技术大学	17	5	3	6	7	133
22	南开大学	17	2	5	5	12	130
23	天津大学	14	1	4	12	11	121
24	中国人民大学	11	13	2	1	5	120
25	中国农业大学	15	6	2	2	7	116
26	苏州大学	18	0	0	4	14	112
27	重庆大学	15	0	4	2	20	111
28	电子科技大学	16	3	1	5	6	111
29	郑州大学	17	0	1	4	14	110
30	华南理工大学	14	1	2	8	12	108
31	哈尔滨工业大学	13	0	7	6	9	107
32	暨南大学	18	0	1	4	5	106
33	大连理工大学	13	1	5	7	7	105

排名	学校名称	进入 ESI 学科数(5分)	中国5★+学科数(4分)	中国5★学科数(3分)	中国5★-学科数(2分)	中国4★学科数(1分)	实际得分
34	西南大学	16	1	2	2	7	101
35	湖南大学	14	0	2	7	9	99
36	兰州大学	15	2	1	3	7	99
37	深圳大学	18	0	1	0	4	97
38	北京理工大学	11	0	3	9	13	95
39	西北农林科技大学	14	0	1	7	6	93
40	北京航空航天大学	10	2	3	8	8	91
41	华中农业大学	12	0	5	3	7	88
42	南京师范大学	13	0	1	5	9	87
43	北京协和医学院	13	2	1	3	1	83
44	中国海洋大学	12	2	1	3	5	82
45	西北工业大学	10	0	3	6	7	78
46	华中师范大学	10	1	4	3	5	77
47	华南师范大学	12	0	3	3	2	77
48	上海大学	11	0	0	5	11	76
49	南昌大学	14	0	1	0	3	76
50	宁波大学	12	0	1	2	8	75
51	南京医科大学	13	0	0	2	5	74
52	东北大学	10	0	1	6	8	73
53	华南农业大学	13	0	0	1	6	73
54	江苏大学	14	0	0	0	2	72
55	东北师范大学	9	1	2	4	8	71
56	南京农业大学	10	0	2	4	7	71
57	陕西师范大学	11	0	1	4	3	69
58	华东理工大学	10	2	0	2	6	68
59	扬州大学	12	0	0	1	6	68
60	首都医科大学	12	0	1	0	3	66
61	南方医科大学	13	0	0	0	1	66
62	杭州师范大学	13	0	0	0	0	65
63	云南大学	9	0	2	3	8	65
64	江南大学	10	2	0	1	4	64
65	河南大学	11	0	0	1	6	63
66	青岛大学	12	0	0	0	2	62
67	河海大学	9	0	2	1	8	61
68	西北大学	11	0	0	0	6	61
69	南京理工大学	10	0	0	1	8	60
70	北京工业大学	10	0	0	1	5	57

排名	学校名称	进入 ESI 学科数(5 分)	中国 5★+学科数(4 分)	中国 5★学科数(3 分)	中国 5★-学科数(2 分)	中国 4★学科数(1 分)	实际得分
71	北京林业大学	9	1	1	0	5	57
72	中国矿业大学	8	2	0	2	5	57
73	温州医科大学	10	0	1	1	2	57
74	西南交通大学	9	1	0	0	8	57
75	北京交通大学	8	0	0	4	8	56
76	武汉理工大学	9	0	1	2	4	56
77	福州大学	9	0	0	3	4	55
78	湖南师范大学	9	0	1	1	5	55
79	国防科技大学	6	2	2	3	5	55
80	北京科技大学	8	1	0	2	6	54
81	南京航空航天大学	8	0	0	4	6	54
82	合肥工业大学	9	1	0	0	5	54
83	福建农林大学	10	0	0	0	4	54
84	浙江工业大学	9	0	0	2	4	53
85	山东师范大学	9	0	0	1	6	53
86	四川农业大学	9	0	1	1	3	53
87	重庆医科大学	10	0	0	0	3	53
88	南方科技大学	10	0	0	1	1	53
89	首都师范大学	7	0	3	1	6	52
90	南京信息工程大学	9	0	1	1	2	52
91	福建师范大学	8	0	0	2	8	52
92	昆明理工大学	10	0	0	0	2	52
93	山西大学	9	0	1	1	1	51
94	广州医科大学	10	0	0	0	1	51
95	北京化工大学	8	1	0	1	4	50
96	汕头大学	10	0	0	0	0	50
97	天津医科大学	9	0	0	0	4	49
98	东北农业大学	8	0	0	3	2	48
99	西安电子科技大学	7	1	1	1	4	48
100	中国地质大学(武汉)	8	1	0	1	2	48
101	哈尔滨医科大学	9	0	0	0	1	46
102	浙江师范大学	7	0	0	2	7	46
103	安徽医科大学	9	0	0	0	1	46
104	中国石油大学(华东)	8	0	1	1	1	46
105	东华大学	7	0	2	1	2	45
106	上海师范大学	7	0	0	2	6	45
107	南通大学	9	0	0	0	0	45

续表

排名	学校名称	进入 ESI 学科数(5 分)	中国 5★+学科数(4 分)	中国 5★学科数(3 分)	中国 5★-学科数(2 分)	中国 4★学科数(1 分)	实际得分
108	中国药科大学	8	0	1	1	0	45
109	上海理工大学	8	0	0	0	4	44
110	安徽大学	8	0	0	0	4	44
111	第四军医大学	8	0	0	0	4	44
112	中国医科大学	8	0	0	0	3	43
113	东北林业大学	7	0	2	0	2	43
114	广州大学	8	0	0	0	3	43
115	海南大学	8	0	0	1	0	42
116	北京邮电大学	5	3	0	0	4	41
117	齐鲁工业大学	8	0	0	0	1	41
118	广西大学	7	0	0	1	4	41
119	上海科技大学	8	0	0	0	1	41
120	南京林业大学	7	0	0	1	3	40
121	山东第一医科大学	8	0	0	0	0	40
122	新疆大学	6	1	0	1	4	40
123	南京工业大学	7	0	0	1	2	39
124	湖南农业大学	7	0	0	0	4	39
125	石河子大学	7	0	1	0	0	38
126	华北电力大学	6	0	1	1	2	37
127	上海财经大学	4	1	1	3	4	37
128	中南财经政法大学	5	0	2	2	2	37
129	江苏师范大学	7	0	0	0	1	36
130	福建医科大学	7	0	0	0	1	36
131	江西师范大学	5	0	1	1	6	36
132	山东科技大学	7	0	0	0	1	36
133	河南理工大学	7	0	0	0	1	36
134	哈尔滨工程大学	6	0	0	1	3	35
135	浙江工商大学	6	0	0	1	3	35
136	济南大学	7	0	0	0	0	35
137	河南农业大学	7	0	0	0	0	35
138	广州中医药大学	6	0	0	2	1	35
139	长安大学	6	0	1	0	2	35
140	广东工业大学	6	0	0	0	5	35
141	沈阳药科大学	6	0	1	0	1	34
142	上海中医药大学	5	0	2	1	1	34
143	西南财经大学	5	0	1	1	4	34
144	西安建筑科技大学	4	0	3	1	3	34

排名	学校名称	进入 ESI 学科数(5 分)	中国 5★+学科数(4 分)	中国 5★学科数(3 分)	中国 5★-学科数(2 分)	中国 4★学科数(1 分)	实际得分
145	大连海事大学	6	0	0	1	1	33
146	南京中医药大学	6	0	0	1	1	33
147	杭州电子科技大学	4	0	0	3	7	33
148	贵州大学	6	0	0	1	1	33
149	西安理工大学	6	0	0	0	3	33
150	北京工商大学	6	0	0	1	0	32
151	北京中医药大学	4	3	0	0	0	32
152	南京邮电大学	5	0	1	2	0	32
153	武汉科技大学	6	0	0	1	0	32
154	长江大学	6	0	0	0	2	32
155	湖北大学	6	0	0	0	2	32
156	湘潭大学	5	0	1	1	2	32
157	太原理工大学	5	0	1	0	3	31
158	浙江农林大学	6	0	0	0	1	31
159	华侨大学	6	0	0	0	1	31
160	长沙理工大学	6	0	0	0	1	31
161	中南林业科技大学	6	0	0	0	1	31
162	大连医科大学	6	0	0	0	0	30
163	上海海洋大学	5	0	1	0	2	30
164	徐州医科大学	6	0	0	0	0	30
165	山东农业大学	6	0	0	0	0	30
166	河南科技大学	6	0	0	0	0	30
167	河南师范大学	6	0	0	0	0	30
168	佛山科学技术学院	6	0	0	0	0	30
169	燕山大学	4	0	1	0	6	29
170	曲阜师范大学	5	0	0	0	4	29
171	对外经济贸易大学	4	0	1	1	3	28
172	浙江理工大学	4	0	0	3	2	28
173	成都理工大学	5	0	0	1	1	28
174	内蒙古大学	5	0	0	1	0	27
175	西安科技大学	5	0	0	1	0	27
176	天津科技大学	5	0	0	0	1	26
177	天津工业大学	5	0	0	0	1	26
178	河北大学	5	0	0	0	1	26
179	河北医科大学	5	0	0	0	1	26
180	南华大学	5	0	0	0	1	26
181	三峡大学	5	0	0	0	1	26

排名	学校名称	进入ESI学科数(5分)	中国5★+学科数(4分)	中国5★学科数(3分)	中国5★-学科数(2分)	中国4★学科数(1分)	实际得分
182	中央财经大学	3	1	0	2	2	25
183	中央民族大学	3	1	0	2	2	25
184	华北理工大学	5	0	0	0	0	25
185	中国计量大学	4	0	1	0	2	25
186	安徽农业大学	5	0	0	0	0	25
187	青岛农业大学	5	0	0	0	0	25
188	广东医科大学	5	0	0	0	0	25
189	广东药科大学	5	0	0	0	0	25
190	桂林理工大学	5	0	0	0	0	25
191	昆明医科大学	5	0	0	0	0	25
192	西北师范大学	4	0	0	0	5	25
193	天津师范大学	4	0	0	1	2	24
194	安徽师范大学	4	0	0	0	3	23
195	大连工业大学	4	0	0	0	2	22
196	上海海事大学	4	0	0	1	0	22
197	江西财经大学	4	0	0	0	2	22
198	四川师范大学	4	0	0	0	2	22
199	兰州交通大学	4	0	0	0	2	22
200	天津理工大学	4	0	0	0	1	21
201	沈阳农业大学	3	0	0	2	2	21
202	江西农业大学	4	0	0	0	1	21
203	武汉工程大学	4	0	0	0	1	21
204	湖南科技大学	4	0	0	0	1	21
205	广西医科大学	4	0	0	0	1	21
206	西南石油大学	4	0	0	0	1	21
207	西南科技大学	4	0	0	0	1	21
208	湖南工业大学	4	0	0	0	1	21
209	重庆工商大学	4	0	0	0	1	21
210	河北农业大学	4	0	0	0	0	20
211	渤海大学	4	0	0	0	0	20
212	上海应用技术大学	4	0	0	0	0	20
213	江苏科技大学	4	0	0	0	0	20
214	常州大学	4	0	0	0	0	20
215	苏州科技大学	4	0	0	0	0	20
216	浙江海洋大学	3	0	0	2	1	20
217	绍兴文理学院	4	0	0	0	0	20
218	温州大学	4	0	0	0	0	20

排名	学校名称	进入 ESI 学科数(5 分)	中国 5★+学科数(4 分)	中国 5★学科数(3 分)	中国 5★−学科数(2 分)	中国 4★学科数(1 分)	实际得分
219	嘉兴学院	4	0	0	0	0	20
220	安徽理工大学	4	0	0	0	0	20
221	青岛科技大学	4	0	0	0	0	20
222	山东理工大学	4	0	0	0	0	20
223	聊城大学	4	0	0	0	0	20
224	郑州轻工业大学	4	0	0	0	0	20
225	湖北工业大学	4	0	0	0	0	20
226	桂林电子科技大学	4	0	0	0	0	20
227	成都中医药大学	3	0	1	1	0	20
228	西华师范大学	4	0	0	0	0	20
229	陕西科技大学	4	0	0	0	0	20
230	烟台大学	4	0	0	0	0	20
231	成都大学	4	0	0	0	0	20
232	东莞理工学院	4	0	0	0	0	20
233	泰州学院	4	0	0	0	0	20
234	西交利物浦大学	4	0	0	0	0	20
235	山西医科大学	3	0	1	0	1	19
236	辽宁大学	2	0	1	0	6	19
237	河北工业大学	3	0	0	1	1	18
238	延边大学	3	0	1	0	0	18
239	黑龙江大学	3	0	0	1	1	18
240	广西师范大学	3	0	0	1	1	18
241	东北财经大学	2	0	1	1	2	17
242	哈尔滨师范大学	3	0	0	0	2	17
243	山东财经大学	3	0	0	0	2	17
244	中南民族大学	3	0	0	1	0	17
245	重庆邮电大学	3	0	0	0	2	17
246	青海大学	3	0	0	1	0	17
247	中国传媒大学	0	1	1	4	1	16
248	河北师范大学	3	0	0	0	1	16
249	吉林农业大学	3	0	0	0	1	16
250	哈尔滨理工大学	3	0	0	0	1	16
251	集美大学	3	0	0	0	1	16
252	河南工业大学	3	0	0	0	1	16
253	云南师范大学	3	0	0	0	1	16
254	兰州理工大学	3	0	0	0	1	16
255	宁夏大学	3	0	0	0	1	16

排名	学校名称	进入 ESI 学科数(5分)	中国5★+学科数(4分)	中国5★学科数(3分)	中国5★-学科数(2分)	中国4★学科数(1分)	实际得分
256	河北科技大学	3	0	0	0	0	15
257	太原科技大学	3	0	0	0	0	15
258	中北大学	3	0	0	0	0	15
259	山西农业大学	3	0	0	0	0	15
260	内蒙古农业大学	3	0	0	0	0	15
261	辽宁科技大学	3	0	0	0	0	15
262	辽宁师范大学	2	0	0	2	1	15
263	长春工业大学	3	0	0	0	0	15
264	吉林师范大学	3	0	0	0	0	15
265	东北石油大学	3	0	0	0	0	15
266	上海电力大学	3	0	0	0	0	15
267	盐城工学院	3	0	0	0	0	15
268	淮阴师范学院	3	0	0	0	0	15
269	南京财经大学	3	0	0	0	0	15
270	浙江中医药大学	3	0	0	0	0	15
271	安徽工业大学	3	0	0	0	0	15
272	淮北师范大学	3	0	0	0	0	15
273	东华理工大学	3	0	0	0	0	15
274	南昌航空大学	3	0	0	0	0	15
275	青岛理工大学	3	0	0	0	0	15
276	滨州医学院	3	0	0	0	0	15
277	鲁东大学	3	0	0	0	0	15
278	临沂大学	3	0	0	0	0	15
279	新乡医学院	3	0	0	0	0	15
280	信阳师范大学	3	0	0	0	0	15
281	南阳师范学院	3	0	0	0	0	15
282	武汉纺织大学	3	0	0	0	0	15
283	广东海洋大学	3	0	0	0	0	15
284	成都信息工程大学	3	0	0	0	0	15
285	四川轻化工大学	3	0	0	0	0	15
286	西南医科大学	3	0	0	0	0	15
287	重庆师范大学	3	0	0	0	0	15
288	西安工业大学	3	0	0	0	0	15
289	江西科技学院	3	0	0	0	0	15
290	上海工程技术大学	3	0	0	0	0	15
291	江汉大学	3	0	0	0	0	15
292	仲恺农业工程学院	3	0	0	0	0	15

排名	学校名称	进入 ESI 学科数(5 分)	中国 5★+学科数(4 分)	中国 5★学科数(3 分)	中国 5★-学科数(2 分)	中国 4★学科数(1 分)	实际得分
293	五邑大学	3	0	0	0	0	15
294	重庆理工大学	3	0	0	0	0	15
295	湖州学院	3	0	0	0	0	15
296	长春科技学院	3	0	0	0	0	15
297	宁波诺丁汉大学	3	0	0	0	0	15
298	上海体育大学	2	1	0	0	0	14
299	广东外语外贸大学	2	0	1	0	1	14
300	首都经济贸易大学	2	0	0	1	1	13
301	黑龙江中医药大学	2	0	0	0	3	13
302	甘肃农业大学	2	0	0	1	1	13
303	天津中医药大学	2	0	0	0	2	12
304	安徽中医药大学	2	0	0	0	2	12
305	西南民族大学	2	0	0	1	0	12
306	北京建筑大学	2	0	0	0	1	11
307	华北水利水电大学	2	0	0	0	1	11
308	沈阳工业大学	2	0	0	0	1	11
309	辽宁中医药大学	2	0	0	0	1	11
310	南京艺术学院	0	0	2	2	1	11
311	福建中医药大学	2	0	0	0	1	11
312	中原工学院	2	0	0	0	1	11
313	武汉轻工大学	2	0	0	0	1	11
314	湖北中医药大学	2	0	0	0	1	11
315	湖南中医药大学	2	0	0	0	1	11
316	浙江财经大学	2	0	0	0	1	11
317	内蒙古科技大学	2	0	0	0	0	10
318	沈阳航空航天大学	2	0	0	0	0	10
319	辽宁石油化工大学	2	0	0	0	0	10
320	沈阳化工大学	2	0	0	0	0	10
321	辽宁工业大学	2	0	0	0	0	10
322	锦州医科大学	2	0	0	0	0	10
323	黑龙江八一农垦大学	2	0	0	0	0	10
324	安徽工程大学	2	0	0	0	0	10
325	蚌埠医学院	2	0	0	0	0	10
326	安徽财经大学	2	0	0	0	0	10
327	福建理工大学	2	0	0	0	0	10
328	闽江学院	2	0	0	0	0	10
329	华东交通大学	2	0	0	0	0	10

排名	学校名称	进入 ESI 学科数(5 分)	中国 5★+学科数(4 分)	中国 5★学科数(3 分)	中国 5★-学科数(2 分)	中国 4★学科数(1 分)	实际得分
330	江西中医药大学	2	0	0	0	0	10
331	山东建筑大学	2	0	0	0	0	10
332	潍坊医学院	2	0	0	0	0	10
333	山东中医药大学	2	0	0	0	0	10
334	济宁医学院	2	0	0	0	0	10
335	河南科技学院	2	0	0	0	0	10
336	河南中医药大学	2	0	0	0	0	10
337	吉首大学	2	0	0	0	0	10
338	广西中医药大学	2	0	0	0	0	10
339	桂林医学院	2	0	0	0	0	10
340	重庆文理学院	2	0	0	0	0	10
341	长江师范学院	2	0	0	0	0	10
342	贵州医科大学	2	0	0	0	0	10
343	遵义医科大学	2	0	0	0	0	10
344	云南农业大学	2	0	0	0	0	10
345	西南林业大学	2	0	0	0	0	10
346	西安工程大学	2	0	0	0	0	10
347	宁夏医科大学	2	0	0	0	0	10
348	新疆农业大学	2	0	0	0	0	10
349	新疆医科大学	2	0	0	0	0	10
350	安徽建筑大学	2	0	0	0	0	10
351	宁波工程学院	2	0	0	0	0	10
352	江西科技师范大学	2	0	0	0	0	10
353	北方民族大学	2	0	0	0	0	10
354	湖北经济学院	2	0	0	0	0	10
355	广东石油化工学院	2	0	0	0	0	10
356	西安邮电大学	2	0	0	0	0	10
357	海南医学院	2	0	0	0	0	10
358	西安医学院	2	0	0	0	0	10
359	中央美术学院	0	2	0	0	1	9
360	沈阳建筑大学	1	0	0	0	3	8
361	中国美术学院	0	1	1	0	1	8
362	西藏大学	1	0	0	1	1	8
363	中国民航大学	1	0	0	1	0	7
364	辽宁工程技术大学	1	0	0	0	2	7
365	山西师范大学	1	0	0	0	1	6
366	长春中医药大学	1	0	0	0	1	6

排名	学校名称	进入 ESI 学科数(5 分)	中国 5★+学科数(4 分)	中国 5★学科数(3 分)	中国 5★−学科数(2 分)	中国 4★学科数(1 分)	实际得分
367	重庆交通大学	1	0	0	0	1	6
368	西安美术学院	0	0	1	1	1	6
369	北方工业大学	1	0	0	0	0	5
370	北京农学院	1	0	0	0	0	5
371	中国政法大学	0	1	0	0	1	5
372	天津商业大学	1	0	0	0	0	5
373	河北工程大学	1	0	0	0	0	5
374	承德医学院	1	0	0	0	0	5
375	石家庄铁道大学	1	0	0	0	0	5
376	内蒙古工业大学	1	0	0	0	0	5
377	内蒙古医科大学	1	0	0	0	0	5
378	大连交通大学	1	0	0	0	0	5
379	大连海洋大学	1	0	0	0	0	5
380	东北电力大学	1	0	0	0	0	5
381	牡丹江医学院	1	0	0	0	0	5
382	齐齐哈尔大学	1	0	0	0	0	5
383	上海健康医学院	1	0	0	0	0	5
384	皖南医学院	1	0	0	0	0	5
385	闽南师范大学	1	0	0	0	0	5
386	赣南医学院	1	0	0	0	0	5
387	赣南师范大学	1	0	0	0	0	5
388	安阳师范学院	1	0	0	0	0	5
389	洛阳师范学院	1	0	0	0	0	5
390	湖北师范大学	1	0	0	0	0	5
391	湖北文理学院	1	0	0	0	0	5
392	湖南工商大学	1	0	0	0	0	5
393	广西民族大学	1	0	0	0	0	5
394	西华大学	1	0	0	0	0	5
395	川北医学院	1	0	0	0	0	5
396	贵州师范大学	1	0	0	0	0	5
397	大理大学	1	0	0	0	0	5
398	云南民族大学	1	0	0	0	0	5
399	西安石油大学	1	0	0	0	0	5
400	陕西中医药大学	1	0	0	0	0	5
401	延安大学	1	0	0	0	0	5
402	天津城建大学	1	0	0	0	0	5
403	湖北理工学院	1	0	0	0	0	5

排名	学校名称	进入ESI学科数(5分)	中国5★+学科数(4分)	中国5★学科数(3分)	中国5★-学科数(2分)	中国4★学科数(1分)	实际得分
404	浙江科技学院	1	0	0	0	0	5
405	合肥学院	1	0	0	0	0	5
406	厦门理工学院	1	0	0	0	0	5
407	北京信息科技大学	1	0	0	0	0	5
408	大连大学	1	0	0	0	0	5
409	南京审计大学	1	0	0	0	0	5
410	北京联合大学	1	0	0	0	0	5
411	重庆科技学院	1	0	0	0	0	5
412	江苏海洋大学	1	0	0	0	0	5
413	山东工商学院	1	0	0	0	0	5
414	徐州工程学院	1	0	0	0	0	5
415	大连民族大学	1	0	0	0	0	5
416	上海第二工业大学	1	0	0	0	0	5
417	杭州医学院	1	0	0	0	0	5
418	成都医学院	1	0	0	0	0	5
419	北京师范大学-香港浸会大学联合国际学院	1	0	0	0	0	5
420	昆山杜克大学	1	0	0	0	0	5
421	北京外国语大学	0	1	0	0	0	4
422	北京语言大学	0	0	0	2	0	4
423	北京体育大学	0	1	0	0	0	4
424	中央戏剧学院	0	1	0	0	0	4
425	上海外国语大学	0	1	0	0	0	4
426	华东政法大学	0	0	1	0	1	4
427	上海音乐学院	0	1	0	0	0	4
428	西南政法大学	0	0	1	0	1	4
429	第二军医大学	0	0	0	0	4	4
430	中国矿业大学(北京)	0	0	1	0	1	4
431	中国石油大学(北京)	0	0	0	2	0	4
432	中国地质大学(北京)	0	0	1	0	1	4
433	北京服装学院	0	0	1	0	0	3
434	北京电影学院	0	0	0	1	1	3
435	天津财经大学	0	0	0	1	1	3
436	景德镇陶瓷大学	0	0	1	0	0	3
437	武汉体育学院	0	0	1	0	0	3
438	广州美术学院	0	0	0	1	1	3
439	西安外国语大学	0	0	1	0	0	3

排名	学校名称	进入 ESI 学科数(5 分)	中国 5★+学科数(4 分)	中国 5★学科数(3 分)	中国 5★-学科数(2 分)	中国 4★学科数(1 分)	实际得分
440	外交学院	0	0	0	1	0	2
441	天津外国语大学	0	0	0	1	0	2
442	上海戏剧学院	0	0	0	1	0	2
443	四川外国语大学	0	0	0	1	0	2
444	成都体育学院	0	0	0	1	0	2
445	四川美术学院	0	0	0	0	2	2
446	西北政法大学	0	0	0	1	0	2
447	首都体育学院	0	0	0	0	1	1
448	中央音乐学院	0	0	0	0	1	1
449	天津体育学院	0	0	0	0	1	1
450	内蒙古师范大学	0	0	0	0	1	1
451	大连外国语大学	0	0	0	0	1	1
452	鲁迅美术学院	0	0	0	0	1	1
453	哈尔滨商业大学	0	0	0	0	1	1
454	哈尔滨体育学院	0	0	0	0	1	1
455	星海音乐学院	0	0	0	0	1	1
456	云南财经大学	0	0	0	0	1	1
457	新疆师范大学	0	0	0	0	1	1
458	新疆财经大学	0	0	0	0	1	1
459	海南师范大学	0	0	0	0	1	1
460	浙江音乐学院	0	0	0	0	1	1
461	哈尔滨音乐学院	0	0	0	0	1	1
462	中国社会科学院大学	0	0	0	0	1	1

中国研究生教育分一级学科竞争力排行榜

0101 哲学（133）

排名	学校名称	星级	排名	学校名称	星级	排名	学校名称	星级
1	复旦大学	5★+	6	中山大学	5★	11	南开大学	5★-
2	南京大学	5★+	7	山西大学	5★	12	华东师范大学	5★-
3	中国人民大学	5★+	8	武汉大学	5★-	13	华中科技大学	5★-
4	北京大学	5★	9	浙江大学	5★-			
5	北京师范大学	5★	10	清华大学	5★-			

4★（14个）：山东大学、东南大学、吉林大学、四川大学、首都师范大学、中南大学、厦门大学、西安交通大学、同济大学、湖南师范大学、黑龙江大学、湖北大学、上海师范大学、西南大学

3★（40个），2★（53个），1★（13个）：名单略

0201 理论经济学（109）

排名	学校名称	星级	排名	学校名称	星级	排名	学校名称	星级
1	中国人民大学	5★+	5	复旦大学	5★	9	中央财经大学	5★-
2	北京大学	5★+	6	南开大学	5★-	10	清华大学	5★-
3	武汉大学	5★	7	上海财经大学	5★-	11	浙江大学	5★-
4	南京大学	5★	8	厦门大学	5★-			

4★（11个）：中南财经政法大学、北京师范大学、吉林大学、西南财经大学、华中科技大学、中山大学、山东大学、四川大学、湖南大学、对外经济贸易大学、辽宁大学

3★（33个），2★（43个），1★（11个）：名单略

0202 应用经济学（264）

排名	学校名称	星级	排名	学校名称	星级	排名	学校名称	星级
1	中国人民大学	5★+	10	辽宁大学	5★	19	华中科技大学	5★-
2	上海财经大学	5★+	11	厦门大学	5★	20	东北财经大学	5★-
3	复旦大学	5★+	12	浙江大学	5★	21	湖南大学	5★-
4	北京大学	5★+	13	中山大学	5★	22	山东大学	5★-
5	中央财经大学	5★+	14	中南财经政法大学	5★-	23	暨南大学	5★-
6	对外经济贸易大学	5★	15	西安交通大学	5★-	24	清华大学	5★-
7	西南财经大学	5★	16	同济大学	5★-	25	吉林大学	5★-
8	南开大学	5★	17	南京大学	5★-	26	首都经济贸易大学	5★-
9	武汉大学	5★	18	上海交通大学	5★-			

4★（27个）：江西财经大学、华东师范大学、重庆大学、天津财经大学、华南理工大学、山东财经大学、浙江财经大学、东南大学、东北大学、西南大学、东北师范大学、重庆工商大学、中国海洋大学、河南大学、中南大学、宁波大学、北京交通大学、新疆财经大学、北京工业大学、中国科学院大学、南京农业大学、浙江工商大学、北京理工大学、中国农业大学、浙江工业大学、西北大学、武汉理工大学

3★（79个），2★（106个），1★（26个）：名单略

0301 法学（209）

排名	学校名称	星级	排名	学校名称	星级	排名	学校名称	星级
1	中国政法大学	5★+	8	浙江大学	5★	15	南京大学	5★-
2	武汉大学	5★+	9	西南政法大学	5★	16	西安交通大学	5★-
3	中国人民大学	5★+	10	四川大学	5★	17	东南大学	5★-
4	北京大学	5★+	11	清华大学	5★-	18	厦门大学	5★-
5	吉林大学	5★	12	上海交通大学	5★-	19	北京师范大学	5★-
6	华东政法大学	5★	13	山东大学	5★-	20	中山大学	5★-
7	中南财经政法大学	5★	14	西北政法大学	5★-	21	复旦大学	5★-

4★（21 个）：重庆大学、湖南大学、中南大学、郑州大学、对外经济贸易大学、南京师范大学、南开大学、中国海洋大学、西北大学、云南大学、华中科技大学、北京理工大学、辽宁大学、广东外语外贸大学、北京航空航天大学、华南理工大学、湘潭大学、苏州大学、西南财经大学、上海财经大学、安徽大学

3★（63 个），2★（83 个），1★（21 个）：名单略

0302 政治学（80）

排名	学校名称	星级	排名	学校名称	星级	排名	学校名称	星级
1	复旦大学	5★+	4	华中师范大学	5★	7	南京大学	5★-
2	中国人民大学	5★+	5	外交学院	5★-	8	吉林大学	5★-
3	北京大学	5★	6	清华大学	5★-			

4★（8 个）：厦门大学、中国政法大学、武汉大学、南开大学、山东大学、同济大学、云南大学、天津师范大学

3★（24 个），2★（32 个），1★（8 个）：名单略

0303 社会学（88）

排名	学校名称	星级	排名	学校名称	星级	排名	学校名称	星级
1	中国人民大学	5★+	4	复旦大学	5★	7	华东师范大学	5★-
2	北京大学	5★+	5	南开大学	5★-	8	清华大学	5★-
3	南京大学	5★	6	中央民族大学	5★-	9	中山大学	5★-

4★（9 个）：吉林大学、武汉大学、上海大学、华中科技大学、北京师范大学、中南大学、厦门大学、华东理工大学、河海大学

3★（26 个），2★（35 个），1★（9 个）：名单略

0304 民族学（38）

排名	学校名称	星级	排名	学校名称	星级	排名	学校名称	星级
1	中央民族大学	5★+	3	西南民族大学	5★-			
2	云南大学	5★	4	中南民族大学	5★-			

4★（4 个）：兰州大学、宁夏大学、西藏大学、内蒙古师范大学

3★（11 个），2★（15 个），1★（4 个）：名单略

0305 马克思主义理论（377）

排名	学校名称	星级	排名	学校名称	星级	排名	学校名称	星级
1	北京大学	5★+	14	江西师范大学	5★	27	云南大学	5★-
2	中国人民大学	5★+	15	北京师范大学	5★	28	华南师范大学	5★-
3	武汉大学	5★+	16	兰州大学	5★	29	首都师范大学	5★-
4	东北师范大学	5★+	17	西安交通大学	5★	30	北京理工大学	5★-
5	复旦大学	5★+	18	大连理工大学	5★	31	南京师范大学	5★-
6	清华大学	5★+	19	西南大学	5★	32	华中师范大学	5★-
7	吉林大学	5★+	20	同济大学	5★-	33	郑州大学	5★-
8	新疆大学	5★+	21	四川大学	5★-	34	国防科技大学	5★-
9	山东大学	5★	22	华东师范大学	5★-	35	厦门大学	5★-
10	南开大学	5★	23	湖南大学	5★-	36	武汉理工大学	5★-
11	浙江大学	5★	24	广西师范大学	5★-	37	东北大学	5★-
12	南京大学	5★	25	电子科技大学	5★-	38	湘潭大学	5★-
13	中山大学	5★	26	中南大学	5★-			

4★(37个)：上海师范大学、宁波大学、华中科技大学、西北工业大学、天津大学、华南理工大学、湖南科技大学、福建师范大学、浙江师范大学、东南大学、西南交通大学、安徽师范大学、陕西师范大学、西北大学、合肥工业大学、苏州大学、河北师范大学、天津师范大学、海南师范大学、上海交通大学、上海财经大学、曲阜师范大学、哈尔滨师范大学、扬州大学、广西大学、中国科学院大学、南昌大学、辽宁大学、中国农业大学、山东师范大学、北京交通大学、河海大学、中央财经大学、湖北大学、北京航空航天大学、新疆师范大学、北京科技大学

3★(114个)，2★(150个)，1★(38个)：名单略

0401 教育学（143）

排名	学校名称	星级	排名	学校名称	星级	排名	学校名称	星级
1	北京师范大学	5★+	6	东北师范大学	5★	11	浙江大学	5★-
2	华东师范大学	5★+	7	北京大学	5★	12	华南师范大学	5★-
3	西南大学	5★+	8	浙江师范大学	5★-	13	陕西师范大学	5★-
4	华中师范大学	5★	9	南京师范大学	5★-	14	北京理工大学	5★-
5	厦门大学	5★	10	华中科技大学	5★-			

4★(15个)：首都师范大学、上海师范大学、江西师范大学、广西师范大学、曲阜师范大学、湖南师范大学、天津大学、清华大学、西北师范大学、云南师范大学、宁波大学、福建师范大学、河南大学、四川师范大学、广州大学

3★(43个)，2★(57个)，1★(14个)：名单略

0402 心理学（104）

排名	学校名称	星级	排名	学校名称	星级	排名	学校名称	星级
1	北京师范大学	5★+	5	西南大学	5★	9	辽宁师范大学	5★-
2	北京大学	5★+	6	天津师范大学	5★-	10	江西师范大学	5★-
3	华南师范大学	5★	7	浙江大学	5★-			
4	华中师范大学	5★	8	陕西师范大学	5★-			

4★（11 个）：山东师范大学、清华大学、上海师范大学、东北师范大学、首都师范大学、浙江师范大学、河南大学、福建师范大学、华东师范大学、中国人民大学、南京师范大学
3★（31 个），2★（42 个），1★（10 个）：名单略

0403 体育学（107）

排名	学校名称	星级	排名	学校名称	星级	排名	学校名称	星级
1	北京体育大学	5★+	5	华南师范大学	5★	9	浙江大学	5★-
2	上海体育大学	5★+	6	清华大学	5★-	10	华中师范大学	5★-
3	华东师范大学	5★	7	成都体育学院	5★-	11	福建师范大学	5★-
4	武汉体育学院	5★	8	北京师范大学	5★-			

4★（10 个）：首都体育学院、南京师范大学、苏州大学、哈尔滨体育学院、天津体育学院、宁波大学、湖南师范大学、河南大学、山东大学、扬州大学
3★（33 个），2★（42 个），1★（11 个）：名单略

0471 教育（8）

排名	学校名称	星级	排名	学校名称	星级	排名	学校名称	星级
1	华东师范大学	5★-						

4★（1 个）：北京师范大学
3★（2 个），2★（3 个），1★（1 个）：名单略

0501 中国语言文学（186）

排名	学校名称	星级	排名	学校名称	星级	排名	学校名称	星级
1	北京师范大学	5★+	8	华东师范大学	5★	15	暨南大学	5★-
2	复旦大学	5★+	9	中国人民大学	5★	16	北京语言大学	5★-
3	南京大学	5★+	10	武汉大学	5★-	17	中山大学	5★-
4	山东大学	5★+	11	四川大学	5★-	18	中央民族大学	5★-
5	北京大学	5★	12	南开大学	5★-	19	南京师范大学	5★-
6	华中师范大学	5★	13	浙江大学	5★-			
7	陕西师范大学	5★	14	清华大学	5★-			

4★（18 个）：浙江师范大学、苏州大学、首都师范大学、吉林大学、上海师范大学、福建师范大学、西南大学、厦门大学、上海大学、上海交通大学、华中科技大学、山东师范大学、江西师范大学、云南大学、兰州大学、新疆大学、安徽师范大学、湖南师范大学
3★（56 个），2★（74 个），1★（19 个）：名单略

0502 外国语言文学（240）

排名	学校名称	星级	排名	学校名称	星级	排名	学校名称	星级
1	上海外国语大学	5★+	3	北京外国语大学	5★+	5	北京大学	5★+
2	南京大学	5★+	4	浙江大学	5★+	6	湖南师范大学	5★

排名	学校名称	星级	排名	学校名称	星级	排名	学校名称	星级
7	延边大学	5★	13	吉林大学	5★-	19	黑龙江大学	5★-
8	北京师范大学	5★	14	武汉大学	5★-	20	四川外国语大学	5★-
9	广东外语外贸大学	5★	15	天津外国语大学	5★-	21	北京语言大学	5★-
10	西安外国语大学	5★	16	复旦大学	5★-	22	山东大学	5★-
11	同济大学	5★	17	上海交通大学	5★-	23	北京航空航天大学	5★-
12	华东师范大学	5★	18	厦门大学	5★-	24	华中科技大学	5★-
4★(24个)：对外经济贸易大学、清华大学、中国人民大学、中山大学、四川大学、郑州大学、南开大学、中国海洋大学、东南大学、湖南大学、华中师范大学、南京师范大学、国防科技大学、宁波大学、西南大学、江西师范大学、东北师范大学、扬州大学、大连外国语大学、首都师范大学、苏州大学、陕西师范大学、云南大学、中南大学								
3★(72个)，2★(96个)，1★(24个)：名单略								

0503 新闻传播学（120）

排名	学校名称	星级	排名	学校名称	星级	排名	学校名称	星级
1	中国人民大学	5★+	5	武汉大学	5★	9	浙江大学	5★-
2	中国传媒大学	5★+	6	北京大学	5★	10	四川大学	5★-
3	复旦大学	5★	7	暨南大学	5★-	11	清华大学	5★-
4	南京大学	5★	8	华中科技大学	5★-	12	厦门大学	5★-
4★(12个)：北京师范大学、南京师范大学、深圳大学、河北大学、上海交通大学、山东大学、上海大学、郑州大学、安徽大学、华东师范大学、西南政法大学、中山大学								
3★(36个)，2★(48个)，1★(12个)：名单略								

0601 考古学（40）

排名	学校名称	星级	排名	学校名称	星级	排名	学校名称	星级
1	北京大学	5★+	3	四川大学	5★-			
2	吉林大学	5★	4	武汉大学	5★-			
4★(4个)：复旦大学、中国科学院大学、山东大学、中国人民大学								
3★(12个)，2★(16个)，1★(4个)：名单略								

0602 中国史（119）

排名	学校名称	星级	排名	学校名称	星级	排名	学校名称	星级
1	复旦大学	5★+	5	四川大学	5★	9	中山大学	5★-
2	中国人民大学	5★+	6	云南大学	5★	10	武汉大学	5★-
3	北京师范大学	5★	7	南京大学	5★-	11	上海师范大学	5★-
4	北京大学	5★	8	华中师范大学	5★-	12	陕西师范大学	5★-
4★(12个)：浙江大学、山东大学、清华大学、厦门大学、南开大学、暨南大学、华东师范大学、中央民族大学、西北师范大学、吉林大学、安徽师范大学、扬州大学								
3★(36个)，2★(47个)，1★(12个)：名单略								

0603 世界史（68）

排名	学校名称	星级	排名	学校名称	星级	排名	学校名称	星级
1	北京大学	5★+	4	复旦大学	5★-	7	中山大学	5★-
2	东北师范大学	5★	5	上海大学	5★-			
3	南开大学	5★	6	上海师范大学	5★-			
4★（7个）：武汉大学、南京大学、北京师范大学、华东师范大学、中国社会科学院大学、云南大学、郑州大学								
3★（20个），2★（27个），1★（7个）：名单略								

0701 数学（276）

排名	学校名称	星级	排名	学校名称	星级	排名	学校名称	星级
1	复旦大学	5★+	11	四川大学	5★	21	南京大学	5★-
2	中国科学技术大学	5★+	12	中南大学	5★	22	西安交通大学	5★-
3	北京大学	5★+	13	湘潭大学	5★	23	中国科学院大学	5★-
4	中山大学	5★+	14	浙江大学	5★	24	厦门大学	5★-
5	南开大学	5★+	15	清华大学	5★-	25	同济大学	5★-
6	北京师范大学	5★+	16	南方科技大学	5★-	26	浙江师范大学	5★-
7	山东大学	5★	17	大连理工大学	5★-	27	西北工业大学	5★-
8	上海交通大学	5★	18	武汉大学	5★-	28	东北师范大学	5★-
9	吉林大学	5★	19	哈尔滨工业大学	5★-			
10	首都师范大学	5★	20	电子科技大学	5★-			
4★（27个）：重庆大学、华中科技大学、上海师范大学、华东师范大学、兰州大学、北京理工大学、南京师范大学、东南大学、湖南大学、新疆大学、华南理工大学、天津大学、上海大学、曲阜师范大学、西北师范大学、国防科技大学、华南师范大学、中国矿业大学、华中师范大学、南京航空航天大学、四川师范大学、苏州大学、南京理工大学、杭州电子科技大学、中国人民大学、北京航空航天大学、扬州大学								
3★（83个），2★（110个），1★（28个）：名单略								

0702 物理学（203）

排名	学校名称	星级	排名	学校名称	星级	排名	学校名称	星级
1	中国科学技术大学	5★+	8	北京大学	5★	15	中山大学	5★-
2	南京大学	5★+	9	北京理工大学	5★	16	东南大学	5★-
3	吉林大学	5★+	10	华南师范大学	5★	17	山东大学	5★-
4	复旦大学	5★+	11	浙江大学	5★-	18	华东师范大学	5★-
5	清华大学	5★	12	华中科技大学	5★-	19	苏州大学	5★-
6	上海交通大学	5★	13	武汉大学	5★-	20	大连理工大学	5★-
7	中国科学院大学	5★	14	山西大学	5★-			
4★（21个）：四川大学、哈尔滨工业大学、南开大学、北京航空航天大学、电子科技大学、国防科技大学、兰州大学、西安交通大学、厦门大学、华南理工大学、北京师范大学、宁波大学、同济大学、中南大学、华中师范大学、重庆大学、郑州大学、上海大学、西北工业大学、北京科技大学、北京工业大学								
3★（61个），2★（81个），1★（20个）：名单略								

0703 化学（238）

排名	学校名称	星级	排名	学校名称	星级	排名	学校名称	星级
1	中国科学技术大学	5★+	9	湖南大学	5★	17	清华大学	5★-
2	吉林大学	5★+	10	浙江大学	5★	18	中国科学院大学	5★-
3	复旦大学	5★+	11	郑州大学	5★	19	华东理工大学	5★-
4	南开大学	5★+	12	上海交通大学	5★	20	中山大学	5★-
5	厦门大学	5★+	13	四川大学	5★-	21	兰州大学	5★-
6	北京大学	5★	14	华南理工大学	5★-	22	山东大学	5★-
7	南京大学	5★	15	武汉大学	5★-	23	东北师范大学	5★-
8	天津大学	5★	16	福州大学	5★-	24	新疆大学	5★-

4★（24个）：大连理工大学、北京化工大学、苏州大学、江西师范大学、华中科技大学、北京理工大学、西安交通大学、北京师范大学、华东师范大学、同济大学、中南大学、北京航空航天大学、重庆大学、东北大学、河南大学、云南大学、南昌大学、东华大学、华南师范大学、西北大学、西南大学、太原理工大学、北京科技大学、陕西师范大学

3★（71个），2★（95个），1★（24个）：名单略

0704 天文学（21）

排名	学校名称	星级	排名	学校名称	星级	排名	学校名称	星级
1	南京大学	5★	2	中国科学技术大学	5★-			

4★（2个）：北京大学、中国科学院大学

3★（7个），2★（8个），1★（2个）：名单略

0705 地理学（85）

排名	学校名称	星级	排名	学校名称	星级	排名	学校名称	星级
1	北京师范大学	5★+	4	武汉大学	5★	7	华东师范大学	5★-
2	北京大学	5★+	5	兰州大学	5★-	8	中山大学	5★-
3	南京师范大学	5★	6	南京大学	5★-	9	中国科学院大学	5★-

4★（8个）：河南大学、辽宁师范大学、福建师范大学、新疆大学、江西师范大学、东北师范大学、首都师范大学、西北师范大学

3★（26个），2★（34个），1★（8个）：名单略

0706 大气科学（22）

排名	学校名称	星级	排名	学校名称	星级	排名	学校名称	星级
1	南京信息工程大学	5★	2	南京大学	5★-			

4★（2个）：兰州大学、北京大学

3★（7个），2★（9个），1★（2个）：名单略

0707 海洋科学（31）

排名	学校名称	星级	排名	学校名称	星级	排名	学校名称	星级
1	中国海洋大学	5★+	2	厦门大学	5★	3	浙江海洋大学	5★-
4★（3个）：同济大学、上海交通大学、华东师范大学								
3★（10个），2★（12个），1★（3个）：名单略								

0708 地球物理学（21）

排名	学校名称	星级	排名	学校名称	星级	排名	学校名称	星级
1	武汉大学	5★	2	中国科学技术大学	5★-			
4★（2个）：北京大学、中国科学院大学								
3★（7个），2★（8个），1★（2个）：名单略								

0709 地质学（35）

排名	学校名称	星级	排名	学校名称	星级	排名	学校名称	星级
1	中国科学院大学	5★+	3	中国地质大学(武汉)	5★-			
2	南京大学	5★	4	北京大学	5★-			
4★（3个）：西北大学、中国地质大学(北京)、成都理工大学								
3★（11个），2★（14个），1★（3个）：名单略								

0710 生物学（240）

排名	学校名称	星级	排名	学校名称	星级	排名	学校名称	星级
1	复旦大学	5★+	9	清华大学	5★	17	中国科学院大学	5★-
2	武汉大学	5★+	10	同济大学	5★	18	吉林大学	5★-
3	浙江大学	5★+	11	华中农业大学	5★	19	内蒙古大学	5★-
4	上海交通大学	5★+	12	南京大学	5★	20	四川大学	5★-
5	中山大学	5★+	13	中国科学技术大学	5★-	21	山东大学	5★-
6	北京大学	5★	14	北京协和医学院	5★-	22	西北农林科技大学	5★-
7	厦门大学	5★	15	西南大学	5★-	23	华中科技大学	5★-
8	中国农业大学	5★	16	河南大学	5★-	24	中南大学	5★-
4★（24个）：中国海洋大学、南开大学、南京农业大学、兰州大学、北京师范大学、云南大学、西安交通大学、东南大学、重庆大学、华东师范大学、暨南大学、北京林业大学、昆明理工大学、郑州大学、南京医科大学、南方医科大学、上海海洋大学、四川农业大学、东北林业大学、南京师范大学、福建农林大学、哈尔滨工业大学、第四军医大学、青岛大学								
3★（72个），2★（96个），1★（24个）：名单略								

0711 系统科学（29）

排名	学校名称	星级	排名	学校名称	星级	排名	学校名称	星级
1	北京师范大学	5★+	2	北京交通大学	5★-	3	国防科技大学	5★-
4★（3个）：北京邮电大学、中国科学院大学、上海理工大学								
3★（9个），2★（11个），1★（3个）：名单略								

0712 科学技术史（26）

排名	学校名称	星级	排名	学校名称	星级	排名	学校名称	星级
1	中国科学技术大学	5★+	2	中国科学院大学	5★-	3	清华大学	5★-
4★（2个）：北京大学、上海交通大学								
3★（8个），2★（10个），1★（3个）：名单略								

0713 生态学（111）

排名	学校名称	星级	排名	学校名称	星级	排名	学校名称	星级
1	兰州大学	5★+	5	北京大学	5★	9	云南大学	5★-
2	浙江大学	5★+	6	复旦大学	5★	10	青海大学	5★-
3	北京师范大学	5★	7	华东师范大学	5★-	11	西藏大学	5★-
4	中山大学	5★	8	厦门大学	5★-			
4★（11个）：北京林业大学、南京大学、南京农业大学、福建师范大学、东北林业大学、华中农业大学、四川大学、东北师范大学、中国科学院大学、华南农业大学、福建农林大学								
3★（34个），2★（44个），1★（11个）：名单略								

0714 统计学（126）

排名	学校名称	星级	排名	学校名称	星级	排名	学校名称	星级
1	中国人民大学	5★+	6	中南财经政法大学	5★	11	东北师范大学	5★-
2	华东师范大学	5★+	7	中国科学技术大学	5★-	12	中央财经大学	5★-
3	厦门大学	5★+	8	上海财经大学	5★-	13	武汉大学	5★-
4	南开大学	5★	9	四川大学	5★-			
5	北京大学	5★	10	山东大学	5★-			
4★（12个）：复旦大学、北京师范大学、中南大学、西南财经大学、华中科技大学、中山大学、曲阜师范大学、吉林大学、北京理工大学、浙江工商大学、北京交通大学、辽宁大学								
3★（38个），2★（50个），1★（13个）：名单略								

0784 教育技术学（45）

排名	学校名称	星级	排名	学校名称	星级	排名	学校名称	星级
1	华中师范大学	5★+	3	陕西师范大学	5★-	5	山东师范大学	5★-
2	华东师范大学	5★	4	辽宁师范大学	5★-			
4★（4个）：西北工业大学、北京师范大学、江南大学、江苏师范大学								
3★（14个），2★（18个），1★（4个）：名单略								

0801 力学（97）

排名	学校名称	星级	排名	学校名称	星级	排名	学校名称	星级
1	清华大学	5★+	5	西安交通大学	5★	9	西北工业大学	5★-
2	北京大学	5★+	6	北京航空航天大学	5★	10	北京理工大学	5★-
3	大连理工大学	5★	7	宁波大学	5★-			
4	哈尔滨工业大学	5★	8	南京航空航天大学	5★-			

续表

4★（9 个）：上海交通大学、天津大学、中国科学院大学、湖南大学、浙江大学、华中科技大学、南京理工大学、南方科技大学、河海大学
3★（30 个），2★（38 个），1★（10 个）：名单略

0802 机械工程（224）

排名	学校名称	星级	排名	学校名称	星级	排名	学校名称	星级
1	西安交通大学	5★+	9	燕山大学	5★	17	北京理工大学	5★-
2	浙江大学	5★+	10	湖南大学	5★	18	东北大学	5★-
3	清华大学	5★+	11	西北工业大学	5★	19	浙江理工大学	5★-
4	上海交通大学	5★+	12	上海大学	5★-	20	华南理工大学	5★-
5	大连理工大学	5★	13	东南大学	5★-	21	南京航空航天大学	5★-
6	哈尔滨工业大学	5★	14	同济大学	5★-	22	北京航空航天大学	5★-
7	重庆大学	5★	15	吉林大学	5★-			
8	华中科技大学	5★	16	天津大学	5★-			

4★（23 个）：中南大学、电子科技大学、武汉理工大学、山东大学、合肥工业大学、北京工业大学、浙江工业大学、西南交通大学、江苏大学、北京交通大学、武汉大学、四川大学、太原理工大学、中国矿业大学、中国科学院大学、杭州电子科技大学、北京科技大学、中国农业大学、广东工业大学、厦门大学、南京理工大学、福州大学、上海理工大学
3★（67 个），2★（90 个），1★（22 个）：名单略

0803 光学工程（94）

排名	学校名称	星级	排名	学校名称	星级	排名	学校名称	星级
1	浙江大学	5★+	4	南京大学	5★	7	电子科技大学	5★-
2	华中科技大学	5★+	5	深圳大学	5★	8	中国科学技术大学	5★-
3	天津大学	5★	6	南京理工大学	5★-	9	南京邮电大学	5★-

4★（10 个）：中国计量大学、上海理工大学、苏州大学、北京理工大学、复旦大学、中国科学院大学、东南大学、北京邮电大学、西安电子科技大学、暨南大学
3★（28 个），2★（38 个），1★（9 个）：名单略

0804 仪器科学与技术（68）

排名	学校名称	星级	排名	学校名称	星级	排名	学校名称	星级
1	北京航空航天大学	5★+	4	西安交通大学	5★-	7	哈尔滨工业大学	5★-
2	中国科学院大学	5★	5	天津大学	5★-			
3	中国计量大学	5★	6	上海交通大学	5★-			

4★（7 个）：东南大学、北京理工大学、电子科技大学、重庆大学、吉林大学、燕山大学、南京航空航天大学
3★（20 个），2★（27 个），1★（7 个）：名单略

0805 材料科学与工程（227）

排名	学校名称	星级	排名	学校名称	星级	排名	学校名称	星级
1	中国科学院大学	5★+	2	浙江大学	5★+	3	中国科学技术大学	5★+

排名	学校名称	星级	排名	学校名称	星级	排名	学校名称	星级
4	上海交通大学	5★+	11	哈尔滨工业大学	5★	18	复旦大学	5★-
5	北京科技大学	5★+	12	吉林大学	5★-	19	北京理工大学	5★-
6	四川大学	5★	13	南京大学	5★-	20	中南大学	5★-
7	西北工业大学	5★	14	天津大学	5★-	21	北京航空航天大学	5★-
8	武汉理工大学	5★	15	清华大学	5★-	22	苏州大学	5★-
9	华中科技大学	5★	16	华南理工大学	5★-	23	东华大学	5★-
10	西安交通大学	5★	17	华东理工大学	5★-			

4★(22个):中山大学、郑州大学、南开大学、南昌大学、东南大学、北京大学、安徽大学、上海科技大学、东北师范大学、东北大学、北京化工大学、大连理工大学、厦门大学、同济大学、武汉大学、西安建筑科技大学、山东大学、湖南大学、燕山大学、电子科技大学、西南科技大学、杭州电子科技大学

3★(69个),2★(90个),1★(23个):名单略

0806 冶金工程(26)

排名	学校名称	星级	排名	学校名称	星级	排名	学校名称	星级
1	中南大学	5★+	2	北京科技大学	5★-	3	东北大学	5★-

4★(2个):重庆大学、昆明理工大学

3★(8个),2★(10个),1★(3个):名单略

0807 动力工程及工程热物理(104)

排名	学校名称	星级	排名	学校名称	星级	排名	学校名称	星级
1	华中科技大学	5★+	5	清华大学	5★	9	大连理工大学	5★-
2	西安交通大学	5★+	6	上海交通大学	5★-	10	北京航空航天大学	5★-
3	天津大学	5★	7	哈尔滨工业大学	5★-			
4	浙江大学	5★	8	东南大学	5★-			

4★(11个):东北大学、北京理工大学、华北电力大学、重庆大学、华东理工大学、上海理工大学、北京化工大学、兰州理工大学、北京科技大学、西北工业大学、南京工业大学

3★(31个),2★(42个),1★(10个):名单略

0808 电气工程(112)

排名	学校名称	星级	排名	学校名称	星级	排名	学校名称	星级
1	西安交通大学	5★+	5	华北电力大学	5★	9	中国科学院大学	5★-
2	浙江大学	5★+	6	清华大学	5★	10	东南大学	5★-
3	重庆大学	5★	7	湖南大学	5★-	11	上海交通大学	5★-
4	华中科技大学	5★	8	河北工业大学	5★-			

4★(11个):哈尔滨工业大学、西南交通大学、天津大学、武汉大学、华南理工大学、大连理工大学、四川大学、东北大学、山东大学、哈尔滨理工大学、沈阳工业大学

3★(34个),2★(45个),1★(11个):名单略

0809 电子科学与技术（123）

排名	学校名称	星级	排名	学校名称	星级	排名	学校名称	星级
1	电子科技大学	5★+	5	南京邮电大学	5★	9	复旦大学	5★-
2	东南大学	5★+	6	中山大学	5★	10	西安交通大学	5★-
3	上海交通大学	5★	7	清华大学	5★-	11	浙江大学	5★-
4	北京大学	5★	8	西安电子科技大学	5★-	12	哈尔滨工业大学	5★-

4★（13 个）：北京航空航天大学、华中科技大学、南京大学、北京邮电大学、华东师范大学、杭州电子科技大学、北京理工大学、中国科学技术大学、厦门大学、华南理工大学、中国科学院大学、天津大学、吉林大学

3★（37 个），2★（49 个），1★（12 个）：名单略

0810 信息与通信工程（186）

排名	学校名称	星级	排名	学校名称	星级	排名	学校名称	星级
1	西安电子科技大学	5★+	8	宁波大学	5★	15	华南理工大学	5★-
2	北京邮电大学	5★+	9	北京大学	5★	16	北京航空航天大学	5★-
3	电子科技大学	5★+	10	北京理工大学	5★-	17	中国传媒大学	5★-
4	清华大学	5★+	11	华中科技大学	5★-	18	西北工业大学	5★-
5	东南大学	5★	12	南京邮电大学	5★-	19	南京信息工程大学	5★-
6	上海交通大学	5★	13	西安交通大学	5★-			
7	国防科技大学	5★	14	北京交通大学	5★-			

4★（18 个）：重庆邮电大学、武汉大学、哈尔滨工业大学、天津大学、大连理工大学、浙江大学、南京大学、上海大学、中国科学院大学、深圳大学、南京航空航天大学、华东师范大学、中山大学、重庆大学、西南交通大学、河海大学、杭州电子科技大学、武汉理工大学

3★（56 个），2★（74 个），1★（19 个）：名单略

0811 控制科学与工程（189）

排名	学校名称	星级	排名	学校名称	星级	排名	学校名称	星级
1	清华大学	5★+	8	哈尔滨工业大学	5★	15	西北工业大学	5★-
2	浙江大学	5★+	9	东南大学	5★	16	华中科技大学	5★-
3	西安交通大学	5★+	10	南京航空航天大学	5★-	17	电子科技大学	5★-
4	上海交通大学	5★+	11	华北电力大学	5★-	18	武汉大学	5★-
5	北京理工大学	5★	12	中国科学院大学	5★-	19	杭州电子科技大学	5★-
6	东北大学	5★	13	天津大学	5★-			
7	北京航空航天大学	5★	14	大连理工大学	5★-			

4★（19 个）：华南理工大学、国防科技大学、中南大学、湖南大学、中国科学技术大学、南京理工大学、重庆大学、同济大学、江南大学、郑州大学、北京化工大学、山东大学、哈尔滨工程大学、广东工业大学、华东理工大学、中国计量大学、上海大学、燕山大学、南开大学

3★（57 个），2★（75 个），1★（19 个）：名单略

0812 计算机科学与技术（268）

排名	学校名称	星级	排名	学校名称	星级	排名	学校名称	星级
1	国防科技大学	5★+	10	东南大学	5★	19	武汉大学	5★-
2	清华大学	5★+	11	哈尔滨工业大学	5★	20	天津大学	5★-
3	华中科技大学	5★+	12	中国科学技术大学	5★	21	西北工业大学	5★-
4	南京大学	5★+	13	北京大学	5★	22	四川大学	5★-
5	北京邮电大学	5★+	14	电子科技大学	5★-	23	华东师范大学	5★-
6	上海交通大学	5★	15	东北大学	5★-	24	北京理工大学	5★-
7	西安电子科技大学	5★	16	杭州电子科技大学	5★-	25	厦门大学	5★-
8	浙江大学	5★	17	复旦大学	5★-	26	中国人民大学	5★-
9	北京航空航天大学	5★	18	吉林大学	5★-	27	中国海洋大学	5★-

4★（27个）：中南大学、西安交通大学、湖南大学、新疆大学、重庆邮电大学、南京航空航天大学、中山大学、华南理工大学、大连理工大学、同济大学、北京交通大学、合肥工业大学、安徽大学、上海大学、浙江师范大学、重庆大学、南京理工大学、深圳大学、中国科学院大学、南开大学、山东大学、福州大学、河海大学、苏州大学、北京师范大学、哈尔滨工程大学、燕山大学

3★（80个），2★（107个），1★（27个）：名单略

0813 建筑学（84）

排名	学校名称	星级	排名	学校名称	星级	排名	学校名称	星级
1	同济大学	5★+	4	重庆大学	5★	7	哈尔滨工业大学	5★-
2	东南大学	5★+	5	天津大学	5★-	8	西安建筑科技大学	5★-
3	清华大学	5★	6	华南理工大学	5★-			

4★（9个）：浙江大学、华中科技大学、湖南大学、南京大学、深圳大学、武汉大学、北京建筑大学、沈阳建筑大学、西南交通大学

3★（25个），2★（34个），1★（8个）：名单略

0814 土木工程（164）

排名	学校名称	星级	排名	学校名称	星级	排名	学校名称	星级
1	同济大学	5★+	7	哈尔滨工业大学	5★	13	河海大学	5★-
2	浙江大学	5★+	8	上海交通大学	5★	14	湖南大学	5★-
3	清华大学	5★+	9	北京工业大学	5★-	15	天津大学	5★-
4	重庆大学	5★	10	大连理工大学	5★-	16	山东大学	5★-
5	东南大学	5★	11	广西大学	5★-			
6	西安建筑科技大学	5★	12	中南大学	5★-			

4★（17个）：四川大学、华中科技大学、北京交通大学、华南理工大学、福州大学、西南交通大学、长安大学、武汉大学、中国矿业大学、郑州大学、兰州交通大学、广州大学、沈阳建筑大学、河北工业大学、吉林大学、宁波大学、东北大学

3★（49个），2★（66个），1★（16个）：名单略

0815 水利工程（64）

排名	学校名称	星级	排名	学校名称	星级	排名	学校名称	星级
1	武汉大学	5★+	3	河海大学	5★	5	天津大学	5★-
2	清华大学	5★	4	大连理工大学	5★-	6	四川大学	5★-

4★(7 个)：西北农林科技大学、中国农业大学、郑州大学、北京师范大学、华北水利水电大学、西安理工大学、三峡大学

3★(19 个)，2★(26 个)，1★(6 个)：名单略

0816 测绘科学与技术（53）

排名	学校名称	星级	排名	学校名称	星级	排名	学校名称	星级
1	武汉大学	5★+	3	中国科学院大学	5★	5	中国矿业大学	5★-
2	同济大学	5★	4	中南大学	5★-			

4★(6 个)：中国地质大学(武汉)、西南交通大学、辽宁工程技术大学、北京大学、河海大学、长安大学

3★(16 个)，2★(21 个)，1★(5 个)：名单略

0817 化学工程与技术（176）

排名	学校名称	星级	排名	学校名称	星级	排名	学校名称	星级
1	天津大学	5★+	7	清华大学	5★	13	福州大学	5★-
2	华东理工大学	5★+	8	浙江大学	5★	14	南京工业大学	5★-
3	大连理工大学	5★+	9	石河子大学	5★	15	郑州大学	5★-
4	北京化工大学	5★+	10	华南理工大学	5★-	16	四川大学	5★-
5	太原理工大学	5★	11	厦门大学	5★-	17	浙江工业大学	5★-
6	上海交通大学	5★	12	湖南大学	5★-	18	中南大学	5★-

4★(17 个)：北京理工大学、中山大学、江南大学、西安交通大学、苏州大学、东南大学、重庆大学、南京理工大学、哈尔滨工业大学、中国科学院大学、上海大学、广西大学、武汉工程大学、中国科学技术大学、西南石油大学、中国石油大学(华东)、燕山大学

3★(53 个)，2★(70 个)，1★(18 个)：名单略

0818 地质资源与地质工程（46）

排名	学校名称	星级	排名	学校名称	星级	排名	学校名称	星级
1	中国地质大学(武汉)	5★+	3	中国石油大学(华东)	5★-	5	成都理工大学	5★-
2	中国地质大学(北京)	5★	4	中国石油大学(北京)	5★-			

4★(4 个)：长江大学、吉林大学、南京大学、中南大学

3★(14 个)，2★(18 个)，1★(5 个)：名单略

0819 矿业工程（31）

排名	学校名称	星级	排名	学校名称	星级	排名	学校名称	星级
1	中国矿业大学	5★+	2	中南大学	5★	3	北京科技大学	5★-

4★(3 个)：中国矿业大学(北京)、重庆大学、太原理工大学

3★(10 个)，2★(12 个)，1★(3 个)：名单略

0820 石油与天然气工程（15）

排名	学校名称	星级	排名	学校名称	星级	排名	学校名称	星级
1	中国石油大学(华东)	5★	2	中国石油大学(北京)	5★-			
4★（1个）：长江大学								
3★（5个），2★（6个），1★（1个）：名单略								

0821 纺织科学与工程（22）

排名	学校名称	星级	排名	学校名称	星级	排名	学校名称	星级
1	东华大学	5★	2	浙江理工大学	5★-			
4★（2个）：天津工业大学、江南大学								
3★（7个），2★（9个），1★（2个）：名单略								

0822 轻工技术与工程（18）

排名	学校名称	星级	排名	学校名称	星级	排名	学校名称	星级
1	华南理工大学	5★	2	江南大学	5★-			
4★（2个）：广西大学、四川大学								
3★（5个），2★（7个），1★（2个）：名单略								

0823 交通运输工程（66）

排名	学校名称	星级	排名	学校名称	星级	排名	学校名称	星级
1	西南交通大学	5★+	4	中南大学	5★-	7	北京交通大学	5★-
2	长安大学	5★	5	北京航空航天大学	5★-			
3	东南大学	5★	6	大连海事大学	5★-			
4★（6个）：同济大学、武汉理工大学、重庆交通大学、吉林大学、长沙理工大学、兰州交通大学								
3★（20个），2★（26个），1★（7个）：名单略								

0824 船舶与海洋工程（27）

排名	学校名称	星级	排名	学校名称	星级	排名	学校名称	星级
1	上海交通大学	5★+	2	哈尔滨工程大学	5★-	3	浙江海洋大学	5★-
4★（2个）：天津大学、大连海事大学								
3★（9个），2★（10个），1★（3个）：名单略								

0825 航空宇航科学与技术（32）

排名	学校名称	星级	排名	学校名称	星级	排名	学校名称	星级
1	北京航空航天大学	5★+	2	西北工业大学	5★	3	哈尔滨工业大学	5★-
4★（3个）：南京航空航天大学、国防科技大学、中国科学院大学								
3★（10个），2★（13个），1★（3个）：名单略								

0826 兵器科学与技术（7）

排名	学校名称	星级	排名	学校名称	星级	排名	学校名称	星级
1	北京理工大学	5★-						

3★（3个），2★（2个），1★（1个）：名单略

0827 核科学与技术（21）

排名	学校名称	星级	排名	学校名称	星级	排名	学校名称	星级
1	清华大学	5★	2	中国科学技术大学	5★-			

4★（2个）：中国科学院大学、南华大学

3★（7个），2★（8个），1★（2个）：名单略

0828 农业工程（43）

排名	学校名称	星级	排名	学校名称	星级	排名	学校名称	星级
1	中国农业大学	5★+	3	华中农业大学	5★-			
2	浙江大学	5★	4	西北农林科技大学	5★-			

4★（5个）：华南农业大学、吉林大学、南京农业大学、东北农业大学、沈阳农业大学

3★（13个），2★（17个），1★（4个）：名单略

0829 林业工程（12）

排名	学校名称	星级	排名	学校名称	星级	排名	学校名称	星级
1	东北林业大学	5★						

4★（1个）：南京林业大学

3★（4个），2★（5个），1★（1个）：名单略

0830 环境科学与工程（196）

排名	学校名称	星级	排名	学校名称	星级	排名	学校名称	星级
1	北京师范大学	5★+	8	复旦大学	5★	15	华南理工大学	5★-
2	同济大学	5★+	9	北京大学	5★	16	湖南大学	5★-
3	南京大学	5★+	10	中国海洋大学	5★	17	山东大学	5★-
4	清华大学	5★+	11	天津大学	5★-	18	上海交通大学	5★-
5	哈尔滨工业大学	5★	12	厦门大学	5★-	19	中国科学院大学	5★-
6	河海大学	5★	13	中南大学	5★-	20	华中科技大学	5★-
7	浙江大学	5★	14	南开大学	5★-			

4★（19个）：西北农林科技大学、南京信息工程大学、西安建筑科技大学、大连理工大学、中山大学、中国农业大学、中国矿业大学、中国科学技术大学、广东工业大学、东南大学、武汉大学、重庆大学、四川大学、暨南大学、北京科技大学、华东理工大学、北京工业大学、吉林大学、辽宁大学

3★（59个），2★（78个），1★（20个）：名单略

0831 生物医学工程（80）

排名	学校名称	星级	排名	学校名称	星级	排名	学校名称	星级
1	东南大学	5★+	4	浙江大学	5★	7	温州医科大学	5★-
2	清华大学	5★+	5	北京协和医学院	5★-	8	上海交通大学	5★-
3	四川大学	5★	6	复旦大学	5★-			
4★（8个）：天津大学、中国科学技术大学、首都医科大学、暨南大学、中国科学院大学、中山大学、第四军医大学、天津医科大学								
3★（24个），2★（32个），1★（8个）：名单略								

0832 食品科学与工程（105）

排名	学校名称	星级	排名	学校名称	星级	排名	学校名称	星级
1	华南理工大学	5★+	5	南昌大学	5★	9	北京工商大学	5★-
2	江南大学	5★+	6	东北农业大学	5★-	10	南京农业大学	5★-
3	中国农业大学	5★	7	华中农业大学	5★-	11	西南大学	5★-
4	浙江大学	5★	8	西北农林科技大学	5★-			
4★（10个）：上海海洋大学、中国海洋大学、河南工业大学、浙江工商大学、宁波大学、江苏大学、武汉轻工大学、大连工业大学、合肥工业大学、天津科技大学								
3★（32个），2★（42个），1★（10个）：名单略								

0833 城乡规划学（74）

排名	学校名称	星级	排名	学校名称	星级	排名	学校名称	星级
1	同济大学	5★+	4	南京大学	5★	7	哈尔滨工业大学	5★-
2	清华大学	5★	5	华中科技大学	5★-			
3	西安建筑科技大学	5★	6	天津大学	5★-			
4★（8个）：东南大学、武汉大学、大连理工大学、华南理工大学、重庆大学、沈阳建筑大学、四川大学、北京工业大学								
3★（22个），2★（30个），1★（7个）：名单略								

0834 风景园林学（56）

排名	学校名称	星级	排名	学校名称	星级	排名	学校名称	星级
1	同济大学	5★+	3	北京林业大学	5★	5	清华大学	5★-
2	西安建筑科技大学	5★	4	东南大学	5★-	6	四川农业大学	5★-
4★（5个）：南京林业大学、华中农业大学、西北农林科技大学、重庆大学、福建农林大学								
3★（17个），2★（22个），1★（6个）：名单略								

0835 软件工程（148）

排名	学校名称	星级	排名	学校名称	星级	排名	学校名称	星级
1	国防科技大学	5★+	4	北京航空航天大学	5★	7	大连理工大学	5★
2	清华大学	5★+	5	电子科技大学	5★	8	华东师范大学	5★-
3	浙江大学	5★+	6	武汉大学	5★	9	东北大学	5★-

排名	学校名称	星级	排名	学校名称	星级	排名	学校名称	星级
10	南京大学	5★-	12	四川大学	5★-	14	山东大学	5★-
11	西北工业大学	5★-	13	天津大学	5★-	15	东南大学	5★-

4★（15 个）：北京大学、西安电子科技大学、同济大学、中国科学院大学、北京邮电大学、南京理工大学、吉林大学、中山大学、南京航空航天大学、浙江理工大学、河海大学、上海财经大学、重庆大学、哈尔滨工业大学、苏州大学

3★（44 个），2★（59 个），1★（15 个）：名单略

0836 生物工程（26）

排名	学校名称	星级	排名	学校名称	星级	排名	学校名称	星级
1	华东理工大学	5★+	2	华中农业大学	5★-	3	北京化工大学	5★-

4★（2 个）：上海交通大学、南京工业大学

3★（8 个），2★（10 个），1★（3 个）：名单略

0837 安全科学与工程（61）

排名	学校名称	星级	排名	学校名称	星级	排名	学校名称	星级
1	中国矿业大学	5★+	3	中国科学技术大学	5★	5	西安科技大学	5★-
2	中国矿业大学(北京)	5★	4	中国民航大学	5★-	6	武汉科技大学	5★-

4★（6 个）：北京理工大学、清华大学、河南理工大学、重庆大学、山东科技大学、辽宁工程技术大学

3★（19 个），2★（24 个），1★（6 个）：名单略

0839 网络空间安全（77）

排名	学校名称	星级	排名	学校名称	星级	排名	学校名称	星级
1	北京邮电大学	5★+	4	武汉大学	5★	7	国防科技大学	5★-
2	浙江大学	5★+	5	清华大学	5★-	8	东南大学	5★-
3	中国科学技术大学	5★	6	复旦大学	5★-			

4★（7 个）：西安电子科技大学、杭州电子科技大学、华中科技大学、西北工业大学、山东大学、北京交通大学、广州大学

3★（24 个），2★（30 个），1★（8 个）：名单略

0901 作物学（50）

排名	学校名称	星级	排名	学校名称	星级	排名	学校名称	星级
1	中国农业大学	5★+	3	四川农业大学	5★	5	海南大学	5★-
2	南京农业大学	5★	4	华南农业大学	5★-			

4★（5 个）：西北农林科技大学、华中农业大学、中国科学院大学、湖南农业大学、甘肃农业大学

3★（15 个），2★（20 个），1★（5 个）：名单略

0902 园艺学（44）

排名	学校名称	星级	排名	学校名称	星级	排名	学校名称	星级
1	浙江大学	5★+	3	南京农业大学	5★-			
2	华中农业大学	5★	4	沈阳农业大学	5★-			
4★（5个）：西北农林科技大学、中国农业大学、上海交通大学、华南农业大学、湖南农业大学								
3★（13个），2★（18个），1★（4个）：名单略								

0903 农业资源与环境（40）

排名	学校名称	星级	排名	学校名称	星级	排名	学校名称	星级
1	中国农业大学	5★+	3	沈阳农业大学	5★-			
2	南京农业大学	5★	4	东北农业大学	5★-			
4★（4个）：浙江大学、西北农林科技大学、华中农业大学、华南农业大学								
3★（12个），2★（16个），1★（4个）：名单略								

0904 植物保护（44）

排名	学校名称	星级	排名	学校名称	星级	排名	学校名称	星级
1	中国农业大学	5★+	3	西北农林科技大学	5★-			
2	浙江大学	5★	4	贵州大学	5★-			
4★（5个）：华中农业大学、南京农业大学、吉林农业大学、华南农业大学、沈阳农业大学								
3★（13个），2★（18个），1★（4个）：名单略								

0905 畜牧学（55）

排名	学校名称	星级	排名	学校名称	星级	排名	学校名称	星级
1	中国农业大学	5★+	3	华中农业大学	5★	5	浙江大学	5★-
2	西北农林科技大学	5★	4	东北农业大学	5★-	6	南京农业大学	5★-
4★（5个）：华南农业大学、四川农业大学、西南大学、江西农业大学、扬州大学								
3★（17个），2★（22个），1★（5个）：名单略								

0906 兽医学（44）

排名	学校名称	星级	排名	学校名称	星级	排名	学校名称	星级
1	中国农业大学	5★+	3	扬州大学	5★-			
2	华中农业大学	5★	4	西北农林科技大学	5★-			
4★（5个）：浙江大学、南京农业大学、吉林大学、东北农业大学、四川农业大学								
3★（13个），2★（18个），1★（4个）：名单略								

0907 林学（35）

排名	学校名称	星级	排名	学校名称	星级	排名	学校名称	星级
1	北京林业大学	5★+	3	南京林业大学	5★-			
2	东北林业大学	5★	4	西北农林科技大学	5★-			

4★（3 个）：福建农林大学、中南林业科技大学、浙江农林大学
3★（11 个），2★（14 个），1★（3 个）：名单略

0908 水产（33）

排名	学校名称	星级	排名	学校名称	星级	排名	学校名称	星级
1	中国海洋大学	5★+	2	上海海洋大学	5★	3	宁波大学	5★-

4★（4 个）：华中农业大学、浙江海洋大学、集美大学、中国科学院大学
3★（10 个），2★（13 个），1★（3 个）：名单略

0909 草学（25）

排名	学校名称	星级	排名	学校名称	星级	排名	学校名称	星级
1	兰州大学	5★+	2	中国农业大学	5★-	3	甘肃农业大学	5★-

4★（2 个）：东北师范大学、北京林业大学
3★（8 个），2★（10 个），1★（2 个）：名单略

1001 基础医学（111）

排名	学校名称	星级	排名	学校名称	星级	排名	学校名称	星级
1	复旦大学	5★+	5	中山大学	5★	9	武汉大学	5★-
2	上海交通大学	5★+	6	华中科技大学	5★	10	北京协和医学院	5★-
3	北京大学	5★	7	四川大学	5★-	11	中国科学院大学	5★-
4	浙江大学	5★	8	中南大学	5★-			

4★（11 个）：郑州大学、南京医科大学、吉林大学、山东大学、天津医科大学、苏州大学、第二军医大学、清华大学、同济大学、中国医科大学、广西医科大学
3★（34 个），2★（44 个），1★（11 个）：名单略

1002 临床医学（113）

排名	学校名称	星级	排名	学校名称	星级	排名	学校名称	星级
1	北京协和医学院	5★+	5	首都医科大学	5★	9	四川大学	5★-
2	上海交通大学	5★+	6	华中科技大学	5★	10	中南大学	5★-
3	复旦大学	5★	7	中山大学	5★-	11	南京医科大学	5★-
4	北京大学	5★	8	浙江大学	5★-			

4★（12 个）：天津医科大学、郑州大学、山东大学、广州医科大学、同济大学、重庆医科大学、温州医科大学、中国医科大学、武汉大学、西安交通大学、吉林大学、第四军医大学
3★（34 个），2★（45 个），1★（11 个）：名单略

1003 口腔医学（47）

排名	学校名称	星级	排名	学校名称	星级	排名	学校名称	星级
1	四川大学	5★+	3	北京大学	5★-	5	中山大学	5★-
2	武汉大学	5★	4	上海交通大学	5★-			

4★（4个）：同济大学、第四军医大学、首都医科大学、南京医科大学
3★（15个），2★（18个），1★（5个）：名单略

1004 公共卫生与预防医学（78）

排名	学校名称	星级	排名	学校名称	星级	排名	学校名称	星级
1	复旦大学	5★+	4	北京大学	5★	7	四川大学	5★-
2	华中科技大学	5★+	5	南京医科大学	5★-	8	吉林大学	5★-
3	北京协和医学院	5★	6	中山大学	5★-			

4★（8个）：中南大学、西安交通大学、中国医科大学、东南大学、第二军医大学、首都医科大学、郑州大学、安徽医科大学
3★（23个），2★（31个），1★（8个）：名单略

1005 中医学（40）

排名	学校名称	星级	排名	学校名称	星级	排名	学校名称	星级
1	北京中医药大学	5★+	3	广州中医药大学	5★-			
2	上海中医药大学	5★	4	成都中医药大学	5★-			

4★（4个）：黑龙江中医药大学、南京中医药大学、安徽中医药大学、湖南中医药大学
3★（12个），2★（16个），1★（4个）：名单略

1006 中西医结合（62）

排名	学校名称	星级	排名	学校名称	星级	排名	学校名称	星级
1	北京中医药大学	5★+	3	华中科技大学	5★	5	广州中医药大学	5★-
2	复旦大学	5★	4	上海中医药大学	5★-	6	北京大学	5★-

4★（6个）：福建中医药大学、天津中医药大学、四川大学、辽宁中医药大学、黑龙江中医药大学、安徽中医药大学
3★（19个），2★（25个），1★（6个）：名单略

1007 药学（147）

排名	学校名称	星级	排名	学校名称	星级	排名	学校名称	星级
1	北京协和医学院	5★+	6	中山大学	5★	11	山东大学	5★-
2	浙江大学	5★+	7	上海交通大学	5★	12	郑州大学	5★-
3	复旦大学	5★+	8	暨南大学	5★-	13	吉林大学	5★-
4	中国药科大学	5★	9	四川大学	5★-	14	华中科技大学	5★-
5	沈阳药科大学	5★	10	北京大学	5★-	15	中国海洋大学	5★-

4★（14个）：西安交通大学、南京大学、中南大学、中国科学院大学、哈尔滨医科大学、苏州大学、温州医科大学、华东理工大学、河北医科大学、南开大学、西南大学、第二军医大学、浙江工业大学、青岛大学
3★（45个），2★（58个），1★（15个）：名单略

1008 中药学（51）

排名	学校名称	星级	排名	学校名称	星级	排名	学校名称	星级
1	北京中医药大学	5★+	3	上海中医药大学	5★	5	中国药科大学	5★-
2	成都中医药大学	5★	4	南京中医药大学	5★-			
4★（5 个）：天津中医药大学、广州中医药大学、长春中医药大学、沈阳药科大学、黑龙江中医药大学								
3★（16 个），2★（20 个），1★（5 个）：名单略								

1009 特种医学（17）

排名	学校名称	星级	排名	学校名称	星级	排名	学校名称	星级
1	山西医科大学	5★	2	苏州大学	5★-			
4★（1 个）：第二军医大学								
3★（6 个），2★（6 个），1★（2 个）：名单略								

1010 医学技术（43）

排名	学校名称	星级	排名	学校名称	星级	排名	学校名称	星级
1	中山大学	5★+	3	四川大学	5★-			
2	温州医科大学	5★	4	北京大学	5★-			
4★（5 个）：天津医科大学、南京医科大学、重庆医科大学、上海中医药大学、湖北中医药大学								
3★（13 个），2★（17 个），1★（4 个）：名单略								

1011 护理学（74）

排名	学校名称	星级	排名	学校名称	星级	排名	学校名称	星级
1	四川大学	5★+	4	中山大学	5★	7	上海交通大学	5★-
2	北京大学	5★	5	中南大学	5★-			
3	复旦大学	5★	6	华中科技大学	5★-			
4★（8 个）：武汉大学、浙江大学、西安交通大学、福建医科大学、山西医科大学、重庆医科大学、北京协和医学院、南京医科大学								
3★（22 个），2★（30 个），1★（7 个）：名单略								

1074 社会医学与卫生事业管理（15）

排名	学校名称	星级	排名	学校名称	星级	排名	学校名称	星级
1	四川大学	5★	2	北京大学	5★-			
4★（1 个）：中山大学								
3★（5 个），2★（6 个），1★（1 个）：名单略								

1201 管理科学与工程（209）

排名	学校名称	星级	排名	学校名称	星级	排名	学校名称	星级
1	西安交通大学	5★+	5	天津大学	5★	9	大连理工大学	5★
2	浙江大学	5★+	6	国防科技大学	5★	10	武汉大学	5★
3	合肥工业大学	5★+	7	华南理工大学	5★	11	同济大学	5★-
4	清华大学	5★+	8	上海交通大学	5★	12	北京航空航天大学	5★-

排名	学校名称	星级	排名	学校名称	星级	排名	学校名称	星级
13	北京交通大学	5★-	16	上海财经大学	5★-	19	中国矿业大学	5★-
14	南京航空航天大学	5★-	17	华中科技大学	5★-	20	福州大学	5★-
15	上海大学	5★-	18	东南大学	5★-	21	上海海事大学	5★-

4★(21个)：四川大学、西北工业大学、电子科技大学、中山大学、中南大学、南京信息工程大学、北京理工大学、广东工业大学、南京理工大学、西南财经大学、厦门大学、南京大学、重庆大学、中国科学技术大学、西安建筑科技大学、哈尔滨工程大学、山东大学、杭州电子科技大学、江西师范大学、山东师范大学、东北财经大学

3★(63个)，2★(83个)，1★(21个)：名单略

1202 工商管理学（309）

排名	学校名称	星级	排名	学校名称	星级	排名	学校名称	星级
1	中国人民大学	5★+	12	北京大学	5★	23	湖南大学	5★-
2	上海交通大学	5★+	13	上海财经大学	5★	24	浙江大学	5★-
3	清华大学	5★+	14	吉林大学	5★	25	北京理工大学	5★-
4	中山大学	5★+	15	复旦大学	5★	26	浙江工业大学	5★-
5	西安交通大学	5★+	16	西南财经大学	5★-	27	天津财经大学	5★-
6	厦门大学	5★+	17	大连理工大学	5★-	28	中国海洋大学	5★-
7	南开大学	5★	18	对外经济贸易大学	5★-	29	浙江工商大学	5★-
8	武汉大学	5★	19	中南财经政法大学	5★-	30	南京大学	5★-
9	东北财经大学	5★	20	华南理工大学	5★-	31	云南大学	5★-
10	暨南大学	5★	21	中南大学	5★-			
11	四川大学	5★	22	重庆大学	5★-			

4★(31个)：天津大学、东北大学、华中科技大学、哈尔滨工业大学、同济大学、河海大学、华东师范大学、江西财经大学、中央财经大学、兰州大学、合肥工业大学、首都经济贸易大学、中国科学技术大学、山东大学、电子科技大学、北京交通大学、西南交通大学、华北电力大学、山东财经大学、云南财经大学、苏州大学、福州大学、华侨大学、东华大学、哈尔滨商业大学、辽宁大学、燕山大学、西安理工大学、东南大学、杭州电子科技大学、西北大学

3★(93个)，2★(123个)，1★(31个)：名单略

1203 农林经济管理（51）

排名	学校名称	星级	排名	学校名称	星级	排名	学校名称	星级
1	中国人民大学	5★+	3	华中农业大学	5★	5	南京农业大学	5★-
2	浙江大学	5★	4	西北农林科技大学	5★-			

4★(5个)：南京林业大学、中国农业大学、北京林业大学、贵州大学、湖南农业大学

3★(16个)，2★(20个)，1★(5个)：名单略

1204 公共管理学（214）

排名	学校名称	星级	排名	学校名称	星级	排名	学校名称	星级
1	中国人民大学	5★+	5	华中科技大学	5★	9	四川大学	5★
2	清华大学	5★+	6	复旦大学	5★	10	北京师范大学	5★
3	北京大学	5★+	7	武汉大学	5★	11	南京大学	5★
4	浙江大学	5★+	8	中山大学	5★	12	兰州大学	5★-

排名	学校名称	星级	排名	学校名称	星级	排名	学校名称	星级
13	中南大学	5★-	16	西安交通大学	5★-	19	郑州大学	5★-
14	厦门大学	5★-	17	吉林大学	5★-	20	天津大学	5★-
15	东北大学	5★-	18	中国农业大学	5★-	21	重庆大学	5★-

4★（22 个）：华南理工大学、南开大学、上海交通大学、中国矿业大学、云南大学、华中师范大学、哈尔滨工业大学、中南财经政法大学、华东师范大学、南京农业大学、上海财经大学、山东大学、北京航空航天大学、华东政法大学、华中农业大学、湘潭大学、中国科学院大学、东北财经大学、湖南农业大学、浙江师范大学、中国地质大学(武汉)、广西大学、

3★（64 个），2★（86 个），1★（21 个）：名单略

1205 信息资源管理（50）

排名	学校名称	星级	排名	学校名称	星级	排名	学校名称	星级
1	武汉大学	5★+	3	中国人民大学	5★	5	中山大学	5★-
2	南京大学	5★	4	北京大学	5★-			

4★（5 个）：吉林大学、华中师范大学、南开大学、郑州大学、华东师范大学

3★（15 个），2★（20 个），1★（5 个）：名单略

1301 艺术学（73）

排名	学校名称	星级	排名	学校名称	星级	排名	学校名称	星级
1	东南大学	5★+	4	浙江大学	5★	7	南京艺术学院	5★-
2	北京大学	5★	5	中国传媒大学	5★-			
3	中国美术学院	5★	6	四川大学	5★-			

4★（8 个）：清华大学、中央美术学院、东北大学、浙江理工大学、山西大学、西安美术学院、上海大学、中央音乐学院

3★（22 个），2★（29 个），1★（7 个）：名单略

1302 音乐与舞蹈学（86）

排名	学校名称	星级	排名	学校名称	星级	排名	学校名称	星级
1	上海音乐学院	5★+	4	首都师范大学	5★	7	东北师范大学	5★-
2	北京师范大学	5★+	5	华南师范大学	5★-	8	福建师范大学	5★-
3	南京艺术学院	5★	6	中国传媒大学	5★-	9	湖南师范大学	5★-

4★（8 个）：南京师范大学、星海音乐学院、中央民族大学、浙江师范大学、山东师范大学、哈尔滨音乐学院、华东师范大学、浙江音乐学院

3★（26 个），2★（34 个），1★（9 个）：名单略

1303 戏剧与影视学（62）

排名	学校名称	星级	排名	学校名称	星级	排名	学校名称	星级
1	中央戏剧学院	5★+	3	北京师范大学	5★	5	上海戏剧学院	5★-
2	中国传媒大学	5★	4	南京大学	5★-	6	北京电影学院	5★-

4★（6 个）：上海大学、山西师范大学、南京师范大学、南京艺术学院、武汉大学、福建师范大学

3★（19 个），2★（25 个），1★（6 个）：名单略

1304 美术学（114）

排名	学校名称	星级	排名	学校名称	星级	排名	学校名称	星级
1	中央美术学院	5★+	5	南京艺术学院	5★	9	上海大学	5★-
2	中国美术学院	5★+	6	首都师范大学	5★	10	华东师范大学	5★-
3	清华大学	5★	7	四川大学	5★-	11	南京师范大学	5★-
4	西安美术学院	5★	8	广州美术学院	5★-			

4★(12个)：北京电影学院、中国人民大学、哈尔滨师范大学、四川美术学院、西北师范大学、湖南师范大学、山东师范大学、浙江师范大学、东北师范大学、福建师范大学、中国传媒大学、厦门大学
3★(34个)，2★(46个)，1★(11个)：名单略

1305 设计学（175）

排名	学校名称	星级	排名	学校名称	星级	排名	学校名称	星级
1	中央美术学院	5★+	7	景德镇陶瓷大学	5★	13	上海大学	5★-
2	同济大学	5★+	8	北京服装学院	5★	14	苏州大学	5★-
3	清华大学	5★+	9	东华大学	5★	15	南京师范大学	5★-
4	江南大学	5★+	10	武汉理工大学	5★-	16	浙江理工大学	5★-
5	北京理工大学	5★	11	南京艺术学院	5★-	17	浙江大学	5★-
6	四川大学	5★	12	中国传媒大学	5★-	18	西安美术学院	5★-

4★(17个)：上海交通大学、四川美术学院、湖南工业大学、中国美术学院、北京航空航天大学、广东工业大学、大连工业大学、西安理工大学、浙江工业大学、鲁迅美术学院、中原工学院、北京林业大学、天津大学、天津理工大学、华东理工大学、广州美术学院、齐鲁工业大学
3★(53个)，2★(70个)，1★(17个)：名单略

1401 集成电路科学与工程（30）

排名	学校名称	星级	排名	学校名称	星级	排名	学校名称	星级
1	电子科技大学	5★+	2	华中科技大学	5★	3	东南大学	5★-

4★(3个)：北京理工大学、西安电子科技大学、西北工业大学
3★(9个)，2★(12个)，1★(3个)：名单略

第四部分

2024 年中国高职高专院校
竞争力排行榜

中国高职高专教育地区竞争力排行榜

地区	排名	高职高专数量	职业本科数量
江苏	1	90	1
广东	2	93	3
山东	3	86	3
河南	4	110	1
湖南	5	85	1
四川	6	84	1
浙江	7	49	2
安徽	8	75	0
湖北	9	64	0
河北	10	67	3
江西	11	63	3
福建	12	49	1
重庆	13	44	1
辽宁	14	51	1
云南	15	56	0
陕西	16	40	2
广西	17	49	2
贵州	18	48	1
山西	19	49	2
黑龙江	20	39	0
北京	21	25	0
内蒙古	22	37	0
新疆	23	42	1
天津	24	26	0
上海	25	28	1
吉林	26	29	0
甘肃	27	28	2
宁夏	28	13	0
海南	29	13	1
青海	30	8	0
西藏	31	3	0

中国职业本科院校竞争力排行榜（33 强）

学校名称	排名	地区	院校类型	院校性质
深圳职业技术大学	1	广东	综合	公办
河北科技工程职业技术大学	2	河北	理工	公办
海南科技职业大学	3	海南	理工	民办
南京工业职业技术大学	4	江苏	理工	公办
河北石油职业技术大学	5	河北	理工	公办
河北工业职业技术大学	6	河北	理工	公办
兰州资源环境职业技术大学	7	甘肃	综合	公办
兰州石化职业技术大学	8	甘肃	理工	公办
山西工程科技职业大学	9	山西	理工	公办
上海中侨职业技术大学	10	上海	综合	民办
广西城市职业大学	11	广西	综合	民办
广西农业职业技术大学	12	广西	农林	公办
山东外事职业大学	13	山东	综合	民办
广州科技职业技术大学	14	广东	综合	民办
浙江药科职业大学	15	浙江	医药	公办
重庆机电职业技术大学	16	重庆	理工	民办
广东工商职业技术大学	17	广东	财经	民办
河南科技职业大学	18	河南	理工	民办
江西软件职业技术大学	19	江西	理工	民办
运城职业技术大学	20	山西	综合	民办
山东外国语职业技术大学	21	山东	语言	民办
浙江广厦建设职业技术大学	22	浙江	理工	民办
山东工程职业技术大学	23	山东	理工	民办
泉州职业技术大学	24	福建	综合	民办
南昌职业大学	25	江西	综合	民办
成都艺术职业大学	26	四川	艺术	民办
西安汽车职业大学	27	陕西	理工	民办
贵阳康养职业大学	28	贵州	医药	公办
西安信息职业大学	29	陕西	理工	民办
新疆天山职业技术大学	30	新疆	理工	民办
辽宁理工职业大学	31	辽宁	理工	民办
湖南软件职业技术大学	32	湖南	理工	民办
景德镇艺术职业大学	33	江西	艺术	民办

中国职业专科院校竞争力排行榜

排名	院校名称	星级	地区	内序	排名	院校名称	星级	地区	内序
1	无锡职业技术学院	5★+	江苏	1	37	福建船政交通职业学院	5★	福建	1
2	淄博职业学院	5★+	山东	1	38	杭州职业技术学院	5★	浙江	7
3	广东轻工职业技术学院	5★+	广东	1	39	江苏经贸职业技术学院	5★	江苏	7
4	金华职业技术学院	5★+	浙江	1	40	郑州铁路职业技术学院	5★	河南	2
5	黄河水利职业技术学院	5★+	河南	1	41	陕西铁路工程职业技术学院	5★	陕西	3
6	深圳信息职业技术学院	5★+	广东	2	42	重庆工程职业技术学院	5★	重庆	3
7	重庆电子工程职业学院	5★+	重庆	1	43	滨州职业学院	5★	山东	5
8	天津市职业大学	5★+	天津	1	44	成都航空职业技术学院	5★	四川	1
9	北京电子科技职业学院	5★+	北京	1	45	西安航空职业技术学院	5★	陕西	4
10	陕西工业职业技术学院	5★+	陕西	1	46	辽宁省交通高等专科学校	5★	辽宁	1
11	江苏农牧科技职业学院	5★+	江苏	2	47	湖南汽车工程职业学院	5★	湖南	2
12	浙江金融职业学院	5★+	浙江	2	48	广东机电职业技术学院	5★	广东	5
13	北京工业职业技术学院	5★+	北京	2	49	广东科学技术职业学院	5★	广东	6
14	广州番禺职业技术学院	5★+	广东	3	50	河南工业职业技术学院	5★	河南	3
15	重庆工业职业技术学院	5★+	重庆	2	51	长春职业技术学院	5★	吉林	1
16	山东商业职业技术学院	5★	山东	2	52	南宁职业技术学院	5★	广西	1
17	顺德职业技术学院	5★	广东	4	53	湖南铁道职业技术学院	5★	湖南	3
18	杨凌职业技术学院	5★	陕西	2	54	四川工程职业技术学院	5★	四川	2
19	常州信息职业技术学院	5★	江苏	3	55	北京信息职业技术学院	5★	北京	3
20	江苏农林职业技术学院	5★	江苏	4	56	北京财贸职业学院	5★	北京	4
21	长沙民政职业技术学院	5★	湖南	1	57	河南职业技术学院	5★	河南	4
22	九江职业技术学院	5★	江西	1	58	济南职业学院	5★	山东	6
23	新疆农业职业技术学院	5★	新疆	1	59	武汉船舶职业技术学院	5★	湖北	2
24	南京信息职业技术学院	5★	江苏	5	60	江苏建筑职业技术学院	5★	江苏	8
25	日照职业技术学院	5★	山东	3	61	宁夏职业技术学院	5★	宁夏	1
26	芜湖职业技术学院	5★	安徽	1	62	重庆城市管理职业学院	5★	重庆	4
27	哈尔滨职业技术学院	5★	黑龙江	1	63	襄阳职业技术学院	5★	湖北	3
28	潍坊职业学院	5★	山东	4	64	广州铁路职业技术学院	5★	广东	7
29	浙江交通职业技术学院	5★	浙江	3	65	四川建筑职业技术学院	5★	四川	3
30	昆明冶金高等专科学校	5★	云南	1	66	江西应用技术职业学院	5★	江西	2
31	温州职业技术学院	5★	浙江	4	67	河北化工医药职业技术学院	5★	河北	1
32	宁波职业技术学院	5★	浙江	5	68	山东科技职业学院	5★	山东	7
33	贵州交通职业技术学院	5★	贵州	1	69	江苏海事职业技术学院	5★	江苏	9
34	浙江机电职业技术学院	5★	浙江	6	70	湖南工业职业技术学院	5★	湖南	4
35	武汉职业技术学院	5★	湖北	1	71	浙江经济职业技术学院	5★	浙江	8
36	常州机电职业技术学院	5★	江苏	6	72	黑龙江建筑职业技术学院	5★	黑龙江	2

排名	院校名称	星级	地区	内序	排名	院校名称	星级	地区	内序
73	福建信息职业技术学院	5★	福建	2	114	江西环境工程职业学院	5★-	江西	3
74	青岛职业技术学院	5★	山东	8	115	铜仁职业技术学院	5★-	贵州	2
75	威海职业学院	5★	山东	9	116	浙江商业职业技术学院	5★-	浙江	12
76	浙江旅游职业学院	5★	浙江	9	117	黄冈职业技术学院	5★-	湖北	7
77	天津电子信息职业技术学院	5★	天津	2	118	上海电子信息职业技术学院	5★-	上海	1
78	柳州职业技术学院	5★-	广西	2	119	江苏食品药品职业技术学院	5★-	江苏	17
79	天津轻工职业技术学院	5★-	天津	3	120	天津现代职业技术学院	5★-	天津	5
80	四川交通职业技术学院	5★-	四川	4	121	上海工艺美术职业学院	5★-	上海	2
81	武汉软件工程职业学院	5★-	湖北	4	122	浙江经贸职业技术学院	5★-	浙江	13
82	苏州农业职业技术学院	5★-	江苏	10	123	北京交通运输职业学院	5★-	北京	6
83	广东水利电力职业技术学院	5★-	广东	8	124	湖南工艺美术职业学院	5★-	湖南	6
84	无锡商业职业技术学院	5★-	江苏	11	125	许昌职业技术学院	5★-	河南	6
85	河北交通职业技术学院	5★-	河北	2	126	扬州工业职业技术学院	5★-	江苏	18
86	常州工程职业技术学院	5★-	江苏	12	127	山东交通职业学院	5★-	山东	11
87	唐山工业职业技术学院	5★-	河北	3	128	黑龙江职业学院	5★-	黑龙江	5
88	安徽商贸职业技术学院	5★-	安徽	2	129	东营职业学院	5★-	山东	12
89	烟台职业学院	5★-	山东	10	130	山西省财政税务专科学校	5★-	山西	2
90	江苏工程职业技术学院	5★-	江苏	13	131	漯河医学高等专科学校	5★-	河南	7
91	天津医学高等专科学校	5★-	天津	4	132	辽宁农业职业技术学院	5★-	辽宁	2
92	浙江建设职业技术学院	5★-	浙江	10	133	广州民航职业技术学院	5★-	广东	10
93	北京农业职业学院	5★-	北京	5	134	湖南化工职业技术学院	5★-	湖南	7
94	河南农业职业学院	5★-	河南	5	135	常州工业职业技术学院	5★-	江苏	19
95	广西职业技术学院	5★-	广西	3	136	成都纺织高等专科学校	5★-	四川	6
96	黑龙江农业工程职业学院	5★-	黑龙江	3	137	江西外语外贸职业学院	5★-	江西	4
97	山西工程职业学院	5★-	山西	1	138	重庆工商职业学院	5★-	重庆	5
98	长沙航空职业技术学院	5★-	湖南	5	139	海南经贸职业技术学院	5★-	海南	1
99	成都职业技术学院	5★-	四川	5	140	上海城建职业学院	5★-	上海	3
100	武汉城市职业学院	5★-	湖北	5	141	广东农工商职业技术学院	5★-	广东	11
101	浙江工贸职业技术学院	5★-	浙江	11	142	江西交通职业技术学院	5★-	江西	5
102	南京铁道职业技术学院	5★-	江苏	14	143	广西交通职业技术学院	5★-	广西	4
103	黑龙江农业经济职业学院	5★-	黑龙江	4	144	石家庄铁路职业技术学院	5★-	河北	4
104	徐州工业职业技术学院	5★-	江苏	15	145	河南经贸职业学院	5★-	河南	8
105	安徽职业技术学院	5★-	安徽	3	146	重庆三峡医药高等专科学校	5★-	重庆	6
106	黎明职业大学	5★-	福建	3	147	宁夏工商职业技术学院	5★-	宁夏	2
107	陕西国防工业职业技术学院	5★-	陕西	5	148	山东畜牧兽医职业学院	5★-	山东	13
108	长春汽车工业高等专科学校	5★-	吉林	2	149	湖北职业技术学院	5★-	湖北	8
109	内蒙古机电职业技术学院	5★-	内蒙古	1	150	湖南交通职业技术学院	5★-	湖南	8
110	江苏航运职业技术学院	5★-	江苏	16	151	中山职业技术学院	5★-	广东	12
111	广东交通职业技术学院	5★-	广东	9	152	娄底职业技术学院	5★-	湖南	9
112	武汉铁路职业技术学院	5★-	湖北	6	153	内蒙古建筑职业技术学院	5★-	内蒙古	2
113	安徽机电职业技术学院	5★-	安徽	4	154	石家庄职业技术学院	5★-	河北	5

排名	院校名称	星级	地区内序		排名	院校名称	星级	地区内序	
155	北京经济管理职业学院	4★	北京	7	196	湖南机电职业技术学院	4★	湖南	10
156	南京科技职业学院	4★	江苏	20	197	新疆轻工职业技术学院	4★	新疆	2
157	漳州职业技术学院	4★	福建	4	198	广西水利电力职业技术学院	4★	广西	6
158	陕西交通职业技术学院	4★	陕西	6	199	浙江工业职业技术学院	4★	浙江	15
159	湖北三峡职业技术学院	4★	湖北	9	200	河北对外经贸职业学院	4★	河北	9
160	福州职业技术学院	4★	福建	5	201	山东水利职业学院	4★	山东	18
161	湖北交通职业技术学院	4★	湖北	10	202	柳州铁道职业技术学院	4★	广西	7
162	石家庄邮电职业技术学院	4★	河北	6	203	酒泉职业技术学院	4★	甘肃	1
163	广东工贸职业技术学院	4★	广东	13	204	重庆航天职业技术学院	4★	重庆	8
164	中山火炬职业技术学院	4★	广东	14	205	贵州轻工职业技术学院	4★	贵州	3
165	山东外贸职业学院	4★	山东	14	206	苏州经贸职业技术学院	4★	江苏	28
166	天津交通职业学院	4★	天津	6	207	咸阳职业技术学院	4★	陕西	8
167	义乌工商职业技术学院	4★	浙江	14	208	上海出版印刷高等专科学校	4★	上海	4
168	沈阳职业技术学院	4★	辽宁	3	209	浙江工商职业技术学院	4★	浙江	16
169	重庆医药高等专科学校	4★	重庆	7	210	武汉交通职业学院	4★	湖北	11
170	苏州工艺美术职业技术学院	4★	江苏	21	211	三门峡职业技术学院	4★	河南	12
171	苏州市职业大学	4★	江苏	22	212	江苏医药职业学院	4★	江苏	29
172	秦皇岛职业技术学院	4★	河北	7	213	南通职业大学	4★	江苏	30
173	天津渤海职业技术学院	4★	天津	7	214	武汉电力职业技术学院	4★	湖北	12
174	平顶山工业职业技术学院	4★	河南	9	215	浙江警官职业学院	4★	浙江	17
175	江苏电子信息职业学院	4★	江苏	23	216	包头职业技术学院	4★	内蒙古	3
176	云南机电职业技术学院	4★	云南	2	217	广州城建职业学院	4★	广东	17
177	苏州工业职业技术学院	4★	江苏	24	218	江西财经职业学院	4★	江西	6
178	辽宁机电职业技术学院	4★	辽宁	4	219	山西职业技术学院	4★	山西	3
179	安徽水利水电职业技术学院	4★	安徽	5	220	成都农业科技职业学院	4★	四川	9
180	绵阳职业技术学院	4★	四川	7	221	长沙商贸旅游职业技术学院	4★	湖南	11
181	青岛酒店管理职业技术学院	4★	山东	15	222	吉林铁道职业技术学院	4★	吉林	3
182	江苏信息职业技术学院	4★	江苏	25	223	北京劳动保障职业学院	4★	北京	8
183	山东职业学院	4★	山东	16	224	合肥职业技术学院	4★	安徽	6
184	商丘职业技术学院	4★	河南	10	225	岳阳职业技术学院	4★	湖南	12
185	南京交通职业技术学院	4★	江苏	26	226	广西机电职业技术学院	4★	广西	8
186	广东食品药品职业学院	4★	广东	15	227	安徽医学高等专科学校	4★	安徽	7
187	河南交通职业技术学院	4★	河南	11	228	大连职业技术学院	4★	辽宁	5
188	云南交通职业技术学院	4★	云南	3	229	山东理工职业学院	4★	山东	19
189	广西建设职业技术学院	4★	广西	5	230	扬州市职业大学	4★	江苏	31
190	四川邮电职业技术学院	4★	四川	8	231	佛山职业技术学院	4★	广东	18
191	东莞职业技术学院	4★	广东	16	232	宜宾职业技术学院	4★	四川	10
192	陕西职业技术学院	4★	陕西	7	233	辽宁经济职业技术学院	4★	辽宁	6
193	威海海洋职业学院	4★	山东	17	234	河北软件职业技术学院	4★	河北	10
194	无锡城市职业技术学院	4★	江苏	27	235	湖南三一工业职业技术学院	4★	湖南	13
195	河北旅游职业学院	4★	河北	8	236	山西机电职业技术学院	4★	山西	4

排名	院校名称	星级	地区	内序	排名	院校名称	星级	地区	内序
237	西安铁路职业技术学院	4★	陕西	9	273	浙江艺术职业学院	4★	浙江	22
238	湖北工业职业技术学院	4★	湖北	13	274	重庆电力高等专科学校	4★	重庆	9
239	杭州科技职业技术学院	4★	浙江	18	275	湖北城市建设职业技术学院	4★	湖北	15
240	安徽工商职业学院	4★	安徽	8	276	徐州幼儿师范高等专科学校	4★	江苏	34
241	广东职业技术学院	4★	广东	19	277	贵州电子信息职业技术学院	4★	贵州	4
242	江西现代职业技术学院	4★	江西	7	278	肇庆医学高等专科学校	4★	广东	21
243	渤海船舶职业学院	4★	辽宁	7	279	唐山职业技术学院	4★	河北	12
244	永州职业技术学院	4★	湖南	14	280	济南工程职业技术学院	4★	山东	24
245	山东药品食品职业学院	4★	山东	20	281	广西电力职业技术学院	4★	广西	10
246	浙江纺织服装职业技术学院	4★	浙江	19	282	江西旅游商贸职业学院	4★	江西	8
247	江苏城市职业学院	4★	江苏	32	283	广东建设职业技术学院	4★	广东	22
248	宁波城市职业技术学院	4★	浙江	20	284	湖南环境生物职业技术学院	4★	湖南	17
249	河南应用技术职业学院	4★	河南	13	285	天津机电职业技术学院	4★	天津	8
250	哈尔滨铁道职业技术学院	4★	黑龙江	6	286	湖南大众传媒职业技术学院	4★	湖南	18
251	湖南生物机电职业技术学院	4★	湖南	15	287	丽水职业技术学院	4★	浙江	23
252	青海交通职业技术学院	4★	青海	1	288	泸州职业技术学院	4★	四川	11
253	甘肃林业职业技术学院	4★	甘肃	2	289	重庆水利电力职业技术学院	4★	重庆	10
254	厦门城市职业学院	4★	福建	6	290	苏州卫生职业技术学院	4★	江苏	35
255	克拉玛依职业技术学院	4★	新疆	3	291	山东工业职业学院	4★	山东	25
256	咸宁职业技术学院	4★	湖北	14	292	四川工商职业技术学院	4★	四川	12
257	湖南铁路科技职业技术学院	4★	湖南	16	293	常州纺织服装职业技术学院	4★	江苏	36
258	莱芜职业技术学院	4★	山东	21	294	台州职业技术学院	4★	浙江	24
259	河南机电职业学院	4★	河南	14	295	广东松山职业技术学院	4★	广东	23
260	锡林郭勒职业学院	4★	内蒙古	4	296	海南职业技术学院	4★	海南	2
261	温州科技职业学院	4★	浙江	21	297	濮阳职业技术学院	4★	河南	15
262	新疆交通职业技术学院	4★	新疆	4	298	安徽交通职业技术学院	4★	安徽	9
263	山东电力高等专科学校	4★	山东	22	299	江苏财经职业技术学院	4★	江苏	37
264	济宁职业技术学院	4★	山东	23	300	内蒙古化工职业学院	4★	内蒙古	5
265	北京社会管理职业学院	4★	北京	9	301	广东科贸职业学院	4★	广东	24
266	陕西能源职业技术学院	4★	陕西	10	302	济源职业技术学院	4★	河南	16
267	广州城市职业学院	4★	广东	20	303	云南林业职业技术学院	4★	云南	4
268	北京青年政治学院	4★	北京	10	304	昆明工业职业技术学院	4★	云南	5
269	广西工业职业技术学院	4★	广西	9	305	湖南科技职业学院	4★	湖南	19
270	沧州医学高等专科学校	4★	河北	11	306	嘉兴职业技术学院	4★	浙江	25
271	福建林业职业技术学院	4★	福建	7	307	新疆石河子职业技术学院	4★	新疆	5
272	盐城工业职业技术学院	4★	江苏	33	308	鄂州职业大学	4★	湖北	16

3★(463个)：内蒙古商贸职业学院、安徽财贸职业学院、青岛港湾职业技术学院、郑州电力高等专科学校、珠海城市职业技术学院、山东城市建设职业学院、宝鸡职业技术学院、浙江同济科技职业学院、山东商务职业学院、无锡工艺职业学院、山东医学高等专科学校、上海旅游高等专科学校、新乡职业技术学院、烟台汽车工程职业学院、邯郸职业技术学院、广东省外语艺术职业学院、河源职业技术学院、呼和浩特职业学院、内蒙古电子信息职业技术学院、山东中医药高等专科学校、北京政法职业学院、吉林工业职业技术学院、青海建筑职业技术学院、云南农业职业技术学院、山东劳动职业技术学院、重庆三峡职业

学院、广东理工职业学院、北京戏曲艺术职业学院、广东工程职业技术学院、福建水利电力职业技术学院、泉州医学高等专科学校、德州职业技术学院、吉林交通职业技术学院、南阳医学高等专科学校、闽西职业技术学院、鹤壁职业技术学院、西藏职业技术学院、宁波卫生职业技术学院、哈尔滨科学技术职业学院、苏州工业园区服务外包职业学院、江西陶瓷工艺美术职业技术学院、武威职业学院、黑龙江农垦职业学院、江西工业贸易职业技术学院、广西国际商务职业技术学院、江门职业技术学院、上海农林职业技术学院、山东信息职业技术学院、兰州职业技术学院、泰州职业技术学院、天津海运职业学院、湖州职业技术学院、山东电子职业技术学院、成都工业职业技术学院、镇江市高等专科学校、郑州职业技术学院、甘肃工业职业技术学院、安庆职业技术学院、吉林电子信息职业技术学院、天津铁道职业技术学院、江西电力职业技术学院、枣庄职业学院、重庆交通职业学院、开封大学、广州工程技术职业学院、江苏城乡建设职业学院、广东岭南职业技术学院、南京旅游职业学院、辽宁建筑职业学院、辽宁石化职业技术学院、天津商务职业学院、辽宁生态工程职业学院、漯河职业技术学院、包头轻工职业技术学院、共青科技职业学院、长沙环境保护职业技术学院、湖北生态工程职业技术学院、无锡科技职业学院、郑州旅游职业学院、厦门海洋职业技术学院、衢州职业技术学院、荆州职业技术学院、聊城职业技术学院、江西新能源科技职业学院、黑龙江交通职业技术学院、焦作大学、曲靖医学高等专科学校、湖南城建职业技术学院、北京科技职业学院、江西泰豪动漫职业学院、北京卫生职业学院、贵阳职业技术学院、河北政法职业学院、浙江国际海运职业技术学院、江苏联合职业技术学院、阜阳职业技术学院、湖北水利水电职业技术学院、北京京北职业技术学院、闽江师范高等专科学校、浙江体育职业技术学院、四川信息职业技术学院、信阳职业技术学院、北京体育职业学院、焦作师范高等专科学校、西安电力高等专科学校、四川科技职业学院、绍兴职业技术学院、仙桃职业学院、常德职业技术学院、广州华立科技职业学院、延安职业技术学院、邢台医学高等专科学校、包头铁道职业技术学院、烟台工程职业技术学院、湖南高速铁路职业技术学院、上海行健职业学院、四川城市职业学院、福建卫生职业技术学院、广西生态工程职业技术学院、江苏卫生健康职业学院、上海交通职业技术学院、湖南工程职业技术学院、福建农业职业技术学院、乐山职业技术学院、长江职业学院、石家庄医学高等专科学校、重庆财经职业学院、广东环境保护工程职业学院、甘肃建筑职业技术学院、白城医学高等专科学校、泰山职业技术学院、河北机电职业技术学院、宁夏财经职业技术学院、湖南现代物流职业技术学院、湄洲湾职业技术学院、四川化工职业技术学院、安徽国际商务职业学院、天津城市职业学院、云南能源职业技术学院、四川职业技术学院、山西电力职业技术学院、阿克苏职业技术学院、广安职业技术学院、云南经贸外事职业学院、石家庄信息工程职业学院、贵州工业职业技术学院、重庆建筑工程职业学院、黔东南民族职业技术学院、淄博师范高等专科学校、辽宁铁道职业技术学院、泉州幼儿师范高等专科学校、乌鲁木齐职业大学、台州科技职业学院、江西生物科技职业学院、山西药科职业学院、安徽中医药高等专科学校、四川水利职业技术学院、苏州工业园区职业技术学院、上海济光职业技术学院、商丘医学高等专科学校、青海卫生职业技术学院、大庆职业学院、甘肃交通职业技术学院、宜春职业技术学院、云南国防工业职业技术学院、重庆能源职业学院、桂林师范高等专科学校、南通科技职业学院、河南建筑职业技术学院、江西工业工程职业技术学院、漳州卫生职业学院、九江职业大学、渭南职业技术学院、洛阳职业技术学院、云南国土资源职业学院、潍坊工程职业学院、榆林职业技术学院、三亚航空旅游职业学院、湖北科技职业学院、湖北生物科技职业学院、滁州职业技术学院、青海警官职业学院、贵州工商职业学院、合肥幼儿师范高等专科学校、重庆科创职业学院、江西机电职业技术学院、江西卫生职业学院、清远职业技术学院、山西艺术职业学院、广东生态工程职业学院、沧州职业技术学院、成都工贸职业技术学院、苏州健雄职业技术学院、淮北职业技术学院、菏泽医学专科学校、安徽电气工程职业技术学院、广东女子职业技术学院、青海农牧科技职业学院、辽宁职业学院、湖南财经工业职业技术学院、内蒙古警察职业学院、广西工商职业技术学院、盘锦职业技术学院、上海海事职业技术学院、四川财经职业学院、河南工业贸易职业学院、沙洲职业工学院、江西制造职业技术学院、连云港师范高等专科学校、长春金融高等专科学校、浙江邮电职业技术学院、贵州建设职业技术学院、六安职业技术学院、广州南洋理工职业学院、丽江师范高等专科学校、湖南信息职业技术学院、陕西财经职业技术学院、郑州信息科技职业学院、四川航天职业技术学院、广州科技贸易职业学院、雅安职业技术学院、郑州澍青医学高等专科学校、黑龙江公安警官职业学院、临汾职业技术学院、保定电力职业技术学院、昌吉职业技术学院、贵州电力职业技术学院、河南医学高等专科学校、浙江长征职业技术学院、重庆商务职业学院、江西工业职业技术学院、浙江东方职业技术学院、晋中职业技术学院、新疆师范高等专科学校、甘肃卫生职业学院、贵州职业技术学院、江阴职业技术学院、湖北中医药高等专科学校、江苏护理职业学院、汉中职业技术学院、廊坊职业技术学院、兴安职业技术学院、武汉商贸职业学院、漯河食品职业学院、福建幼儿师范高等专科学校、铜陵职业技术学院、上海思博职业技术学院、天津滨海职业学院、周口职业技术学院、北京交通职业学院、安徽警官职业学院、山西林业职业技术学院、辽宁装备制造职业技术学院、天津工业职业学院、海南软件职业技术学院、江苏商贸职业学院、江苏旅游职业学院、西安职业技术学院、德宏师范高等专科学校、遵义医药高等专科学校、南充职业技术学院、长沙职业技术学院、黔南民族职业技术学院、陕西工商职业学院、三明医学科技职业学院、四川护理职业学院、河北建材职业技术学院、黑龙江农业职业技术学院、济南幼儿师范高等专科学校、重庆建筑科技职业学院、遵义职业技术学院、南通师范高等专科学校、重庆城市职业学院、湖南水利水电职业技术学院、徐州生物工程职业技术学院、德州科技职业学院、陇南师范高等专科学校、青岛远洋船员职业学院、兰州现代职业学院、天津工程职业技术学院、太原旅游职业学院、长沙卫生职业学院、广东南方职业学院、吉安职业技术学院、保定职业技术学院、昆明铁道职业技术学院、晋城职业技术学院、连云港职业技术学院、辽宁轻工职业学院、湖南安全技术职业学院、南京城市职业学院、泉州轻工职业学院、洛阳科技职业学院、海南政法职业学院、四川中医药高等专科学校、贵州水利水电职业技术学院、黑龙江护理高等专科学校、上海东海职业技术学院、重庆化工职业学院、佳木斯职业学院、临沂职业学院、山东轻工职业学院、恩施职业技术学院、黔南民族医学高等专科学校、广西经贸职业技术学院、山东力明科技职业学院、河南水利与环境职业学院、白城职业技术学院、民办合肥财经职业学院、山东经贸职业学院、四川幼儿师范高等专科学校、广东南华工商职业学院、池州职业技术学院、广东创新科技职业学院、内蒙古交通职业技术学院、上海科学技术职业学院、马鞍山师范高等专科学校、张家界航空工业职业技术学院、安徽工业经济职业技术学院、皖西卫生职业学院、湖南中医药高等专科学校、湖南邮电职业技术学院、朝阳师范高等专科学校、黑龙江林业职业技术学院、湖北国土资源职业学院、辽源职业技术学院、郴州职业技术学院、内江职业技术学院、安徽城市管理职业学院、宣化科技职业学院、湘西民族职业技术学院、上海工商职业技术学院、淮南联合大学、山东胜利职业学院、汕尾职业技术学院、通辽职业学院、江西航空职业技术学院、马鞍山职业技术学院、怀化职业技术学院、阳江职业技术学院、广西卫生职业技术学院、湖南网络工程职业学院、湖南商务职业技术学院、安庆医药高等专科学校、北京艺术传媒职业学院、湖北工程职业学院、河南艺术职业学院、广东司法警官职业学院、山东旅游职业学院、新疆应用职业技术学院、江苏安全技术职业学院、广西幼儿师范高等专科学校、安徽国防科技职业学院、广州华商职业学院、广东文理职业学院、广东江门中医药职业学院、营口职业技术学院、福建体育职业技术学院、江西师范高等专科学校、山西水利职业技术学院、西安医学高等专科学校、北京北大方正软件职业技术学院、南阳农业职业学院、上海民航职业技术学院、四川文轩职业学院、四川司法警官职业学院、抚州职业技术学院、杭州万向职业技术学院、许昌电气职业学院、抚顺职业技术学院、安阳职业技术学院、西宁城市职业技术学院、苏州信息职业技术学院、山东特殊教育职业学院、盐城幼儿师范高等专科学校、山西体育职业学院、长江工程职业技术学院、江苏财会职业学院、辽宁城市建设职业技术学院、呼伦贝尔职业技术学院、福建电力职业技术学院、湖南外贸职业学院、辽宁现代服务职业技术学院、安徽电子信息职业技术学院、新疆职业大学、贵阳幼儿师范高等专科学校、山西财贸职业技术学院、重庆电讯职业学院、江西建设职业技术学院、辽宁政法职业学院、甘肃机电职业技术学院、甘肃钢铁职业技术学院、潍坊护理职业学院、武汉工程职业技术学院、甘肃农业职业技术学院、云南交通运输职业学院、天津城市建设管理职业技术学院、山东服装职业学院、四川机电职业技术学院、广州华夏职业学院、长春医学高等专科学校、重庆工贸职业技术学院、惠州城市职业学院、乌海职业学院、汕头职业技术学院、四川文化产业职业学院、长沙电力职业技术学院、亳州职业技术学院、甘肃畜牧工程职业技术学院、黑龙江幼儿师范高等专科学校、湖南国防工业职业技术学院、广东亚视演艺职业学院、江西医学高等专科学校、黑龙江民族职业学院、张家口职业技术学院、福建生物工程职业技术学院、广州卫生职业技术学院、晋中师范高等专科学校、浙江农业商贸职业学院、河南质量工程职业学院、浙江特殊教育职业学院、天津石油职业技术学院、茂名职业技术学院、河北轨道运输职业技术学院、河北能源职业技术学院、四川现代职业学院、湖北轻工职业技术学院、黑龙江旅游职业技术学院、湘潭医卫职业技术学院、安顺职业技术学院、泉州工艺美术职业学院、陕西航空职业技术学院、宁夏民族职业技术学院、宣城职业技术学院、郑州幼儿师范高等专科学校、武昌职业学院、铜仁幼儿师范高等专科学校、柳州城市职业学院、湖南幼儿师范高等专科学校、广东邮电职业技术学院、郑州电力职业技术学院、湖南电子科技职业学院、河北艺术职业学院、石家庄财经职业学院、达州职业技术学院、铁岭师范高等专科学校、湖南外国语职业学院、枣庄科技职业学院、承德护理职业学院、山西经贸职业学院、眉山职业技术学院、石家庄幼儿师范高等专科学校、襄阳汽车职业技术学院、广东青年职业学院、泉州海洋职业学院、新疆能源职业技术学院、河北石油职业技术学院、福州软件职业技术学院、江西信息应用职业技术学院、辽阳职业技术学院、浙江育英职业技术学院、北京经济技术职业学院、驻马店职业技术学院

2★(617个)，1★(155个)：名单略

第五部分

中国本科院校各类排名结果、学科专业等级分布及优势专业

北 京 市

一 流 大 学

10001　北京大学

在中国本科院校竞争力排行榜中的名次 1，北京市内排名 1/66，综合类排名 1/268。

共 103 个专业参评，其中 5★+专业 38 个，5★专业 20 个，5★-专业 20 个，4★专业 13 个，3★专业 9 个。

在中国普通高校研究生教育竞争力排行榜中的名次：总排名 1/596，北京市内排名 1/58，综合类排名 1/93。

共 51 个一级学科(学术学位)参评，其中 5★+学科 13 个，5★学科 21 个，5★-学科 7 个，4★学科 7 个，学科优秀率为 94.12%。

一级学科排名

哲学 4/133、理论经济学 2/109、应用经济学 4/264、法学 4/209、政治学 3/80、社会学 2/88、马克思主义理论 1/377、教育学 7/143、心理学 2/104、中国语言文学 5/186、外国语言文学 5/240、新闻传播学 6/120、考古学 1/40、中国史 4/119、世界史 1/68、数学 3/276、物理学 8/203、化学 6/238、天文学 3/21、地理学 2/85、大气科学 4/22、地球物理学 3/21、地质学 4/35、生物学 6/240、科学技术史 4/26、生态学 5/111、统计学 5/126、力学 2/97、材料科学与工程 29/227、电子科学与技术 4/123、信息与通信工程 9/186、计算机科学与技术 13/268、测绘科学与技术 9/53、核科学与技术 9/21、环境科学与工程 9/196、生物医学工程 19/80、软件工程 16/148、基础医学 3/111、临床医学 4/113、口腔医学 3/47、公共卫生与预防医学 4/78、中西医结合 6/62、药学 10/147、医学技术 4/43、护理学 2/74、社会医学与卫生事业管理 2/15、工商管理 12/309、农林经济管理 29/51、公共管理 3/214、信息资源管理 4/50、艺术学理论 2/73。

本科优势专业排名

5★+专业：哲学 1/75、经济学 5/356、金融学 5/389、金融数学 1/71、法学 6/580、政治学与行政学 1/84、社会学 2/92、社会工作 3/259、汉语言文学 7/619、汉语言 1/25、英语 9/925、俄语 3/161、历史学 4/246、数学与应用数学 1/519、物理学 1/283、生物科学 3/283、生物技术 6/285、生态学 2/85、统计学 2/211、材料化学 1/131、电子信息科学与技术 3/167、机器人工程 1/333、计算机科学与技术 5/932、智能科学与技术 1/186、数据科学与大数据技术 7/711、环境科学 1/176、基础医学 1/36、临床医学 4/192、口腔医学 2/118、预防医学 1/125、药学 3/250、医学检验技术 3/166、口腔医学技术 1/32、护理学 1/296、市场营销 3/579、会计学 7/659、文化产业管理 1/137、行政管理 4/292。

5★专业：资源与环境经济学 1/13、国际政治 2/37、法语 6/143、日语 10/449、世界史 1/18、考古学 2/36、信息与计算科学 12/308、化学 8/310、地理科学 4/171、自然地理与资源环境 2/51、人文地理与城乡规划 3/110、地球信息科学与技术 1/15、理论与应用力学 1/13、微电子科学与工程 3/115、环境科学与工程 2/49、环境工程 16/352、医学实验技术 1/19、城市管理 2/47、图书馆学 1/18、艺术史论 1/17。

5★-专业：财政学 7/84、保险学 10/95、德语 8/112、西班牙语 6/97、阿拉伯语 3/39、朝鲜语 7/92、印度尼西亚语 2/16、泰语 3/48、新闻学 20/308、广告学 23/256、化学生物学 2/24、地理信息科学 15/171、地质学 3/25、心理学 5/73、应用心理学 26/257、材料科学与工程 24/237、软件工程 34/611、医学影像技术 7/103、信息管理与信息系统 20/335、大数据管理与应用 21/210。

4★专业：国际经济与贸易 74/665、越南语 5/25、广播电视学 18/146、传播学 8/69、文物与博物馆学 9/57、应用化学 40/375、地球物理学 3/22、电子信息工程 105/642、通信工程 75/494、集成电路设计与集成系统 12/88。

10003　清华大学

在中国本科院校竞争力排行榜中的名次 2，北京市内排名 2/66，理工类排名 1/364。

共 60 个专业参评,其中 5★+专业 27 个,5★专业 9 个,5★-专业 5 个,4★专业 9 个,3★专业 10 个。

在中国普通高校研究生教育竞争力排行榜中的名次:总排名 2/596,北京市内排名 2/58,理工类排名 1/182。

共 59 个一级学科(学术学位)参评,其中 5★+学科 14 个,5★学科 10 个,5★-学科 16 个,4★学科 7 个,学科优秀率为 79.66%。

一级学科排名

哲学 10/133、理论经济学 10/109、应用经济学 24/264、法学 11/209、政治学 6/80、社会学 8/88、马克思主义理论 6/377、教育学 22/143、心理学 12/104、体育学 6/107、中国语言文学 14/186、外国语言文学 26/240、新闻传播学 11/120、中国史 15/119、世界史 20/68、数学 15/276、物理学 5/203、化学 17/238、天文学 10/21、大气科学 7/22、生物学 9/240、科学技术史 3/26、生态学 34/111、统计学 26/126、力学 1/97、机械工程 3/224、光学工程 39/94、仪器科学与技术 35/68、材料科学与工程 15/227、动力工程及工程热物理 5/104、电气工程 6/112、电子科学与技术 7/123、信息与通信工程 4/186、控制科学与工程 1/189、计算机科学与技术 2/268、建筑学 3/84、土木工程 3/164、水利工程 2/64、化学工程与技术 7/176、交通运输工程 28/66、航空宇航科学与技术 10/32、核科学与技术 1/21、环境科学与工程 4/196、生物医学工程 2/80、城乡规划学 2/74、风景园林学 5/56、软件工程 2/148、安全科学与工程 8/61、网络空间安全 5/77、基础医学 19/111、临床医学 32/113、药学 55/147、管理科学与工程 4/209、工商管理 3/309、公共管理 2/214、艺术学理论 8/73、美术学 3/114、设计学 3/175、集成电路科学与工程 12/30。

本科优势专业排名

5★+专业:经济学 2/356、经济与金融 2/78、法学 12/580、英语 11/925、新闻学 2/308、数学与应用数学 4/519、物理学 2/283、生物科学 2/283、机械工程 1/122、车辆工程 1/256、材料科学与工程 2/237、高分子材料与工程 2/185、能源与动力工程 2/188、电气工程及其自动化 8/573、电子信息科学与技术 1/167、自动化 1/445、计算机科学与技术 1/932、软件工程 1/611、土木工程 4/529、环境工程 2/352、建筑学 2/291、信息管理与信息系统 1/335、工业工程 2/142、视觉传达设计 3/722、环境设计 2/721、产品设计 1/402、艺术与科技 1/73。

5★专业:哲学 3/75、汉语言文学 21/619、历史学 11/246、工程力学 3/82、测控技术与仪器 7/190、建筑环境与能源应用工程 4/166、城乡规划 7/207、摄影 4/74、工艺美术 3/92。

5★-专业:社会学 9/92、日语 28/449、风景园林 12/187、绘画 16/160、服装与服饰设计 20/212。

4★专业:马克思主义理论 10/54、化学 43/310、化学生物学 4/24、心理学 15/73。

10002 中国人民大学

在中国本科院校竞争力排行榜中的名次 16,北京市内排名 3/66,文法类排名 1/68。

共 74 个专业参评,其中 5★+专业 18 个,5★专业 17 个,5★-专业 10 个,4★专业 16 个,3★专业 12 个。

在中国普通高校研究生教育竞争力排行榜中的名次:总排名 17/596,北京市内排名 3/58,文法类排名 1/32。

共 33 个一级学科(学术学位)参评,其中 5★+学科 13 个,5★学科 2 个,5★-学科 1 个,4★学科 5 个,学科优秀率为 63.64%。

一级学科排名

哲学 3/133、理论经济学 1/109、应用经济学 1/264、法学 3/209、政治学 2/80、社会学 1/88、马克思主义理论 2/377、教育学 41/143、心理学 20/104、中国语言文学 9/186、外国语言文学 27/240、新闻传播学 1/120、考古学 8/40、中国史 2/119、世界史 28/68、数学 53/276、物理学 46/203、化学 55/238、生态学 86/111、统计学 1/126、计算机科学与技术 26/268、环境科学与工程 71/196、公共卫生与预防医学 43/78、管理科学与工程 90/209、工商管理 1/309、农林经济管理 1/51、公共管理 1/214、信息资源管理 3/50、艺术学理论 34/73、音乐与舞蹈学 63/86、戏剧与影视学 13/62、美术学 13/114、设计学 75/175。

本科优势专业排名

5★+专业：经济学3/356、经济统计学3/138、金融学4/389、法学4/580、社会学1/92、社会工作1/259、马克思主义理论1/54、新闻学1/308、广播电视学3/146、统计学3/211、应用统计学2/187、工商管理2/538、财务管理3/686、人力资源管理1/416、农村区域发展1/26、土地资源管理2/90、城市管理1/47、档案学1/34。

5★专业：能源经济1/16、数字经济4/129、财政学3/84、税收学4/90、金融工程9/255、国际经济与贸易15/665、中国共产党历史1/12、汉语言文学16/619、英语36/925、广告学12/256、传播学2/69、历史学6/246、数据科学与大数据技术29/711、信息管理与信息系统12/335、会计学19/659、行政管理9/292、信息资源管理1/18。

5★-专业：哲学5/75、信用管理2/22、政治学与行政学7/84、国际政治3/37、日语40/449、数学与应用数学40/519、计算机科学与技术70/932、市场营销43/579、农林经济管理5/62、劳动与社会保障8/125。

4★专业：资源与环境经济学2/13、保险学17/95、贸易经济7/40、德语18/112、法语19/143、西班牙语15/97、国际新闻与传播3/15、物理学30/283、应用心理学30/257。

10027 北京师范大学

在中国本科院校竞争力排行榜中的名次19，北京市内排名4/66，师范类排名1/175。

共52个专业参评，其中5★+专业16个，5★专业12个，5★-专业8个，4★专业9个，3★专业7个。

在中国普通高校研究生教育竞争力排行榜中的名次：总排名18/596，北京市内排名4/58，师范类排名1/77。

共38个一级学科（学术学位）参评，其中5★+学科8个，5★学科7个，5★-学科2个，4★学科12个，学科优秀率为76.32%。

一级学科排名

哲学5/133、理论经济学13/109、应用经济学65/264、法学19/209、社会学14/88、马克思主义理论15/377、教育学1/143、心理学1/104、体育学8/107、教育2/8、中国语言文学1/186、外国语言文学8/240、新闻传播学13/120、考古学15/40、中国史3/119、世界史10/68、数学6/276、物理学31/203、化学32/238、天文学6/21、地理学1/85、生物学29/240、系统科学1/29、生态学3/111、统计学15/126、教育技术学7/45、信息与通信工程65/186、计算机科学与技术52/268、水利工程10/64、核科学与技术15/21、环境科学与工程1/196、工商管理63/309、公共管理10/214、信息资源管理16/50、艺术学理论19/73、音乐与舞蹈学2/86、戏剧与影视学3/62、美术学35/114。

本科优势专业排名

5★+专业：思想政治教育1/304、教育学1/85、学前教育1/420、特殊教育1/59、体育教育7/341、汉语言文学1/619、英语14/925、历史学1/246、数学与应用数学7/519、地理科学2/171、自然地理与资源环境1/51、生物技术5/285、心理学1/73、环境科学2/176、公共事业管理2/246、舞蹈学2/201。

5★专业：经济学12/356、国际经济与贸易18/665、法学20/580、传播学3/69、物理学10/283、化学12/310、生物科学9/283、统计学8/211、环境工程8/352、人力资源管理13/416、音乐学12/388、戏剧影视文学3/95。

5★-专业：教育技术学8/130、人文地理与城乡规划10/110、地理信息科学14/171、应用统计学18/187、人工智能29/479、计算机科学与技术59/932、环境生态工程5/71、会计学40/659。

4★专业：哲学10/75、金融学73/389、俄语32/161、天文学3/14。

10006 北京航空航天大学

在中国本科院校竞争力排行榜中的名次20，北京市内排名5/66，理工类排名9/364。

共65个专业参评，其中5★+专业10个，5★专业11个，5★-专业13个，4★专业13个，3★专业14个。

在中国普通高校研究生教育竞争力排行榜中的名次：总排名19/596，北京市内排名5/58，理工类排名8/182。

共40个一级学科（学术学位）参评，其中5★+学科2个，5★学科3个，5★-学科8个，4★学科8个，学科优秀率为52.5%。

一级学科排名

哲学 65/133、理论经济学 101/109、应用经济学 220/264、法学 36/209、马克思主义理论 73/377、教育学 42/143、心理学 78/104、外国语言文学 23/240、数学 54/276、物理学 24/203、化学 36/238、地球物理学 7/21、统计学 41/126、力学 6/97、机械工程 22/224、光学工程 31/94、仪器科学与技术 1/68、材料科学与工程 21/227、动力工程及工程热物理 10/104、电气工程 27/112、电子科学与技术 14/123、信息与通信工程 16/186、控制科学与工程 7/189、计算机科学与技术 9/268、土木工程 99/164、化学工程与技术 161/176、交通运输工程 5/66、航空宇航科学与技术 1/32、环境科学与工程 107/196、生物医学工程 24/80、软件工程 4/148、安全科学与工程 30/61、网络空间安全 23/77、基础医学 41/111、特种医学 12/17、管理科学与工程 12/209、工商管理 75/309、公共管理 34/214、设计学 23/175、集成电路科学与工程 13/30。

本科优势专业排名

5★+专业：信息与计算科学 5/308、智能制造工程 6/296、测控技术与仪器 4/190、电子信息工程 5/642、通信工程 5/494、人工智能 10/479、自动化 4/445、计算机科学与技术 3/932、软件工程 5/611、信息管理与信息系统 3/335。

5★专业：英语 31/925、数学与应用数学 23/519、应用物理学 8/155、机器人工程 8/333、信息安全 4/126、飞行器设计与工程 2/30、飞行器控制与信息工程 1/15、无人驾驶航空器系统工程 1/18、生物医学工程 5/122、行政管理 14/292、视觉传达设计 31/722。

5★-专业：法学 31/580、德语 7/112、工程力学 6/82、机械工程 7/122、车辆工程 15/256、材料科学与工程 13/237、纳米材料与技术 2/15、电气工程及其自动化 34/573、电子科学与技术 13/154、交通运输 11/107、飞行器动力工程 2/24、环境工程 33/352、工业工程 9/142。

4★专业：法语 28/143、翻译 31/269、化学 49/310、工业设计 23/216、能源与动力工程 24/188、光电信息科学与工程 34/218、集成电路设计与集成系统 10/88。

10007　北京理工大学

在中国本科院校竞争力排行榜中的名次 23，北京市内排名 6/66，理工类排名 12/364。

共 62 个专业参评，其中 5★+专业 8 个，5★专业 9 个，5★-专业 14 个，4★专业 22 个，3★专业 8 个。

在中国普通高校研究生教育竞争力排行榜中的名次：总排名 24/596，北京市内排名 6/58，理工类排名 12/182。

共 31 个一级学科(学术学位)参评，其中 5★+学科 0 个，5★学科 3 个，5★-学科 9 个，4★学科 13 个，学科优秀率为 80.65%。

一级学科排名

理论经济学 64/109、应用经济学 49/264、法学 33/209、马克思主义理论 30/377、教育学 14/143、外国语言文学 51/240、数学 34/276、物理学 9/203、化学 30/238、生物学 77/240、统计学 22/126、力学 10/97、机械工程 17/224、光学工程 13/94、仪器科学与技术 9/68、材料科学与工程 19/227、动力工程及工程热物理 12/104、电子科学与技术 19/123、信息与通信工程 10/186、控制科学与工程 5/189、计算机科学与技术 24/268、化学工程与技术 19/176、航空宇航科学与技术 7/32、兵器科学与技术 1/7、生物医学工程 31/80、安全科学与工程 7/61、网络空间安全 17/77、管理科学与工程 28/209、工商管理 25/309、设计学 5/175、集成电路科学与工程 4/30。

本科优势专业排名

5★+专业：车辆工程 2/256、智能制造工程 1/296、电子信息工程 2/642、光电信息科学与工程 3/218、人工智能 4/479、自动化 2/445、计算机科学与技术 12/932、数据科学与大数据技术 11/711。

5★专业：法学 29/580、应用物理学 6/155、机械电子工程 10/302、通信工程 14/494、软件工程 23/611、能源化学工程 3/64、信息对抗技术 1/13、信息管理与信息系统 8/335、产品设计 12/402。

5★-专业：经济学 35/356、数学与应用数学 37/519、化学 26/310、机械工程 9/122、测控技术与仪器 15/190、智能感知工程 3/28、材料科学与工程 19/237、高分子材料与工程 14/185、新能源材料与器件 8/131、电子科学与技术 15/154、化学工程与工艺 23/329、生物医学工程 10/122、工商管理 35/538、工业工程 11/142。

4★专业：国际经济与贸易 80/665、英语 143/925、德语 12/112、日语 67/449、信息与计算科学 44/308、应用化学 68/375、统计学 30/211、工程力学 10/82、材料成型及控制工程 38/221、工业设计 30/216、材料化学 18/131、能源与动力工程 20/188、电气工程及其自动化 88/573、电子封装技术 3/14。

10019　中国农业大学

在中国本科院校竞争力排行榜中的名次 40，北京市内排名 8/66，农林类排名 1/47。

共 56 个专业参评，其中 5★+专业 6 个，5★专业 13 个，5★-专业 8 个，4★专业 7 个，3★专业 17 个。

在中国普通高校研究生教育竞争力排行榜中的名次：总排名 35/596，北京市内排名 7/58，农林类排名 1/38。

共 31 个一级学科(学术学位)参评，其中 5★+学科 6 个，5★学科 2 个，5★-学科 2 个，4★学科 7 个，学科优秀率为 54.84%。

一级学科排名

应用经济学 50/264、法学 162/209、社会学 25/88、马克思主义理论 67/377、新闻传播学 77/120、数学 244/276、化学 75/238、大气科学 13/22、生物学 8/240、生态学 27/111、力学 59/97、机械工程 40/224、电气工程 51/112、计算机科学与技术 65/268、土木工程 123/164、水利工程 8/64、农业工程 1/43、环境科学与工程 26/196、食品科学与工程 3/105、风景园林学 23/56、作物学 1/50、园艺学 6/44、农业资源与环境 1/40、植物保护 1/44、畜牧学 1/55、兽医学 1/44、草学 2/25、工商管理 257/309、农林经济管理 7/51、公共管理 18/214、信息资源管理 21/50。

本科优势专业排名

5★+专业：生物科学 4/283、农业水利工程 1/33、食品科学与工程 6/283、农学 2/76、种子科学与工程 1/43、动物科学 1/82。

5★专业：金融学 12/389、生态学 3/85、数据

科学与大数据技术 25/711、资源环境科学 1/16、食品质量与安全 6/240、葡萄与葡萄酒工程 1/16、园艺 3/113、植物保护 3/59、设施农业科学与工程 2/41、动物医学 3/73、农林经济管理 2/62、公共事业管理 11/246、土地资源管理 4/90。

5★-专业：国际经济与贸易 51/665、化学 28/310、生物技术 26/285、机械电子工程 23/302、计算机科学与技术 69/932、农业智能装备工程 2/16、食品营养与健康 4/42、农村区域发展 2/26。

4★专业：社会学 13/92、机械设计制造及其自动化 57/517、车辆工程 30/256、人工智能 55/479。

10052　中央民族大学

在中国本科院校竞争力排行榜中的名次 178，北京市内排名 28/66，民族类排名 1/17。

共 58 个专业参评，其中 5★+专业 2 个，5★专业 0 个，5★-专业 7 个，4★专业 11 个，3★专业 25 个。

在中国普通高校研究生教育竞争力排行榜中的名次：总排名 105/596，北京市内排名 16/58，民族类排名 1/13。

共 27 个一级学科(学术学位)参评，其中 5★+学科 1 个，5★学科 0 个，5★-学科 2 个，4★学科 2 个，学科优秀率为 18.52%。

一级学科排名

哲学 35/133、理论经济学 46/109、应用经济学 130/264、法学 60/209、社会学 6/88、民族学 1/38、马克思主义理论 114/377、教育学 34/143、中国语言文学 18/186、外国语言文学 68/240、新闻传播学 41/120、考古学 28/40、中国史 20/119、世界史 67/68、数学 119/276、生物学 161/240、生态学 98/111、统计学 73/126、光学工程 74/94、计算机科学与技术 126/268、环境科学与工程 112/196、软件工程 116/148、中药学 31/51、工商管理 107/309、公共管理 67/214、音乐与舞蹈学 12/86、美术学 54/114。

本科优势专业排名

5★+专业：中国少数民族语言文学 1/33、舞蹈表演 3/150。

5★-专业：民族学 2/28、汉语言文学 48/619、

财务管理 41/686、公共事业管理 22/246、音乐学 37/388、美术学 29/333、服装与服饰设计 21/212。

4★专业：经济学 67/356、国际经济与贸易 77/665、法学 69/580、社会学 11/92、社会工作 34/259、汉语国际教育 37/328、新闻学 39/308、网络与新媒体 65/338、历史学 27/246、计算机科学与技术 161/932。

一 般 大 学

14430　中国科学院大学

在中国本科院校竞争力排行榜中的名次 25，北京市内排名 7/66，综合类排名 10/268。

共 15 个专业参评，其中 5★+专业 0 个，5★专业 2 个，5★-专业 4 个，4★专业 6 个，3★专业 3 个。

本科优势专业排名

5★专业：物理学 12/283、环境科学 8/176。

5★-专业：人文地理与城乡规划 8/110、人工智能 26/479、计算机科学与技术 55/932、网络空间安全 7/113。

4★专业：数学与应用数学 71/519、化学 50/310、生物科学 50/283、材料科学与工程 31/237、电气工程及其自动化 71/573、电子信息工程 86/642。

10008　北京科技大学

在中国本科院校竞争力排行榜中的名次 55，北京市内排名 9/66，理工类排名 29/364。

共 52 个专业参评，其中 5★+专业 3 个，5★专业 5 个，5★-专业 13 个，4★专业 17 个，3★专业 14 个。

在中国普通高校研究生教育竞争力排行榜中的名次：总排名 54/596，北京市内排名 9/58，理工类排名 26/182。

共 31 个一级学科(学术学位)参评，其中 5★+学科 1 个，5★学科 0 个，5★-学科 2 个，4★学科 6 个，学科优秀率为 29.03%。

一级学科排名

哲学 104/133、应用经济学 160/264、法学

109/209、社会学 58/88、马克思主义理论 75/377、外国语言文学 52/240、数学 124/276、物理学 40/203、化学 47/238、地质学 32/35、生物学 210/240、科学技术史 13/26、统计学 119/126、力学 35/97、机械工程 39/224、仪器科学与技术 22/68、材料科学与工程 5/227、冶金工程 2/26、动力工程及工程热物理 19/104、信息与通信工程 49/186、控制科学与工程 42/189、计算机科学与技术 60/268、土木工程 44/164、化学工程与技术 89/176、矿业工程 3/31、环境科学与工程 35/196、安全科学与工程 23/61、管理科学与工程 81/209、工商管理 175/309、公共管理 77/214、设计学 91/175。

本科优势专业排名

5★+专业：工业设计 4/216、冶金工程 1/40、人工智能 8/479。

5★专业：英语 29/925、材料科学与工程 11/237、通信工程 15/494、自动化 21/445、智能采矿工程 1/16。

5★-专业：国际经济与贸易 45/665、社会工作 16/259、日语 31/449、机械工程 12/122、能源与动力工程 12/188、新能源科学与工程 13/144、计算机科学与技术 60/932、物联网工程 29/492、土木工程 43/529、环境工程 24/352、安全工程 13/151、信息管理与信息系统 25/335、工商管理 47/538。

4★专业：金融工程 42/255、德语 22/112、应用物理学 20/155、应用化学 58/375、车辆工程 33/256、测控技术与仪器 32/190、材料化学 26/131、储能科学与工程 7/59、机器人工程 41/333。

10004　北京交通大学

在中国本科院校竞争力排行榜中的名次 59，北京市内排名 10/66，理工类排名 32/364。

共 54 个专业参评，其中 5★+专业 9 个，5★专业 9 个，5★-专业 10 个，4★专业 10 个，3★专业 12 个。

在中国普通高校研究生教育竞争力排行榜中的名次：总排名 71/596，北京市内排名 12/58，理工类排名 33/182。

共 33 个一级学科(学术学位)参评，其中 5★+学科 0 个，5★学科 0 个，5★-学科 4 个，4★学科 8 个，学科优秀率为 36.36%。

一级学科排名

哲学 113/133、应用经济学 43/264、法学 99/209、马克思主义理论 69/377、外国语言文学 144/240、新闻传播学 38/120、数学 62/276、物理学 63/203、生物学 204/240、系统科学 2/29、统计学 24/126、力学 50/97、机械工程 32/224、光学工程 36/94、材料科学与工程 129/227、动力工程及工程热物理 68/104、电气工程 25/112、电子科学与技术 46/123、信息与通信工程 14/186、控制科学与工程 41/189、计算机科学与技术 38/268、建筑学 27/84、土木工程 19/164、交通运输工程 7/66、环境科学与工程 111/196、城乡规划学 36/74、软件工程 47/148、安全科学与工程 29/61、网络空间安全 14/77、管理科学与工程 13/209、工商管理 47/309、公共管理 160/214、设计学 88/175。

本科优势专业排名

5★+专业：计算机科学与技术 13/932、软件工程 9/611、物联网工程 9/492、土木工程 8/529、交通运输 1/107、交通工程 1/106、工程管理 7/393、物流管理 4/432、电子商务 8/457。

5★专业：网络与新媒体 10/338、信息与计算科学 8/308、电气工程及其自动化 25/573、通信工程 12/494、轨道交通信号与控制 2/51、信息管理与信息系统 9/335、工商管理 15/538、会计学 18/659、物流工程 3/103。

5★-专业：金融学 32/389、英语 68/925、统计学 17/211、机械电子工程 25/302、车辆工程 17/256、光电信息科学与工程 17/218、人工智能 28/479、自动化 24/445、信息安全 11/126、财务管理 43/686。

4★专业：经济学 39/356、法学 66/580、机械工程 15/122、电子科学与技术 17/154、信息工程 9/58、智能装备与系统 2/14。

10005　北京工业大学

在中国本科院校竞争力排行榜中的名次 62，北京市内排名 11/66，理工类排名 33/364。

共 59 个专业参评，其中 5★+专业 4 个，5★专业 6 个，5★-专业 11 个，4★专业 18 个，3★专业 16 个。

在中国普通高校研究生教育竞争力排行榜中

的名次：总排名 69/596，北京市内排名 11/58，理工类排名 32/182。

共 33 个一级学科（学术学位）参评，其中 5★+学科 0 个，5★学科 0 个，5★-学科 1 个，4★学科 5 个，学科优秀率为 18.18%。

一级学科排名

应用经济学 45/264、社会学 37/88、马克思主义理论 265/377、教育学 56/143、外国语言文学 168/240、数学 70/276、物理学 41/203、化学 171/238、生物学 128/240、统计学 43/126、力学 39/97、机械工程 28/224、光学工程 32/94、仪器科学与技术 52/68、材料科学与工程 55/227、动力工程及工程热物理 41/104、电子科学与技术 39/123、信息与通信工程 82/186、控制科学与工程 53/189、计算机科学与技术 64/268、建筑学 24/84、土木工程 9/164、水利工程 41/64、化学工程与技术 44/176、交通运输工程 18/66、环境科学与工程 37/196、生物医学工程 35/80、城乡规划学 15/74、软件工程 46/148、网络空间安全 68/77、管理科学与工程 63/209、工商管理 182/309、设计学 60/175。

本科优势专业排名

5★+专业：智能制造工程 2/296、电子信息工程 12/642、物联网工程 8/492、数字媒体技术 3/234。

5★专业：新能源科学与工程 4/144、计算机科学与技术 38/932、软件工程 19/611、土木工程 17/529、环境工程 10/352、环境设计 26/721。

5★-专业：国际经济与贸易 60/665、信息与计算科学 24/308、材料科学与工程 17/237、自动化 40/445、机器人工程 18/333、建筑环境与能源应用工程 11/166、给排水科学与工程 12/161、交通工程 7/106、建筑学 17/291、城乡规划 15/207、产品设计 27/402。

4★专业：经济统计学 22/138、社会工作 37/259、应用物理学 24/155、统计学 40/211、机械工程 14/122、工业设计 28/216、焊接技术与工程 9/44、电子科学与技术 20/154、通信工程 86/494、人工智能 72/479。

10047　中央美术学院

在中国本科院校竞争力排行榜中的名次 93，

北京市内排名 12/66，艺术类排名 1/48。

共 16 个专业参评，其中 5★+专业 7 个，5★专业 1 个，5★-专业 1 个，4★专业 3 个，3★专业 1 个。

在中国普通高校研究生教育竞争力排行榜中的名次：总排名 273/596，北京市内排名 30/58，艺术类排名 1/33。

共 6 个一级学科(学术学位)参评，其中 5★+学科 2 个，5★学科 0 个，5★-学科 0 个，4★学科 1 个，学科优秀率为 50%。

一级学科排名

建筑学 72/84、城乡规划学 43/74、风景园林学 41/56、艺术学理论 9/73、美术学 1/114、设计学 1/175。

本科优势专业排名

5★+专业：艺术管理 1/29、美术学 3/333、绘画 1/160、雕塑 1/53、书法学 2/130、视觉传达设计 9/722、产品设计 3/402。

5★专业：中国画 2/34。

5★-专业：服装与服饰设计 16/212。

10045　中央音乐学院

在中国本科院校竞争力排行榜中的名次 97，北京市内排名 13/66，艺术类排名 3/48。

共 3 个专业参评，其中 5★+专业 1 个，5★专业 0 个，5★-专业 1 个，4★专业 1 个，3★专业 0 个。

在中国普通高校研究生教育竞争力排行榜中的名次：总排名 282/596，北京市内排名 31/58，艺术类排名 2/33。

共 1 个一级学科(学术学位)参评，其中 5★+学科 0 个，5★学科 0 个，5★-学科 0 个，4★学科 1 个，学科优秀率为 100%。

一级学科排名

艺术学理论 15/73。

本科优势专业排名

5★+专业：音乐学 5/388。

5★-专业：音乐表演 16/234。

10054　华北电力大学

在中国本科院校竞争力排行榜中的名次 101，北京市内排名 14/66，理工类排名 49/364。

共 56 个专业参评，其中 5★+专业 5 个，5★专业 4 个，5★-专业 6 个，4★专业 8 个，3★专业 26 个。

在中国普通高校研究生教育竞争力排行榜中的名次：总排名 94/596，北京市内排名 14/58，理工类排名 42/182。

共 23 个一级学科(学术学位)参评，其中 5★+学科 0 个，5★学科 1 个，5★-学科 1 个，4★学科 2 个，学科优秀率为 17.39%。

一级学科排名

应用经济学 151/264、法学 171/209、马克思主义理论 119/377、外国语言文学 147/240、数学 118/276、物理学 114/203、机械工程 129/224、材料科学与工程 158/227、动力工程及工程热物理 13/104、电气工程 5/112、电子科学与技术 89/123、信息与通信工程 83/186、控制科学与工程 11/189、计算机科学与技术 101/268、土木工程 137/164、水利工程 23/64、化学工程与技术 93/176、核科学与技术 13/21、环境科学与工程 91/196、软件工程 94/148、管理科学与工程 73/209、工商管理 49/309、公共管理 125/214。

本科优势专业排名

5★+专业：能源与动力工程 4/188、新能源科学与工程 2/144、电气工程及其自动化 6/573、智能电网信息工程 1/38、工程造价 2/264。

5★专业：储能科学与工程 2/59、机器人工程 9/333、工程管理 18/393、市场营销 23/579。

5★-专业：信息与计算科学 31/308、智能制造工程 26/296、通信工程 35/494、自动化 32/445、数据科学与大数据技术 45/711、财务管理 67/686。

4★专业：社会工作 49/259、新能源材料与器件 15/131、计算机科学与技术 94/932。

10010　北京化工大学

在中国本科院校竞争力排行榜中的名次 102，

北京市内排名 15/66，理工类排名 50/364。

共 42 个专业参评，其中 5★+专业 6 个，5★专业 2 个，5★-专业 4 个，4★专业 13 个，3★专业 11 个。

在中国普通高校研究生教育竞争力排行榜中的名次：总排名 89/596，北京市内排名 13/58，理工类排名 39/182。

共 23 个一级学科(学术学位)参评，其中 5★+学科 1 个，5★学科 0 个，5★-学科 1 个，4★学科 4 个，学科优秀率为 26.09%。

一级学科排名

法学 159/209、马克思主义理论 200/377、数学 128/276、物理学 95/203、化学 26/238、力学 65/97、机械工程 128/224、材料科学与工程 34/227、动力工程及工程热物理 17/104、电子科学与技术 78/123、信息与通信工程 124/186、控制科学与工程 30/189、计算机科学与技术 122/268、化学工程与技术 4/176、轻工技术与工程 12/18、环境科学与工程 47/196、软件工程 114/148、生物工程 3/26、安全科学与工程 38/61、药学 102/147、管理科学与工程 55/209、工商管理 221/309、公共管理 157/214。

本科优势专业排名

5★+专业：应用化学 4/375、功能材料 1/52、化学工程与工艺 4/329、制药工程 3/257、能源化学工程 1/64、生物工程 2/242。

5★专业：高分子材料与工程 5/185、环境工程 12/352。

5★-专业：材料科学与工程 23/237、人工智能 36/479、机器人工程 19/333、数据科学与大数据技术 39/711。

4★专业：金融数学 12/71、化学 48/310、机械设计制造及其自动化 70/517、过程装备与控制工程 11/92、电子信息工程 69/642、自动化 47/445、计算机科学与技术 104/932。

10023　北京协和医学院

在中国本科院校竞争力排行榜中的名次 106，北京市内排名 16/66，医药类排名 1/108。

共 2 个专业参评，其中 5★+专业 1 个，5★专业 1 个，5★-专业 0 个，4★专业 0 个，3★专业

0 个。

在中国普通高校研究生教育竞争力排行榜中的名次：总排名 57/596，北京市内排名 10/58，医药类排名 2/76。

共 12 个一级学科(学术学位)参评，其中 5★+学科 2 个，5★学科 1 个，5★-学科 3 个，4★学科 1 个，学科优秀率为 58.33%。

一级学科排名

哲学 129/133、生物学 14/240、生物医学工程 5/80、基础医学 10/111、临床医学 1/113、公共卫生与预防医学 3/78、中西医结合 18/62、药学 1/147、中药学 28/51、护理学 14/74、公共管理 158/214、信息资源管理 48/50。

本科优势专业排名

5★+专业：护理学 3/296。
5★专业：临床医学 9/192。

10025　首都医科大学

在中国本科院校竞争力排行榜中的名次 107，北京市内排名 17/66，医药类排名 2/108。

共 24 个专业参评，其中 5★+专业 1 个，5★专业 3 个，5★-专业 8 个，4★专业 3 个，3★专业 3 个。

在中国普通高校研究生教育竞争力排行榜中的名次：总排名 41/596，北京市内排名 8/58，医药类排名 1/76。

共 14 个一级学科(学术学位)参评，其中 5★+学科 0 个，5★学科 1 个，5★-学科 0 个，4★学科 3 个，学科优秀率为 28.57%。

一级学科排名

马克思主义理论 314/377、心理学 45/104、生物学 75/240、生物医学工程 11/80、基础医学 27/111、临床医学 5/113、口腔医学 8/47、公共卫生与预防医学 14/78、中医学 28/40、中西医结合 34/62、药学 32/147、中药学 27/51、护理学 16/74、公共管理 134/214。

本科优势专业排名

5★+专业：护理学 5/296。

5★专业：口腔医学 5/118、预防医学 6/125、公共事业管理 12/246。

5★-专业：临床医学 14/192、眼视光医学 3/31、精神医学 4/36、儿科学 3/45、药学 17/250、临床药学 4/54、康复治疗学 11/183、助产学 7/72。

10013 北京邮电大学

在中国本科院校竞争力排行榜中的名次 111，北京市内排名 18/66，理工类排名 53/364。

共 34 个专业参评，其中 5★+专业 7 个，5★专业 8 个，5★-专业 3 个，4★专业 8 个，3★专业 8 个。

在中国普通高校研究生教育竞争力排行榜中的名次：总排名 118/596，北京市内排名 18/58，理工类排名 53/182。

共 22 个一级学科(学术学位)参评，其中 5★+学科 3 个，5★学科 0 个，5★-学科 0 个，4★学科 4 个，学科优秀率为 31.82%。

一级学科排名

应用经济学 98/264、法学 176/209、马克思主义理论 185/377、外国语言文学 131/240、新闻传播学 78/120、数学 187/276、物理学 97/203、系统科学 4/29、教育技术学 26/45、机械工程 62/224、光学工程 17/94、材料科学与工程 146/227、电子科学与技术 17/123、信息与通信工程 2/186、控制科学与工程 63/189、计算机科学与技术 5/268、生物医学工程 69/80、软件工程 20/148、网络空间安全 1/77、工商管理 82/309、公共管理 141/214、设计学 94/175。

本科优势专业排名

5★+专业：金融科技 1/95、电子信息工程 3/642、通信工程 2/494、网络工程 1/282、信息安全 2/126、数字媒体技术 2/234、数据科学与大数据技术 8/711。

5★专业：光电信息科学与工程 9/218、电子信息科学与技术 7/167、计算机科学与技术 26/932、软件工程 22/611、物联网工程 13/492、智能科学与技术 7/186、电子商务 14/457、数字媒体艺术 13/350。

5★-专业：电子科学与技术 12/154、信息工程 5/58、人工智能 34/479。

10022 北京林业大学

在中国本科院校竞争力排行榜中的名次 113，北京市内排名 19/66，农林类排名 6/47。

共 52 个专业参评，其中 5★+专业 3 个，5★专业 3 个，5★-专业 6 个，4★专业 10 个，3★专业 27 个。

在中国普通高校研究生教育竞争力排行榜中的名次：总排名 100/596，北京市内排名 15/58，农林类排名 7/38。

共 25 个一级学科(学术学位)参评，其中 5★+学科 1 个，5★学科 1 个，5★-学科 0 个，4★学科 5 个，学科优秀率为 28%。

一级学科排名

哲学 116/133、应用经济学 167/264、法学 174/209、马克思主义理论 300/377、心理学 81/104、外国语言文学 194/240、数学 199/276、地理学 48/85、生物学 36/240、生态学 12/111、机械工程 71/224、计算机科学与技术 187/268、建筑学 39/84、土木工程 124/164、林业工程 3/12、环境科学与工程 74/196、食品科学与工程 68/105、城乡规划学 27/74、风景园林学 3/56、农业资源与环境 27/40、林学 1/35、草学 5/25、工商管理 209/309、农林经济管理 8/51、设计学 30/175。

本科优势专业排名

5★+专业：风景园林 3/187、林学 1/48、园林 2/129。

5★专业：水土保持与荒漠化防治 1/21、森林保护 1/17、物业管理 1/24。

5★-专业：国际经济与贸易 61/665、商务英语 35/360、生物科学 17/283、数据科学与大数据技术 53/711、草业科学 2/29、农林经济管理 6/62。

4★专业：英语 129/925、应用心理学 29/257、计算机科学与技术 171/932、网络工程 41/282。

10034 中央财经大学

在中国本科院校竞争力排行榜中的名次 114，

4★专业：英语 157/925、日语 85/449、网络与新媒体 43/338、机械工程 24/122、自动化 52/445。

北京市内排名 20/66，财经类排名 1/109。

共 50 个专业参评，其中 5★+专业 8 个，5★专业 9 个，5★-专业 7 个，4★专业 8 个，3★专业 14 个。

在中国普通高校研究生教育竞争力排行榜中的名次：总排名 151/596，北京市内排名 23/58，财经类排名 5/39。

共 16 个一级学科(学术学位)参评，其中 5★+学科 1 个，5★学科 0 个，5★-学科 2 个，4★学科 2 个，学科优秀率为 31.25%。

一级学科排名

理论经济学 9/109、应用经济学 5/264、法学 68/209、社会学 34/88、马克思主义理论 71/377、心理学 50/104、中国语言文学 177/186、外国语言文学 215/240、新闻传播学 61/120、数学 217/276、统计学 12/126、网络空间安全 35/77、管理科学与工程 65/209、工商管理 40/309、公共管理 85/214、艺术学理论 35/73。

本科优势专业排名

5★+专业：税收学 2/90、金融学 3/389、国际经济与贸易 8/665、市场营销 5/579、会计学 10/659、财务管理 6/686、体育经济与管理 1/27、电子商务 3/457。

5★专业：经济学 10/356、财政学 4/84、金融工程 13/255、保险学 3/95、投资学 4/124、国际商务 5/126、人力资源管理 12/416、资产评估 3/68、文化产业管理 4/137。

5★-专业：精算学 2/17、金融科技 6/95、法学 56/580、应用心理学 18/257、数据科学与大数据技术 61/711、工商管理 39/538、供应链管理 5/72。

4★专业：经济统计学 21/138、贸易经济 8/40、统计学 31/211。

10028　首都师范大学

在中国本科院校竞争力排行榜中的名次 122，北京市内排名 21/66，师范类排名 12/175。

共 55 个专业参评，其中 5★+专业 5 个，5★专业 7 个，5★-专业 8 个，4★专业 12 个，3★专业 14 个。

在中国普通高校研究生教育竞争力排行榜中

的名次：总排名 108/596，北京市内排名 17/58，师范类排名 11/77。

共 28 个一级学科(学术学位)参评，其中 5★+学科 0 个，5★学科 3 个，5★-学科 1 个，4★学科 6 个，学科优秀率为 35.71%。

一级学科排名

哲学 18/133、法学 168/209、马克思主义理论 29/377、教育学 15/143、心理学 15/104、中国语言文学 22/186、外国语言文学 44/240、考古学 21/40、中国史 35/119、世界史 19/68、数学 10/276、物理学 85/203、化学 115/238、地理学 16/85、生物学 64/240、科学技术史 22/26、生态学 46/111、统计学 48/126、教育技术学 14/45、信息与通信工程 135/186、计算机科学与技术 97/268、环境科学与工程 75/196、软件工程 79/148、工商管理 283/309、公共管理 108/214、音乐与舞蹈学 4/86、美术学 6/114、设计学 122/175。

本科优势专业排名

5★+专业：学前教育 8/420、小学教育 3/311、汉语国际教育 6/328、秘书学 2/89、美术学 2/333。

5★专业：汉语言文学 20/619、英语 42/925、地理信息科学 5/171、音乐表演 8/234、音乐学 14/388、舞蹈学 9/201、绘画 6/160。

5★-专业：思想政治教育 27/304、教育学 6/85、俄语 13/161、西班牙语 9/97、日语 36/449、历史学 15/246、世界史 2/18、数学与应用数学 28/519。

4★专业：社会工作 51/259、教育技术学 15/130、德语 19/112、物理学 56/283、地理科学 24/171、生物科学 39/283、生物技术 43/285、统计学 34/211、人工智能 53/479、计算机科学与技术 122/932。

10046　中国音乐学院

在中国本科院校竞争力排行榜中的名次 126，北京市内排名 22/66，艺术类排名 4/48。

共 4 个专业参评，其中 5★+专业 2 个，5★专业 0 个，5★-专业 1 个，4★专业 0 个，3★专业 1 个。

在中国普通高校研究生教育竞争力排行榜中的名次：总排名 400/596，北京市内排名 39/58，艺术类排名 8/33。

共 1 个一级学科(学术学位)参评。

一级学科排名

艺术学理论 16/73。

本科优势专业排名

5★+专业：音乐学 7/388、音乐教育 1/28。
5★-专业：音乐表演 17/234。

10036　对外经济贸易大学

在中国本科院校竞争力排行榜中的名次 135，北京市内排名 23/66，财经类排名 5/109。

共 50 个专业参评，其中 5★+专业 11 个，5★专业 5 个，5★-专业 5 个，4★专业 10 个，3★专业 15 个。

在中国普通高校研究生教育竞争力排行榜中的名次：总排名 137/596，北京市内排名 20/58，财经类排名 3/39。

共 11 个一级学科(学术学位)参评，其中 5★+学科 0 个，5★学科 1 个，5★-学科 1 个，4★学科 3 个，学科优秀率为 45.45%。

一级学科排名

理论经济学 21/109、应用经济学 6/264、法学 26/209、政治学 17/80、马克思主义理论 170/377、中国语言文学 153/186、外国语言文学 25/240、统计学 45/126、管理科学与工程 99/209、工商管理 18/309、公共管理 48/214。

本科优势专业排名

5★+专业：经济统计学 1/138、金融学 7/389、金融工程 1/255、保险学 2/95、投资学 1/124、经济与金融 1/78、国际经济与贸易 1/665、市场营销 4/579、会计学 4/659、财务管理 7/686、电子商务 1/457。
5★专业：金融数学 3/71、精算学 1/17、法学 16/580、商务英语 10/360、工商管理 25/538。
5★-专业：德语 11/112、日语 24/449、国际商务 13/126、人力资源管理 27/416、物流管理 35/432。

4★专业：数字经济 14/129、财政学 14/84、税收学 12/90、英语 109/925、西班牙语 17/97、阿拉伯语 5/39、意大利语 4/23、翻译 51/269、统计学 42/211。

11415　中国地质大学(北京)

在中国本科院校竞争力排行榜中的名次 139，北京市内排名 24/66，理工类排名 60/364。

共 46 个专业参评，其中 5★+专业 0 个，5★专业 1 个，5★-专业 1 个，4★专业 14 个，3★专业 24 个。

在中国普通高校研究生教育竞争力排行榜中的名次：总排名 145/596，北京市内排名 22/58，理工类排名 61/182。

共 33 个一级学科(学术学位)参评，其中 5★+学科 0 个，5★学科 1 个，5★-学科 0 个，4★学科 1 个，学科优秀率为 6.06%。

一级学科排名

应用经济学 83/264、法学 203/209、马克思主义理论 96/377、教育学 141/143、心理学 103/104、体育学 107/107、外国语言文学 218/240、数学 266/276、物理学 194/203、化学 233/238、地理学 85/85、大气科学 22/22、海洋科学 18/31、地球物理学 15/21、地质学 6/35、生物学 238/240、机械工程 223/224、材料科学与工程 106/227、信息与通信工程 184/186、控制科学与工程 71/189、计算机科学与技术 263/268、土木工程 68/164、水利工程 25/64、测绘科学与技术 16/53、地质资源与地质工程 2/46、石油与天然气工程 9/15、环境科学与工程 65/196、软件工程 147/148、安全科学与工程 28/61、管理科学与工程 94/209、工商管理 232/309、公共管理 45/214、设计学 118/175。

本科优势专业排名

5★专业：土地资源管理 5/90。
5★-专业：地理信息科学 12/171。
4★专业：英语 181/925、宝石及材料工艺学 4/20。

10053　中国政法大学

在中国本科院校竞争力排行榜中的名次 150，

北京市内排名 25/66，文法类排名 2/68。

共 22 个专业参评，其中 5★+专业 1 个，5★专业 0 个，5★-专业 7 个，4★专业 5 个，3★专业 8 个。

在中国普通高校研究生教育竞争力排行榜中的名次：总排名 153/596，北京市内排名 24/58，文法类排名 2/32。

共 13 个一级学科(学术学位)参评，其中 5★+学科 1 个，5★学科 0 个，5★-学科 0 个，4★学科 1 个，学科优秀率为 15.38%。

一级学科排名

哲学 64/133、理论经济学 38/109、应用经济学 142/264、法学 1/209、政治学 10/80、社会学 86/88、马克思主义理论 78/377、心理学 42/104、外国语言文学 112/240、新闻传播学 53/120、中国史 68/119、工商管理 234/309、公共管理 84/214。

本科优势专业排名

5★+专业：法学 1/580。

5★-专业：经济学 28/356、政治学与行政学 5/84、英语 75/925、网络与新媒体 19/338、国际商务 11/126、公共事业管理 24/246、行政管理 22/292。

4★专业：金融工程 36/255、国际政治 5/37、思想政治教育 33/304、新闻学 34/308、应用心理学 47/257。

10033 中国传媒大学

在中国本科院校竞争力排行榜中的名次 154，北京市内排名 26/66，文法类排名 3/68。

共 61 个专业参评，其中 5★+专业 11 个，5★专业 5 个，5★-专业 6 个，4★专业 11 个，3★专业 13 个。

在中国普通高校研究生教育竞争力排行榜中的名次：总排名 200/596，北京市内排名 26/58，文法类排名 3/32。

共 18 个一级学科(学术学位)参评，其中 5★+学科 1 个，5★学科 1 个，5★-学科 4 个，4★学科 1 个，学科优秀率为 38.89%。

一级学科排名

应用经济学 256/264、政治学 64/80、马克思主义理论 293/377、中国语言文学 52/186、外国语言文学 149/240、新闻传播学 2/120、数学 259/276、电子科学与技术 56/123、信息与通信工程 17/186、计算机科学与技术 256/268、网络空间安全 65/77、管理科学与工程 141/209、公共管理 210/214、艺术学理论 5/73、音乐与舞蹈学 6/86、戏剧与影视学 2/62、美术学 22/114、设计学 12/175。

本科优势专业排名

5★+专业：新闻学 4/308、广播电视学 1/146、广告学 1/256、传播学 1/69、网络与新媒体 1/338、广播电视编导 1/226、录音艺术 1/35、播音与主持艺术 1/232、动画 1/251、影视摄影与制作 1/75、数字媒体艺术 4/350。

5★专业：编辑出版学 2/32、数字媒体技术 7/234、文化产业管理 5/137、表演 5/146、戏剧影视文学 5/95。

5★-专业：汉语言文学 45/619、数字出版 2/15、作曲与作曲技术理论 4/35、戏剧影视美术设计 4/53、摄影 5/74、视觉传达设计 40/722。

4★专业：汉语国际教育 48/328、英语 127/925、电子信息工程 84/642、通信工程 93/494、广播电视工程 2/12。

11414 中国石油大学(北京)

在中国本科院校竞争力排行榜中的名次 159，北京市内排名 27/66，理工类排名 66/364。

共 33 个专业参评，其中 5★+专业 0 个，5★专业 1 个，5★-专业 2 个，4★专业 11 个，3★专业 12 个。

在中国普通高校研究生教育竞争力排行榜中的名次：总排名 142/596，北京市内排名 21/58，理工类排名 60/182。

共 23 个一级学科(学术学位)参评，其中 5★+学科 0 个，5★学科 0 个，5★-学科 2 个，4★学科 0 个，学科优秀率为 8.7%。

一级学科排名

应用经济学 147/264、政治学 80/80、马克思主义理论 110/377、外国语言文学 231/240、数学 270/276、物理学 188/203、化学 94/238、地球物理学 17/21、地质学 21/35、力学 55/97、机械工程

95/224、材料科学与工程 99/227、动力工程及工程热物理 44/104、信息与通信工程 175/186、控制科学与工程 72/189、计算机科学与技术 242/268、化学工程与技术 40/176、地质资源与地质工程 4/46、石油与天然气工程 2/15、环境科学与工程 172/196、安全科学与工程 22/61、管理科学与工程 46/209、工商管理 186/309。

本科优势专业排名

5★专业：化学工程与工艺 15/329。

5★-专业：应用化学 28/375、石油工程 2/22。

4★专业：机械设计制造及其自动化 54/517、过程装备与控制工程 14/92、能源与动力工程 38/188、新能源科学与工程 24/144、电子信息工程 76/642、自动化 65/445、计算机科学与技术 180/932。

10048 中央戏剧学院

在中国本科院校竞争力排行榜中的名次 198，北京市内排名 29/66，艺术类排名 7/48。

共 7 个专业参评，其中 5★+专业 1 个，5★专业 2 个，5★-专业 2 个，4★专业 1 个，3★专业 0 个。

在中国普通高校研究生教育竞争力排行榜中的名次：总排名 433/596，北京市内排名 43/58，艺术类排名 10/33。

共 2 个一级学科(学术学位)参评，其中 5★+学科 1 个，5★学科 0 个，5★-学科 0 个，4★学科 0 个，学科优秀率为 50%。

一级学科排名

艺术学理论 17/73、戏剧与影视学 1/62。

本科优势专业排名

5★+专业：表演 2/146。

5★专业：戏剧影视导演 2/32、戏剧影视美术设计 2/53。

5★-专业：戏剧影视文学 7/95、播音与主持艺术 13/232。

10032 北京语言大学

在中国本科院校竞争力排行榜中的名次 203，

北京市内排名 30/66，文法类排名 5/68。

共 34 个专业参评，其中 5★+专业 3 个，5★专业 2 个，5★-专业 2 个，4★专业 6 个，3★专业 10 个。

在中国普通高校研究生教育竞争力排行榜中的名次：总排名 346/596，北京市内排名 36/58，文法类排名 10/32。

共 11 个一级学科(学术学位)参评，其中 5★+学科 0 个，5★学科 0 个，5★-学科 2 个，4★学科 0 个，学科优秀率为 18.18%。

一级学科排名

应用经济学 263/264、政治学 73/80、马克思主义理论 366/377、教育学 124/143、心理学 95/104、中国语言文学 16/186、外国语言文学 21/240、新闻传播学 116/120、中国史 117/119、计算机科学与技术 198/268、艺术学理论 73/73。

本科优势专业排名

5★+专业：汉语言文学 8/619、汉语国际教育 1/328、翻译 3/269。

5★专业：英语 24/925、日语 15/449。

5★-专业：法语 8/143、阿拉伯语 4/39。

4★专业：俄语 31/161、西班牙语 12/97、朝鲜语 10/92、葡萄牙语 5/33、网络与新媒体 37/338、计算机科学与技术 182/932。

10043 北京体育大学

在中国本科院校竞争力排行榜中的名次 208，北京市内排名 31/66，体育类排名 1/16。

共 26 个专业参评，其中 5★+专业 3 个，5★专业 2 个，5★-专业 1 个，4★专业 6 个，3★专业 6 个。

在中国普通高校研究生教育竞争力排行榜中的名次：总排名 244/596，北京市内排名 28/58，体育类排名 1/13。

共 7 个一级学科(学术学位)参评，其中 5★+学科 1 个，5★学科 0 个，5★-学科 0 个，4★学科 0 个，学科优秀率为 14.29%。

一级学科排名

马克思主义理论 201/377、教育学 117/143、心理学 67/104、体育学 1/107、新闻传播学 109/120、临床医学 98/113、公共管理 201/214。

及其自动化 73/573、人工智能 76/479。

本科优势专业排名

5★+专业：体育教育 2/341、武术与民族传统体育 1/45、运动康复 1/84。

5★专业：运动训练 2/64、运动人体科学 1/17。

5★-专业：休闲体育 8/102。

4★专业：体能训练 3/18、新闻学 41/308、应用心理学 37/257。

11413　中国矿业大学(北京)

在中国本科院校竞争力排行榜中的名次 209，北京市内排名 32/66，理工类排名 84/364。

共 35 个专业参评，其中 5★+专业 0 个，5★专业 0 个，5★-专业 1 个，4★专业 7 个，3★专业 18 个。

在中国普通高校研究生教育竞争力排行榜中的名次：总排名 191/596，北京市内排名 25/58，理工类排名 72/182。

共 26 个一级学科(学术学位)参评，其中 5★+学科 0 个，5★学科 1 个，5★-学科 0 个，4★学科 1 个，学科优秀率为 7.69%。

一级学科排名

马克思主义理论 106/377、体育学 78/107、外国语言文学 220/240、数学 106/276、物理学 193/203、化学 236/238、地质学 22/35、统计学 120/126、力学 44/97、机械工程 93/224、材料科学与工程 141/227、电气工程 46/112、信息与通信工程 64/186、控制科学与工程 74/189、计算机科学与技术 85/268、土木工程 40/164、测绘科学与技术 19/53、化学工程与技术 66/176、地质资源与地质工程 11/46、矿业工程 4/31、环境科学与工程 72/196、城乡规划学 73/74、安全科学与工程 2/61、管理科学与工程 72/209、工商管理 123/309、公共管理 44/214。

本科优势专业排名

5★-专业：遥感科学与技术 5/61。

4★专业：信息与计算科学 59/308、电气工程

10030　北京外国语大学

在中国本科院校竞争力排行榜中的名次 213，北京市内排名 33/66，文法类排名 6/68。

共 32 个专业参评，其中 5★+专业 6 个，5★专业 5 个，5★-专业 3 个，4★专业 6 个，3★专业 7 个。

在中国普通高校研究生教育竞争力排行榜中的名次：总排名 302/596，北京市内排名 33/58，文法类排名 8/32。

共 11 个一级学科(学术学位)参评，其中 5★+学科 1 个，5★学科 0 个，5★-学科 0 个，4★学科 0 个，学科优秀率为 9.09%。

一级学科排名

应用经济学 255/264、法学 128/209、政治学 52/80、马克思主义理论 151/377、教育学 82/143、中国语言文学 92/186、外国语言文学 3/240、新闻传播学 55/120、世界史 66/68、管理科学与工程 92/209、工商管理 274/309。

本科优势专业排名

5★+专业：英语 2/925、德语 2/112、法语 2/143、西班牙语 1/97、日语 6/449、朝鲜语 1/92。

5★专业：俄语 5/161、阿拉伯语 2/39、波兰语 1/12、葡萄牙语 2/33、意大利语 1/23。

5★-专业：汉语国际教育 19/328、翻译 22/269、新闻学 31/308。

4★专业：国际经济与贸易 79/665、法学 92/580、汉语言文学 90/619、泰语 8/48、越南语 4/25、捷克语 2/12。

10026　北京中医药大学

在中国本科院校竞争力排行榜中的名次 215，北京市内排名 34/66，医药类排名 14/108。

共 16 个专业参评，其中 5★+专业 3 个，5★专业 1 个，5★-专业 2 个，4★专业 2 个，3★专业 2 个。

在中国普通高校研究生教育竞争力排行榜中的名次：总排名 128/596，北京市内排名 19/58，医药类排名 7/76。

共 7 个一级学科(学术学位)参评，其中 5★+

学科 3 个，5★学科 0 个，5★-学科 0 个，4★学科 0 个，学科优秀率为 42.86%。

一级学科排名

马克思主义理论 331/377、中医学 1/40、中西医结合 1/62、药学 53/147、中药学 1/51、护理学 28/74、公共管理 164/214。

本科优势专业排名

5★+专业：中医学 1/65、针灸推拿学 1/51、中药制药 1/25。

5★专业：中药学 3/121。

5★-专业：中医骨伤科学 2/23、护理学 26/296。

10011　北京工商大学

在中国本科院校竞争力排行榜中的名次 238，北京市内排名 35/66，财经类排名 10/109。

共 47 个专业参评，其中 5★+专业 1 个，5★专业 5 个，5★-专业 7 个，4★专业 9 个，3★专业 15 个。

在中国普通高校研究生教育竞争力排行榜中的名次：总排名 203/596，北京市内排名 27/58，财经类排名 7/39。

共 18 个一级学科(学术学位)参评，其中 5★+学科 0 个，5★学科 0 个，5★-学科 1 个，4★学科 0 个，学科优秀率为 5.56%。

一级学科排名

理论经济学 89/109、应用经济学 69/264、法学 129/209、马克思主义理论 292/377、新闻传播学 104/120、化学 169/238、系统科学 9/29、统计学 110/126、机械工程 204/224、材料科学与工程 182/227、控制科学与工程 139/189、计算机科学与技术 241/268、化学工程与技术 139/176、轻工技术与工程 9/18、环境科学与工程 146/196、食品科学与工程 9/105、管理科学与工程 117/209、工商管理 65/309。

本科优势专业排名

5★+专业：食品质量与安全 4/240。

5★专业：应用统计学 6/187、化妆品技术与工程 1/14、食品科学与工程 8/283、财务管理 15/686、物流管理 14/432。

5★-专业：金融工程 18/255、贸易经济 3/40、酿酒工程 3/26、工商管理 53/538、市场营销 51/579、会计学 44/659、电子商务 38/457。

4★专业：经济学 52/356、金融学 63/389、国际经济与贸易 129/665、新闻学 53/308、广告学 44/256、计算机科学与技术 146/932。

10038　首都经济贸易大学

在中国本科院校竞争力排行榜中的名次 252，北京市内排名 36/66，财经类排名 11/109。

共 36 个专业参评，其中 5★+专业 1 个，5★专业 8 个，5★-专业 7 个，4★专业 6 个，3★专业 11 个。

在中国普通高校研究生教育竞争力排行榜中的名次：总排名 293/596，北京市内排名 32/58，财经类排名 14/39。

共 11 个一级学科(学术学位)参评，其中 5★+学科 0 个，5★学科 0 个，5★-学科 1 个，4★学科 1 个，学科优秀率为 18.18%。

一级学科排名

理论经济学 50/109、应用经济学 26/264、法学 87/209、马克思主义理论 186/377、外国语言文学 155/240、新闻传播学 102/120、统计学 38/126、安全科学与工程 35/61、管理科学与工程 49/209、工商管理 43/309、公共管理 87/214。

本科优势专业排名

5★+专业：工商管理 8/538。

5★专业：金融学 14/389、国际经济与贸易 22/665、商务英语 13/360、市场营销 22/579、会计学 24/659、财务管理 20/686、人力资源管理 9/416、资产评估 2/68。

5★-专业：金融工程 21/255、保险学 9/95、社会工作 23/259、统计学 12/211、信息管理与信息系统 32/335、城市管理 4/47、电子商务 45/457。

4★专业：经济学 42/356、经济统计学 15/138、税收学 11/90、贸易经济 5/40、法学 81/580。

10049 中国戏曲学院

在中国本科院校竞争力排行榜中的名次 266，北京市内排名 37/66，艺术类排名 9/48。

共 14 个专业参评，其中 5★+专业 0 个，5★专业 1 个，5★-专业 0 个，4★专业 2 个，3★专业 6 个。

在中国普通高校研究生教育竞争力排行榜中的名次：总排名 540/596，北京市内排名 52/58，艺术类排名 20/33。

共 3 个一级学科（学术学位）参评。

一级学科排名

艺术学理论 56/73、音乐与舞蹈学 58/86、戏剧与影视学 16/62。

本科优势专业排名

5★专业：表演 7/146。

10050 北京电影学院

在中国本科院校竞争力排行榜中的名次 282，北京市内排名 38/66，艺术类排名 11/48。

共 15 个专业参评，其中 5★+专业 5 个，5★专业 2 个，5★-专业 1 个，4★专业 2 个，3★专业 0 个。

在中国普通高校研究生教育竞争力排行榜中的名次：总排名 378/596，北京市内排名 38/58，艺术类排名 6/33。

共 3 个一级学科（学术学位）参评，其中 5★+学科 0 个，5★学科 0 个，5★-学科 1 个，4★学科 1 个，学科优秀率为 66.67%。

一级学科排名

艺术学理论 20/73、戏剧与影视学 6/62、美术学 12/114。

本科优势专业排名

5★+专业：表演 3/146、戏剧影视导演 1/32、动画 2/251、影视摄影与制作 2/75、摄影 1/74。

5★专业：戏剧影视美术设计 3/53、录音艺术 2/35。

5★-专业：戏剧影视文学 6/95。

10016 北京建筑大学

在中国本科院校竞争力排行榜中的名次 299，北京市内排名 39/66，理工类排名 117/364。

共 34 个专业参评，其中 5★+专业 1 个，5★专业 3 个，5★-专业 3 个，4★专业 6 个，3★专业 12 个。

在中国普通高校研究生教育竞争力排行榜中的名次：总排名 319/596，北京市内排名 34/58，理工类排名 123/182。

共 14 个一级学科（学术学位）参评，其中 5★+学科 0 个，5★学科 0 个，5★-学科 0 个，4★学科 1 个，学科优秀率为 7.14%。

一级学科排名

马克思主义理论 299/377、数学 206/276、机械工程 201/224、控制科学与工程 136/189、建筑学 15/84、土木工程 37/164、测绘科学与技术 29/53、交通运输工程 40/66、环境科学与工程 100/196、城乡规划学 55/74、风景园林学 43/56、管理科学与工程 145/209、工商管理 273/309、设计学 143/175。

本科优势专业排名

5★+专业：给排水科学与工程 2/161。

5★专业：土木工程 19/529、建筑学 9/291、工程造价 6/264。

5★-专业：建筑电气与智能化 5/66、智能建造 7/101、工程管理 31/393。

4★专业：机械电子工程 51/302。

11232 北京信息科技大学

在中国本科院校竞争力排行榜中的名次 315，北京市内排名 40/66，理工类排名 122/364。

共 39 个专业参评，其中 5★+专业 0 个，5★专业 0 个，5★-专业 3 个，4★专业 6 个，3★专业 20 个。

在中国普通高校研究生教育竞争力排行榜中的名次：总排名 344/596，北京市内排名 35/58，理工类排名 132/182。

共 13 个一级学科（学术学位）参评。

一级学科排名

应用经济学 210/264、马克思主义理论 272/377、数学 176/276、机械工程 133/224、光学工程 91/94、仪器科学与技术 23/68、电子科学与技术 100/123、信息与通信工程 138/186、控制科学与工程 116/189、计算机科学与技术 167/268、网络空间安全 53/77、管理科学与工程 137/209、工商管理 242/309。

本科优势专业排名

5★-专业：通信工程 34/494、网络工程 24/282、财务管理 38/686。

4★专业：机械设计制造及其自动化 85/517、测控技术与仪器 28/190、自动化 79/445、计算机科学与技术 108/932、软件工程 116/611。

11417 北京联合大学

在中国本科院校竞争力排行榜中的名次 335，北京市内排名 41/66，综合类排名 60/268。

共 63 个专业参评，其中 5★+专业 2 个，5★专业 2 个，5★-专业 1 个，4★专业 9 个，3★专业 29 个。

在中国普通高校研究生教育竞争力排行榜中的名次：总排名 412/596，北京市内排名 40/58，综合类排名 72/93。

共 9 个一级学科(学术学位)参评。

一级学科排名

马克思主义理论 301/377、考古学 30/40、中国史 110/119、地理学 62/85、计算机科学与技术 148/268、食品科学与工程 84/105、软件工程 77/148、工商管理 132/309、设计学 40/175。

本科优势专业排名

5★+专业：酒店管理 2/184、数字媒体艺术 5/350。

5★专业：财务管理 30/686、旅游管理 18/428。

5★-专业：网络与新媒体 34/338。

4★专业：人文地理与城乡规划 17/110、应用

心理学 33/257、软件工程 81/611。

10009 北方工业大学

在中国本科院校竞争力排行榜中的名次 346，北京市内排名 42/66，理工类排名 131/364。

共 39 个专业参评，其中 5★+专业 0 个，5★专业 0 个，5★-专业 1 个，4★专业 10 个，3★专业 21 个。

在中国普通高校研究生教育竞争力排行榜中的名次：总排名 352/596，北京市内排名 37/58，理工类排名 133/182。

共 17 个一级学科(学术学位)参评。

一级学科排名

应用经济学 196/264、法学 98/209、马克思主义理论 234/377、外国语言文学 151/240、数学 196/276、统计学 88/126、机械工程 159/224、电气工程 89/112、电子科学与技术 105/123、信息与通信工程 107/186、控制科学与工程 68/189、计算机科学与技术 139/268、建筑学 62/84、土木工程 141/164、网络空间安全 59/77、工商管理 201/309、设计学 117/175。

本科优势专业排名

5★-专业：电子信息工程 45/642。

4★专业：英语 131/925、机械设计制造及其自动化 84/517、电气工程及其自动化 81/573、自动化 57/445、计算机科学与技术 112/932。

10029 首都体育学院

在中国本科院校竞争力排行榜中的名次 348，北京市内排名 43/66，体育类排名 3/16。

共 12 个专业参评，其中 5★+专业 2 个，5★专业 2 个，5★-专业 2 个，4★专业 2 个，3★专业 2 个。

在中国普通高校研究生教育竞争力排行榜中的名次：总排名 475/596，北京市内排名 48/58，体育类排名 5/13。

共 2 个一级学科(学术学位)参评，其中 5★+学科 0 个，5★学科 0 个，5★-学科 0 个，4★学科 1 个，学科优秀率为 50%。

一级学科排名

心理学 100/104、体育学 12/107。

本科优势专业排名

5★+专业：体育教育 5/341、休闲体育 1/102。

5★专业：运动训练 3/64、社会体育指导与管理 6/239。

5★-专业：武术与民族传统体育 3/45、运动康复 6/84。

4★专业：运动人体科学 3/17。

10040　外交学院

在中国本科院校竞争力排行榜中的名次 364，北京市内排名 44/66，文法类排名 10/68。

共 10 个专业参评，其中 5★+专业 0 个，5★专业 1 个，5★-专业 0 个，4★专业 2 个，3★专业 5 个。

在中国普通高校研究生教育竞争力排行榜中的名次：总排名 474/596，北京市内排名 47/58，文法类排名 16/32。

共 4 个一级学科(学术学位)参评，其中 5★+学科 0 个，5★学科 0 个，5★-学科 1 个，4★学科 0 个，学科优秀率为 25%。

一级学科排名

理论经济学 97/109、法学 191/209、政治学 5/80、外国语言文学 92/240。

本科优势专业排名

5★专业：外交学 1/15。

4★专业：法学 116/580、英语 128/925。

10017　北京石油化工学院

在中国本科院校竞争力排行榜中的名次 383，北京市内排名 45/66，理工类排名 142/364。

共 25 个专业参评，其中 5★+专业 0 个，5★专业 0 个，5★-专业 0 个，4★专业 0 个，3★专业 14 个。

在中国普通高校研究生教育竞争力排行榜中

的名次：总排名 494/596，北京市内排名 50/58，理工类排名 165/182。

共 5 个一级学科(学术学位)参评。

一级学科排名

机械工程 157/224、材料科学与工程 149/227、控制科学与工程 175/189、环境科学与工程 185/196、工商管理 180/309。

14596　中国社会科学院大学

在中国本科院校竞争力排行榜中的名次 384，北京市内排名 46/66，综合类排名 67/268。

共 16 个专业参评，其中 5★+专业 0 个，5★专业 0 个，5★-专业 3 个，4★专业 6 个，3★专业 3 个。

在中国普通高校研究生教育竞争力排行榜中的名次：总排名 248/596，北京市内排名 29/58，综合类排名 56/93。

共 17 个一级学科(学术学位)参评，其中 5★+学科 0 个，5★学科 0 个，5★-学科 0 个，4★学科 1 个，学科优秀率为 5.88%。

一级学科排名

哲学 37/133、理论经济学 29/109、应用经济学 76/264、法学 53/209、政治学 23/80、社会学 30/88、民族学 18/38、马克思主义理论 79/377、中国语言文学 64/186、外国语言文学 61/240、新闻传播学 32/120、考古学 17/40、中国史 37/119、世界史 12/68、工商管理 79/309、农林经济管理 26/51、公共管理 135/214。

本科优势专业排名

5★-专业：经济学 34/356、新闻学 28/308、广播电视学 12/146。

4★专业：法学 78/580、政治学与行政学 14/84、思想政治教育 43/304、汉语言文学 77/619、英语 106/925、历史学 33/246。

10031　北京第二外国语学院

在中国本科院校竞争力排行榜中的名次 413，北京市内排名 47/66，文法类排名 14/68。

共 30 个专业参评，其中 5★+专业 2 个，5★专业 2 个，5★-专业 4 个，4★专业 3 个，3★专业 13 个。

在中国普通高校研究生教育竞争力排行榜中的名次：总排名 467/596，北京市内排名 46/58，文法类排名 14/32。

共 5 个一级学科(学术学位)参评。

一级学科排名

哲学 125/133、应用经济学 165/264、中国语言文学 148/186、外国语言文学 67/240、工商管理 102/309。

本科优势专业排名

5★+专业：旅游管理 1/428、酒店管理 3/184。

5★专业：日语 19/449、翻译 11/269。

5★-专业：英语 89/925、商务英语 30/360、财务管理 40/686、会展经济与管理 8/100。

4★专业：俄语 27/161、西班牙语 16/97。

10041　中国人民公安大学

在中国本科院校竞争力排行榜中的名次 417，北京市内排名 48/66，文法类排名 15/68。

共 7 个专业参评，其中 5★+专业 3 个，5★专业 0 个，5★-专业 3 个，4★专业 1 个，3★专业 0 个。

在中国普通高校研究生教育竞争力排行榜中的名次：总排名 415/596，北京市内排名 41/58，文法类排名 12/32。

共 1 个一级学科(学术学位)参评。

一级学科排名

法学 43/209。

本科优势专业排名

5★+专业：治安学 1/26、侦查学 1/31、网络安全与执法 1/25。

5★-专业：法学 55/580、警务指挥与战术 2/19、刑事科学技术 2/28。

10051　北京舞蹈学院

在中国本科院校竞争力排行榜中的名次 448，北京市内排名 49/66，艺术类排名 26/48。

共 5 个专业参评，其中 5★+专业 2 个，5★专业 1 个，5★-专业 0 个，4★专业 0 个，3★专业 0 个。

在中国普通高校研究生教育竞争力排行榜中的名次：总排名 559/596，北京市内排名 53/58，艺术类排名 24/33。

共 2 个一级学科(学术学位)参评。

一级学科排名

艺术学理论 47/73、音乐与舞蹈学 28/86。

本科优势专业排名

5★+专业：舞蹈表演 1/150、舞蹈学 4/201。

5★专业：舞蹈编导 3/76。

10012　北京服装学院

在中国本科院校竞争力排行榜中的名次 458，北京市内排名 50/66，理工类排名 160/364。

共 25 个专业参评，其中 5★+专业 3 个，5★专业 2 个，5★-专业 3 个，4★专业 3 个，3★专业 10 个。

在中国普通高校研究生教育竞争力排行榜中的名次：总排名 476/596，北京市内排名 49/58，理工类排名 161/182。

共 8 个一级学科(学术学位)参评，其中 5★+学科 0 个，5★学科 1 个，5★-学科 0 个，4★学科 0 个，学科优秀率为 12.5%。

一级学科排名

民族学 38/38、机械工程 219/224、材料科学与工程 178/227、纺织科学与工程 17/22、工商管理 270/309、艺术学理论 37/73、美术学 84/114、设计学 8/175。

本科优势专业排名

5★+专业：服装与服饰设计 1/212、公共艺术 1/64、数字媒体艺术 1/350。

5★专业：产品设计 10/402、艺术与科技 3/73。

5★-专业：服装设计与工程 6/58、视觉传达设计 39/722、环境设计 42/721。

4★专业：工业设计 35/216、高分子材料与工程 37/185。

10015　北京印刷学院

在中国本科院校竞争力排行榜中的名次 467，北京市内排名 51/66，理工类排名 163/364。

共 26 个专业参评，其中 5★+专业 1 个，5★专业 2 个，5★-专业 2 个，4★专业 1 个，3★专业 13 个。

在中国普通高校研究生教育竞争力排行榜中的名次：总排名 454/596，北京市内排名 44/58，理工类排名 158/182。

共 12 个一级学科(学术学位)参评。

一级学科排名

马克思主义理论 277/377、新闻传播学 36/120、科学技术史 16/26、机械工程 208/224、材料科学与工程 190/227、信息与通信工程 158/186、轻工技术与工程 16/18、网络空间安全 55/77、工商管理 297/309、艺术学理论 33/73、美术学 43/114、设计学 74/175。

本科优势专业排名

5★+专业：数字媒体艺术 7/350。

5★专业：数字出版 1/15、视觉传达设计 29/722。

5★–专业：网络与新媒体 25/338、动画 22/251。

4★专业：编辑出版学 5/32。

10020　北京农学院

在中国本科院校竞争力排行榜中的名次 483，北京市内排名 52/66，农林类排名 35/47。

共 28 个专业参评，其中 5★+专业 0 个，5★专业 0 个，5★-专业 0 个，4★专业 2 个，3★专业 10 个。

在中国普通高校研究生教育竞争力排行榜中的名次：总排名 425/596，北京市内排名 42/58，农林类排名 36/38。

共 11 个一级学科(学术学位)参评。

一级学科排名

食品科学与工程 69/105、风景园林学 45/56、生物工程 19/26、作物学 42/50、园艺学 34/44、植物保护 43/44、畜牧学 46/55、兽医学 39/44、林学 35/35、工商管理 287/309、农林经济管理 40/51。

10037　北京物资学院

在中国本科院校竞争力排行榜中的名次 509，北京市内排名 53/66，财经类排名 36/109。

共 24 个专业参评，其中 5★+专业 1 个，5★专业 2 个，5★-专业 1 个，4★专业 1 个，3★专业 14 个。

在中国普通高校研究生教育竞争力排行榜中的名次：总排名 464/596，北京市内排名 45/58，财经类排名 31/39。

共 7 个一级学科(学术学位)参评。

一级学科排名

理论经济学 103/109、应用经济学 126/264、马克思主义理论 354/377、统计学 115/126、计算机科学与技术 224/268、管理科学与工程 119/209、工商管理 214/309。

本科优势专业排名

5★+专业：物流管理 7/432。

5★专业：物流工程 5/103、供应链管理 2/72。

5★-专业：物联网工程 28/492。

10042　国际关系学院

在中国本科院校竞争力排行榜中的名次 543，北京市内排名 54/66，文法类排名 21/68。

共 10 个专业参评，其中 5★+专业 0 个，5★专业 0 个，5★-专业 0 个，4★专业 3 个，3★专业 2 个。

在中国普通高校研究生教育竞争力排行榜中的名次：总排名 531/596，北京市内排名 51/58，文法类排名 21/32。

共 4 个一级学科(学术学位)参评。

一级学科排名

理论经济学 90/109、政治学 43/80、外国语言文学 164/240、网络空间安全 64/77。

本科优势专业排名

4★专业：国际经济与贸易 96/665、英语 98/925、日语 79/449。

10018　北京电子科技学院

在中国本科院校竞争力排行榜中的名次 619，北京市内排名 56/66，理工类排名 199/364。

共 7 个专业参评，其中 5★+专业 0 个，5★专业 0 个，5★-专业 0 个，4★专业 1 个，3★专业 1 个。

在中国普通高校研究生教育竞争力排行榜中的名次：总排名 580/596，北京市内排名 55/58，理工类排名 181/182。

共 1 个一级学科(学术学位)参评。

一级学科排名

网络空间安全 37/77。

12453　中国劳动关系学院

在中国本科院校竞争力排行榜中的名次 649，北京市内排名 57/66，文法类排名 29/68。

共 20 个专业参评，其中 5★+专业 0 个，5★专业 0 个，5★-专业 1 个，4★专业 0 个，3★专业

4 个。

在中国普通高校研究生教育竞争力排行榜中的名次：总排名 562/596，北京市内排名 54/58，文法类排名 24/32。

本科优势专业排名

5★-专业：人力资源管理 32/416。

11149　中华女子学院

在中国本科院校竞争力排行榜中的名次 766，北京市内排名 58/66，综合类排名 140/268。

共 16 个专业参评，其中 5★+专业 0 个，5★专业 0 个，5★-专业 1 个，4★专业 0 个，3★专业 3 个。

在中国普通高校研究生教育竞争力排行榜中的名次：总排名 581/596，北京市内排名 56/58，综合类排名 91/93。

本科优势专业排名

5★-专业：学前教育 26/420。

14019　北京警察学院

在中国本科院校竞争力排行榜中的名次 859，北京市内排名 59/66，文法类排名 51/68。

共 5 个专业参评，其中 5★+专业 0 个，5★专业 0 个，5★-专业 0 个，4★专业 0 个，3★专业 2 个。

10039　中国消防救援学院

在中国本科院校竞争力排行榜中的名次 926，北京市内排名 60/66，理工类排名 267/364。

共 4 个专业参评，其中 5★+专业 0 个，5★专业 0 个，5★-专业 0 个，4★专业 1 个，3★专业 1 个。

民 办 院 校

11418　北京城市学院

在中国民办院校竞争力排行榜中的名次 4，北

京市内排名 55/66，综合类排名 99/268。

共 59 个专业参评，其中 5★+专业 0 个，5★专业 0 个，5★-专业 0 个，4★专业 3 个，3★专业 19 个。

在中国普通高校研究生教育竞争力排行榜中的名次：总排名 583/596，北京市内排名 57/58，综合类排名 92/93。

12802　吉利学院

在中国民办院校竞争力排行榜中的名次为

166，北京市内排名 62/66，理工类排名 309/364。

共 39 个专业参评，其中 5★+专业 0 个，5★专业 0 个，5★-专业 1 个，4★专业 3 个，3★专业 9 个。

本科优势专业排名

5★-专业：虚拟现实技术 3/27。

4★专业：运动康复 17/84、新能源汽车工程 9/45。

江 苏 省

一 流 大 学

10284　南京大学

在中国本科院校竞争力排行榜中的名次6，江苏省内排名1/73，综合类排名4/268。

共81个专业参评，其中5★+专业17个，5★专业17个，5★-专业17个，4★专业12个，3★专业15个。

在中国普通高校研究生教育竞争力排行榜中的名次：总排名8/596，江苏省内排名1/34，综合类排名6/93。

共46个一级学科(学术学位)参评，其中5★+学科6个，5★学科12个，5★-学科11个，4★学科8个，学科优秀率为80.43%。

一级学科排名

哲学2/133、理论经济学4/109、应用经济学17/264、法学15/209、政治学7/80、社会学3/88、马克思主义理论12/377、教育学35/143、心理学43/104、中国语言文学3/186、外国语言文学2/240、新闻传播学4/120、考古学13/40、中国史7/119、世界史9/68、数学21/276、物理学2/203、化学7/238、天文学1/21、地理学6/85、大气科学2/22、地质学2/35、生物学12/240、生态学13/111、光学工程4/94、材料科学与工程13/227、电子科学与技术16/123、信息与通信工程26/186、计算机科学与技术4/268、建筑学12/84、化学工程与技术70/176、地质资源与地质工程8/46、矿业工程22/31、环境科学与工程3/196、城乡规划学4/74、软件工程10/148、基础医学25/111、临床医学26/113、口腔医学23/47、药学17/147、管理科学与工程33/209、工商管理30/309、公共管理11/214、信息资源管理2/50、戏剧与影视学4/62、美术学30/114。

本科优势专业排名

5★+专业：数字经济1/129、汉语言文学3/619、英语1/925、法语3/143、广告学3/256、应用化学8/375、地理信息科学3/171、材料物理1/73、材料化学2/131、电子信息科学与技术2/167、人工智能1/479、软件工程4/611、环境工程6/352、信息管理与信息系统2/335、工商管理7/538、行政管理2/292、戏剧影视文学1/95。

5★专业：哲学4/75、经济学8/356、汉语国际教育13/328、新闻学7/308、历史学8/246、数学与应用数学20/519、物理学7/283、应用物理学5/155、化学13/310、天文学1/14、生物科学8/283、微电子科学与工程4/115、计算机科学与技术29/932、环境科学7/176、会计学29/659、劳动与社会保障6/125、工业工程7/142。

5★-专业：金融工程19/255、国际经济与贸易42/665、法学49/580、社会工作26/259、西班牙语8/97、广播电视学10/146、信息与计算科学26/308、自然地理与资源环境4/51、大气科学2/17、集成电路设计与集成系统8/88、地质工程5/55、建筑学16/291、城乡规划13/207、市场营销45/579、财务管理48/686、档案学3/34、电子商务25/457。

4★专业：政治学与行政学17/84、德语13/112、地理科学21/171、人文地理与城乡规划12/110、地质学4/25、应用心理学50/257、新能源科学与工程29/144、通信工程68/494、光电信息科学与工程31/218。

10286　东南大学

在中国本科院校竞争力排行榜中的名次22，江苏省内排名2/73，理工类排名11/364。

共74个专业参评，其中5★+专业16个，5★专业11个，5★-专业10个，4★专业13个，3★专业20个。

在中国普通高校研究生教育竞争力排行榜中的名次：总排名20/596，江苏省内排名2/34，理工类排名9/182。

共50个一级学科(学术学位)参评，其中5★+学科4个，5★学科5个，5★-学科10个，4★学科14个，学科优秀率为66%。

一级学科排名

哲学15/133、应用经济学34/264、法学17/

209、社会学 39/88、马克思主义理论 48/377、教育学 52/143、心理学 48/104、体育学 44/107、中国语言文学 82/186、外国语言文学 33/240、中国史 109/119、数学 36/276、物理学 16/203、化学 85/238、生物学 32/240、系统科学 12/29、统计学 54/126、力学 23/97、机械工程 13/224、光学工程 16/94、仪器科学与技术 8/68、材料科学与工程 28/227、动力工程及工程热物理 8/104、电气工程 10/112、电子科学与技术 2/123、信息与通信工程 5/186、控制科学与工程 9/189、计算机科学与技术 10/268、建筑学 2/84、土木工程 5/164、测绘科学与技术 23/53、化学工程与技术 24/176、交通运输工程 3/66、环境科学与工程 30/196、生物医学工程 1/80、城乡规划学 8/74、风景园林学 4/56、软件工程 15/148、网络空间安全 8/77、基础医学 32/111、临床医学 35/113、公共卫生与预防医学 12/78、护理学 32/74、管理科学与工程 18/209、工商管理 60/309、公共管理 62/214、信息资源管理 18/50、艺术学理论 1/73、设计学 44/175、集成电路科学与工程 3/30。

本科优势专业排名

5★+专业：测控技术与仪器 3/190、电气工程及其自动化 11/573、电子科学与技术 1/154、信息工程 1/58、人工智能 9/479、机器人工程 2/333、计算机科学与技术 9/932、网络空间安全 2/113、土木工程 2/529、道路桥梁与渡河工程 2/81、建筑学 5/291、城乡规划 2/207、风景园林 2/187、医学影像学 2/79、工程管理 1/393、物流管理 2/432。

5★专业：机械工程 6/122、能源与动力工程 6/188、自动化 16/445、软件工程 21/611、物联网工程 19/492、建筑环境与能源应用工程 7/166、城市地下空间工程 3/74、智能建造 3/101、交通工程 3/106、信息管理与信息系统 15/335、产品设计 20/402。

5★-专业：金融工程 23/255、法学 45/580、英语 92/925、日语 37/449、数学与应用数学 49/519、材料科学与工程 18/237、化学工程与工艺 29/329、智慧交通 2/22、生物医学工程 8/122、会计学 50/659。

4★专业：物理学 57/283、应用物理学 22/155、生物信息学 7/52、智能感知工程 5/28、新能源科学与工程 19/144。

一般大学

10287　南京航空航天大学

在中国本科院校竞争力排行榜中的名次 35，江苏省内排名 3/73，理工类排名 19/364。

共 56 个专业参评，其中 5★+专业 2 个，5★专业 11 个，5★-专业 13 个，4★专业 7 个，3★专业 18 个。

在中国普通高校研究生教育竞争力排行榜中的名次：总排名 46/596，江苏省内排名 5/34，理工类排名 22/182。

共 35 个一级学科(学术学位)参评，其中 5★+学科 0 个，5★学科 0 个，5★-学科 4 个，4★学科 6 个，学科优秀率为 28.57%。

一级学科排名

应用经济学 137/264、法学 123/209、马克思主义理论 83/377、教育学 92/143、外国语言文学 119/240、数学 48/276、物理学 50/203、化学 116/238、力学 8/97、机械工程 21/224、光学工程 38/94、仪器科学与技术 14/68、材料科学与工程 48/227、动力工程及工程热物理 34/104、电气工程 31/112、电子科学与技术 71/123、信息与通信工程 30/186、控制科学与工程 10/189、计算机科学与技术 33/268、土木工程 115/164、交通运输工程 20/66、航空宇航科学与技术 4/32、兵器科学与技术 6/7、核科学与技术 17/21、生物医学工程 59/80、软件工程 24/148、网络空间安全 28/77、管理科学与工程 14/209、工商管理 208/309、公共管理 139/214、音乐与舞蹈学 30/86、戏剧与影视学 31/62、美术学 45/114、设计学 81/175、集成电路科学与工程 22/30。

本科优势专业排名

5★+专业：信息与计算科学 3/308、自动化 7/445。

5★专业：工业设计 5/216、车辆工程 13/256、电气工程及其自动化 21/573、计算机科学与技术 32/932、软件工程 30/611、物联网工程 17/492、飞行技术 1/18、航空航天工程 1/20、飞行器制造工程 2/39、信息管理与信息系统 14/335、工业工程 5/142。

5★-专业：英语 65/925、应用物理学 9/155、工程力学 8/82、机械工程 10/122、智能制造工程 16/296、测控技术与仪器 18/190、材料科学与工程 14/237、新能源材料与器件 9/131、能源与动力工程 11/188、人工智能 30/479、机器人工程 20/333、交通运输 6/107、飞行器设计与工程 3/30。

4★专业：国际经济与贸易 118/665、法学 111/580、日语 61/449。

10285　苏州大学

在中国本科院校竞争力排行榜中的名次 37，江苏省内排名 4/73，综合类排名 15/268。

共 110 个专业参评，其中 5★+专业 2 个，5★专业 12 个，5★-专业 10 个，4★专业 24 个，3★专业 51 个。

在中国普通高校研究生教育竞争力排行榜中的名次：总排名 34/596，江苏省内排名 3/34，综合类排名 13/93。

共 49 个一级学科（学术学位）参评，其中 5★+学科 0 个，5★学科 0 个，5★-学科 4 个，4★学科 14 个，学科优秀率为 36.73%。

一级学科排名

哲学 31/133、应用经济学 82/264、法学 39/209、政治学 32/80、社会学 70/88、马克思主义理论 54/377、教育学 39/143、心理学 39/104、体育学 14/107、中国语言文学 21/186、外国语言文学 45/240、新闻传播学 62/120、中国史 29/119、世界史 54/68、数学 50/276、物理学 19/203、化学 27/238、生物学 93/240、统计学 35/126、机械工程 111/224、光学工程 12/94、材料科学与工程 22/227、冶金工程 17/26、电子科学与技术 83/123、信息与通信工程 62/186、控制科学与工程 100/189、计算机科学与技术 51/268、建筑学 47/84、化学工程与技术 23/176、纺织科学与工程 6/22、交通运输工程 39/66、生物医学工程 43/80、风景园林学 52/56、软件工程 30/148、畜牧学 33/55、基础医学 17/111、临床医学 28/113、公共卫生与预防医学 28/78、药学 21/147、特种医学 2/17、护理学 20/74、管理科学与工程 148/209、工商管理 52/309、公共管理 66/214、信息资源管理 35/50、音乐与舞蹈学 48/86、美术学 24/114、设计学 14/175、集成电路科学与工程 29/30。

本科优势专业排名

5★+专业：英语 15/925、药学 5/250。

5★专业：法学 25/580、体育教育 11/341、汉语言文学 26/619、汉语国际教育 14/328、纳米材料与技术 1/15、新能源材料与器件 7/131、软件工程 25/611、服装设计与工程 3/58、护理学 11/296、美术学 13/333、艺术设计学 3/52、服装与服饰设计 8/212。

5★-专业：知识产权 7/94、运动康复 5/84、网络与新媒体 31/338、数学与应用数学 41/519、物理学 26/283、化学 20/310、高分子材料与工程 17/185、电子信息工程 40/642、计算机科学与技术 54/932、城市管理 5/47。

4★专业：思想政治教育 45/304、教育技术学 26/130、日语 48/449、翻译 46/269、新闻学 38/308、广告学 50/256、历史学 37/246、应用化学 66/375、应用心理学 35/257、机械电子工程 53/302、智能制造工程 35/296、电气工程与智能控制 6/39、通信工程 56/494、轨道交通信号与控制 6/51。

10288　南京理工大学

在中国本科院校竞争力排行榜中的名次 45，江苏省内排名 5/73，理工类排名 23/364。

共 59 个专业参评，其中 5★+专业 2 个，5★专业 7 个，5★-专业 11 个，4★专业 19 个，3★专业 17 个。

在中国普通高校研究生教育竞争力排行榜中的名次：总排名 64/596，江苏省内排名 13/34，理工类排名 29/182。

共 35 个一级学科（学术学位）参评，其中 5★+学科 0 个，5★学科 0 个，5★-学科 1 个，4★学科 8 个，学科优秀率为 25.71%。

一级学科排名

应用经济学 119/264、法学 180/209、社会学 47/88、马克思主义理论 82/377、外国语言文学 102/240、数学 51/276、物理学 82/203、化学 105/238、统计学 80/126、力学 17/97、机械工程 43/224、光学工程 6/94、仪器科学与技术 16/68、材料科学与工程 46/227、动力工程及工程热物理 35/104、电气工程 52/112、电子科学与技术 32/123、信息与通信工程 39/186、控制科学与工程 25/189、计算机科学与技术 44/268、土木工程 97/164、化学工程与技术 26/176、交通运输工程 36/66、航空宇航科学与技术 15/32、兵器科学与技术 2/7、环境科学与工程 55/196、生物医学工程 42/80、软件工程 21/148、安全科学与工程 36/61、网络空间安全 27/77、管理科学与工程 30/209、工商管理 185/309、公共管理 177/214、信息资源管理 20/50、设计学 52/175。

本科优势专业排名

5★+专业：智能制造工程 4/296、电子信息工程 13/642。

5★专业：通信工程 13/494、光电信息科学与工程 5/218、轨道交通信号与控制 3/51、计算机科学与技术 23/932、软件工程 17/611、智能科学与技术 8/186、环境工程 17/352。

5★-专业：社会工作 14/259、信息与计算科学 23/308、机械工程 11/122、材料成型及控制工程 22/221、工业设计 17/216、材料科学与工程 20/237、新能源科学与工程 10/144、电气工程及其自动化 37/573、自动化 23/445、化学工程与工艺 19/329、信息管理与信息系统 30/335。

4★专业：国际经济与贸易 123/665、英语 153/925、应用物理学 28/155、应用化学 47/375、车辆工程 43/256、测控技术与仪器 29/190、材料化学 20/131、高分子材料与工程 32/185、纳米材料与技术 3/15、能源与动力工程 27/188、电子科学与技术 26/154、机器人工程 46/333。

10295 江南大学

在中国本科院校竞争力排行榜中的名次 51，江苏省内排名 6/73，综合类排名 20/268。

共 55 个专业参评，其中 5★+专业 10 个，5★专业 8 个，5★-专业 6 个，4★专业 11 个，3★专业 20 个。

在中国普通高校研究生教育竞争力排行榜中的名次：总排名 50/596，江苏省内排名 6/34，综合类排名 19/93。

共 32 个一级学科(学术学位)参评，其中 5★+学科 2 个，5★学科 0 个，5★-学科 1 个，4★学科 4 个，学科优秀率为 21.88%。

一级学科排名

应用经济学 229/264、法学 75/209、马克思主

义理论 100/377、教育学 57/143、中国语言文学 164/186、外国语言文学 171/240、数学 143/276、生物学 117/240、教育技术学 8/45、机械工程 89/224、光学工程 62/94、材料科学与工程 130/227、电气工程 71/112、电子科学与技术 92/123、控制科学与工程 28/189、计算机科学与技术 87/268、土木工程 131/164、化学工程与技术 21/176、纺织科学与工程 4/22、轻工技术与工程 2/18、环境科学与工程 41/196、食品科学与工程 2/105、软件工程 39/148、基础医学 65/111、临床医学 93/113、公共卫生与预防医学 69/78、药学 72/147、管理科学与工程 121/209、工商管理 243/309、音乐与舞蹈学 81/86、美术学 73/114、设计学 4/175。

本科优势专业排名

5★+专业：制药工程 5/257、轻化工程 1/42、包装工程 1/37、食品科学与工程 1/283、食品质量与安全 1/240、酿酒工程 1/26、视觉传达设计 2/722、环境设计 6/721、产品设计 2/402、服装与服饰设计 3/212。

5★专业：应用化学 16/375、生物技术 13/285、工业设计 9/216、自动化 14/445、数字媒体技术 9/234、生物工程 7/242、公共艺术 2/64、数字媒体艺术 15/350。

5★-专业：计算机科学与技术 80/932、物联网工程 38/492、化学工程与工艺 21/329、纺织工程 3/41、服装设计与工程 4/58、环境工程 23/352。

4★专业：国际经济与贸易 114/665、思想政治教育 49/304、教育技术学 22/130、小学教育 52/311、英语 137/925、机械工程 21/122、高分子材料与工程 26/185、电气工程及其自动化 85/573、人工智能 90/479。

10294 河海大学

在中国本科院校竞争力排行榜中的名次 53，江苏省内排名 7/73，理工类排名 28/364。

共 64 个专业参评，其中 5★+专业 5 个，5★专业 6 个，5★-专业 12 个，4★专业 20 个，3★专业 17 个。

在中国普通高校研究生教育竞争力排行榜中的名次：总排名 59/596，江苏省内排名 9/34，理工类排名 28/182。

共 41 个一级学科(学术学位)参评，其中 5★+学科 0 个，5★学科 2 个，5★-学科 1 个，4★学科

8个，学科优秀率为26.83%。

一级学科排名

哲学71/133、理论经济学83/109、应用经济学124/264、法学77/209、社会学18/88、马克思主义理论70/377、教育学115/143、心理学101/104、体育学95/107、外国语言文学156/240、数学122/276、物理学176/203、地理学46/85、大气科学18/22、海洋科学13/31、地质学23/35、统计学56/126、力学19/97、机械工程140/224、材料科学与工程123/227、动力工程及工程热物理55/104、电气工程30/112、电子科学与技术99/123、信息与通信工程35/186、控制科学与工程81/189、计算机科学与技术50/268、土木工程13/164、水利工程3/64、测绘科学与技术10/53、地质资源与地质工程20/46、交通运输工程42/66、船舶与海洋工程17/27、农业工程11/43、环境科学与工程6/196、软件工程26/148、安全科学与工程48/61、农业资源与环境24/40、管理科学与工程67/209、工商管理37/309、公共管理90/214、信息资源管理36/50。

本科优势专业排名

5★+专业：机器人工程6/333、土木工程6/529、水利水电工程2/83、水文与水资源工程1/50、港口航道与海岸工程1/32。

5★专业：思想政治教育9/304、计算机科学与技术35/932、物联网工程14/492、环境科学6/176、工程管理10/393、人力资源管理10/416。

5★-专业：电气工程及其自动化39/573、智能科学与技术19/186、给排水科学与工程11/161、测绘工程10/147、遥感科学与技术4/61、农业水利工程3/33、土地整治工程2/15、环境工程20/352、大数据管理与应用14/210、会计学35/659、财务管理65/686、劳动与社会保障13/125。

4★专业：金融工程29/255、国际经济与贸易104/665、法学106/580、英语151/925、自然地理与资源环境9/51、地理信息科学25/171、海洋科学6/35、工程力学13/82、智能制造工程40/296、新能源科学与工程15/144、电子信息工程93/642、通信工程53/494、软件工程119/611。

10299　江苏大学

在中国本科院校竞争力排行榜中的名次57，江苏省内排名8/73，综合类排名21/268。

共90个专业参评，其中5★+专业0个，5★专业8个，5★-专业9个，4★专业21个，3★专业39个。

在中国普通高校研究生教育竞争力排行榜中的名次：总排名63/596，江苏省内排名12/34，综合类排名23/93。

共44个一级学科(学术学位)参评，其中5★+学科0个，5★学科0个，5★-学科0个，4★学科2个，学科优秀率为4.55%。

一级学科排名

哲学101/133、应用经济学163/264、法学157/209、马克思主义理论125/377、教育学85/143、中国语言文学144/186、外国语言文学115/240、数学149/276、物理学98/203、化学101/238、生物学141/240、生态学63/111、统计学117/126、力学40/97、机械工程31/224、光学工程67/94、仪器科学与技术28/68、材料科学与工程69/227、冶金工程21/26、动力工程及工程热物理22/104、电气工程35/112、电子科学与技术94/123、信息与通信工程142/186、控制科学与工程49/189、计算机科学与技术74/268、土木工程118/164、水利工程39/64、化学工程与技术92/176、交通运输工程22/66、农业工程10/43、环境科学与工程60/196、生物医学工程47/80、食品科学与工程17/105、安全科学与工程50/61、网络空间安全77/77、基础医学90/111、临床医学59/113、药学100/147、中药学40/51、管理科学与工程57/209、工商管理168/309、公共管理137/214、信息资源管理26/50、美术学62/114。

本科优势专业排名

5★专业：机械设计制造及其自动化19/517、机械电子工程14/302、车辆工程10/256、能源与动力工程8/188、新能源科学与工程6/144、电气工程及其自动化13/573、环保设备工程1/15、食品质量与安全11/240。

5★-专业：国际经济与贸易66/665、智能制造工程20/296、自动化36/445、计算机科学与技术65/932、物联网工程31/492、食品科学与工程19/283、财务管理63/686、人力资源管理37/416、公共事业管理20/246。

4★专业：法学110/580、知识产权19/94、数学与应用数学77/519、材料成型及控制工程33/

221、工业设计 34/216、测控技术与仪器 23/190、金属材料工程 14/77、复合材料与工程 7/44。

11117　扬州大学

在中国本科院校竞争力排行榜中的名次 63，江苏省内排名 9/73，综合类排名 22/268。

共 112 个专业参评，其中 5★+专业 3 个，5★专业 5 个，5★-专业 10 个，4★专业 33 个，3★专业 44 个。

在中国普通高校研究生教育竞争力排行榜中的名次：总排名 62/596，江苏省内排名 11/34，综合类排名 22/93。

共 54 个一级学科（学术学位）参评，其中 5★+学科 0 个，5★学科 0 个，5★-学科 1 个，4★学科 6 个，学科优秀率为 12.96%。

一级学科排名

哲学 103/133、应用经济学 182/264、法学 91/209、马克思主义理论 62/377、教育学 62/143、心理学 86/104、体育学 21/107、中国语言文学 39/186、外国语言文学 42/240、中国史 24/119、数学 55/276、物理学 66/203、化学 59/238、生物学 60/240、生态学 66/111、统计学 109/126、教育技术学 32/45、机械工程 146/224、材料科学与工程 110/227、动力工程及工程热物理 64/104、电气工程 81/112、控制科学与工程 134/189、计算机科学与技术 125/268、建筑学 64/84、土木工程 56/164、水利工程 28/64、化学工程与技术 100/176、农业工程 20/43、环境科学与工程 138/196、食品科学与工程 36/105、软件工程 36/148、作物学 18/50、园艺学 14/44、农业资源与环境 31/40、植物保护 21/44、畜牧学 11/55、兽医学 3/44、水产 21/33、草学 11/25、基础医学 105/111、临床医学 65/113、公共卫生与预防医学 62/78、中西医结合 53/62、药学 111/147、中药学 45/51、护理学 66/74、管理科学与工程 173/209、工商管理 152/309、农林经济管理 30/51、艺术学理论 49/73、音乐与舞蹈学 69/86、戏剧与影视学 30/62、美术学 91/114、设计学 167/175。

本科优势专业排名

5★+专业：翻译 1/269、烹饪与营养教育 1/26、环境设计 11/721。

5★专业：社会体育指导与管理 7/239、汉语言文学 29/619、种子科学与工程 2/43、动物医学 2/73、动植物检疫 1/22。

5★-专业：小学教育 18/311、体育教育 18/341、汉语国际教育 31/328、秘书学 6/89、英语 76/925、化学 27/310、应用化学 31/375、机械设计制造及其自动化 48/517、食品质量与安全 14/240、公共艺术 6/64。

4★专业：经济学 63/356、法学 65/580、社会工作 45/259、思想政治教育 37/304、法语 22/143、日语 54/449、商务英语 44/360、历史学 46/246、数学与应用数学 72/519、信息与计算科学 39/308、物理学 49/283、生物科学 35/283、生物技术 37/285、车辆工程 42/256、高分子材料与工程 27/185、电气工程及其自动化 103/573、自动化 88/445、计算机科学与技术 99/932、软件工程 65/611。

10307　南京农业大学

在中国本科院校竞争力排行榜中的名次 68，江苏省内排名 10/73，农林类排名 4/47。

共 65 个专业参评，其中 5★+专业 5 个，5★专业 8 个，5★-专业 9 个，4★专业 10 个，3★专业 32 个。

在中国普通高校研究生教育竞争力排行榜中的名次：总排名 58/596，江苏省内排名 8/34，农林类排名 4/38。

共 31 个一级学科（学术学位）参评，其中 5★+学科 0 个，5★学科 2 个，5★-学科 4 个，4★学科 7 个，学科优秀率为 41.94%。

一级学科排名

哲学 115/133、应用经济学 47/264、法学 200/209、社会学 36/88、马克思主义理论 322/377、外国语言文学 105/240、数学 260/276、化学 147/238、生物学 27/240、科学技术史 8/26、生态学 14/111、机械工程 116/224、计算机科学与技术 228/268、农业工程 7/43、环境科学与工程 78/196、食品科学与工程 10/105、风景园林学 24/56、作物学 2/50、园艺学 3/44、农业资源与环境 2/40、植物保护 6/44、畜牧学 6/55、兽医学 6/44、水产 8/33、草学 10/25、中药学 43/51、管理科学与工程 155/209、工商管理 145/309、农林经济管理 5/51、公共管理 31/214、信息资源管理 13/50。

本科优势专业排名

5★+专业：园艺 1/113、农业资源与环境 1/50、动物医学 1/73、农林经济管理 1/62、土地资源管理 1/90。

5★专业：生物技术 11/285、农业智能装备工程 1/16、食品科学与工程 7/283、食品质量与安全 7/240、农学 3/76、植物保护 2/59、动物科学 4/82、动物药学 1/23。

5★-专业：金融学 22/389、投资学 8/124、生物科学 21/283、人工智能 25/479、种子科学与工程 3/43、设施农业科学与工程 4/41、农村区域发展 3/26、行政管理 18/292、劳动与社会保障 9/125。

4★专业：金融科技 19/95、国际经济与贸易 78/665、英语 166/925、日语 68/449。

10319 南京师范大学

在中国本科院校竞争力排行榜中的名次 72，江苏省内排名 11/73，师范类排名 8/175。

共 81 个专业参评，其中 5★+专业 9 个，5★专业 7 个，5★-专业 12 个，4★专业 21 个，3★专业 27 个。

在中国普通高校研究生教育竞争力排行榜中的名次：总排名 44/596，江苏省内排名 4/34，师范类排名 3/77。

共 41 个一级学科(学术学位)参评，其中 5★+学科 0 个，5★学科 1 个，5★-学科 5 个，4★学科 9 个，学科优秀率为 36.59%。

一级学科排名

哲学 38/133、应用经济学 64/264、法学 27/209、政治学 22/80、社会学 35/88、马克思主义理论 31/377、教育学 9/143、心理学 21/104、体育学 13/107、中国语言文学 19/186、外国语言文学 36/240、新闻传播学 14/120、考古学 22/40、中国史 41/119、数学 35/276、物理学 52/203、化学 51/238、地理学 3/85、海洋科学 19/31、生物学 44/240、生态学 40/111、统计学 28/126、教育技术学 18/45、动力工程及工程热物理 54/104、电气工程 59/112、电子科学与技术 43/123、计算机科学与技术 192/268、测绘科学与技术 28/53、化学工程与技术 129/176、环境科学与工程 50/196、食品科

学与工程 71/105、网络空间安全 51/77、水产 18/33、药学 110/147、工商管理 118/309、公共管理 101/214、音乐与舞蹈学 10/86、戏剧与影视学 9/62、美术学 11/114、设计学 15/175、集成电路科学与工程 21/30。

本科优势专业排名

5★+专业：思想政治教育 4/304、学前教育 5/420、小学教育 4/311、社会体育指导与管理 5/239、地理信息科学 2/171、应用心理学 4/257、音乐学 4/388、广播电视编导 4/226、播音与主持艺术 2/232。

5★专业：法学 15/580、汉语言文学 30/619、秘书学 3/89、英语 21/925、新闻学 12/308、网络与新媒体 9/338、美术学 11/333。

5★-专业：教育技术学 9/130、体育教育 22/341、汉语国际教育 28/328、俄语 10/161、广告学 26/256、文物与博物馆学 5/57、人文地理与城乡规划 11/110、生物科学 20/283、电气工程及其自动化 45/573、旅游管理 23/428、书法学 11/130、产品设计 40/402。

4★专业：哲学 15/75、国际经济与贸易 103/665、教育学 14/85、日语 49/449、历史学 47/246、数学与应用数学 58/519、物理学 43/283、化学 38/310、地理科学 29/171、统计学 33/211、电子信息工程 121/642、光电信息科学与工程 44/218、人工智能 57/479、计算机科学与技术 128/932。

10291 南京工业大学

在中国本科院校竞争力排行榜中的名次 79，江苏省内排名 12/73，理工类排名 38/364。

共 89 个专业参评，其中 5★+专业 3 个，5★专业 3 个，5★-专业 11 个，4★专业 12 个，3★专业 37 个。

在中国普通高校研究生教育竞争力排行榜中的名次：总排名 97/596，江苏省内排名 14/34，理工类排名 45/182。

共 29 个一级学科(学术学位)参评，其中 5★+学科 0 个，5★学科 0 个，5★-学科 1 个，4★学科 2 个，学科优秀率为 10.34%。

一级学科排名

法学 161/209、马克思主义理论 302/377、外

国语言文学 177/240、化学 60/238、生物学 178/240、力学 88/97、机械工程 139/224、光学工程 40/94、材料科学与工程 49/227、动力工程及工程热物理 21/104、电气工程 90/112、控制科学与工程 87/189、计算机科学与技术 173/268、建筑学 36/84、土木工程 53/164、测绘科学与技术 49/53、化学工程与技术 14/176、地质资源与地质工程 46/46、环境科学与工程 106/196、食品科学与工程 90/105、城乡规划学 46/74、风景园林学 53/56、生物工程 5/26、安全科学与工程 27/61、药学 94/147、管理科学与工程 146/209、工商管理 220/309、公共管理 182/214、信息资源管理 41/50。

本科优势专业排名

5★+专业：化学工程与工艺 5/329、制药工程 4/257、生物工程 5/242。

5★专业：无机非金属材料工程 3/78、土木工程 20/529、安全工程 5/151。

5★-专业：化学 30/310、过程装备与控制工程 9/92、高分子材料与工程 18/185、新能源材料与器件 10/131、新能源科学与工程 11/144、人工智能 35/479、建筑环境与能源应用工程 15/166、给排水科学与工程 16/161、建筑学 29/291、城乡规划 21/207、工程管理 30/393。

4★专业：应用化学 57/375、智能制造工程 46/296、材料科学与工程 37/237、焊接技术与工程 8/44、能源与动力工程 35/188、电气工程及其自动化 60/573、计算机科学与技术 139/932。

10290　中国矿业大学

在中国本科院校竞争力排行榜中的名次 83，江苏省内排名 13/73，理工类排名 40/364。

共 63 个专业参评，其中 5★+专业 4 个，5★专业 10 个，5★-专业 9 个，4★专业 16 个，3★专业 22 个。

在中国普通高校研究生教育竞争力排行榜中的名次：总排名 51/596，江苏省内排名 7/34，理工类排名 25/182。

共 35 个一级学科（学术学位）参评，其中 5★+学科 2 个，5★学科 0 个，5★-学科 2 个，4★学科 5 个，学科优秀率为 25.71%。

一级学科排名

应用经济学 135/264、马克思主义理论 92/377、体育学 60/107、中国语言文学 155/186、外国语言文学 95/240、数学 46/276、物理学 132/203、化学 156/238、地理学 77/85、地球物理学 18/21、地质学 14/35、统计学 55/126、力学 33/97、机械工程 36/224、材料科学与工程 113/227、动力工程及工程热物理 49/104、电气工程 33/112、电子科学与技术 90/123、信息与通信工程 58/186、控制科学与工程 50/189、计算机科学与技术 59/268、土木工程 25/164、水利工程 38/64、测绘科学与技术 5/53、化学工程与技术 47/176、地质资源与地质工程 10/46、矿业工程 1/31、环境科学与工程 27/196、城乡规划学 29/74、软件工程 68/148、安全科学与工程 1/61、管理科学与工程 19/209、工商管理 172/309、公共管理 25/214、设计学 46/175。

本科优势专业排名

5★+专业：机器人工程 7/333、采矿工程 1/45、矿物加工工程 1/35、工程管理 5/393。

5★专业：智能制造工程 8/296、电子信息工程 31/642、人工智能 13/479、数据科学与大数据技术 17/711、测绘工程 4/147、地质工程 2/55、安全工程 6/151、大数据管理与应用 9/210、人力资源管理 15/416、土地资源管理 3/90。

5★-专业：社会体育指导与管理 22/239、应用化学 33/375、储能科学与工程 5/59、电气工程及其自动化 30/573、计算机科学与技术 64/932、土木工程 36/529、应急管理 4/39、会计学 51/659、环境设计 70/721。

4★专业：数学与应用数学 67/519、地球信息科学与技术 3/15、机械工程 18/122、工业设计 42/216、过程装备与控制工程 12/92、自动化 51/445。

10293　南京邮电大学

在中国本科院校竞争力排行榜中的名次 100，江苏省内排名 14/73，理工类排名 48/364。

共 54 个专业参评，其中 5★+专业 3 个，5★专业 6 个，5★-专业 7 个，4★专业 12 个，3★专业 21 个。

在中国普通高校研究生教育竞争力排行榜中

的名次：总排名 126/596，江苏省内排名 17/34，理工类排名 56/182。

共 24 个一级学科(学术学位)参评，其中 5★+学科 0 个，5★学科 1 个，5★-学科 2 个，4★学科 0 个，学科优秀率为 12.5%。

一级学科排名

应用经济学 189/264、社会学 48/88、马克思主义理论 203/377、教育学 98/143、外国语言文学 205/240、数学 234/276、物理学 155/203、化学 102/238、教育技术学 21/45、光学工程 9/94、仪器科学与技术 42/68、材料科学与工程 116/227、电气工程 84/112、电子科学与技术 5/123、信息与通信工程 12/186、控制科学与工程 84/189、计算机科学与技术 86/268、测绘科学与技术 40/53、生物医学工程 64/80、软件工程 54/148、网络空间安全 25/77、管理科学与工程 115/209、工商管理 280/309、集成电路科学与工程 7/30。

本科优势专业排名

5★+专业：电子信息工程 7/642、通信工程 3/494、网络工程 6/282。

5★专业：信息与计算科学 10/308、电子科学与技术 8/154、光电信息科学与工程 10/218、广播电视工程 1/12、电磁场与无线技术 1/12、计算机科学与技术 37/932。

5★-专业：社会工作 19/259、微电子科学与工程 9/115、自动化 42/445、软件工程 60/611、信息安全 13/126、数字媒体技术 21/234、数据科学与大数据技术 44/711。

4★专业：英语 117/925、应用统计学 20/187、智能电网信息工程 5/38、集成电路设计与集成系统 11/88、人工智能 75/479。

10300 南京信息工程大学

在中国本科院校竞争力排行榜中的名次 104，江苏省内排名 15/73，理工类排名 51/364。

共 75 个专业参评，其中 5★+专业 1 个，5★专业 4 个，5★-专业 11 个，4★专业 13 个，3★专业 34 个。

在中国普通高校研究生教育竞争力排行榜中的名次：总排名 106/596，江苏省内排名 16/34，理工类排名 48/182。

共 25 个一级学科(学术学位)参评，其中 5★+学科 0 个，5★学科 1 个，5★-学科 1 个，4★学科 2 个，学科优秀率为 16%。

一级学科排名

应用经济学 152/264、马克思主义理论 220/377、教育学 139/143、中国语言文学 166/186、外国语言文学 143/240、数学 75/276、地理学 41/85、大气科学 1/22、海洋科学 22/31、科学技术史 6/26、生态学 75/111、统计学 124/126、光学工程 63/94、材料科学与工程 143/227、电子科学与技术 123/123、信息与通信工程 19/186、控制科学与工程 91/189、计算机科学与技术 67/268、水利工程 57/64、测绘科学与技术 27/53、环境科学与工程 22/196、软件工程 66/148、农业资源与环境 23/40、管理科学与工程 27/209、工商管理 106/309。

本科优势专业排名

5★+专业：应用统计学 4/187。

5★专业：大气科学 1/17、应用气象学 1/12、数据科学与大数据技术 23/711、环境科学 9/176。

5★-专业：翻译 19/269、信息与计算科学 21/308、电子信息工程 33/642、计算机科学与技术 79/932、网络工程 22/282、物联网工程 40/492、地理空间信息工程 2/18、信息管理与信息系统 23/335、人力资源管理 25/416、动画 25/251、数字媒体艺术 34/350。

4★专业：金融工程 35/255、国际经济与贸易 111/665、地理信息科学 33/171、人工智能 51/479、机器人工程 48/333、软件工程 74/611。

10312 南京医科大学

在中国本科院校竞争力排行榜中的名次 112，江苏省内排名 16/73，医药类排名 4/108。

共 24 个专业参评，其中 5★+专业 2 个，5★专业 9 个，5★-专业 5 个，4★专业 3 个，3★专业 3 个。

在中国普通高校研究生教育竞争力排行榜中的名次：总排名 61/596，江苏省内排名 10/34，医药类排名 3/76。

共 13 个一级学科(学术学位)参评，其中 5★+学科 0 个，5★学科 0 个，5★-学科 2 个，4★学科 5 个，学科优秀率为 53.85%。

一级学科排名

马克思主义理论 313/377、心理学 46/104、生物学 39/240、生物医学工程 28/80、基础医学 13/111、临床医学 11/113、口腔医学 9/47、公共卫生与预防医学 5/78、中医学 29/40、药学 31/147、医学技术 6/43、护理学 15/74、公共管理 155/214。

本科优势专业排名

5★+专业：眼视光学 1/32、康复治疗学 1/183。

5★专业：生物信息学 2/52、口腔医学 4/118、预防医学 4/125、药学 10/250、医学检验技术 6/166、医学影像技术 3/103、卫生检验与检疫 3/56、护理学 8/296、公共事业管理 8/246。

5★-专业：应用统计学 11/187、医学影像学 8/79、精神医学 3/36、儿科学 5/45、智能医学工程 4/69。

10331 南京艺术学院

在中国本科院校竞争力排行榜中的名次 132，江苏省内排名 17/73，艺术类排名 5/48。

共 39 个专业参评，其中 5★+专业 13 个，5★专业 5 个，5★-专业 5 个，4★专业 5 个，3★专业 6 个。

在中国普通高校研究生教育竞争力排行榜中的名次：总排名 318/596，江苏省内排名 27/34，艺术类排名 4/33。

共 5 个一级学科(学术学位)参评，其中 5★+学科 0 个，5★学科 2 个，5★-学科 2 个，4★学科 1 个，学科优秀率为 100%。

一级学科排名

艺术学理论 7/73、音乐与舞蹈学 3/86、戏剧与影视学 10/62、美术学 5/114、设计学 11/175。

本科优势专业排名

5★+专业：音乐表演 3/234、音乐学 6/388、舞蹈学 1/201、舞蹈编导 2/76、广播电视编导 5/226、动画 5/251、美术学 1/333、书法学 3/130、艺术设计学 1/52、视觉传达设计 5/722、环境设计

3/721、工艺美术 2/92、数字媒体艺术 6/350。

5★专业：舞蹈表演 5/150、表演 4/146、影视摄影与制作 4/75、绘画 4/160、产品设计 15/402。

5★-专业：艺术管理 3/29、作曲与作曲技术理论 3/35、戏剧影视文学 8/95、录音艺术 3/35、公共艺术 4/64。

10298 南京林业大学

在中国本科院校竞争力排行榜中的名次 136，江苏省内排名 18/73，农林类排名 9/47。

共 64 个专业参评，其中 5★+专业 2 个，5★专业 3 个，5★-专业 5 个，4★专业 13 个，3★专业 35 个。

在中国普通高校研究生教育竞争力排行榜中的名次：总排名 99/596，江苏省内排名 15/34，农林类排名 6/38。

共 26 个一级学科(学术学位)参评，其中 5★+学科 0 个，5★学科 0 个，5★-学科 1 个，4★学科 3 个，学科优秀率为 15.38%。

一级学科排名

应用经济学 128/264、马克思主义理论 202/377、新闻传播学 100/120、化学 130/238、生物学 63/240、生态学 31/111、机械工程 73/224、材料科学与工程 120/227、动力工程及工程热物理 65/104、电子科学与技术 84/123、控制科学与工程 129/189、计算机科学与技术 266/268、土木工程 88/164、化学工程与技术 83/176、轻工技术与工程 8/18、交通运输工程 44/66、林业工程 2/12、环境科学与工程 134/196、食品科学与工程 85/105、城乡规划学 44/74、风景园林学 7/56、林学 3/35、管理科学与工程 184/209、工商管理 296/309、农林经济管理 6/51、设计学 57/175。

本科优势专业排名

5★+专业：园林 1/129、环境设计 4/721。

5★专业：机械电子工程 15/302、风景园林 6/187、产品设计 11/402。

5★-专业：金融工程 24/255、广告学 20/256、机械设计制造及其自动化 45/517、木材科学与工程 2/16、林学 3/48。

4★专业：生态学 13/85。

10304 南通大学

在中国本科院校竞争力排行榜中的名次 143，江苏省内排名 19/73，综合类排名 41/268。

共 77 个专业参评，其中 5★+专业 0 个，5★专业 1 个，5★-专业 5 个，4★专业 11 个，3★专业 40 个。

在中国普通高校研究生教育竞争力排行榜中的名次：总排名 146/596，江苏省内排名 19/34，综合类排名 39/93。

共 23 个一级学科(学术学位)参评。

一级学科排名

应用经济学 173/264、马克思主义理论 218/377、教育学 68/143、体育学 57/107、中国语言文学 120/186、外国语言文学 165/240、数学 201/276、物理学 126/203、化学 204/238、生物学 124/240、机械工程 124/224、信息与通信工程 48/186、控制科学与工程 97/189、土木工程 121/164、纺织科学与工程 12/22、基础医学 43/111、临床医学 53/113、公共卫生与预防医学 42/78、药学 97/147、特种医学 4/17、医学技术 26/43、公共管理 136/214、美术学 90/114。

本科优势专业排名

5★专业：医学检验技术 8/166。

5★-专业：国际经济与贸易 52/665、电子信息工程 46/642、通信工程 41/494、康复治疗学 18/183、美术学 22/333。

4★专业：学前教育 53/420、小学教育 35/311、体育教育 37/341、汉语言文学 81/619、秘书学 13/89、英语 148/925、日语 84/449、电气工程及其自动化 92/573、人工智能 82/479。

10315 南京中医药大学

在中国本科院校竞争力排行榜中的名次 169，江苏省内排名 20/73，医药类排名 9/108。

共 31 个专业参评，其中 5★+专业 1 个，5★专业 2 个，5★-专业 5 个，4★专业 7 个，3★专业 10 个。

在中国普通高校研究生教育竞争力排行榜中的名次：总排名 143/596，江苏省内排名 18/34，医药类排名 12/76。

共 12 个一级学科(学术学位)参评，其中 5★+学科 0 个，5★学科 0 个，5★-学科 1 个，4★学科 1 个，学科优秀率为 16.67%。

一级学科排名

生物学 155/240、科学技术史 18/26、软件工程 65/148、基础医学 92/111、临床医学 47/113、公共卫生与预防医学 75/78、中医学 6/40、中西医结合 15/62、药学 58/147、中药学 4/51、护理学 22/74、公共管理 176/214。

本科优势专业排名

5★+专业：中药学 2/121。

5★专业：中药资源与开发 2/34、护理学 7/296。

5★-专业：中医学 6/65、中医康复学 2/22、中西医临床医学 5/51、康复治疗学 14/183、健康服务与管理 12/126。

10316 中国药科大学

在中国本科院校竞争力排行榜中的名次 180，江苏省内排名 21/73，医药类排名 11/108。

共 21 个专业参评，其中 5★+专业 6 个，5★专业 4 个，5★-专业 1 个，4★专业 1 个，3★专业 4 个。

在中国普通高校研究生教育竞争力排行榜中的名次：总排名 166/596，江苏省内排名 20/34，医药类排名 19/76。

共 8 个一级学科(学术学位)参评，其中 5★+学科 0 个，5★学科 1 个，5★-学科 1 个，4★学科 0 个，学科优秀率为 25%。

一级学科排名

马克思主义理论 356/377、化学 154/238、生物学 99/240、基础医学 59/111、公共卫生与预防医学 78/78、药学 4/147、中药学 5/51、公共管理 181/214。

本科优势专业排名

5★+专业：食品营养与健康 1/42、生物制药 1/121、药学 1/250、药物制剂 1/87、中药学 1/

121、中药资源与开发 1/34。

5★专业：制药工程 10/257、临床药学 2/54、药事管理 1/13、药物分析 1/19。

5★-专业：中药制药 3/25。

4★专业：生物技术 55/285。

10320 江苏师范大学

在中国本科院校竞争力排行榜中的名次 197，江苏省内排名 22/73，师范类排名 23/175。

共 67 个专业参评，其中 5★+专业 1 个，5★专业 2 个，5★-专业 3 个，4★专业 11 个，3★专业 34 个。

在中国普通高校研究生教育竞争力排行榜中的名次：总排名 183/596，江苏省内排名 21/34，师范类排名 22/77。

共 35 个一级学科(学术学位)参评，其中 5★+学科 0 个，5★学科 0 个，5★-学科 0 个，4★学科 1 个，学科优秀率为 2.86%。

一级学科排名

哲学 59/133、应用经济学 158/264、法学 131/209、马克思主义理论 129/377、教育学 47/143、体育学 80/107、中国语言文学 80/186、外国语言文学 82/240、新闻传播学 103/120、考古学 32/40、中国史 78/119、世界史 42/68、数学 130/276、物理学 138/203、化学 110/238、地理学 53/85、生物学 113/240、生态学 97/111、统计学 70/126、教育技术学 9/45、机械工程 178/224、光学工程 58/94、材料科学与工程 217/227、电气工程 76/112、测绘科学与技术 37/53、城乡规划学 33/74、软件工程 97/148、管理科学与工程 200/209、工商管理 196/309、公共管理 151/214、艺术学理论 43/73、音乐与舞蹈学 57/86、戏剧与影视学 38/62、美术学 68/114、设计学 145/175。

本科优势专业排名

5★+专业：金融工程 4/255。

5★专业：小学教育 14/311、汉语国际教育 12/328。

5★-专业：社会工作 17/259、英语 86/925、美术学 21/333。

4★专业：教育技术学 25/130、学前教育 57/420、汉语言文学 66/619、秘书学 14/89、广播电

视学 29/146、广告学 27/256、数学与应用数学 102/519、机械设计制造及其自动化 98/517。

10289 江苏科技大学

在中国本科院校竞争力排行榜中的名次 200，江苏省内排名 23/73，理工类排名 81/364。

共 68 个专业参评，其中 5★+专业 0 个，5★专业 1 个，5★-专业 3 个，4★专业 12 个，3★专业 40 个。

在中国普通高校研究生教育竞争力排行榜中的名次：总排名 199/596，江苏省内排名 22/34，理工类排名 76/182。

共 25 个一级学科(学术学位)参评。

一级学科排名

理论经济学 66/109、马克思主义理论 373/377、外国语言文学 180/240、物理学 136/203、化学 207/238、生物学 144/240、系统科学 13/29、科学技术史 20/26、力学 84/97、机械工程 167/224、材料科学与工程 86/227、冶金工程 22/26、动力工程及工程热物理 90/104、电气工程 97/112、信息与通信工程 145/186、控制科学与工程 104/189、计算机科学与技术 169/268、土木工程 129/164、化学工程与技术 101/176、船舶与海洋工程 14/27、食品科学与工程 105/105、软件工程 130/148、畜牧学 31/55、管理科学与工程 74/209、工商管理 206/309。

本科优势专业排名

5★专业：焊接技术与工程 2/44。

5★-专业：信息管理与信息系统 33/335、大数据管理与应用 17/210、工业工程 13/142。

4★专业：应用化学 39/375、机械设计制造及其自动化 61/517、智能制造工程 42/296、智能感知工程 6/28、新能源材料与器件 20/131、人工智能 81/479、计算机科学与技术 138/932。

10292 常州大学

在中国本科院校竞争力排行榜中的名次 216，江苏省内排名 24/73，理工类排名 88/364。

共 68 个专业参评，其中 5★+专业 0 个，5★专业 1 个，5★-专业 1 个，4★专业 6 个，3★专业

40个。

在中国普通高校研究生教育竞争力排行榜中的名次：总排名 230/596，江苏省内排名 23/34，理工类排名 89/182。

共 15 个一级学科(学术学位)参评。

一级学科排名

应用经济学 253/264、法学 121/209、马克思主义理论 357/377、化学 121/238、机械工程 130/224、材料科学与工程 78/227、动力工程及工程热物理 67/104、电子科学与技术 87/123、计算机科学与技术 114/268、土木工程 125/164、化学工程与技术 90/176、石油与天然气工程 12/15、环境科学与工程 129/196、安全科学与工程 19/61、工商管理 88/309。

本科优势专业排名

5★专业：安全工程 8/151。

5★-专业：制药工程 25/257。

4★专业：休闲体育 12/102、高分子材料与工程 22/185、计算机科学与技术 117/932。

10327　南京财经大学

在中国本科院校竞争力排行榜中的名次 285，江苏省内排名 25/73，财经类排名 16/109。

共 50 个专业参评，其中 5★+专业 2 个，5★专业 1 个，5★-专业 9 个，4★专业 14 个，3★专业 18 个。

在中国普通高校研究生教育竞争力排行榜中的名次：总排名 274/596，江苏省内排名 26/34，财经类排名 12/39。

共 11 个一级学科(学术学位)参评。

一级学科排名

理论经济学 48/109、应用经济学 57/264、法学 95/209、马克思主义理论 172/377、外国语言文学 159/240、数学 131/276、计算机科学与技术 186/268、食品科学与工程 46/105、软件工程 121/148、管理科学与工程 113/209、工商管理 80/309。

本科优势专业排名

5★+专业：金融工程 2/255、审计学 4/198。

5★专业：物流管理 13/432。

5★-专业：经济统计学 11/138、金融学 38/389、金融数学 5/71、国际经济与贸易 36/665、网络与新媒体 30/338、大数据管理与应用 18/210、市场营销 56/579、会计学 56/659、资产评估 6/68。

4★专业：经济学 41/356、数字经济 17/129、税收学 14/90、贸易经济 6/40、英语 180/925、商务英语 40/360。

10332　苏州科技大学

在中国本科院校竞争力排行榜中的名次 311，江苏省内排名 26/73，综合类排名 59/268。

共 64 个专业参评，其中 5★+专业 0 个，5★专业 0 个，5★-专业 3 个，4★专业 8 个，3★专业 26 个。

在中国普通高校研究生教育竞争力排行榜中的名次：总排名 254/596，江苏省内排名 24/34，综合类排名 57/93。

共 16 个一级学科(学术学位)参评。

一级学科排名

哲学 91/133、中国史 88/119、世界史 47/68、数学 182/276、物理学 121/203、机械工程 193/224、光学工程 60/94、材料科学与工程 171/227、计算机科学与技术 217/268、建筑学 44/84、土木工程 76/164、化学工程与技术 141/176、环境科学与工程 88/196、城乡规划学 35/74、风景园林学 50/56、管理科学与工程 136/209。

本科优势专业排名

5★-专业：建筑学 27/291、城乡规划 18/207、视觉传达设计 48/722。

4★专业：金融工程 31/255、应用心理学 32/257。

11287　南京审计大学

在中国本科院校竞争力排行榜中的名次 320，江苏省内排名 27/73，财经类排名 20/109。

共 36 个专业参评，其中 5★+专业 1 个，5★专业 1 个，5★-专业 5 个，4★专业 3 个，3★专业 19 个。

在中国普通高校研究生教育竞争力排行榜中

的名次：总排名 351/596，江苏省内排名 28/34，财经类排名 18/39。

共 8 个一级学科（学术学位）参评。

一级学科排名

理论经济学 52/109、应用经济学 97/264、法学 156/209、统计学 52/126、计算机科学与技术 159/268、管理科学与工程 180/209、工商管理 154/309、公共管理 146/214。

本科优势专业排名

5★+专业：审计学 3/198。

5★专业：工程审计 1/13。

5★-专业：投资学 12/124、国际经济与贸易 64/665、数据科学与大数据技术 52/711、会计学 66/659、财务管理 49/686。

4★专业：金融学 72/389、金融工程 34/255、法学 90/580。

10313　徐州医科大学

在中国本科院校竞争力排行榜中的名次 322，江苏省内排名 28/73，医药类排名 28/108。

共 27 个专业参评，其中 5★+专业 1 个，5★专业 0 个，5★-专业 2 个，4★专业 4 个，3★专业 14 个。

在中国普通高校研究生教育竞争力排行榜中的名次：总排名 260/596，江苏省内排名 25/34，医药类排名 31/76。

共 8 个一级学科（学术学位）参评。

一级学科排名

生物学 88/240、生物医学工程 55/80、基础医学 61/111、临床医学 52/113、公共卫生与预防医学 54/78、药学 75/147、医学技术 36/43、护理学 50/74。

本科优势专业排名

5★+专业：麻醉学 1/61。

5★-专业：医学检验技术 15/166、医学影像技术 9/103。

10305　盐城工学院

在中国本科院校竞争力排行榜中的名次 362，江苏省内排名 29/73，理工类排名 139/364。

共 70 个专业参评，其中 5★+专业 0 个，5★专业 0 个，5★-专业 1 个，4★专业 1 个，3★专业 18 个。

在中国普通高校研究生教育竞争力排行榜中的名次：总排名 417/596，江苏省内排名 30/34，理工类排名 146/182。

共 2 个一级学科（学术学位）参评。

一级学科排名

材料科学与工程 209/227、化学工程与技术 49/176。

本科优势专业排名

5★-专业：环境设计 46/721。

4★专业：电气工程及其自动化 113/573。

11276　南京工程学院

在中国本科院校竞争力排行榜中的名次 376，江苏省内排名 30/73，理工类排名 141/364。

共 63 个专业参评，其中 5★+专业 0 个，5★专业 0 个，5★-专业 0 个，4★专业 2 个，3★专业 26 个。

在中国普通高校研究生教育竞争力排行榜中的名次：总排名 434/596，江苏省内排名 31/34，理工类排名 152/182。

本科优势专业排名

4★专业：电气工程及其自动化 90/573。

11998　徐州工程学院

在中国本科院校竞争力排行榜中的名次 416，江苏省内排名 31/73，理工类排名 151/364。

共 67 个专业参评，其中 5★+专业 0 个，5★专业 1 个，5★-专业 2 个，4★专业 4 个，3★专业 19 个。

本科优势专业排名

5★专业：视觉传达设计 19/722。

5★-专业：应用统计学 17/187、工程管理 39/393。

4★专业：经济与金融 14/78、电气工程及其自动化 111/573。

10333　常熟理工学院

在中国本科院校竞争力排行榜中的名次 435，江苏省内排名 32/73，理工类排名 154/364。

共 52 个专业参评，其中 5★+专业 0 个，5★专业 0 个，5★-专业 0 个，4★专业 5 个，3★专业 19 个。

本科优势专业排名

4★专业：新能源科学与工程 22/144、电子信息工程 106/642。

11049　淮阴工学院

在中国本科院校竞争力排行榜中的名次 455，江苏省内排名 33/73，理工类排名 159/364。

共 55 个专业参评，其中 5★+专业 0 个，5★专业 0 个，5★-专业 0 个，4★专业 1 个，3★专业 27 个。

在中国普通高校研究生教育竞争力排行榜中的名次：总排名 481/596，江苏省内排名 32/34，理工类排名 162/182。

本科优势专业排名

4★专业：数据计算及应用 5/24。

10330　南京体育学院

在中国本科院校竞争力排行榜中的名次 463，江苏省内排名 34/73，体育类排名 7/16。

共 13 个专业参评，其中 5★+专业 0 个，5★专业 0 个，5★-专业 1 个，4★专业 2 个，3★专业 5 个。

在中国普通高校研究生教育竞争力排行榜中的名次：总排名 493/596，江苏省内排名 34/34，体育类排名 7/13。

共 1 个一级学科(学术学位)参评。

一级学科排名

体育学 38/107。

本科优势专业排名

5★-专业：休闲体育 9/102。

4★专业：体育教育 39/341、社会体育指导与管理 32/239。

11641　江苏海洋大学

在中国本科院校竞争力排行榜中的名次 471，江苏省内排名 35/73，理工类排名 165/364。

共 55 个专业参评，其中 5★+专业 0 个，5★专业 0 个，5★-专业 0 个，4★专业 0 个，3★专业 17 个。

在中国普通高校研究生教育竞争力排行榜中的名次：总排名 410/596，江苏省内排名 29/34，理工类排名 144/182。

共 7 个一级学科(学术学位)参评。

一级学科排名

中国语言文学 149/186、海洋科学 23/31、机械工程 192/224、材料科学与工程 219/227、控制科学与工程 179/189、化学工程与技术 133/176、水产 30/33。

10323　淮阴师范学院

在中国本科院校竞争力排行榜中的名次 480，江苏省内排名 36/73，师范类排名 53/175。

共 63 个专业参评，其中 5★+专业 0 个，5★专业 0 个，5★-专业 0 个，4★专业 1 个，3★专业 25 个。

11055　常州工学院

在中国本科院校竞争力排行榜中的名次 481，江苏省内排名 37/73，理工类排名 168/364。

共 47 个专业参评，其中 5★+专业 0 个，5★专业 0 个，5★-专业 1 个，4★专业 3 个，3★专业

12个。

本科优势专业排名

5★-专业：产品设计 36/402。

4★专业：电气工程及其自动化 80/573、电子信息工程 85/642。

11463 江苏理工学院

在中国本科院校竞争力排行榜中的名次 499，江苏省内排名 38/73，师范类排名 54/175。

共 58 个专业参评，其中 5★+专业 0 个，5★专业 0 个，5★-专业 2 个，4★专业 1 个，3★专业 14 个。

在中国普通高校研究生教育竞争力排行榜中的名次：总排名 483/596，江苏省内排名 33/34，师范类排名 56/77。

本科优势专业排名

5★-专业：商务英语 29/360、汽车服务工程 10/117。

4★专业：电子信息工程 94/642。

10324 盐城师范学院

在中国本科院校竞争力排行榜中的名次 525，江苏省内排名 39/73，师范类排名 58/175。

共 63 个专业参评，其中 5★+专业 0 个，5★专业 0 个，5★-专业 0 个，4★专业 4 个，3★专业 18 个。

本科优势专业排名

4★专业：学前教育 73/420、小学教育 59/311、社会体育指导与管理 43/239、英语 183/925。

11460 南京晓庄学院

在中国本科院校竞争力排行榜中的名次 528，江苏省内排名 40/73，师范类排名 59/175。

共 43 个专业参评，其中 5★+专业 0 个，5★专业 1 个，5★-专业 1 个，4★专业 1 个，3★专业 6 个。

本科优势专业排名

5★专业：小学教育 15/311。

5★-专业：学前教育 37/420。

13573 金陵科技学院

在中国本科院校竞争力排行榜中的名次 554，江苏省内排名 41/73，理工类排名 185/364。

共 62 个专业参评，其中 5★+专业 0 个，5★专业 0 个，5★-专业 0 个，4★专业 3 个，3★专业 11 个。

本科优势专业排名

4★专业：软件工程 117/611。

10329 江苏警官学院

在中国本科院校竞争力排行榜中的名次 693，江苏省内排名 44/73，文法类排名 32/68。

共 10 个专业参评，其中 5★+专业 0 个，5★专业 0 个，5★-专业 1 个，4★专业 0 个，3★专业 5 个。

本科优势专业排名

5★-专业：刑事科学技术 3/28。

12048 南京特殊教育师范学院

在中国本科院校竞争力排行榜中的名次 712，江苏省内排名 45/73，师范类排名 109/175。

共 14 个专业参评，其中 5★+专业 0 个，5★专业 0 个，5★-专业 0 个，4★专业 1 个，3★专业 4 个。

12213 南京警察学院

在中国本科院校竞争力排行榜中的名次 740，江苏省内排名 47/73，文法类排名 39/68。

共 5 个专业参评，其中 5★+专业 0 个，5★专业 0 个，5★-专业 0 个，4★专业 1 个，3★专业 4 个。

本科优势专业排名

4★专业：警务指挥与战术 4/19。

14436　江苏第二师范学院

在中国本科院校竞争力排行榜中的名次 815，江苏省内排名 48/73，师范类排名 130/175。

共 35 个专业参评，其中 5★+专业 0 个，5★专业 0 个，5★-专业 0 个，4★专业 0 个，3★专业 5 个。

12917　泰州学院

在中国本科院校竞争力排行榜中的名次 877，江苏省内排名 51/73，综合类排名 174/268。

共 32 个专业参评，其中 5★+专业 0 个，5★专业 0 个，5★-专业 0 个，4★专业 0 个，3★专业 15 个。

13982　无锡学院

在中国本科院校竞争力排行榜中的名次 893，江苏省内排名 53/73，理工类排名 254/364。

共 44 个专业参评，其中 5★+专业 0 个，5★专业 0 个，5★-专业 0 个，4★专业 0 个，3★专业 1 个。

13983　苏州城市学院

在中国本科院校竞争力排行榜中的名次 1142，江苏省内排名 68/73，综合类排名 250/268。

共 37 个专业参评，其中 5★+专业 0 个，5★专业 0 个，5★-专业 0 个，4★专业 0 个，3★专业 0 个。

民 办 院 校

13687　南京传媒学院

在中国民办院校竞争力排行榜中的名次 12，江苏省内排名 42/73，艺术类排名 34/48。

共 38 个专业参评，其中 5★+专业 0 个，5★专业 0 个，5★-专业 3 个，4★专业 1 个，3★专业 8 个。

本科优势专业排名

5★-专业：广播电视编导 16/226、动画 18/251、新媒体艺术 2/18。

13571　无锡太湖学院

在中国民办院校竞争力排行榜中的名次 26，江苏省内排名 43/73，综合类排名 122/268。

共 38 个专业参评，其中 5★+专业 0 个，5★专业 1 个，5★-专业 0 个，4★专业 1 个，3★专业 28 个。

本科优势专业排名

5★专业：物联网工程 24/492。

12056　南通理工学院

在中国民办院校竞争力排行榜中的名次 34，江苏省内排名 46/73，理工类排名 219/364。

共 43 个专业参评，其中 5★+专业 1 个，5★专业 0 个，5★-专业 0 个，4★专业 3 个，3★专业 28 个。

本科优势专业排名

5★+专业：新能源汽车工程 1/45。
4★专业：汽车服务工程 18/117。

11122　三江学院

在中国民办院校竞争力排行榜中的名次 66，江苏省内排名 49/73，综合类排名 157/268。

共 50 个专业参评，其中 5★+专业 0 个，5★专业 0 个，5★-专业 0 个，4★专业 0 个，3★专业 16 个。

14160　宿迁学院

在中国民办院校竞争力排行榜中的名次 86，江苏省内排名 50/73，综合类排名 170/268。

共 46 个专业参评，其中 5★+专业 0 个，5★专业 0 个，5★-专业 0 个，4★专业 0 个，3★专业 9 个。

上 海 市

一 流 大 学

10248　上海交通大学

在中国本科院校竞争力排行榜中的名次 4，上海市内排名 1/39，理工类排名 2/364。

共 73 个专业参评，其中 5★+专业 22 个，5★专业 10 个，5★-专业 8 个，4★专业 20 个，3★专业 9 个。

在中国普通高校研究生教育竞争力排行榜中的名次：总排名 4/596，上海市内排名 1/29，理工类排名 2/182。

共 57 个一级学科（学术学位）参评，其中 5★+学科 8 个，5★学科 10 个，5★-学科 10 个，4★学科 10 个，学科优秀率为 66.67%。

一级学科排名

哲学 57/133、应用经济学 18/264、法学 12/209、政治学 25/80、马克思主义理论 58/377、教育学 55/143、心理学 22/104、体育学 24/107、中国语言文学 29/186、外国语言文学 17/240、新闻传播学 17/120、中国史 60/119、数学 8/276、物理学 6/203、化学 12/238、天文学 7/21、海洋科学 5/31、生物学 4/240、科学技术史 5/26、生态学 30/111、统计学 36/126、力学 11/97、机械工程 4/224、仪器科学与技术 6/68、材料科学与工程 4/227、动力工程及工程热物理 6/104、电气工程 11/112、电子科学与技术 3/123、信息与通信工程 6/186、控制科学与工程 4/189、计算机科学与技术 6/268、建筑学 19/84、土木工程 8/164、化学工程与技术 6/176、交通运输工程 27/66、船舶与海洋工程 1/27、航空宇航科学与技术 12/32、核科学与技术 6/21、环境科学与工程 18/196、生物医学工程 8/80、食品科学与工程 29/105、风景园林学 25/56、生物工程 4/26、网络空间安全 22/77、园艺学 7/44、兽医学 24/44、基础医学 2/111、临床医学 2/113、口腔医学 4/47、公共卫生与预防医学 24/78、药学 7/147、护理学 7/74、管理科学与工程 8/209、工商管理 2/309、公共管理 24/214、设计学

19/175、集成电路科学与工程 18/30。

本科优势专业排名

5★+专业：法学 9/580、英语 6/925、物理学 5/283、生物技术 1/285、机械工程 2/122、材料科学与工程 1/237、微电子科学与工程 2/115、人工智能 3/479、自动化 6/445、计算机科学与技术 7/932、软件工程 11/611、信息安全 1/126、船舶与海洋工程 1/33、环境科学与工程 1/49、生物医学工程 2/122、生物工程 3/242、临床医学 3/192、口腔医学 1/118、工商管理 1/538、行政管理 1/292、工业工程 3/142、视觉传达设计 13/722。

5★专业：数学与应用数学 11/519、化学 16/310、工业设计 11/216、测控技术与仪器 9/190、电子科学与技术 4/154、信息工程 3/58、土木工程 23/529、药学 6/250、护理学 15/296、会计学 30/659。

5★-专业：日语 30/449、传播学 4/69、生物科学 18/283、工程力学 7/82、能源与动力工程 10/188、化学工程与工艺 25/329、食品卫生与营养学 3/30、医学检验技术 10/166。

4★专业：金融学 53/389、国际经济与贸易 75/665、汉语言文学 85/619、德语 21/112、法语 15/143、应用物理学 25/155、储能科学与工程 11/59、电气工程及其自动化 64/573。

10246　复旦大学

在中国本科院校竞争力排行榜中的名次 5，上海市内排名 2/39，综合类排名 3/268。

共 74 个专业参评，其中 5★+专业 22 个，5★专业 15 个，5★-专业 15 个，4★专业 12 个，3★专业 8 个。

在中国普通高校研究生教育竞争力排行榜中的名次：总排名 5/596，上海市内排名 2/29，综合类排名 3/93。

共 43 个一级学科（学术学位）参评，其中 5★+学科 13 个，5★学科 10 个，5★-学科 8 个，4★学科 3 个，学科优秀率为 79.07%。

一级学科排名

哲学 1/133、理论经济学 5/109、应用经济学 3/264、法学 21/209、政治学 1/80、社会学 4/88、马克思主义理论 5/377、教育学 50/143、心理学

33/104、中国语言文学 2/186、外国语言文学 16/240、新闻传播学 3/120、考古学 5/40、中国史 1/119、世界史 4/68、数学 1/276、物理学 4/203、化学 3/238、大气科学 6/22、生物学 1/240、生态学 6/111、统计学 14/126、光学工程 14/94、材料科学与工程 18/227、电子科学与技术 9/123、信息与通信工程 41/186、计算机科学与技术 17/268、航空宇航科学与技术 14/32、环境科学与工程 8/196、生物医学工程 6/80、网络空间安全 6/77、基础医学 1/111、临床医学 3/113、公共卫生与预防医学 1/78、中西医结合 2/62、药学 3/147、护理学 3/74、社会医学与卫生事业管理 4/15、管理科学与工程 51/209、工商管理 15/309、公共管理 6/214、戏剧与影视学 18/62、集成电路科学与工程 11/30。

本科优势专业排名

5★+专业：哲学 2/75、经济学 1/356、国际经济与贸易 4/665、国际政治 1/37、社会工作 4/259、汉语言文学 2/619、新闻学 5/308、历史学 2/246、文物与博物馆学 1/57、数学与应用数学 2/519、信息与计算科学 1/308、物理学 4/283、化学 3/310、生物科学 1/283、高分子材料与工程 4/185、光电信息科学与工程 4/218、数据科学与大数据技术 6/711、生物医学工程 1/122、药学 4/250、护理学 4/296、财务管理 5/686、公共事业管理 1/246。

5★专业：法学 23/580、政治学与行政学 4/84、社会学 3/92、英语 45/925、朝鲜语 5/92、材料化学 5/131、微电子科学与工程 5/115、电子信息科学与技术 6/167、计算机科学与技术 41/932、环境科学 5/176、基础医学 2/36、临床医学 5/192、预防医学 5/125、市场营销 13/579、会计学 15/659。

5★-专业：金融学 20/389、马克思主义理论 4/54、汉语言 2/25、翻译 18/269、广播电视学 14/146、广告学 15/256、传播学 5/69、生态学 7/85、统计学 15/211、人工智能 32/479、软件工程 53/611、信息安全 12/126、智能科学与技术 11/186、管理科学 3/36、旅游管理 25/428。

4★专业：保险学 13/95、俄语 29/161、法语 24/143、西班牙语 18/97、日语 52/449、生物技术 44/285、材料物理 9/73、电子科学与技术 16/154、通信工程 72/494。

10247　同济大学

在中国本科院校竞争力排行榜中的名次 18，

上海市内排名 3/39，理工类排名 8/364。

共79个专业参评，其中5★+专业 18 个，5★专业 19 个，5★-专业 9 个，4★专业 13 个，3★专业 15 个。

在中国普通高校研究生教育竞争力排行榜中的名次：总排名 14/596，上海市内排名 3/29，理工类排名 6/182。

共46个一级学科(学术学位)参评，其中5★+学科 6 个，5★学科 3 个，5★-学科 5 个，4★学科 14 个，学科优秀率为 60.87%。

一级学科排名

哲学 22/133、应用经济学 16/264、法学 58/209、政治学 14/80、马克思主义理论 20/377、教育学 43/143、中国语言文学 145/186、外国语言文学 11/240、新闻传播学 87/120、数学 25/276、物理学 33/203、化学 34/238、海洋科学 4/31、地球物理学 6/21、生物学 10/240、教育技术学 22/45、力学 22/97、机械工程 14/224、光学工程 73/94、材料科学与工程 37/227、动力工程及工程热物理 23/104、电气工程 55/112、信息与通信工程 46/186、控制科学与工程 27/189、计算机科学与技术 37/268、建筑学 1/84、土木工程 1/164、测绘科学与技术 2/53、地质资源与地质工程 13/46、交通运输工程 8/66、航空宇航科学与技术 22/32、环境科学与工程 2/196、城乡规划学 1/74、风景园林学 1/56、软件工程 18/148、基础医学 20/111、临床医学 16/113、口腔医学 6/47、公共卫生与预防医学 44/78、药学 117/147、医学技术 24/43、管理科学与工程 11/209、工商管理 36/309、公共管理 50/214、艺术学理论 30/73、设计学 2/175。

本科优势专业排名

5★+专业：生物信息学 1/52、工业设计 3/216、车辆工程 4/256、人工智能 7/479、土木工程 1/529、建筑环境与能源应用工程 2/166、给排水科学与工程 3/161、智能建造 1/101、测绘工程 2/147、环境工程 1/352、环境科学 4/176、建筑学 1/291、城乡规划 1/207、风景园林 1/187、信息管理与信息系统 5/335、工程管理 4/393、文化产业管理 2/137、产品设计 7/402。

5★专业：英语 43/925、德语 4/112、数学与应用数学 15/519、应用物理学 4/155、应用化学 9/375、机械设计制造及其自动化 12/517、汽车服务工程 3/117、智能制造工程 14/296、自动化 22/445、计算机科学与技术 22/932、软件工程 18/611、数据科学与大数据技术 27/711、地质工程 3/55、交通运输 3/107、交通工程 4/106、市场营销 14/579、会计学 33/659、视觉传达设计 15/722、环境设计 16/721。

5★-专业：国际经济与贸易 39/665、日语 35/449、海洋科学 3/35、机械电子工程 20/302、新能源材料与器件 11/131、建筑电气与智能化 4/66、临床医学 15/192、物流管理 33/432、动画 19/251。

4★专业：金融学 46/389、法学 83/580、马克思主义理论 8/54、广告学 45/256、生物技术 41/285、工程力学 9/82、材料科学与工程 28/237、能源与动力工程 29/188、电气工程及其自动化 77/573、电子信息工程 112/642、通信工程 85/494。

10269　华东师范大学

在中国本科院校竞争力排行榜中的名次 27，上海市内排名 4/39，师范类排名 2/175。

共 68 个专业参评，其中 5★+专业 16 个，5★专业 15 个，5★-专业 14 个，4★专业 15 个，3★专业 6 个。

在中国普通高校研究生教育竞争力排行榜中的名次：总排名 27/596，上海市内排名 4/29，师范类排名 2/77。

共 40 个一级学科（学术学位）参评，其中 5★+学科 2 个，5★学科 4 个，5★-学科 10 个，4★学科 15 个，学科优秀率为 77.5%。

一级学科排名

哲学 12/133、应用经济学 28/264、法学 46/209、政治学 20/80、社会学 7/88、马克思主义理论 22/377、教育学 2/143、心理学 19/104、体育学 3/107、教育 1/8、中国语言文学 8/186、外国语言文学 12/240、新闻传播学 22/120、中国史 19/119、世界史 11/68、数学 32/276、物理学 18/203、化学 33/238、地理学 7/85、大气科学 16/22、海洋科学 6/31、生物学 34/240、生态学 7/111、统计学 2/126、教育技术学 2/45、电子科学与技术 18/123、信息与通信工程 31/186、计算机科学与技术 23/268、水利工程 32/64、化学工程与技术 122/176、环境科学与工程 53/196、软件工程 8/148、药学 61/147、工商管理 38/309、公共管理 30/214、信息资源管理 10/50、音乐与舞蹈学 16/86、戏剧与影视学 24/62、美术学 10/114、设计学 90/175。

本科优势专业排名

5★+专业：社会工作 2/259、教育技术学 1/130、艺术教育 1/29、学前教育 2/420、体育教育 3/341、社会体育指导与管理 1/239、汉语言文学 5/619、汉语国际教育 2/328、数学与应用数学 9/519、地理科学 1/171、人文地理与城乡规划 1/110、统计学 4/211、数据科学与大数据技术 1/711、环境生态工程 1/71、公共事业管理 5/246、播音与主持艺术 3/232。

5★专业：金融学 16/389、保险学 5/95、社会学 4/92、思想政治教育 10/304、特殊教育 2/59、英语 22/925、日语 20/449、物理学 13/283、地理信息科学 4/171、应用心理学 13/257、软件工程 13/611、行政管理 10/292、广播电视编导 8/226、美术学 16/333、环境设计 24/721。

5★-专业：法学 54/580、俄语 14/161、法语 9/143、翻译 17/269、新闻学 22/308、编辑出版学 3/32、历史学 19/246、化学 17/310、生物技术 27/285、微电子科学与工程 7/115、环境科学 14/176、人力资源管理 34/416、音乐学 24/388、公共艺术 5/64。

4★专业：哲学 9/75、政治学与行政学 11/84、德语 17/112、生物科学 34/283、生态学 10/85、心理学 8/73、通信工程 64/494、电子信息科学与技术 18/167。

一般大学

10280　上海大学

在中国本科院校竞争力排行榜中的名次 46，上海市内排名 5/39，综合类排名 19/268。

共 92 个专业参评，其中 5★+专业 5 个，5★专业 12 个，5★-专业 20 个，4★专业 18 个，3★专业 30 个。

在中国普通高校研究生教育竞争力排行榜中的名次：总排名 42/596，上海市内排名 5/29，综合类排名 16/93。

共 45 个一级学科（学术学位）参评，其中 5★+学科 0 个，5★学科 0 个，5★-学科 5 个，4★学科 11 个，学科优秀率为 35.56%。

一级学科排名

哲学 60/133、理论经济学 70/109、应用经济学 66/264、法学 73/209、政治学 53/80、社会学 12/88、马克思主义理论 77/377、体育学 54/107、中国语言文学 28/186、外国语言文学 90/240、新闻传播学 19/120、中国史 31/119、世界史 5/68、数学 41/276、物理学 38/203、化学 74/238、生物学 131/240、力学 37/97、机械工程 12/224、仪器科学与技术 38/68、材料科学与工程 50/227、冶金工程 7/26、电气工程 42/112、电子科学与技术 38/123、信息与通信工程 27/186、控制科学与工程 36/189、计算机科学与技术 41/268、建筑学 34/84、土木工程 48/164、化学工程与技术 29/176、核科学与技术 18/21、环境科学与工程 51/196、生物医学工程 52/80、食品科学与工程 98/105、软件工程 74/148、药学 118/147、管理科学与工程 15/209、工商管理 126/309、信息资源管理 11/50、艺术学理论 14/73、音乐与舞蹈学 41/86、戏剧与影视学 7/62、美术学 9/114、设计学 13/175、集成电路科学与工程 17/30。

本科优势专业排名

5★+专业：应用物理学 1/155、金属材料工程 2/77、通信工程 9/494、数字媒体技术 1/234、美术学 7/333。

5★专业：国际经济与贸易 30/665、社会学 5/92、社会工作 6/259、汉语言文学 24/619、广播电视学 5/146、网络与新媒体 8/338、应用化学 13/375、智能制造工程 12/296、数据科学与大数据技术 19/711、信息管理与信息系统 13/335、广播电视编导 6/226、环境设计 17/721。

5★-专业：金融学 34/389、汉语国际教育 17/328、新闻学 30/308、广告学 16/256、数学与应用数学 46/519、机械设计制造及其自动化 46/517、机械电子工程 17/302、无机非金属材料工程 8/78、电气工程及其自动化 35/573、智能科学与技术 16/186、土木工程 53/529、信息资源管理 2/18、戏剧影视美术设计 5/53、动画 17/251、影视摄影与制作 7/75、绘画 13/160、雕塑 5/53、视觉传达设计 41/722、数字媒体艺术 20/350、艺术与科技 6/73。

4★专业：思想政治教育 48/304、英语 160/925、历史学 39/246、信息与计算科学 54/308、电子信息工程 78/642、信息工程 11/58、电子信息科

学与技术 19/167、人工智能 67/479、自动化 63/445、机器人工程 57/333。

10251　华东理工大学

在中国本科院校竞争力排行榜中的名次 48，上海市内排名 6/39，理工类排名 24/364。

共 63 个专业参评，其中 5★+专业 8 个，5★专业 6 个，5★-专业 11 个，4★专业 17 个，3★专业 20 个。

在中国普通高校研究生教育竞争力排行榜中的名次：总排名 55/596，上海市内排名 6/29，理工类排名 27/182。

共 33 个一级学科(学术学位)参评，其中 5★+学科 2 个，5★学科 0 个，5★-学科 2 个，4★学科 6 个，学科优秀率为 30.3%。

一级学科排名

哲学 123/133、应用经济学 70/264、法学 185/209、社会学 17/88、马克思主义理论 104/377、教育学 116/143、体育学 70/107、外国语言文学 134/240、数学 73/276、物理学 109/203、化学 19/238、生物学 100/240、机械工程 54/224、材料科学与工程 17/227、动力工程及工程热物理 15/104、信息与通信工程 129/186、控制科学与工程 34/189、计算机科学与技术 72/268、化学工程与技术 2/176、石油与天然气工程 10/15、环境科学与工程 36/196、食品科学与工程 91/105、风景园林学 49/56、生物工程 1/26、安全科学与工程 57/61、植物保护 23/44、药学 23/147、管理科学与工程 60/209、工商管理 92/309、农林经济管理 45/51、公共管理 116/214、信息资源管理 45/50、设计学 33/175。

本科优势专业排名

5★+专业：社会工作 5/259、应用化学 6/375、材料化学 3/131、化学工程与工艺 3/329、制药工程 1/257、资源循环科学与工程 1/32、环境工程 5/352、生物工程 1/242。

5★专业：过程装备与控制工程 3/92、高分子材料与工程 9/185、新能源材料与器件 4/131、自动化 18/445、信息管理与信息系统 17/335、数字媒体艺术 8/350。

5★-专业：国际经济与贸易 67/665、生物技术 24/285、复合材料与工程 4/44、能源与动力工

程 18/188、计算机科学与技术 72/932、药学 19/250、工程管理 27/393、工商管理 50/538、人力资源管理 42/416、公共事业管理 19/246、物流管理 23/432。

4★专业：金融学 75/389、英语 146/925、数学与应用数学 85/519、应用物理学 29/155、化学 45/310、机械设计制造及其自动化 56/517、工业设计 25/216、智能制造工程 38/296、无机非金属材料工程 10/78、人工智能 86/479、机器人工程 51/333。

10255 东华大学

在中国本科院校竞争力排行榜中的名次 84，上海市内排名 7/39，理工类排名 41/364。

共 55 个专业参评，其中 5★+专业 2 个，5★专业 9 个，5★-专业 6 个，4★专业 10 个，3★专业 21 个。

在中国普通高校研究生教育竞争力排行榜中的名次：总排名 86/596，上海市内排名 7/29，理工类排名 37/182。

共 30 个一级学科(学术学位)参评，其中 5★+学科 0 个，5★学科 2 个，5★-学科 1 个，4★学科 2 个，学科优秀率为 16.67%。

一级学科排名

应用经济学 143/264、马克思主义理论 197/377、外国语言文学 187/240、新闻传播学 115/120、中国史 103/119、数学 85/276、物理学 166/203、化学 42/238、生物学 193/240、系统科学 27/29、科学技术史 21/26、力学 83/97、机械工程 59/224、光学工程 68/94、材料科学与工程 23/227、电气工程 87/112、信息与通信工程 95/186、控制科学与工程 51/189、计算机科学与技术 127/268、土木工程 60/164、化学工程与技术 118/176、纺织科学与工程 1/22、环境科学与工程 48/196、软件工程 89/148、管理科学与工程 56/209、工商管理 55/309、公共管理 195/214、艺术学理论 54/73、美术学 110/114、设计学 9/175。

本科优势专业排名

5★+专业：纺织工程 1/41、服装设计与工程 1/58。

5★专业：应用化学 14/375、工业设计 10/

216、高分子材料与工程 6/185、非织造材料与工程 1/15、环境工程 13/352、公共关系学 1/12、电子商务 19/457、环境设计 35/721、服装与服饰设计 9/212。

5★-专业：复合材料与工程 3/44、自动化 30/445、信息管理与信息系统 21/335、财务管理 53/686、数字媒体艺术 23/350、艺术与科技 7/73。

4★专业：数学与应用数学 76/519、机械工程 20/122、智能制造工程 52/296、无机非金属材料工程 11/78、功能材料 7/52、能源与环境系统工程 3/17、电子信息工程 113/642。

10270 上海师范大学

在中国本科院校竞争力排行榜中的名次 124，上海市内排名 8/39，师范类排名 14/175。

共 82 个专业参评，其中 5★+专业 2 个，5★专业 5 个，5★-专业 7 个，4★专业 14 个，3★专业 41 个。

在中国普通高校研究生教育竞争力排行榜中的名次：总排名 113/596，上海市内排名 9/29，师范类排名 12/77。

共 33 个一级学科(学术学位)参评，其中 5★+学科 0 个，5★学科 0 个，5★-学科 2 个，4★学科 6 个，学科优秀率为 24.24%。

一级学科排名

哲学 26/133、应用经济学 132/264、法学 85/209、政治学 57/80、社会学 61/88、马克思主义理论 39/377、教育学 16/143、心理学 13/104、体育学 59/107、中国语言文学 24/186、外国语言文学 91/240、新闻传播学 57/120、中国史 11/119、世界史 6/68、数学 31/276、物理学 113/203、化学 137/238、天文学 12/21、地理学 51/85、生物学 105/240、生态学 94/111、信息与通信工程 134/186、计算机科学与技术 172/268、土木工程 126/164、化学工程与技术 112/176、环境科学与工程 61/196、工商管理 129/309、公共管理 72/214、艺术学理论 51/73、音乐与舞蹈学 19/86、戏剧与影视学 26/62、美术学 87/114、设计学 168/175。

本科优势专业排名

5★+专业：小学教育 5/311、旅游管理 9/428。

5★专业：汉语言文学 31/619、汉语国际教育

15/328、应用心理学 6/257、音乐学 11/388、广播电视编导 10/226。

5★-专业：科学教育 4/51、学前教育 29/420、英语 49/925、历史学 17/246、会展经济与管理 9/100、舞蹈学 16/201、美术学 25/333。

4★专业：社会工作 40/259、思想政治教育 36/304、教育技术学 20/130、社会体育指导与管理 39/239、日语 81/449、广播电视学 27/146、广告学 38/256、数学与应用数学 74/519、汽车服务工程 21/117、计算机科学与技术 151/932。

10252 上海理工大学

在中国本科院校竞争力排行榜中的名次 129，上海市内排名 9/39，理工类排名 57/364。

共 57 个专业参评，其中 5★+专业 0 个，5★专业 2 个，5★-专业 4 个，4★专业 17 个，3★专业 32 个。

在中国普通高校研究生教育竞争力排行榜中的名次：总排名 102/596，上海市内排名 8/29，理工类排名 47/182。

共 27 个一级学科(学术学位)参评，其中 5★+学科 0 个，5★学科 0 个，5★-学科 0 个，4★学科 4 个，学科优秀率为 14.81%。

一级学科排名

应用经济学 96/264、马克思主义理论 219/377、外国语言文学 96/240、新闻传播学 45/120、数学 127/276、物理学 112/203、化学 129/238、系统科学 6/29、力学 73/97、机械工程 45/224、光学工程 11/94、仪器科学与技术 37/68、材料科学与工程 108/227、动力工程及工程热物理 16/104、电气工程 74/112、信息与通信工程 139/186、控制科学与工程 43/189、计算机科学与技术 112/268、土木工程 77/164、交通运输工程 43/66、环境科学与工程 101/196、生物医学工程 30/80、食品科学与工程 26/105、软件工程 124/148、管理科学与工程 44/209、工商管理 125/309、公共管理 156/214。

本科优势专业排名

5★专业：机械设计制造及其自动化 23/517、视觉传达设计 36/722。

5★-专业：电子信息工程 64/642、人工智能 41/479、机器人工程 23/333、管理科学 4/36。

4★专业：国际经济与贸易 106/665、英语 142/925、广告学 35/256、车辆工程 28/256、测控技术与仪器 36/190、能源与动力工程 30/188、新能源科学与工程 21/144、光电信息科学与工程 24/218。

10272 上海财经大学

在中国本科院校竞争力排行榜中的名次 130，上海市内排名 10/39，财经类排名 4/109。

共 26 个专业参评，其中 5★+专业 11 个，5★专业 5 个，5★-专业 2 个，4★专业 4 个，3★专业 2 个。

在中国普通高校研究生教育竞争力排行榜中的名次：总排名 115/596，上海市内排名 10/29，财经类排名 1/39。

共 15 个一级学科(学术学位)参评，其中 5★+学科 1 个，5★学科 1 个，5★-学科 3 个，4★学科 4 个，学科优秀率为 60%。

一级学科排名

哲学 33/133、理论经济学 7/109、应用经济学 2/264、法学 41/209、社会学 50/88、马克思主义理论 59/377、中国语言文学 113/186、外国语言文学 88/240、新闻传播学 56/120、数学 146/276、统计学 8/126、软件工程 27/148、管理科学与工程 16/209、工商管理 13/309、公共管理 32/214。

本科优势专业排名

5★+专业：经济学 6/356、经济统计学 2/138、财政学 1/84、金融学 6/389、国际经济与贸易 13/665、数据科学与大数据技术 12/711、工商管理 4/538、市场营销 1/579、会计学 5/659、财务管理 4/686、劳动与社会保障 1/125。

5★专业：保险学 4/95、投资学 3/124、统计学 6/211、信息管理与信息系统 11/335、电子商务 13/457。

5★-专业：税收学 6/90、法学 38/580。

4★专业：商务英语 43/360、新闻学 45/308、数学与应用数学 81/519。

10278 上海音乐学院

在中国本科院校竞争力排行榜中的名次 189，

上海市内排名 11/39，艺术类排名 6/48。

共 7 个专业参评，其中 5★+专业 3 个，5★专业 0 个，5★-专业 0 个，4★专业 1 个，3★专业 3 个。

在中国普通高校研究生教育竞争力排行榜中的名次：总排名 390/596，上海市内排名 22/29，艺术类排名 7/33。

共 3 个一级学科（学术学位）参评，其中 5★+学科 1 个，5★学科 0 个，5★-学科 0 个，4★学科 0 个，学科优秀率为 33.33%。

一级学科排名

艺术学理论 21/73、音乐与舞蹈学 1/86、戏剧与影视学 56/62。

本科优势专业排名

5★+专业：音乐表演 1/234、音乐学 1/388、作曲与作曲技术理论 1/35。

10268 上海中医药大学

在中国本科院校竞争力排行榜中的名次 207，上海市内排名 12/39，医药类排名 13/108。

共 14 个专业参评，其中 5★+专业 0 个，5★专业 1 个，5★-专业 1 个，4★专业 4 个，3★专业 4 个。

在中国普通高校研究生教育竞争力排行榜中的名次：总排名 154/596，上海市内排名 12/29，医药类排名 14/76。

共 7 个一级学科（学术学位）参评，其中 5★+学科 0 个，5★学科 2 个，5★-学科 1 个，4★学科 1 个，学科优秀率为 57.14%。

一级学科排名

马克思主义理论 359/377、科学技术史 14/26、中医学 2/40、中西医结合 4/62、药学 65/147、中药学 3/51、医学技术 8/43。

本科优势专业排名

5★专业：中医学 2/65。

5★-专业：中药学 9/121。

10271 上海外国语大学

在中国本科院校竞争力排行榜中的名次 227，上海市内排名 13/39，文法类排名 7/68。

共 37 个专业参评，其中 5★+专业 10 个，5★专业 4 个，5★-专业 4 个，4★专业 8 个，3★专业 7 个。

在中国普通高校研究生教育竞争力排行榜中的名次：总排名 264/596，上海市内排名 16/29，文法类排名 5/32。

共 8 个一级学科（学术学位）参评，其中 5★+学科 1 个，5★学科 0 个，5★-学科 0 个，4★学科 0 个，学科优秀率为 12.5%。

一级学科排名

应用经济学 171/264、政治学 26/80、马克思主义理论 327/377、教育学 79/143、中国语言文学 78/186、外国语言文学 1/240、新闻传播学 46/120、工商管理 68/309。

本科优势专业排名

5★+专业：英语 4/925、俄语 1/161、德语 1/112、法语 1/143、西班牙语 2/97、阿拉伯语 1/39、日语 1/449、朝鲜语 2/92、葡萄牙语 1/33、商务英语 5/360。

5★专业：汉语国际教育 8/328、捷克语 1/12、翻译 7/269、国际新闻与传播 1/15。

5★-专业：国际政治 4/37、网络与新媒体 26/338、大数据管理与应用 16/210、工商管理 43/538。

4★专业：国际经济与贸易 128/665、印度尼西亚语 3/16、泰语 7/48、意大利语 3/23、新闻学 62/308。

10277 上海体育大学

在中国本科院校竞争力排行榜中的名次 230，上海市内排名 14/39，体育类排名 2/16。

共 17 个专业参评，其中 5★+专业 1 个，5★专业 0 个，5★-专业 2 个，4★专业 4 个，3★专业 4 个。

在中国普通高校研究生教育竞争力排行榜中的名次：总排名 269/596，上海市内排名 18/29，体育类排名 2/13。

共6个一级学科(学术学位)参评,其中5★+学科1个,5★学科0个,5★-学科0个,4★学科0个,学科优秀率为16.67%。

一级学科排名

马克思主义理论 365/377、心理学 73/104、体育学 2/107、新闻传播学 99/120、公共卫生与预防医学 73/78、医学技术 10/43。

本科优势专业排名

5★+专业:体育教育 6/341。

5★-专业:社会体育指导与管理 23/239、应用心理学 25/257。

4★专业:运动康复 9/84、休闲体育 14/102。

10254　上海海事大学

在中国本科院校竞争力排行榜中的名次 231,上海市内排名 15/39,理工类排名 95/364。

共50个专业参评,其中5★+专业1个,5★专业2个,5★-专业2个,4★专业14个,3★专业20个。

在中国普通高校研究生教育竞争力排行榜中的名次:总排名 231/596,上海市内排名 14/29,理工类排名 90/182。

共17个一级学科(学术学位)参评,其中5★+学科0个,5★学科0个,5★-学科1个,4★学科0个,学科优秀率为5.88%。

一级学科排名

应用经济学 155/264、法学 65/209、马克思主义理论 329/377、外国语言文学 60/240、数学 198/276、机械工程 141/224、动力工程及工程热物理 58/104、电气工程 37/112、信息与通信工程 79/186、控制科学与工程 147/189、计算机科学与技术 93/268、水利工程 55/64、交通运输工程 14/66、船舶与海洋工程 13/27、安全科学与工程 37/61、管理科学与工程 21/209、工商管理 99/309。

本科优势专业排名

5★+专业:物流管理 5/432。

5★专业:交通管理 1/12、物流工程 4/103。

5★-专业:商务英语 34/360、航海技术 2/17。

4★专业:法学 71/580、英语 165/925、日语 72/449、翻译 40/269、电气工程及其自动化 89/573、电气工程与智能控制 5/39、人工智能 60/479、网络工程 38/282。

10264　上海海洋大学

在中国本科院校竞争力排行榜中的名次 247,上海市内排名 16/39,农林类排名 21/47。

共41个专业参评,其中5★+专业1个,5★专业0个,5★-专业1个,4★专业4个,3★专业18个。

在中国普通高校研究生教育竞争力排行榜中的名次:总排名 152/596,上海市内排名 11/29,农林类排名 13/38。

共16个一级学科(学术学位)参评,其中5★+学科0个,5★学科1个,5★-学科0个,4★学科2个,学科优秀率为18.75%。

一级学科排名

应用经济学 235/264、法学 177/209、马克思主义理论 369/377、外国语言文学 226/240、海洋科学 11/31、生物学 41/240、生态学 69/111、动力工程及工程热物理 85/104、计算机科学与技术 219/268、船舶与海洋工程 24/27、环境科学与工程 90/196、食品科学与工程 12/105、软件工程 131/148、农业资源与环境 35/40、水产 2/33、农林经济管理 38/51。

本科优势专业排名

5★+专业:水产养殖学 1/53。

5★-专业:食品科学与工程 21/283。

4★专业:海洋技术 5/25、海洋资源与环境 3/17、生物科学 38/283。

91020　第二军医大学

在中国本科院校竞争力排行榜中的名次 260,上海市内排名 17/39,医药类排名 20/108。

共11个专业参评,其中5★+专业0个,5★专业0个,5★-专业0个,4★专业5个,3★专业5个。

在中国普通高校研究生教育竞争力排行榜中

的名次：总排名 201/596，上海市内排名 13/29，医药类排名 21/76。

共 13 个一级学科(学术学位)参评，其中 5★+ 学科 0 个，5★学科 0 个，5★-学科 0 个，4★学科 4 个，学科优秀率为 30.77%。

一级学科排名

生物学 51/240、生物医学工程 54/80、基础医学 18/111、临床医学 40/113、口腔医学 47/47、公共卫生与预防医学 13/78、中西医结合 29/62、药学 27/147、中药学 25/51、特种医学 3/17、护理学 25/74、社会医学与卫生事业管理 15/15、公共管理 112/214。

10856　上海工程技术大学

在中国本科院校竞争力排行榜中的名次 263，上海市内排名 18/39，理工类排名 107/364。

共 59 个专业参评，其中 5★+专业 0 个，5★专业 1 个，5★-专业 3 个，4★专业 7 个，3★专业 34 个。

在中国普通高校研究生教育竞争力排行榜中的名次：总排名 253/596，上海市内排名 15/29，理工类排名 96/182。

共 13 个一级学科(学术学位)参评。

一级学科排名

马克思主义理论 196/377、统计学 59/126、机械工程 105/224、光学工程 80/94、材料科学与工程 137/227、控制科学与工程 103/189、化学工程与技术 95/176、纺织科学与工程 13/22、交通运输工程 45/66、药学 141/147、工商管理 90/309、公共管理 75/214、设计学 48/175。

本科优势专业排名

5★专业：数据计算及应用 1/24。

5★-专业：汽车服务工程 11/117、数据科学与大数据技术 38/711、数字媒体艺术 21/350。

4★专业：车辆工程 35/256。

10279　上海戏剧学院

在中国本科院校竞争力排行榜中的名次 283，

上海市内排名 19/39，艺术类排名 12/48。

共 14 个专业参评，其中 5★+专业 5 个，5★专业 1 个，5★-专业 2 个，4★专业 1 个，3★专业 4 个。

在中国普通高校研究生教育竞争力排行榜中的名次：总排名 437/596，上海市内排名 24/29，艺术类排名 11/33。

共 4 个一级学科(学术学位)参评，其中 5★+ 学科 0 个，5★学科 0 个，5★-学科 1 个，4★学科 0 个，学科优秀率为 25%。

一级学科排名

艺术学理论 22/73、音乐与舞蹈学 55/86、戏剧与影视学 5/62、设计学 165/175。

本科优势专业排名

5★+专业：舞蹈表演 2/150、表演 1/146、戏剧影视文学 2/95、广播电视编导 3/226、戏剧影视美术设计 1/53。

5★专业：影视摄影与制作 3/75。

5★-专业：艺术管理 2/29、戏剧影视导演 3/32。

10276　华东政法大学

在中国本科院校竞争力排行榜中的名次 319，上海市内排名 20/39，文法类排名 9/68。

共 21 个专业参评，其中 5★+专业 2 个，5★专业 0 个，5★-专业 2 个，4★专业 5 个，3★专业 7 个。

在中国普通高校研究生教育竞争力排行榜中的名次：总排名 276/596，上海市内排名 19/29，文法类排名 6/32。

共 8 个一级学科(学术学位)参评，其中 5★+ 学科 0 个，5★学科 1 个，5★-学科 0 个，4★学科 1 个，学科优秀率为 25%。

一级学科排名

应用经济学 148/264、法学 6/209、政治学 38/80、社会学 72/88、马克思主义理论 175/377、外国语言文学 69/240、新闻传播学 44/120、公共管理 35/214。

本科优势专业排名

5★+专业：法学 5/580、知识产权 2/94。

5★-专业：公共事业管理 21/246、行政管理 21/292。

4★专业：翻译 50/269、新闻学 40/308、网络与新媒体 64/338。

10256　上海电力大学

在中国本科院校竞争力排行榜中的名次 329，上海市内排名 21/39，理工类排名 126/364。

共 35 个专业参评，其中 5★+专业 0 个，5★专业 0 个，5★-专业 1 个，4★专业 0 个，3★专业 14 个。

在中国普通高校研究生教育竞争力排行榜中的名次：总排名 301/596，上海市内排名 20/29，理工类排名 115/182。

共 8 个一级学科(学术学位)参评。

一级学科排名

数学 264/276、物理学 143/203、动力工程及工程热物理 52/104、电气工程 23/112、信息与通信工程 87/186、控制科学与工程 73/189、化学工程与技术 110/176、管理科学与工程 123/209。

本科优势专业排名

5★-专业：电气工程及其自动化 49/573。

14423　上海科技大学

在中国本科院校竞争力排行榜中的名次 330，上海市内排名 22/39，理工类排名 127/364。

共 11 个专业参评，其中 5★+专业 0 个，5★专业 0 个，5★-专业 0 个，4★专业 0 个，3★专业 7 个。

在中国普通高校研究生教育竞争力排行榜中的名次：总排名 266/596，上海市内排名 17/29，理工类排名 101/182。

共 8 个一级学科(学术学位)参评，其中 5★+学科 0 个，5★学科 0 个，5★-学科 0 个，4★学科 1 个，学科优秀率为 12.5%。

一级学科排名

物理学 79/203、化学 56/238、生物学 81/240、材料科学与工程 31/227、电子科学与技术 55/123、信息与通信工程 170/186、计算机科学与技术 84/268、生物医学工程 49/80。

10273　上海对外经贸大学

在中国本科院校竞争力排行榜中的名次 338，上海市内排名 23/39，财经类排名 22/109。

共 33 个专业参评，其中 5★+专业 3 个，5★专业 2 个，5★-专业 5 个，4★专业 8 个，3★专业 9 个。

在中国普通高校研究生教育竞争力排行榜中的名次：总排名 404/596，上海市内排名 23/29，财经类排名 24/39。

共 7 个一级学科(学术学位)参评。

一级学科排名

理论经济学 62/109、应用经济学 68/264、法学 88/209、马克思主义理论 316/377、外国语言文学 89/240、统计学 79/126、工商管理 81/309。

本科优势专业排名

5★+专业：国际经济与贸易 9/665、应用统计学 3/187、会展经济与管理 2/100。

5★专业：商务英语 15/360、数据科学与大数据技术 35/711。

5★-专业：市场营销 34/579、财务管理 59/686、审计学 17/198、资产评估 7/68、物流管理 28/432。

4★专业：经济统计学 28/138、金融学 50/389、法学 97/580、英语 156/925、日语 66/449。

10259　上海应用技术大学

在中国本科院校竞争力排行榜中的名次 353，上海市内排名 24/39，理工类排名 132/364。

共 52 个专业参评，其中 5★+专业 0 个，5★专业 0 个，5★-专业 0 个，4★专业 6 个，3★专业 19 个。

在中国普通高校研究生教育竞争力排行榜中

的名次：总排名 332/596，上海市内排名 21/29，理工类排名 128/182。

共 8 个一级学科(学术学位)参评。

一级学科排名

数学 137/276、生态学 61/111、机械工程 119/224、材料科学与工程 176/227、控制科学与工程 157/189、化学工程与技术 76/176、轻工技术与工程 15/18、管理科学与工程 124/209。

本科优势专业排名

4★专业：机器人工程 37/333、软件工程 111/611。

11047 上海立信会计金融学院

在中国本科院校竞争力排行榜中的名次 476，上海市内排名 25/39，财经类排名 33/109。

共 39 个专业参评，其中 5★+专业 1 个，5★专业 2 个，5★-专业 1 个，4★专业 6 个，3★专业 8 个。

在中国普通高校研究生教育竞争力排行榜中的名次：总排名 538/596，上海市内排名 28/29，财经类排名 37/39。

本科优势专业排名

5★+专业：金融科技 2/95。

5★专业：国际经济与贸易 33/665、审计学 5/198。

5★-专业：应用统计学 16/187。

4★专业：金融学 61/389、金融工程 28/255、商务英语 71/360。

11458 上海电机学院

在中国本科院校竞争力排行榜中的名次 560，上海市内排名 26/39，理工类排名 187/364。

共 39 个专业参评，其中 5★+专业 0 个，5★专业 0 个，5★-专业 0 个，4★专业 1 个，3★专业 15 个。

在中国普通高校研究生教育竞争力排行榜中的名次：总排名 530/596，上海市内排名 27/29，理工类排名 173/182。

共 1 个一级学科(学术学位)参评。

一级学科排名

控制科学与工程 183/189。

12044 上海第二工业大学

在中国本科院校竞争力排行榜中的名次 563，上海市内排名 27/39，理工类排名 188/364。

共 41 个专业参评，其中 5★+专业 0 个，5★专业 0 个，5★-专业 0 个，4★专业 1 个，3★专业 8 个。

在中国普通高校研究生教育竞争力排行榜中的名次：总排名 495/596，上海市内排名 26/29，理工类排名 166/182。

共 1 个一级学科(学术学位)参评。

一级学科排名

机械工程 162/224。

11835 上海政法学院

在中国本科院校竞争力排行榜中的名次 578，上海市内排名 28/39，文法类排名 23/68。

共 27 个专业参评，其中 5★+专业 0 个，5★专业 0 个，5★-专业 0 个，4★专业 2 个，3★专业 7 个。

在中国普通高校研究生教育竞争力排行榜中的名次：总排名 489/596，上海市内排名 25/29，文法类排名 18/32。

共 4 个一级学科(学术学位)参评。

一级学科排名

法学 62/209、马克思主义理论 225/377、新闻传播学 117/120、公共管理 208/214。

本科优势专业排名

4★专业：法学 62/580、知识产权 15/94。

10262 上海健康医学院

在中国本科院校竞争力排行榜中的名次 586，

上海市内排名 29/39,医药类排名 68/108。

共 16 个专业参评,其中 5★+专业 0 个,5★专业 0 个,5★-专业 0 个,4★专业 3 个,3★专业 5 个。

12050 上海商学院

在中国本科院校竞争力排行榜中的名次 614,上海市内排名 30/39,财经类排名 41/109。

共 28 个专业参评,其中 5★+专业 0 个,5★专业 0 个,5★-专业 2 个,4★专业 1 个,3★专业 1 个。

本科优势专业排名

5★-专业:电子商务 32/457、酒店管理 11/184。

10274 上海海关学院

在中国本科院校竞争力排行榜中的名次 742,上海市内排名 32/39,文法类排名 40/68。

共 5 个专业参评,其中 5★+专业 0 个,5★专业 0 个,5★-专业 0 个,4★专业 0 个,3★专业 1 个。

在中国普通高校研究生教育竞争力排行榜中的名次:总排名 590/596,上海市内排名 29/29,文法类排名 29/32。

10283 上海公安学院

在中国本科院校竞争力排行榜中的名次 856,上海市内排名 34/39,文法类排名 50/68。

共 5 个专业参评,其中 5★+专业 0 个,5★专业 0 个,5★-专业 0 个,4★专业 0 个,3★专业 2 个。

民 办 院 校

13632 上海视觉艺术学院

在中国民办院校竞争力排行榜中的名次 27,上海市内排名 31/39,艺术类排名 42/48。

共 17 个专业参评,其中 5★+专业 0 个,5★

专业 1 个,5★-专业 0 个,4★专业 2 个,3★专业 6 个。

本科优势专业排名

5★专业:视觉传达设计 28/722。

12799 上海建桥学院

在中国民办院校竞争力排行榜中的名次 58,上海市内排名 33/39,综合类排名 151/268。

共 38 个专业参评,其中 5★+专业 0 个,5★专业 0 个,5★-专业 2 个,4★专业 0 个,3★专业 19 个。

本科优势专业排名

5★-专业:养老服务管理 2/22、视觉传达设计 64/722。

11833 上海杉达学院

在中国民办院校竞争力排行榜中的名次 170,上海市内排名 36/39,财经类排名 83/109。

共 38 个专业参评,其中 5★+专业 0 个,5★专业 0 个,5★-专业 0 个,4★专业 1 个,3★专业 9 个。

12587 上海立达学院

在中国民办院校竞争力排行榜中的名次 181,上海市内排名 37/39,财经类排名 89/109。

共 14 个专业参评,其中 5★+专业 0 个,5★专业 0 个,5★-专业 0 个,4★专业 0 个,3★专业 10 个。

12914 上海兴伟学院

在中国民办院校竞争力排行榜中的名次 208,上海市内排名 38/39,理工类排名 348/364。

共 2 个专业参评,其中 5★+专业 0 个,5★专业 0 个,5★-专业 0 个,4★专业 0 个,3★专业 1 个。

广 东 省

一 流 大 学

10558　中山大学

在中国本科院校竞争力排行榜中的名次 8，广东省内排名 1/60，综合类排名 6/268。

共 85 个专业参评，其中 5★+专业 7 个，5★专业 20 个，5★-专业 16 个，4★专业 17 个，3★专业 20 个。

在中国普通高校研究生教育竞争力排行榜中的名次：总排名 7/596，广东省内排名 1/27，综合类排名 5/93。

共 66 个一级学科（学术学位）参评，其中 5★+学科 4 个，5★学科 9 个，5★-学科 12 个，4★学科 13 个，学科优秀率为 57.58%。

一级学科排名

哲学 6/133、理论经济学 17/109、应用经济学 13/264、法学 20/209、政治学 19/80、社会学 9/88、民族学 13/38、马克思主义理论 13/377、心理学 31/104、体育学 48/107、中国语言文学 17/186、外国语言文学 28/240、新闻传播学 24/120、考古学 19/40、中国史 9/119、世界史 7/68、数学 4/276、物理学 15/203、化学 20/238、天文学 5/21、地理学 8/85、大气科学 9/22、海洋科学 9/31、地球物理学 9/21、地质学 9/35、生物学 5/240、系统科学 28/29、生态学 4/111、统计学 19/126、力学 34/97、光学工程 27/94、材料科学与工程 24/227、动力工程及工程热物理 72/104、电子科学与技术 6/123、信息与通信工程 32/186、控制科学与工程 64/189、计算机科学与技术 34/268、土木工程 65/164、水利工程 16/64、测绘科学与技术 26/53、化学工程与技术 20/176、交通运输工程 33/66、船舶与海洋工程 20/27、航空宇航科学与技术 17/32、核科学与技术 10/21、环境科学与工程 25/196、生物医学工程 14/80、城乡规划学 17/74、软件工程 23/148、网络空间安全 30/77、植物保护 10/44、基础医学 5/111、临床医学 7/113、口腔医学 5/47、公共卫生与预防医学 6/78、中西医结合 13/62、药

学 6/147、特种医学 10/17、医学技术 1/43、护理学 4/74、社会医学与卫生事业管理 3/15、管理科学与工程 25/209、工商管理 4/309、公共管理 8/214、信息资源管理 5/50、集成电路科学与工程 9/30。

本科优势专业排名

5★+专业：汉语言文学 12/619、人文地理与城乡规划 2/110、生物科学 6/283、临床医学 1/192、预防医学 2/125、工商管理 5/538、旅游管理 2/428。

5★专业：金融学 11/389、法学 28/580、英语 40/925、历史学 9/246、数学与应用数学 19/519、物理学 8/283、化学 10/310、地理信息科学 6/171、生物技术 10/285、光电信息科学与工程 11/218、电子信息科学与技术 8/167、计算机科学与技术 31/932、软件工程 28/611、智能科学与技术 9/186、口腔医学 6/118、药学 8/250、信息管理与信息系统 10/335、会计学 21/659、行政管理 8/292、会展经济与管理 4/100。

5★-专业：哲学 6/75、政治学与行政学 8/84、社会学 6/92、日语 38/449、新闻学 19/308、传播学 6/69、信息与计算科学 16/308、海洋科学 4/35、生态学 5/85、高分子材料与工程 10/185、微电子科学与工程 12/115、人工智能 44/479、环境工程 29/352、环境科学 16/176、基础医学 3/36、护理学 16/296。

4★专业：经济学 40/356、国际政治 6/37、考古学 7/36、地理科学 26/171、自然地理与资源环境 6/51、统计学 27/211、材料化学 16/131、通信工程 51/494。

10561　华南理工大学

在中国本科院校竞争力排行榜中的名次 24，广东省内排名 2/60，理工类排名 13/364。

共 86 个专业参评，其中 5★+专业 7 个，5★专业 18 个，5★-专业 22 个，4★专业 25 个，3★专业 9 个。

在中国普通高校研究生教育竞争力排行榜中的名次：总排名 26/596，广东省内排名 2/27，理工类排名 13/182。

共 40 个一级学科（学术学位）参评，其中 5★+学科 1 个，5★学科 2 个，5★-学科 8 个，4★学科 12 个，学科优秀率为 57.5%。

一级学科排名

应用经济学 31/264、法学 37/209、马克思主义理论 44/377、体育学 41/107、外国语言文学 49/240、新闻传播学 25/120、数学 39/276、物理学 30/203、化学 14/238、生物学 53/240、力学 24/97、机械工程 20/224、材料科学与工程 16/227、动力工程及工程热物理 26/104、电气工程 16/112、电子科学与技术 22/123、信息与通信工程 15/186、控制科学与工程 20/189、计算机科学与技术 35/268、建筑学 6/84、土木工程 20/164、化学工程与技术 10/176、轻工技术与工程 1/18、交通运输工程 17/66、船舶与海洋工程 12/27、环境科学与工程 15/196、生物医学工程 37/80、食品科学与工程 1/105、城乡规划学 11/74、风景园林学 18/56、软件工程 31/148、安全科学与工程 31/61、基础医学 45/111、临床医学 80/113、管理科学与工程 7/209、工商管理 20/309、公共管理 22/214、音乐与舞蹈学 22/86、设计学 38/175、集成电路科学与工程 15/30。

本科优势专业排名

5★+专业：商务英语 1/360、应用化学 2/375、高分子材料与工程 3/185、计算机科学与技术 19/932、软件工程 7/611、化学工程与工艺 7/329、行政管理 6/292。

5★专业：知识产权 5/94、广告学 7/256、数学与应用数学 22/519、应用物理学 7/155、机械电子工程 7/302、材料科学与工程 7/237、电气工程及其自动化 15/573、机器人工程 16/333、网络工程 9/282、智能科学与技术 5/186、土木工程 16/529、食品科学与工程 12/283、建筑学 8/291、城乡规划 6/207、风景园林 5/187、工商管理 16/538、旅游管理 20/428、环境设计 33/721。

5★-专业：法学 46/580、生物技术 20/285、工业设计 14/216、智能制造工程 18/296、功能材料 4/52、光电信息科学与工程 19/218、信息工程 4/58、集成电路设计与集成系统 9/88、人工智能 46/479、自动化 34/445、智能建造 10/101、能源化学工程 4/64、轻化工程 3/42、环境科学与工程 3/49、环境工程 25/352、食品质量与安全 13/240、生物工程 16/242、生物制药 7/121、市场营销 57/579、物流工程 8/103、会展经济与管理 7/100、产品设计 37/402。

4★专业：金融学 74/389、国际经济与贸易

91/665、运动训练 8/64、日语 78/449、新闻学 55/308、传播学 10/69、信息与计算科学 51/308、机械工程 17/122、材料成型及控制工程 24/221、过程装备与控制工程 10/92、车辆工程 36/256、智能车辆工程 5/28、能源与动力工程 23/188、微电子科学与工程 13/115。

一 般 大 学

10559 暨南大学

在中国本科院校竞争力排行榜中的名次 43，广东省内排名 3/60，综合类排名 18/268。

共83个专业参评，其中5★+专业 5 个，5★专业 11 个，5★-专业 13 个，4★专业 14 个，3★专业 28 个。

在中国普通高校研究生教育竞争力排行榜中的名次：总排名 43/596，广东省内排名 3/27，综合类排名 17/93。

共41个一级学科(学术学位)参评，其中5★+学科 0 个，5★学科 1 个，5★-学科 4 个，4★学科 5 个，学科优秀率为 24.39%。

一级学科排名

哲学 95/133、理论经济学 26/109、应用经济学 23/264、法学 54/209、政治学 18/80、社会学 56/88、马克思主义理论 150/377、心理学 38/104、中国语言文学 15/186、外国语言文学 94/240、新闻传播学 7/120、中国史 18/119、世界史 27/68、数学 105/276、物理学 94/203、化学 52/238、生物学 35/240、生态学 33/111、统计学 89/126、力学 51/97、光学工程 19/94、材料科学与工程 109/227、电子科学与技术 103/123、信息与通信工程 114/186、计算机科学与技术 79/268、土木工程 142/164、环境科学与工程 34/196、生物医学工程 12/80、食品科学与工程 52/105、网络空间安全 24/77、基础医学 36/111、临床医学 48/113、公共卫生与预防医学 49/78、中医学 33/40、中西医结合 27/62、药学 8/147、护理学 57/74、管理科学与工程 80/209、工商管理 10/309、公共管理 64/214、艺术学理论 26/73。

本科优势专业排名

5★+专业：汉语国际教育 5/328、新闻学 3/

308、广告学 5/256、网络与新媒体 5/338、会计学 12/659。

5★专业：经济学 15/356、国际经济与贸易 27/665、国际事务与国际关系 1/17、汉语言文学 19/619、广播电视学 4/146、网络空间安全 5/113、工商管理 17/538、市场营销 24/579、财务管理 21/686、国际商务 6/126、旅游管理 13/428。

5★-专业：经济统计学 10/138、金融学 35/389、法学 50/580、英语 81/925、商务英语 21/360、国际新闻与传播 2/15、历史学 24/246、应用化学 20/375、计算机科学与技术 77/932、物联网工程 43/492、环境科学与工程 5/49、生物制药 12/121、药学 21/250。

4★专业：税收学 18/90、知识产权 13/94、国际政治 7/37、翻译 33/269、生物科学 36/283、生物技术 32/285、光电信息科学与工程 28/218、人工智能 89/479。

10574 华南师范大学

在中国本科院校竞争力排行榜中的名次 54，广东省内排名 4/60，师范类排名 3/175。

共 84 个专业参评，其中 5★+专业 4 个，5★专业 6 个，5★-专业 12 个，4★专业 31 个，3★专业 25 个。

在中国普通高校研究生教育竞争力排行榜中的名次：总排名 77/596，广东省内排名 6/27，师范类排名 7/77。

共 34 个一级学科（学术学位）参评，其中 5★+学科 0 个，5★学科 3 个，5★-学科 3 个，4★学科 2 个，学科优秀率为 23.53%。

一级学科排名

哲学 42/133、理论经济学 69/109、应用经济学 74/264、法学 93/209、政治学 41/80、马克思主义理论 28/377、教育学 12/143、心理学 3/104、体育学 5/107、中国语言文学 38/186、外国语言文学 57/240、新闻传播学 48/120、中国史 50/119、世界史 35/68、数学 45/276、物理学 10/203、化学 43/238、地理学 23/85、生物学 50/240、生态学 51/111、教育技术学 13/45、光学工程 48/94、材料科学与工程 125/227、电子科学与技术 36/123、计算机科学与技术 147/268、环境科学与工程 104/196、软件工程 45/148、水产 19/33、药学 93/147、工商管理 83/309、公共管理 49/214、信息资源管

理 32/50、音乐与舞蹈学 5/86、美术学 42/114。

本科优势专业排名

5★+专业：教育技术学 2/130、小学教育 2/311、社会体育指导与管理 4/239、应用心理学 3/257。

5★专业：思想政治教育 13/304、体育教育 9/341、汉语言文学 23/619、英语 25/925、心理学 2/73、人工智能 15/479。

5★-专业：金融科技 10/95、教育学 7/85、学前教育 35/420、网络与新媒体 21/338、数学与应用数学 42/519、物理学 21/283、化学 24/310、电子信息科学与技术 11/167、软件工程 52/611、文化产业管理 14/137、会展经济与管理 10/100、音乐表演 22/234。

4★专业：经济学 53/356、法学 102/580、科学教育 8/51、特殊教育 11/59、法语 29/143、日语 53/449、翻译 49/269、历史学 43/246、地理科学 22/171、人文地理与城乡规划 19/110、生物科学 47/283、生物技术 50/285、储能科学与工程 9/59、电子信息工程 124/642、光电信息科学与工程 23/218、信息工程 12/58、计算机科学与技术 101/932。

10564 华南农业大学

在中国本科院校竞争力排行榜中的名次 65，广东省内排名 5/60，农林类排名 3/47。

共 87 个专业参评，其中 5★+专业 0 个，5★专业 2 个，5★-专业 11 个，4★专业 16 个，3★专业 40 个。

在中国普通高校研究生教育竞争力排行榜中的名次：总排名 73/596，广东省内排名 5/27，农林类排名 5/38。

共 30 个一级学科（学术学位）参评，其中 5★+学科 0 个，5★学科 0 个，5★-学科 1 个，4★学科 6 个，学科优秀率为 23.33%。

一级学科排名

应用经济学 84/264、马克思主义理论 208/377、中国史 111/119、数学 93/276、生物学 49/240、科学技术史 17/26、生态学 21/111、机械工程 107/224、光学工程 54/94、信息与通信工程 143/186、计算机科学与技术 92/268、化学工程与

技术 77/176、农业工程 5/43、林业工程 7/12、环境科学与工程 63/196、食品科学与工程 22/105、风景园林学 15/56、作物学 4/50、园艺学 8/44、农业资源与环境 8/40、植物保护 8/44、畜牧学 7/55、兽医学 10/44、林学 14/35、水产 22/33、草学 19/25、工商管理 233/309、农林经济管理 14/51、公共管理 83/214、设计学 113/175。

本科优势专业排名

5★专业：食品质量与安全 10/240、园艺 5/113。

5★-专业：社会工作 22/259、应用化学 30/375、生态学 8/85、农业机械化及其自动化 4/37、风景园林 15/187、农学 8/76、植物保护 4/59、动物科学 5/82、动物医学 7/73、林学 5/48、园林 10/129。

4★专业：金融学 43/389、数学与应用数学 101/519、生物技术 46/285、机械设计制造及其自动化 74/517、电子信息工程 83/642。

10590　深圳大学

在中国本科院校竞争力排行榜中的名次 73，广东省内排名 6/60，综合类排名 25/268。

共 83 个专业参评，其中 5★+专业 2 个，5★专业 6 个，5★-专业 9 个，4★专业 24 个，3★专业 25 个。

在中国普通高校研究生教育竞争力排行榜中的名次：总排名 60/596，广东省内排名 4/27，综合类排名 21/93。

共 39 个一级学科(学术学位)参评，其中 5★+学科 0 个，5★学科 1 个，5★-学科 0 个，4★学科 4 个，学科优秀率为 12.82%。

一级学科排名

哲学 66/133、理论经济学 31/109、应用经济学 123/264、法学 64/209、政治学 50/80、马克思主义理论 156/377、教育学 75/143、心理学 24/104、体育学 36/107、中国语言文学 57/186、外国语言文学 72/240、新闻传播学 15/120、数学 125/276、物理学 61/203、化学 175/238、生物学 85/240、生态学 56/111、统计学 104/126、机械工程 117/224、光学工程 5/94、材料科学与工程 96/227、电子科学与技术 65/123、信息与通信工程

29/186、控制科学与工程 163/189、计算机科学与技术 45/268、建筑学 13/84、土木工程 35/164、生物医学工程 33/80、食品科学与工程 93/105、城乡规划学 26/74、基础医学 56/111、管理科学与工程 79/209、工商管理 122/309、公共管理 171/214、艺术学理论 46/73、音乐与舞蹈学 44/86、戏剧与影视学 29/62、美术学 41/114、设计学 71/175。

本科优势专业排名

5★+专业：广告学 4/256、网络与新媒体 3/338。

5★专业：金融科技 4/95、电子信息工程 32/642、计算机科学与技术 45/932、地理空间信息工程 1/18、市场营销 27/579、视觉传达设计 35/722。

5★-专业：经济学 25/356、英语 57/925、通信工程 27/494、光电信息科学与工程 16/218、土木工程 32/529、生物医学工程 11/122、建筑学 20/291、工程管理 33/393、人力资源管理 22/416。

4★专业：金融学 52/389、国际经济与贸易 110/665、学前教育 63/420、体育教育 54/341、休闲体育 13/102、汉语言文学 89/619、日语 88/449、新闻学 35/308、生物科学 41/283、生物技术 36/285、心理学 10/73、机器人工程 36/333、软件工程 80/611。

11845　广东工业大学

在中国本科院校竞争力排行榜中的名次 77，广东省内排名 7/60，理工类排名 36/364。

共 85 个专业参评，其中 5★+专业 2 个，5★专业 14 个，5★-专业 10 个，4★专业 21 个，3★专业 30 个。

在中国普通高校研究生教育竞争力排行榜中的名次：总排名 91/596，广东省内排名 8/27，理工类排名 41/182。

共 25 个一级学科(学术学位)参评，其中 5★+学科 0 个，5★学科 0 个，5★-学科 0 个，4★学科 5 个，学科优秀率为 20%。

一级学科排名

应用经济学 170/264、数学 83/276、机械工程 41/224、光学工程 47/94、仪器科学与技术 36/68、材料科学与工程 56/227、动力工程及工程热物理 50/104、电气工程 56/112、电子科学与技术 68/

123、信息与通信工程 53/186、控制科学与工程 33/189、计算机科学与技术 63/268、建筑学 46/84、土木工程 75/164、测绘科学与技术 44/53、化学工程与技术 39/176、环境科学与工程 29/196、食品科学与工程 102/105、城乡规划学 49/74、软件工程 58/148、管理科学与工程 29/209、工商管理 119/309、公共管理 138/214、设计学 24/175、集成电路科学与工程 26/30。

本科优势专业排名

5★+专业：机械电子工程 4/302、物联网工程 7/492。

5★专业：应用化学 18/375、机械设计制造及其自动化 16/517、材料成型及控制工程 11/221、人工智能 21/479、自动化 15/445、计算机科学与技术 47/932、网络工程 14/282、化学工程与工艺 13/329、环境生态工程 3/71、房地产开发与管理 2/40、大数据管理与应用 10/210、环境设计 34/721、产品设计 16/402、数字媒体艺术 11/350。

5★-专业：工业设计 19/216、新能源材料与器件 12/131、电气工程及其自动化 53/573、通信工程 37/494、机器人工程 33/333、数据科学与大数据技术 55/711、制药工程 23/257、环境工程 34/352、信息管理与信息系统 27/335、视觉传达设计 72/722。

4★专业：国际经济与贸易 83/665、翻译 36/269、商务英语 42/360、信息与计算科学 41/308、应用统计学 29/187、车辆工程 50/256、智能制造工程 49/296、高分子材料与工程 24/185、电子信息工程 117/642、软件工程 95/611。

11078 广州大学

在中国本科院校竞争力排行榜中的名次 96，广东省内排名 8/60，综合类排名 31/268。

共 76 个专业参评，其中 5★+专业 0 个，5★专业 3 个，5★-专业 13 个，4★专业 22 个，3★专业 32 个。

在中国普通高校研究生教育竞争力排行榜中的名次：总排名 93/596，广东省内排名 9/27，综合类排名 33/93。

共 36 个一级学科（学术学位）参评，其中 5★+学科 0 个，5★学科 0 个，5★-学科 0 个，4★学科 3 个，学科优秀率为 8.33%。

一级学科排名

哲学 96/133、应用经济学 95/264、法学 63/209、社会学 44/88、马克思主义理论 161/377、教育学 29/143、心理学 37/104、中国语言文学 86/186、外国语言文学 190/240、新闻传播学 50/120、中国史 92/119、数学 58/276、物理学 147/203、化学 131/238、天文学 13/21、地理学 42/85、生物学 132/240、统计学 29/126、教育技术学 41/45、力学 58/97、机械工程 170/224、材料科学与工程 127/227、信息与通信工程 72/186、计算机科学与技术 135/268、建筑学 26/84、土木工程 28/164、化学工程与技术 113/176、环境科学与工程 87/196、城乡规划学 45/74、网络空间安全 15/77、工商管理 74/309、公共管理 107/214、音乐与舞蹈学 25/86、戏剧与影视学 21/62、美术学 47/114、设计学 112/175。

本科优势专业排名

5★专业：应用心理学 10/257、物流管理 18/432、旅游管理 19/428。

5★-专业：教育技术学 12/130、网络与新媒体 24/338、数学与应用数学 32/519、信息与计算科学 17/308、统计学 13/211、机器人工程 32/333、土木工程 41/529、建筑环境与能源应用工程 12/166、给排水科学与工程 9/161、工程管理 35/393、工商管理 30/538、行政管理 24/292、电子商务 39/457。

4★专业：法学 64/580、思想政治教育 56/304、学前教育 43/420、小学教育 49/311、汉语言文学 70/619、英语 139/925、广播电视学 19/146、人文地理与城乡规划 15/110、机械设计制造及其自动化 66/517、电子信息工程 92/642、计算机科学与技术 186/932。

12121 南方医科大学

在中国本科院校竞争力排行榜中的名次 109，广东省内排名 9/60，医药类排名 3/108。

共 28 个专业参评，其中 5★+专业 1 个，5★专业 6 个，5★-专业 6 个，4★专业 6 个，3★专业 7 个。

在中国普通高校研究生教育竞争力排行榜中的名次：总排名 82/596，广东省内排名 7/27，医药类排名 4/76。

共 16 个一级学科(学术学位)参评,其中 5★+学科 0 个,5★学科 0 个,5★-学科 0 个,4★学科 1 个,学科优秀率为 6.25%。

一级学科排名

马克思主义理论 120/377、心理学 52/104、生物学 40/240、生物医学工程 21/80、基础医学 35/111、临床医学 24/113、口腔医学 13/47、公共卫生与预防医学 27/78、中医学 16/40、中西医结合 14/62、药学 35/147、中药学 14/51、特种医学 9/17、医学技术 13/43、护理学 17/74、公共管理 169/214。

本科优势专业排名

5★+专业:医学影像学 1/79。

5★专业:生物信息学 3/52、临床医学 8/192、药学 11/250、医学检验技术 7/166、康复治疗学 6/183、护理学 12/296。

5★-专业:生物技术 17/285、应用心理学 21/257、生物医学工程 9/122、预防医学 8/125、中药学 10/121、公共事业管理 15/246。

4★专业:应用统计学 28/187。

14325 南方科技大学

在中国本科院校竞争力排行榜中的名次 172,广东省内排名 10/60,综合类排名 46/268。

共 34 个专业参评,其中 5★+专业 0 个,5★专业 0 个,5★-专业 0 个,4★专业 4 个,3★专业 17 个。

在中国普通高校研究生教育竞争力排行榜中的名次:总排名 123/596,广东省内排名 10/27,综合类排名 36/93。

共 9 个一级学科(学术学位)参评,其中 5★+学科 0 个,5★学科 0 个,5★-学科 1 个,4★学科 1 个,学科优秀率为 22.22%。

一级学科排名

数学 16/276、物理学 44/203、化学 57/238、地球物理学 5/21、生物学 67/240、力学 18/97、材料科学与工程 90/227、电子科学与技术 47/123、集成电路科学与工程 30/30。

本科优势专业排名

4★专业:数学与应用数学 92/519、物理学 36/283、生物信息学 10/52、理论与应用力学 3/13。

11846 广东外语外贸大学

在中国本科院校竞争力排行榜中的名次 183,广东省内排名 11/60,文法类排名 4/68。

共 55 个专业参评,其中 5★+专业 5 个,5★专业 9 个,5★-专业 11 个,4★专业 7 个,3★专业 14 个。

在中国普通高校研究生教育竞争力排行榜中的名次:总排名 204/596,广东省内排名 14/27,文法类排名 4/32。

共 12 个一级学科(学术学位)参评,其中 5★+学科 0 个,5★学科 1 个,5★-学科 0 个,4★学科 1 个,学科优秀率为 16.67%。

一级学科排名

理论经济学 65/109、应用经济学 59/264、法学 35/209、政治学 42/80、马克思主义理论 252/377、心理学 104/104、中国语言文学 102/186、外国语言文学 9/240、新闻传播学 58/120、网络空间安全 40/77、管理科学与工程 135/209、工商管理 110/309。

本科优势专业排名

5★+专业:英语 3/925、日语 8/449、翻译 4/269、商务英语 3/360、财务管理 14/686。

5★专业:国际经济与贸易 14/665、法学 17/580、德语 3/112、西班牙语 4/97、印度尼西亚语 1/16、泰语 2/48、网络与新媒体 15/338、市场营销 21/579、人力资源管理 18/416。

5★-专业:金融学 39/389、俄语 12/161、法语 13/143、朝鲜语 6/92、缅甸语 2/17、越南语 2/25、葡萄牙语 3/33、意大利语 2/23、会计学 36/659、国际商务 10/126、审计学 14/198。

4★专业:经济学 61/356、金融工程 30/255、保险学 12/95、汉语言文学 74/619、新闻学 46/308。

10560　汕头大学

在中国本科院校竞争力排行榜中的名次 185，广东省内排名 12/60，综合类排名 47/268。

共 46 个专业参评，其中 5★+专业 0 个，5★专业 0 个，5★-专业 3 个，4★专业 8 个，3★专业 21 个。

在中国普通高校研究生教育竞争力排行榜中的名次：总排名 192/596，广东省内排名 13/27，综合类排名 50/93。

共 24 个一级学科（学术学位）参评。

一级学科排名

应用经济学 254/264、马克思主义理论 341/377、教育学 114/143、中国语言文学 126/186、外国语言文学 229/240、新闻传播学 110/120、数学 95/276、化学 157/238、海洋科学 17/31、生物学 96/240、机械工程 144/224、光学工程 70/94、材料科学与工程 186/227、信息与通信工程 106/186、计算机科学与技术 227/268、土木工程 67/164、化学工程与技术 147/176、基础医学 53/111、临床医学 64/113、公共卫生与预防医学 72/78、药学 56/147、工商管理 194/309、公共管理 190/214、设计学 125/175。

本科优势专业排名

5★-专业：生物技术 29/285、电子信息工程 49/642、视觉传达设计 52/722。

4★专业：汉语言文学 93/619、英语 159/925、数学与应用数学 80/519、机械设计制造及其自动化 69/517。

10570　广州医科大学

在中国本科院校竞争力排行榜中的名次 240，广东省内排名 13/60，医药类排名 17/108。

共 21 个专业参评，其中 5★+专业 0 个，5★专业 1 个，5★-专业 1 个，4★专业 3 个，3★专业 11 个。

在中国普通高校研究生教育竞争力排行榜中的名次：总排名 132/596，广东省内排名 11/27，医药类排名 9/76。

共 8 个一级学科（学术学位）参评，其中 5★+学科 0 个，5★学科 0 个，5★-学科 0 个，4★学科 1 个，学科优秀率为 12.5%。

一级学科排名

生物医学工程 39/80、基础医学 38/111、临床医学 15/113、公共卫生与预防医学 22/78、中西医结合 32/62、药学 71/147、护理学 30/74、公共管理 212/214。

本科优势专业排名

5★专业：医学检验技术 4/166。
5★-专业：康复治疗学 17/183。

10572　广州中医药大学

在中国本科院校竞争力排行榜中的名次 272，广东省内排名 14/60，医药类排名 22/108。

共 24 个专业参评，其中 5★+专业 0 个，5★专业 1 个，5★-专业 3 个，4★专业 5 个，3★专业 7 个。

在中国普通高校研究生教育竞争力排行榜中的名次：总排名 159/596，广东省内排名 12/27，医药类排名 17/76。

共 9 个一级学科（学术学位）参评，其中 5★+学科 0 个，5★学科 0 个，5★-学科 2 个，4★学科 1 个，学科优秀率为 33.33%。

一级学科排名

基础医学 84/111、临床医学 41/113、中医学 3/40、中西医结合 5/62、药学 68/147、中药学 7/51、医学技术 39/43、护理学 47/74、公共管理 184/214。

本科优势专业排名

5★专业：健康服务与管理 6/126。
5★-专业：中医学 4/65、针灸推拿学 5/51、康复治疗学 16/183。
4★专业：应用心理学 51/257、医学信息工程 9/57。

10592　广东财经大学

在中国本科院校竞争力排行榜中的名次 298，

广东省内排名 15/60,财经类排名 17/109。

共 60 个专业参评,其中 5★+专业 0 个,5★专业 6 个,5★-专业 6 个,4★专业 10 个,3★专业 21 个。

在中国普通高校研究生教育竞争力排行榜中的名次:总排名 370/596,广东省内排名 19/27,财经类排名 20/39。

共 10 个一级学科(学术学位)参评。

一级学科排名

理论经济学 81/109、应用经济学 85/264、法学 79/209、马克思主义理论 290/377、外国语言文学 183/240、数学 274/276、统计学 58/126、管理科学与工程 134/209、工商管理 98/309、设计学 136/175。

本科优势专业排名

5★专业:国际经济与贸易 32/665、市场营销 18/579、财务管理 19/686、审计学 9/198、电子商务 12/457、酒店管理 9/184。

5★-专业:数字经济 12/129、税收学 8/90、金融学 30/389、投资学 7/124、大数据管理与应用 20/210、会计学 58/659。

4★专业:法学 68/580。

10566 广东海洋大学

在中国本科院校竞争力排行榜中的名次 314,广东省内排名 16/60,农林类排名 28/47。

共 76 个专业参评,其中 5★+专业 0 个,5★专业 0 个,5★-专业 3 个,4★专业 1 个,3★专业 34 个。

在中国普通高校研究生教育竞争力排行榜中的名次:总排名 330/596,广东省内排名 17/27,农林类排名 31/38。

共 11 个一级学科(学术学位)参评。

一级学科排名

应用经济学 216/264、马克思主义理论 335/377、海洋科学 16/31、机械工程 212/224、计算机科学与技术 203/268、船舶与海洋工程 27/27、食品科学与工程 34/105、作物学 49/50、畜牧学 38/55、水产 9/33、工商管理 284/309。

本科优势专业排名

5★-专业:食品科学与工程 16/283、食品质量与安全 22/240、水产养殖学 5/53。

10586 广州美术学院

在中国本科院校竞争力排行榜中的名次 341,广东省内排名 17/60,艺术类排名 18/48。

共 25 个专业参评,其中 5★+专业 1 个,5★专业 2 个,5★-专业 5 个,4★专业 5 个,3★专业 5 个。

在中国普通高校研究生教育竞争力排行榜中的名次:总排名 422/596,广东省内排名 22/27,艺术类排名 9/33。

共 3 个一级学科(学术学位)参评,其中 5★+学科 0 个,5★学科 0 个,5★-学科 1 个,4★学科 1 个,学科优秀率为 66.67%。

一级学科排名

艺术学理论 42/73、美术学 8/114、设计学 34/175。

本科优势专业排名

5★+专业:产品设计 5/402。

5★专业:视觉传达设计 34/722、环境设计 29/721。

5★-专业:动画 20/251、美术学 20/333、绘画 15/160、书法学 8/130、工艺美术 8/92。

10573 广东药科大学

在中国本科院校竞争力排行榜中的名次 358,广东省内排名 18/60,医药类排名 32/108。

共 43 个专业参评,其中 5★+专业 1 个,5★专业 0 个,5★-专业 1 个,4★专业 0 个,3★专业 24 个。

在中国普通高校研究生教育竞争力排行榜中的名次:总排名 326/596,广东省内排名 16/27,医药类排名 43/76。

共 5 个一级学科(学术学位)参评。

一级学科排名

生物工程 12/26、基础医学 81/111、公共卫生与预防医学 45/78、中西医结合 26/62、药学 59/147。

本科优势专业排名

5★+专业：健康服务与管理 3/126。

5★-专业：药物制剂 9/87。

11819　东莞理工学院

在中国本科院校竞争力排行榜中的名次 360，广东省内排名 19/60，理工类排名 138/364。

共 54 个专业参评，其中 5★+专业 0 个，5★专业 0 个，5★-专业 1 个，4★专业 8 个，3★专业 14 个。

在中国普通高校研究生教育竞争力排行榜中的名次：总排名 374/596，广东省内排名 20/27，理工类排名 137/182。

共 2 个一级学科(学术学位)参评。

一级学科排名

计算机科学与技术 189/268、土木工程 163/164。

本科优势专业排名

5★-专业：经济与金融 6/78。

4★专业：社会工作 46/259、应用化学 62/375、机械设计制造及其自动化 101/517、电子信息工程 81/642、通信工程 52/494、计算机科学与技术 176/932、软件工程 94/611、网络工程 43/282。

11847　佛山科学技术学院

在中国本科院校竞争力排行榜中的名次 401，广东省内排名 20/60，理工类排名 147/364。

共 54 个专业参评，其中 5★+专业 0 个，5★专业 0 个，5★-专业 0 个，4★专业 1 个，3★专业 24 个。

在中国普通高校研究生教育竞争力排行榜中

的名次：总排名 331/596，广东省内排名 18/27，理工类排名 127/182。

共 7 个一级学科(学术学位)参评。

一级学科排名

数学 185/276、机械工程 134/224、光学工程 56/94、材料科学与工程 145/227、土木工程 87/164、畜牧学 45/55、兽医学 33/44。

10588　广东技术师范大学

在中国本科院校竞争力排行榜中的名次 420，广东省内排名 21/60，师范类排名 44/175。

共 67 个专业参评，其中 5★+专业 0 个，5★专业 2 个，5★-专业 1 个，4★专业 4 个，3★专业 36 个。

在中国普通高校研究生教育竞争力排行榜中的名次：总排名 479/596，广东省内排名 24/27，师范类排名 54/77。

共 4 个一级学科(学术学位)参评。

一级学科排名

民族学 34/38、教育学 101/143、新闻传播学 67/120、控制科学与工程 181/189。

本科优势专业排名

5★专业：新能源汽车工程 2/45、机器人工程 17/333。

5★-专业：网络与新媒体 23/338。

4★专业：通信工程 95/494。

10571　广东医科大学

在中国本科院校竞争力排行榜中的名次 428，广东省内排名 22/60，医药类排名 45/108。

共 37 个专业参评，其中 5★+专业 0 个，5★专业 0 个，5★-专业 1 个，4★专业 3 个，3★专业 20 个。

在中国普通高校研究生教育竞争力排行榜中的名次：总排名 322/596，广东省内排名 15/27，医药类排名 41/76。

共 7 个一级学科(学术学位)参评。

一级学科排名

生物学 200/240、生物医学工程 45/80、基础医学 69/111、临床医学 61/113、公共卫生与预防医学 57/78、药学 90/147、医学技术 18/43。

本科优势专业排名

5★-专业：卫生检验与检疫 6/56。

11349　五邑大学

在中国本科院校竞争力排行榜中的名次 436，广东省内排名 23/60，综合类排名 74/268。

共 41 个专业参评，其中 5★+专业 0 个，5★专业 0 个，5★-专业 2 个，4★专业 1 个，3★专业 13 个。

在中国普通高校研究生教育竞争力排行榜中的名次：总排名 456/596，广东省内排名 23/27，综合类排名 75/93。

共 10 个一级学科(学术学位)参评。

一级学科排名

数学 228/276、机械工程 224/224、材料科学与工程 165/227、信息与通信工程 173/186、控制科学与工程 186/189、化学工程与技术 174/176、纺织科学与工程 19/22、药学 116/147、管理科学与工程 163/209、工商管理 306/309。

本科优势专业排名

5★-专业：通信工程 42/494、市场营销 42/579。

10587　星海音乐学院

在中国本科院校竞争力排行榜中的名次 456，广东省内排名 24/60，艺术类排名 27/48。

共 11 个专业参评，其中 5★+专业 0 个，5★专业 1 个，5★-专业 2 个，4★专业 3 个，3★专业 2 个。

在中国普通高校研究生教育竞争力排行榜中的名次：总排名 518/596，广东省内排名 26/27，艺术类排名 18/33。

共 1 个一级学科(学术学位)参评，其中 5★+学科 0 个，5★学科 0 个，5★-学科 0 个，4★学科 1 个，学科优秀率为 100%。

一级学科排名

音乐与舞蹈学 11/86。

本科优势专业排名

5★专业：音乐表演 12/234。
5★-专业：音乐学 26/388、舞蹈学 15/201。

11540　广东金融学院

在中国本科院校竞争力排行榜中的名次 494，广东省内排名 25/60，财经类排名 35/109。

共 48 个专业参评，其中 5★+专业 0 个，5★专业 1 个，5★-专业 3 个，4★专业 10 个，3★专业 24 个。

在中国普通高校研究生教育竞争力排行榜中的名次：总排名 516/596，广东省内排名 25/27，财经类排名 36/39。

本科优势专业排名

5★专业：金融科技 5/95。
5★-专业：经济与金融 7/78、互联网金融 4/56、供应链管理 7/72。
4★专业：金融学 55/389、保险学 15/95、投资学 16/124、精算学 3/17、商务英语 55/360、网络与新媒体 58/338。

10585　广州体育学院

在中国本科院校竞争力排行榜中的名次 514，广东省内排名 26/60，体育类排名 12/16。

共 17 个专业参评，其中 5★+专业 0 个，5★专业 0 个，5★-专业 2 个，4★专业 1 个，3★专业 6 个。

在中国普通高校研究生教育竞争力排行榜中的名次：总排名 527/596，广东省内排名 27/27，体育类排名 10/13。

共 2 个一级学科(学术学位)参评。

一级学科排名

体育学 43/107、临床医学 110/113。

本科优势专业排名

5★－专业：体育教育 30/341、休闲体育 7/102。

4★专业：社会体育指导与管理 37/239。

11656　广东石油化工学院

在中国本科院校竞争力排行榜中的名次 515，广东省内排名 27/60，综合类排名 82/268。

共 58 个专业参评，其中 5★+专业 0 个，5★专业 0 个，5★－专业 0 个，4★专业 0 个，3★专业 15 个。

11347　仲恺农业工程学院

在中国本科院校竞争力排行榜中的名次 523，广东省内排名 28/60，农林类排名 37/47。

共 60 个专业参评，其中 5★+专业 0 个，5★专业 0 个，5★－专业 0 个，4★专业 1 个，3★专业 16 个。

在中国普通高校研究生教育竞争力排行榜中的名次：总排名 403/596，广东省内排名 21/27，农林类排名 34/38。

共 9 个一级学科（学术学位）参评。

一级学科排名

化学工程与技术 168/176、农业工程 38/43、环境科学与工程 171/196、食品科学与工程 79/105、作物学 48/50、园艺学 44/44、植物保护 35/44、畜牧学 41/55、林学 31/35。

10578　韩山师范学院

在中国本科院校竞争力排行榜中的名次 558，广东省内排名 29/60，师范类排名 68/175。

共 58 个专业参评，其中 5★+专业 0 个，5★专业 0 个，5★－专业 0 个，4★专业 1 个，3★专业 9 个。

本科优势专业排名

4★专业：秘书学 18/89。

10577　惠州学院

在中国本科院校竞争力排行榜中的名次 571，广东省内排名 30/60，综合类排名 90/268。

共 50 个专业参评，其中 5★+专业 0 个，5★专业 0 个，5★－专业 0 个，4★专业 0 个，3★专业 14 个。

10579　岭南师范学院

在中国本科院校竞争力排行榜中的名次 588，广东省内排名 31/60，师范类排名 76/175。

共 68 个专业参评，其中 5★+专业 0 个，5★专业 0 个，5★－专业 0 个，4★专业 1 个，3★专业 23 个。

本科优势专业排名

4★专业：小学教育 46/311。

11106　广州航海学院

在中国本科院校竞争力排行榜中的名次 643，广东省内排名 34/60，理工类排名 203/364。

共 33 个专业参评，其中 5★+专业 0 个，5★专业 0 个，5★－专业 2 个，4★专业 1 个，3★专业 7 个。

本科优势专业排名

5★－专业：商务英语 25/360、数字媒体艺术 31/350。

10582　嘉应学院

在中国本科院校竞争力排行榜中的名次 646，广东省内排名 35/60，综合类排名 112/268。

共 60 个专业参评，其中 5★+专业 0 个，5★专业 0 个，5★－专业 0 个，4★专业 1 个，3★专业 14 个。

10576　韶关学院

在中国本科院校竞争力排行榜中的名次 652，广东省内排名 36/60，综合类排名 114/268。

共 64 个专业参评，其中 5★+专业 0 个，5★专业 0 个，5★-专业 0 个，4★专业 1 个，3★专业 17 个。

本科优势专业排名

4★专业：商务英语 63/360。

10580　肇庆学院

在中国本科院校竞争力排行榜中的名次 702，广东省内排名 38/60，综合类排名 124/268。

共 60 个专业参评，其中 5★+专业 0 个，5★专业 0 个，5★-专业 0 个，4★专业 2 个，3★专业 19 个。

11110　广东警官学院

在中国本科院校竞争力排行榜中的名次 723，广东省内排名 39/60，文法类排名 34/68。

共 12 个专业参评，其中 5★+专业 0 个，5★专业 0 个，5★-专业 2 个，4★专业 1 个，3★专业 5 个。

本科优势专业排名

5★-专业：侦查学 3/31、经济犯罪侦查 2/17。

14278　广东第二师范学院

在中国本科院校竞争力排行榜中的名次 744，广东省内排名 40/60，师范类排名 113/175。

共 41 个专业参评，其中 5★+专业 0 个，5★专业 0 个，5★-专业 0 个，4★专业 1 个，3★专业 9 个。

本科优势专业排名

4★专业：体育教育 61/341。

14655　深圳技术大学

在中国本科院校竞争力排行榜中的名次 1166，

广东省内排名 58/60，理工类排名 343/364。

共 35 个专业参评，其中 5★+专业 0 个，5★专业 0 个，5★-专业 0 个，4★专业 1 个，3★专业 12 个。

民 办 院 校

13719　广东科技学院

在中国民办院校竞争力排行榜中的名次 9，广东省内排名 32/60，理工类排名 198/364。

共 46 个专业参评，其中 5★+专业 0 个，5★专业 1 个，5★-专业 3 个，4★专业 6 个，3★专业 24 个。

本科优势专业排名

5★专业：跨境电子商务 4/89。

5★-专业：数据科学与大数据技术 71/711、大数据管理与应用 19/210、供应链管理 6/72。

4★专业：金融工程 41/255、投资学 18/124、商务英语 41/360、新能源汽车工程 8/45。

13714　广州工商学院

在中国民办院校竞争力排行榜中的名次 13，广东省内排名 33/60，综合类排名 108/268。

共 28 个专业参评，其中 5★+专业 0 个，5★专业 0 个，5★-专业 1 个，4★专业 8 个，3★专业 13 个。

本科优势专业排名

5★-专业：商务英语 27/360。

12574　广东东软学院

在中国民办院校竞争力排行榜中的名次 24，广东省内排名 37/60，理工类排名 211/364。

共 22 个专业参评，其中 5★+专业 0 个，5★专业 0 个，5★-专业 0 个，4★专业 2 个，3★专业 14 个。

本科优势专业排名

4★专业：机器人工程 60/333。

12617　广州城市理工学院

在中国民办院校竞争力排行榜中的名次 42，广东省内排名 41/60，理工类排名 224/364。

共 43 个专业参评，其中 5★+专业 0 个，5★专业 1 个，5★-专业 0 个，4★专业 1 个，3★专业 8 个。

本科优势专业排名

5★专业：供应链管理 3/72。
4★专业：人工智能 96/479。

13667　广州商学院

在中国民办院校竞争力排行榜中的名次 46，广东省内排名 43/60，综合类排名 139/268。

共 34 个专业参评，其中 5★+专业 0 个，5★专业 2 个，5★-专业 1 个，4★专业 4 个，3★专业 19 个。

本科优势专业排名

5★专业：互联网金融 2/56、数据科学与大数据技术 34/711。
5★-专业：商务英语 33/360。

13684　珠海科技学院

在中国民办院校竞争力排行榜中的名次 72，广东省内排名 44/60，综合类排名 162/268。

共 64 个专业参评，其中 5★+专业 0 个，5★专业 0 个，5★-专业 0 个，4★专业 1 个，3★专业 9 个。

12619　广州南方学院

在中国民办院校竞争力排行榜中的名次 85，广东省内排名 45/60，综合类排名 169/268。

共 41 个专业参评，其中 5★+专业 0 个，5★专业 0 个，5★-专业 1 个，4★专业 1 个，3★专业 13 个。

本科优势专业排名

5★-专业：电子商务 33/457。

10822　广东白云学院

在中国民办院校竞争力排行榜中的名次 88，广东省内排名 46/60，理工类排名 247/364。

共 54 个专业参评，其中 5★+专业 0 个，5★专业 0 个，5★-专业 0 个，4★专业 0 个，3★专业 27 个。

12618　广州软件学院

在中国民办院校竞争力排行榜中的名次 103，广东省内排名 47/60，理工类排名 260/364。

共 30 个专业参评，其中 5★+专业 0 个，5★专业 0 个，5★-专业 0 个，4★专业 0 个，3★专业 4 个。

12668　广州理工学院

在中国民办院校竞争力排行榜中的名次 104，广东省内排名 48/60，综合类排名 182/268。

共 39 个专业参评，其中 5★+专业 0 个，5★专业 0 个，5★-专业 0 个，4★专业 1 个，3★专业 15 个。

本科优势专业排名

4★专业：互联网金融 9/56。

13902　广州新华学院

在中国民办院校竞争力排行榜中的名次 125，广东省内排名 50/60，综合类排名 197/268。

共 57 个专业参评，其中 5★+专业 0 个，5★专业 0 个，5★-专业 0 个，4★专业 0 个，3★专业 4 个。

12621　广州华商学院

在中国民办院校竞争力排行榜中的名次 139，广东省内排名 51/60，财经类排名 69/109。

共 39 个专业参评，其中 5★+专业 0 个，5★专业 0 个，5★-专业 0 个，4★专业 2 个，3★专业 8 个。

本科优势专业排名

4★专业：金融科技 13/95。

13720　广东理工学院

在中国民办院校竞争力排行榜中的名次 142，广东省内排名 52/60，理工类排名 282/364。

共 36 个专业参评，其中 5★+专业 1 个，5★专业 0 个，5★-专业 0 个，4★专业 7 个，3★专业 22 个。

本科优势专业排名

5★+专业：互联网金融 1/56。

4★专业：金融工程 43/255、商务英语 52/360、汽车服务工程 15/117、人工智能 85/479、机器人工程 38/333。

12059　广东培正学院

在中国民办院校竞争力排行榜中的名次 148，广东省内排名 53/60，财经类排名 71/109。

共 45 个专业参评，其中 5★+专业 0 个，5★专业 0 个，5★-专业 0 个，4★专业 1 个，3★专业 23 个。

本科优势专业排名

4★专业：商务英语 37/360。

13844　东莞城市学院

在中国民办院校竞争力排行榜中的名次 183，

广东省内排名 55/60，理工类排名 327/364。

共 35 个专业参评，其中 5★+专业 0 个，5★专业 0 个，5★-专业 0 个，4★专业 1 个，3★专业 3 个。

本科优势专业排名

4★专业：数字经济 19/129。

12622　湛江科技学院

在中国民办院校竞争力排行榜中的名次 201，广东省内排名 57/60，财经类排名 98/109。

共 48 个专业参评，其中 5★+专业 0 个，5★专业 0 个，5★-专业 0 个，4★专业 0 个，3★专业 11 个。

13657　广州应用科技学院

在中国民办院校竞争力排行榜中的名次 215，广东省内排名 59/60，综合类排名 266/268。

共 44 个专业参评，其中 5★+专业 0 个，5★专业 0 个，5★-专业 0 个，4★专业 0 个，3★专业 11 个。

13656　广州华立学院

在中国民办院校竞争力排行榜中的名次 217，广东省内排名 60/60，理工类排名 358/364。

共 41 个专业参评，其中 5★+专业 0 个，5★专业 0 个，5★-专业 0 个，4★专业 1 个，3★专业 5 个。

学与工程 16/30。

湖 北 省

一流大学

10486 武汉大学

在中国本科院校竞争力排行榜中的名次 7，湖北省内排名 1/68，综合类排名 5/268。

共 111 个专业参评，其中 5★+专业 18 个，5★专业 22 个，5★-专业 27 个，4★专业 24 个，3★专业 17 个。

在中国普通高校研究生教育竞争力排行榜中的名次：总排名 6/596，湖北省内排名 1/29，综合类排名 4/93。

共 57 个一级学科(学术学位)参评，其中 5★+学科 6 个，5★学科 11 个，5★-学科 12 个，4★学科 14 个，学科优秀率为 75.44%。

一级学科排名

哲学 8/133、理论经济学 3/109、应用经济学 9/264、法学 2/209、政治学 11/80、社会学 11/88、马克思主义理论 3/377、教育学 51/143、心理学 23/104、中国语言文学 10/186、外国语言文学 14/240、新闻传播学 5/120、考古学 4/40、中国史 10/119、世界史 8/68、数学 18/276、物理学 13/203、化学 15/238、天文学 14/21、地理学 4/85、地球物理学 1/21、生物学 2/240、生态学 23/111、统计学 13/126、力学 29/97、机械工程 33/224、光学工程 59/94、仪器科学与技术 41/68、材料科学与工程 38/227、动力工程及工程热物理 29/104、电气工程 15/112、电子科学与技术 30/123、信息与通信工程 21/186、控制科学与工程 18/189、计算机科学与技术 19/268、建筑学 14/84、土木工程 24/164、水利工程 1/64、测绘科学与技术 1/53、化学工程与技术 72/176、环境科学与工程 31/196、城乡规划学 9/74、软件工程 6/148、网络空间安全 4/77、基础医学 9/111、临床医学 20/113、口腔医学 2/47、公共卫生与预防医学 21/78、药学 107/147、护理学 8/74、管理科学与工程 10/209、工商管理 8/309、公共管理 7/214、信息资源管理 1/50、戏剧与影视学 11/62、设计学 42/175、集成电路科学与工程 16/30。

本科优势专业排名

5★+专业：经济学 7/356、法学 3/580、思想政治教育 2/304、汉语言文学 9/619、汉语国际教育 4/328、广告学 2/256、编辑出版学 1/32、地理科学 3/171、地理信息科学 1/171、生物科学 5/283、生物技术 2/285、储能科学与工程 1/59、电子信息工程 10/642、数据科学与大数据技术 14/711、水利水电工程 1/83、测绘工程 1/147、遥感科学与技术 1/61、信息管理与信息系统 6/335。

5★专业：英语 33/925、新闻学 14/308、历史学 7/246、数学与应用数学 13/519、信息与计算科学 9/308、物理学 11/283、化学 15/310、地球物理学 1/22、电气工程及其自动化 14/573、通信工程 16/494、人工智能 18/479、计算机科学与技术 20/932、软件工程 16/611、土木工程 21/529、智能建造 4/101、环境工程 14/352、建筑学 15/291、城乡规划 10/207、生物制药 5/121、工程管理 20/393、市场营销 28/579、档案学 2/34。

5★-专业：金融工程 22/255、国际经济与贸易 35/665、外交学 2/15、法语 11/143、日语 27/449、翻译 20/269、广播电视学 15/146、传播学 7/69、应用化学 38/375、机械设计制造及其自动化 49/517、微电子科学与工程 8/115、信息安全 10/126、网络空间安全 10/113、给排水科学与工程 13/161、水文与水资源工程 4/50、临床医学 13/192、口腔医学 7/118、工商管理 46/538、财务管理 69/686、人力资源管理 38/416、公共事业管理 17/246、行政管理 17/292、土地资源管理 8/90、图书馆学 2/18、电子商务 27/457、戏剧影视文学 10/95、环境设计 56/721。

4★专业：哲学 11/75、金融学 65/389、政治学与行政学 13/84、马克思主义理论 6/54、世界史 4/18、考古学 5/36、统计学 26/211、智能制造工程 36/296、能源与动力工程 21/188、光电信息科学与工程 37/218、集成电路设计与集成系统 16/88、电子信息科学与技术 21/167、自动化 86/445。

10487 华中科技大学

在中国本科院校竞争力排行榜中的名次 13，湖北省内排名 2/68，理工类排名 6/364。

共 105 个专业参评，其中 5★+专业 14 个，5★专业 17 个，5★-专业 21 个，4★专业 27 个，3

★专业 18 个。

在中国普通高校研究生教育竞争力排行榜中的名次：总排名 10/596，湖北省内排名 2/29，理工类排名 4/182。

共 47 个一级学科(学术学位)参评，其中 5★+学科 4 个，5★学科 8 个，5★-学科 14 个，4★学科 14 个，学科优秀率为 85.11%。

一级学科排名

哲学 13/133、理论经济学 16/109、应用经济学 19/264、法学 32/209、社会学 13/88、马克思主义理论 41/377、教育学 10/143、中国语言文学 30/186、外国语言文学 24/240、新闻传播学 8/120、数学 30/276、物理学 12/203、化学 29/238、生物学 23/240、统计学 18/126、力学 16/97、机械工程 8/224、光学工程 2/94、材料科学与工程 9/227、动力工程及工程热物理 1/104、电气工程 4/112、电子科学与技术 15/123、信息与通信工程 11/186、控制科学与工程 16/189、计算机科学与技术 3/268、建筑学 10/84、土木工程 18/164、水利工程 14/64、船舶与海洋工程 8/27、航空宇航科学与技术 16/32、环境科学与工程 20/196、生物医学工程 17/80、城乡规划学 5/74、风景园林学 29/56、网络空间安全 11/77、基础医学 6/111、临床医学 6/113、口腔医学 10/47、公共卫生与预防医学 2/78、中西医结合 3/62、药学 14/147、护理学 6/74、管理科学与工程 17/209、工商管理 34/309、公共管理 5/214、设计学 51/175、集成电路科学与工程 2/30。

本科优势专业排名

5★+专业：广播电视学 2/146、生物技术 3/285、机械设计制造及其自动化 2/517、材料成型及控制工程 1/221、新能源科学与工程 3/144、电气工程及其自动化 1/573、电子信息工程 9/642、光电信息科学与工程 2/218、计算机科学与技术 10/932、智能建造 2/101、生物制药 2/121、预防医学 3/125、工程管理 6/393、市场营销 6/579。

5★专业：新闻学 11/308、生物科学 14/283、材料科学与工程 10/237、能源与动力工程 9/188、通信工程 17/494、集成电路设计与集成系统 3/88、人工智能 19/479、自动化 11/445、软件工程 27/611、物联网工程 22/492、土木工程 15/529、给排水科学与工程 5/161、城乡规划 9/207、临床医学

6/192、工商管理 24/538、公共事业管理 6/246、物流管理 15/432。

5★-专业：经济学 29/356、法学 41/580、社会学 8/92、日语 41/449、翻译 14/269、广告学 24/256、信息与计算科学 29/308、物理学 20/283、化学 25/310、生物信息学 5/52、储能科学与工程 4/59、电子科学与技术 10/154、信息安全 9/126、生物医学工程 7/122、建筑学 19/291、药学 16/250、医学检验技术 11/166、护理学 21/296、信息管理与信息系统 22/335、财务管理 66/686、工业工程 10/142。

4★专业：经济统计学 26/138、金融学 41/389、金融工程 40/255、国际经济与贸易 93/665、社会工作 30/259、汉语言文学 86/619、汉语国际教育 41/328、英语 96/925、德语 15/112、法语 27/143、传播学 9/69、数学与应用数学 59/519、应用化学 64/375、工程力学 16/82、微电子科学与工程 19/115。

一般大学

10497　武汉理工大学

在中国本科院校竞争力排行榜中的名次 39，湖北省内排名 3/68，理工类排名 21/364。

共 92 个专业参评，其中 5★+专业 5 个，5★专业 10 个，5★-专业 25 个，4★专业 21 个，3★专业 29 个。

在中国普通高校研究生教育竞争力排行榜中的名次：总排名 48/596，湖北省内排名 3/29，理工类排名 23/182。

共 45 个一级学科(学术学位)参评，其中 5★+学科 0 个，5★学科 1 个，5★-学科 2 个，4★学科 4 个，学科优秀率为 15.56%。

一级学科排名

哲学 82/133、应用经济学 53/264、法学 179/209、政治学 66/80、马克思主义理论 36/377、教育学 121/143、体育学 64/107、外国语言文学 114/240、新闻传播学 95/120、中国史 94/119、数学 103/276、物理学 68/203、化学 71/238、地理学 61/85、系统科学 22/29、统计学 112/126、力学 38/97、机械工程 25/224、仪器科学与技术 26/68、材料科学与工程 8/227、动力工程及工程热物理 38/104、电气工程 68/112、电子科学与技术 62/

123、信息与通信工程 37/186、控制科学与工程 77/189、计算机科学与技术 71/268、建筑学 28/84、土木工程 42/164、水利工程 40/64、化学工程与技术 74/176、矿业工程 17/31、交通运输工程 9/66、船舶与海洋工程 11/27、环境科学与工程 56/196、生物医学工程 70/80、城乡规划学 51/74、软件工程 75/148、安全科学与工程 26/61、药学 115/147、管理科学与工程 62/209、工商管理 77/309、公共管理 140/214、艺术学理论 28/73、美术学 109/114、设计学 10/175。

本科优势专业排名

5★+专业：汽车服务工程 1/117、无机非金属材料工程 1/78、复合材料与工程 1/44、新能源材料与器件 3/131、应急管理 1/39。

5★专业：信息与计算科学 7/308、车辆工程 6/256、测控技术与仪器 10/190、材料科学与工程 8/237、通信工程 24/494、计算机科学与技术 43/932、动画 8/251、视觉传达设计 21/722、环境设计 18/721、产品设计 17/402。

5★-专业：思想政治教育 16/304、工业设计 18/216、智能制造工程 21/296、材料化学 12/131、高分子材料与工程 12/185、能源与动力工程 14/188、储能科学与工程 6/59、电气工程及其自动化 46/573、电子信息工程 37/642、人工智能 39/479、物联网工程 37/492、数据科学与大数据技术 40/711、土木工程 29/529、道路桥梁与渡河工程 7/81、制药工程 22/257、交通运输 10/107、轮机工程 2/20、船舶与海洋工程 3/33、安全工程 14/151、生物制药 11/121、工商管理 32/538、会计学 60/659、财务管理 68/686、物流工程 6/103、电子商务 36/457。

4★专业：国际经济与贸易 102/665、法学 77/580、英语 120/925、广告学 39/256、网络与新媒体 46/338、应用化学 61/375、材料成型及控制工程 25/221、材料物理 8/73、光电信息科学与工程 30/218、自动化 62/445、机器人工程 67/333、软件工程 101/611。

10504 华中农业大学

在中国本科院校竞争力排行榜中的名次 47，湖北省内排名 4/68，农林类排名 2/47。

共 64 个专业参评，其中 5★+专业 7 个，5★专业 11 个，5★-专业 5 个，4★专业 12 个，3★专

业 24 个。

在中国普通高校研究生教育竞争力排行榜中的名次：总排名 56/596，湖北省内排名 5/29，农林类排名 3/38。

共 28 个一级学科（学术学位）参评，其中 5★+学科 0 个，5★学科 5 个，5★-学科 3 个，4★学科 7 个，学科优秀率为 53.57%。

一级学科排名

应用经济学 87/264、法学 154/209、社会学 42/88、马克思主义理论 204/377、外国语言文学 173/240、新闻传播学 80/120、数学 208/276、化学 123/238、生物学 11/240、生态学 17/111、机械工程 148/224、计算机科学与技术 106/268、农业工程 3/43、环境科学与工程 77/196、食品科学与工程 7/105、风景园林学 8/56、生物工程 2/26、作物学 7/50、园艺学 2/44、农业资源与环境 7/40、植物保护 5/44、畜牧学 3/55、兽医学 2/44、林学 11/35、水产 4/33、工商管理 192/309、农林经济管理 3/51、公共管理 36/214。

本科优势专业排名

5★+专业：农业机械化及其自动化 1/37、食品科学与工程 3/283、食品质量与安全 5/240、生物工程 4/242、园艺 2/113、智慧农业 1/33、动物科学 2/82。

5★专业：社会工作 9/259、生物科学 7/283、生物技术 7/285、数据科学与大数据技术 32/711、风景园林 9/187、农学 4/76、植物科学与技术 1/22、农业资源与环境 3/50、动物医学 4/73、园林 4/129、水族科学与技术 1/12。

5★-专业：商务英语 19/360、食品营养与健康 3/42、水产养殖学 4/53、市场营销 31/579、土地资源管理 9/90。

4★专业：国际经济与贸易 108/665、广告学 37/256、生物信息学 9/52、机械电子工程 34/302。

10511 华中师范大学

在中国本科院校竞争力排行榜中的名次 60，湖北省内排名 5/68，师范类排名 4/175。

共 75 个专业参评，其中 5★+专业 3 个，5★专业 12 个，5★-专业 13 个，4★专业 22 个，3★专业 20 个。

在中国普通高校研究生教育竞争力排行榜中的名次：总排名 53/596，湖北省内排名 4/29，师范类排名 4/77。

共 34 个一级学科（学术学位）参评，其中 5★+学科 1 个，5★学科 4 个，5★-学科 3 个，4★学科 5 个，学科优秀率为 38.24%。

一级学科排名

哲学 46/133、应用经济学 94/264、法学 92/209、政治学 4/80、社会学 27/88、马克思主义理论 32/377、教育学 4/143、心理学 4/104、体育学 10/107、中国语言文学 6/186、外国语言文学 35/240、新闻传播学 47/120、中国史 8/119、世界史 23/68、数学 47/276、物理学 35/203、化学 67/238、天文学 20/21、地理学 20/85、生物学 98/240、生态学 64/111、统计学 34/126、教育技术学 1/45、电子科学与技术 64/123、信息与通信工程 69/186、计算机科学与技术 91/268、植物保护 19/44、管理科学与工程 54/209、工商管理 256/309、公共管理 27/214、信息资源管理 7/50、音乐与舞蹈学 33/86、美术学 49/114、设计学 101/175。

本科优势专业排名

5★+专业：学前教育 6/420、英语 12/925、大数据管理与应用 4/210。

5★专业：社会工作 7/259、思想政治教育 8/304、科学教育 3/51、教育技术学 4/130、体育教育 15/341、汉语言文学 27/619、日语 18/449、网络与新媒体 13/338、历史学 12/246、心理学 4/73、数据科学与大数据技术 28/711、财务会计教育 1/14。

5★-专业：教育学 5/85、特殊教育 5/59、汉语言 3/25、数学与应用数学 30/519、物理学 25/283、应用心理学 14/257、物联网工程 47/492、数字媒体技术 18/234、行政管理 28/292、电子商务 43/457、音乐学 33/388、舞蹈学 20/201、美术学 31/333。

4★专业：金融工程 39/255、法学 70/580、社会学 10/92、运动训练 13/64、汉语国际教育 59/328、俄语 21/161、法语 21/143、朝鲜语 17/92、翻译 39/269、新闻学 48/308、化学 32/310、地理科学 19/171、自然地理与资源环境 7/51、地理信息科学 31/171、生物科学 46/283、统计学 35/211、计算机科学与技术 103/932。

10491　中国地质大学（武汉）

在中国本科院校竞争力排行榜中的名次 78，湖北省内排名 6/68，理工类排名 37/364。

共 66 个专业参评，其中 5★+专业 0 个，5★专业 3 个，5★-专业 7 个，4★专业 24 个，3★专业 26 个。

在中国普通高校研究生教育竞争力排行榜中的名次：总排名 87/596，湖北省内排名 6/29，理工类排名 38/182。

共 34 个一级学科（学术学位）参评，其中 5★+学科 1 个，5★学科 0 个，5★-学科 1 个，4★学科 2 个，学科优秀率为 11.76%。

一级学科排名

应用经济学 81/264、法学 138/209、马克思主义理论 90/377、教育学 97/143、心理学 83/104、体育学 77/107、外国语言文学 135/240、新闻传播学 70/120、数学 230/276、物理学 180/203、化学 100/238、地理学 40/85、大气科学 14/22、海洋科学 14/31、地球物理学 8/21、地质学 3/35、生物学 236/240、机械工程 126/224、材料科学与工程 65/227、信息与通信工程 94/186、控制科学与工程 60/189、计算机科学与技术 141/268、土木工程 39/164、水利工程 19/64、测绘科学与技术 6/53、地质资源与地质工程 1/46、石油与天然气工程 8/15、环境科学与工程 46/196、软件工程 71/148、安全科学与工程 21/61、管理科学与工程 83/209、工商管理 160/309、公共管理 42/214、设计学 49/175。

本科优势专业排名

5★专业：地理信息科学 8/171、宝石及材料工艺学 1/20、地下水科学与工程 1/14。

5★-专业：应用化学 35/375、地质学 2/25、地球信息科学与技术 2/15、土木工程 51/529、遥感科学与技术 6/61、地质工程 6/55、勘查技术与工程 3/32。

4★专业：经济学 49/356、国际经济与贸易 112/665、思想政治教育 59/304、社会体育指导与管理 26/239、英语 176/925、海洋科学 7/35、地球物理学 4/22、机械设计制造及其自动化 91/517、自动化 49/445、计算机科学与技术 148/932、软件工程 105/611。

10488　武汉科技大学

在中国本科院校竞争力排行榜中的名次 127，湖北省内排名 7/68，理工类排名 56/364。

共 72 个专业参评，其中 5★+专业 0 个，5★专业 2 个，5★-专业 5 个，4★专业 21 个，3★专业 33 个。

在中国普通高校研究生教育竞争力排行榜中的名次：总排名 150/596，湖北省内排名 8/29，理工类排名 63/182。

共 32 个一级学科(学术学位)参评，其中 5★+学科 0 个，5★学科 0 个，5★-学科 1 个，4★学科 0 个，学科优秀率为 3.13%。

一级学科排名

哲学 127/133、应用经济学 248/264、马克思主义理论 159/377、外国语言文学 200/240、数学 240/276、物理学 120/203、化学 141/238、生物学 142/240、系统科学 11/29、统计学 95/126、力学 92/97、机械工程 53/224、仪器科学与技术 61/68、材料科学与工程 61/227、冶金工程 6/26、电气工程 108/112、信息与通信工程 113/186、控制科学与工程 67/189、计算机科学与技术 94/268、建筑学 66/84、土木工程 94/164、化学工程与技术 52/176、矿业工程 9/31、交通运输工程 55/66、环境科学与工程 148/196、软件工程 92/148、安全科学与工程 6/61、基础医学 62/111、公共卫生与预防医学 46/78、工商管理 156/309、公共管理 115/214、设计学 124/175。

本科优势专业排名

5★专业：智能制造工程 11/296、无机非金属材料工程 4/78。

5★-专业：机械电子工程 22/302、电子信息工程 63/642、自动化 28/445、计算机科学与技术 85/932、市场营销 50/579。

4★专业：投资学 21/124、英语 102/925、机械工程 19/122、材料成型及控制工程 39/221、车辆工程 29/256、材料物理 14/73、材料化学 21/131、金属材料工程 11/77、电气工程及其自动化 82/573、机器人工程 44/333、软件工程 72/611、网络工程 34/282。

10520　中南财经政法大学

在中国本科院校竞争力排行榜中的名次 144，湖北省内排名 8/68，财经类排名 6/109。

共 60 个专业参评，其中 5★+专业 5 个，5★专业 9 个，5★-专业 9 个，4★专业 12 个，3★专业 17 个。

在中国普通高校研究生教育竞争力排行榜中的名次：总排名 138/596，湖北省内排名 7/29，财经类排名 4/39。

共 18 个一级学科(学术学位)参评，其中 5★+学科 0 个，5★学科 2 个，5★-学科 2 个，4★学科 2 个，学科优秀率为 33.33%。

一级学科排名

哲学 34/133、理论经济学 12/109、应用经济学 14/264、法学 7/209、政治学 49/80、社会学 49/88、马克思主义理论 122/377、中国语言文学 141/186、外国语言文学 85/240、新闻传播学 52/120、中国史 95/119、统计学 6/126、计算机科学与技术 235/268、环境科学与工程 123/196、管理科学与工程 103/209、工商管理 19/309、农林经济管理 35/51、公共管理 29/214。

本科优势专业排名

5★+专业：数字经济 3/129、国际经济与贸易 11/665、法学 10/580、工商管理 9/538、市场营销 9/579。

5★专业：经济学 14/356、经济统计学 6/138、税收学 5/90、金融学 15/389、金融工程 12/255、投资学 5/124、商务英语 14/360、会计学 14/659、财务管理 17/686。

5★-专业：财政学 5/84、金融数学 6/71、知识产权 9/94、网络与新媒体 32/338、应用统计学 15/187、数据科学与大数据技术 43/711、劳动与社会保障 10/125、旅游管理 28/428、视觉传达设计 58/722。

4★专业：保险学 16/95、侦查学 4/31、英语 177/925、日语 80/449、统计学 23/211。

10489　长江大学

在中国本科院校竞争力排行榜中的名次 155，

湖北省内排名 9/68，综合类排名 42/268。

共 97 个专业参评，其中 5★+专业 0 个，5★专业 4 个，5★-专业 2 个，4★专业 9 个，3★专业 55 个。

在中国普通高校研究生教育竞争力排行榜中的名次：总排名 167/596，湖北省内排名 10/29，综合类排名 43/93。

共 38 个一级学科(学术学位)参评，其中 5★+学科 0 个，5★学科 0 个，5★-学科 0 个，4★学科 2 个，学科优秀率为 5.26%。

一级学科排名

应用经济学 226/264、马克思主义理论 211/377、教育学 111/143、体育学 76/107、中国语言文学 154/186、外国语言文学 208/240、中国史 99/119、数学 169/276、物理学 128/203、地球物理学 19/21、地质学 30/35、生物学 137/240、生态学 99/111、机械工程 168/224、光学工程 82/94、动力工程及工程热物理 88/104、信息与通信工程 105/186、计算机科学与技术 200/268、建筑学 80/84、土木工程 85/164、水利工程 53/64、测绘科学与技术 36/53、化学工程与技术 79/176、地质资源与地质工程 6/46、石油与天然气工程 3/15、环境科学与工程 194/196、食品科学与工程 89/105、风景园林学 31/56、作物学 15/50、园艺学 28/44、农业资源与环境 34/40、植物保护 33/44、畜牧学 48/55、水产 25/33、基础医学 93/111、临床医学 95/113、工商管理 183/309、农林经济管理 43/51。

本科优势专业排名

5★专业：商务英语 17/360、勘查技术与工程 2/32、资源勘查工程 2/49、油气储运工程 2/33。

5★-专业：电子信息工程 43/642、物流管理 37/432。

4★专业：学前教育 66/420、体育教育 59/341、社会体育指导与管理 47/239、汉语言文学 108/619、应用化学 65/375、生物技术 53/285、机械设计制造及其自动化 86/517。

10495 武汉纺织大学

在中国本科院校竞争力排行榜中的名次 166，湖北省内排名 10/68，理工类排名 68/364。

共 60 个专业参评，其中 5★+专业 1 个，5★

专业 0 个，5★-专业 4 个，4★专业 7 个，3★专业 30 个。

在中国普通高校研究生教育竞争力排行榜中的名次：总排名 275/596，湖北省内排名 15/29，理工类排名 103/182。

共 15 个一级学科(学术学位)参评。

一级学科排名

应用经济学 203/264、马克思主义理论 205/377、数学 245/276、化学 187/238、机械工程 176/224、材料科学与工程 208/227、电子科学与技术 82/123、计算机科学与技术 236/268、化学工程与技术 155/176、纺织科学与工程 5/22、环境科学与工程 161/196、管理科学与工程 157/209、工商管理 167/309、艺术学理论 60/73、设计学 55/175。

本科优势专业排名

5★+专业：服装与服饰设计 4/212。

5★-专业：工程造价 17/264、会计学 59/659、视觉传达设计 68/722、数字媒体艺术 19/350。

4★专业：应用化学 59/375、智能制造工程 34/296、电气工程及其自动化 93/573。

10512 湖北大学

在中国本科院校竞争力排行榜中的名次 170，湖北省内排名 11/68，综合类排名 45/268。

共 82 个专业参评，其中 5★+专业 1 个，5★专业 0 个，5★-专业 7 个，4★专业 14 个，3★专业 45 个。

在中国普通高校研究生教育竞争力排行榜中的名次：总排名 165/596，湖北省内排名 9/29，综合类排名 42/93。

共 33 个一级学科(学术学位)参评，其中 5★+学科 0 个，5★学科 0 个，5★-学科 0 个，4★学科 2 个，学科优秀率为 6.06%。

一级学科排名

哲学 25/133、理论经济学 30/109、应用经济学 239/264、法学 148/209、马克思主义理论 72/377、教育学 119/143、心理学 62/104、体育学 74/107、中国语言文学 62/186、外国语言文学 152/240、新闻传播学 75/120、中国史 36/119、世界史

65/68、数学 94/276、物理学 144/203、化学 124/238、地理学 75/85、生物学 78/240、生态学 24/111、教育技术学 31/45、材料科学与工程 58/227、电子科学与技术 69/123、信息与通信工程 137/186、化学工程与技术 151/176、环境科学与工程 193/196、软件工程 99/148、网络空间安全 42/77、药学 136/147、工商管理 149/309、公共管理 113/214、信息资源管理 47/50、美术学 107/114、设计学 159/175。

本科优势专业排名

5★+专业：旅游管理 7/428。

5★-专业：国际经济与贸易 46/665、思想政治教育 21/304、社会体育指导与管理 19/239、汉语言文学 56/619、材料化学 9/131、人力资源管理 41/416、数字媒体艺术 25/350。

4★专业：经济学 50/356、法学 112/580、汉语国际教育 63/328、英语 111/925、新闻学 60/308、历史学 48/246、数学与应用数学 83/519、生物科学 55/283、高分子材料与工程 28/185、通信工程 69/494、软件工程 77/611。

11075 三峡大学

在中国本科院校竞争力排行榜中的名次 191，湖北省内排名 12/68，综合类排名 49/268。

共 59 个专业参评，其中 5★+专业 0 个，5★专业 2 个，5★-专业 6 个，4★专业 8 个，3★专业 28 个。

在中国普通高校研究生教育竞争力排行榜中的名次：总排名 187/596，湖北省内排名 11/29，综合类排名 47/93。

共 26 个一级学科(学术学位)参评，其中 5★+学科 0 个，5★学科 0 个，5★-学科 0 个，4★学科 1 个，学科优秀率为 3.85%。

一级学科排名

应用经济学 237/264、法学 141/209、民族学 25/38、马克思主义理论 134/377、教育学 110/143、中国语言文学 124/186、外国语言文学 184/240、数学 145/276、物理学 149/203、化学 140/238、生物学 183/240、生态学 59/111、力学 72/97、机械工程 132/224、材料科学与工程 167/227、电气工程 39/112、信息与通信工程 162/186、控制

科学与工程 85/189、计算机科学与技术 244/268、土木工程 57/164、水利工程 13/64、地质资源与地质工程 36/46、基础医学 74/111、临床医学 89/113、管理科学与工程 187/209、工商管理 173/309。

本科优势专业排名

5★专业：电气工程及其自动化 27/573、土木工程 25/529。

5★-专业：智能制造工程 28/296、智能电网信息工程 3/38、计算机科学与技术 90/932、水利水电工程 5/83、生物工程 18/242、工程管理 21/393。

4★专业：社会体育指导与管理 45/239、汉语言文学 113/619、英语 155/925、机械设计制造及其自动化 68/517、通信工程 67/494。

10500 湖北工业大学

在中国本科院校竞争力排行榜中的名次 210，湖北省内排名 13/68，理工类排名 85/364。

共 55 个专业参评，其中 5★+专业 0 个，5★专业 1 个，5★-专业 7 个，4★专业 12 个，3★专业 25 个。

在中国普通高校研究生教育竞争力排行榜中的名次：总排名 242/596，湖北省内排名 12/29，理工类排名 93/182。

共 22 个一级学科(学术学位)参评。

一级学科排名

应用经济学 183/264、马克思主义理论 118/377、教育学 118/143、外国语言文学 186/240、化学 225/238、机械工程 98/224、仪器科学与技术 57/68、材料科学与工程 150/227、电气工程 60/112、电子科学与技术 91/123、控制科学与工程 105/189、计算机科学与技术 107/268、建筑学 61/84、土木工程 104/164、化学工程与技术 97/176、轻工技术与工程 10/18、食品科学与工程 92/105、生物工程 14/26、药学 135/147、管理科学与工程 156/209、工商管理 198/309、设计学 36/175。

本科优势专业排名

5★专业：产品设计 13/402。

5★-专业：机械设计制造及其自动化 47/517、电气工程及其自动化 51/573、电子信息工程 50/642、生物工程 14/242、市场营销 47/579、电子商务 46/457、视觉传达设计 37/722。

4★专业：英语 179/925、材料成型及控制工程 27/221、测控技术与仪器 38/190、机器人工程 58/333、计算机科学与技术 123/932、软件工程 103/611。

10490　武汉工程大学

在中国本科院校竞争力排行榜中的名次 248，湖北省内排名 14/68，理工类排名 101/364。

共 64 个专业参评，其中 5★+专业 0 个，5★专业 1 个，5★-专业 5 个，4★专业 5 个，3★专业 35 个。

在中国普通高校研究生教育竞争力排行榜中的名次：总排名 249/596，湖北省内排名 13/29，理工类排名 95/182。

共 23 个一级学科(学术学位)参评，其中 5★+学科 0 个，5★学科 0 个，5★-学科 0 个，4★学科 1 个，学科优秀率为 4.35%。

一级学科排名

法学 134/209、马克思主义理论 167/377、外国语言文学 191/240、化学 103/238、机械工程 188/224、光学工程 76/94、材料科学与工程 80/227、动力工程及工程热物理 60/104、信息与通信工程 148/186、控制科学与工程 99/189、计算机科学与技术 181/268、土木工程 100/164、化学工程与技术 31/176、矿业工程 24/31、环境科学与工程 174/196、软件工程 118/148、生物工程 24/26、安全科学与工程 60/61、药学 137/147、管理科学与工程 190/209、工商管理 262/309、公共管理 78/214、设计学 139/175。

本科优势专业排名

5★专业：制药工程 6/257。

5★-专业：应用化学 24/375、软件工程 61/611、智能科学与技术 15/186、化学工程与工艺 20/329、电子商务 42/457。

4★专业：高分子材料与工程 21/185、电气工程及其自动化 107/573。

10524　中南民族大学

在中国本科院校竞争力排行榜中的名次 258，湖北省内排名 15/68，民族类排名 2/17。

共 82 个专业参评，其中 5★+专业 0 个，5★专业 1 个，5★-专业 1 个，4★专业 11 个，3★专业 42 个。

在中国普通高校研究生教育竞争力排行榜中的名次：总排名 255/596，湖北省内排名 14/29，民族类排名 2/13。

共 23 个一级学科(学术学位)参评，其中 5★+学科 0 个，5★学科 0 个，5★-学科 1 个，4★学科 0 个，学科优秀率为 4.35%。

一级学科排名

理论经济学 88/109、应用经济学 179/264、法学 110/209、社会学 71/88、民族学 4/38、马克思主义理论 130/377、教育学 96/143、中国语言文学 71/186、外国语言文学 182/240、新闻传播学 86/120、中国史 108/119、数学 252/276、化学 91/238、生物学 118/240、信息与通信工程 159/186、计算机科学与技术 201/268、环境科学与工程 166/196、生物医学工程 60/80、药学 114/147、中药学 48/51、管理科学与工程 159/209、工商管理 133/309、设计学 76/175。

本科优势专业排名

5★专业：环境设计 36/721。

5★-专业：民族学 3/28。

4★专业：数字经济 25/129、法学 67/580、汉语言文学 95/619、汉语国际教育 35/328、英语 167/925、广告学 42/256、应用统计学 35/187、通信工程 61/494、计算机科学与技术 167/932。

10496　武汉轻工大学

在中国本科院校竞争力排行榜中的名次 267，湖北省内排名 16/68，理工类排名 109/364。

共 54 个专业参评，其中 5★+专业 0 个，5★专业 0 个，5★-专业 0 个，4★专业 8 个，3★专业 27 个。

在中国普通高校研究生教育竞争力排行榜中的名次：总排名 315/596，湖北省内排名 16/29，理工类排名 120/182。

共 13 个一级学科(学术学位)参评，其中 5★+学科 0 个，5★学科 0 个，5★-学科 0 个，4★学科 1 个，学科优秀率为 7.69%。

一级学科排名

应用经济学 234/264、马克思主义理论 210/377、生物学 119/240、机械工程 183/224、信息与通信工程 166/186、土木工程 139/164、化学工程与技术 159/176、食品科学与工程 18/105、软件工程 125/148、畜牧学 40/55、药学 130/147、工商管理 199/309、公共管理 194/214。

本科优势专业排名

4★专业：国际经济与贸易 115/665。

10523　湖北美术学院

在中国本科院校竞争力排行榜中的名次 310，湖北省内排名 17/68，艺术类排名 15/48。

共 23 个专业参评，其中 5★+专业 2 个，5★专业 1 个，5★-专业 2 个，4★专业 5 个，3★专业 2 个。

在中国普通高校研究生教育竞争力排行榜中的名次：总排名 492/596，湖北省内排名 25/29，艺术类排名 14/33。

共 3 个一级学科(学术学位)参评。

一级学科排名

艺术学理论 31/73、美术学 27/114、设计学 47/175。

本科优势专业排名

5★+专业：视觉传达设计 11/722、环境设计 13/721。

5★专业：产品设计 18/402。

5★-专业：绘画 10/160、服装与服饰设计 13/212。

10522　武汉体育学院

在中国本科院校竞争力排行榜中的名次 361，湖北省内排名 18/68，体育类排名 4/16。

共 24 个专业参评，其中 5★+专业 2 个，5★专业 2 个，5★-专业 3 个，4★专业 2 个，3★专业 7 个。

在中国普通高校研究生教育竞争力排行榜中的名次：总排名 382/596，湖北省内排名 19/29，体育类排名 3/13。

共 6 个一级学科(学术学位)参评，其中 5★+学科 0 个，5★学科 1 个，5★-学科 0 个，4★学科 0 个，学科优秀率为 16.67%。

一级学科排名

心理学 85/104、体育学 4/107、新闻传播学 97/120、特种医学 11/17、工商管理 301/309、音乐与舞蹈学 62/86。

本科优势专业排名

5★+专业：运动训练 1/64、运动康复 2/84。

5★专业：武术与民族传统体育 2/45、休闲体育 5/102。

5★-专业：社会体育指导与管理 21/239、舞蹈表演 15/150、播音与主持艺术 23/232。

4★专业：新闻学 42/308。

11600　湖北经济学院

在中国本科院校竞争力排行榜中的名次 370，湖北省内排名 19/68，财经类排名 25/109。

共 51 个专业参评，其中 5★+专业 0 个，5★专业 1 个，5★-专业 4 个，4★专业 9 个，3★专业 13 个。

在中国普通高校研究生教育竞争力排行榜中的名次：总排名 469/596，湖北省内排名 23/29，财经类排名 33/39。

本科优势专业排名

5★专业：商务英语 18/360。

5★-专业：休闲体育 10/102、市场营销 55/579、财务管理 56/686、物流管理 38/432。

4★专业：商务经济学 4/19、金融学 68/389、法学 113/580、新闻学 59/308、软件工程 112/611。

10929　湖北医药学院

在中国本科院校竞争力排行榜中的名次 399，湖北省内排名 20/68，医药类排名 41/108。

共 20 个专业参评，其中 5★+专业 0 个，5★专业 0 个，5★-专业 0 个，4★专业 3 个，3★专业 8 个。

在中国普通高校研究生教育竞争力排行榜中的名次：总排名 385/596，湖北省内排名 20/29，医药类排名 58/76。

共 3 个一级学科(学术学位)参评。

一级学科排名

基础医学 46/111、临床医学 43/113、医学技术 11/43。

10507　湖北中医药大学

在中国本科院校竞争力排行榜中的名次 414，湖北省内排名 21/68，医药类排名 44/108。

共 34 个专业参评，其中 5★+专业 0 个，5★专业 0 个，5★-专业 3 个，4★专业 2 个，3★专业 18 个。

在中国普通高校研究生教育竞争力排行榜中的名次：总排名 339/596，湖北省内排名 17/29，医药类排名 46/76。

共 7 个一级学科(学术学位)参评，其中 5★+学科 0 个，5★学科 0 个，5★-学科 0 个，4★学科 1 个，学科优秀率为 14.29%。

一级学科排名

中医学 12/40、中西医结合 36/62、药学 82/147、中药学 12/51、医学技术 9/43、护理学 33/74、管理科学与工程 204/209。

本科优势专业排名

5★-专业：助产学 5/72、市场营销 37/579、健康服务与管理 11/126。

4★专业：运动康复 12/84。

10519　湖北文理学院

在中国本科院校竞争力排行榜中的名次 415，

湖北省内排名 22/68，综合类排名 72/268。

共 52 个专业参评，其中 5★+专业 0 个，5★专业 0 个，5★-专业 0 个，4★专业 3 个，3★专业 18 个。

在中国普通高校研究生教育竞争力排行榜中的名次：总排名 480/596，湖北省内排名 24/29，综合类排名 79/93。

共 2 个一级学科(学术学位)参评。

一级学科排名

中国语言文学 180/186、数学 271/276。

本科优势专业排名

4★专业：社会工作 47/259、社会体育指导与管理 46/239。

11072　江汉大学

在中国本科院校竞争力排行榜中的名次 446，湖北省内排名 23/68，综合类排名 77/268。

共 56 个专业参评，其中 5★+专业 0 个，5★专业 0 个，5★-专业 0 个，4★专业 1 个，3★专业 22 个。

在中国普通高校研究生教育竞争力排行榜中的名次：总排名 359/596，湖北省内排名 18/29，综合类排名 65/93。

共 8 个一级学科(学术学位)参评。

一级学科排名

中国语言文学 176/186、中国史 97/119、生物学 207/240、材料科学与工程 210/227、化学工程与技术 128/176、环境科学与工程 153/196、基础医学 89/111、管理科学与工程 179/209。

10513　湖北师范大学

在中国本科院校竞争力排行榜中的名次 464，湖北省内排名 24/68，师范类排名 51/175。

共 59 个专业参评，其中 5★+专业 0 个，5★专业 0 个，5★-专业 1 个，4★专业 2 个，3★专业 27 个。

在中国普通高校研究生教育竞争力排行榜中的名次：总排名 428/596，湖北省内排名 21/29，师范类排名 47/77。

共 13 个一级学科(学术学位)参评。

一级学科排名

应用经济学 245/264、马克思主义理论 271/377、教育学 64/143、中国语言文学 125/186、外国语言文学 209/240、中国史 106/119、数学 164/276、化学 192/238、地理学 78/85、生物学 230/240、光学工程 75/94、材料科学与工程 222/227、控制科学与工程 187/189。

本科优势专业排名

5★-专业：旅游管理与服务教育 3/38。

4★专业：学前教育 72/420、小学教育 38/311。

11524　武汉音乐学院

在中国本科院校竞争力排行榜中的名次 469，湖北省内排名 25/68，艺术类排名 29/48。

共 8 个专业参评，其中 5★+专业 0 个，5★专业 2 个，5★-专业 1 个，4★专业 2 个，3★专业 2 个。

在中国普通高校研究生教育竞争力排行榜中的名次：总排名 508/596，湖北省内排名 26/29，艺术类排名 17/33。

共 2 个一级学科(学术学位)参评。

一级学科排名

马克思主义理论 371/377、音乐与舞蹈学 37/86。

本科优势专业排名

5★专业：音乐表演 10/234、音乐学 9/388。

5★-专业：音乐教育 2/28。

10525　湖北汽车工业学院

在中国本科院校竞争力排行榜中的名次 544，湖北省内排名 26/68，理工类排名 181/364。

共 41 个专业参评，其中 5★+专业 0 个，5★专业 0 个，5★-专业 0 个，4★专业 1 个，3★专业

12 个。

在中国普通高校研究生教育竞争力排行榜中的名次：总排名 523/596，湖北省内排名 27/29，理工类排名 171/182。

共 7 个一级学科(学术学位)参评。

一级学科排名

统计学 98/126、力学 97/97、机械工程 180/224、光学工程 90/94、材料科学与工程 193/227、控制科学与工程 189/189、管理科学与工程 178/209。

本科优势专业排名

4★专业：车辆工程 38/256。

10517　湖北民族大学

在中国本科院校竞争力排行榜中的名次 567，湖北省内排名 27/68，民族类排名 13/17。

共 50 个专业参评，其中 5★+专业 0 个，5★专业 0 个，5★-专业 0 个，4★专业 4 个，3★专业 14 个。

在中国普通高校研究生教育竞争力排行榜中的名次：总排名 431/596，湖北省内排名 22/29，民族类排名 10/13。

共 8 个一级学科(学术学位)参评。

一级学科排名

民族学 31/38、马克思主义理论 188/377、中国语言文学 160/186、数学 153/276、化学工程与技术 162/176、食品科学与工程 70/105、林学 34/35、中医学 34/40。

本科优势专业排名

4★专业：英语 163/925、智能制造工程 59/296。

11654　武汉商学院

在中国本科院校竞争力排行榜中的名次 570，湖北省内排名 28/68，财经类排名 38/109。

共 35 个专业参评，其中 5★+专业 0 个，5★

专业 1 个，5★–专业 0 个，4★专业 6 个，3★专业 7 个。

本科优势专业排名

5★专业：酒店管理 8/184。

4★专业：休闲体育 18/102、商务英语 58/360。

10514　黄冈师范学院

在中国本科院校竞争力排行榜中的名次 576，湖北省内排名 29/68，师范类排名 72/175。

共 66 个专业参评，其中 5★+专业 0 个，5★专业 0 个，5★–专业 0 个，4★专业 4 个，3★专业 12 个。

在中国普通高校研究生教育竞争力排行榜中的名次：总排名 548/596，湖北省内排名 28/29，师范类排名 69/77。

本科优势专业排名

4★专业：经济与金融 10/78。

10528　湖北工程学院

在中国本科院校竞争力排行榜中的名次 584，湖北省内排名 30/68，理工类排名 191/364。

共 59 个专业参评，其中 5★+专业 0 个，5★专业 0 个，5★–专业 0 个，4★专业 3 个，3★专业 8 个。

本科优势专业排名

4★专业：金融工程 46/255。

14099　湖北第二师范学院

在中国本科院校竞争力排行榜中的名次 590，湖北省内排名 31/68，师范类排名 77/175。

共 50 个专业参评，其中 5★+专业 0 个，5★专业 0 个，5★–专业 0 个，4★专业 1 个，3★专业 12 个。

本科优势专业排名

4★专业：小学教育 51/311。

10920　湖北理工学院

在中国本科院校竞争力排行榜中的名次 607，湖北省内排名 32/68，理工类排名 194/364。

共 58 个专业参评，其中 5★+专业 0 个，5★专业 0 个，5★–专业 1 个，4★专业 0 个，3★专业 8 个。

本科优势专业排名

5★–专业：视觉传达设计 61/722。

10927　湖北科技学院

在中国本科院校竞争力排行榜中的名次 634，湖北省内排名 34/68，理工类排名 202/364。

共 57 个专业参评，其中 5★+专业 0 个，5★专业 0 个，5★–专业 0 个，4★专业 3 个，3★专业 6 个。

在中国普通高校研究生教育竞争力排行榜中的名次：总排名 560/596，湖北省内排名 29/29，理工类排名 178/182。

本科优势专业排名

4★专业：网络与新媒体 61/338。

11332　湖北警官学院

在中国本科院校竞争力排行榜中的名次 805，湖北省内排名 41/68，文法类排名 46/68。

共 10 个专业参评，其中 5★+专业 0 个，5★专业 0 个，5★–专业 0 个，4★专业 2 个，3★专业 3 个。

本科优势专业排名

4★专业：侦查学 6/31。

11336　荆楚理工学院

在中国本科院校竞争力排行榜中的名次 830，湖北省内排名 42/68，理工类排名 241/364。

共 42 个专业参评，其中 5★+专业 0 个，5★专业 0 个，5★–专业 0 个，4★专业 2 个，3★专业 7 个。

10518　汉江师范学院

在中国本科院校竞争力排行榜中的名次 1045，湖北省内排名 57/68，师范类排名 163/175。

共 37 个专业参评，其中 5★+专业 0 个，5★专业 0 个，5★-专业 0 个，4★专业 0 个，3★专业 2 个。

民 办 院 校

11798　武汉东湖学院

在中国民办院校竞争力排行榜中的名次 8，湖北省内排名 33/68，理工类排名 197/364。

共 41 个专业参评，其中 5★+专业 0 个，5★专业 0 个，5★-专业 0 个，4★专业 2 个，3★专业 8 个。

13686　武汉传媒学院

在中国民办院校竞争力排行榜中的名次 14，湖北省内排名 35/68，艺术类排名 35/48。

共 28 个专业参评，其中 5★+专业 0 个，5★专业 0 个，5★-专业 0 个，4★专业 2 个，3★专业 12 个。

12310　武昌理工学院

在中国民办院校竞争力排行榜中的名次 37，湖北省内排名 36/68，理工类排名 221/364。

共 41 个专业参评，其中 5★+专业 0 个，5★专业 0 个，5★-专业 0 个，4★专业 0 个，3★专业 14 个。

13242　武汉工商学院

在中国民办院校竞争力排行榜中的名次 39，湖北省内排名 37/68，综合类排名 134/268。

共 35 个专业参评，其中 5★+专业 0 个，5★专业 0 个，5★-专业 0 个，4★专业 2 个，3★专业 7 个。

本科优势专业排名

4★专业：网络与新媒体 44/338。

11800　汉口学院

在中国民办院校竞争力排行榜中的名次 40，湖北省内排名 38/68，理工类排名 223/364。

共 31 个专业参评，其中 5★+专业 0 个，5★专业 0 个，5★-专业 0 个，4★专业 4 个，3★专业 8 个。

本科优势专业排名

4★专业：经济与金融 9/78。

12309　武昌首义学院

在中国民办院校竞争力排行榜中的名次 49，湖北省内排名 39/68，综合类排名 141/268。

共 36 个专业参评，其中 5★+专业 0 个，5★专业 0 个，5★-专业 0 个，4★专业 2 个，3★专业 7 个。

本科优势专业排名

4★专业：网络与新媒体 38/338、机械电子工程 37/302。

12362　武汉生物工程学院

在中国民办院校竞争力排行榜中的名次 55，湖北省内排名 40/68，理工类排名 233/364。

共 37 个专业参评，其中 5★+专业 0 个，5★专业 0 个，5★-专业 0 个，4★专业 1 个，3★专业 4 个。

13262　文华学院

在中国民办院校竞争力排行榜中的名次 78，湖北省内排名 43/68，理工类排名 243/364。

共 39 个专业参评，其中 5★+专业 0 个，5★专业 0 个，5★-专业 0 个，4★专业 1 个，3★专业 8 个。

本科优势专业排名

4★专业：通信工程 97/494。

13664　武汉工程科技学院

在中国民办院校竞争力排行榜中的名次 84,湖北省内排名 44/68,理工类排名 246/364。

共 27 个专业参评,其中 5★+专业 0 个,5★专业 0 个,5★-专业 0 个,4★专业 0 个,3★专业 8 个。

13235　武汉城市学院

在中国民办院校竞争力排行榜中的名次 89,湖北省内排名 45/68,理工类排名 248/364。

共 34 个专业参评,其中 5★+专业 0 个,5★专业 0 个,5★-专业 0 个,4★专业 1 个,3★专业 3 个。

13666　武汉华夏理工学院

在中国民办院校竞争力排行榜中的名次 97,湖北省内排名 46/68,理工类排名 255/364。

共 38 个专业参评,其中 5★+专业 0 个,5★专业 0 个,5★-专业 0 个,4★专业 1 个,3★专业 8 个。

本科优势专业排名

4★专业:休闲体育 19/102。

13634　武汉学院

在中国民办院校竞争力排行榜中的名次 101,湖北省内排名 47/68,综合类排名 180/268。

共 31 个专业参评,其中 5★+专业 0 个,5★专业 0 个,5★-专业 0 个,4★专业 0 个,3★专业 11 个。

13250　湖北恩施学院

在中国民办院校竞争力排行榜中的名次 116,湖北省内排名 49/68,综合类排名 190/268。

共 33 个专业参评,其中 5★+专业 0 个,5★专业 0 个,5★-专业 0 个,4★专业 0 个,3★专业 2 个。

14035　武汉设计工程学院

在中国民办院校竞争力排行榜中的名次 126,

湖北省内排名 50/68,综合类排名 199/268。

共 29 个专业参评,其中 5★+专业 0 个,5★专业 0 个,5★-专业 0 个,4★专业 1 个,3★专业 9 个。

13247　湖北商贸学院

在中国民办院校竞争力排行榜中的名次 128,湖北省内排名 51/68,综合类排名 200/268。

共 30 个专业参评,其中 5★+专业 0 个,5★专业 0 个,5★-专业 0 个,4★专业 0 个,3★专业 5 个。

13245　荆州学院

在中国民办院校竞争力排行榜中的名次 143,湖北省内排名 55/68,理工类排名 283/364。

共 31 个专业参评,其中 5★+专业 0 个,5★专业 0 个,5★-专业 0 个,4★专业 0 个,3★专业 2 个。

13241　武昌工学院

在中国民办院校竞争力排行榜中的名次 177,湖北省内排名 59/68,理工类排名 321/364。

共 37 个专业参评,其中 5★+专业 0 个,5★专业 0 个,5★-专业 0 个,4★专业 0 个,3★专业 6 个。

13237　武汉文理学院

在中国民办院校竞争力排行榜中的名次 184,湖北省内排名 61/68,综合类排名 235/268。

共 34 个专业参评,其中 5★+专业 0 个,5★专业 0 个,5★-专业 0 个,4★专业 0 个,3★专业 3 个。

13188　武汉晴川学院

在中国民办院校竞争力排行榜中的名次 191,湖北省内排名 63/68,综合类排名 244/268。

共 30 个专业参评,其中 5★+专业 0 个,5★专业 0 个,5★-专业 0 个,4★专业 0 个,3★专业 8 个。

陕 西 省

一 流 大 学

10698　西安交通大学

在中国本科院校竞争力排行榜中的名次 10，陕西省内排名 1/54，理工类排名 4/364。

共 72 个专业参评，其中 5★+专业 19 个，5★专业 13 个，5★-专业 14 个，4★专业 16 个，3★专业 10 个。

在中国普通高校研究生教育竞争力排行榜中的名次：总排名 13/596，陕西省内排名 1/29，理工类排名 5/182。

共 42 个一级学科(学术学位)参评，其中 5★+学科 6 个，5★学科 3 个，5★-学科 7 个，4★学科 10 个，学科优秀率为 61.9%。

一级学科排名

哲学 21/133、理论经济学 43/109、应用经济学 15/264、法学 16/209、社会学 21/88、马克思主义理论 17/377、外国语言文学 66/240、新闻传播学 82/120、数学 22/276、物理学 28/203、化学 31/238、生物学 31/240、统计学 27/126、力学 5/97、机械工程 1/224、仪器科学与技术 4/68、材料科学与工程 10/227、动力工程及工程热物理 2/104、电气工程 1/112、电子科学与技术 10/123、信息与通信工程 13/186、控制科学与工程 3/189、计算机科学与技术 29/268、建筑学 30/84、土木工程 72/164、化学工程与技术 22/176、航空宇航科学与技术 9/32、核科学与技术 5/21、环境科学与工程 45/196、生物医学工程 18/80、网络空间安全 19/77、基础医学 26/111、临床医学 21/113、口腔医学 24/47、公共卫生与预防医学 10/78、药学 16/147、护理学 10/74、管理科学与工程 1/209、工商管理 5/309、公共管理 16/214、设计学 93/175、集成电路科学与工程 8/30。

本科优势专业排名

5★+专业：金融学 8/389、贸易经济 1/40、网络与新媒体 7/338、数学与应用数学 5/519、工业设计 1/216、过程装备与控制工程 1/92、材料科学与工程 3/237、能源与动力工程 1/188、新能源科学与工程 1/144、电气工程及其自动化 2/573、电子科学与技术 3/154、微电子科学与工程 1/115、自动化 9/445、物联网工程 2/492、核工程与核技术 1/31、大数据管理与应用 1/210、工商管理 10/538、会计学 11/659、劳动与社会保障 2/125。

5★专业：国际经济与贸易 17/665、信息与计算科学 15/308、应用化学 10/375、统计学 11/211、机械工程 3/122、车辆工程 7/256、测控技术与仪器 6/190、信息工程 2/58、人工智能 12/479、计算机科学与技术 21/932、生物医学工程 6/122、药学 9/250、电子商务 10/457。

5★-专业：经济统计学 14/138、金融工程 17/255、法学 40/580、应用物理学 10/155、工程力学 5/82、智能制造工程 19/296、材料物理 5/73、光电信息科学与工程 22/218、软件工程 40/611、化学工程与工艺 24/329、制药工程 21/257、临床医学 11/192、书法学 9/130、环境设计 69/721。

4★专业：经济学 43/356、马克思主义理论 7/54、英语 115/925、日语 47/449、物理学 42/283、储能科学与工程 8/59。

10699　西北工业大学

在中国本科院校竞争力排行榜中的名次 28，陕西省内排名 2/54，理工类排名 14/364。

共 55 个专业参评，其中 5★+专业 10 个，5★专业 11 个，5★-专业 8 个，4★专业 10 个，3★专业 13 个。

在中国普通高校研究生教育竞争力排行榜中的名次：总排名 31/596，陕西省内排名 2/29，理工类排名 17/182。

共 38 个一级学科(学术学位)参评，其中 5★+学科 0 个，5★学科 3 个，5★-学科 6 个，4★学科 7 个，学科优秀率为 42.11%。

一级学科排名

应用经济学 195/264、法学 163/209、马克思主义理论 42/377、教育学 102/143、体育学 85/107、外国语言文学 106/240、数学 27/276、物理学 39/203、化学 49/238、生物学 129/240、生态学 72/111、教育技术学 6/45、力学 9/97、机械工程 11/224、光学工程 24/94、材料科学与工程 7/227、

动力工程及工程热物理20/104、电气工程41/112、电子科学与技术28/123、信息与通信工程18/186、控制科学与工程15/189、计算机科学与技术21/268、建筑学42/84、土木工程132/164、化学工程与技术96/176、交通运输工程21/66、船舶与海洋工程7/27、航空宇航科学与技术2/32、兵器科学与技术3/7、生物医学工程20/80、软件工程11/148、网络空间安全12/77、药学121/147、管理科学与工程23/209、工商管理67/309、公共管理122/214、设计学121/175、集成电路科学与工程6/30。

本科优势专业排名

5★+专业：机械设计制造及其自动化4/517、机械电子工程5/302、工业设计2/216、通信工程8/494、计算机科学与技术11/932、软件工程10/611、物联网工程6/492、飞行器设计与工程1/30、飞行器制造工程1/39、工程管理8/393。

5★专业：材料科学与工程6/237、材料物理2/73、高分子材料与工程7/185、能源与动力工程5/188、电气工程及其自动化17/573、人工智能24/479、自动化12/445、机器人工程13/333、数据科学与大数据技术21/711、飞行器动力工程1/24、探测制导与控制技术1/14。

5★-专业：英语53/925、数学与应用数学29/519、材料成型及控制工程18/221、光电信息科学与工程18/218、信息安全8/126、航空航天工程2/20、信息管理与信息系统19/335、工业工程8/142。

4★专业：信息与计算科学48/308、工程力学12/82、复合材料与工程5/44、电子信息工程65/642、电子科学与技术18/154、微电子科学与工程17/115、信息工程8/58。

10712 西北农林科技大学

在中国本科院校竞争力排行榜中的名次85，陕西省内排名6/54，农林类排名5/47。

共68个专业参评，其中5★+专业3个，5★专业4个，5★-专业10个，4★专业8个，3★专业31个。

在中国普通高校研究生教育竞争力排行榜中的名次：总排名38/596，陕西省内排名3/29，农林类排名2/38。

共29个一级学科(学术学位)参评，其中5★+

学科0个，5★学科1个，5★-学科7个，4★学科6个，学科优秀率为48.28%。

一级学科排名

应用经济学105/264、社会学28/88、马克思主义理论258/377、数学225/276、物理学200/203、化学127/238、生物学22/240、科学技术史15/26、机械工程104/224、计算机科学与技术124/268、土木工程90/164、水利工程7/64、农业工程4/43、林业工程11/12、环境科学与工程21/196、食品科学与工程8/105、风景园林学9/56、作物学6/50、园艺学5/44、农业资源与环境6/40、植物保护3/44、畜牧学2/55、兽医学4/44、林学4/35、水产15/33、草学6/25、药学79/147、农林经济管理4/51、设计学128/175。

本科优势专业排名

5★+专业：农学1/76、植物保护1/59、设施农业科学与工程1/41。

5★专业：生物技术8/285、农业水利工程2/33、动物科学3/82、农林经济管理3/62。

5★-专业：资源环境科学2/16、食品科学与工程15/283、葡萄与葡萄酒工程2/16、风景园林18/187、生物工程21/242、园艺8/113、水土保持与荒漠化防治2/21、动物医学6/73、林学4/48、环境设计57/721。

4★专业：社会工作35/259、应用化学51/375。

一般大学

10701 西安电子科技大学

在中国本科院校竞争力排行榜中的名次49，陕西省内排名3/54，理工类排名25/364。

共58个专业参评，其中5★+专业8个，5★专业9个，5★-专业7个，4★专业9个，3★专业17个。

在中国普通高校研究生教育竞争力排行榜中的名次：总排名76/596，陕西省内排名6/29，理工类排名35/182。

共26个一级学科(学术学位)参评，其中5★+学科1个，5★学科1个，5★-学科1个，4★学科4个，学科优秀率为26.92%。

一级学科排名

哲学 79/133、应用经济学 202/264、马克思主义理论 281/377、体育学 56/107、外国语言文学 148/240、数学 69/276、物理学 53/203、统计学 78/126、力学 69/97、机械工程 55/224、光学工程 18/94、仪器科学与技术 18/68、材料科学与工程 87/227、电气工程 70/112、电子科学与技术 8/123、信息与通信工程 1/186、控制科学与工程 66/189、计算机科学与技术 7/268、交通运输工程 52/66、生物医学工程 46/80、软件工程 17/148、网络空间安全 9/77、管理科学与工程 59/209、工商管理 255/309、信息资源管理 24/50、集成电路科学与工程 5/30。

本科优势专业排名

5★+专业：电子信息工程 1/642、电子科学与技术 2/154、通信工程 1/494、集成电路设计与集成系统 2/88、人工智能 6/479、计算机科学与技术 4/932、网络工程 2/282、智能科学与技术 3/186。

5★专业：微电子科学与工程 6/115、电子信息科学与技术 5/167、软件工程 14/611、信息安全 6/126、物联网工程 20/492、空间信息与数字技术 1/17、数据科学与大数据技术 15/711、网络空间安全 3/113、密码科学与技术 1/13。

5★-专业：数学与应用数学 31/519、机械设计制造及其自动化 37/517、光电信息科学与工程 20/218、信息工程 6/58、自动化 41/445、智能医学工程 7/69、信息管理与信息系统 24/335。

4★专业：信息与计算科学 42/308、工业设计 40/216、测控技术与仪器 20/190、电气工程及其自动化 86/573、电子封装技术 2/14、机器人工程 45/333。

10718 陕西师范大学

在中国本科院校竞争力排行榜中的名次 61，陕西省内排名 4/54，师范类排名 5/175。

共 65 个专业参评，其中 5★+专业 6 个，5★专业 11 个，5★-专业 14 个，4★专业 12 个，3★专业 20 个。

在中国普通高校研究生教育竞争力排行榜中的名次：总排名 70/596，陕西省内排名 4/29，师范类排名 6/77。

共 37 个一级学科(学术学位)参评，其中 5★+学科 0 个，5★学科 1 个，5★-学科 4 个，4★学科 3 个，学科优秀率为 21.62%。

一级学科排名

哲学 32/133、理论经济学 39/109、应用经济学 72/264、社会学 52/88、民族学 15/38、马克思主义理论 51/377、教育学 13/143、心理学 8/104、体育学 29/107、教育 3/8、中国语言文学 7/186、外国语言文学 46/240、新闻传播学 42/120、考古学 23/40、中国史 12/119、世界史 25/68、数学 61/276、物理学 64/203、化学 48/238、地理学 21/85、生物学 54/240、生态学 47/111、统计学 103/126、教育技术学 3/45、材料科学与工程 81/227、信息与通信工程 131/186、计算机科学与技术 73/268、化学工程与技术 50/176、环境科学与工程 102/196、食品科学与工程 48/105、软件工程 76/148、工商管理 78/309、公共管理 56/214、音乐与舞蹈学 38/86、戏剧与影视学 37/62、美术学 48/114、设计学 120/175。

本科优势专业排名

5★+专业：思想政治教育 6/304、学前教育 3/420、汉语言文学 10/619、秘书学 1/89、应用心理学 5/257、播音与主持艺术 5/232。

5★专业：教育学 4/85、教育技术学 5/130、体育教育 12/341、英语 28/925、文物与博物馆学 2/57、地理科学 8/171、地理信息科学 7/171、材料化学 6/131、旅游管理 12/428、舞蹈学 7/201、美术学 17/333。

5★-专业：经济学 21/356、翻译 23/269、新闻学 29/308、网络与新媒体 22/338、历史学 21/246、数学与应用数学 27/519、物理学 23/283、化学 22/310、生物科学 27/283、心理学 7/73、计算机科学与技术 74/932、人力资源管理 40/416、音乐学 22/388、广播电视编导 15/226。

4★专业：特殊教育 9/59、汉语国际教育 61/328、俄语 23/161、日语 89/449、信息与计算科学 36/308、应用化学 48/375、生物技术 48/285、电子信息科学与技术 32/167、人工智能 78/479、软件工程 87/611。

10697　西北大学

在中国本科院校竞争力排行榜中的名次 67，陕西省内排名 5/54，综合类排名 23/268。

共 85 个专业参评，其中 5★+专业 3 个，5★专业 8 个，5★-专业 11 个，4★专业 20 个，3★专业 28 个。

在中国普通高校研究生教育竞争力排行榜中的名次：总排名 75/596，陕西省内排名 5/29，综合类排名 26/93。

共 38 个一级学科(学术学位)参评，其中 5★+学科 0 个，5★学科 0 个，5★-学科 0 个，4★学科 6 个，学科优秀率为 15.79%。

一级学科排名

哲学 61/133、理论经济学 24/109、应用经济学 52/264、法学 30/209、马克思主义理论 52/377、心理学 68/104、中国语言文学 54/186、外国语言文学 138/240、新闻传播学 66/120、考古学 10/40、中国史 33/119、世界史 26/68、数学 80/276、物理学 72/203、化学 44/238、地理学 25/85、地质学 5/35、生物学 57/240、科学技术史 12/26、生态学 41/111、统计学 42/126、光学工程 52/94、动力工程及工程热物理 57/104、电子科学与技术 59/123、信息与通信工程 85/186、计算机科学与技术 81/268、化学工程与技术 36/176、地质资源与地质工程 15/46、环境科学与工程 141/196、食品科学与工程 63/105、城乡规划学 19/74、软件工程 42/148、中药学 17/51、工商管理 62/309、公共管理 93/214、信息资源管理 31/50、戏剧与影视学 14/62、美术学 25/114。

本科优势专业排名

5★+专业：考古学 1/36、地质学 1/25、劳动与社会保障 3/125。

5★专业：经济学 16/356、汉语言文学 28/619、网络与新媒体 12/338、人文地理与城乡规划 6/110、材料化学 7/131、软件工程 31/611、物联网工程 11/492、行政管理 11/292。

5★-专业：汉语国际教育 20/328、历史学 13/246、数学与应用数学 50/519、物理学 24/283、化学 21/310、应用化学 23/375、自然地理与资源环境 5/51、计算机科学与技术 63/932、制药工程 18/257、城乡规划 16/207、工商管理 52/538。

4★专业：金融学 71/389、国际经济与贸易 116/665、法学 100/580、英语 185/925、日语 69/449、新闻学 36/308、应用物理学 26/155、地理信息科学 21/171、生物科学 29/283、应用统计学 32/187、电子信息工程 111/642。

10703　西安建筑科技大学

在中国本科院校竞争力排行榜中的名次 88，陕西省内排名 7/54，理工类排名 43/364。

共 66 个专业参评，其中 5★+专业 9 个，5★专业 4 个，5★-专业 2 个，4★专业 16 个，3★专业 26 个。

在中国普通高校研究生教育竞争力排行榜中的名次：总排名 96/596，陕西省内排名 7/29，理工类排名 44/182。

共 27 个一级学科(学术学位)参评，其中 5★+学科 0 个，5★学科 3 个，5★-学科 1 个，4★学科 3 个，学科优秀率为 25.93%。

一级学科排名

哲学 100/133、马克思主义理论 149/377、中国语言文学 150/186、数学 133/276、物理学 122/203、生态学 67/111、力学 64/97、机械工程 74/224、材料科学与工程 39/227、冶金工程 8/26、控制科学与工程 86/189、计算机科学与技术 136/268、建筑学 8/84、土木工程 6/164、化学工程与技术 111/176、矿业工程 26/31、交通运输工程 46/66、环境科学与工程 23/196、城乡规划学 3/74、风景园林学 2/56、安全科学与工程 47/61、管理科学与工程 36/209、工商管理 245/309、公共管理 120/214、戏剧与影视学 47/62、美术学 78/114、设计学 56/175。

本科优势专业排名

5★+专业：土木工程 5/529、建筑环境与能源应用工程 1/166、建筑电气与智能化 1/66、城市地下空间工程 1/74、环境工程 4/352、建筑学 3/291、城乡规划 3/207、文化产业管理 3/137、环境设计 7/721。

5★专业：材料成型及控制工程 9/221、给排水科学与工程 6/161、风景园林 8/187、工程管理 13/393。

5★-专业：机械设计制造及其自动化 43/517、

信息管理与信息系统 29/335。

4★专业：机械电子工程 40/302、材料科学与工程 34/237、冶金工程 6/40、金属材料工程 10/77、功能材料 10/52、电气工程及其自动化 112/573、人工智能 73/479、自动化 85/445、计算机科学与技术 131/932。

10710　长安大学

在中国本科院校竞争力排行榜中的名次 91，陕西省内排名 8/54，理工类排名 45/364。

共 78 个专业参评，其中 5★+专业 2 个，5★专业 9 个，5★-专业 9 个，4★专业 11 个，3★专业 37 个。

在中国普通高校研究生教育竞争力排行榜中的名次：总排名 98/596，陕西省内排名 8/29，理工类排名 46/182。

共 33 个一级学科(学术学位)参评，其中 5★+学科 0 个，5★学科 1 个，5★-学科 0 个，4★学科 2 个，学科优秀率为 9.09%。

一级学科排名

哲学 74/133、应用经济学 241/264、法学 189/209、马克思主义理论 173/377、外国语言文学 197/240、数学 148/276、地理学 76/85、地球物理学 16/21、地质学 13/35、统计学 105/126、力学 62/97、机械工程 58/224、材料科学与工程 121/227、动力工程及工程热物理 62/104、电气工程 86/112、信息与通信工程 101/186、控制科学与工程 89/189、计算机科学与技术 132/268、土木工程 23/164、水利工程 17/64、测绘科学与技术 11/53、化学工程与技术 164/176、地质资源与地质工程 16/46、交通运输工程 2/66、环境科学与工程 42/196、城乡规划学 22/74、风景园林学 40/56、软件工程 108/148、安全科学与工程 34/61、网络空间安全 50/77、管理科学与工程 144/209、工商管理 161/309、公共管理 99/214。

本科优势专业排名

5★+专业：道路桥梁与渡河工程 1/81、地质工程 1/55。

5★专业：机械设计制造及其自动化 18/517、汽车服务工程 4/117、人工智能 22/479、水文与水资源工程 2/50、遥感科学与技术 2/61、交通运输

4/107、交通工程 5/106、土地整治工程 1/15、工程造价 9/264。

5★-专业：车辆工程 19/256、计算机科学与技术 88/932、土木工程 33/529、建筑环境与能源应用工程 17/166、测绘工程 13/147、资源勘查工程 3/49、环境工程 31/352、工程管理 32/393、物流工程 9/103。

4★专业：材料成型及控制工程 31/221、机械电子工程 39/302、自动化 66/445、机器人工程 42/333。

10700　西安理工大学

在中国本科院校竞争力排行榜中的名次 110，陕西省内排名 9/54，理工类排名 52/364。

共 67 个专业参评，其中 5★+专业 0 个，5★专业 6 个，5★-专业 14 个，4★专业 12 个，3★专业 27 个。

在中国普通高校研究生教育竞争力排行榜中的名次：总排名 120/596，陕西省内排名 9/29，理工类排名 54/182。

共 28 个一级学科(学术学位)参评，其中 5★+学科 0 个，5★学科 0 个，5★-学科 0 个，4★学科 3 个，学科优秀率为 10.71%。

一级学科排名

应用经济学 140/264、马克思主义理论 80/377、外国语言文学 196/240、数学 90/276、物理学 167/203、力学 67/97、机械工程 65/224、光学工程 64/94、仪器科学与技术 30/68、材料科学与工程 83/227、动力工程及工程热物理 77/104、电气工程 38/112、电子科学与技术 41/123、信息与通信工程 98/186、控制科学与工程 40/189、计算机科学与技术 75/268、建筑学 74/84、土木工程 38/164、水利工程 12/64、化学工程与技术 166/176、轻工技术与工程 14/18、农业工程 24/43、环境科学与工程 66/196、软件工程 115/148、林学 27/35、管理科学与工程 75/209、工商管理 59/309、设计学 26/175。

本科优势专业排名

5★专业：机械设计制造及其自动化 14/517、电气工程与智能控制 2/39、自动化 17/445、计算机科学与技术 40/932、数据科学与大数据技术 16/

711、工程管理 12/393。

5★-专业：材料成型及控制工程 20/221、工业设计 20/216、电气工程及其自动化 33/573、通信工程 38/494、机器人工程 31/333、网络工程 26/282、物联网工程 39/492、数字媒体技术 22/234、土木工程 49/529、城市地下空间工程 7/74、水利水电工程 6/83、水文与水资源工程 5/50、工商管理 44/538、市场营销 54/579。

4★专业：英语 133/925、车辆工程 51/256、智能制造工程 48/296、测控技术与仪器 25/190、材料科学与工程 32/237、材料物理 10/73、智能电网信息工程 6/38、电子信息工程 101/642、电子科学与技术 28/154、人工智能 64/479、软件工程 78/611。

10708 陕西科技大学

在中国本科院校竞争力排行榜中的名次 168，陕西省内排名 10/54，理工类排名 70/364。

共 62 个专业参评，其中 5★+专业 0 个，5★专业 2 个，5★-专业 6 个，4★专业 12 个，3★专业 31 个。

在中国普通高校研究生教育竞争力排行榜中的名次：总排名 193/596，陕西省内排名 11/29，理工类排名 73/182。

共 21 个一级学科(学术学位)参评。

一级学科排名

马克思主义理论 228/377、数学 159/276、物理学 177/203、化学 83/238、机械工程 99/224、材料科学与工程 71/227、动力工程及工程热物理 81/104、电气工程 103/112、电子科学与技术 104/123、信息与通信工程 182/186、控制科学与工程 118/189、化学工程与技术 43/176、轻工技术与工程 5/18、环境科学与工程 115/196、食品科学与工程 37/105、软件工程 141/148、生物工程 25/26、药学 124/147、工商管理 163/309、艺术学理论 65/73、设计学 65/175。

本科优势专业排名

5★专业：应用化学 17/375、视觉传达设计 22/722。

5★-专业：工业设计 13/216、无机非金属材料工程 6/78、轻化工程 4/42、包装工程 4/37、食

品科学与工程 26/283、生物工程 22/242。

4★专业：信息与计算科学 55/308、机械设计制造及其自动化 93/517、机械电子工程 42/302、材料物理 11/73、电气工程及其自动化 70/573、人工智能 79/479。

10704 西安科技大学

在中国本科院校竞争力排行榜中的名次 187，陕西省内排名 11/54，理工类排名 77/364。

共 61 个专业参评，其中 5★+专业 1 个，5★专业 1 个，5★-专业 6 个，4★专业 11 个，3★专业 29 个。

在中国普通高校研究生教育竞争力排行榜中的名次：总排名 172/596，陕西省内排名 10/29，理工类排名 67/182。

共 27 个一级学科(学术学位)参评，其中 5★+学科 0 个，5★学科 0 个，5★-学科 1 个，4★学科 0 个，学科优秀率为 3.7%。

一级学科排名

应用经济学 257/264、马克思主义理论 99/377、数学 247/276、物理学 104/203、化学 202/238、地理学 57/85、力学 80/97、机械工程 75/224、仪器科学与技术 47/68、材料科学与工程 131/227、电气工程 79/112、电子科学与技术 106/123、信息与通信工程 91/186、控制科学与工程 115/189、计算机科学与技术 175/268、土木工程 55/164、测绘科学与技术 17/53、化学工程与技术 78/176、地质资源与地质工程 21/46、矿业工程 7/31、环境科学与工程 84/196、城乡规划学 74/74、软件工程 120/148、安全科学与工程 5/61、管理科学与工程 129/209、工商管理 124/309、设计学 80/175。

本科优势专业排名

5★+专业：安全工程 1/151。

5★专业：采矿工程 2/45。

5★-专业：机械设计制造及其自动化 39/517、机械电子工程 19/302、电子信息工程 52/642、土木工程 37/529、测绘工程 8/147、电子商务 35/457。

4★专业：电气工程及其自动化 83/573、通信工程 60/494、计算机科学与技术 136/932、软件工

程 63/611。

91030　第四军医大学

在中国本科院校竞争力排行榜中的名次 244，陕西省内排名 12/54，医药类排名 18/108。

共 9 个专业参评，其中 5★+专业 0 个，5★专业 0 个，5★-专业 1 个，4★专业 2 个，3★专业 5 个。

在中国普通高校研究生教育竞争力排行榜中的名次：总排名 216/596，陕西省内排名 12/29，医药类排名 25/76。

共 12 个一级学科（学术学位）参评，其中 5★+学科 0 个，5★学科 0 个，5★-学科 0 个，4★学科 4 个，学科优秀率为 33.33%。

一级学科排名

心理学 36/104、生物学 47/240、生物医学工程 15/80、基础医学 23/111、临床医学 23/113、口腔医学 7/47、公共卫生与预防医学 40/78、药学 37/147、中药学 26/51、特种医学 5/17、护理学 24/74、公共管理 94/214。

本科优势专业排名

5★-专业：公共事业管理 25/246。

10702　西安工业大学

在中国本科院校竞争力排行榜中的名次 255，陕西省内排名 13/54，理工类排名 105/364。

共 50 个专业参评，其中 5★+专业 0 个，5★专业 2 个，5★-专业 5 个，4★专业 11 个，3★专业 20 个。

在中国普通高校研究生教育竞争力排行榜中的名次：总排名 305/596，陕西省内排名 13/29，理工类排名 116/182。

共 16 个一级学科（学术学位）参评。

一级学科排名

应用经济学 212/264、马克思主义理论 214/377、中国语言文学 171/186、数学 239/276、物理学 119/203、机械工程 86/224、光学工程 34/94、仪器科学与技术 54/68、材料科学与工程 91/227、

控制科学与工程 107/189、计算机科学与技术 180/268、土木工程 136/164、兵器科学与技术 7/7、软件工程 82/148、管理科学与工程 160/209、工商管理 197/309。

本科优势专业排名

5★专业：机械设计制造及其自动化 21/517、人力资源管理 19/416。

5★-专业：机械电子工程 16/302、智能制造工程 17/296、金属材料工程 5/77、计算机科学与技术 87/932、产品设计 31/402。

4★专业：测控技术与仪器 34/190、高分子材料与工程 34/185、电子信息工程 99/642、光电信息科学与工程 43/218、自动化 67/445、机器人工程 59/333、软件工程 100/611。

10729　西安美术学院

在中国本科院校竞争力排行榜中的名次 304，陕西省内排名 14/54，艺术类排名 13/48。

共 21 个专业参评，其中 5★+专业 5 个，5★专业 5 个，5★-专业 3 个，4★专业 3 个，3★专业 1 个。

在中国普通高校研究生教育竞争力排行榜中的名次：总排名 477/596，陕西省内排名 25/29，艺术类排名 13/33。

共 3 个一级学科（学术学位）参评，其中 5★+学科 0 个，5★学科 1 个，5★-学科 1 个，4★学科 1 个，学科优秀率为 100%。

一级学科排名

艺术学理论 13/73、美术学 4/114、设计学 18/175。

本科优势专业排名

5★+专业：美术学 6/333、绘画 2/160、视觉传达设计 4/722、环境设计 1/721、工艺美术 1/92。

5★专业：雕塑 3/53、书法学 4/130、艺术设计学 2/52、服装与服饰设计 7/212、艺术与科技 4/73。

5★-专业：动画 23/251、摄影 7/74、中国画 3/34。

11664　西安邮电大学

在中国本科院校竞争力排行榜中的名次 305，陕西省内排名 15/54，理工类排名 120/364。

共 47 个专业参评，其中 5★+专业 1 个，5★专业 0 个，5★-专业 3 个，4★专业 2 个，3★专业 25 个。

在中国普通高校研究生教育竞争力排行榜中的名次：总排名 317/596，陕西省内排名 14/29，理工类排名 122/182。

共 13 个一级学科(学术学位)参评。

一级学科排名

应用经济学 193/264、马克思主义理论 121/377、物理学 96/203、光学工程 77/94、仪器科学与技术 67/68、电子科学与技术 79/123、信息与通信工程 88/186、控制科学与工程 120/189、计算机科学与技术 103/268、软件工程 136/148、网络空间安全 46/77、管理科学与工程 171/209、工商管理 259/309。

本科优势专业排名

5★+专业：电子商务 9/457。

5★-专业：通信工程 36/494、智能科学与技术 13/186、物流管理 36/432。

4★专业：集成电路设计与集成系统 17/88、网络工程 39/282。

10709　西安工程大学

在中国本科院校竞争力排行榜中的名次 326，陕西省内排名 16/54，理工类排名 124/364。

共 56 个专业参评，其中 5★+专业 0 个，5★专业 1 个，5★-专业 3 个，4★专业 5 个，3★专业 24 个。

在中国普通高校研究生教育竞争力排行榜中的名次：总排名 333/596，陕西省内排名 16/29，理工类排名 129/182。

共 16 个一级学科(学术学位)参评。

一级学科排名

马克思主义理论 148/377、外国语言文学 224/240、数学 183/276、物理学 162/203、机械工程 182/224、材料科学与工程 196/227、电气工程 101/112、控制科学与工程 111/189、计算机科学与技术 210/268、土木工程 157/164、化学工程与技术 172/176、纺织科学与工程 16/22、环境科学与工程 145/196、管理科学与工程 106/209、工商管理 216/309、设计学 62/175。

本科优势专业排名

5★专业：服装与服饰设计 11/212。

5★-专业：服装设计与工程 5/58、视觉传达设计 47/722、环境设计 48/721。

4★专业：电气工程及其自动化 87/573、计算机科学与技术 100/932。

10705　西安石油大学

在中国本科院校竞争力排行榜中的名次 345，陕西省内排名 17/54，理工类排名 130/364。

共 58 个专业参评，其中 5★+专业 0 个，5★专业 0 个，5★-专业 1 个，4★专业 7 个，3★专业 31 个。

在中国普通高校研究生教育竞争力排行榜中的名次：总排名 327/596，陕西省内排名 15/29，理工类排名 126/182。

共 16 个一级学科(学术学位)参评。

一级学科排名

应用经济学 205/264、马克思主义理论 128/377、地质学 33/35、机械工程 171/224、光学工程 79/94、仪器科学与技术 65/68、材料科学与工程 132/227、动力工程及工程热物理 79/104、电气工程 110/112、控制科学与工程 128/189、计算机科学与技术 165/268、化学工程与技术 121/176、地质资源与地质工程 35/46、石油与天然气工程 7/15、管理科学与工程 164/209、工商管理 210/309。

本科优势专业排名

5★-专业：人力资源管理 26/416。

4★专业：英语 174/925、机械设计制造及其自动化 80/517、焊接技术与工程 6/44、计算机科学与技术 124/932。

10724　西安外国语大学

在中国本科院校竞争力排行榜中的名次 374，陕西省内排名 18/54，文法类排名 11/68。

共 45 个专业参评，其中 5★+专业 3 个，5★专业 5 个，5★-专业 2 个，4★专业 6 个，3★专业 19 个。

在中国普通高校研究生教育竞争力排行榜中的名次：总排名 387/596，陕西省内排名 20/29，文法类排名 11/32。

共 9 个一级学科（学术学位）参评，其中 5★+学科 0 个，5★学科 1 个，5★-学科 0 个，4★学科 0 个，学科优秀率为 11.11%。

一级学科排名

应用经济学 181/264、政治学 75/80、马克思主义理论 309/377、教育学 83/143、中国语言文学 84/186、外国语言文学 10/240、新闻传播学 79/120、地理学 58/85、工商管理 222/309。

本科优势专业排名

5★+专业：日语 3/449、翻译 2/269、商务英语 6/360。

5★专业：英语 23/925、德语 6/112、法语 5/143、西班牙语 5/97、旅游管理 21/428。

5★-专业：俄语 11/161、网络与新媒体 29/338。

4★专业：汉语国际教育 56/328、朝鲜语 14/92、泰语 9/48、波兰语 2/12、葡萄牙语 4/33、意大利语 5/23。

10719　延安大学

在中国本科院校竞争力排行榜中的名次 462，陕西省内排名 19/54，综合类排名 78/268。

共 59 个专业参评，其中 5★+专业 0 个，5★专业 0 个，5★-专业 0 个，4★专业 1 个，3★专业 21 个。

在中国普通高校研究生教育竞争力排行榜中的名次：总排名 364/596，陕西省内排名 18/29，综合类排名 67/93。

共 19 个一级学科（学术学位）参评。

一级学科排名

哲学 108/133、应用经济学 215/264、政治学 55/80、马克思主义理论 142/377、教育学 133/143、体育学 87/107、中国语言文学 111/186、外国语言文学 239/240、中国史 81/119、数学 223/276、物理学 185/203、化学 208/238、生物学 170/240、生态学 92/111、信息与通信工程 102/186、化学工程与技术 136/176、基础医学 79/111、工商管理 258/309、公共管理 191/214。

本科优势专业排名

4★专业：汉语言文学 76/619。

10728　西安音乐学院

在中国本科院校竞争力排行榜中的名次 493，陕西省内排名 20/54，艺术类排名 32/48。

共 11 个专业参评，其中 5★+专业 0 个，5★专业 2 个，5★-专业 1 个，4★专业 1 个，3★专业 2 个。

在中国普通高校研究生教育竞争力排行榜中的名次：总排名 563/596，陕西省内排名 29/29，艺术类排名 26/33。

共 2 个一级学科（学术学位）参评。

一级学科排名

艺术学理论 38/73、音乐与舞蹈学 18/86。

本科优势专业排名

5★专业：音乐表演 7/234、音乐学 13/388。

5★-专业：舞蹈编导 7/76。

10726　西北政法大学

在中国本科院校竞争力排行榜中的名次 497，陕西省内排名 21/54，文法类排名 19/68。

共 28 个专业参评，其中 5★+专业 1 个，5★专业 0 个，5★-专业 1 个，4★专业 3 个，3★专业 11 个。

在中国普通高校研究生教育竞争力排行榜中的名次：总排名 341/596，陕西省内排名 17/29，文法类排名 9/32。

共 7 个一级学科(学术学位)参评,其中 5★+学科 0 个,5★学科 0 个,5★-学科 1 个,4★学科 0 个,学科优秀率为 14.29%。

一级学科排名

哲学 75/133、理论经济学 78/109、法学 14/209、政治学 60/80、马克思主义理论 294/377、新闻传播学 51/120、公共管理 95/214。

本科优势专业排名

5★+专业:法学 8/580。

5★-专业:电子商务及法律 2/16。

4★专业:英语 147/925、新闻学 58/308、网络与新媒体 36/338。

10727　西安体育学院

在中国本科院校竞争力排行榜中的名次 503,陕西省内排名 22/54,体育类排名 10/16。

共 15 个专业参评,其中 5★+专业 0 个,5★专业 0 个,5★-专业 3 个,4★专业 2 个,3★专业 6 个。

在中国普通高校研究生教育竞争力排行榜中的名次:总排名 499/596,陕西省内排名 26/29,体育类排名 9/13。

共 4 个一级学科(学术学位)参评。

一级学科排名

教育学 143/143、心理学 98/104、体育学 39/107、临床医学 111/113。

本科优势专业排名

5★-专业:体育教育 28/341、舞蹈学 19/201、播音与主持艺术 20/232。

4★专业:社会体育指导与管理 25/239。

10716　陕西中医药大学

在中国本科院校竞争力排行榜中的名次 506,陕西省内排名 23/54,医药类排名 56/108。

共 25 个专业参评,其中 5★+专业 0 个,5★专业 0 个,5★-专业 0 个,4★专业 0 个,3★专业 10 个。

在中国普通高校研究生教育竞争力排行榜中的名次:总排名 365/596,陕西省内排名 19/29,医药类排名 51/76。

共 5 个一级学科(学术学位)参评。

一级学科排名

临床医学 72/113、中医学 26/40、中西医结合 41/62、药学 96/147、中药学 36/51。

11560　西安财经大学

在中国本科院校竞争力排行榜中的名次 518,陕西省内排名 24/54,财经类排名 37/109。

共 44 个专业参评,其中 5★+专业 1 个,5★专业 0 个,5★-专业 2 个,4★专业 4 个,3★专业 23 个。

在中国普通高校研究生教育竞争力排行榜中的名次:总排名 466/596,陕西省内排名 24/29,财经类排名 32/39。

共 6 个一级学科(学术学位)参评。

一级学科排名

应用经济学 106/264、法学 155/209、马克思主义理论 333/377、统计学 71/126、工商管理 127/309、公共管理 86/214。

本科优势专业排名

5★+专业:电子商务 6/457。

5★-专业:会计学 63/659、财务管理 52/686。

4★专业:金融学 45/389、商务英语 64/360、应用统计学 22/187。

10720　陕西理工大学

在中国本科院校竞争力排行榜中的名次 526,陕西省内排名 25/54,理工类排名 177/364。

共 62 个专业参评,其中 5★+专业 0 个,5★专业 0 个,5★-专业 0 个,4★专业 0 个,3★专业 22 个。

在中国普通高校研究生教育竞争力排行榜中的名次:总排名 420/596,陕西省内排名 21/29,

理工类排名 148/182。

共 9 个一级学科(学术学位)参评。

一级学科排名

应用经济学 236/264、马克思主义理论 297/377、中国语言文学 114/186、物理学 202/203、化学 194/238、生物学 166/240、机械工程 138/224、材料科学与工程 174/227、食品科学与工程 83/105。

11840　西安医学院

在中国本科院校竞争力排行榜中的名次 549，陕西省内排名 26/54，医药类排名 65/108。

共 20 个专业参评，其中 5★+专业 0 个，5★专业 0 个，5★-专业 0 个，4★专业 0 个，3★专业 6 个。

在中国普通高校研究生教育竞争力排行榜中的名次：总排名 446/596，陕西省内排名 22/29，医药类排名 66/76。

10723　渭南师范学院

在中国本科院校竞争力排行榜中的名次 561，陕西省内排名 27/54，师范类排名 69/175。

共 58 个专业参评，其中 5★+专业 0 个，5★专业 0 个，5★-专业 1 个，4★专业 4 个，3★专业 9 个。

本科优势专业排名

5★-专业：视觉传达设计 67/722。
4★专业：学前教育 48/420。

11080　西安文理学院

在中国本科院校竞争力排行榜中的名次 565，陕西省内排名 28/54，师范类排名 70/175。

共 48 个专业参评，其中 5★+专业 0 个，5★专业 0 个，5★-专业 1 个，4★专业 3 个，3★专业 8 个。

本科优势专业排名

5★-专业：经济与金融 8/78。

4★专业：学前教育 76/420。

11395　榆林学院

在中国本科院校竞争力排行榜中的名次 609，陕西省内排名 30/54，综合类排名 101/268。

共 50 个专业参评，其中 5★+专业 0 个，5★专业 0 个，5★-专业 0 个，4★专业 0 个，3★专业 7 个。

在中国普通高校研究生教育竞争力排行榜中的名次：总排名 545/596，陕西省内排名 28/29，综合类排名 86/93。

11736　西安航空学院

在中国本科院校竞争力排行榜中的名次 629，陕西省内排名 31/54，理工类排名 201/364。

共 36 个专业参评，其中 5★+专业 0 个，5★专业 0 个，5★-专业 1 个，4★专业 1 个，3★专业 5 个。

本科优势专业排名

5★-专业：机械电子工程 30/302。
4★专业：汽车服务工程 22/117。

10721　宝鸡文理学院

在中国本科院校竞争力排行榜中的名次 632，陕西省内排名 32/54，师范类排名 89/175。

共 63 个专业参评，其中 5★+专业 0 个，5★专业 0 个，5★-专业 0 个，4★专业 2 个，3★专业 16 个。

在中国普通高校研究生教育竞争力排行榜中的名次：总排名 459/596，陕西省内排名 23/29，师范类排名 50/77。

共 9 个一级学科(学术学位)参评。

一级学科排名

哲学 94/133、马克思主义理论 364/377、教育学 126/143、中国语言文学 143/186、数学 210/276、物理学 151/203、化学 219/238、地理学 63/85、机械工程 221/224。

本科优势专业排名

4★专业：汉语言文学 117/619。

10722 咸阳师范学院

在中国本科院校竞争力排行榜中的名次 694，陕西省内排名 34/54，师范类排名 104/175。

共 50 个专业参评，其中 5★+专业 0 个，5★专业 0 个，5★-专业 1 个，4★专业 1 个，3★专业 14 个。

本科优势专业排名

5★-专业：学前教育 36/420。

14390 陕西学前师范学院

在中国本科院校竞争力排行榜中的名次 779，陕西省内排名 39/54，师范类排名 125/175。

共 27 个专业参评，其中 5★+专业 0 个，5★专业 1 个，5★-专业 0 个，4★专业 0 个，3★专业 9 个。

本科优势专业排名

5★专业：学前教育 17/420。

11397 安康学院

在中国本科院校竞争力排行榜中的名次 825，陕西省内排名 41/54，师范类排名 132/175。

共 36 个专业参评，其中 5★+专业 0 个，5★专业 0 个，5★-专业 0 个，4★专业 1 个，3★专业 5 个。

11396 商洛学院

在中国本科院校竞争力排行榜中的名次 866，陕西省内排名 42/54，师范类排名 142/175。

共 39 个专业参评，其中 5★+专业 0 个，5★专业 0 个，5★-专业 0 个，4★专业 0 个，3★专业 6 个。

民 办 院 校

12715 西京学院

在中国民办院校竞争力排行榜中的名次 3，陕西省内排名 29/54，综合类排名 92/268。

共 36 个专业参评，其中 5★+专业 0 个，5★专业 0 个，5★-专业 0 个，4★专业 5 个，3★专业 24 个。

在中国普通高校研究生教育竞争力排行榜中的名次：总排名 517/596，陕西省内排名 27/29，综合类排名 83/93。

12714 西安翻译学院

在中国民办院校竞争力排行榜中的名次 20，陕西省内排名 33/54，文法类排名 31/68。

共 38 个专业参评，其中 5★+专业 0 个，5★专业 0 个，5★-专业 1 个，4★专业 5 个，3★专业 12 个。

本科优势专业排名

5★-专业：翻译 26/269。
4★专业：国际经济与贸易 98/665、英语 136/925、商务英语 67/360。

12712 西安欧亚学院

在中国民办院校竞争力排行榜中的名次 28，陕西省内排名 35/54，财经类排名 47/109。

共 37 个专业参评，其中 5★+专业 0 个，5★专业 0 个，5★-专业 1 个，4★专业 3 个，3★专业 14 个。

本科优势专业排名

5★-专业：工程造价 19/264。
4★专业：网络与新媒体 40/338。

11400 西安培华学院

在中国民办院校竞争力排行榜中的名次 36，陕西省内排名 36/54，文法类排名 37/68。

共 36 个专业参评，其中 5★+专业 0 个，5★

专业 0 个，5★-专业 0 个，4★专业 3 个，3★专业 16 个。

12713　西安外事学院

在中国民办院校竞争力排行榜中的名次 43，陕西省内排名 37/54，财经类排名 49/109。

共 44 个专业参评，其中 5★+专业 0 个，5★专业 0 个，5★-专业 0 个，4★专业 2 个，3★专业 14 个。

13894　西安明德理工学院

在中国民办院校竞争力排行榜中的名次 50，陕西省内排名 38/54，综合类排名 143/268。

共 33 个专业参评，其中 5★+专业 0 个，5★专业 1 个，5★-专业 0 个，4★专业 1 个，3★专业 4 个。

本科优势专业排名

5★专业：智能装备与系统 1/14。

4★专业：通信工程 90/494。

13123　陕西国际商贸学院

在中国民办院校竞争力排行榜中的名次 64，陕西省内排名 40/54，财经类排名 55/109。

共 33 个专业参评，其中 5★+专业 0 个，5★专业 0 个，5★-专业 0 个，4★专业 0 个，3★专业 14 个。

13569　西安交通工程学院

在中国民办院校竞争力排行榜中的名次 109，陕西省内排名 44/54，理工类排名 266/364。

共 19 个专业参评，其中 5★+专业 0 个，5★专业 0 个，5★-专业 0 个，4★专业 0 个，3★专业 8 个。

13682　西安工商学院

在中国民办院校竞争力排行榜中的名次 112，陕西省内排名 45/54，综合类排名 188/268。

共 20 个专业参评，其中 5★+专业 0 个，5★专业 0 个，5★-专业 0 个，4★专业 0 个，3★专业 8 个。

13121　西安思源学院

在中国民办院校竞争力排行榜中的名次 147，陕西省内排名 46/54，理工类排名 287/364。

共 30 个专业参评，其中 5★+专业 0 个，5★专业 0 个，5★-专业 0 个，4★专业 2 个，3★专业 8 个。

13125　陕西服装工程学院

在中国民办院校竞争力排行榜中的名次 156，陕西省内排名 48/54，理工类排名 291/364。

共 27 个专业参评，其中 5★+专业 0 个，5★专业 0 个，5★-专业 0 个，4★专业 0 个，3★专业 4 个。

山东省

一流大学

10422 山东大学

在中国本科院校竞争力排行榜中的名次 15，山东省内排名 1/67，综合类排名 9/268。

共 87 个专业参评，其中 5★+专业 14 个，5★专业 20 个，5★-专业 20 个，4★专业 17 个，3★专业 14 个。

在中国普通高校研究生教育竞争力排行榜中的名次：总排名 16/596，山东省内排名 1/31，综合类排名 9/93。

共 53 个一级学科(学术学位)参评，其中 5★+学科 1 个，5★学科 2 个，5★-学科 11 个，4★学科 18 个，学科优秀率为 60.38%。

一级学科排名

哲学 14/133、理论经济学 18/109、应用经济学 22/264、法学 13/209、政治学 13/80、社会学 20/88、马克思主义理论 9/377、体育学 20/107、中国语言文学 4/186、外国语言文学 22/240、新闻传播学 18/120、考古学 7/40、中国史 14/119、世界史 37/68、数学 7/276、物理学 17/203、化学 22/238、海洋科学 12/31、地球物理学 12/21、生物学 21/240、生态学 58/111、统计学 10/126、力学 43/97、机械工程 26/224、光学工程 26/94、材料科学与工程 40/227、动力工程及工程热物理 27/104、电气工程 20/112、电子科学与技术 34/123、信息与通信工程 59/186、控制科学与工程 31/189、计算机科学与技术 48/268、土木工程 16/164、水利工程 33/64、化学工程与技术 73/176、交通运输工程 30/66、环境科学与工程 17/196、生物医学工程 38/80、软件工程 14/148、网络空间安全 13/77、基础医学 15/111、临床医学 14/113、口腔医学 14/47、公共卫生与预防医学 19/78、药学 11/147、护理学 19/74、社会医学与卫生事业管理 8/15、管理科学与工程 38/209、工商管理 45/309、公共管理 33/214、艺术学理论 25/73、设计学 82/175、集成电路科学与工程 10/30。

本科优势专业排名

5★+专业：国际经济与贸易 7/665、社会体育指导与管理 2/239、汉语言文学 4/619、汉语国际教育 3/328、英语 17/925、日语 7/449、数学与应用数学 10/519、信息与计算科学 6/308、智能制造工程 3/296、人工智能 2/479、数字媒体技术 4/234、数据科学与大数据技术 5/711、网络空间安全 1/113、智能医学工程 1/69。

5★专业：经济学 11/356、法学 13/580、社会工作 10/259、马克思主义理论 2/54、朝鲜语 4/92、翻译 10/269、物理学 14/283、生物科学 11/283、统计学 10/211、机械设计制造及其自动化 11/517、材料成型及控制工程 5/221、储能科学与工程 3/59、电气工程及其自动化 18/573、计算机科学与技术 24/932、软件工程 29/611、城市地下空间工程 2/74、临床医学 10/192、护理学 9/296、工商管理 20/538、会计学 28/659。

5★-专业：金融学 28/389、俄语 16/161、法语 10/143、新闻学 16/308、历史学 14/246、考古学 4/36、化学 18/310、能源与动力工程 17/188、能源与环境系统工程 2/17、新能源科学与工程 14/144、光电信息科学与工程 15/218、集成电路设计与集成系统 6/88、自动化 25/445、机器人工程 22/333、环境工程 21/352、口腔医学 11/118、行政管理 25/292、音乐学 30/388、美术学 33/333、产品设计 24/402。

4★专业：哲学 13/75、财政学 9/84、政治学与行政学 12/84、社会学 12/92、西班牙语 14/97、应用物理学 30/155、应用化学 60/375、生物技术 54/285、通信工程 82/494。

10423 中国海洋大学

在中国本科院校竞争力排行榜中的名次 66，山东省内排名 2/67，理工类排名 35/364。

共 65 个专业参评，其中 5★+专业 2 个，5★专业 5 个，5★-专业 7 个，4★专业 16 个，3★专业 28 个。

在中国普通高校研究生教育竞争力排行榜中的名次：总排名 40/596，山东省内排名 2/31，理工类排名 20/182。

共 35 个一级学科(学术学位)参评，其中 5★+学科 2 个，5★学科 1 个，5★-学科 3 个，4★学科 5 个，学科优秀率为 31.43%。

一级学科排名

应用经济学 39/264、法学 29/209、政治学 40/80、马克思主义理论 212/377、中国语言文学 51/186、外国语言文学 32/240、中国史 79/119、数学 59/276、物理学 99/203、化学 109/238、地理学 54/85、大气科学 10/22、海洋科学 1/31、地质学 15/35、生物学 25/240、生态学 25/111、机械工程 179/224、光学工程 72/94、材料科学与工程 115/227、信息与通信工程 77/186、控制科学与工程 92/189、计算机科学与技术 27/268、土木工程 82/164、水利工程 15/64、化学工程与技术 91/176、地质资源与地质工程 29/46、船舶与海洋工程 16/27、环境科学与工程 10/196、食品科学与工程 13/105、软件工程 33/148、水产 1/33、药学 15/147、工商管理 28/309、农林经济管理 34/51、公共管理 57/214。

本科优势专业排名

5★+专业：海洋科学 1/35、海洋技术 1/25。

5★专业：法学 22/580、海洋资源与环境 1/17、食品科学与工程 13/283、水产养殖学 2/53、会计学 22/659。

5★-专业：英语 54/925、日语 45/449、计算机科学与技术 48/932、环境工程 35/352、环境科学 11/176、药学 25/250、旅游管理 31/428。

4★专业：金融学 44/389、国际经济与贸易 95/665、汉语言文学 104/619、法语 17/143、朝鲜语 11/92、信息与计算科学 34/308、生物科学 37/283、生物技术 56/285、电子信息工程 116/642、软件工程 120/611。

一般大学

10425 中国石油大学(华东)

在中国本科院校竞争力排行榜中的名次 90，山东省内排名 3/67，理工类排名 44/364。

共 57 个专业参评，其中 5★+专业 0 个，5★专业 1 个，5★-专业 2 个，4★专业 17 个，3★专业 31 个。

在中国普通高校研究生教育竞争力排行榜中的名次：总排名 107/596，山东省内排名 4/31，理工类排名 49/182。

共 32 个一级学科(学术学位)参评，其中 5★+学科 0 个，5★学科 1 个，5★-学科 1 个，4★学科 1 个，学科优秀率为 9.38%。

一级学科排名

应用经济学 262/264、法学 117/209、马克思主义理论 107/377、体育学 82/107、外国语言文学 123/240、数学 192/276、物理学 192/203、化学 76/238、海洋科学 26/31、地球物理学 14/21、地质学 19/35、统计学 82/126、力学 45/97、机械工程 92/224、光学工程 65/94、材料科学与工程 73/227、动力工程及工程热物理 39/104、电气工程 65/112、信息与通信工程 115/186、控制科学与工程 69/189、计算机科学与技术 158/268、土木工程 93/164、测绘科学与技术 33/53、化学工程与技术 34/176、地质资源与地质工程 3/46、石油与天然气工程 1/15、船舶与海洋工程 18/27、环境科学与工程 121/196、软件工程 113/148、安全科学与工程 25/61、管理科学与工程 89/209、工商管理 86/309。

本科优势专业排名

5★专业：化学工程与工艺 12/329。

5★-专业：应用化学 29/375、数据科学与大数据技术 42/711。

4★专业：机械设计制造及其自动化 58/517、材料成型及控制工程 35/221、过程装备与控制工程 16/92、智能制造工程 31/296、材料科学与工程 36/237、能源与动力工程 37/188、新能源科学与工程 27/144、电气工程及其自动化 63/573、计算机科学与技术 154/932。

11065 青岛大学

在中国本科院校竞争力排行榜中的名次 103，山东省内排名 4/67，综合类排名 34/268。

共 78 个专业参评，其中 5★+专业 0 个，5★专业 0 个，5★-专业 7 个，4★专业 23 个，3★专业 36 个。

在中国普通高校研究生教育竞争力排行榜中的名次：总排名 65/596，山东省内排名 3/31，综合类排名 24/93。

共 42 个一级学科(学术学位)参评，其中 5★+学科 0 个，5★学科 0 个，5★-学科 0 个，4★学科

2 个，学科优秀率为 4.76%。

一级学科排名

理论经济学 56/109、应用经济学 79/264、法学 96/209、政治学 56/80、马克思主义理论 306/377、教育学 63/143、心理学 96/104、中国语言文学 85/186、外国语言文学 86/240、中国史 63/119、数学 100/276、物理学 84/203、化学 196/238、生物学 48/240、系统科学 7/29、机械工程 143/224、材料科学与工程 70/227、动力工程及工程热物理 66/104、电气工程 54/112、电子科学与技术 60/123、控制科学与工程 90/189、计算机科学与技术 104/268、化学工程与技术 80/176、纺织科学与工程 7/22、环境科学与工程 93/196、软件工程 32/148、网络空间安全 44/77、基础医学 49/111、临床医学 38/113、口腔医学 32/47、公共卫生与预防医学 32/78、中西医结合 45/62、药学 29/147、特种医学 8/17、护理学 36/74、社会医学与卫生事业管理 13/15、管理科学与工程 45/209、工商管理 116/309、公共管理 118/214、音乐与舞蹈学 23/86、美术学 69/114、设计学 108/175。

本科优势专业排名

5★-专业：英语 74/925、智能制造工程 30/296、电气工程及其自动化 50/573、电子信息工程 39/642、微电子科学与工程 10/115、软件工程 33/611、旅游管理 26/428。

4★专业：经济学 57/356、金融学 56/389、国际经济与贸易 97/665、法学 93/580、小学教育 43/311、汉语言文学 71/619、数学与应用数学 65/519、应用化学 67/375、生物技术 33/285、应用心理学 46/257、高分子材料与工程 23/185、复合材料与工程 6/44、自动化 60/445、计算机科学与技术 97/932。

10445　山东师范大学

在中国本科院校竞争力排行榜中的名次 108，山东省内排名 5/67，师范类排名 11/175。

共 69 个专业参评，其中 5★+专业 0 个、5★专业 6 个、5★-专业 15 个、4★专业 15 个、3★专业 28 个。

在中国普通高校研究生教育竞争力排行榜中的名次：总排名 114/596，山东省内排名 6/31，师

范类排名 13/77。

共 36 个一级学科（学术学位）参评，其中 5★+学科 0 个，5★学科 0 个，5★-学科 1 个，4★学科 6 个，学科优秀率为 19.44%。

一级学科排名

哲学 84/133、理论经济学 42/109、法学 152/209、马克思主义理论 68/377、教育学 36/143、心理学 11/104、体育学 69/107、中国语言文学 31/186、外国语言文学 83/240、新闻传播学 101/120、中国史 57/119、世界史 31/68、数学 78/276、物理学 67/203、化学 77/238、天文学 15/21、地理学 28/85、生物学 95/240、生态学 89/111、统计学 75/126、教育技术学 5/45、光学工程 49/94、电子科学与技术 72/123、信息与通信工程 75/186、控制科学与工程 177/189、计算机科学与技术 69/268、化学工程与技术 94/176、环境科学与工程 89/196、食品科学与工程 87/105、管理科学与工程 41/209、工商管理 138/309、公共管理 133/214、艺术学理论 64/73、音乐与舞蹈学 14/86、戏剧与影视学 27/62、美术学 18/114。

本科优势专业排名

5★专业：学前教育 12/420、汉语国际教育 11/328、应用心理学 12/257、数据科学与大数据技术 36/711、舞蹈学 6/201、美术学 15/333。

5★-专业：思想政治教育 24/304、体育教育 29/341、汉语言文学 33/619、秘书学 5/89、英语 73/925、日语 34/449、数学与应用数学 44/519、地理科学 11/171、地理信息科学 16/171、电子信息工程 41/642、通信工程 44/494、计算机科学与技术 66/932、物联网工程 44/492、音乐学 27/388、航空服务艺术与管理 6/71。

4★专业：经济学 71/356、国际经济与贸易 94/665、教育学 17/85、教育技术学 16/130、小学教育 48/311、社会体育指导与管理 28/239、新闻学 49/308、网络与新媒体 66/338、物理学 34/283、化学 37/310、生物科学 51/283。

10427　济南大学

在中国本科院校竞争力排行榜中的名次 133，山东省内排名 6/67，综合类排名 39/268。

共 79 个专业参评，其中 5★+专业 0 个、5★

专业1个，5★-专业5个，4★专业12个，3★专业42个。

在中国普通高校研究生教育竞争力排行榜中的名次：总排名195/596，山东省内排名9/31，综合类排名51/93。

共24个一级学科(学术学位)参评。

一级学科排名

应用经济学231/264、法学205/209、社会学57/88、马克思主义理论337/377、心理学65/104、中国语言文学163/186、外国语言文学235/240、数学238/276、物理学103/203、化学90/238、生物学175/240、机械工程165/224、材料科学与工程76/227、信息与通信工程177/186、控制科学与工程149/189、计算机科学与技术168/268、土木工程107/164、水利工程37/64、化学工程与技术65/176、环境科学与工程120/196、管理科学与工程147/209、工商管理229/309、公共管理211/214、设计学160/175。

本科优势专业排名

5★专业：网络工程10/282。

5★-专业：社会工作18/259、应用化学27/375、计算机科学与技术89/932、文化产业管理13/137、音乐学23/388。

4★专业：金融数学13/71、汉语言文学105/619、材料科学与工程45/237、高分子材料与工程36/185、通信工程77/494。

10424　山东科技大学

在中国本科院校竞争力排行榜中的名次137，山东省内排名7/67，理工类排名59/364。

共76个专业参评，其中5★+专业0个，5★专业2个，5★-专业6个，4★专业14个，3★专业41个。

在中国普通高校研究生教育竞争力排行榜中的名次：总排名112/596，山东省内排名5/31，理工类排名52/182。

共31个一级学科(学术学位)参评，其中5★+学科0个，5★学科0个，5★-学科0个，4★学科1个，学科优秀率为3.23%。

一级学科排名

应用经济学232/264、法学104/209、马克思主义理论181/377、外国语言文学103/240、数学110/276、物理学198/203、化学133/238、地理学72/85、地质学28/35、系统科学8/29、力学74/97、机械工程83/224、材料科学与工程117/227、动力工程及工程热物理75/104、电气工程63/112、电子科学与技术93/123、信息与通信工程80/186、控制科学与工程61/189、计算机科学与技术78/268、建筑学70/84、土木工程50/164、测绘科学与技术12/53、化学工程与技术86/176、地质资源与地质工程23/46、矿业工程10/31、交通运输工程51/66、船舶与海洋工程21/27、环境科学与工程109/196、安全科学与工程11/61、管理科学与工程76/209、工商管理195/309。

本科优势专业排名

5★专业：机械电子工程13/302、安全工程7/151。

5★-专业：智能制造工程24/296、通信工程46/494、网络工程28/282、数据科学与大数据技术41/711、测绘工程15/147、智能采矿工程2/16。

4★专业：地理信息科学24/171、统计学38/211、电气工程及其自动化62/573、电气工程与智能控制8/39、机器人工程53/333、软件工程70/611。

10434　山东农业大学

在中国本科院校竞争力排行榜中的名次160，山东省内排名8/67，农林类排名12/47。

共76个专业参评，其中5★+专业0个，5★专业2个，5★-专业2个，4★专业13个，3★专业37个。

在中国普通高校研究生教育竞争力排行榜中的名次：总排名161/596，山东省内排名7/31，农林类排名14/38。

共25个一级学科(学术学位)参评。

一级学科排名

应用经济学222/264、马克思主义理论254/377、数学276/276、化学111/238、生物学62/

240、生态学 55/111、机械工程 200/224、计算机科学与技术 231/268、土木工程 158/164、水利工程 60/64、测绘科学与技术 53/53、农业工程 14/43、环境科学与工程 118/196、食品科学与工程 24/105、风景园林学 30/56、作物学 14/50、园艺学 15/44、农业资源与环境 19/40、植物保护 18/44、畜牧学 18/55、兽医学 14/44、林学 20/35、工商管理 294/309、农林经济管理 28/51、公共管理 173/214。

本科优势专业排名

5★专业：数字经济 5/129、园艺 4/113。

5★-专业：食品科学与工程 25/283、食品质量与安全 19/240。

4★专业：国际经济与贸易 121/665、生物技术 40/285、机械电子工程 43/302、计算机科学与技术 184/932。

10426 青岛科技大学

在中国本科院校竞争力排行榜中的名次 175，山东省内排名 9/67、理工类排名 73/364。

共 73 个专业参评，其中 5★+专业 0 个，5★专业 0 个，5★-专业 3 个，4★专业 11 个，3★专业 35 个。

在中国普通高校研究生教育竞争力排行榜中的名次：总排名 211/596，山东省内排名 10/31，理工类排名 80/182。

共 25 个一级学科(学术学位)参评。

一级学科排名

应用经济学 172/264、法学 167/209、马克思主义理论 221/377、外国语言文学 161/240、数学 232/276、化学 50/238、海洋科学 30/31、统计学 93/126、力学 77/97、机械工程 110/224、材料科学与工程 68/227、动力工程及工程热物理 30/104、电气工程 88/112、控制科学与工程 112/189、计算机科学与技术 238/268、化学工程与技术 38/176、石油与天然气工程 11/15、轻工技术与工程 13/18、环境科学与工程 144/196、软件工程 138/148、安全科学与工程 56/61、药学 125/147、工商管理 184/309、戏剧与影视学 49/62、美术学 106/114。

本科优势专业排名

5★-专业：应用化学 22/375、人工智能 40/479、制药工程 26/257。

4★专业：国际经济与贸易 113/665、英语 170/925、应用统计学 26/187、材料化学 19/131、高分子材料与工程 20/185、新能源科学与工程 16/144、计算机科学与技术 160/932、软件工程 97/611。

10446 曲阜师范大学

在中国本科院校竞争力排行榜中的名次 188，山东省内排名 10/67、师范类排名 21/175。

共 67 个专业参评，其中 5★+专业 0 个，5★专业 4 个，5★-专业 9 个，4★专业 15 个，3★专业 26 个。

在中国普通高校研究生教育竞争力排行榜中的名次：总排名 164/596，山东省内排名 8/31，师范类排名 16/77。

共 28 个一级学科(学术学位)参评，其中 5★+学科 0 个，5★学科 0 个，5★-学科 0 个，4★学科 4 个，学科优秀率为 14.29%。

一级学科排名

哲学 51/133、理论经济学 74/109、法学 206/209、马克思主义理论 60/377、教育学 19/143、心理学 54/104、体育学 30/107、中国语言文学 77/186、外国语言文学 76/240、中国史 38/119、世界史 62/68、数学 42/276、物理学 78/203、化学 114/238、地理学 68/85、生物学 171/240、生态学 52/111、统计学 20/126、教育技术学 23/45、控制科学与工程 57/189、计算机科学与技术 118/268、软件工程 52/148、信息资源管理 28/50、艺术学理论 68/73、音乐与舞蹈学 46/86、戏剧与影视学 33/62、美术学 72/114、设计学 169/175。

本科优势专业排名

5★专业：思想政治教育 15/304、教育技术学 6/130、体育教育 16/341、休闲体育 3/102。

5★-专业：教育学 8/85、汉语言文学 49/619、英语 79/925、商务英语 36/360、统计学 19/211、数据科学与大数据技术 54/711、物流管理 34/432、书法学 12/130、视觉传达设计 50/722。

4★专业：学前教育 74/420、小学教育 47/311、汉语国际教育 51/328、日语 71/449、翻译 35/269、数学与应用数学 62/519、物理学 40/283、自动化 54/445、计算机科学与技术 172/932、软件工程 76/611。

10456　山东财经大学

在中国本科院校竞争力排行榜中的名次 193，山东省内排名 11/67，财经类排名 9/109。

共 53 个专业参评，其中 5★+专业 3 个，5★专业 6 个，5★-专业 15 个，4★专业 12 个，3★专业 11 个。

在中国普通高校研究生教育竞争力排行榜中的名次：总排名 218/596，山东省内排名 11/31，财经类排名 8/39。

共 11 个一级学科(学术学位)参评，其中 5★+学科 0 个，5★学科 0 个，5★-学科 0 个，4★学科 2 个，学科优秀率为 18.18%。

一级学科排名

理论经济学 54/109、应用经济学 32/264、法学 142/209、马克思主义理论 223/377、外国语言文学 97/240、数学 275/276、统计学 40/126、计算机科学与技术 89/268、管理科学与工程 77/209、工商管理 50/309、公共管理 58/214。

本科优势专业排名

5★+专业：金融工程 3/255、人力资源管理 3/416、电子商务 4/457。

5★专业：金融数学 4/71、金融科技 3/95、国际经济与贸易 20/665、商务英语 12/360、大数据管理与应用 7/210、财务管理 34/686。

5★-专业：金融学 27/389、贸易经济 4/40、统计学 14/211、数字媒体技术 15/234、数据科学与大数据技术 62/711、信息管理与信息系统 28/335、工商管理 37/538、市场营销 35/579、会计学 47/659、国际商务 12/126、审计学 13/198、资产评估 5/68、文化产业管理 8/137、劳动与社会保障 12/125、物流管理 39/432。

4★专业：经济学 38/356、经济统计学 23/138、资源与环境经济学 3/13、财政学 13/84、税收学 10/90、投资学 15/124、英语 107/925、日语

65/449、人工智能 91/479、计算机科学与技术 158/932。

10431　齐鲁工业大学

在中国本科院校竞争力排行榜中的名次 222，山东省内排名 12/67，理工类排名 92/364。

共 67 个专业参评，其中 5★+专业 1 个，5★专业 1 个，5★-专业 3 个，4★专业 10 个，3★专业 38 个。

在中国普通高校研究生教育竞争力排行榜中的名次：总排名 222/596，山东省内排名 12/31，理工类排名 84/182。

共 19 个一级学科(学术学位)参评，其中 5★+学科 0 个，5★学科 0 个，5★-学科 0 个，4★学科 1 个，学科优秀率为 5.26%。

一级学科排名

应用经济学 103/264、马克思主义理论 315/377、外国语言文学 63/240、数学 132/276、化学 92/238、生物学 121/240、机械工程 101/224、材料科学与工程 114/227、动力工程及工程热物理 46/104、电气工程 47/112、控制科学与工程 70/189、计算机科学与技术 208/268、化学工程与技术 67/176、轻工技术与工程 7/18、环境科学与工程 119/196、食品科学与工程 42/105、管理科学与工程 96/209、工商管理 91/309、设计学 35/175。

本科优势专业排名

5★+专业：视觉传达设计 14/722。

5★专业：物联网工程 15/492。

5★-专业：酿酒工程 2/26、生物工程 20/242、产品设计 23/402。

4★专业：应用统计学 33/187、机械设计制造及其自动化 96/517、无机非金属材料工程 13/78、电子信息工程 114/642。

10429　青岛理工大学

在中国本科院校竞争力排行榜中的名次 226，山东省内排名 13/67，理工类排名 93/364。

共 58 个专业参评，其中 5★+专业 1 个，5★专业 1 个，5★-专业 3 个，4★专业 5 个，3★专业 36 个。

在中国普通高校研究生教育竞争力排行榜中的名次：总排名 265/596，山东省内排名 14/31，理工类排名 100/182。

共 21 个一级学科(学术学位)参评。

一级学科排名

应用经济学 249/264、马克思主义理论 310/377、物理学 201/203、力学 63/97、机械工程 94/224、仪器科学与技术 45/68、材料科学与工程 164/227、信息与通信工程 172/186、控制科学与工程 172/189、计算机科学与技术 246/268、建筑学 32/84、土木工程 71/164、水利工程 61/64、交通运输工程 49/66、环境科学与工程 137/196、城乡规划学 54/74、风景园林学 55/56、安全科学与工程 53/61、管理科学与工程 201/209、工商管理 230/309、设计学 79/175。

本科优势专业排名

5★+专业：工程造价 5/264。
5★专业：智能建造 5/101。
5★-专业：机械设计制造及其自动化 35/517、土木工程 40/529、建筑学 26/291。

11066 烟台大学

在中国本科院校竞争力排行榜中的名次 233，山东省内排名 14/67，综合类排名 53/268。

共 59 个专业参评，其中 5★+专业 0 个，5★专业 0 个，5★-专业 2 个，4★专业 11 个，3★专业 31 个。

在中国普通高校研究生教育竞争力排行榜中的名次：总排名 268/596，山东省内排名 15/31，综合类排名 59/93。

共 24 个一级学科(学术学位)参评。

一级学科排名

应用经济学 238/264、法学 82/209、民族学 35/38、马克思主义理论 330/377、中国语言文学 116/186、外国语言文学 146/240、数学 222/276、物理学 142/203、化学 122/238、海洋科学 29/31、生物学 192/240、机械工程 145/224、材料科学与工程 139/227、电子科学与技术 102/123、计算机科学与技术 204/268、建筑学 71/84、土木工程

103/164、化学工程与技术 131/176、核科学与技术 21/21、环境科学与工程 155/196、食品科学与工程 96/105、生物工程 16/26、药学 39/147、工商管理 162/309。

本科优势专业排名

5★-专业：法学 58/580、生物工程 13/242。
4★专业：投资学 20/124、知识产权 11/94、英语 172/925、机械设计制造及其自动化 97/517、电子信息科学与技术 22/167、计算机科学与技术 114/932、软件工程 106/611。

10433 山东理工大学

在中国本科院校竞争力排行榜中的名次 235，山东省内排名 15/67，理工类排名 97/364。

共 78 个专业参评，其中 5★+专业 0 个，5★专业 0 个，5★-专业 2 个，4★专业 9 个，3★专业 53 个。

在中国普通高校研究生教育竞争力排行榜中的名次：总排名 237/596，山东省内排名 13/31，理工类排名 92/182。

共 25 个一级学科(学术学位)参评。

一级学科排名

应用经济学 141/264、法学 198/209、社会学 87/88、马克思主义理论 217/377、中国语言文学 137/186、数学 193/276、物理学 181/203、化学 209/238、生物学 217/240、统计学 125/126、机械工程 72/224、仪器科学与技术 66/68、材料科学与工程 157/227、动力工程及工程热物理 93/104、电气工程 45/112、控制科学与工程 164/189、计算机科学与技术 196/268、测绘科学与技术 41/53、化学工程与技术 62/176、矿业工程 28/31、交通运输工程 56/66、农业工程 25/43、食品科学与工程 80/105、工商管理 241/309、信息资源管理 22/50。

本科优势专业排名

5★-专业：社会工作 24/259、机械设计制造及其自动化 38/517。
4★专业：法学 98/580、广告学 46/256、机械电子工程 31/302、车辆工程 48/256、电气工程及其自动化 75/573、计算机科学与技术 107/932。

10430 山东建筑大学

在中国本科院校竞争力排行榜中的名次 277，山东省内排名 16/67，理工类排名 112/364。

共 64 个专业参评，其中 5★+专业 1 个，5★专业 0 个，5★-专业 3 个，4★专业 10 个，3★专业 27 个。

在中国普通高校研究生教育竞争力排行榜中的名次：总排名 362/596，山东省内排名 21/31，理工类排名 134/182。

共 18 个一级学科(学术学位)参评。

一级学科排名

马克思主义理论 317/377、物理学 165/203、机械工程 164/224、材料科学与工程 201/227、动力工程及工程热物理 92/104、控制科学与工程 160/189、建筑学 29/84、土木工程 95/164、测绘科学与技术 50/53、交通运输工程 54/66、环境科学与工程 162/196、城乡规划学 58/74、风景园林学 54/56、软件工程 143/148、管理科学与工程 176/209、工商管理 252/309、美术学 112/114、设计学 162/175。

本科优势专业排名

5★+专业：工程造价 4/264。

5★-专业：建筑学 25/291、城乡规划 19/207、工程管理 38/393。

10435 青岛农业大学

在中国本科院校竞争力排行榜中的名次 280，山东省内排名 17/67，农林类排名 25/47。

共 67 个专业参评，其中 5★+专业 0 个，5★专业 1 个，5★-专业 0 个，4★专业 10 个，3★专业 20 个。

在中国普通高校研究生教育竞争力排行榜中的名次：总排名 272/596，山东省内排名 17/31，农林类排名 28/38。

共 10 个一级学科(学术学位)参评。

一级学科排名

生物学 138/240、化学工程与技术 99/176、食品科学与工程 72/105、风景园林学 37/56、园艺学 20/44、畜牧学 42/55、兽医学 34/44、水产 12/33、草学 18/25、农林经济管理 47/51。

本科优势专业排名

5★专业：动画 13/251。

4★专业：经济与金融 11/78、应用化学 74/375。

10451 鲁东大学

在中国本科院校竞争力排行榜中的名次 291，山东省内排名 18/67，师范类排名 31/175。

共 62 个专业参评，其中 5★+专业 0 个，5★专业 0 个，5★-专业 2 个，4★专业 6 个，3★专业 35 个。

在中国普通高校研究生教育竞争力排行榜中的名次：总排名 325/596，山东省内排名 20/31，师范类排名 35/77。

共 20 个一级学科(学术学位)参评。

一级学科排名

马克思主义理论 224/377、教育学 48/143、体育学 90/107、中国语言文学 142/186、外国语言文学 204/240、中国史 77/119、世界史 53/68、数学 254/276、物理学 164/203、化学 183/238、地理学 64/85、生物学 233/240、生态学 106/111、材料科学与工程 163/227、计算机科学与技术 143/268、水利工程 50/64、船舶与海洋工程 23/27、城乡规划学 71/74、园艺学 31/44、水产 27/33。

本科优势专业排名

5★-专业：小学教育 19/311、英语 72/925。

4★专业：学前教育 60/420、体育教育 42/341、汉语言文学 80/619、地理科学 34/171。

10447 聊城大学

在中国本科院校竞争力排行榜中的名次 301，山东省内排名 19/67，师范类排名 33/175。

共 76 个专业参评，其中 5★+专业 0 个，5★专业 0 个，5★-专业 2 个，4★专业 10 个，3★专业 37 个。

在中国普通高校研究生教育竞争力排行榜中的名次：总排名 286/596，山东省内排名 18/31，师范类排名 30/77。

共 26 个一级学科(学术学位)参评。

一级学科排名

应用经济学 174/264、政治学 58/80、马克思主义理论 270/377、教育学 69/143、心理学 75/104、体育学 106/107、中国语言文学 131/186、外国语言文学 145/240、中国史 76/119、世界史 48/68、数学 205/276、物理学 118/203、化学 158/238、地理学 84/85、生物学 185/240、系统科学 17/29、教育技术学 34/45、光学工程 45/94、材料科学与工程 144/227、信息与通信工程 120/186、化学工程与技术 157/176、软件工程 103/148、生物工程 18/26、作物学 50/50、音乐与舞蹈学 67/86、美术学 97/114。

本科优势专业排名

5★-专业：小学教育 23/311、通信工程 45/494。

4★专业：学前教育 59/420、汉语言文学 94/619、英语 132/925。

10441　山东中医药大学

在中国本科院校竞争力排行榜中的名次 332，山东省内排名 20/67，医药类排名 29/108。

共 34 个专业参评，其中 5★+专业 0 个，5★专业 0 个，5★-专业 0 个，4★专业 6 个，3★专业 11 个。

在中国普通高校研究生教育竞争力排行榜中的名次：总排名 270/596，山东省内排名 16/31，医药类排名 33/76。

共 9 个一级学科(学术学位)参评。

一级学科排名

马克思主义理论 350/377、心理学 89/104、科学技术史 23/26、临床医学 60/113、中医学 21/40、中西医结合 24/62、药学 74/147、中药学 34/51、护理学 54/74。

本科优势专业排名

4★专业：运动康复 15/84、应用心理学 36/257。

10908　山东工艺美术学院

在中国本科院校竞争力排行榜中的名次 350，山东省内排名 21/67，艺术类排名 20/48。

共 30 个专业参评，其中 5★+专业 2 个，5★专业 1 个，5★-专业 6 个，4★专业 3 个，3★专业 3 个。

在中国普通高校研究生教育竞争力排行榜中的名次：总排名 577/596，山东省内排名 30/31，艺术类排名 32/33。

共 3 个一级学科(学术学位)参评。

一级学科排名

艺术学理论 52/73、美术学 66/114、设计学 89/175。

本科优势专业排名

5★+专业：视觉传达设计 8/722、产品设计 8/402。

5★专业：环境设计 25/721。

5★-专业：文化产业管理 10/137、美术学 27/333、艺术设计学 5/52、服装与服饰设计 15/212、工艺美术 6/92、数字媒体艺术 33/350。

4★专业：工业设计 41/216。

10458　山东艺术学院

在中国本科院校竞争力排行榜中的名次 351，山东省内排名 22/67，艺术类排名 21/48。

共 30 个专业参评，其中 5★+专业 0 个，5★专业 0 个，5★-专业 7 个，4★专业 5 个，3★专业 4 个。

在中国普通高校研究生教育竞争力排行榜中的名次：总排名 496/596，山东省内排名 27/31，艺术类排名 15/33。

共 3 个一级学科(学术学位)参评。

一级学科排名

音乐与舞蹈学 82/86、戏剧与影视学 57/62、设计学 141/175。

本科优势专业排名

5★-专业：音乐表演 18/234、音乐学 38/388、舞蹈表演 11/150、书法学 13/130、视觉传达设计 49/722、环境设计 44/721、数字媒体艺术 22/350。

10452　临沂大学

在中国本科院校竞争力排行榜中的名次 386，山东省内排名 23/67，综合类排名 68/268。

共 80 个专业参评，其中 5★+专业 0 个，5★专业 0 个，5★-专业 2 个，4★专业 4 个，3★专业 25 个。

在中国普通高校研究生教育竞争力排行榜中的名次：总排名 445/596，山东省内排名 25/31，综合类排名 74/93。

本科优势专业排名

5★-专业：小学教育 27/311、物流管理 25/432。

10439　山东第一医科大学

在中国本科院校竞争力排行榜中的名次 403，山东省内排名 24/67，医药类排名 42/108。

共 36 个专业参评，其中 5★+专业 0 个，5★专业 0 个，5★-专业 1 个，4★专业 4 个，3★专业 14 个。

在中国普通高校研究生教育竞争力排行榜中的名次：总排名 313/596，山东省内排名 19/31，医药类排名 40/76。

共 9 个一级学科(学术学位)参评。

一级学科排名

生物学 197/240、生物医学工程 77/80、基础医学 67/111、临床医学 57/113、公共卫生与预防医学 64/78、中西医结合 61/62、药学 63/147、医学技术 40/43、护理学 65/74。

本科优势专业排名

5★-专业：医学影像技术 8/103。

11688　山东工商学院

在中国本科院校竞争力排行榜中的名次 423，山东省内排名 25/67，财经类排名 30/109。

共 56 个专业参评，其中 5★+专业 0 个，5★专业 0 个，5★-专业 1 个，4★专业 8 个，3★专业 22 个。

在中国普通高校研究生教育竞争力排行榜中的名次：总排名 470/596，山东省内排名 26/31，财经类排名 34/39。

共 6 个一级学科(学术学位)参评。

一级学科排名

应用经济学 120/264、控制科学与工程 184/189、计算机科学与技术 215/268、管理科学与工程 183/209、工商管理 139/309、公共管理 187/214。

本科优势专业排名

5★-专业：应用统计学 19/187。

4★专业：国际经济与贸易 81/665、计算机科学与技术 181/932。

10438　潍坊医学院

在中国本科院校竞争力排行榜中的名次 479，山东省内排名 26/67，医药类排名 50/108。

共 32 个专业参评，其中 5★+专业 0 个，5★专业 0 个，5★-专业 0 个，4★专业 3 个，3★专业 12 个。

在中国普通高校研究生教育竞争力排行榜中的名次：总排名 366/596，山东省内排名 22/31，医药类排名 52/76。

共 10 个一级学科(学术学位)参评。

一级学科排名

心理学 97/104、生物学 165/240、基础医学 72/111、临床医学 76/113、口腔医学 43/47、公共卫生与预防医学 55/78、中西医结合 54/62、药学 84/147、护理学 72/74、公共管理 167/214。

本科优势专业排名

4★专业：运动康复 16/84、应用心理学 38/257。

10457　山东体育学院

在中国本科院校竞争力排行榜中的名次 492，山东省内排名 27/67，体育类排名 9/16。

共 16 个专业参评，其中 5★+专业 0 个，5★专业 1 个，5★-专业 2 个，4★专业 2 个，3★专业 4 个。

在中国普通高校研究生教育竞争力排行榜中的名次：总排名 546/596，山东省内排名 29/31，体育类排名 13/13。

共 1 个一级学科(学术学位)参评。

一级学科排名

体育学 50/107。

本科优势专业排名

5★专业：社会体育指导与管理 10/239。
5★-专业：运动训练 6/64、休闲体育 6/102。
4★专业：体育教育 58/341。

10440　滨州医学院

在中国本科院校竞争力排行榜中的名次 495，山东省内排名 28/67，医药类排名 52/108。

共 26 个专业参评，其中 5★+专业 0 个，5★专业 0 个，5★-专业 0 个，4★专业 2 个，3★专业 11 个。

在中国普通高校研究生教育竞争力排行榜中的名次：总排名 379/596，山东省内排名 23/31，医药类排名 56/76。

共 8 个一级学科(学术学位)参评。

一级学科排名

生物学 172/240、基础医学 75/111、临床医学 86/113、口腔医学 41/47、中西医结合 50/62、药

学 146/147、医学技术 14/43、护理学 53/74。

11510　山东交通学院

在中国本科院校竞争力排行榜中的名次 505，山东省内排名 29/67，理工类排名 174/364。

共 54 个专业参评，其中 5★+专业 0 个，5★专业 0 个，5★-专业 0 个，4★专业 1 个，3★专业 16 个。

在中国普通高校研究生教育竞争力排行榜中的名次：总排名 515/596，山东省内排名 28/31，理工类排名 169/182。

共 1 个一级学科(学术学位)参评。

一级学科排名

交通运输工程 60/66。

10443　济宁医学院

在中国本科院校竞争力排行榜中的名次 530，山东省内排名 30/67，医药类排名 61/108。

共 32 个专业参评，其中 5★+专业 0 个，5★专业 0 个，5★-专业 0 个，4★专业 0 个，3★专业 7 个。

在中国普通高校研究生教育竞争力排行榜中的名次：总排名 443/596，山东省内排名 24/31，医药类排名 65/76。

10448　德州学院

在中国本科院校竞争力排行榜中的名次 551，山东省内排名 31/67，综合类排名 86/268。

共 57 个专业参评，其中 5★+专业 0 个，5★专业 0 个，5★-专业 2 个，4★专业 3 个，3★专业 10 个。

本科优势专业排名

5★-专业：数据科学与大数据技术 69/711、环境设计 61/721。

14277　山东青年政治学院

在中国本科院校竞争力排行榜中的名次 599，山东省内排名 32/67，文法类排名 24/68。

共 36 个专业参评，其中 5★+专业 0 个，5★专业 0 个，5★-专业 2 个，4★专业 1 个，3★专业 6 个。

本科优势专业排名

5★-专业：舞蹈编导 6/76、播音与主持艺术 14/232。

4★专业：社会工作 39/259。

12331　山东女子学院

在中国本科院校竞争力排行榜中的名次 606，山东省内排名 33/67，文法类排名 26/68。

共 42 个专业参评，其中 5★+专业 0 个，5★专业 1 个，5★-专业 0 个，4★专业 2 个，3★专业 9 个。

本科优势专业排名

5★专业：养老服务管理 1/22。

4★专业：学前教育 49/420。

10449　滨州学院

在中国本科院校竞争力排行榜中的名次 610，山东省内排名 34/67，综合类排名 102/268。

共 53 个专业参评，其中 5★+专业 0 个，5★专业 1 个，5★-专业 0 个，4★专业 1 个，3★专业 10 个。

本科优势专业排名

5★专业：航空服务艺术与管理 3/71。

11067　潍坊学院

在中国本科院校竞争力排行榜中的名次 631，山东省内排名 36/67，综合类排名 107/268。

共 63 个专业参评，其中 5★+专业 0 个，5★专业 0 个，5★-专业 1 个，4★专业 0 个，3★专业 15 个。

本科优势专业排名

5★-专业：舞蹈学 18/201。

10453　泰山学院

在中国本科院校竞争力排行榜中的名次 645，山东省内排名 37/67，综合类排名 111/268。

共 48 个专业参评，其中 5★+专业 0 个，5★专业 0 个，5★-专业 0 个，4★专业 2 个，3★专业 8 个。

本科优势专业排名

4★专业：电子信息科学与技术 29/167。

10904　枣庄学院

在中国本科院校竞争力排行榜中的名次 735，山东省内排名 39/67，综合类排名 132/268。

共 55 个专业参评，其中 5★+专业 0 个，5★专业 0 个，5★-专业 0 个，4★专业 1 个，3★专业 2 个。

11324　山东警察学院

在中国本科院校竞争力排行榜中的名次 736，山东省内排名 40/67，文法类排名 38/68。

共 6 个专业参评，其中 5★+专业 0 个，5★专业 0 个，5★-专业 1 个，4★专业 1 个，3★专业 4 个。

本科优势专业排名

5★-专业：治安学 2/26。

4★专业：经济犯罪侦查 3/17。

14438　山东管理学院

在中国本科院校竞争力排行榜中的名次 737，山东省内排名 41/67，综合类排名 133/268。

共 31 个专业参评，其中 5★+专业 0 个，5★专业 1 个，5★-专业 0 个，4★专业 2 个，3★专业 7 个。

本科优势专业排名

5★专业：财务管理 28/686。

10455　菏泽学院

在中国本科院校竞争力排行榜中的名次 741，山东省内排名 42/67，综合类排名 136/268。

共 57 个专业参评，其中 5★+专业 0 个，5★专业 0 个，5★-专业 0 个，4★专业 1 个，3★专业 6 个。

14439　山东农业工程学院

在中国本科院校竞争力排行榜中的名次 743，山东省内排名 43/67，农林类排名 40/47。

共 33 个专业参评，其中 5★+专业 0 个，5★专业 0 个，5★-专业 0 个，4★专业 3 个，3★专业 7 个。

10454　济宁学院

在中国本科院校竞争力排行榜中的名次 787，山东省内排名 44/67，师范类排名 127/175。

共 48 个专业参评，其中 5★+专业 0 个，5★专业 0 个，5★-专业 0 个，4★专业 1 个，3★专业 6 个。

本科优势专业排名

4★专业：商务英语 59/360。

14100　山东政法学院

在中国本科院校竞争力排行榜中的名次 820，山东省内排名 48/67，文法类排名 47/68。

共 19 个专业参评，其中 5★+专业 0 个，5★专业 0 个，5★-专业 0 个，4★专业 1 个，3★专业 2 个。

在中国普通高校研究生教育竞争力排行榜中的名次：总排名 578/596，山东省内排名 31/31，文法类排名 26/32。

本科优势专业排名

4★专业：法学 87/580。

14276　齐鲁师范学院

在中国本科院校竞争力排行榜中的名次 857，

山东省内排名 51/67，师范类排名 140/175。

共 42 个专业参评，其中 5★+专业 0 个，5★专业 0 个，5★-专业 0 个，4★专业 0 个，3★专业 8 个。

13386　山东石油化工学院

在中国本科院校竞争力排行榜中的名次 1038，山东省内排名 58/67，理工类排名 303/364。

共 29 个专业参评，其中 5★+专业 0 个，5★专业 0 个，5★-专业 0 个，4★专业 0 个，3★专业 1 个。

民 办 院 校

13624　泰山科技学院

在中国民办院校竞争力排行榜中的名次 10，山东省内排名 35/67，综合类排名 105/268。

共 33 个专业参评，其中 5★+专业 0 个，5★专业 0 个，5★-专业 0 个，4★专业 0 个，3★专业 2 个。

12843　潍坊科技学院

在中国民办院校竞争力排行榜中的名次 21，山东省内排名 38/67，理工类排名 210/364。

共 49 个专业参评，其中 5★+专业 0 个，5★专业 0 个，5★-专业 0 个，4★专业 2 个，3★专业 9 个。

本科优势专业排名

4★专业：艺术教育 5/29。

13006　山东英才学院

在中国民办院校竞争力排行榜中的名次 52，山东省内排名 45/67，综合类排名 147/268。

共 31 个专业参评，其中 5★+专业 0 个，5★专业 0 个，5★-专业 0 个，4★专业 2 个，3★专业 4 个。

本科优势专业排名

4★专业：学前教育 71/420。

12332　烟台南山学院

在中国民办院校竞争力排行榜中的名次 57，山东省内排名 46/67，综合类排名 149/268。

共 50 个专业参评，其中 5★+专业 0 个，5★专业 0 个，5★-专业 0 个，4★专业 1 个，3★专业 5 个。

13322　山东现代学院

在中国民办院校竞争力排行榜中的名次 61，山东省内排名 47/67，综合类排名 152/268。

共 22 个专业参评，其中 5★+专业 0 个，5★专业 0 个，5★-专业 0 个，4★专业 0 个，3★专业 2 个。

13320　青岛黄海学院

在中国民办院校竞争力排行榜中的名次 67，山东省内排名 49/67，综合类排名 159/268。

共 42 个专业参评，其中 5★+专业 0 个，5★专业 0 个，5★-专业 0 个，4★专业 1 个，3★专业 11 个。

13324　山东协和学院

在中国民办院校竞争力排行榜中的名次 74，山东省内排名 50/67，医药类排名 80/108。

共 35 个专业参评，其中 5★+专业 0 个，5★专业 0 个，5★-专业 0 个，4★专业 1 个，3★专业 6 个。

10868　青岛滨海学院

在中国民办院校竞争力排行榜中的名次 93，山东省内排名 52/67，综合类排名 176/268。

共 48 个专业参评，其中 5★+专业 0 个，5★专业 0 个，5★-专业 0 个，4★专业 0 个，3★专业 5 个。

10825　齐鲁医药学院

在中国民办院校竞争力排行榜中的名次 96，山东省内排名 53/67，医药类排名 83/108。

共 24 个专业参评，其中 5★+专业 0 个，5★

专业 0 个，5★-专业 0 个，4★专业 0 个，3★专业 2 个。

13998　齐鲁理工学院

在中国民办院校竞争力排行榜中的名次 119，山东省内排名 54/67，综合类排名 192/268。

共 41 个专业参评，其中 5★+专业 0 个，5★专业 0 个，5★-专业 0 个，4★专业 0 个，3★专业 7 个。

13378　青岛城市学院

在中国民办院校竞争力排行榜中的名次 138，山东省内排名 55/67，理工类排名 280/364。

共 32 个专业参评，其中 5★+专业 0 个，5★专业 0 个，5★-专业 0 个，4★专业 1 个，3★专业 5 个。

13359　烟台理工学院

在中国民办院校竞争力排行榜中的名次 160，山东省内排名 56/67，综合类排名 216/268。

共 40 个专业参评，其中 5★+专业 0 个，5★专业 0 个，5★-专业 0 个，4★专业 0 个，3★专业 1 个。

13857　山东华宇工学院

在中国民办院校竞争力排行榜中的名次 165，山东省内排名 60/67，理工类排名 307/364。

共 36 个专业参评，其中 5★+专业 0 个，5★专业 0 个，5★-专业 0 个，4★专业 0 个，3★专业 9 个。

13015　青岛恒星科技学院

在中国民办院校竞争力排行榜中的名次 185，山东省内排名 61/67，综合类排名 237/268。

共 33 个专业参评，其中 5★+专业 0 个，5★专业 0 个，5★-专业 0 个，4★专业 0 个，3★专业 0 个。

14327　青岛电影学院

在中国民办院校竞争力排行榜中的名次 189，

山东省内排名 62/67，艺术类排名 48/48。

共 18 个专业参评，其中 5★+专业 0 个，5★专业 0 个，5★-专业 0 个，4★专业 0 个，3★专业 3 个。

14002　烟台科技学院

在中国民办院校竞争力排行榜中的名次 190，山东省内排名 64/67，综合类排名 242/268。

共 31 个专业参评，其中 5★+专业 0 个，5★专业 0 个，5★-专业 0 个，4★专业 0 个，3★专业 2 个。

13379　潍坊理工学院

在中国民办院校竞争力排行榜中的名次 211，

山东省内排名 65/67，综合类排名 262/268。

共 39 个专业参评，其中 5★+专业 0 个，5★专业 0 个，5★-专业 0 个，4★专业 0 个，3★专业 4 个。

13995　青岛工学院

在中国民办院校竞争力排行榜中的名次 213，山东省内排名 66/67，理工类排名 351/364。

共 37 个专业参评，其中 5★+专业 0 个，5★专业 0 个，5★-专业 0 个，4★专业 0 个，3★专业 2 个。

浙 江 省

一 流 大 学

10335 浙江大学

在中国本科院校竞争力排行榜中的名次3,浙江省内排名1/55,综合类排名2/268。

共89个专业参评,其中5★+专业18个,5★专业11个,5★-专业8个,4★专业30个,3★专业17个。

在中国普通高校研究生教育竞争力排行榜中的名次:总排名3/596,浙江省内排名1/22,综合类排名2/93。

共60个一级学科(学术学位)参评,其中5★+学科15个,5★学科16个,5★-学科13个,4★学科7个,学科优秀率为85%。

一级学科排名

哲学9/133、理论经济学11/109、应用经济学12/264、法学8/209、社会学19/88、马克思主义理论11/377、教育学11/143、心理学7/104、体育学9/107、中国语言文学13/186、外国语言文学4/240、新闻传播学9/120、考古学9/40、中国史13/119、世界史15/68、数学14/276、物理学11/203、化学10/238、地质学8/35、生物学3/240、生态学2/111、力学15/97、机械工程2/224、光学工程1/94、材料科学与工程2/227、动力工程及工程热物理4/104、电气工程2/112、电子科学与技术11/123、信息与通信工程25/186、控制科学与工程2/189、计算机科学与技术8/268、建筑学9/84、土木工程2/164、化学工程与技术8/176、航空宇航科学与技术11/32、农业工程2/43、环境科学与工程7/196、生物医学工程4/80、食品科学与工程4/105、软件工程3/148、网络空间安全2/77、作物学17/50、园艺学1/44、农业资源与环境5/40、植物保护2/44、畜牧学5/55、兽医学5/44、基础医学4/111、临床医学8/113、口腔医学21/47、公共卫生与预防医学17/78、药学2/147、护理学9/74、管理科学与工程2/209、工商管理24/309、农林经济管理2/51、公共管理4/214、艺术学理论4/73、设计学17/175、集成电路科学与工程25/30。

本科优势专业排名

5★+专业:法学11/580、汉语言文学6/619、数学与应用数学3/519、物理学6/283、化学2/310、工程力学2/82、材料科学与工程5/237、电气工程及其自动化3/573、光电信息科学与工程1/218、自动化8/445、机器人工程5/333、计算机科学与技术2/932、软件工程8/611、土木工程3/529、化学工程与工艺6/329、环境科学3/176、食品科学与工程5/283、临床医学2/192。

5★专业:国际经济与贸易26/665、英语39/925、新闻学8/308、心理学3/73、机械工程4/122、能源与环境系统工程1/17、电子科学与技术6/154、人工智能11/479、生物医学工程4/122、建筑学10/291、农业资源与环境2/50。

5★-专业:日语33/449、生物科学19/283、工业设计21/216、动物科学7/82、工商管理29/538、农林经济管理4/62、劳动与社会保障7/125、土地资源管理6/90。

4★专业:哲学14/75、经济学37/356、教育学12/85、俄语18/161、德语16/112、法语18/143、西班牙语11/97、翻译43/269、传播学12/69、历史学32/246、文物与博物馆学10/57、信息与计算科学37/308、生态学16/85、过程装备与控制工程15/92、车辆工程34/256、高分子材料与工程31/185、电子信息工程67/642、微电子科学与工程21/115、信息工程7/58。

一 般 大 学

10337 浙江工业大学

在中国本科院校竞争力排行榜中的名次56,浙江省内排名2/55,理工类排名30/364。

共66个专业参评,其中5★+专业2个,5★专业12个,5★-专业16个,4★专业16个,3★专业19个。

在中国普通高校研究生教育竞争力排行榜中的名次:总排名74/596,浙江省内排名2/22,理工类排名34/182。

共33个一级学科(学术学位)参评,其中5★+学科0个,5★学科0个,5★-学科2个,4★学科4个,学科优秀率为18.18%。

一级学科排名

哲学119/133、应用经济学51/264、法学140/209、马克思主义理论286/377、教育学78/143、中国语言文学89/186、外国语言文学225/240、新闻传播学71/120、数学109/276、物理学90/203、化学98/238、生物学208/240、教育技术学19/45、机械工程29/224、光学工程51/94、材料科学与工程97/227、动力工程及工程热物理32/104、信息与通信工程90/186、控制科学与工程47/189、计算机科学与技术55/268、建筑学38/84、土木工程49/164、化学工程与技术17/176、环境科学与工程44/196、食品科学与工程49/105、城乡规划学37/74、软件工程62/148、生物工程8/26、药学28/147、管理科学与工程118/209、工商管理26/309、公共管理105/214、设计学27/175。

本科优势专业排名

5★+专业：国际经济与贸易10/665、网络工程3/282。

5★专业：应用化学11/375、过程装备与控制工程5/92、数字媒体技术6/234、数据科学与大数据技术30/711、化学工程与工艺8/329、制药工程9/257、能源化学工程2/64、生物工程9/242、生物制药6/121、药物制剂3/87、财务管理18/686、工业工程4/142。

5★-专业：工业设计12/216、车辆工程21/256、高分子材料与工程19/185、自动化37/445、软件工程57/611、物联网工程33/492、智能科学与技术18/186、土木工程47/529、给排水科学与工程14/161、环境工程26/352、城乡规划17/207、药学20/250、工程管理28/393、工商管理36/538、播音与主持艺术15/232、视觉传达设计55/722。

4★专业：金融学47/389、知识产权18/94、汉语言文学88/619、广播电视学21/146、广告学41/256、信息与计算科学38/308、应用物理学18/155、机械工程13/122、材料科学与工程42/237、电子信息工程119/642、光电信息科学与工程41/218、机器人工程35/333。

11646　宁波大学

在中国本科院校竞争力排行榜中的名次71，浙江省内排名3/55，综合类排名24/268。

共59个专业参评，其中5★+专业1个，5★专业4个，5★-专业7个，4★专业19个，3★专业21个。

在中国普通高校研究生教育竞争力排行榜中的名次：总排名81/596，浙江省内排名3/22，综合类排名29/93。

共30个一级学科(学术学位)参评，其中5★+学科0个，5★学科1个，5★-学科2个，4★学科8个，学科优秀率为36.67%。

一级学科排名

应用经济学42/264、法学72/209、马克思主义理论40/377、教育学25/143、心理学26/104、体育学17/107、中国语言文学91/186、外国语言文学38/240、中国史59/119、数学88/276、物理学32/203、化学96/238、地理学49/85、生物学76/240、力学7/97、机械工程87/224、电子科学与技术29/123、信息与通信工程8/186、计算机科学与技术116/268、土木工程32/164、交通运输工程32/66、船舶与海洋工程10/27、食品科学与工程16/105、水产3/33、临床医学44/113、公共卫生与预防医学58/78、工商管理109/309、公共管理97/214、音乐与舞蹈学60/86、设计学63/175。

本科优势专业排名

5★+专业：通信工程10/494。

5★专业：小学教育13/311、体育教育8/341、水产养殖学3/53、旅游管理17/428。

5★-专业：国际经济与贸易41/665、法学52/580、英语48/925、机械设计制造及其自动化51/517、电子信息科学与技术10/167、物流管理29/432、音乐学31/388。

4★专业：思想政治教育55/304、学前教育46/420、汉语言文学73/619、日语59/449、数学与应用数学55/519、物理学38/283、化学55/310、生物技术34/285、应用心理学31/257、工程力学14/82、电气工程及其自动化96/573、微电子科学与工程23/115、光电信息科学与工程42/218、计算机科学与技术115/932。

10345　浙江师范大学

在中国本科院校竞争力排行榜中的名次75，浙江省内排名4/55，师范类排名9/175。

共 61 个专业参评，其中 5★+专业 1 个，5★专业 7 个，5★-专业 14 个，4★专业 14 个，3★专业 20 个。

在中国普通高校研究生教育竞争力排行榜中的名次：总排名 92/596，浙江省内排名 4/22，师范类排名 9/77。

共 29 个一级学科（学术学位）参评，其中 5★+学科 0 个，5★学科 0 个，5★-学科 2 个，4★学科 7 个，学科优秀率为 31.03%。

一级学科排名

应用经济学 110/264、法学 150/209、政治学 65/80、社会学 63/88、马克思主义理论 47/377、教育学 8/143、心理学 16/104、体育学 47/107、中国语言文学 20/186、外国语言文学 58/240、中国史 46/119、世界史 30/68、数学 26/276、物理学 58/203、化学 58/238、地理学 33/85、生物学 108/240、生态学 78/111、教育技术学 11/45、机械工程 120/224、光学工程 57/94、材料科学与工程 198/227、计算机科学与技术 42/268、环境科学与工程 122/196、工商管理 130/309、公共管理 41/214、音乐与舞蹈学 13/86、戏剧与影视学 35/62、美术学 19/114。

本科优势专业排名

5★+专业：学前教育 4/420。

5★专业：社会工作 13/259、科学教育 2/51、小学教育 10/311、汉语言文学 18/619、英语 41/925、应用心理学 7/257、音乐学 10/388。

5★-专业：教育技术学 10/130、特殊教育 4/59、体育教育 23/341、社会体育指导与管理 20/239、汉语国际教育 18/328、数学与应用数学 39/519、物理学 18/283、地理科学 15/171、智能制造工程 27/296、计算机科学与技术 93/932、软件工程 58/611、文化产业管理 11/137、电子商务 37/457、美术学 19/333。

4★专业：国际经济与贸易 124/665、思想政治教育 50/304、翻译 42/269、历史学 29/246、化学 47/310、生物科学 54/283、机器人工程 39/333。

10336　杭州电子科技大学

在中国本科院校竞争力排行榜中的名次 92，浙江省内排名 5/55，理工类排名 46/364。

共 47 个专业参评，其中 5★+专业 6 个，5★专业 4 个，5★-专业 10 个，4★专业 10 个，3★专业 13 个。

在中国普通高校研究生教育竞争力排行榜中的名次：总排名 95/596，浙江省内排名 5/22，理工类排名 43/182。

共 20 个一级学科（学术学位）参评，其中 5★+学科 0 个，5★学科 0 个，5★-学科 3 个，4★学科 7 个，学科优秀率为 50%。

一级学科排名

应用经济学 60/264、马克思主义理论 164/377、外国语言文学 77/240、数学 52/276、物理学 70/203、统计学 65/126、机械工程 38/224、仪器科学与技术 40/68、材料科学与工程 45/227、电气工程 57/112、电子科学与技术 12/123、信息与通信工程 36/186、控制科学与工程 19/189、计算机科学与技术 16/268、生物医学工程 44/80、软件工程 49/148、网络空间安全 10/77、管理科学与工程 39/209、工商管理 61/309、集成电路科学与工程 14/30。

本科优势专业排名

5★+专业：智能制造工程 5/296、电子信息工程 6/642、通信工程 6/494、计算机科学与技术 18/932、网络工程 4/282、信息安全 3/126。

5★专业：机械设计制造及其自动化 22/517、电子科学与技术 7/154、医学信息工程 2/57、自动化 13/445。

5★-专业：英语 59/925、信息与计算科学 20/308、集成电路设计与集成系统 7/88、软件工程 35/611、数字媒体技术 16/234、智能科学与技术 10/186、网络空间安全 9/113、信息管理与信息系统 18/335、会计学 53/659、财务管理 36/686。

4★专业：国际经济与贸易 120/665、数学与应用数学 93/519、工业设计 32/216、车辆工程 27/256、测控技术与仪器 33/190、电气工程及其自动化 68/573。

10338　浙江理工大学

在中国本科院校竞争力排行榜中的名次 94，浙江省内排名 6/55，理工类排名 47/364。

共 56 个专业参评，其中 5★+专业 5 个，5★

专业 7 个，5★-专业 3 个，4★专业 14 个，3★专业 24 个。

在中国普通高校研究生教育竞争力排行榜中的名次：总排名 109/596，浙江省内排名 6/22，理工类排名 50/182。

共 25 个一级学科(学术学位)参评，其中 5★+学科 0 个，5★学科 0 个，5★-学科 3 个，4★学科 2 个，学科优秀率为 20%。

一级学科排名

应用经济学 77/264、法学 125/209、马克思主义理论 97/377、心理学 63/104、外国语言文学 118/240、数学 86/276、物理学 86/203、化学 62/238、生物学 109/240、机械工程 19/224、仪器科学与技术 56/68、材料科学与工程 79/227、动力工程及工程热物理 51/104、信息与通信工程 108/186、控制科学与工程 79/189、计算机科学与技术 121/268、建筑学 75/84、土木工程 133/164、纺织科学与工程 2/22、软件工程 25/148、管理科学与工程 116/209、工商管理 203/309、艺术学理论 11/73、美术学 55/114、设计学 16/175。

本科优势专业排名

5★+专业：机械电子工程 6/302、视觉传达设计 7/722、环境设计 8/721、产品设计 4/402、服装与服饰设计 2/212。

5★专业：机械设计制造及其自动化 13/517、工业设计 6/216、智能制造工程 9/296、纺织工程 2/41、服装设计与工程 2/58、生物制药 4/121、数字媒体艺术 9/350。

5★-专业：应用化学 36/375、电子信息工程 53/642、机器人工程 24/333。

4★专业：国际经济与贸易 72/665、英语 122/925、数学与应用数学 98/519、应用物理学 27/155、应用心理学 41/257、材料科学与工程 33/237、材料化学 22/131、新能源材料与器件 16/131、自动化 81/445、计算机科学与技术 132/932。

10355　中国美术学院

在中国本科院校竞争力排行榜中的名次 95，浙江省内排名 7/55，艺术类排名 2/48。

共 26 个专业参评，其中 5★+专业 5 个，5★专业 7 个，5★-专业 5 个，4★专业 5 个，3★专业

3 个。

在中国普通高校研究生教育竞争力排行榜中的名次：总排名 311/596，浙江省内排名 16/22，艺术类排名 3/33。

共 5 个一级学科(学术学位)参评，其中 5★+学科 1 个，5★学科 1 个，5★-学科 0 个，4★学科 1 个，学科优秀率为 60%。

一级学科排名

建筑学 77/84、艺术学理论 3/73、戏剧与影视学 20/62、美术学 2/114、设计学 22/175。

本科优势专业排名

5★+专业：动画 4/251、绘画 3/160、书法学 1/130、中国画 1/34、视觉传达设计 1/722。

5★专业：美术学 12/333、雕塑 2/53、摄影 2/74、服装与服饰设计 5/212、公共艺术 3/64、工艺美术 4/92、艺术与科技 2/73。

5★-专业：艺术史论 2/17、录音艺术 4/35、影视摄影与制作 5/75、艺术设计学 4/52、产品设计 35/402。

10353　浙江工商大学

在中国本科院校竞争力排行榜中的名次 120，浙江省内排名 8/55，财经类排名 2/109。

共 58 个专业参评，其中 5★+专业 8 个，5★专业 12 个，5★-专业 5 个，4★专业 8 个，3★专业 18 个。

在中国普通高校研究生教育竞争力排行榜中的名次：总排名 163/596，浙江省内排名 8/22，财经类排名 6/39。

共 15 个一级学科(学术学位)参评，其中 5★+学科 0 个，5★学科 0 个，5★-学科 1 个，4★学科 3 个，学科优秀率为 26.67%。

一级学科排名

理论经济学 60/109、应用经济学 48/264、法学 49/209、马克思主义理论 144/377、中国语言文学 98/186、外国语言文学 50/240、统计学 23/126、信息与通信工程 81/186、计算机科学与技术 102/268、环境科学与工程 92/196、食品科学与工程 15/105、城乡规划学 20/74、工商管理 29/309、公

共管理 104/214、设计学 77/175。

本科优势专业排名

5★+专业：商务英语 7/360、应用统计学 1/187、食品质量与安全 3/240、财务管理 10/686、人力资源管理 5/416、审计学 1/198、电子商务 2/457、旅游管理 6/428。

5★专业：数字经济 6/129、金融学 19/389、投资学 6/124、国际经济与贸易 24/665、英语 44/925、日语 16/449、市场营销 17/579、会计学 23/659、国际商务 4/126、文化产业管理 6/137、物流管理 11/432、视觉传达设计 30/722。

5★-专业：经济统计学 8/138、金融工程 15/255、法学 33/580、数据科学与大数据技术 60/711、工商管理 28/538。

4★专业：经济学 44/356、知识产权 12/94、计算机科学与技术 120/932、软件工程 110/611。

10343 温州医科大学

在中国本科院校竞争力排行榜中的名次 131，浙江省内排名 9/55，医药类排名 5/108。

共 30 个专业参评，其中 5★+专业 3 个，5★专业 5 个，5★-专业 5 个，4★专业 5 个，3★专业 9 个。

在中国普通高校研究生教育竞争力排行榜中的名次：总排名 131/596，浙江省内排名 7/22，医药类排名 8/76。

共 12 个一级学科(学术学位)参评，其中 5★+学科 0 个，5★学科 1 个，5★-学科 1 个，4★学科 2 个，学科优秀率为 33.33%。

一级学科排名

生物学 90/240、生物医学工程 7/80、基础医学 31/111、临床医学 18/113、口腔医学 30/47、公共卫生与预防医学 51/78、中西医结合 38/62、药学 22/147、中药学 37/51、医学技术 2/43、护理学 39/74、公共管理 154/214。

本科优势专业排名

5★+专业：眼视光医学 1/31、医学检验技术 2/166、卫生检验与检疫 1/56。

5★专业：生物制药 3/121、精神医学 2/36、

儿科学 2/45、药学 12/250、康复治疗学 5/183。

5★-专业：应用心理学 22/257、临床医学 19/192、医学影像学 6/79、听力与言语康复学 2/16、护理学 20/296。

10356 中国计量大学

在中国本科院校竞争力排行榜中的名次 153，浙江省内排名 10/55，理工类排名 65/364。

共 45 个专业参评，其中 5★+专业 1 个，5★专业 1 个，5★-专业 5 个，4★专业 11 个，3★专业 16 个。

在中国普通高校研究生教育竞争力排行榜中的名次：总排名 178/596，浙江省内排名 10/22，理工类排名 69/182。

共 15 个一级学科(学术学位)参评，其中 5★+学科 0 个，5★学科 1 个，5★-学科 0 个，4★学科 2 个，学科优秀率为 20%。

一级学科排名

哲学 93/133、法学 149/209、马克思主义理论 268/377、数学 107/276、生物学 91/240、机械工程 158/224、光学工程 10/94、仪器科学与技术 3/68、材料科学与工程 74/227、电子科学与技术 54/123、信息与通信工程 70/186、控制科学与工程 35/189、计算机科学与技术 138/268、安全科学与工程 33/61、管理科学与工程 66/209。

本科优势专业排名

5★+专业：知识产权 1/94。

5★专业：质量管理工程 1/21。

5★-专业：测控技术与仪器 17/190、电子信息工程 54/642、数据科学与大数据技术 50/711、食品质量与安全 18/240、动植物检疫 2/22。

4★专业：金融工程 38/255、广告学 48/256、数学与应用数学 99/519、机械设计制造及其自动化 73/517、机械电子工程 58/302、电气工程及其自动化 109/573、电子科学与技术 25/154、通信工程 92/494、光电信息科学与工程 35/218、自动化 64/445、计算机科学与技术 149/932。

10346 杭州师范大学

在中国本科院校竞争力排行榜中的名次 196，

浙江省内排名 11/55，师范类排名 22/175。

共 67 个专业参评，其中 5★+专业 1 个，5★专业 2 个，5★-专业 5 个，4★专业 17 个，3★专业 25 个。

在中国普通高校研究生教育竞争力排行榜中的名次：总排名 179/596，浙江省内排名 11/22，师范类排名 19/77。

共 25 个一级学科(学术学位)参评。

一级学科排名

哲学 83/133、应用经济学 186/264、法学 146/209、马克思主义理论 206/377、教育学 54/143、心理学 58/104、体育学 51/107、中国语言文学 81/186、外国语言文学 71/240、中国史 75/119、数学 144/276、物理学 159/203、化学 113/238、生物学 112/240、生态学 65/111、计算机科学与技术 207/268、网络空间安全 26/77、公共卫生与预防医学 59/78、护理学 37/74、管理科学与工程 143/209、公共管理 60/214、艺术学理论 39/73、戏剧与影视学 55/62、美术学 29/114、设计学 166/175。

本科优势专业排名

5★+专业：电子商务 7/457。

5★专业：小学教育 8/311、动画 10/251。

5★-专业：社会工作 25/259、学前教育 22/420、英语 50/925、数据科学与大数据技术 65/711、健康服务与管理 10/126。

4★专业：科学教育 9/51、体育教育 45/341、汉语言文学 72/619、汉语国际教育 49/328、日语 63/449、翻译 41/269、数学与应用数学 94/519、应用心理学 45/257、计算机科学与技术 144/932。

10341　浙江农林大学

在中国本科院校竞争力排行榜中的名次 245，浙江省内排名 12/55，农林类排名 20/47。

共 52 个专业参评，其中 5★+专业 0 个，5★专业 0 个，5★-专业 3 个，4★专业 5 个，3★专业 34 个。

在中国普通高校研究生教育竞争力排行榜中的名次：总排名 177/596，浙江省内排名 9/22，农林类排名 17/38。

共 19 个一级学科(学术学位)参评，其中 5★+学科 0 个，5★学科 0 个，5★-学科 0 个，4★学科

1 个，学科优秀率为 5.26%。

一级学科排名

法学 186/209、马克思主义理论 269/377、化学 185/238、生物学 139/240、生态学 60/111、光学工程 46/94、计算机科学与技术 265/268、建筑学 37/84、林业工程 4/12、食品科学与工程 66/105、城乡规划学 21/74、风景园林学 12/56、作物学 34/50、园艺学 32/44、农业资源与环境 15/40、兽医学 29/44、林学 7/35、农林经济管理 15/51、设计学 100/175。

本科优势专业排名

5★-专业：风景园林 10/187、农业资源与环境 4/50、园林 11/129。

11482　浙江财经大学

在中国本科院校竞争力排行榜中的名次 261，浙江省内排名 13/55，财经类排名 13/109。

共 46 个专业参评，其中 5★+专业 0 个，5★专业 4 个，5★-专业 8 个，4★专业 10 个，3★专业 21 个。

在中国普通高校研究生教育竞争力排行榜中的名次：总排名 281/596，浙江省内排名 14/22，财经类排名 13/39。

共 11 个一级学科(学术学位)参评，其中 5★+学科 0 个，5★学科 0 个，5★-学科 0 个，4★学科 1 个，学科优秀率为 9.09%。

一级学科排名

哲学 102/133、理论经济学 63/109、应用经济学 33/264、法学 81/209、中国语言文学 118/186、外国语言文学 150/240、统计学 63/126、城乡规划学 23/74、管理科学与工程 108/209、工商管理 105/309、公共管理 96/214。

本科优势专业排名

5★专业：国际经济与贸易 25/665、市场营销 25/579、财务管理 16/686、审计学 8/198。

5★-专业：数字经济 11/129、财政学 6/84、税收学 9/90、金融学 26/389、金融工程 25/255、

应用统计学 14/187、数据科学与大数据技术 46/711、会计学 34/659。

4★专业：经济学 46/356、经济统计学 18/138、金融数学 10/71、英语 162/925、商务英语 38/360。

10340 浙江海洋大学

在中国本科院校竞争力排行榜中的名次 262，浙江省内排名 14/55，农林类排名 23/47。

共 42 个专业参评，其中 5★+专业 0 个，5★专业 0 个，5★-专业 2 个，4★专业 4 个，3★专业 16 个。

在中国普通高校研究生教育竞争力排行榜中的名次：总排名 292/596，浙江省内排名 15/22，农林类排名 29/38。

共 9 个一级学科（学术学位）参评，其中 5★+学科 0 个，5★学科 0 个，5★-学科 2 个，4★学科 1 个，学科优秀率为 33.33%。

一级学科排名

数学 117/276、海洋科学 3/31、机械工程 155/224、水利工程 45/64、石油与天然气工程 14/15、船舶与海洋工程 3/27、食品科学与工程 45/105、水产 5/33、农林经济管理 36/51。

本科优势专业排名

5★-专业：海洋技术 3/25、海洋资源与环境 2/17。

4★专业：海洋科学 5/35。

10347 湖州师范学院

在中国本科院校竞争力排行榜中的名次 265，浙江省内排名 15/55，师范类排名 28/175。

共 47 个专业参评，其中 5★+专业 0 个，5★专业 0 个，5★-专业 1 个，4★专业 4 个，3★专业 14 个。

在中国普通高校研究生教育竞争力排行榜中的名次：总排名 406/596，浙江省内排名 18/22，师范类排名 44/77。

共 4 个一级学科（学术学位）参评。

一级学科排名

教育学 72/143、数学 257/276、计算机科学与技术 260/268、水产 13/33。

本科优势专业排名

5★-专业：小学教育 28/311。

4★专业：学前教育 58/420、数学与应用数学 89/519。

10344 浙江中医药大学

在中国本科院校竞争力排行榜中的名次 289，浙江省内排名 16/55，医药类排名 23/108。

共 32 个专业参评，其中 5★+专业 0 个，5★专业 5 个，5★-专业 4 个，4★专业 7 个，3★专业 5 个。

在中国普通高校研究生教育竞争力排行榜中的名次：总排名 238/596，浙江省内排名 13/22，医药类排名 28/76。

共 9 个一级学科（学术学位）参评。

一级学科排名

马克思主义理论 112/377、基础医学 100/111、临床医学 68/113、中医学 14/40、中西医结合 23/62、药学 66/147、中药学 15/51、医学技术 33/43、护理学 48/74。

本科优势专业排名

5★专业：中药学 5/121、中草药栽培与鉴定 1/19、听力与言语康复学 1/16、助产学 2/72、健康服务与管理 4/126。

5★-专业：医学信息工程 5/57、中医学 7/65、医学影像技术 10/103、护理学 19/296。

10351 温州大学

在中国本科院校竞争力排行榜中的名次 296，浙江省内排名 17/55，综合类排名 58/268。

共 52 个专业参评，其中 5★+专业 0 个，5★专业 2 个，5★-专业 3 个，4★专业 11 个，3★专业 27 个。

在中国普通高校研究生教育竞争力排行榜中的名次：总排名 210/596，浙江省内排名 12/22，综合类排名 52/93。

共 18 个一级学科(学术学位)参评。

一级学科排名

应用经济学 184/264、法学 130/209、马克思主义理论 209/377、教育学 60/143、体育学 45/107、中国语言文学 94/186、中国史 85/119、数学 150/276、物理学 156/203、化学 80/238、生物学 168/240、生态学 105/111、机械工程 113/224、材料科学与工程 124/227、电气工程 50/112、计算机科学与技术 96/268、音乐与舞蹈学 32/86、设计学 151/175。

本科优势专业排名

5★专业：金融工程 7/255、网络工程 12/282。

5★-专业：小学教育 17/311、环境设计 52/721、服装与服饰设计 17/212。

4★专业：国际经济与贸易 92/665、学前教育 61/420、体育教育 68/341、汉语言文学 78/619、化学 58/310、智能制造工程 32/296、电气工程及其自动化 65/573、人工智能 52/479。

10354　嘉兴学院

在中国本科院校竞争力排行榜中的名次 379，浙江省内排名 18/55，综合类排名 66/268。

共 58 个专业参评，其中 5★+专业 0 个，5★专业 0 个，5★-专业 0 个，4★专业 4 个，3★专业 19 个。

本科优势专业排名

4★专业：应用统计学 37/187。

11057　浙江科技学院

在中国本科院校竞争力排行榜中的名次 404，浙江省内排名 19/55，理工类排名 148/364。

共 51 个专业参评，其中 5★+专业 0 个，5★专业 0 个，5★-专业 0 个，4★专业 2 个，3★专业 23 个。

在中国普通高校研究生教育竞争力排行榜中

的名次：总排名 436/596，浙江省内排名 19/22，理工类排名 153/182。

共 5 个一级学科(学术学位)参评。

一级学科排名

数学 121/276、物理学 171/203、机械工程 142/224、土木工程 102/164、化学工程与技术 114/176。

本科优势专业排名

4★专业：工业设计 27/216。

11647　浙江传媒学院

在中国本科院校竞争力排行榜中的名次 409，浙江省内排名 20/55，文法类排名 13/68。

共 33 个专业参评，其中 5★+专业 1 个，5★专业 4 个，5★-专业 4 个，4★专业 3 个，3★专业 13 个。

在中国普通高校研究生教育竞争力排行榜中的名次：总排名 501/596，浙江省内排名 20/22，文法类排名 19/32。

本科优势专业排名

5★+专业：播音与主持艺术 4/232。

5★专业：网络与新媒体 14/338、文化产业管理 7/137、广播电视编导 11/226、动画 12/251。

5★-专业：广播电视学 13/146、数字媒体技术 20/234、影视摄影与制作 6/75、摄影 6/74。

10349　绍兴文理学院

在中国本科院校竞争力排行榜中的名次 418，浙江省内排名 21/55，综合类排名 73/268。

共 56 个专业参评，其中 5★+专业 0 个，5★专业 0 个，5★-专业 0 个，4★专业 1 个，3★专业 23 个。

在中国普通高校研究生教育竞争力排行榜中的名次：总排名 337/596，浙江省内排名 17/22，综合类排名 62/93。

共 8 个一级学科(学术学位)参评。

一级学科排名

中国语言文学 127/186、数学 229/276、物理学 172/203、化学 174/238、生物学 231/240、土木工程 78/164、纺织科学与工程 14/22、工商管理 250/309。

本科优势专业排名

4★专业：汉语言文学 102/619。

14535　浙江音乐学院

在中国本科院校竞争力排行榜中的名次 426，浙江省内排名 22/55，艺术类排名 22/48。

共 8 个专业参评，其中 5★+专业 0 个，5★专业 1 个，5★-专业 1 个，4★专业 2 个，3★专业 1 个。

在中国普通高校研究生教育竞争力排行榜中的名次：总排名 573/596，浙江省内排名 22/22，艺术类排名 30/33。

共 1 个一级学科（学术学位）参评，其中 5★+学科 0 个，5★学科 0 个，5★-学科 0 个，4★学科 1 个，学科优秀率为 100%。

一级学科排名

音乐与舞蹈学 17/86。

本科优势专业排名

5★专业：音乐表演 9/234。
5★-专业：音乐学 21/388。

11058　宁波工程学院

在中国本科院校竞争力排行榜中的名次 461，浙江省内排名 23/55，理工类排名 162/364。

共 46 个专业参评，其中 5★+专业 0 个，5★专业 0 个，5★-专业 0 个，4★专业 2 个，3★专业 11 个。

本科优势专业排名

4★专业：商务英语 61/360、汽车服务工程

16/117。

10876　浙江万里学院

在中国本科院校竞争力排行榜中的名次 498，浙江省内排名 24/55，理工类排名 173/364。

共 52 个专业参评，其中 5★+专业 1 个，5★专业 0 个，5★-专业 5 个，4★专业 6 个，3★专业 14 个。

在中国普通高校研究生教育竞争力排行榜中的名次：总排名 541/596，浙江省内排名 21/22，理工类排名 177/182。

本科优势专业排名

5★+专业：物流管理 6/432。

5★-专业：国际经济与贸易 59/665、物联网工程 27/492、电子商务 34/457、会展经济与管理 6/100、环境设计 47/721。

4★专业：网络与新媒体 51/338。

14275　浙江外国语学院

在中国本科院校竞争力排行榜中的名次 534，浙江省内排名 25/55，文法类排名 20/68。

共 32 个专业参评，其中 5★+专业 0 个，5★专业 0 个，5★-专业 1 个，4★专业 4 个，3★专业 10 个。

本科优势专业排名

5★-专业：跨境电子商务 6/89。

4★专业：小学教育 37/311、英语 141/925、翻译 29/269。

10350　台州学院

在中国本科院校竞争力排行榜中的名次 583，浙江省内排名 26/55，综合类排名 95/268。

共 50 个专业参评，其中 5★+专业 0 个，5★专业 0 个，5★-专业 0 个，4★专业 2 个，3★专业 9 个。

本科优势专业排名

4★专业：商务英语 62/360。

10352　丽水学院

在中国本科院校竞争力排行榜中的名次 594，浙江省内排名 27/55，综合类排名 98/268。

共 38 个专业参评，其中 5★+专业 0 个，5★专业 0 个，5★-专业 0 个，4★专业 1 个，3★专业 6 个。

13023　杭州医学院

在中国本科院校竞争力排行榜中的名次 604，浙江省内排名 28/55，医药类排名 70/108。

共 20 个专业参评，其中 5★+专业 0 个，5★专业 0 个，5★-专业 0 个，4★专业 0 个，3★专业 6 个。

13021　浙大城市学院

在中国本科院校竞争力排行榜中的名次 612，浙江省内排名 30/55，理工类排名 196/364。

共 38 个专业参评，其中 5★+专业 0 个，5★专业 0 个，5★-专业 0 个，4★专业 0 个，3★专业 11 个。

11483　浙江警察学院

在中国本科院校竞争力排行榜中的名次 621，浙江省内排名 32/55，文法类排名 27/68。

共 7 个专业参评，其中 5★+专业 0 个，5★专业 0 个，5★-专业 1 个，4★专业 2 个，3★专业 2 个。

本科优势专业排名

5★-专业：交通管理工程 2/20。
4★专业：治安学 5/26。

11481　浙江水利水电学院

在中国本科院校竞争力排行榜中的名次 705，浙江省内排名 34/55，理工类排名 214/364。

共 33 个专业参评，其中 5★+专业 0 个，5★专业 0 个，5★-专业 0 个，4★专业 2 个，3★专业 11 个。

本科优势专业排名

4★专业：商务英语 72/360。

11488　衢州学院

在中国本科院校竞争力排行榜中的名次 719，浙江省内排名 36/55，综合类排名 127/268。

共 29 个专业参评，其中 5★+专业 0 个，5★专业 0 个，5★-专业 0 个，4★专业 0 个，3★专业 6 个。

13022　浙大宁波理工学院

在中国本科院校竞争力排行榜中的名次 810，浙江省内排名 37/55，理工类排名 237/364。

共 30 个专业参评，其中 5★+专业 0 个，5★专业 0 个，5★-专业 0 个，4★专业 0 个，3★专业 8 个。

13287　湖州学院

在中国本科院校竞争力排行榜中的名次 882，浙江省内排名 38/55，师范类排名 147/175。

共 26 个专业参评，其中 5★+专业 0 个，5★专业 0 个，5★-专业 0 个，4★专业 0 个，3★专业 1 个。

13289　温州理工学院

在中国本科院校竞争力排行榜中的名次 947，浙江省内排名 43/55，理工类排名 273/364。

共 28 个专业参评，其中 5★+专业 0 个，5★专业 0 个，5★-专业 0 个，4★专业 0 个，3★专业 3 个。

13291　嘉兴南湖学院

在中国本科院校竞争力排行榜中的名次 1072，浙江省内排名 50/55，综合类排名 229/268。

共 36 个专业参评，其中 5★+专业 0 个，5★专业 0 个，5★-专业 0 个，4★专业 0 个，3★专业 0 个。

民 办 院 校

11842　浙江树人学院

在中国民办院校竞争力排行榜中的名次 6，浙江省内排名 29/55，理工类排名 195/364。

共 45 个专业参评，其中 5★+专业 0 个，5★专业 0 个，5★−专业 0 个，4★专业 0 个，3★专业 6 个。

13001　宁波财经学院

在中国民办院校竞争力排行榜中的名次 7，浙江省内排名 31/55，财经类排名 40/109。

共 37 个专业参评，其中 5★+专业 0 个，5★专业 0 个，5★−专业 1 个，4★专业 2 个，3★专业 15 个。

本科优势专业排名

5★−专业：视觉传达设计 42/722。
4★专业：金融工程 44/255。

12792　浙江越秀外国语学院

在中国民办院校竞争力排行榜中的名次 11，浙江省内排名 33/55，文法类排名 28/68。

共 44 个专业参评，其中 5★+专业 0 个，5★专业 0 个，5★−专业 2 个，4★专业 5 个，3★专业 9 个。

本科优势专业排名

5★−专业：汉语国际教育 24/328、商务英语 28/360。
4★专业：翻译 28/269、网络与新媒体 60/338。

13637　温州商学院

在中国民办院校竞争力排行榜中的名次 120，浙江省内排名 41/55，财经类排名 63/109。

共 22 个专业参评，其中 5★+专业 0 个，5★专业 0 个，5★−专业 0 个，4★专业 0 个，3★专业 12 个。

四 川 省

一 流 大 学

10610　四川大学

在中国本科院校竞争力排行榜中的名次 11,四川省内排名 1/51,综合类排名 7/268。

共 103 个专业参评,其中 5★+专业 8 个,5★专业 23 个,5★-专业 24 个,4★专业 27 个,3★专业 19 个。

在中国普通高校研究生教育竞争力排行榜中的名次:总排名 11/596,四川省内排名 1/24,综合类排名 7/93。

共 60 个一级学科(学术学位)参评,其中 5★+学科 2 个,5★学科 9 个,5★-学科 18 个,4★学科 13 个,学科优秀率为 70%。

一级学科排名

哲学 17/133、理论经济学 19/109、应用经济学 56/264、法学 10/209、政治学 21/80、社会学 32/88、民族学 19/38、马克思主义理论 21/377、体育学 42/107、中国语言文学 11/186、外国语言文学 29/240、新闻传播学 10/120、考古学 3/40、中国史 5/119、世界史 16/68、数学 11/276、物理学 21/203、化学 13/238、生物学 20/240、生态学 18/111、统计学 9/126、力学 28/97、机械工程 34/224、光学工程 29/94、仪器科学与技术 34/68、材料科学与工程 6/227、动力工程及工程热物理 37/104、电气工程 18/112、电子科学与技术 50/123、信息与通信工程 42/186、控制科学与工程 44/189、计算机科学与技术 22/268、土木工程 17/164、水利工程 6/64、化学工程与技术 16/176、轻工技术与工程 4/18、航空宇航科学与技术 18/32、核科学与技术 8/21、环境科学与工程 33/196、生物医学工程 3/80、城乡规划学 14/74、软件工程 12/148、网络空间安全 21/77、基础医学 7/111、临床医学 9/113、口腔医学 1/47、公共卫生与预防医学 7/78、中西医结合 9/62、药学 9/147、特种医学 7/17、医学技术 3/43、护理学 1/74、社会医学与卫生事业管理 1/15、管理科学与工程 22/209、工商

管理 11/309、公共管理 9/214、信息资源管理 15/50、艺术学理论 6/73、美术学 7/114、设计学 6/175。

本科优势专业排名

5★+专业:英语 7/925、新闻学 6/308、网络与新媒体 2/338、历史学 5/246、数学与应用数学 6/519、高分子材料与工程 1/185、医学信息工程 1/57、人工智能 5/479。

5★专业:法学 14/580、马克思主义理论 3/54、汉语言文学 17/619、汉语国际教育 16/328、化学 7/310、生物科学 13/283、机械设计制造及其自动化 20/517、新能源材料与器件 6/131、电气工程及其自动化 26/573、电子信息工程 14/642、计算机科学与技术 34/932、物联网工程 12/492、网络空间安全 6/113、土木工程 24/529、制药工程 12/257、轻化工程 2/42、生物医学工程 3/122、口腔医学 3/118、药学 13/250、行政管理 15/292、会展经济与管理 5/100、美术学 9/333、书法学 7/130。

5★-专业:经济学 22/356、金融工程 20/255、国际经济与贸易 38/665、社会工作 15/259、法语 14/143、日语 25/449、广告学 14/256、文物与博物馆学 4/57、物理学 17/283、材料科学与工程 15/237、化学工程与工艺 18/329、飞行器控制与信息工程 2/15、环境工程 30/352、临床医学 12/192、预防医学 9/125、法医学 3/30、医学影像技术 6/103、眼视光学 3/32、康复治疗学 15/183、口腔医学技术 3/32、护理学 18/296、财务管理 57/686、人力资源管理 30/416、舞蹈表演 12/150。

4★专业:俄语 25/161、信息与计算科学 52/308、应用化学 41/375、生态学 14/85、统计学 29/211、材料成型及控制工程 32/221、过程装备与控制工程 17/92、测控技术与仪器 35/190、能源与动力工程 25/188、通信工程 71/494、微电子科学与工程 16/115、光电信息科学与工程 32/218、自动化 71/445、软件工程 96/611。

10614　电子科技大学

在中国本科院校竞争力排行榜中的名次 32,四川省内排名 2/51,理工类排名 17/364。

共 52 个专业参评,其中 5★+专业 8 个,5★专业 8 个,5★-专业 10 个,4★专业 9 个,3★专业 13 个。

在中国普通高校研究生教育竞争力排行榜中的名次：总排名 29/596，四川省内排名 2/24，理工类排名 15/182。

共 31 个一级学科(学术学位)参评，其中 5★+学科 3 个，5★学科 1 个，5★-学科 5 个，4★学科 6 个，学科优秀率为 48.39%。

一级学科排名

应用经济学 112/264、马克思主义理论 25/377、心理学 34/104、外国语言文学 128/240、新闻传播学 89/120、数学 20/276、物理学 25/203、生物学 122/240、系统科学 21/29、统计学 51/126、机械工程 24/224、光学工程 7/94、仪器科学与技术 10/68、材料科学与工程 43/227、电气工程 48/112、电子科学与技术 1/123、信息与通信工程 3/186、控制科学与工程 17/189、计算机科学与技术 14/268、测绘科学与技术 13/53、化学工程与技术 53/176、航空宇航科学与技术 8/32、生物医学工程 27/80、软件工程 5/148、网络空间安全 18/77、临床医学 58/113、口腔医学 35/47、管理科学与工程 24/209、工商管理 46/309、公共管理 61/214、集成电路科学与工程 1/30。

本科优势专业排名

5★+专业：数学与应用数学 8/519、新能源材料与器件 1/131、电子信息工程 4/642、通信工程 7/494、计算机科学与技术 8/932、软件工程 2/611、物联网工程 1/492、数据科学与大数据技术 10/711。

5★专业：机械设计制造及其自动化 26/517、测控技术与仪器 8/190、电子科学与技术 5/154、光电信息科学与工程 7/218、自动化 20/445、网络工程 8/282、数字媒体技术 12/234、网络空间安全 4/113。

5★-专业：英语 88/925、应用物理学 13/155、微电子科学与工程 11/115、集成电路设计与集成系统 5/88、电子信息科学与技术 12/167、人工智能 33/479、机器人工程 29/333、无人驾驶航空器系统工程 2/18、行政管理 19/292、工业工程 12/142。

4★专业：金融学 57/389、翻译 38/269、信息与计算科学 56/308、电气工程及其自动化 72/573。

一般大学

10613 西南交通大学

在中国本科院校竞争力排行榜中的名次 38，四川省内排名 3/51，理工类排名 20/364。

共 79 个专业参评，其中 5★+专业 5 个，5★专业 11 个，5★-专业 16 个，4★专业 21 个，3★专业 22 个。

在中国普通高校研究生教育竞争力排行榜中的名次：总排名 45/596，四川省内排名 3/24，理工类排名 21/182。

共 43 个一级学科(学术学位)参评，其中 5★+学科 1 个，5★学科 0 个，5★-学科 0 个，4★学科 8 个，学科优秀率为 20.93%。

一级学科排名

哲学 85/133、理论经济学 51/109、应用经济学 133/264、法学 144/209、马克思主义理论 49/377、心理学 61/104、中国语言文学 73/186、外国语言文学 132/240、新闻传播学 85/120、数学 67/276、物理学 48/203、化学 146/238、生物学 215/240、系统科学 15/29、统计学 69/126、力学 20/97、机械工程 30/224、材料科学与工程 57/227、动力工程及工程热物理 61/104、电气工程 13/112、电子科学与技术 73/123、信息与通信工程 34/186、控制科学与工程 39/189、计算机科学与技术 62/268、建筑学 17/84、土木工程 22/164、测绘科学与技术 7/53、地质资源与地质工程 18/46、交通运输工程 1/66、航空宇航科学与技术 27/32、环境科学与工程 98/196、生物医学工程 68/80、城乡规划学 42/74、风景园林学 51/56、软件工程 67/148、安全科学与工程 45/61、网络空间安全 72/77、临床医学 100/113、药学 99/147、管理科学与工程 50/209、工商管理 48/309、公共管理 52/214、设计学 70/175。

本科优势专业排名

5★+专业：机械设计制造及其自动化 6/517、电气工程及其自动化 7/573、轨道交通信号与控制 1/51、交通运输 2/107、交通工程 2/106。

5★专业：思想政治教育 14/304、车辆工程 9/256、电子信息工程 30/642、通信工程 18/494、计算机科学与技术 44/932、土木工程 13/529、道路桥梁与渡河工程 3/81、铁道工程 1/14、智慧交通 1/22、建筑学 13/291、工程造价 10/264。

5★-专业：汉语言文学 59/619、英语 62/925、翻译 16/269、数学与应用数学 48/519、应用心理学 17/257、软件工程 45/611、建筑环境与能源应用工程 13/166、城市地下空间工程 5/74、测绘工程 11/147、制药工程 15/257、工程管理 23/393、会计学 39/659、公共事业管理 18/246、物流管理 26/432、物流工程 7/103、产品设计 33/402。

4★专业：汉语国际教育 53/328、广告学 31/256、应用物理学 17/155、工程力学 15/82、材料成型及控制工程 26/221、智能制造工程 37/296、材料科学与工程 30/237、电子信息科学与技术 27/167、人工智能 66/479、自动化 61/445。

10651　西南财经大学

在中国本科院校竞争力排行榜中的名次 125，四川省内排名 4/51，财经类排名 3/109。

共 42 个专业参评，其中 5★+专业 11 个，5★专业 8 个，5★-专业 6 个，4★专业 4 个，3★专业 8 个。

在中国普通高校研究生教育竞争力排行榜中的名次：总排名 133/596，四川省内排名 5/24，财经类排名 2/39。

共 13 个一级学科(学术学位)参评，其中 5★+学科 0 个，5★学科 1 个，5★-学科 1 个，4★学科 4 个，学科优秀率为 46.15%。

一级学科排名

理论经济学 15/109、应用经济学 7/264、法学 40/209、社会学 29/88、马克思主义理论 76/377、外国语言文学 124/240、数学 126/276、统计学 17/126、计算机科学与技术 90/268、管理科学与工程 31/209、工商管理 16/309、农林经济管理 33/51、公共管理 81/214。

本科优势专业排名

5★+专业：财政学 2/84、税收学 1/90、金融学 1/389、保险学 1/95、投资学 2/124、国际经济与贸易 2/665、工商管理 6/538、市场营销 2/579、会计学 2/659、财务管理 13/686、国际商务 2/126。

5★专业：经济统计学 5/138、金融工程 8/255、金融数学 2/71、信用管理 1/22、法学 24/580、统计学 5/211、人力资源管理 20/416、供应链管理 4/72。

5★-专业：经济学 36/356、数字经济 9/129、金融科技 8/95、商务英语 23/360、数据科学与大数据技术 47/711、审计学 15/198。

10615　西南石油大学

在中国本科院校竞争力排行榜中的名次 142，四川省内排名 5/51，理工类排名 62/364。

共 71 个专业参评，其中 5★+专业 1 个，5★专业 1 个，5★-专业 1 个，4★专业 14 个，3★专业 43 个。

在中国普通高校研究生教育竞争力排行榜中的名次：总排名 149/596，四川省内排名 7/24，理工类排名 62/182。

共 14 个一级学科(学术学位)参评，其中 5★+学科 0 个，5★学科 0 个，5★-学科 0 个，4★学科 1 个，学科优秀率为 7.14%。

一级学科排名

应用经济学 233/264、外国语言文学 202/240、数学 140/276、地质学 18/35、力学 60/97、机械工程 77/224、化学工程与技术 33/176、地质资源与地质工程 17/46、石油与天然气工程 4/15、环境科学与工程 113/196、软件工程 84/148、网络空间安全 36/77、管理科学与工程 131/209、工商管理 225/309。

本科优势专业排名

5★+专业：油气储运工程 1/33。

5★专业：石油工程 1/22。

5★-专业：应用化学 37/375。

4★专业：信息与计算科学 58/308、机械电子工程 41/302、工业设计 36/216、新能源材料与器件 17/131、储能科学与工程 12/59、计算机科学与技术 133/932、软件工程 88/611。

10636　四川师范大学

在中国本科院校竞争力排行榜中的名次 145，四川省内排名 6/51，师范类排名 15/175。

共 79 个专业参评，其中 5★+专业 0 个，5★

专业 5 个，5★-专业 14 个，4★专业 20 个，3★专业 32 个。

在中国普通高校研究生教育竞争力排行榜中的名次：总排名 197/596，四川省内排名 9/24，师范类排名 23/77。

共 27 个一级学科（学术学位）参评，其中 5★+学科 0 个，5★学科 0 个，5★-学科 0 个，4★学科 2 个，学科优秀率为 7.41%。

一级学科排名

哲学 63/133、理论经济学 59/109、应用经济学 230/264、法学 190/209、马克思主义理论 284/377、教育学 28/143、心理学 57/104、体育学 96/107、中国语言文学 40/186、外国语言文学 189/240、中国史 51/119、世界史 55/68、数学 49/276、物理学 93/203、化学 118/238、地理学 44/85、生物学 160/240、教育技术学 45/45、计算机科学与技术 110/268、环境科学与工程 125/196、软件工程 56/148、工商管理 104/309、艺术学理论 70/73、音乐与舞蹈学 72/86、戏剧与影视学 22/62、美术学 86/114、设计学 150/175。

本科优势专业排名

5★专业：学前教育 14/420、汉语言文学 25/619、工程造价 8/264、播音与主持艺术 11/232、视觉传达设计 16/722。

5★-专业：科学教育 5/51、教育技术学 13/130、小学教育 25/311、特殊教育 6/59、秘书学 7/89、英语 64/925、网络与新媒体 20/338、历史学 23/246、数学与应用数学 51/519、音乐学 39/388、舞蹈学 17/201、美术学 32/333、环境设计 60/721、数字媒体艺术 30/350。

4★专业：经济学 48/356、法学 79/580、思想政治教育 46/304、体育教育 57/341、社会体育指导与管理 35/239、汉语国际教育 36/328、物理学 46/283、化学 62/310、地理科学 33/171、电子信息工程 91/642、软件工程 90/611、网络工程 37/282。

10626 四川农业大学

在中国本科院校竞争力排行榜中的名次 147，四川省内排名 7/51，农林类排名 11/47。

共 75 个专业参评，其中 5★+专业 0 个，5★

专业 0 个，5★-专业 6 个，4★专业 15 个，3★专业 35 个。

在中国普通高校研究生教育竞争力排行榜中的名次：总排名 117/596，四川省内排名 4/24，农林类排名 9/38。

共 20 个一级学科（学术学位）参评，其中 5★+学科 0 个，5★学科 1 个，5★-学科 1 个，4★学科 3 个，学科优秀率为 25%。

一级学科排名

应用经济学 162/264、马克思主义理论 126/377、生物学 42/240、土木工程 116/164、农业工程 31/43、环境科学与工程 79/196、食品科学与工程 57/105、城乡规划学 30/74、风景园林学 6/56、作物学 3/50、园艺学 17/44、农业资源与环境 9/40、植物保护 25/44、畜牧学 8/55、兽医学 9/44、林学 12/35、水产 17/33、草学 12/25、工商管理 117/309、农林经济管理 11/51。

本科优势专业排名

5★-专业：物联网工程 49/492、风景园林 19/187、农学 7/76、动物科学 6/82、动物医学 5/73、园林 8/129。

4★专业：广告学 51/256、生物技术 35/285。

10619 西南科技大学

在中国本科院校竞争力排行榜中的名次 182，四川省内排名 8/51，理工类排名 76/364。

共 82 个专业参评，其中 5★+专业 0 个，5★专业 2 个，5★-专业 4 个，4★专业 16 个，3★专业 42 个。

在中国普通高校研究生教育竞争力排行榜中的名次：总排名 182/596，四川省内排名 8/24，理工类排名 70/182。

共 23 个一级学科（学术学位）参评，其中 5★+学科 0 个，5★学科 0 个，5★-学科 0 个，4★学科 1 个，学科优秀率为 4.35%。

一级学科排名

应用经济学 131/264、法学 151/209、马克思主义理论 145/377、中国语言文学 156/186、外国语言文学 201/240、物理学 105/203、化学 143/

238、生物学 102/240、机械工程 102/224、材料科学与工程 44/227、信息与通信工程 92/186、控制科学与工程 56/189、计算机科学与技术 137/268、土木工程 84/164、化学工程与技术 88/176、地质资源与地质工程 37/46、矿业工程 21/31、核科学与技术 19/21、环境科学与工程 58/196、城乡规划学 28/74、软件工程 105/148、安全科学与工程 43/61、工商管理 158/309。

本科优势专业排名

5★专业：环境工程 11/352、应急技术与管理 2/34。

5★-专业：机械设计制造及其自动化 52/517、电子信息工程 61/642、软件工程 47/611、视觉传达设计 65/722。

4★专业：经济学 66/356、知识产权 16/94、汉语国际教育 55/328、翻译 54/269、应用化学 45/375、材料科学与工程 39/237、光电信息科学与工程 40/218、自动化 48/445、机器人工程 43/333、计算机科学与技术 145/932。

10616 成都理工大学

在中国本科院校竞争力排行榜中的名次 194，四川省内排名 9/51，理工类排名 79/364。

共 72 个专业参评，其中 5★+专业 1 个，5★专业 0 个，5★-专业 4 个，4★专业 14 个，3★专业 42 个。

在中国普通高校研究生教育竞争力排行榜中的名次：总排名 136/596，四川省内排名 6/24，理工类排名 58/182。

共 26 个一级学科(学术学位)参评，其中 5★+学科 0 个，5★学科 0 个，5★-学科 1 个，4★学科 1 个，学科优秀率为 7.69%。

一级学科排名

应用经济学 153/264、法学 187/209、马克思主义理论 163/377、外国语言文学 223/240、新闻传播学 93/120、数学 177/276、物理学 173/203、化学 176/238、地理学 43/85、地球物理学 13/21、地质学 7/35、力学 95/97、仪器科学与技术 39/68、材料科学与工程 136/227、信息与通信工程 104/186、计算机科学与技术 144/268、土木工程 46/164、测绘科学与技术 25/53、化学工程与技术

117/176、地质资源与地质工程 5/46、石油与天然气工程 6/15、核科学与技术 14/21、环境科学与工程 80/196、网络空间安全 71/77、管理科学与工程 88/209、工商管理 264/309。

本科优势专业排名

5★+专业：资源勘查工程 1/49。

5★-专业：物联网工程 48/492、土木工程 52/529、地质工程 4/55、大数据管理与应用 15/210。

4★专业：广播电视学 26/146、数学与应用数学 103/519、地质学 5/25、人工智能 71/479、软件工程 102/611。

10633 成都中医药大学

在中国本科院校竞争力排行榜中的名次 269，四川省内排名 10/51，医药类排名 21/108。

共 34 个专业参评，其中 5★+专业 1 个，5★专业 1 个，5★-专业 4 个，4★专业 3 个，3★专业 12 个。

在中国普通高校研究生教育竞争力排行榜中的名次：总排名 209/596，四川省内排名 10/24，医药类排名 23/76。

共 8 个一级学科(学术学位)参评，其中 5★+学科 0 个，5★学科 1 个，5★-学科 1 个，4★学科 0 个，学科优秀率为 25%。

一级学科排名

马克思主义理论 348/377、临床医学 50/113、公共卫生与预防医学 66/78、中医学 4/40、中西医结合 17/62、中药学 2/51、护理学 42/74、公共管理 168/214。

本科优势专业排名

5★+专业：中西医临床医学 1/51。

5★专业：针灸推拿学 3/51。

5★-专业：医学信息工程 6/57、中药学 12/121、康复治疗学 12/183、护理学 29/296。

10621 成都信息工程大学

在中国本科院校竞争力排行榜中的名次 271，四川省内排名 11/51，理工类排名 111/364。

共52个专业参评,其中5★+专业0个,5★专业2个,5★-专业7个,4★专业9个,3★专业24个。

在中国普通高校研究生教育竞争力排行榜中的名次:总排名316/596,四川省内排名15/24,理工类排名121/182。

共14个一级学科(学术学位)参评。

一级学科排名

应用经济学227/264、马克思主义理论376/377、数学221/276、大气科学8/22、统计学94/126、电子科学与技术57/123、信息与通信工程68/186、控制科学与工程188/189、计算机科学与技术229/268、环境科学与工程110/196、软件工程122/148、网络空间安全56/77、管理科学与工程197/209、工商管理309/309。

本科优势专业排名

5★专业:电子信息工程17/642、通信工程19/494。

5★-专业:电子信息科学与技术13/167、机器人工程30/333、计算机科学与技术61/932、软件工程51/611、网络工程21/282、区块链工程3/27、旅游管理43/428。

4★专业:信息与计算科学40/308、电子科学与技术27/154、微电子科学与工程20/115。

10656　西南民族大学

在中国本科院校竞争力排行榜中的名次313,四川省内排名12/51,民族类排名3/17。

共78个专业参评,其中5★+专业1个,5★专业1个,5★-专业2个,4★专业9个,3★专业40个。

在中国普通高校研究生教育竞争力排行榜中的名次:总排名257/596,四川省内排名11/24,民族类排名3/13。

共25个一级学科(学术学位)参评,其中5★+学科0个,5★学科0个,5★-学科1个,4★学科0个,学科优秀率为4%。

一级学科排名

哲学48/133、理论经济学105/109、应用经济

学104/264、法学124/209、社会学67/88、民族学3/38、马克思主义理论351/377、中国语言文学50/186、外国语言文学172/240、考古学37/40、中国史91/119、化学214/238、生物学228/240、生态学109/111、建筑学63/84、城乡规划学64/74、软件工程95/148、畜牧学28/55、兽医学31/44、草学17/25、中药学33/51、工商管理267/309、公共管理74/214、音乐与舞蹈学79/86、美术学102/114。

本科优势专业排名

5★+专业:旅游管理5/428。

5★专业:人力资源管理17/416。

5★-专业:汉语言文学50/619、舞蹈表演13/150。

4★专业:国际经济与贸易71/665、汉语国际教育54/328、中国少数民族语言文学4/33、英语144/925、电子信息工程88/642。

10654　四川音乐学院

在中国本科院校竞争力排行榜中的名次323,四川省内排名13/51,艺术类排名16/48。

共27个专业参评,其中5★+专业0个,5★专业1个,5★-专业2个,4★专业6个,3★专业5个。

在中国普通高校研究生教育竞争力排行榜中的名次:总排名575/596,四川省内排名22/24,艺术类排名31/33。

本科优势专业排名

5★专业:音乐表演11/234。

5★-专业:音乐学36/388、播音与主持艺术21/232。

10623　西华大学

在中国本科院校竞争力排行榜中的名次340,四川省内排名14/51,综合类排名61/268。

共79个专业参评,其中5★+专业1个,5★专业0个,5★-专业3个,4★专业9个,3★专业44个。

在中国普通高校研究生教育竞争力排行榜中的名次:总排名314/596,四川省内排名14/24,综合类排名61/93。

共21个一级学科(学术学位)参评。

一级学科排名

应用经济学 191/264、社会学 65/88、马克思主义理论 166/377、中国语言文学 107/186、外国语言文学 217/240、数学 236/276、物理学 145/203、化学 234/238、机械工程 166/224、材料科学与工程 153/227、动力工程及工程热物理 78/104、电气工程 83/112、信息与通信工程 149/186、计算机科学与技术 166/268、土木工程 105/164、交通运输工程 57/66、农业工程 43/43、食品科学与工程 76/105、软件工程 129/148、工商管理 177/309、设计学 41/175。

本科优势专业排名

5★+专业：应急技术与管理 1/34。

5★-专业：汽车服务工程 8/117、工程造价 20/264、应急管理 3/39。

4★专业：翻译 53/269、机械设计制造及其自动化 100/517、新能源汽车工程 6/45、增材制造工程 2/13、电气工程及其自动化 61/573、医学信息工程 10/57、计算机科学与技术 153/932。

10653　成都体育学院

在中国本科院校竞争力排行榜中的名次 365，四川省内排名 15/51，体育类排名 5/16。

共22个专业参评，其中5★+专业2个，5★专业3个，5★-专业3个，4★专业1个，3★专业4个。

在中国普通高校研究生教育竞争力排行榜中的名次：总排名 426/596，四川省内排名 19/24，体育类排名 4/13。

共4个一级学科(学术学位)参评，其中5★+学科0个，5★学科0个，5★-学科1个，4★学科0个，学科优秀率为25%。

一级学科排名

体育学 7/107、新闻传播学 106/120、临床医学 108/113、中西医结合 59/62。

本科优势专业排名

5★+专业：体育教育 4/341、休闲体育 2/102。

5★专业：社会体育指导与管理 11/239、运动康复 3/84、体能训练 1/18。

5★-专业：运动训练 4/64、武术与民族传统体育 4/45、运动人体科学 2/17。

11079　成都大学

在中国本科院校竞争力排行榜中的名次 377，四川省内排名 16/51，综合类排名 65/268。

共70个专业参评，其中5★+专业1个，5★专业1个，5★-专业1个，4★专业7个，3★专业27个。

在中国普通高校研究生教育竞争力排行榜中的名次：总排名 391/596，四川省内排名 17/24，综合类排名 69/93。

共9个一级学科(学术学位)参评。

一级学科排名

马克思主义理论 377/377、中国语言文学 186/186、化学 125/238、材料科学与工程 204/227、计算机科学与技术 252/268、基础医学 111/111、药学 73/147、工商管理 261/309、设计学 171/175。

本科优势专业排名

5★+专业：动画 3/251。

5★专业：广播电视编导 9/226。

5★-专业：产品设计 32/402。

4★专业：学前教育 51/420、体育教育 65/341、网络与新媒体 57/338。

10638　西华师范大学

在中国本科院校竞争力排行榜中的名次 393，四川省内排名 17/51，师范类排名 38/175。

共71个专业参评，其中5★+专业0个，5★专业0个，5★-专业0个，4★专业3个，3★专业41个。

在中国普通高校研究生教育竞争力排行榜中的名次：总排名 310/596，四川省内排名 13/24，师范类排名 33/77。

共21个一级学科(学术学位)参评。

一级学科排名

政治学 46/80、马克思主义理论 123/377、教育学 67/143、体育学 79/107、教育 6/8、中国语言文学 101/186、考古学 36/40、中国史 86/119、世界史 60/68、数学 147/276、物理学 131/203、化学 139/238、天文学 16/21、地理学 67/85、生物学 169/240、生态学 79/111、教育技术学 27/45、环境科学与工程 164/196、软件工程 57/148、林学 26/35、公共管理 92/214。

本科优势专业排名

4★专业：学前教育 62/420、汉语国际教育 65/328、秘书学 15/89。

10632 西南医科大学

在中国本科院校竞争力排行榜中的名次 466，四川省内排名 18/51，医药类排名 48/108。

共 32 个专业参评，其中 5★+专业 0 个，5★专业 0 个，5★-专业 0 个，4★专业 1 个，3★专业 17 个。

在中国普通高校研究生教育竞争力排行榜中的名次：总排名 284/596，四川省内排名 12/24，医药类排名 36/76。

共 8 个一级学科（学术学位）参评。

一级学科排名

基础医学 68/111、临床医学 49/113、口腔医学 37/47、中医学 37/40、中西医结合 49/62、药学 80/147、中药学 46/51、护理学 64/74。

10622 四川轻化工大学

在中国本科院校竞争力排行榜中的名次 477，四川省内排名 19/51，理工类排名 167/364。

共 76 个专业参评，其中 5★+专业 0 个，5★专业 0 个，5★-专业 1 个，4★专业 3 个，3★专业 37 个。

在中国普通高校研究生教育竞争力排行榜中的名次：总排名 381/596，四川省内排名 16/24，理工类排名 140/182。

共 8 个一级学科（学术学位）参评。

一级学科排名

数学 207/276、化学 212/238、机械工程 198/

224、材料科学与工程 226/227、控制科学与工程 131/189、化学工程与技术 142/176、食品科学与工程 67/105、管理科学与工程 207/209。

本科优势专业排名

5★-专业：工程造价 21/264。

10634 川北医学院

在中国本科院校竞争力排行榜中的名次 512，四川省内排名 20/51，医药类排名 57/108。

共 26 个专业参评，其中 5★+专业 0 个，5★专业 1 个，5★-专业 0 个，4★专业 3 个，3★专业 6 个。

在中国普通高校研究生教育竞争力排行榜中的名次：总排名 399/596，四川省内排名 18/24，医药类排名 60/76。

共 4 个一级学科（学术学位）参评。

一级学科排名

基础医学 71/111、临床医学 79/113、药学 139/147、医学技术 22/43。

本科优势专业排名

5★专业：智能医学工程 3/69。

10640 内江师范学院

在中国本科院校竞争力排行榜中的名次 522，四川省内排名 21/51，师范类排名 57/175。

共 49 个专业参评，其中 5★+专业 0 个，5★专业 0 个，5★-专业 0 个，4★专业 0 个，3★专业 15 个。

11116 成都工业学院

在中国本科院校竞争力排行榜中的名次 529，四川省内排名 22/51，理工类排名 178/364。

共 39 个专业参评，其中 5★+专业 0 个，5★专业 1 个，5★-专业 0 个，4★专业 4 个，3★专业 21 个。

本科优势专业排名

5★专业：物流管理 20/432。

4★专业：机械电子工程 32/302、汽车服务工程 20/117、网络工程 40/282。

10624　中国民用航空飞行学院

在中国本科院校竞争力排行榜中的名次 545，四川省内排名 23/51，理工类排名 182/364。

共 32 个专业参评，其中 5★+专业 0 个，5★专业 0 个，5★-专业 1 个，4★专业 0 个，3★专业 16 个。

在中国普通高校研究生教育竞争力排行榜中的名次：总排名 486/596，四川省内排名 21/24，理工类排名 164/182。

共 5 个一级学科(学术学位)参评。

一级学科排名

大气科学 20/22、交通运输工程 53/66、航空宇航科学与技术 26/32、安全科学与工程 41/61、管理科学与工程 128/209。

本科优势专业排名

5★-专业：飞行技术 2/18。

13705　成都医学院

在中国本科院校竞争力排行榜中的名次 559，四川省内排名 24/51，医药类排名 66/108。

共 23 个专业参评，其中 5★+专业 0 个，5★专业 0 个，5★-专业 2 个，4★专业 0 个，3★专业 11 个。

在中国普通高校研究生教育竞争力排行榜中的名次：总排名 450/596，四川省内排名 20/24，医药类排名 67/76。

共 4 个一级学科(学术学位)参评。

一级学科排名

马克思主义理论 340/377、基础医学 82/111、临床医学 113/113、医学技术 15/43。

本科优势专业排名

5★-专业：医学检验技术 13/166、健康服务与管理 8/126。

10649　乐山师范学院

在中国本科院校竞争力排行榜中的名次 618，四川省内排名 25/51，师范类排名 84/175。

共 58 个专业参评，其中 5★+专业 0 个，5★专业 0 个，5★-专业 0 个，4★专业 2 个，3★专业 15 个。

11552　四川旅游学院

在中国本科院校竞争力排行榜中的名次 650，四川省内排名 26/51，综合类排名 113/268。

共 28 个专业参评，其中 5★+专业 0 个，5★专业 0 个，5★-专业 3 个，4★专业 3 个，3★专业 8 个。

本科优势专业排名

5★-专业：商务英语 31/360、烹饪与营养教育 3/26、酒店管理 17/184。

4★专业：休闲体育 15/102。

10628　西昌学院

在中国本科院校竞争力排行榜中的名次 663，四川省内排名 27/51，综合类排名 118/268。

共 53 个专业参评，其中 5★+专业 0 个，5★专业 0 个，5★-专业 1 个，4★专业 0 个，3★专业 5 个。

本科优势专业排名

5★-专业：电子商务 24/457。

14389　成都师范学院

在中国本科院校竞争力排行榜中的名次 677，四川省内排名 28/51，师范类排名 97/175。

共 35 个专业参评，其中 5★+专业 0 个，5★专业 0 个，5★-专业 1 个，4★专业 2 个，3★专业

13 个。

本科优势专业排名

5★-专业：工程造价 14/264。

4★专业：小学教育 60/311、汽车服务工程 13/117。

10641　宜宾学院

在中国本科院校竞争力排行榜中的名次 739，四川省内排名 31/51，综合类排名 135/268。

共 63 个专业参评，其中 5★+专业 0 个，5★专业 0 个，5★-专业 0 个，4★专业 1 个，3★专业 24 个。

本科优势专业排名

4★专业：电子信息科学与技术 31/167。

10639　绵阳师范学院

在中国本科院校竞争力排行榜中的名次 746，四川省内排名 32/51，师范类排名 114/175。

共 48 个专业参评，其中 5★+专业 0 个，5★专业 0 个，5★-专业 0 个，4★专业 0 个，3★专业 21 个。

在中国普通高校研究生教育竞争力排行榜中的名次：总排名 576/596，四川省内排名 23/24，师范类排名 73/77。

11360　攀枝花学院

在中国本科院校竞争力排行榜中的名次 773，四川省内排名 34/51，理工类排名 229/364。

共 51 个专业参评，其中 5★+专业 0 个，5★专业 0 个，5★-专业 0 个，4★专业 0 个，3★专业 7 个。

12212　四川警察学院

在中国本科院校竞争力排行榜中的名次 777，四川省内排名 35/51，文法类排名 42/68。

共 7 个专业参评，其中 5★+专业 0 个，5★专业 0 个，5★-专业 1 个，4★专业 1 个，3★专业 4 个。

在中国普通高校研究生教育竞争力排行榜中的名次：总排名 593/596，四川省内排名 24/24，文法类排名 30/32。

本科优势专业排名

5★-专业：治安学 3/26。

10646　阿坝师范学院

在中国本科院校竞争力排行榜中的名次 790，四川省内排名 36/51，师范类排名 128/175。

共 28 个专业参评，其中 5★+专业 0 个，5★专业 0 个，5★-专业 0 个，4★专业 0 个，3★专业 5 个。

10644　四川文理学院

在中国本科院校竞争力排行榜中的名次 833，四川省内排名 39/51，师范类排名 135/175。

共 57 个专业参评，其中 5★+专业 0 个，5★专业 0 个，5★-专业 0 个，4★专业 1 个，3★专业 21 个。

本科优势专业排名

4★专业：翻译 52/269。

11661　四川民族学院

在中国本科院校竞争力排行榜中的名次 1008，四川省内排名 46/51，民族类排名 16/17。

共 32 个专业参评，其中 5★+专业 0 个，5★专业 0 个，5★-专业 0 个，4★专业 0 个，3★专业 2 个。

民 办 院 校

13669　四川传媒学院

在中国民办院校竞争力排行榜中的名次 23，四川省内排名 29/51，艺术类排名 41/48。

共 17 个专业参评，其中 5★+专业 0 个，5★专业 0 个，5★-专业 0 个，4★专业 0 个，3★专业 2 个。

14043　四川文化艺术学院

在中国民办院校竞争力排行榜中的名次 31，四川省内排名 30/51，艺术类排名 43/48。

共 16 个专业参评，其中 5★+专业 0 个，5★专业 0 个，5★-专业 0 个，4★专业 0 个，3★专业 1 个。

14410　四川电影电视学院

在中国民办院校竞争力排行榜中的名次 41，四川省内排名 33/51，艺术类排名 45/48。

共 21 个专业参评，其中 5★+专业 0 个，5★专业 0 个，5★-专业 0 个，4★专业 0 个，3★专业 1 个。

12636　成都东软学院

在中国民办院校竞争力排行榜中的名次 62，四川省内排名 37/51，理工类排名 236/364。

共 31 个专业参评，其中 5★+专业 0 个，5★专业 0 个，5★-专业 0 个，4★专业 6 个，3★专业 21 个。

13672　四川工商学院

在中国民办院校竞争力排行榜中的名次 63，四川省内排名 38/51，综合类排名 155/268。

共 42 个专业参评，其中 5★+专业 0 个，5★专业 0 个，5★-专业 0 个，4★专业 4 个，3★专业 18 个。

本科优势专业排名

4★专业：经济与金融 16/78。

13903　成都锦城学院

在中国民办院校竞争力排行榜中的名次 76，四川省内排名 40/51，综合类排名 164/268。

共 50 个专业参评，其中 5★+专业 0 个，5★专业 0 个，5★-专业 0 个，4★专业 0 个，3★专业

4 个。

13671　成都文理学院

在中国民办院校竞争力排行榜中的名次 115，四川省内排名 42/51，综合类排名 189/268。

共 39 个专业参评，其中 5★+专业 0 个，5★专业 0 个，5★-专业 0 个，4★专业 1 个，3★专业 17 个。

13670　成都银杏酒店管理学院

在中国民办院校竞争力排行榜中的名次 176，四川省内排名 49/51，财经类排名 84/109。

共 28 个专业参评，其中 5★+专业 0 个，5★专业 0 个，5★-专业 1 个，4★专业 1 个，3★专业 8 个。

本科优势专业排名

5★-专业：旅游管理与服务教育 4/38。
4★专业：体能训练 4/18。

13816　四川工业科技学院

在中国民办院校竞争力排行榜中的名次 179，四川省内排名 50/51，综合类排名 231/268。

共 30 个专业参评，其中 5★+专业 0 个，5★专业 0 个，5★-专业 1 个，4★专业 1 个，3★专业 18 个。

本科优势专业排名

5★-专业：新能源汽车工程 4/45。

14045　绵阳城市学院

在中国民办院校竞争力排行榜中的名次 214，四川省内排名 51/51，理工类排名 356/364。

共 32 个专业参评，其中 5★+专业 0 个，5★专业 0 个，5★-专业 0 个，4★专业 1 个，3★专业 7 个。

湖 南 省

一流大学

10533　中南大学

在中国本科院校竞争力排行榜中的名次 17，湖南省内排名 1/52，理工类排名 7/364。

共 82 个专业参评，其中 5★+专业 6 个，5★专业 17 个，5★-专业 23 个，4★专业 18 个，3★专业 15 个。

在中国普通高校研究生教育竞争力排行榜中的名次：总排名 15/596，湖南省内排名 1/19，理工类排名 7/182。

共 44 个一级学科(学术学位)参评，其中 5★+学科 1 个，5★学科 2 个，5★-学科 13 个，4★学科 15 个，学科优秀率为 70.45%。

一级学科排名

哲学 19/133、应用经济学 41/264、法学 24/209、社会学 15/88、马克思主义理论 26/377、心理学 29/104、中国语言文学 47/186、外国语言文学 48/240、数学 12/276、物理学 34/203、化学 35/238、地质学 16/35、生物学 24/240、统计学 16/126、力学 31/97、机械工程 23/224、材料科学与工程 20/227、冶金工程 1/26、动力工程及工程热物理 28/104、电气工程 49/112、电子科学与技术 58/123、信息与通信工程 66/186、控制科学与工程 22/189、计算机科学与技术 28/268、建筑学 25/84、土木工程 12/164、测绘科学与技术 4/53、化学工程与技术 18/176、地质资源与地质工程 9/46、矿业工程 2/31、交通运输工程 4/66、环境科学与工程 13/196、安全科学与工程 18/61、基础医学 8/111、临床医学 10/113、口腔医学 22/47、公共卫生与预防医学 9/78、药学 18/147、特种医学 6/17、护理学 5/74、管理科学与工程 26/209、工商管理 21/309、公共管理 13/214、设计学 39/175。

本科优势专业排名

5★+专业：应用化学 7/375、机械设计制造及

其自动化 7/517、新能源材料与器件 2/131、数据科学与大数据技术 2/711、土木工程 11/529、精神医学 1/36。

5★专业：英语 32/925、信息与计算科学 14/308、材料科学与工程 12/237、新能源科学与工程 7/144、计算机科学与技术 28/932、城市地下空间工程 4/74、测绘工程 5/147、遥感科学与技术 3/61、化学工程与工艺 10/329、交通运输 5/107、交通设备与控制工程 1/14、临床医学 7/192、麻醉学 3/61、工程管理 11/393、工商管理 21/538、会计学 16/659、行政管理 13/292。

5★-专业：金融学 36/389、国际经济与贸易 54/665、法学 37/580、思想政治教育 22/304、数学与应用数学 33/519、应用物理学 12/155、生物科学 28/283、车辆工程 25/256、冶金工程 3/40、电气工程及其自动化 43/573、人工智能 43/479、自动化 29/445、软件工程 38/611、建筑环境与能源应用工程 16/166、制药工程 24/257、采矿工程 5/45、矿物加工工程 3/35、环境工程 19/352、建筑学 24/291、安全工程 12/151、消防工程 2/24、药学 18/250、护理学 28/296。

4★专业：社会学 16/92、汉语言文学 69/619、日语 76/449、数字出版 3/15、地理信息科学 26/171、生物信息学 6/52、统计学 24/211、无机非金属材料工程 16/78、能源与动力工程 31/188、电子信息工程 96/642、通信工程 57/494、电子信息科学与技术 20/167、轨道交通信号与控制 8/51。

10532　湖南大学

在中国本科院校竞争力排行榜中的名次 34，湖南省内排名 2/52，理工类排名 18/364。

共 62 个专业参评，其中 5★+专业 7 个，5★专业 14 个，5★-专业 11 个，4★专业 18 个，3★专业 6 个。

在中国普通高校研究生教育竞争力排行榜中的名次：总排名 32/596，湖南省内排名 2/19，理工类排名 18/182。

共 37 个一级学科(学术学位)参评，其中 5★+学科 0 个，5★学科 2 个，5★-学科 7 个，4★学科 9 个，学科优秀率为 48.65%。

一级学科排名

哲学 28/133、理论经济学 20/109、应用经济学 21/264、法学 23/209、马克思主义理论 23/377、

教育学 44/143、中国语言文学 83/186、外国语言文学 34/240、新闻传播学 27/120、中国史 48/119、数学 37/276、物理学 43/203、化学 9/238、生物学 61/240、统计学 46/126、力学 14/97、机械工程 10/224、材料科学与工程 41/227、电气工程 7/112、电子科学与技术 27/123、信息与通信工程 67/186、控制科学与工程 23/189、计算机科学与技术 30/268、建筑学 11/84、土木工程 14/164、化学工程与技术 12/176、交通运输工程 15/66、航空宇航科学与技术 21/32、环境科学与工程 16/196、城乡规划学 16/74、网络空间安全 31/77、基础医学 103/111、药学 89/147、管理科学与工程 52/209、工商管理 23/309、公共管理 65/214、设计学 58/175。

本科优势专业排名

5★+专业：金融学 2/389、国际经济与贸易 5/665、英语 13/925、车辆工程 5/256、电气工程及其自动化 9/573、土木工程 7/529、建筑环境与能源应用工程 3/166。

5★专业：经济学 17/356、日语 14/449、广告学 10/256、化学 9/310、机械设计制造及其自动化 17/517、工业设计 8/216、机器人工程 11/333、计算机科学与技术 39/932、给排水科学与工程 8/161、化学工程与工艺 16/329、建筑学 14/291、工商管理 12/538、会计学 26/659、电子商务 18/457。

5★-专业：数字经济 13/129、保险学 8/95、法学 30/580、新闻学 25/308、生物技术 16/285、智能车辆工程 2/28、材料科学与工程 21/237、自动化 33/445、软件工程 59/611、环境工程 32/352、城乡规划 14/207。

4★专业：经济统计学 20/138、汉语言文学 107/619、历史学 26/246、数学与应用数学 66/519、信息与计算科学 33/308、应用物理学 23/155、应用化学 46/375、化学生物学 5/24、统计学 39/211、智能制造工程 41/296、电子信息工程 90/642、电子科学与技术 21/154、通信工程 59/494、人工智能 77/479。

91002   国防科技大学

在中国本科院校竞争力排行榜中的名次 52，湖南省内排名 3/52，理工类排名 27/364。

共 49 个专业参评，其中 5★+专业 1 个，5★专业 0 个，5★-专业 3 个，4★专业 12 个，3★专业 23 个。

在中国普通高校研究生教育竞争力排行榜中的名次：总排名 49/596，湖南省内排名 3/19，理工类排名 24/182。

共 21 个一级学科(学术学位)参评，其中 5★+学科 2 个，5★学科 2 个，5★-学科 3 个，4★学科 5 个，学科优秀率为 57.14%。

一级学科排名

政治学 24/80、马克思主义理论 34/377、外国语言文学 37/240、数学 44/276、物理学 26/203、大气科学 12/22、海洋科学 15/31、系统科学 3/29、力学 32/97、机械工程 69/224、光学工程 25/94、仪器科学与技术 25/68、材料科学与工程 98/227、电子科学与技术 26/123、信息与通信工程 7/186、控制科学与工程 21/189、计算机科学与技术 1/268、航空宇航科学与技术 5/32、软件工程 1/148、网络空间安全 7/77、管理科学与工程 6/209。

本科优势专业排名

5★+专业：计算机科学与技术 6/932。

5★-专业：国际事务与国际关系 2/17、电子科学与技术 9/154、数据科学与大数据技术 68/711。

4★专业：英语 125/925、日语 57/449、测控技术与仪器 37/190、电子信息工程 97/642、通信工程 98/494、机器人工程 62/333、软件工程 108/611、网络工程 30/282。

一 般 大 学

10542   湖南师范大学

在中国本科院校竞争力排行榜中的名次 70，湖南省内排名 4/52，师范类排名 7/175。

共 90 个专业参评，其中 5★+专业 4 个，5★专业 9 个，5★-专业 20 个，4★专业 27 个，3★专业 24 个。

在中国普通高校研究生教育竞争力排行榜中的名次：总排名 84/596，湖南省内排名 4/19，师范类排名 8/77。

共 36 个一级学科(学术学位)参评，其中 5★+学科 0 个，5★学科 1 个，5★-学科 1 个，4★学科 5 个，学科优秀率为 19.44%。

一级学科排名

哲学 23/133、理论经济学 41/109、应用经济学 101/264、法学 55/209、政治学 31/80、社会学 31/88、马克思主义理论 88/377、教育学 20/143、心理学 28/104、体育学 18/107、中国语言文学 37/186、外国语言文学 6/240、新闻传播学 31/120、中国史 40/119、世界史 22/68、数学 64/276、物理学 54/203、化学 88/238、天文学 9/21、地理学 24/85、生物学 52/240、统计学 44/126、教育技术学 15/45、电子科学与技术 40/123、计算机科学与技术 183/268、化学工程与技术 71/176、软件工程 93/148、基础医学 48/111、临床医学 112/113、公共卫生与预防医学 37/78、药学 98/147、医学技术 41/43、工商管理 111/309、音乐与舞蹈学 9/86、美术学 17/114、设计学 102/175。

本科优势专业排名

5★+专业：英语 10/925、俄语 2/161、网络与新媒体 4/338、旅游管理 8/428。

5★专业：学前教育 16/420、社会体育指导与管理 12/239、汉语言文学 14/619、法语 7/143、日语 21/449、人文地理与城乡规划 5/110、生物技术 12/285、音乐表演 6/234、音乐学 18/388。

5★-专业：经济学 23/356、法学 32/580、知识产权 8/94、思想政治教育 20/304、教育学 9/85、小学教育 26/311、体育教育 19/341、汉语国际教育 25/328、新闻学 24/308、广告学 21/256、数学与应用数学 36/519、地理科学 13/171、生物科学 26/283、统计学 21/211、电子信息工程 55/642、电子信息科学与技术 14/167、数据科学与大数据技术 51/711、酒店管理 18/184、舞蹈学 11/201、美术学 18/333。

4★专业：政治学与行政学 16/84、教育技术学 21/130、特殊教育 10/59、武术与民族传统体育 6/45、朝鲜语 12/92、葡萄牙语 6/33、翻译 30/269、编辑出版学 4/32、历史学 28/246、信息与计算科学 35/308、物理学 33/283、化学 46/310、地理信息科学 22/171、心理学 11/73、应用心理学 28/257、人工智能 69/479、软件工程 86/611。

10530 湘潭大学

在中国本科院校竞争力排行榜中的名次 105，

湖南省内排名 5/52，综合类排名 35/268。

共 76 个专业参评，其中 5★+专业 0 个，5★专业 3 个，5★-专业 12 个，4★专业 24 个，3★专业 31 个。

在中国普通高校研究生教育竞争力排行榜中的名次：总排名 127/596，湖南省内排名 7/19，综合类排名 37/93。

共 32 个一级学科(学术学位)参评，其中 5★+学科 0 个，5★学科 1 个，5★-学科 1 个，4★学科 2 个，学科优秀率为 12.5%。

一级学科排名

哲学 47/133、理论经济学 35/109、应用经济学 129/264、法学 38/209、政治学 44/80、马克思主义理论 38/377、中国语言文学 69/186、外国语言文学 113/240、新闻传播学 90/120、中国史 65/119、世界史 56/68、数学 13/276、物理学 71/203、化学 69/238、统计学 31/126、力学 48/97、机械工程 135/224、材料科学与工程 64/227、动力工程及工程热物理 91/104、电气工程 98/112、电子科学与技术 101/123、信息与通信工程 155/186、控制科学与工程 152/189、计算机科学与技术 108/268、土木工程 140/164、化学工程与技术 54/176、环境科学与工程 69/196、食品科学与工程 100/105、管理科学与工程 175/209、工商管理 114/309、公共管理 37/214、信息资源管理 12/50。

本科优势专业排名

5★专业：法学 27/580、知识产权 3/94、旅游管理 15/428。

5★-专业：经济学 32/356、国际经济与贸易 57/665、英语 78/925、广告学 25/256、数学与应用数学 38/519、信息与计算科学 22/308、电子信息工程 51/642、计算机科学与技术 73/932、数据科学与大数据技术 48/711、制药工程 16/257、环保设备工程 2/15、行政管理 27/292。

4★专业：中国共产党历史 2/12、思想政治教育 53/304、汉语言文学 65/619、汉语国际教育 39/328、法语 25/143、日语 87/449、物理学 50/283、化学 42/310、应用化学 71/375、统计学 36/211、机械设计制造及其自动化 81/517、材料科学与工程 43/237、新能源材料与器件 18/131、通信工程 62/494、人工智能 92/479、软件工程 92/611。

10536　长沙理工大学

在中国本科院校竞争力排行榜中的名次118，湖南省内排名6/52，理工类排名55/364。

共77个专业参评，其中5★+专业1个，5★专业5个，5★-专业14个，4★专业22个，3★专业31个。

在中国普通高校研究生教育竞争力排行榜中的名次：总排名121/596，湖南省内排名5/19，理工类排名55/182。

共29个一级学科(学术学位)参评，其中5★+学科0个，5★学科0个，5★-学科0个，4★学科1个，学科优秀率为3.45%。

一级学科排名

哲学70/133、应用经济学122/264、马克思主义理论165/377、中国语言文学130/186、外国语言文学193/240、数学71/276、物理学169/203、化学150/238、统计学53/126、力学87/97、机械工程156/224、材料科学与工程156/227、动力工程及工程热物理70/104、电气工程36/112、电子科学与技术52/123、信息与通信工程130/186、控制科学与工程96/189、计算机科学与技术123/268、建筑学48/84、土木工程41/164、水利工程24/64、测绘科学与技术38/53、化学工程与技术123/176、交通运输工程12/66、食品科学与工程41/105、软件工程63/148、管理科学与工程177/209、工商管理71/309、设计学153/175。

本科优势专业排名

5★+专业：数字媒体艺术2/350。

5★专业：应用统计学9/187、电气工程及其自动化16/573、土木工程14/529、工程管理14/393、会计学27/659。

5★-专业：数字经济10/129、金融学37/389、国际经济与贸易50/665、汽车服务工程7/117、电子信息工程35/642、电子信息科学与技术16/167、人工智能45/479、计算机科学与技术86/932、道路桥梁与渡河工程5/81、交通工程6/106、市场营销44/579、财务管理58/686、视觉传达设计38/722、环境设计50/721。

4★专业：英语116/925、翻译44/269、数学与应用数学84/519、应用化学70/375、机械设计制造及其自动化83/517、车辆工程49/256、新能源科学与工程18/144、通信工程96/494、轨道交通信号与控制9/51、软件工程71/611、网络工程42/282。

10537　湖南农业大学

在中国本科院校竞争力排行榜中的名次177，湖南省内排名7/52，农林类排名13/47。

共73个专业参评，其中5★+专业0个，5★专业1个，5★-专业4个，4★专业10个，3★专业39个。

在中国普通高校研究生教育竞争力排行榜中的名次：总排名124/596，湖南省内排名6/19，农林类排名11/38。

共23个一级学科(学术学位)参评，其中5★+学科0个，5★学科0个，5★-学科0个，4★学科4个，学科优秀率为17.39%。

一级学科排名

马克思主义理论229/377、教育学65/143、外国语言文学181/240、化学188/238、生物学55/240、生态学35/111、计算机科学与技术240/268、农业工程16/43、环境科学与工程86/196、食品科学与工程50/105、风景园林学35/56、作物学9/50、园艺学9/44、农业资源与环境10/40、植物保护12/44、畜牧学12/55、兽医学11/44、水产24/33、草学23/25、公共卫生与预防医学53/78、工商管理218/309、农林经济管理10/51、公共管理40/214。

本科优势专业排名

5★专业：茶学2/30。

5★-专业：社会体育指导与管理18/239、园艺11/113、种子科学与工程4/43、市场营销40/579。

4★专业：生物科学56/283。

10534　湖南科技大学

在中国本科院校竞争力排行榜中的名次202，湖南省内排名8/52，理工类排名82/364。

共82个专业参评，其中5★+专业0个，5★专业0个，5★-专业3个，4★专业18个，3★专业49个。

在中国普通高校研究生教育竞争力排行榜中的名次：总排名 194/596，湖南省内排名 9/19，理工类排名 74/182。

共 30 个一级学科（学术学位）参评，其中 5★+ 学科 0 个，5★学科 0 个，5★-学科 0 个，4★学科 1 个，学科优秀率为 3.33%。

一级学科排名

哲学 112/133、应用经济学 62/264、马克思主义理论 45/377、教育学 100/143、心理学 91/104、体育学 92/107、中国语言文学 157/186、外国语言文学 163/240、中国史 116/119、数学 197/276、物理学 129/203、化学 120/238、生物学 237/240、机械工程 85/224、仪器科学与技术 50/68、材料科学与工程 147/227、控制科学与工程 144/189、计算机科学与技术 202/268、建筑学 53/84、土木工程 61/164、测绘科学与技术 35/53、化学工程与技术 132/176、地质资源与地质工程 41/46、矿业工程 16/31、软件工程 43/148、安全科学与工程 24/61、工商管理 131/309、音乐与舞蹈学 73/86、美术学 89/114、设计学 147/175。

本科优势专业排名

5★-专业：机械设计制造及其自动化 34/517、安全工程 11/151、产品设计 39/402。

4★专业：金融工程 32/255、国际经济与贸易 101/665、思想政治教育 34/304、体育教育 43/341、英语 99/925、信息与计算科学 53/308、材料成型及控制工程 29/221、机械电子工程 45/302、车辆工程 40/256、智能制造工程 33/296、电气工程及其自动化 95/573、电子信息科学与技术 30/167、计算机科学与技术 129/932。

10555　南华大学

在中国本科院校竞争力排行榜中的名次 204，湖南省内排名 9/52，综合类排名 51/268。

共 64 个专业参评，其中 5★+专业 0 个，5★专业 0 个，5★-专业 5 个，4★专业 8 个，3★专业 37 个。

在中国普通高校研究生教育竞争力排行榜中的名次：总排名 189/596，湖南省内排名 8/19，综合类排名 48/93。

共 26 个一级学科（学术学位）参评，其中 5★+

学科 0 个，5★学科 0 个，5★-学科 0 个，4★学科 1 个，学科优秀率为 3.85%。

一级学科排名

哲学 107/133、应用经济学 192/264、马克思主义理论 238/377、外国语言文学 230/240、数学 255/276、化学 106/238、生物学 181/240、机械工程 175/224、电子科学与技术 96/123、土木工程 96/164、地质资源与地质工程 39/46、矿业工程 20/31、核科学与技术 4/21、环境科学与工程 195/196、城乡规划学 31/74、软件工程 88/148、安全科学与工程 16/61、基础医学 37/111、临床医学 55/113、公共卫生与预防医学 61/78、药学 103/147、特种医学 13/17、护理学 51/74、工商管理 228/309、公共管理 142/214、设计学 152/175。

本科优势专业排名

5★-专业：软件工程 41/611、核工程与核技术 3/31、安全工程 10/151、卫生检验与检疫 4/56、数字媒体艺术 29/350。

4★专业：国际经济与贸易 122/665、英语 108/925、机械设计制造及其自动化 82/517、电子信息工程 127/642。

10538　中南林业科技大学

在中国本科院校竞争力排行榜中的名次 229，湖南省内排名 10/52，农林类排名 18/47。

共 74 个专业参评，其中 5★+专业 1 个，5★专业 2 个，5★-专业 5 个，4★专业 7 个，3★专业 38 个。

在中国普通高校研究生教育竞争力排行榜中的名次：总排名 232/596，湖南省内排名 10/19，农林类排名 24/38。

共 20 个一级学科（学术学位）参评，其中 5★+ 学科 0 个，5★学科 0 个，5★-学科 0 个，4★学科 1 个，学科优秀率为 5%。

一级学科排名

应用经济学 180/264、法学 158/209、马克思主义理论 334/377、外国语言文学 228/240、生物学 115/240、生态学 36/111、机械工程 136/224、材料科学与工程 184/227、信息与通信工程 136/

186、土木工程 119/164、化学工程与技术 138/176、林业工程 8/12、环境科学与工程 114/196、食品科学与工程 27/105、风景园林学 20/56、软件工程 112/148、林学 6/35、管理科学与工程 169/209、工商管理 187/309、设计学 130/175。

本科优势专业排名

5★+专业:环境设计 10/721。

5★专业:物流管理 21/432、旅游管理 14/428。

5★-专业:生态学 9/85、食品科学与工程 23/283、风景园林 13/187、园林 12/129、物流工程 10/103。

4★专业:国际经济与贸易 119/665、工业设计 39/216。

11535 湖南工业大学

在中国本科院校竞争力排行榜中的名次 303,湖南省内排名 11/52,理工类排名 119/364。

共 71 个专业参评,其中 5★+专业 0 个,5★专业 3 个,5★-专业 4 个,4★专业 8 个,3★专业 44 个。

在中国普通高校研究生教育竞争力排行榜中的名次:总排名 290/596,湖南省内排名 12/19,理工类排名 108/182。

共 18 个一级学科(学术学位)参评,其中 5★+学科 0 个,5★学科 0 个,5★-学科 0 个,4★学科 1 个,学科优秀率为 5.56%。

一级学科排名

法学 106/209、马克思主义理论 240/377、体育学 75/107、外国语言文学 211/240、数学 152/276、机械工程 161/224、材料科学与工程 111/227、冶金工程 25/26、电气工程 67/112、控制科学与工程 161/189、土木工程 127/164、生物医学工程 62/80、城乡规划学 63/74、管理科学与工程 170/209、工商管理 120/309、音乐与舞蹈学 83/86、戏剧与影视学 39/62、设计学 21/175。

本科优势专业排名

5★专业:视觉传达设计 25/722、产品设计 19/402、数字媒体艺术 10/350。

5★-专业:社会体育指导与管理 17/239、翻译 25/269、智能建造 9/101、市场营销 38/579。

4★专业:体育教育 47/341、电气工程及其自动化 78/573、自动化 72/445、机器人工程 47/333、计算机科学与技术 183/932。

10531 吉首大学

在中国本科院校竞争力排行榜中的名次 344,湖南省内排名 12/52,综合类排名 62/268。

共 61 个专业参评,其中 5★+专业 0 个,5★专业 0 个,5★-专业 3 个,4★专业 4 个,3★专业 22 个。

在中国普通高校研究生教育竞争力排行榜中的名次:总排名 354/596,湖南省内排名 13/19,综合类排名 64/93。

共 16 个一级学科(学术学位)参评。

一级学科排名

应用经济学 209/264、民族学 20/38、马克思主义理论 236/377、体育学 26/107、中国语言文学 147/186、新闻传播学 114/120、中国史 83/119、数学 226/276、物理学 152/203、化学 200/238、生物学 229/240、生态学 77/111、统计学 101/126、信息与通信工程 179/186、基础医学 110/111、工商管理 170/309。

本科优势专业排名

5★-专业:体育教育 21/341、武术与民族传统体育 5/45、旅游管理 42/428。

4★专业:汉语言文学 119/619、网络与新媒体 52/338、软件工程 121/611。

10554 湖南工商大学

在中国本科院校竞争力排行榜中的名次 349,湖南省内排名 13/52,财经类排名 23/109。

共 61 个专业参评,其中 5★+专业 1 个,5★专业 1 个,5★-专业 7 个,4★专业 11 个,3★专业 21 个。

在中国普通高校研究生教育竞争力排行榜中的名次:总排名 388/596,湖南省内排名 14/19,财经类排名 22/39。

共 10 个一级学科(学术学位)参评。

一级学科排名

理论经济学 53/109、应用经济学 100/264、法学 126/209、马克思主义理论 273/377、中国语言文学 167/186、信息与通信工程 78/186、软件工程 100/148、管理科学与工程 101/209、工商管理 89/309、设计学 86/175。

本科优势专业排名

5★+专业：跨境电子商务 2/89。

5★专业：大数据管理与应用 6/210。

5★-专业：工程管理 36/393、会计学 61/659、审计学 20/198、物流管理 24/432、酒店管理 12/184、视觉传达设计 43/722、环境设计 72/721。

4★专业：经济学 64/356、数字经济 23/129、金融学 54/389、保险学 14/95、人工智能 50/479、软件工程 99/611。

10541　湖南中医药大学

在中国本科院校竞争力排行榜中的名次 373，湖南省内排名 14/52，医药类排名 36/108。

共 30 个专业参评，其中 5★+专业 0 个，5★专业 2 个，5★-专业 0 个，4★专业 2 个，3★专业 17 个。

在中国普通高校研究生教育竞争力排行榜中的名次：总排名 277/596，湖南省内排名 11/19，医药类排名 34/76。

共 9 个一级学科(学术学位)参评，其中 5★+学科 0 个，5★学科 0 个，5★-学科 0 个，4★学科 1 个，学科优秀率为 11.11%。

一级学科排名

马克思主义理论 278/377、基础医学 106/111、临床医学 69/113、口腔医学 46/47、中医学 8/40、中西医结合 25/62、药学 46/147、中药学 20/51、护理学 69/74。

本科优势专业排名

5★专业：针灸推拿学 2/51、中西医临床医学 2/51。

10543　湖南理工学院

在中国本科院校竞争力排行榜中的名次 408，湖南省内排名 15/52，理工类排名 150/364。

共 53 个专业参评，其中 5★+专业 0 个，5★专业 0 个，5★-专业 2 个，4★专业 5 个，3★专业 19 个。

在中国普通高校研究生教育竞争力排行榜中的名次：总排名 458/596，湖南省内排名 15/19，理工类排名 160/182。

共 9 个一级学科(学术学位)参评。

一级学科排名

应用经济学 225/264、中国语言文学 122/186、新闻传播学 64/120、数学 203/276、化学 206/238、机械工程 206/224、信息与通信工程 110/186、化学工程与技术 152/176、设计学 111/175。

本科优势专业排名

5★-专业：人力资源管理 28/416、视觉传达设计 46/722。

4★专业：汉语言文学 111/619、英语 182/925、广告学 28/256、网络与新媒体 35/338。

11342　湖南工程学院

在中国本科院校竞争力排行榜中的名次 447，湖南省内排名 16/52，理工类排名 156/364。

共 53 个专业参评，其中 5★+专业 0 个，5★专业 0 个，5★-专业 1 个，4★专业 3 个，3★专业 15 个。

在中国普通高校研究生教育竞争力排行榜中的名次：总排名 506/596，湖南省内排名 16/19，理工类排名 167/182。

本科优势专业排名

5★-专业：环境设计 63/721。

4★专业：商务英语 56/360、电气工程及其自动化 79/573。

11077　长沙学院

在中国本科院校竞争力排行榜中的名次 487，

407

湖南省内排名 17/52，综合类排名 80/268。

共 48 个专业参评，其中 5★+专业 0 个，5★专业 0 个，5★-专业 0 个，4★专业 2 个，3★专业 22 个。

12034　湖南第一师范学院

在中国本科院校竞争力排行榜中的名次 539，湖南省内排名 18/52，师范类排名 60/175。

共 36 个专业参评，其中 5★+专业 0 个，5★专业 1 个，5★-专业 0 个，4★专业 4 个，3★专业 17 个。

本科优势专业排名

5★专业：小学教育 11/311。

4★专业：思想政治教育 60/304、智能制造工程 55/296、人工智能 58/479。

10546　衡阳师范学院

在中国本科院校竞争力排行榜中的名次 540，湖南省内排名 19/52，师范类排名 61/175。

共 48 个专业参评，其中 5★+专业 0 个，5★专业 0 个，5★-专业 0 个，4★专业 2 个，3★专业 16 个。

在中国普通高校研究生教育竞争力排行榜中的名次：总排名 512/596，湖南省内排名 17/19，师范类排名 60/77。

共 5 个一级学科(学术学位)参评。

一级学科排名

马克思主义理论 324/377、教育学 138/143、地理学 39/85、城乡规划学 65/74、网络空间安全 63/77。

本科优势专业排名

4★专业：英语 171/925。

11527　湖南城市学院

在中国本科院校竞争力排行榜中的名次 553，湖南省内排名 20/52，理工类排名 184/364。

共 54 个专业参评，其中 5★+专业 0 个，5★

专业 0 个，5★-专业 0 个，4★专业 5 个，3★专业 16 个。

本科优势专业排名

4★专业：网络与新媒体 45/338、电子信息工程 108/642。

10553　湖南人文科技学院

在中国本科院校竞争力排行榜中的名次 556，湖南省内排名 21/52，师范类排名 66/175。

共 48 个专业参评，其中 5★+专业 0 个，5★专业 0 个，5★-专业 2 个，4★专业 2 个，3★专业 20 个。

在中国普通高校研究生教育竞争力排行榜中的名次：总排名 579/596，湖南省内排名 19/19，师范类排名 74/77。

本科优势专业排名

5★-专业：网络工程 18/282、电子商务 26/457。

4★专业：金融工程 51/255。

11528　湖南工学院

在中国本科院校竞争力排行榜中的名次 587，湖南省内排名 22/52，理工类排名 192/364。

共 46 个专业参评，其中 5★+专业 0 个，5★专业 0 个，5★-专业 0 个，4★专业 0 个，3★专业 17 个。

10545　湘南学院

在中国本科院校竞争力排行榜中的名次 589，湖南省内排名 23/52，综合类排名 96/268。

共 45 个专业参评，其中 5★+专业 0 个，5★专业 0 个，5★-专业 1 个，4★专业 1 个，3★专业 15 个。

本科优势专业排名

5★-专业：环境设计 66/721。

10549　湖南文理学院

在中国本科院校竞争力排行榜中的名次 591，湖南省内排名 24/52，师范类排名 78/175。

共 60 个专业参评，其中 5★+专业 0 个，5★专业 0 个，5★–专业 0 个，4★专业 2 个，3★专业 14 个。

10547　邵阳学院

在中国本科院校竞争力排行榜中的名次 598，湖南省内排名 25/52，综合类排名 100/268。

共 52 个专业参评，其中 5★+专业 0 个，5★专业 0 个，5★–专业 0 个，4★专业 2 个，3★专业 20 个。

在中国普通高校研究生教育竞争力排行榜中的名次：总排名 539/596，湖南省内排名 18/19，综合类排名 85/93。

10551　湖南科技学院

在中国本科院校竞争力排行榜中的名次 617，湖南省内排名 26/52，综合类排名 103/268。

共 50 个专业参评，其中 5★+专业 0 个，5★专业 0 个，5★–专业 0 个，4★专业 1 个，3★专业 16 个。

本科优势专业排名

4★专业：英语 140/925。

13806　长沙师范学院

在中国本科院校竞争力排行榜中的名次 622，湖南省内排名 27/52，师范类排名 85/175。

共 29 个专业参评，其中 5★+专业 0 个，5★专业 0 个，5★–专业 1 个，4★专业 4 个，3★专业 11 个。

本科优势专业排名

5★–专业：学前教育 25/420。

4★专业：小学教育 58/311、体育教育 62/341。

10548　怀化学院

在中国本科院校竞争力排行榜中的名次 639，湖南省内排名 28/52，综合类排名 109/268。

共 49 个专业参评，其中 5★+专业 0 个，5★专业 0 个，5★–专业 0 个，4★专业 2 个，3★专业 13 个。

本科优势专业排名

4★专业：通信工程 94/494。

11532　湖南财政经济学院

在中国本科院校竞争力排行榜中的名次 641，湖南省内排名 29/52，财经类排名 42/109。

共 47 个专业参评，其中 5★+专业 0 个，5★专业 0 个，5★–专业 1 个，4★专业 3 个，3★专业 20 个。

本科优势专业排名

5★–专业：财务管理 47/686。

4★专业：金融科技 11/95、国际经济与贸易 82/665。

11538　湖南女子学院

在中国本科院校竞争力排行榜中的名次 726，湖南省内排名 30/52，文法类排名 35/68。

共 30 个专业参评，其中 5★+专业 0 个，5★专业 0 个，5★–专业 0 个，4★专业 3 个，3★专业 11 个。

本科优势专业排名

4★专业：家政学 2/12。

11534　湖南警察学院

在中国本科院校竞争力排行榜中的名次 727，湖南省内排名 31/52，文法类排名 36/68。

共 14 个专业参评，其中 5★+专业 0 个，5★专业 1 个，5★–专业 0 个，4★专业 1 个，3★专业 6 个。

本科优势专业排名

5★专业：交通管理工程 1/20。

13836 湖南信息学院

在中国本科院校竞争力排行榜中的名次 816，湖南省内排名 34/52，理工类排名 239/364。

共 24 个专业参评，其中 5★+专业 1 个，5★专业 0 个，5★-专业 0 个，4★专业 3 个，3★专业 12 个。

本科优势专业排名

5★+专业：区块链工程 1/27。

12214 湖南医药学院

在中国本科院校竞争力排行榜中的名次 921，湖南省内排名 36/52，医药类排名 85/108。

共 19 个专业参评，其中 5★+专业 0 个，5★专业 0 个，5★-专业 0 个，4★专业 0 个，3★专业 11 个。

民 办 院 校

12303 湖南涉外经济学院

在中国民办院校竞争力排行榜中的名次 56，湖南省内排名 32/52，财经类排名 53/109。

共 42 个专业参评，其中 5★+专业 0 个，5★专业 0 个，5★-专业 0 个，4★专业 3 个，3★专业 19 个。

本科优势专业排名

4★专业：社会体育指导与管理 42/239、商务英语 47/360。

10823 长沙医学院

在中国民办院校竞争力排行榜中的名次 60，湖南省内排名 33/52，医药类排名 77/108。

共 31 个专业参评，其中 5★+专业 0 个，5★专业 0 个，5★-专业 0 个，4★专业 0 个，3★专业 9 个。

13809 湖南应用技术学院

在中国民办院校竞争力排行榜中的名次 106，湖南省内排名 35/52，综合类排名 184/268。

共 23 个专业参评，其中 5★+专业 0 个，5★专业 0 个，5★-专业 0 个，4★专业 1 个，3★专业 10 个。

12651 湘潭理工学院

在中国民办院校竞争力排行榜中的名次 149，湖南省内排名 37/52，财经类排名 72/109。

共 34 个专业参评，其中 5★+专业 0 个，5★专业 0 个，5★-专业 0 个，4★专业 0 个，3★专业 5 个。

13924 湖南交通工程学院

在中国民办院校竞争力排行榜中的名次 186，湖南省内排名 44/52，综合类排名 238/268。

共 28 个专业参评，其中 5★+专业 0 个，5★专业 0 个，5★-专业 0 个，4★专业 0 个，3★专业 1 个。

辽 宁 省

一 流 大 学

10141　大连理工大学

在中国本科院校竞争力排行榜中的名次 31，辽宁省内排名 1/60，理工类排名 16/364。

共 75 个专业参评，其中 5★+专业 11 个，5★专业 19 个，5★-专业 13 个，4★专业 16 个，3★专业 13 个。

在中国普通高校研究生教育竞争力排行榜中的名次：总排名 28/596，辽宁省内排名 1/37，理工类排名 14/182。

共 41 个一级学科(学术学位)参评，其中 5★+学科 1 个，5★学科 5 个，5★-学科 7 个，4★学科 7 个，学科优秀率为 48.78%。

一级学科排名

哲学 29/133、应用经济学 88/264、法学 160/209、马克思主义理论 18/377、教育学 104/143、体育学 63/107、中国语言文学 161/186、外国语言文学 80/240、数学 17/276、物理学 20/203、化学 25/238、生物学 125/240、力学 3/97、机械工程 5/224、光学工程 30/94、仪器科学与技术 15/68、材料科学与工程 35/227、动力工程及工程热物理 9/104、电气工程 17/112、电子科学与技术 44/123、信息与通信工程 24/186、控制科学与工程 14/189、计算机科学与技术 36/268、建筑学 18/84、土木工程 10/164、水利工程 4/64、化学工程与技术 3/176、交通运输工程 29/66、船舶与海洋工程 6/27、航空宇航科学与技术 23/32、环境科学与工程 24/196、生物医学工程 29/80、城乡规划学 10/74、软件工程 7/148、生物工程 6/26、安全科学与工程 13/61、管理科学与工程 9/209、工商管理 17/309、公共管理 59/214、美术学 32/114、设计学 37/175。

本科优势专业排名

5★+专业：应用物理学 3/155、应用化学 3/375、机械设计制造及其自动化 5/517、材料成型

及控制工程 4/221、过程装备与控制工程 2/92、电子信息工程 8/642、软件工程 3/611、土木工程 10/529、化学工程与工艺 2/329、信息管理与信息系统 4/335、工程管理 3/393。

5★专业：数学与应用数学 17/519、信息与计算科学 13/308、工程力学 4/82、集成电路设计与集成系统 4/88、人工智能 16/479、计算机科学与技术 27/932、网络工程 11/282、建筑环境与能源应用工程 6/166、水利水电工程 3/83、制药工程 8/257、资源循环科学与工程 2/32、环境工程 9/352、环境生态工程 4/71、建筑学 11/291、生物工程 6/242、大数据管理与应用 8/210、工商管理 13/538、公共事业管理 9/246、环境设计 27/721。

5★-专业：运动康复 8/84、商务英语 26/360、车辆工程 20/256、金属材料工程 8/77、高分子材料与工程 15/185、能源与动力工程 15/188、电气工程及其自动化 32/573、自动化 31/445、数字媒体技术 13/234、港口航道与海岸工程 3/32、能源化学工程 6/64、环境科学 12/176、城乡规划 12/207。

4★专业：金融学 69/389、国际经济与贸易 133/665、知识产权 14/94、英语 110/925、日语 74/449、广播电视学 20/146、工业设计 29/216、智能制造工程 44/296、测控技术与仪器 26/190、功能材料 6/52、电子科学与技术 31/154、光电信息科学与工程 39/218。

10145　东北大学

在中国本科院校竞争力排行榜中的名次 44，辽宁省内排名 2/60，理工类排名 22/364。

共 69 个专业参评，其中 5★+专业 4 个，5★专业 12 个，5★-专业 7 个，4★专业 23 个，3★专业 20 个。

在中国普通高校研究生教育竞争力排行榜中的名次：总排名 36/596，辽宁省内排名 2/37，理工类排名 19/182。

共 37 个一级学科(学术学位)参评，其中 5★+学科 0 个，5★学科 1 个，5★-学科 6 个，4★学科 8 个，学科优秀率为 40.54%。

一级学科排名

哲学 30/133、应用经济学 35/264、法学 113/209、民族学 28/38、马克思主义理论 37/377、体育学 46/107、外国语言文学 65/240、数学 115/

276、物理学 47/203、化学 38/238、生物学 154/240、力学 25/97、机械工程 18/224、材料科学与工程 33/227、冶金工程 3/26、动力工程及工程热物理 11/104、电气工程 19/112、电子科学与技术 61/123、信息与通信工程 38/186、控制科学与工程 6/189、计算机科学与技术 15/268、建筑学 41/84、土木工程 33/164、测绘科学与技术 21/53、化学工程与技术 84/176、地质资源与地质工程 12/46、矿业工程 8/31、环境科学与工程 85/196、生物医学工程 22/80、软件工程 9/148、安全科学与工程 15/61、管理科学与工程 43/209、工商管理 33/309、公共管理 15/214、艺术学理论 10/73、音乐与舞蹈学 71/86、设计学 107/175。

本科优势专业排名

5★+专业：机器人工程 3/333、计算机科学与技术 16/932、软件工程 6/611、公共事业管理 4/246。

5★专业：机械工程 5/122、材料成型及控制工程 6/221、智能制造工程 10/296、冶金工程 2/40、电子信息工程 27/642、人工智能 17/479、自动化 10/445、物联网工程 23/492、数字媒体技术 10/234、矿物加工工程 2/35、行政管理 7/292、工业工程 6/142。

5★-专业：应用物理学 16/155、应用化学 21/375、过程装备与控制工程 6/92、车辆工程 23/256、土木工程 45/529、工商管理 31/538、市场营销 52/579。

4★专业：国际经济与贸易 99/665、思想政治教育 51/304、社会体育指导与管理 30/239、英语 161/925、日语 56/449、信息与计算科学 32/308、工业设计 31/216、材料科学与工程 25/237、材料物理 13/73、新能源材料与器件 22/131、能源与动力工程 22/188、新能源科学与工程 23/144、电气工程及其自动化 66/573、通信工程 89/494。

一 般 大 学

10151 大连海事大学

在中国本科院校竞争力排行榜中的名次 140，辽宁省内排名 3/60，理工类排名 61/364。

共 52 个专业参评，其中 5★+专业 2 个，5★专业 4 个，5★-专业 5 个，4★专业 12 个，3★专业 18 个。

在中国普通高校研究生教育竞争力排行榜中的名次：总排名 134/596，辽宁省内排名 3/37，理工类排名 57/182。

共 23 个一级学科(学术学位)参评，其中 5★+学科 0 个，5★学科 0 个，5★-学科 1 个，4★学科 1 个，学科优秀率为 8.7%。

一级学科排名

哲学 128/133、应用经济学 198/264、法学 50/209、马克思主义理论 86/377、外国语言文学 70/240、数学 113/276、物理学 92/203、生物学 223/240、科学技术史 24/26、机械工程 122/224、材料科学与工程 161/227、电气工程 69/112、信息与通信工程 51/186、控制科学与工程 65/189、计算机科学与技术 68/268、土木工程 101/164、交通运输工程 6/66、船舶与海洋工程 5/27、环境科学与工程 70/196、软件工程 55/148、管理科学与工程 100/209、工商管理 136/309、公共管理 106/214。

本科优势专业排名

5★+专业：物流管理 1/432、物流工程 2/103。

5★专业：法学 21/580、航海技术 1/17、轮机工程 1/20、船舶电子电气工程 1/12。

5★-专业：电子信息工程 36/642、网络工程 19/282、物联网工程 36/492、交通运输 7/107、大数据管理与应用 12/210。

4★专业：国际经济与贸易 105/665、英语 97/925、日语 75/449、电气工程及其自动化 98/573、自动化 82/445。

10159 中国医科大学

在中国本科院校竞争力排行榜中的名次 148，辽宁省内排名 4/60，医药类排名 6/108。

共 24 个专业参评，其中 5★+专业 2 个，5★专业 4 个，5★-专业 6 个，4★专业 7 个，3★专业 4 个。

在中国普通高校研究生教育竞争力排行榜中的名次：总排名 140/596，辽宁省内排名 4/37，医药类排名 10/76。

共 14 个一级学科(学术学位)参评，其中 5★+学科 0 个，5★学科 0 个，5★-学科 0 个，4★学科 3 个，学科优秀率为 21.43%。

一级学科排名

哲学 131/133、心理学 90/104、生物学 68/240、生物医学工程 56/80、基础医学 21/111、临床医学 19/113、口腔医学 19/47、公共卫生与预防医学 11/78、中西医结合 56/62、药学 45/147、医学技术 43/43、护理学 26/74、公共管理 161/214、信息资源管理 40/50。

本科优势专业排名

5★+专业：临床药学 1/54、法医学 1/30。

5★专业：麻醉学 2/61、药物制剂 4/87、医学影像技术 5/103、康复治疗学 8/183。

5★-专业：医学影像学 7/79、儿科学 4/45、口腔医学 9/118、预防医学 12/125、医学检验技术 17/166、护理学 17/296。

4★专业：生物科学 40/283。

10173　东北财经大学

在中国本科院校竞争力排行榜中的名次 186，辽宁省内排名 5/60，财经类排名 8/109。

共 41 个专业参评，其中 5★+专业 7 个，5★专业 9 个，5★-专业 5 个，4★专业 10 个，3★专业 7 个。

在中国普通高校研究生教育竞争力排行榜中的名次：总排名 221/596，辽宁省内排名 8/37，财经类排名 10/39。

共 9 个一级学科（学术学位）参评，其中 5★+学科 0 个，5★学科 1 个，5★-学科 1 个，4★学科 2 个，学科优秀率为 44.44%。

一级学科排名

理论经济学 28/109、应用经济学 20/264、法学 101/209、马克思主义理论 111/377、外国语言文学 140/240、新闻传播学 94/120、管理科学与工程 42/209、工商管理 9/309、公共管理 39/214。

本科优势专业排名

5★+专业：房地产开发与管理 1/40、工商管理 3/538、市场营销 12/579、会计学 1/659、财务管理 1/686、人力资源管理 2/416、资产评估 1/68。

5★专业：经济学 18/356、经济统计学 7/138、金融学 18/389、金融工程 6/255、应用统计学 8/187、工程管理 17/393、劳动与社会保障 5/125、物流管理 10/432、电子商务 15/457。

5★-专业：税收学 7/90、投资学 9/124、国际经济与贸易 34/665、大数据管理与应用 13/210、公共事业管理 16/246。

4★专业：数字经济 15/129、财政学 12/84、保险学 18/95、金融数学 9/71、金融科技 15/95、法学 61/580、商务英语 57/360。

10140　辽宁大学

在中国本科院校竞争力排行榜中的名次 219，辽宁省内排名 6/60，综合类排名 52/268。

共 61 个专业参评，其中 5★+专业 1 个，5★专业 3 个，5★-专业 6 个，4★专业 11 个，3★专业 26 个。

在中国普通高校研究生教育竞争力排行榜中的名次：总排名 190/596，辽宁省内排名 5/37，综合类排名 49/93。

共 31 个一级学科（学术学位）参评，其中 5★+学科 0 个，5★学科 1 个，5★-学科 0 个，4★学科 6 个，学科优秀率为 22.58%。

一级学科排名

哲学 44/133、理论经济学 22/109、应用经济学 10/264、法学 34/209、政治学 39/80、社会学 62/88、马克思主义理论 66/377、中国语言文学 53/186、外国语言文学 75/240、新闻传播学 60/120、考古学 33/40、中国史 52/119、世界史 40/68、数学 237/276、物理学 91/203、化学 89/238、生物学 206/240、生态学 111/111、统计学 25/126、仪器科学与技术 64/68、电子科学与技术 119/123、计算机科学与技术 162/268、化学工程与技术 163/176、环境科学与工程 39/196、软件工程 135/148、药学 138/147、管理科学与工程 154/209、工商管理 57/309、公共管理 51/214、信息资源管理 46/50、戏剧与影视学 51/62。

本科优势专业排名

5★+专业：国际经济与贸易 12/665。

5★专业：工商管理 26/538、市场营销 20/579、人力资源管理 14/416。

5★-专业：经济学 19/356、法学 34/580、汉语言文学 58/619、应用化学 26/375、国际商务 9/126、表演 15/146。

4★专业：经济统计学 24/138、财政学 15/84、汉语国际教育 50/328、英语 149/925、日语 82/449、翻译 34/269、商务英语 49/360。

10147　辽宁工程技术大学

在中国本科院校竞争力排行榜中的名次 241，辽宁省内排名 7/60，理工类排名 99/364。

共 64 个专业参评，其中 5★+专业 0 个，5★专业 3 个，5★-专业 3 个，4★专业 8 个，3★专业 31 个。

在中国普通高校研究生教育竞争力排行榜中的名次：总排名 225/596，辽宁省内排名 9/37，理工类排名 85/182。

共 20 个一级学科(学术学位)参评，其中 5★+学科 0 个，5★学科 0 个，5★-学科 0 个，4★学科 2 个，学科优秀率为 10%。

一级学科排名

应用经济学 247/264、数学 227/276、力学 36/97、机械工程 76/224、材料科学与工程 181/227、动力工程及工程热物理 84/104、电气工程 53/112、信息与通信工程 127/186、控制科学与工程 154/189、计算机科学与技术 222/268、土木工程 54/164、测绘科学与技术 8/53、地质资源与地质工程 42/46、矿业工程 12/31、环境科学与工程 142/196、软件工程 64/148、安全科学与工程 12/61、林学 29/35、管理科学与工程 61/209、工商管理 153/309。

本科优势专业排名

5★专业：测绘工程 6/147、安全工程 4/151、工程管理 16/393。

5★-专业：电气工程及其自动化 41/573、软件工程 50/611、土木工程 44/529。

4★专业：机械设计制造及其自动化 63/517、机械电子工程 50/302、智能电网信息工程 8/38、电气工程与智能控制 7/39、网络工程 36/282。

10142　沈阳工业大学

在中国本科院校竞争力排行榜中的名次 243，

辽宁省内排名 8/60，理工类排名 100/364。

共 58 个专业参评，其中 5★+专业 0 个，5★专业 2 个，5★-专业 5 个，4★专业 7 个，3★专业 31 个。

在中国普通高校研究生教育竞争力排行榜中的名次：总排名 259/596，辽宁省内排名 12/37，理工类排名 98/182。

共 20 个一级学科(学术学位)参评，其中 5★+学科 0 个，5★学科 0 个，5★-学科 0 个，4★学科 1 个，学科优秀率为 5%。

一级学科排名

应用经济学 208/264、法学 107/209、马克思主义理论 190/377、数学 194/276、物理学 174/203、机械工程 47/224、仪器科学与技术 20/68、材料科学与工程 67/227、动力工程及工程热物理 82/104、电气工程 22/112、电子科学与技术 116/123、信息与通信工程 168/186、控制科学与工程 101/189、计算机科学与技术 225/268、土木工程 147/164、化学工程与技术 144/176、环境科学与工程 178/196、生物医学工程 63/80、管理科学与工程 70/209、工商管理 247/309。

本科优势专业排名

5★专业：机械设计制造及其自动化 24/517、电气工程及其自动化 22/573。

5★-专业：互联网金融 5/56、材料成型及控制工程 15/221、焊接技术与工程 4/44、电气工程与智能控制 3/39、电子信息工程 57/642。

4★专业：国际经济与贸易 68/665、车辆工程 47/256、测控技术与仪器 30/190、功能材料 8/52。

10157　沈阳农业大学

在中国本科院校竞争力排行榜中的名次 253，辽宁省内排名 9/60，农林类排名 22/47。

共 42 个专业参评，其中 5★+专业 0 个，5★专业 1 个，5★-专业 3 个，4★专业 4 个，3★专业 19 个。

在中国普通高校研究生教育竞争力排行榜中的名次：总排名 196/596，辽宁省内排名 6/37，农林类排名 20/38。

共 19 个一级学科(学术学位)参评，其中 5★+学科 0 个，5★学科 0 个，5★-学科 2 个，4★学科

2个，学科优秀率为21.05%。

一级学科排名

马克思主义理论 325/377、大气科学 19/22、生物学 74/240、生态学 87/111、水利工程 46/64、农业工程 9/43、食品科学与工程 33/105、风景园林学 39/56、作物学 24/50、园艺学 4/44、农业资源与环境 3/40、植物保护 9/44、畜牧学 39/55、兽医学 16/44、林学 15/35、草学 25/25、工商管理 217/309、农林经济管理 12/51、公共管理 204/214。

本科优势专业排名

5★专业：园艺 6/113。

5★-专业：食品质量与安全 17/240、设施农业科学与工程 3/41、园林 13/129。

10165 辽宁师范大学

在中国本科院校竞争力排行榜中的名次 278，辽宁省内排名 10/60，师范类排名 30/175。

共57个专业参评，其中 5★+专业 0个，5★专业 0个，5★-专业 6个，4★专业 14个，3★专业 22个。

在中国普通高校研究生教育竞争力排行榜中的名次：总排名 241/596，辽宁省内排名 11/37，师范类排名 26/77。

共26个一级学科(学术学位)参评，其中 5★+学科 0个，5★学科 0个，5★-学科 2个，4★学科 1个，学科优秀率为 11.54%。

一级学科排名

应用经济学 207/264、法学 166/209、政治学 33/80、马克思主义理论 101/377、教育学 37/143、心理学 9/104、体育学 25/107、中国语言文学 58/186、外国语言文学 78/240、考古学 34/40、中国史 74/119、世界史 61/68、数学 138/276、物理学 74/203、化学 82/238、地理学 11/85、生物学 103/240、生态学 108/111、教育技术学 4/45、计算机科学与技术 119/268、工商管理 281/309、信息资源管理 44/50、音乐与舞蹈学 56/86、戏剧与影视学 43/62、美术学 81/114、设计学 133/175。

本科优势专业排名

5★-专业：体育教育 33/341、社会体育指导与管理 13/239、汉语言文学 53/619、地理科学 12/171、应用心理学 15/257、播音与主持艺术 19/232。

4★专业：法学 89/580、思想政治教育 42/304、教育学 16/85、学前教育 47/420、小学教育 53/311、汉语国际教育 44/328、英语 169/925、日语 77/449、物理学 44/283、化学 52/310、地理信息科学 20/171、心理学 14/73。

10152 大连工业大学

在中国本科院校竞争力排行榜中的名次 288，辽宁省内排名 11/60，理工类排名 114/364。

共42个专业参评，其中 5★+专业 1个，5★专业 4个，5★-专业 1个，4★专业 9个，3★专业 14个。

在中国普通高校研究生教育竞争力排行榜中的名次：总排名 306/596，辽宁省内排名 15/37，理工类排名 117/182。

共14个一级学科(学术学位)参评，其中 5★+学科 0个，5★学科 0个，5★-学科 0个，4★学科 2个，学科优秀率为 14.29%。

一级学科排名

化学 164/238、生物学 163/240、机械工程 169/224、光学工程 53/94、材料科学与工程 185/227、控制科学与工程 168/189、化学工程与技术 153/176、纺织科学与工程 9/22、轻工技术与工程 11/18、环境科学与工程 192/196、食品科学与工程 19/105、工商管理 254/309、美术学 95/114、设计学 25/175。

本科优势专业排名

5★+专业：食品质量与安全 2/240。

5★专业：食品科学与工程 10/283、视觉传达设计 20/722、环境设计 15/721、服装与服饰设计 10/212。

5★-专业：生物工程 19/242。

4★专业：机械电子工程 54/302、通信工程 91/494。

10153　沈阳建筑大学

在中国本科院校竞争力排行榜中的名次 295，辽宁省内排名 12/60，理工类排名 116/364。

共 41 个专业参评，其中 5★+专业 1 个，5★专业 1 个，5★-专业 7 个，4★专业 8 个，3★专业 8 个。

在中国普通高校研究生教育竞争力排行榜中的名次：总排名 288/596，辽宁省内排名 14/37，理工类排名 106/182。

共 16 个一级学科(学术学位)参评，其中 5★+学科 0 个，5★学科 0 个，5★-学科 0 个，4★学科 3 个，学科优秀率为 18.75%。

一级学科排名

马克思主义理论 239/377、力学 75/97、机械工程 96/224、材料科学与工程 203/227、控制科学与工程 171/189、计算机科学与技术 178/268、建筑学 16/84、土木工程 29/164、测绘科学与技术 51/53、交通运输工程 62/66、环境科学与工程 160/196、城乡规划学 13/74、风景园林学 22/56、软件工程 111/148、管理科学与工程 138/209、设计学 45/175。

本科优势专业排名

5★+专业：工程造价 3/264。

5★专业：建筑学 12/291。

5★-专业：土木工程 27/529、建筑环境与能源应用工程 10/166、建筑电气与智能化 6/66、城乡规划 11/207、风景园林 17/187、工程管理 22/393、环境设计 67/721。

4★专业：机械工程 22/122、机械设计制造及其自动化 53/517、机械电子工程 47/302、无机非金属材料工程 14/78、计算机科学与技术 163/932。

10163　沈阳药科大学

在中国本科院校竞争力排行榜中的名次 297，辽宁省内排名 13/60，医药类排名 25/108。

共 19 个专业参评，其中 5★+专业 2 个，5★专业 1 个，5★-专业 3 个，4★专业 5 个，3★专业 5 个。

在中国普通高校研究生教育竞争力排行榜中

的名次：总排名 235/596，辽宁省内排名 10/37，医药类排名 27/76。

共 7 个一级学科(学术学位)参评，其中 5★+学科 0 个，5★学科 1 个，5★-学科 0 个，4★学科 1 个，学科优秀率为 28.57%。

一级学科排名

化学 161/238、生物学 195/240、化学工程与技术 119/176、食品科学与工程 51/105、药学 5/147、中药学 9/51、工商管理 235/309。

本科优势专业排名

5★+专业：药学 2/250、药物制剂 2/87。

5★专业：临床药学 3/54。

5★-专业：制药工程 20/257、药物分析 2/19、中药学 11/121。

10166　沈阳师范大学

在中国本科院校竞争力排行榜中的名次 307，辽宁省内排名 14/60，师范类排名 34/175。

共 55 个专业参评，其中 5★+专业 0 个，5★专业 1 个，5★-专业 4 个，4★专业 14 个，3★专业 28 个。

在中国普通高校研究生教育竞争力排行榜中的名次：总排名 348/596，辽宁省内排名 19/37，师范类排名 36/77。

共 28 个一级学科(学术学位)参评。

一级学科排名

哲学 120/133、理论经济学 98/109、法学 71/209、社会学 82/88、马克思主义理论 191/377、教育学 58/143、心理学 79/104、体育学 101/107、教育 7/8、中国语言文学 87/186、外国语言文学 169/240、数学 246/276、物理学 123/203、化学 211/238、生物学 189/240、生态学 85/111、统计学 126/126、教育技术学 16/45、材料科学与工程 227/227、计算机科学与技术 264/268、化学工程与技术 175/176、食品科学与工程 95/105、工商管理 289/309、公共管理 117/214、音乐与舞蹈学 68/86、戏剧与影视学 62/62、美术学 61/114、设计学 115/175。

本科优势专业排名

5★专业：学前教育 15/420。

5★-专业：英语 77/925、应用心理学 19/257、酒店管理 16/184、表演 9/146。

4★专业：法学 74/580、社会工作 38/259、思想政治教育 61/304、体育教育 60/341、汉语言文学 97/619、汉语国际教育 62/328、网络与新媒体 54/338。

10161　大连医科大学

在中国本科院校竞争力排行榜中的名次 309，辽宁省内排名 15/60，医药类排名 26/108。

共 23 个专业参评，其中 5★+专业 0 个，5★专业 0 个，5★-专业 2 个，4★专业 3 个，3★专业 10 个。

在中国普通高校研究生教育竞争力排行榜中的名次：总排名 208/596，辽宁省内排名 7/37，医药类排名 22/76。

共 12 个一级学科(学术学位)参评。

一级学科排名

哲学 133/133、马克思主义理论 280/377、心理学 88/104、生物学 59/240、基础医学 52/111、临床医学 39/113、口腔医学 33/47、公共卫生与预防医学 47/78、中西医结合 16/62、药学 81/147、医学技术 32/43、护理学 46/74。

本科优势专业排名

5★-专业：医学检验技术 9/166、护理学 30/296。

10178　鲁迅美术学院

在中国本科院校竞争力排行榜中的名次 327，辽宁省内排名 16/60，艺术类排名 17/48。

共 22 个专业参评，其中 5★+专业 2 个，5★专业 3 个，5★-专业 3 个，4★专业 4 个，3★专业 4 个。

在中国普通高校研究生教育竞争力排行榜中的名次：总排名 558/596，辽宁省内排名 34/37，艺术类排名 23/33。

共 3 个一级学科(学术学位)参评，其中 5★+学科 0 个，5★学科 0 个，5★-学科 0 个，4★学科 1 个，学科优秀率为 33.33%。

一级学科排名

艺术学理论 55/73、美术学 31/114、设计学 28/175。

本科优势专业排名

5★+专业：视觉传达设计 10/722、环境设计 14/721。

5★专业：产品设计 9/402、服装与服饰设计 6/212、数字媒体艺术 16/350。

5★-专业：动画 21/251、绘画 14/160、工艺美术 7/92。

10143　沈阳航空航天大学

在中国本科院校竞争力排行榜中的名次 328，辽宁省内排名 17/60，理工类排名 125/364。

共 48 个专业参评，其中 5★+专业 0 个，5★专业 0 个，5★-专业 2 个，4★专业 7 个，3★专业 23 个。

在中国普通高校研究生教育竞争力排行榜中的名次：总排名 384/596，辽宁省内排名 22/37，理工类排名 141/182。

共 13 个一级学科(学术学位)参评。

一级学科排名

马克思主义理论 242/377、力学 81/97、机械工程 114/224、材料科学与工程 160/227、动力工程及工程热物理 80/104、控制科学与工程 117/189、计算机科学与技术 145/268、交通运输工程 58/66、航空宇航科学与技术 19/32、安全科学与工程 51/61、工商管理 137/309、美术学 96/114、设计学 129/175。

本科优势专业排名

5★-专业：机械电子工程 26/302、飞行器制造工程 3/39。

4★专业：机械设计制造及其自动化 64/517、工业设计 38/216、新能源科学与工程 28/144、电子信息工程 74/642、计算机科学与技术 143/932。

11258　大连大学

在中国本科院校竞争力排行榜中的名次 347，辽宁省内排名 18/60，综合类排名 63/268。

共 53 个专业参评，其中 5★+专业 0 个，5★专业 1 个，5★-专业 0 个，4★专业 4 个，3★专业 27 个。

在中国普通高校研究生教育竞争力排行榜中的名次：总排名 398/596，辽宁省内排名 24/37，综合类排名 71/93。

共 16 个一级学科(学术学位)参评。

一级学科排名

马克思主义理论 339/377、体育学 61/107、中国语言文学 179/186、外国语言文学 232/240、中国史 118/119、化学 182/238、生物学 186/240、机械工程 216/224、控制科学与工程 141/189、计算机科学与技术 146/268、土木工程 152/164、软件工程 104/148、基础医学 109/111、临床医学 103/113、护理学 62/74、工商管理 268/309。

本科优势专业排名

5★专业：日语 22/449。

4★专业：汉语言文学 98/619、机械设计制造及其自动化 102/517。

10167　渤海大学

在中国本科院校竞争力排行榜中的名次 352，辽宁省内排名 19/60，综合类排名 64/268。

共 53 个专业参评，其中 5★+专业 0 个，5★专业 0 个，5★-专业 0 个，4★专业 7 个，3★专业 28 个。

在中国普通高校研究生教育竞争力排行榜中的名次：总排名 263/596，辽宁省内排名 13/37，综合类排名 58/93。

共 19 个一级学科(学术学位)参评。

一级学科排名

哲学 121/133、政治学 72/80、马克思主义理论 189/377、教育学 88/143、中国语言文学 119/

186、外国语言文学 174/240、新闻传播学 68/120、中国史 69/119、世界史 64/68、数学 178/276、物理学 160/203、化学 167/238、材料科学与工程 216/227、控制科学与工程 82/189、化学工程与技术 170/176、食品科学与工程 47/105、软件工程 50/148、工商管理 239/309、美术学 40/114。

本科优势专业排名

4★专业：小学教育 40/311、汉语言文学 106/619、计算机科学与技术 168/932。

10148　辽宁石油化工大学

在中国本科院校竞争力排行榜中的名次 357，辽宁省内排名 20/60，理工类排名 136/364。

共 49 个专业参评，其中 5★+专业 0 个，5★专业 0 个，5★-专业 0 个，4★专业 8 个，3★专业 16 个。

在中国普通高校研究生教育竞争力排行榜中的名次：总排名 343/596，辽宁省内排名 18/37，理工类排名 131/182。

共 14 个一级学科(学术学位)参评。

一级学科排名

马克思主义理论 177/377、物理学 175/203、化学 132/238、机械工程 187/224、材料科学与工程 154/227、动力工程及工程热物理 59/104、控制科学与工程 102/189、计算机科学与技术 174/268、土木工程 112/164、化学工程与技术 102/176、石油与天然气工程 13/15、环境科学与工程 177/196、安全科学与工程 58/61、工商管理 164/309。

本科优势专业排名

4★专业：应用化学 63/375、电气工程及其自动化 110/573、自动化 75/445、计算机科学与技术 164/932。

10154　辽宁工业大学

在中国本科院校竞争力排行榜中的名次 385，辽宁省内排名 21/60，理工类排名 143/364。

共 45 个专业参评，其中 5★+专业 0 个，5★专业 0 个，5★-专业 0 个，4★专业 7 个，3★专业

22个。

在中国普通高校研究生教育竞争力排行榜中的名次：总排名335/596，辽宁省内排名17/37，理工类排名130/182。

共14个一级学科(学术学位)参评。

一级学科排名

马克思主义理论308/377、数学218/276、机械工程112/224、材料科学与工程194/227、动力工程及工程热物理74/104、电气工程99/112、信息与通信工程74/186、控制科学与工程132/189、计算机科学与技术99/268、土木工程130/164、交通运输工程47/66、环境科学与工程183/196、管理科学与工程185/209、工商管理204/309。

本科优势专业排名

4★专业：机械设计制造及其自动化99/517、机械电子工程49/302、电气工程及其自动化99/573、电子信息工程82/642。

10150　大连交通大学

在中国本科院校竞争力排行榜中的名次394，辽宁省内排名22/60，理工类排名145/364。

共42个专业参评，其中5★+专业0个，5★专业1个，5★-专业2个，4★专业4个，3★专业19个。

在中国普通高校研究生教育竞争力排行榜中的名次：总排名371/596，辽宁省内排名21/37，理工类排名135/182。

共13个一级学科(学术学位)参评。

一级学科排名

马克思主义理论154/377、数学188/276、力学70/97、机械工程46/224、材料科学与工程105/227、电气工程91/112、控制科学与工程138/189、计算机科学与技术205/268、交通运输工程34/66、环境科学与工程169/196、软件工程83/148、管理科学与工程140/209、工商管理155/309。

本科优势专业排名

5★专业：车辆工程11/256。

5★-专业：焊接技术与工程3/44、软件工程56/611。

4★专业：材料成型及控制工程44/221、电气工程及其自动化105/573。

10146　辽宁科技大学

在中国本科院校竞争力排行榜中的名次400，辽宁省内排名23/60，理工类排名146/364。

共55个专业参评，其中5★+专业0个，5★专业0个，5★-专业2个，4★专业1个，3★专业22个。

在中国普通高校研究生教育竞争力排行榜中的名次：总排名407/596，辽宁省内排名25/37，理工类排名143/182。

共12个一级学科(学术学位)参评。

一级学科排名

数学139/276、机械工程186/224、材料科学与工程170/227、冶金工程15/26、动力工程及工程热物理104/104、控制科学与工程148/189、计算机科学与技术267/268、化学工程与技术69/176、矿业工程31/31、软件工程146/148、工商管理291/309、设计学156/175。

本科优势专业排名

5★-专业：数据计算及应用2/24、网络工程15/282。

4★专业：自动化56/445。

10162　辽宁中医药大学

在中国本科院校竞争力排行榜中的名次430，辽宁省内排名24/60，医药类排名46/108。

共23个专业参评，其中5★+专业0个，5★专业1个，5★-专业1个，4★专业5个，3★专业4个。

在中国普通高校研究生教育竞争力排行榜中的名次：总排名323/596，辽宁省内排名16/37，医药类排名42/76。

共5个一级学科(学术学位)参评，其中5★+学科0个，5★学科0个，5★-学科0个，4★学科1个，学科优秀率为20%。

一级学科排名

马克思主义理论 344/377、中医学 10/40、中西医结合 10/62、药学 60/147、中药学 21/51。

本科优势专业排名

5★专业：中西医临床医学 3/51。
5★-专业：中草药栽培与鉴定 2/19。

10149　沈阳化工大学

在中国本科院校竞争力排行榜中的名次 432，辽宁省内排名 25/60，理工类排名 153/364。

共 43 个专业参评，其中 5★+专业 0 个，5★专业 0 个，5★-专业 0 个，4★专业 4 个，3★专业 16 个。

在中国普通高校研究生教育竞争力排行榜中的名次：总排名 419/596，辽宁省内排名 26/37，理工类排名 147/182。

共 12 个一级学科（学术学位）参评。

一级学科排名

应用经济学 252/264、外国语言文学 73/240、化学 151/238、机械工程 189/224、材料科学与工程 206/227、动力工程及工程热物理 103/104、信息与通信工程 183/186、控制科学与工程 170/189、计算机科学与技术 261/268、化学工程与技术 115/176、环境科学与工程 191/196、管理科学与工程 188/209。

本科优势专业排名

4★专业：过程装备与控制工程 18/92、高分子材料与工程 35/185、电气工程及其自动化 115/573。

10177　沈阳音乐学院

在中国本科院校竞争力排行榜中的名次 437，辽宁省内排名 26/60，艺术类排名 24/48。

共 15 个专业参评，其中 5★+专业 1 个，5★专业 2 个，5★-专业 2 个，4★专业 1 个，3★专业 4 个。

在中国普通高校研究生教育竞争力排行榜中的名次：总排名 569/596，辽宁省内排名 35/37，艺术类排名 28/33。

共 2 个一级学科（学术学位）参评。

一级学科排名

艺术学理论 45/73、音乐与舞蹈学 45/86。

本科优势专业排名

5★+专业：音乐表演 2/234。
5★专业：作曲与作曲技术理论 2/35、舞蹈学 10/201。
5★-专业：音乐学 34/388、舞蹈表演 10/150。

10172　大连外国语大学

在中国本科院校竞争力排行榜中的名次 443，辽宁省内排名 27/60，文法类排名 17/68。

共 38 个专业参评，其中 5★+专业 3 个，5★专业 1 个，5★-专业 4 个，4★专业 1 个，3★专业 11 个。

在中国普通高校研究生教育竞争力排行榜中的名次：总排名 471/596，辽宁省内排名 29/37，文法类排名 15/32。

共 3 个一级学科（学术学位）参评，其中 5★+学科 0 个，5★学科 0 个，5★-学科 0 个，4★学科 1 个，学科优秀率为 33.33%。

一级学科排名

马克思主义理论 320/377、中国语言文学 133/186、外国语言文学 43/240。

本科优势专业排名

5★+专业：英语 18/925、日语 5/449、翻译 5/269。
5★专业：俄语 7/161。
5★-专业：德语 9/112、法语 12/143、朝鲜语 8/92、商务英语 22/360。
4★专业：西班牙语 19/97。

12026　大连民族大学

在中国本科院校竞争力排行榜中的名次 451，

辽宁省内排名 28/60，民族类排名 10/17。

共 55 个专业参评，其中 5★+专业 0 个，5★专业 1 个，5★-专业 2 个，4★专业 1 个，3★专业 9 个。

在中国普通高校研究生教育竞争力排行榜中的名次：总排名 455/596，辽宁省内排名 28/37，民族类排名 13/13。

共 2 个一级学科(学术学位)参评。

一级学科排名

民族学 32/38、生物工程 7/26。

本科优势专业排名

5★专业：生物工程 12/242。

5★-专业：网络工程 17/282、产品设计 30/402。

4★专业：电子信息工程 104/642。

10176 沈阳体育学院

在中国本科院校竞争力排行榜中的名次 452，辽宁省内排名 29/60，体育类排名 6/16。

共 12 个专业参评，其中 5★+专业 0 个，5★专业 1 个，5★-专业 1 个，4★专业 3 个，3★专业 2 个。

在中国普通高校研究生教育竞争力排行榜中的名次：总排名 491/596，辽宁省内排名 31/37，体育类排名 6/13。

共 1 个一级学科(学术学位)参评。

一级学科排名

体育学 34/107。

本科优势专业排名

5★专业：社会体育指导与管理 9/239。

5★-专业：体育教育 31/341。

4★专业：运动训练 7/64、休闲体育 11/102。

10144 沈阳理工大学

在中国本科院校竞争力排行榜中的名次 454，辽宁省内排名 30/60，理工类排名 158/364。

共 37 个专业参评，其中 5★+专业 0 个，5★专业 0 个，5★-专业 0 个，4★专业 3 个，3★专业 15 个。

在中国普通高校研究生教育竞争力排行榜中的名次：总排名 438/596，辽宁省内排名 27/37，理工类排名 154/182。

共 14 个一级学科(学术学位)参评。

一级学科排名

应用经济学 261/264、马克思主义理论 332/377、力学 94/97、机械工程 137/224、光学工程 93/94、材料科学与工程 175/227、信息与通信工程 122/186、控制科学与工程 125/189、计算机科学与技术 185/268、化学工程与技术 140/176、兵器科学与技术 5/7、环境科学与工程 187/196、工商管理 237/309、设计学 61/175。

本科优势专业排名

4★专业：计算机科学与技术 159/932。

10158 大连海洋大学

在中国本科院校竞争力排行榜中的名次 475，辽宁省内排名 31/60，农林类排名 34/47。

共 35 个专业参评，其中 5★+专业 0 个，5★专业 0 个，5★-专业 0 个，4★专业 1 个，3★专业 18 个。

在中国普通高校研究生教育竞争力排行榜中的名次：总排名 389/596，辽宁省内排名 23/37，农林类排名 33/38。

共 10 个一级学科(学术学位)参评。

一级学科排名

法学 204/209、马克思主义理论 259/377、海洋科学 21/31、生物学 194/240、控制科学与工程 143/189、水利工程 56/64、船舶与海洋工程 26/27、农业工程 37/43、水产 14/33、工商管理 302/309。

11035 沈阳大学

在中国本科院校竞争力排行榜中的名次 484，辽宁省内排名 32/60，综合类排名 79/268。

共 58 个专业参评，其中 5★+专业 0 个，5★专业 0 个，5★-专业 0 个，4★专业 7 个，3★专业 16 个。

在中国普通高校研究生教育竞争力排行榜中的名次：总排名 473/596，辽宁省内排名 30/37，综合类排名 77/93。

共 9 个一级学科(学术学位)参评。

一级学科排名

应用经济学 164/264、生物学 235/240、材料科学与工程 225/227、控制科学与工程 176/189、建筑学 84/84、土木工程 161/164、环境科学与工程 73/196、工商管理 213/309、美术学 77/114。

本科优势专业排名

4★专业：小学教育 56/311。

10175　中国刑事警察学院

在中国本科院校竞争力排行榜中的名次 496，辽宁省内排名 33/60，文法类排名 18/68。

共 6 个专业参评，其中 5★+专业 1 个，5★专业 2 个，5★-专业 1 个，4★专业 1 个，3★专业 1 个。

在中国普通高校研究生教育竞争力排行榜中的名次：总排名 542/596，辽宁省内排名 32/37，文法类排名 22/32。

共 2 个一级学科(学术学位)参评。

一级学科排名

法学 132/209、基础医学 108/111。

本科优势专业排名

5★+专业：刑事科学技术 1/28。
5★专业：侦查学 2/31、经济犯罪侦查 1/17。
5★-专业：网络安全与执法 3/25。
4★专业：禁毒学 2/12。

10160　锦州医科大学

在中国本科院校竞争力排行榜中的名次 517，辽宁省内排名 34/60，医药类排名 58/108。

共 25 个专业参评，其中 5★+专业 0 个，5★专业 0 个，5★-专业 0 个，4★专业 1 个，3★专业 5 个。

在中国普通高校研究生教育竞争力排行榜中的名次：总排名 363/596，辽宁省内排名 20/37，医药类排名 50/76。

共 10 个一级学科(学术学位)参评。

一级学科排名

哲学 132/133、马克思主义理论 319/377、生物学 174/240、基础医学 66/111、临床医学 84/113、口腔医学 39/47、公共卫生与预防医学 67/78、中西医结合 62/62、药学 95/147、护理学 67/74。

11779　辽东学院

在中国本科院校竞争力排行榜中的名次 655，辽宁省内排名 35/60，综合类排名 116/268。

共 40 个专业参评，其中 5★+专业 0 个，5★专业 0 个，5★-专业 0 个，4★专业 2 个，3★专业 7 个。

10164　沈阳医学院

在中国本科院校竞争力排行榜中的名次 683，辽宁省内排名 38/60，医药类排名 73/108。

共 23 个专业参评，其中 5★+专业 0 个，5★专业 0 个，5★-专业 0 个，4★专业 1 个，3★专业 1 个。

在中国普通高校研究生教育竞争力排行榜中的名次：总排名 551/596，辽宁省内排名 33/37，医药类排名 73/76。

共 2 个一级学科(学术学位)参评。

一级学科排名

基础医学 60/111、公共卫生与预防医学 52/78。

11632　沈阳工程学院

在中国本科院校竞争力排行榜中的名次 690，辽宁省内排名 39/60，理工类排名 212/364。

共 32 个专业参评，其中 5★+专业 0 个，5★

专业 0 个，5★-专业 0 个，4★专业 0 个，3★专业 7 个。

在中国普通高校研究生教育竞争力排行榜中的名次：总排名 585/596，辽宁省内排名 36/37，理工类排名 182/182。

13957 辽宁传媒学院

在中国本科院校竞争力排行榜中的名次 706，辽宁省内排名 40/60，艺术类排名 44/48。

共 33 个专业参评，其中 5★+专业 0 个，5★专业 0 个，5★-专业 1 个，4★专业 1 个，3★专业 7 个。

本科优势专业排名

5★-专业：网络与新媒体 27/338。

10169 鞍山师范学院

在中国本科院校竞争力排行榜中的名次 765，辽宁省内排名 42/60，师范类排名 122/175。

共 38 个专业参评，其中 5★+专业 0 个，5★专业 0 个，5★-专业 0 个，4★专业 1 个，3★专业 5 个。

在中国普通高校研究生教育竞争力排行榜中的名次：总排名 587/596，辽宁省内排名 37/37，师范类排名 76/77。

本科优势专业排名

4★专业：学前教育 77/420。

11430 辽宁科技学院

在中国本科院校竞争力排行榜中的名次 788，辽宁省内排名 43/60，理工类排名 230/364。

共 34 个专业参评，其中 5★+专业 0 个，5★专业 0 个，5★-专业 0 个，4★专业 0 个，3★专业 3 个。

11432 辽宁警察学院

在中国本科院校竞争力排行榜中的名次 912，辽宁省内排名 45/60，文法类排名 58/68。

共 11 个专业参评，其中 5★+专业 0 个，5★

专业 0 个，5★-专业 1 个，4★专业 0 个，3★专业 4 个。

本科优势专业排名

5★-专业：网络安全与执法 2/25。

14435 营口理工学院

在中国本科院校竞争力排行榜中的名次 1026，辽宁省内排名 51/60，理工类排名 296/364。

共 24 个专业参评，其中 5★+专业 0 个，5★专业 0 个，5★-专业 0 个，4★专业 0 个，3★专业 1 个。

民 办 院 校

13599 大连艺术学院

在中国民办院校竞争力排行榜中的名次 15，辽宁省内排名 36/60，艺术类排名 37/48。

共 32 个专业参评，其中 5★+专业 0 个，5★专业 0 个，5★-专业 2 个，4★专业 4 个，3★专业 7 个。

本科优势专业排名

5★-专业：文化产业管理 9/137、环境设计 59/721。

13631 大连东软信息学院

在中国民办院校竞争力排行榜中的名次 16，辽宁省内排名 37/60，理工类排名 207/364。

共 31 个专业参评，其中 5★+专业 0 个，5★专业 1 个，5★-专业 0 个，4★专业 3 个，3★专业 15 个。

本科优势专业排名

5★专业：数字媒体技术 11/234。
4★专业：电子信息工程 100/642、软件工程 115/611。

13201 沈阳工学院

在中国民办院校竞争力排行榜中的名次 35，

辽宁省内排名 41/60，理工类排名 220/364。

共 43 个专业参评，其中 5★+专业 0 个，5★专业 0 个，5★−专业 0 个，4★专业 0 个，3★专业 14 个。

13220　沈阳城市学院

在中国民办院校竞争力排行榜中的名次 77，辽宁省内排名 44/60，综合类排名 165/268。

共 43 个专业参评，其中 5★+专业 0 个，5★专业 0 个，5★−专业 1 个，4★专业 0 个，3★专业 4 个。

本科优势专业排名

5★−专业：酒店管理 13/184。

13900　辽宁财贸学院

在中国民办院校竞争力排行榜中的名次 121，辽宁省内排名 46/60，财经类排名 64/109。

共 18 个专业参评，其中 5★+专业 0 个，5★专业 0 个，5★−专业 0 个，4★专业 1 个，3★专业 6 个。

本科优势专业排名

4★专业：互联网金融 8/56。

13207　大连科技学院

在中国民办院校竞争力排行榜中的名次 122，辽宁省内排名 47/60，理工类排名 272/364。

共 28 个专业参评，其中 5★+专业 0 个，5★专业 0 个，5★−专业 0 个，4★专业 0 个，3★专业 6 个。

10841　辽宁对外经贸学院

在中国民办院校竞争力排行榜中的名次 141，辽宁省内排名 48/60，财经类排名 70/109。

共 22 个专业参评，其中 5★+专业 0 个，5★专业 0 个，5★−专业 1 个，4★专业 0 个，3★专业 15 个。

本科优势专业排名

5★−专业：国际经济与贸易 65/665。

13218　大连财经学院

在中国民办院校竞争力排行榜中的名次 152，辽宁省内排名 49/60，财经类排名 73/109。

共 29 个专业参评，其中 5★+专业 0 个，5★专业 0 个，5★−专业 0 个，4★专业 1 个，3★专业 6 个。

13621　沈阳科技学院

在中国民办院校竞争力排行榜中的名次 192，辽宁省内排名 54/60，理工类排名 335/364。

共 20 个专业参评，其中 5★+专业 0 个，5★专业 0 个，5★−专业 0 个，4★专业 0 个，3★专业 3 个。

13610　辽宁何氏医学院

在中国民办院校竞争力排行榜中的名次 194，辽宁省内排名 55/60，医药类排名 99/108。

共 17 个专业参评，其中 5★+专业 0 个，5★专业 0 个，5★−专业 0 个，4★专业 1 个，3★专业 1 个。

13217　辽宁理工学院

在中国民办院校竞争力排行榜中的名次 209，辽宁省内排名 57/60，综合类排名 261/268。

共 27 个专业参评，其中 5★+专业 0 个，5★专业 0 个，5★−专业 0 个，4★专业 0 个，3★专业 1 个。

13208　沈阳城市建设学院

在中国民办院校竞争力排行榜中的名次 216，辽宁省内排名 59/60，理工类排名 357/364。

共 30 个专业参评，其中 5★+专业 0 个，5★专业 0 个，5★−专业 0 个，4★专业 0 个，3★专业 4 个。

安 徽 省

一 流 大 学

10358 中国科学技术大学

在中国本科院校竞争力排行榜中的名次 12，安徽省内排名 1/46，理工类排名 5/364。

共 32 个专业参评，其中 5★+专业 5 个，5★专业 6 个，5★-专业 9 个，4★专业 8 个，3★专业 3 个。

在中国普通高校研究生教育竞争力排行榜中的名次：总排名 9/596，安徽省内排名 1/20，理工类排名 3/182。

共 38 个一级学科(学术学位)参评，其中 5★+学科 5 个，5★学科 3 个，5★-学科 6 个，4★学科 7 个，学科优秀率为 55.26%。

一级学科排名

哲学 36/133、法学 173/209、马克思主义理论 250/377、新闻传播学 76/120、考古学 29/40、数学 2/276、物理学 1/203、化学 1/238、天文学 2/21、大气科学 15/22、地球物理学 2/21、地质学 12/35、生物学 13/240、科学技术史 1/26、生态学 57/111、统计学 7/126、力学 56/97、机械工程 108/224、光学工程 8/94、仪器科学与技术 29/68、材料科学与工程 3/227、动力工程及工程热物理 24/104、电子科学与技术 20/123、信息与通信工程 45/186、控制科学与工程 24/189、计算机科学与技术 12/268、化学工程与技术 32/176、核科学与技术 2/21、环境科学与工程 28/196、生物医学工程 10/80、软件工程 53/148、安全科学与工程 3/61、网络空间安全 3/77、临床医学 66/113、管理科学与工程 35/209、工商管理 44/309、公共管理 63/214、集成电路科学与工程 24/30。

本科优势专业排名

5★+专业：信息与计算科学 4/308、物理学 3/283、应用物理学 2/155、化学 1/310、计算机科学与技术 17/932。

5★专业：数学与应用数学 14/519、生物科学 10/283、材料化学 4/131、电子信息工程 16/642、信息安全 5/126、管理科学 2/36。

5★-专业：生物技术 15/285、统计学 18/211、材料物理 7/73、高分子材料与工程 13/185、能源与动力工程 16/188、光电信息科学与工程 14/218、自动化 35/445、环境科学与工程 4/49、工商管理 34/538。

4★专业：天文学 2/14、机械设计制造及其自动化 77/517、通信工程 76/494、人工智能 49/479。

一 般 大 学

10359 合肥工业大学

在中国本科院校竞争力排行榜中的名次 50，安徽省内排名 2/46，理工类排名 26/364。

共 88 个专业参评，其中 5★+专业 3 个，5★专业 13 个，5★-专业 14 个，4★专业 17 个，3★专业 27 个。

在中国普通高校研究生教育竞争力排行榜中的名次：总排名 90/596，安徽省内排名 2/20，理工类排名 40/182。

共 38 个一级学科(学术学位)参评，其中 5★+学科 1 个，5★学科 0 个，5★-学科 0 个，4★学科 5 个，学科优秀率为 15.79%。

一级学科排名

理论经济学 87/109、应用经济学 121/264、马克思主义理论 53/377、外国语言文学 154/240、数学 96/276、物理学 102/203、化学 213/238、地理学 66/85、地质学 17/35、生物学 188/240、力学 47/97、机械工程 27/224、光学工程 71/94、仪器科学与技术 21/68、材料科学与工程 59/227、动力工程及工程热物理 71/104、电气工程 32/112、电子科学与技术 80/123、信息与通信工程 57/186、控制科学与工程 123/189、计算机科学与技术 39/268、建筑学 43/84、土木工程 52/164、水利工程 51/64、测绘科学与技术 31/53、化学工程与技术 55/176、地质资源与地质工程 34/46、交通运输工程 38/66、环境科学与工程 67/196、生物医学工程 53/80、食品科学与工程 20/105、城乡规划学 25/74、软件工程 35/148、管理科学与工程 3/209、工商管理 42/309、公共管理 165/214、美术学 85/114、设计学 135/175。

本科优势专业排名

5★+专业：电气工程与智能控制 1/39、信息管理与信息系统 7/335、大数据管理与应用 2/210。

5★专业：金融工程 11/255、机械设计制造及其自动化 15/517、智能制造工程 7/296、新能源材料与器件 5/131、电气工程及其自动化 29/573、电子信息工程 25/642、机器人工程 12/333、计算机科学与技术 25/932、物联网工程 18/492、食品质量与安全 12/240、工商管理 18/538、物流管理 16/432、电子商务 11/457。

5★-专业：思想政治教育 29/304、信息与计算科学 25/308、材料成型及控制工程 12/221、车辆工程 22/256、测控技术与仪器 12/190、自动化 38/445、智能科学与技术 12/186、土木工程 31/529、化学工程与工艺 30/329、能源化学工程 5/64、食品科学与工程 18/283、建筑学 21/291、会计学 38/659、工业工程 14/142。

4★专业：英语 119/925、工业设计 26/216、金属材料工程 13/77、无机非金属材料工程 12/78、高分子材料与工程 33/185、通信工程 65/494、软件工程 85/611。

10357　安徽大学

在中国本科院校竞争力排行榜中的名次 80，安徽省内排名 3/46，综合类排名 28/268。

共 91 个专业参评，其中 5★+专业 1 个，5★专业 2 个，5★-专业 16 个，4★专业 27 个，3★专业 35 个。

在中国普通高校研究生教育竞争力排行榜中的名次：总排名 103/596，安徽省内排名 3/20，综合类排名 34/93。

共 36 个一级学科(学术学位)参评，其中 5★+学科 0 个，5★学科 0 个，5★-学科 0 个，4★学科 4 个，学科优秀率为 11.11%。

一级学科排名

哲学 49/133、理论经济学 68/109、应用经济学 54/264、法学 42/209、政治学 48/80、社会学 22/88、马克思主义理论 87/377、教育学 112/143、中国语言文学 65/186、外国语言文学 107/240、新闻传播学 21/120、考古学 11/40、中国史 25/119、数学 68/276、物理学 77/203、化学 61/238、生物学 179/240、生态学 39/111、统计学 39/126、光学工程 55/94、材料科学与工程 30/227、电气工程 44/112、电子科学与技术 35/123、信息与通信工程 76/186、控制科学与工程 106/189、计算机科学与技术 40/268、化学工程与技术 98/176、环境科学与工程 99/196、软件工程 59/148、工商管理 93/309、公共管理 148/214、信息资源管理 23/50、音乐与舞蹈学 36/86、戏剧与影视学 58/62、美术学 93/114、集成电路科学与工程 20/30。

本科优势专业排名

5★+专业：物联网工程 10/492。

5★专业：网络与新媒体 17/338、电子信息工程 22/642。

5★-专业：法学 53/580、知识产权 6/94、汉语言文学 34/619、汉语国际教育 32/328、英语 85/925、新闻学 21/308、广播电视学 9/146、统计学 20/211、通信工程 33/494、人工智能 48/479、计算机科学与技术 57/932、网络工程 16/282、数字媒体技术 17/234、智能科学与技术 17/186、物流管理 40/432、环境设计 51/721。

4★专业：经济学 65/356、数字经济 26/129、金融学 59/389、互联网金融 10/56、国际经济与贸易 126/665、社会工作 31/259、思想政治教育 47/304、历史学 31/246、数学与应用数学 69/519、信息与计算科学 60/308、应用物理学 19/155、化学 36/310、材料物理 12/73、高分子材料与工程 30/185、新能源材料与器件 14/131、电气工程及其自动化 58/573、光电信息科学与工程 29/218、集成电路设计与集成系统 13/88、自动化 76/445、机器人工程 34/333、软件工程 73/611。

10370　安徽师范大学

在中国本科院校竞争力排行榜中的名次 163，安徽省内排名 4/46，师范类排名 17/175。

共 78 个专业参评，其中 5★+专业 0 个，5★专业 5 个，5★-专业 11 个，4★专业 18 个，3★专业 31 个。

在中国普通高校研究生教育竞争力排行榜中的名次：总排名 181/596，安徽省内排名 6/20，师范类排名 21/77。

共 30 个一级学科(学术学位)参评，其中 5★+学科 0 个，5★学科 0 个，5★-学科 0 个，4★学科 3 个，学科优秀率为 10%。

一级学科排名

哲学 68/133、理论经济学 82/109、法学 114/209、政治学 69/80、社会学 78/88、马克思主义理论 50/377、教育学 30/143、心理学 41/104、体育学 28/107、中国语言文学 36/186、外国语言文学 195/240、新闻传播学 69/120、中国史 23/119、世界史 57/68、数学 101/276、物理学 57/203、化学 65/238、地理学 26/85、生物学 65/240、生态学 44/111、统计学 97/126、电子科学与技术 66/123、计算机科学与技术 149/268、化学工程与技术 148/176、环境科学与工程 108/196、工商管理 200/309、公共管理 172/214、音乐与舞蹈学 27/86、戏剧与影视学 44/62、美术学 59/114。

本科优势专业排名

5★专业：思想政治教育 11/304、学前教育 18/420、休闲体育 4/102、秘书学 4/89、音乐学 15/388。

5★-专业：体育教育 27/341、社会体育指导与管理 14/239、汉语言文学 32/619、汉语国际教育 21/328、英语 63/925、网络与新媒体 28/338、地理科学 16/171、财务管理 39/686、旅游管理 29/428、音乐表演 13/234、播音与主持艺术 18/232。

4★专业：经济学 70/356、法学 72/580、小学教育 36/311、运动训练 12/64、新闻学 43/308、广告学 34/256、历史学 38/246、数学与应用数学 63/519、物理学 45/283、化学 44/310、地理信息科学 18/171、生物科学 53/283、生物技术 52/285、计算机科学与技术 118/932。

10361 安徽理工大学

在中国本科院校竞争力排行榜中的名次 181，安徽省内排名 5/46，理工类排名 75/364。

共 77 个专业参评，其中 5★+专业 0 个，5★专业 0 个，5★-专业 5 个，4★专业 12 个，3★专业 41 个。

在中国普通高校研究生教育竞争力排行榜中的名次：总排名 228/596，安徽省内排名 7/20，理工类排名 87/182。

共 22 个一级学科(学术学位)参评。

一级学科排名

马克思主义理论 367/377、数学 129/276、力学 90/97、机械工程 91/224、仪器科学与技术 63/68、材料科学与工程 152/227、电气工程 100/112、电子科学与技术 113/123、控制科学与工程 145/189、计算机科学与技术 150/268、建筑学 40/84、土木工程 59/164、测绘科学与技术 22/53、化学工程与技术 75/176、地质资源与地质工程 28/46、矿业工程 11/31、环境科学与工程 81/196、软件工程 109/148、安全科学与工程 17/61、基础医学 96/111、临床医学 105/113、管理科学与工程 97/209。

本科优势专业排名

5★-专业：机械设计制造及其自动化 41/517、电气工程及其自动化 57/573、土木工程 42/529、安全工程 9/151、工程造价 25/264。

4★专业：信息与计算科学 46/308、机械电子工程 57/302、智能制造工程 43/296、自动化 78/445、计算机科学与技术 135/932。

10360 安徽工业大学

在中国本科院校竞争力排行榜中的名次 206，安徽省内排名 6/46，理工类排名 83/364。

共 66 个专业参评，其中 5★+专业 0 个，5★专业 0 个，5★-专业 1 个，4★专业 15 个，3★专业 39 个。

在中国普通高校研究生教育竞争力排行榜中的名次：总排名 258/596，安徽省内排名 8/20，理工类排名 97/182。

共 18 个一级学科(学术学位)参评。

一级学科排名

应用经济学 156/264、马克思主义理论 187/377、数学 241/276、化学 172/238、机械工程 115/224、光学工程 85/94、材料科学与工程 82/227、冶金工程 11/26、动力工程及工程热物理 63/104、电气工程 73/112、控制科学与工程 127/189、计算机科学与技术 171/268、土木工程 108/164、化学工程与技术 103/176、环境科学与工程 132/196、工商管理 190/309、公共管理 209/214、设计学 92/175。

本科优势专业排名

5★-专业：经济与金融 5/78。

4★专业：国际经济与贸易 130/665、应用化学 42/375、机械设计制造及其自动化 95/517、材料成型及控制工程 23/221、材料科学与工程 40/237、金属材料工程 12/77、电气工程及其自动化 102/573、人工智能 56/479、计算机科学与技术 166/932。

10366　安徽医科大学

在中国本科院校竞争力排行榜中的名次 217，安徽省内排名 7/46，医药类排名 15/108。

共 39 个专业参评，其中 5★+专业 1 个，5★专业 3 个，5★-专业 5 个，4★专业 7 个，3★专业 9 个。

在中国普通高校研究生教育竞争力排行榜中的名次：总排名 144/596，安徽省内排名 4/20，医药类排名 13/76。

共 14 个一级学科(学术学位)参评，其中 5★+学科 0 个，5★学科 0 个，5★-学科 0 个，4★学科 1 个，学科优秀率为 7.14%。

一级学科排名

马克思主义理论 207/377、心理学 82/104、生物学 123/240、基础医学 29/111、临床医学 29/113、口腔医学 27/47、公共卫生与预防医学 16/78、中西医结合 42/62、药学 38/147、中药学 38/51、特种医学 15/17、医学技术 38/43、护理学 35/74、公共管理 144/214。

本科优势专业排名

5★+专业：食品卫生与营养学 1/30。

5★专业：医学信息工程 3/57、药学 7/250、健康服务与管理 5/126。

5★-专业：麻醉学 5/61、医学检验技术 16/166、康复治疗学 10/183、护理学 23/296、公共事业管理 14/246。

4★专业：生物技术 31/285。

10364　安徽农业大学

在中国本科院校竞争力排行榜中的名次 239，安徽省内排名 8/46，农林类排名 19/47。

共 67 个专业参评，其中 5★+专业 1 个，5★专业 1 个，5★-专业 0 个，4★专业 7 个，3★专业 32 个。

在中国普通高校研究生教育竞争力排行榜中的名次：总排名 174/596，安徽省内排名 5/20，农林类排名 16/38。

共 26 个一级学科(学术学位)参评。

一级学科排名

应用经济学 197/264、马克思主义理论 232/377、中国语言文学 185/186、化学 189/238、大气科学 21/22、生物学 66/240、生态学 45/111、机械工程 153/224、计算机科学与技术 193/268、农业工程 35/43、林业工程 10/12、环境科学与工程 96/196、城乡规划学 61/74、风景园林学 44/56、作物学 28/50、园艺学 11/44、农业资源与环境 25/40、植物保护 16/44、畜牧学 27/55、兽医学 28/44、林学 22/35、水产 28/33、公共卫生与预防医学 71/78、工商管理 298/309、农林经济管理 39/51、公共管理 186/214。

本科优势专业排名

5★+专业：茶学 1/30。

5★专业：应用生物科学 1/14。

4★专业：英语 158/925、生物技术 38/285、计算机科学与技术 173/932。

10378　安徽财经大学

在中国本科院校竞争力排行榜中的名次 270，安徽省内排名 9/46，财经类排名 14/109。

共 49 个专业参评，其中 5★+专业 0 个，5★专业 4 个，5★-专业 9 个，4★专业 7 个，3★专业 19 个。

在中国普通高校研究生教育竞争力排行榜中的名次：总排名 345/596，安徽省内排名 10/20，财经类排名 17/39。

共 9 个一级学科(学术学位)参评。

一级学科排名

理论经济学 58/109、应用经济学 90/264、法学 111/209、马克思主义理论 262/377、统计学 72/126、管理科学与工程 120/209、工商管理 95/309、公共管理 79/214、美术学 58/114。

本科优势专业排名

5★专业：金融学 13/389、互联网金融 3/56、财务管理 26/686、审计学 7/198。

5★-专业：数字经济 8/129、投资学 10/124、国际经济与贸易 44/665、工程造价 22/264、市场营销 32/579、会计学 48/659、国际商务 8/126、人力资源管理 24/416、电子商务 44/457。

4★专业：经济学 54/356、金融工程 33/255、法学 75/580、商务英语 39/360。

10363　安徽工程大学

在中国本科院校竞争力排行榜中的名次 355，安徽省内排名 10/46，理工类排名 134/364。

共 64 个专业参评，其中 5★+专业 0 个，5★专业 1 个，5★-专业 3 个，4★专业 6 个，3★专业 26 个。

在中国普通高校研究生教育竞争力排行榜中的名次：总排名 373/596，安徽省内排名 11/20，理工类排名 136/182。

共 17 个一级学科(学术学位)参评。

一级学科排名

应用经济学 243/264、马克思主义理论 266/377、数学 224/276、化学 221/238、系统科学 24/29、机械工程 174/224、材料科学与工程 220/227、电气工程 95/112、控制科学与工程 146/189、纺织科学与工程 21/22、环境科学与工程 159/196、食品科学与工程 99/105、软件工程 140/148、生物工程 22/26、管理科学与工程 151/209、美术学 113/114、设计学 146/175。

本科优势专业排名

5★专业：环境设计 23/721。

5★-专业：互联网金融 6/56、机器人工程 28/

333、生物制药 9/121。

4★专业：金融工程 37/255、机械设计制造及其自动化 94/517、材料成型及控制工程 42/221、软件工程 79/611。

10878　安徽建筑大学

在中国本科院校竞争力排行榜中的名次 375，安徽省内排名 11/46，理工类排名 140/364。

共 62 个专业参评，其中 5★+专业 0 个，5★专业 1 个，5★-专业 2 个，4★专业 9 个，3★专业 17 个。

在中国普通高校研究生教育竞争力排行榜中的名次：总排名 414/596，安徽省内排名 15/20，理工类排名 145/182。

共 12 个一级学科(学术学位)参评。

一级学科排名

化学 197/238、材料科学与工程 207/227、电子科学与技术 114/123、控制科学与工程 165/189、建筑学 56/84、土木工程 66/164、测绘科学与技术 42/53、环境科学与工程 151/196、城乡规划学 40/74、安全科学与工程 46/61、管理科学与工程 161/209、公共管理 91/214。

本科优势专业排名

5★专业：建筑电气与智能化 2/66。

5★-专业：房地产开发与管理 4/40、环境设计 54/721。

4★专业：电子信息工程 79/642。

10369　安徽中医药大学

在中国本科院校竞争力排行榜中的名次 406，安徽省内排名 12/46，医药类排名 43/108。

共 28 个专业参评，其中 5★+专业 0 个，5★专业 0 个，5★-专业 1 个，4★专业 4 个，3★专业 13 个。

在中国普通高校研究生教育竞争力排行榜中的名次：总排名 340/596，安徽省内排名 9/20，医药类排名 47/76。

共 6 个一级学科(学术学位)参评，其中 5★+学科 0 个，5★学科 0 个，5★-学科 0 个，4★学科 2 个，学科优秀率为 33.33%。

一级学科排名

马克思主义理论 372/377、中医学 7/40、中西医结合 12/62、药学 67/147、中药学 13/51、公共管理 199/214。

本科优势专业排名

5★-专业：中药学 8/121。

11059　合肥学院

在中国本科院校竞争力排行榜中的名次 410，安徽省内排名 13/46，综合类排名 71/268。

共 56 个专业参评，其中 5★+专业 1 个，5★专业 0 个，5★-专业 1 个，4★专业 1 个，3★专业 10 个。

在中国普通高校研究生教育竞争力排行榜中的名次：总排名 505/596，安徽省内排名 17/20，综合类排名 80/93。

共 2 个一级学科(学术学位)参评。

一级学科排名

数学 261/276、材料科学与工程 188/227。

本科优势专业排名

5★+专业：供应链管理 1/72。
5★-专业：生物工程 24/242。
4★专业：计算机科学与技术 175/932。

10373　淮北师范大学

在中国本科院校竞争力排行榜中的名次 449，安徽省内排名 14/46，师范类排名 49/175。

共 59 个专业参评，其中 5★+专业 0 个，5★专业 0 个，5★-专业 1 个，4★专业 8 个，3★专业 23 个。

在中国普通高校研究生教育竞争力排行榜中的名次：总排名 402/596，安徽省内排名 14/20，师范类排名 43/77。

共 16 个一级学科(学术学位)参评。

一级学科排名

理论经济学 109/109、马克思主义理论 276/377、教育学 87/143、心理学 87/104、体育学 94/107、中国语言文学 174/186、中国史 58/119、数学 190/276、化学 155/238、生物学 199/240、材料科学与工程 173/227、信息与通信工程 140/186、化学工程与技术 156/176、软件工程 106/148、管理科学与工程 133/209、美术学 92/114。

本科优势专业排名

5★-专业：学前教育 32/420。
4★专业：体育教育 46/341、社会体育指导与管理 40/239、汉语言文学 103/619、翻译 45/269、电子信息工程 118/642。

10372　安庆师范大学

在中国本科院校竞争力排行榜中的名次 450，安徽省内排名 15/46，师范类排名 50/175。

共 67 个专业参评，其中 5★+专业 0 个，5★专业 0 个，5★-专业 1 个，4★专业 5 个，3★专业 30 个。

在中国普通高校研究生教育竞争力排行榜中的名次：总排名 461/596，安徽省内排名 16/20，师范类排名 51/77。

共 11 个一级学科(学术学位)参评。

一级学科排名

马克思主义理论 131/377、教育学 131/143、中国语言文学 109/186、中国史 89/119、数学 173/276、化学 201/238、生态学 101/111、统计学 87/126、信息与通信工程 156/186、环境科学与工程 182/196、软件工程 128/148。

本科优势专业排名

5★-专业：物流管理 41/432。
4★专业：金融工程 45/255、汉语言文学 123/619、秘书学 11/89、英语 150/925。

10367 蚌埠医学院

在中国本科院校竞争力排行榜中的名次 500，安徽省内排名 16/46，医药类排名 53/108。

共 29 个专业参评，其中 5★+专业 0 个，5★专业 0 个，5★-专业 1 个，4★专业 2 个，3★专业 9 个。

在中国普通高校研究生教育竞争力排行榜中的名次：总排名 383/596，安徽省内排名 12/20，医药类排名 57/76。

共 7 个一级学科（学术学位）参评。

一级学科排名

生物学 198/240、基础医学 63/111、临床医学 85/113、公共卫生与预防医学 77/78、药学 120/147、医学技术 20/43、护理学 41/74。

本科优势专业排名

5★-专业：医学检验技术 14/166。

10368 皖南医学院

在中国本科院校竞争力排行榜中的名次 520，安徽省内排名 17/46，医药类排名 60/108。

共 27 个专业参评，其中 5★+专业 0 个，5★专业 0 个，5★-专业 0 个，4★专业 1 个，3★专业 12 个。

在中国普通高校研究生教育竞争力排行榜中的名次：总排名 401/596，安徽省内排名 13/20，医药类排名 61/76。

共 7 个一级学科（学术学位）参评。

一级学科排名

马克思主义理论 375/377、生物学 196/240、基础医学 85/111、临床医学 87/113、公共卫生与预防医学 65/78、中西医结合 52/62、药学 101/147。

10879 安徽科技学院

在中国本科院校竞争力排行榜中的名次 531，安徽省内排名 18/46，理工类排名 179/364。

共 45 个专业参评，其中 5★+专业 0 个，5★专业 0 个，5★-专业 1 个，4★专业 0 个，3★专业 16 个。

在中国普通高校研究生教育竞争力排行榜中的名次：总排名 520/596，安徽省内排名 19/20，理工类排名 170/182。

本科优势专业排名

5★-专业：财务管理 51/686。

10371 阜阳师范大学

在中国本科院校竞争力排行榜中的名次 552，安徽省内排名 19/46，师范类排名 65/175。

共 69 个专业参评，其中 5★+专业 0 个，5★专业 0 个，5★-专业 0 个，4★专业 2 个，3★专业 16 个。

在中国普通高校研究生教育竞争力排行榜中的名次：总排名 510/596，安徽省内排名 18/20，师范类排名 59/77。

共 6 个一级学科（学术学位）参评。

一级学科排名

马克思主义理论 248/377、中国语言文学 159/186、化学 232/238、生物学 222/240、城乡规划学 70/74、工商管理 272/309。

本科优势专业排名

4★专业：汉语言文学 110/619。

10377 滁州学院

在中国本科院校竞争力排行榜中的名次 573，安徽省内排名 20/46，综合类排名 91/268。

共 58 个专业参评，其中 5★+专业 0 个，5★专业 1 个，5★-专业 0 个，4★专业 2 个，3★专业 11 个。

本科优势专业排名

5★专业：物联网工程 21/492。

10375 黄山学院

在中国本科院校竞争力排行榜中的名次 592，

安徽省内排名 21/46，综合类排名 97/268。

共 58 个专业参评，其中 5★+专业 0 个，5★专业 0 个，5★-专业 0 个，4★专业 3 个，3★专业 5 个。

14098　合肥师范学院

在中国本科院校竞争力排行榜中的名次 623，安徽省内排名 22/46，师范类排名 86/175。

共 52 个专业参评，其中 5★+专业 0 个，5★专业 0 个，5★-专业 1 个，4★专业 2 个，3★专业 7 个。

在中国普通高校研究生教育竞争力排行榜中的名次：总排名 565/596，安徽省内排名 20/20，师范类排名 71/77。

本科优势专业排名

5★-专业：网络与新媒体 33/338。

4★专业：小学教育 32/311、应用心理学 34/257。

10376　皖西学院

在中国本科院校竞争力排行榜中的名次 656，安徽省内排名 23/46，综合类排名 117/268。

共 60 个专业参评，其中 5★+专业 0 个，5★专业 0 个，5★-专业 0 个，4★专业 1 个，3★专业 9 个。

本科优势专业排名

4★专业：电子信息科学与技术 33/167。

10381　淮南师范学院

在中国本科院校竞争力排行榜中的名次 689，安徽省内排名 24/46，师范类排名 103/175。

共 58 个专业参评，其中 5★+专业 0 个，5★专业 0 个，5★-专业 0 个，4★专业 2 个，3★专业 10 个。

本科优势专业排名

4★专业：英语 145/925、商务英语 45/360。

10383　铜陵学院

在中国本科院校竞争力排行榜中的名次 724，安徽省内排名 26/46，综合类排名 129/268。

共 59 个专业参评，其中 5★+专业 0 个，5★专业 0 个，5★-专业 0 个，4★专业 0 个，3★专业 8 个。

10379　宿州学院

在中国本科院校竞争力排行榜中的名次 747，安徽省内排名 27/46，综合类排名 137/268。

共 56 个专业参评，其中 5★+专业 0 个，5★专业 0 个，5★-专业 0 个，4★专业 0 个，3★专业 3 个。

11306　池州学院

在中国本科院校竞争力排行榜中的名次 763，安徽省内排名 29/46，师范类排名 121/175。

共 47 个专业参评，其中 5★+专业 0 个，5★专业 0 个，5★-专业 0 个，4★专业 3 个，3★专业 13 个。

11305　蚌埠学院

在中国本科院校竞争力排行榜中的名次 771，安徽省内排名 30/46，师范类排名 124/175。

共 50 个专业参评，其中 5★+专业 0 个，5★专业 0 个，5★-专业 0 个，4★专业 0 个，3★专业 7 个。

10380　巢湖学院

在中国本科院校竞争力排行榜中的名次 793，安徽省内排名 31/46，综合类排名 148/268。

共 50 个专业参评，其中 5★+专业 0 个，5★专业 0 个，5★-专业 1 个，4★专业 0 个，3★专业 10 个。

本科优势专业排名

5★-专业：网络工程 20/282。

14682　安徽艺术学院

在中国本科院校竞争力排行榜中的名次 899，

安徽省内排名 32/46，艺术类排名 47/48。

共 16 个专业参评，其中 5★+专业 0 个，5★专业 0 个，5★-专业 0 个，4★专业 0 个，3★专业 7 个。

12926 亳州学院

在中国本科院校竞争力排行榜中的名次 1049，安徽省内排名 36/46，综合类排名 223/268。

共 32 个专业参评，其中 5★+专业 0 个，5★专业 0 个，5★-专业 0 个，4★专业 0 个，3★专业 8 个。

民 办 院 校

12216 安徽新华学院

在中国民办院校竞争力排行榜中的名次 33，安徽省内排名 25/46，理工类排名 218/364。

共 47 个专业参评，其中 5★+专业 0 个，5★专业 1 个，5★-专业 0 个，4★专业 2 个，3★专业 15 个。

本科优势专业排名

5★专业：财务管理 33/686。

4★专业：经济与金融 12/78、通信工程 81/494。

13613 安徽信息工程学院

在中国民办院校竞争力排行榜中的名次 45，安徽省内排名 28/46，理工类排名 226/364。

共 26 个专业参评，其中 5★+专业 0 个，5★专业 0 个，5★-专业 0 个，4★专业 0 个，3★专业 17 个。

13065 安徽外国语学院

在中国民办院校竞争力排行榜中的名次 114，安徽省内排名 33/46，文法类排名 61/68。

共 40 个专业参评，其中 5★+专业 0 个，5★专业 0 个，5★-专业 0 个，4★专业 0 个，3★专业 8 个。

14203 皖江工学院

在中国民办院校竞争力排行榜中的名次 129，安徽省内排名 34/46，理工类排名 275/364。

共 33 个专业参评，其中 5★+专业 0 个，5★专业 0 个，5★-专业 0 个，4★专业 0 个，3★专业 5 个。

10959 安徽三联学院

在中国民办院校竞争力排行榜中的名次 140，安徽省内排名 35/46，理工类排名 281/364。

共 40 个专业参评，其中 5★+专业 0 个，5★专业 0 个，5★-专业 0 个，4★专业 0 个，3★专业 10 个。

13614 马鞍山学院

在中国民办院校竞争力排行榜中的名次 169，安徽省内排名 39/46，理工类排名 313/364。

共 32 个专业参评，其中 5★+专业 0 个，5★专业 0 个，5★-专业 0 个，4★专业 0 个，3★专业 1 个。

13611 蚌埠工商学院

在中国民办院校竞争力排行榜中的名次 180，安徽省内排名 40/46，财经类排名 87/109。

共 21 个专业参评，其中 5★+专业 0 个，5★专业 0 个，5★-专业 0 个，4★专业 0 个，3★专业 1 个。

13620 淮北理工学院

在中国民办院校竞争力排行榜中的名次 187，安徽省内排名 41/46，师范类排名 169/175。

共 19 个专业参评，其中 5★+专业 0 个，5★专业 0 个，5★-专业 0 个，4★专业 0 个，3★专业 1 个。

13616 合肥经济学院

在中国民办院校竞争力排行榜中的名次 200，安徽省内排名 44/46，综合类排名 254/268。

共 39 个专业参评，其中 5★+专业 0 个，5★专业 0 个，5★-专业 0 个，4★专业 0 个，3★专业 1 个。

12810 安徽文达信息工程学院

在中国民办院校竞争力排行榜中的名次 203，安徽省内排名 45/46，理工类排名 342/364。

共 41 个专业参评，其中 5★+专业 0 个，5★专业 0 个，5★-专业 0 个，4★专业 1 个，3★专业 7 个。

13615 合肥城市学院

在中国民办院校竞争力排行榜中的名次 210，安徽省内排名 46/46，理工类排名 349/364。

共 27 个专业参评，其中 5★+专业 0 个，5★专业 0 个，5★-专业 0 个，4★专业 0 个，3★专业 3 个。

河南省

一流大学

10459 郑州大学

在中国本科院校竞争力排行榜中的名次 33，河南省内排名 1/56，综合类排名 13/268。

共 116 个专业参评，其中 5★+专业 1 个，5★专业 6 个，5★-专业 22 个，4★专业 33 个，3★专业 46 个。

在中国普通高校研究生教育竞争力排行榜中的名次：总排名 37/596，河南省内排名 1/19，综合类排名 14/93。

共 59 个一级学科(学术学位)参评，其中 5★+学科 0 个，5★学科 1 个，5★-学科 4 个，4★学科 14 个，学科优秀率为 32.2%。

一级学科排名

哲学 53/133、应用经济学 55/264、法学 25/209、政治学 34/80、社会学 46/88、马克思主义理论 33/377、教育学 86/143、心理学 49/104、体育学 35/107、中国语言文学 48/186、外国语言文学 30/240、新闻传播学 20/120、考古学 12/40、中国史 47/119、世界史 14/68、数学 56/276、物理学 37/203、化学 11/238、地理学 80/85、生物学 38/240、统计学 85/126、力学 27/97、机械工程 106/224、仪器科学与技术 43/68、材料科学与工程 25/227、冶金工程 13/26、动力工程及工程热物理 36/104、电气工程 26/112、电子科学与技术 77/123、信息与通信工程 56/186、控制科学与工程 29/189、计算机科学与技术 88/268、建筑学 31/84、土木工程 26/164、水利工程 9/64、测绘科学与技术 30/53、化学工程与技术 15/176、交通运输工程 37/66、环境科学与工程 82/196、城乡规划学 38/74、软件工程 41/148、安全科学与工程 44/61、网络空间安全 34/77、作物学 40/50、基础医学 12/111、临床医学 13/113、口腔医学 25/47、公共卫生与预防医学 15/78、中西医结合 35/62、药学 12/147、医学技术 16/43、护理学 21/74、社会医学与卫生事业管理 11/15、管理科学与工程 78/209、工商管理 85/309、公共管理 19/214、信息资源管理 9/50、音乐与舞蹈学 54/86、美术学 44/114。

本科优势专业排名

5★+专业：网络与新媒体 6/338。

5★专业：法学 19/580、英语 30/925、新闻学 13/308、广告学 8/256、通信工程 25/494、软件工程 26/611。

5★-专业：社会工作 21/259、思想政治教育 30/304、社会体育指导与管理 24/239、汉语国际教育 30/328、日语 23/449、物理学 27/283、化学 19/310、材料科学与工程 22/237、电气工程及其自动化 36/573、电子信息工程 44/642、轨道交通信号与控制 4/51、计算机科学与技术 78/932、土木工程 38/529、水利水电工程 8/83、化学工程与工艺 33/329、制药工程 19/257、临床医学 17/192、预防医学 10/125、公共事业管理 23/246、行政管理 23/292、电子商务 29/457、视觉传达设计 70/722。

4★专业：金融学 48/389、国际经济与贸易 132/665、体育教育 51/341、汉语言文学 63/619、德语 20/112、广播电视学 17/146、历史学 30/246、考古学 6/36、数学与应用数学 79/519、应用化学 69/375、应用心理学 42/257、材料化学 17/131、人工智能 84/479、自动化 46/445。

一般大学

10475 河南大学

在中国本科院校竞争力排行榜中的名次 81，河南省内排名 2/56，综合类排名 29/268。

共 94 个专业参评，其中 5★+专业 1 个，5★专业 7 个，5★-专业 10 个，4★专业 32 个，3★专业 28 个。

在中国普通高校研究生教育竞争力排行榜中的名次：总排名 78/596，河南省内排名 2/19，综合类排名 27/93。

共 49 个一级学科(学术学位)参评，其中 5★+学科 0 个，5★学科 0 个，5★-学科 1 个，4★学科 6 个，学科优秀率为 14.29%。

一级学科排名

哲学 58/133、理论经济学 40/109、应用经济学 40/264、法学 61/209、政治学 37/80、民族学 37/38、马克思主义理论 85/377、教育学 27/143、心理学 17/104、体育学 19/107、中国语言文学 45/186、外国语言文学 54/240、新闻传播学 54/120、考古学 18/40、中国史 32/119、世界史 34/68、数学 63/276、物理学 59/203、化学 39/238、地理学 10/85、生物学 16/240、生态学 38/111、统计学 111/126、教育技术学 20/45、材料科学与工程 118/227、电子科学与技术 95/123、控制科学与工程 150/189、计算机科学与技术 155/268、建筑学 69/84、土木工程 114/164、测绘科学与技术 43/53、化学工程与技术 109/176、环境科学与工程 170/196、软件工程 37/148、作物学 39/50、基础医学 78/111、临床医学 88/113、药学 70/147、中药学 47/51、护理学 58/74、管理科学与工程 125/209、工商管理 72/309、公共管理 55/214、艺术学理论 18/73、音乐与舞蹈学 53/86、戏剧与影视学 15/62、美术学 83/114、设计学 148/175、集成电路科学与工程 27/30。

本科优势专业排名

5★+专业：汉语国际教育 7/328。

5★专业：学前教育 10/420、体育教育 17/341、英语 37/925、文物与博物馆学 3/57、地理科学 7/171、应用心理学 9/257、会计学 25/659。

5★-专业：经济学 27/356、汉语言文学 36/619、翻译 21/269、广告学 22/256、生物科学 23/283、软件工程 43/611、网络工程 25/282、数据科学与大数据技术 37/711、工商管理 41/538、旅游管理 30/428。

4★专业：金融学 66/389、国际经济与贸易 76/665、法学 63/580、思想政治教育 39/304、教育学 13/85、教育技术学 17/130、运动训练 10/64、武术与民族传统体育 7/45、俄语 30/161、日语 51/449、新闻学 61/308、网络与新媒体 42/338、历史学 40/246、数学与应用数学 86/519、物理学 48/283、化学 39/310、人文地理与城乡规划 13/110、地理信息科学 19/171、统计学 41/211、人工智能 62/479、计算机科学与技术 113/932。

10464　河南科技大学

在中国本科院校竞争力排行榜中的名次 146，河南省内排名 3/56，理工类排名 63/364。

共 94 个专业参评，其中 5★+专业 0 个，5★

专业 3 个，5★-专业 6 个，4★专业 7 个，3★专业 47 个。

在中国普通高校研究生教育竞争力排行榜中的名次：总排名 162/596，河南省内排名 4/19，理工类排名 66/182。

共 41 个一级学科(学术学位)参评。

一级学科排名

应用经济学 240/264、法学 188/209、马克思主义理论 176/377、外国语言文学 222/240、中国史 87/119、数学 180/276、物理学 168/203、化学 215/238、生物学 159/240、生态学 110/111、统计学 122/126、力学 96/97、机械工程 81/224、仪器科学与技术 68/68、材料科学与工程 88/227、冶金工程 9/26、动力工程及工程热物理 96/104、电子科学与技术 120/123、信息与通信工程 151/186、控制科学与工程 55/189、建筑学 82/84、土木工程 154/164、化学工程与技术 169/176、交通运输工程 65/66、农业工程 28/43、生物医学工程 71/80、食品科学与工程 59/105、软件工程 69/148、作物学 35/50、园艺学 42/44、农业资源与环境 39/40、植物保护 40/44、畜牧学 43/55、兽医学 30/44、基础医学 99/111、临床医学 99/113、药学 140/147、特种医学 17/17、管理科学与工程 142/209、工商管理 211/309、信息资源管理 50/50。

本科优势专业排名

5★专业：材料成型及控制工程 8/221、机械电子工程 9/302、金属材料工程 3/77。

5★-专业：英语 93/925、机械设计制造及其自动化 33/517、车辆工程 14/256、电子信息工程 56/642、自动化 43/445、食品质量与安全 23/240。

4★专业：日语 86/449、计算机科学与技术 137/932、软件工程 118/611。

10476　河南师范大学

在中国本科院校竞争力排行榜中的名次 164，河南省内排名 4/56，师范类排名 18/175。

共 85 个专业参评，其中 5★+专业 0 个，5★专业 1 个，5★-专业 4 个，4★专业 15 个，3★专业 41 个。

在中国普通高校研究生教育竞争力排行榜中的名次：总排名 168/596，河南省内排名 5/19，师范类排名 17/77。

共 31 个一级学科(学术学位)参评。

一级学科排名

哲学 78/133、应用经济学 127/264、法学 78/209、政治学 29/80、社会学 77/88、马克思主义理论 105/377、教育学 45/143、心理学 74/104、体育学 84/107、中国语言文学 72/186、外国语言文学 98/240、考古学 31/40、中国史 62/119、世界史 51/68、数学 87/276、物理学 69/203、化学 70/238、生物学 86/240、生态学 73/111、统计学 102/126、教育技术学 28/45、光学工程 35/94、材料科学与工程 126/227、电子科学与技术 74/123、化学工程与技术 145/176、环境科学与工程 68/196、水产 11/33、工商管理 143/309、音乐与舞蹈学 40/86、戏剧与影视学 41/62、美术学 63/114。

本科优势专业排名

5★专业：汉语国际教育 9/328。

5★-专业：汉语言文学 41/619、英语 82/925、日语 32/449、化学 31/310。

4★专业：政治学与行政学 15/84、思想政治教育 58/304、学前教育 68/420、体育教育 40/341、数学与应用数学 68/519、物理学 37/283、生物科学 49/283、电子信息工程 68/642、计算机科学与技术 126/932。

10460　河南理工大学

在中国本科院校竞争力排行榜中的名次 173，河南省内排名 5/56，理工类排名 71/364。

共 80 个专业参评，其中 5★+专业 2 个，5★专业 0 个，5★-专业 1 个，4★专业 18 个，3★专业 40 个。

在中国普通高校研究生教育竞争力排行榜中的名次：总排名 158/596，河南省内排名 3/19，理工类排名 65/182。

共 27 个一级学科(学术学位)参评，其中 5★+学科 0 个，5★学科 0 个，5★-学科 0 个，4★学科 1 个，学科优秀率为 3.7%。

一级学科排名

马克思主义理论 244/377、中国语言文学 181/

186、数学 141/276、地理学 56/85、地质学 25/35、力学 78/97、机械工程 88/224、仪器科学与技术 55/68、材料科学与工程 94/227、动力工程及工程热物理 89/104、电气工程 66/112、信息与通信工程 171/186、控制科学与工程 98/189、计算机科学与技术 109/268、建筑学 51/84、土木工程 146/164、测绘科学与技术 15/53、化学工程与技术 134/176、地质资源与地质工程 25/46、矿业工程 14/31、交通运输工程 61/66、环境科学与工程 140/196、软件工程 98/148、安全科学与工程 9/61、管理科学与工程 174/209、工商管理 141/309、公共管理 89/214。

本科优势专业排名

5★+专业：测绘工程 3/147、安全工程 3/151。

5★-专业：采矿工程 4/45。

4★专业：机械设计制造及其自动化 79/517、智能制造工程 53/296、新能源材料与器件 21/131、电气工程及其自动化 67/573、通信工程 58/494、人工智能 87/479、自动化 70/445、轨道交通信号与控制 10/51、机器人工程 65/333、计算机科学与技术 119/932。

10466　河南农业大学

在中国本科院校竞争力排行榜中的名次 201，河南省内排名 6/56，农林类排名 14/47。

共 67 个专业参评，其中 5★+专业 0 个，5★专业 1 个，5★-专业 2 个，4★专业 9 个，3★专业 31 个。

在中国普通高校研究生教育竞争力排行榜中的名次：总排名 173/596，河南省内排名 6/19，农林类排名 15/38。

共 18 个一级学科(学术学位)参评。

一级学科排名

马克思主义理论 231/377、化学 217/238、生物学 136/240、生态学 62/111、计算机科学与技术 199/268、农业工程 15/43、城乡规划学 18/74、风景园林学 13/56、作物学 11/50、园艺学 21/44、农业资源与环境 21/40、植物保护 24/44、畜牧学 24/55、兽医学 13/44、林学 21/35、管理科学与工程 195/209、农林经济管理 27/51、公共管理 206/214。

本科优势专业排名

5★专业：生物工程 10/242。

5★-专业：园艺 7/113、园林 9/129。

4★专业：汽车服务工程 19/117。

10463 河南工业大学

在中国本科院校竞争力排行榜中的名次 228，河南省内排名 7/56，理工类排名 94/364。

共 65 个专业参评，其中 5★+专业 0 个，5★专业 6 个，5★-专业 5 个，4★专业 11 个，3★专业 35 个。

在中国普通高校研究生教育竞争力排行榜中的名次：总排名 279/596，河南省内排名 8/19，理工类排名 105/182。

共 23 个一级学科(学术学位)参评，其中 5★+学科 0 个，5★学科 0 个，5★-学科 0 个，4★学科 1 个，学科优秀率为 4.35%。

一级学科排名

理论经济学 107/109、应用经济学 154/264、法学 192/209、马克思主义理论 222/377、外国语言文学 176/240、新闻传播学 92/120、数学 215/276、物理学 189/203、生物学 220/240、力学 91/97、机械工程 103/224、材料科学与工程 180/227、控制科学与工程 130/189、建筑学 65/84、土木工程 70/164、环境科学与工程 176/196、食品科学与工程 14/105、植物保护 31/44、畜牧学 49/55、药学 143/147、管理科学与工程 127/209、工商管理 207/309、设计学 164/175。

本科优势专业排名

5★专业：网络与新媒体 16/338、食品科学与工程 9/283、粮食工程 1/14、食品营养与检验教育 1/12、物流管理 19/432、电子商务 16/457。

5★-专业：国际经济与贸易 49/665、智能制造工程 25/296、人工智能 47/479、土木工程 50/529、产品设计 38/402。

4★专业：金融学 77/389、英语 175/925、机械设计制造及其自动化 72/517、电子信息工程 72/642、计算机科学与技术 95/932、软件工程 114/611。

10462 郑州轻工业大学

在中国本科院校竞争力排行榜中的名次 249，河南省内排名 8/56，理工类排名 102/364。

共 66 个专业参评，其中 5★+专业 3 个，5★专业 0 个，5★-专业 5 个，4★专业 12 个，3★专业 21 个。

在中国普通高校研究生教育竞争力排行榜中的名次：总排名 320/596，河南省内排名 9/19，理工类排名 124/182。

共 15 个一级学科(学术学位)参评。

一级学科排名

马克思主义理论 153/377、机械工程 147/224、材料科学与工程 195/227、动力工程及工程热物理 98/104、电气工程 102/112、信息与通信工程 180/186、控制科学与工程 155/189、计算机科学与技术 211/268、化学工程与技术 68/176、轻工技术与工程 18/18、食品科学与工程 62/105、软件工程 72/148、管理科学与工程 122/209、工商管理 174/309、设计学 132/175。

本科优势专业排名

5★+专业：视觉传达设计 6/722、环境设计 12/721、产品设计 6/402。

5★-专业：软件工程 39/611、网络工程 27/282、数据科学与大数据技术 67/711、食品科学与工程 28/283、数字媒体艺术 26/350。

4★专业：社会工作 43/259、机械设计制造及其自动化 92/517、电气工程及其自动化 59/573、电子信息工程 89/642、计算机科学与技术 105/932。

10078 华北水利水电大学

在中国本科院校竞争力排行榜中的名次 257，河南省内排名 9/56，理工类排名 106/364。

共 66 个专业参评，其中 5★+专业 0 个，5★专业 0 个，5★-专业 3 个，4★专业 8 个，3★专业 31 个。

在中国普通高校研究生教育竞争力排行榜中的名次：总排名 321/596，河南省内排名 10/19，理工类排名 125/182。

共21个一级学科(学术学位)参评,其中5★+学科0个,5★学科0个,5★-学科0个,4★学科1个,学科优秀率为4.76%。

一级学科排名

应用经济学211/264、马克思主义理论291/377、数学216/276、地理学65/85、力学89/97、机械工程205/224、动力工程及工程热物理97/104、电气工程105/112、控制科学与工程162/189、计算机科学与技术243/268、建筑学67/84、土木工程91/164、水利工程11/64、地质资源与地质工程27/46、农业工程34/43、环境科学与工程149/196、软件工程134/148、管理科学与工程93/209、工商管理176/309、公共管理213/214、美术学65/114。

本科优势专业排名

5★-专业:水利水电工程7/83、工程管理26/393、工程造价26/264。

4★专业:国际经济与贸易90/665、数学与应用数学91/519、机械设计制造及其自动化65/517、人工智能65/479、计算机科学与技术152/932。

10471 河南中医药大学

在中国本科院校竞争力排行榜中的名次337,河南省内排名10/56,医药类排名30/108。

共34个专业参评,其中5★+专业0个,5★专业1个,5★-专业1个,4★专业4个,3★专业14个。

在中国普通高校研究生教育竞争力排行榜中的名次:总排名239/596,河南省内排名7/19,医药类排名29/76。

共9个一级学科(学术学位)参评。

一级学科排名

马克思主义理论256/377、基础医学107/111、临床医学54/113、中医学17/40、中西医结合46/62、药学87/147、中药学22/51、医学技术19/43、护理学73/74。

本科优势专业排名

5★专业:中医养生学1/15。

5★-专业:康复治疗学13/183。

10465 中原工学院

在中国本科院校竞争力排行榜中的名次356,河南省内排名11/56,理工类排名135/364。

共67个专业参评,其中5★+专业0个,5★专业0个,5★-专业2个,4★专业6个,3★专业22个。

在中国普通高校研究生教育竞争力排行榜中的名次:总排名380/596,河南省内排名13/19,理工类排名139/182。

共13个一级学科(学术学位)参评,其中5★+学科0个,5★学科0个,5★-学科0个,4★学科1个,学科优秀率为7.69%。

一级学科排名

哲学126/133、应用经济学178/264、马克思主义理论267/377、机械工程149/224、材料科学与工程155/227、信息与通信工程165/186、控制科学与工程133/189、计算机科学与技术251/268、土木工程92/164、纺织科学与工程11/22、网络空间安全74/77、工商管理115/309、设计学29/175。

本科优势专业排名

5★-专业:视觉传达设计54/722、环境设计55/721。

4★专业:机械设计制造及其自动化103/517、电子信息工程98/642、软件工程84/611。

10484 河南财经政法大学

在中国本科院校竞争力排行榜中的名次380,河南省内排名12/56,财经类排名27/109。

共64个专业参评,其中5★+专业0个,5★专业2个,5★-专业3个,4★专业3个,3★专业28个。

在中国普通高校研究生教育竞争力排行榜中的名次:总排名416/596,河南省内排名15/19,财经类排名26/39。

共12个一级学科(学术学位)参评。

一级学科排名

哲学110/133、理论经济学61/109、应用经济学 93/264、法学 70/209、马克思主义理论 347/377、地理学 55/85、系统科学 29/29、计算机科学与技术 255/268、城乡规划学 62/74、管理科学与工程 126/209、工商管理 101/309、农林经济管理 50/51。

本科优势专业排名

5★专业：市场营销 29/579、电子商务 20/457。

5★-专业：国际经济与贸易 47/665、会计学 49/659、财务管理 42/686。

4★专业：金融学 42/389、法学 59/580。

10472 新乡医学院

在中国本科院校竞争力排行榜中的名次 390，河南省内排名 13/56，医药类排名 39/108。

共 33 个专业参评，其中 5★+专业 0 个，5★专业 0 个，5★-专业 0 个，4★专业 5 个，3★专业 15 个。

在中国普通高校研究生教育竞争力排行榜中的名次：总排名 350/596，河南省内排名 11/19，医药类排名 48/76。

共 12 个一级学科(学术学位)参评。

一级学科排名

马克思主义理论 326/377、心理学 94/104、生物学 173/240、生物医学工程 74/80、基础医学 70/111、临床医学 83/113、公共卫生与预防医学 50/78、药学 104/147、特种医学 16/17、医学技术 23/43、护理学 63/74、信息资源管理 49/50。

本科优势专业排名

4★专业：应用心理学 44/257。

10477 信阳师范大学

在中国本科院校竞争力排行榜中的名次 397，河南省内排名 14/56，师范类排名 40/175。

共 68 个专业参评，其中 5★+专业 0 个，5★专业 0 个，5★-专业 0 个，4★专业 1 个，3★专业 29 个。

在中国普通高校研究生教育竞争力排行榜中

的名次：总排名 358/596，河南省内排名 12/19，师范类排名 39/77。

共 15 个一级学科(学术学位)参评。

一级学科排名

理论经济学 102/109、马克思主义理论 178/377、教育学 127/143、心理学 56/104、中国语言文学 132/186、外国语言文学 167/240、中国史 73/119、数学 155/276、物理学 125/203、化学 148/238、地理学 79/85、生物学 177/240、电子科学与技术 122/123、土木工程 156/164、工商管理 263/309。

本科优势专业排名

4★专业：汉语言文学 87/619。

10479 安阳师范学院

在中国本科院校竞争力排行榜中的名次 419，河南省内排名 15/56，师范类排名 43/175。

共 63 个专业参评，其中 5★+专业 0 个，5★专业 0 个，5★-专业 1 个，4★专业 2 个，3★专业 20 个。

在中国普通高校研究生教育竞争力排行榜中的名次：总排名 528/596，河南省内排名 19/19，师范类排名 66/77。

本科优势专业排名

5★-专业：数据科学与大数据技术 66/711。

4★专业：软件工程 109/611。

10482 洛阳师范学院

在中国本科院校竞争力排行榜中的名次 433，河南省内排名 16/56，师范类排名 47/175。

共 60 个专业参评，其中 5★+专业 0 个，5★专业 1 个，5★-专业 2 个，4★专业 3 个，3★专业 22 个。

在中国普通高校研究生教育竞争力排行榜中的名次：总排名 509/596，河南省内排名 18/19，师范类排名 58/77。

本科优势专业排名

5★专业：学前教育 20/420。

5★-专业：电子商务 30/457、音乐表演 19/234。

4★专业：英语 138/925。

11070 洛阳理工学院

在中国本科院校竞争力排行榜中的名次 470，河南省内排名 17/56，理工类排名 164/364。

共 53 个专业参评，其中 5★+专业 0 个，5★专业 0 个，5★-专业 1 个，4★专业 2 个，3★专业 21 个。

本科优势专业排名

5★-专业：数据科学与大数据技术 59/711。

4★专业：机器人工程 66/333。

10485 郑州航空工业管理学院

在中国本科院校竞争力排行榜中的名次 486，河南省内排名 18/56，理工类排名 170/364。

共 63 个专业参评，其中 5★+专业 0 个，5★专业 0 个，5★-专业 4 个，4★专业 2 个，3★专业 22 个。

在中国普通高校研究生教育竞争力排行榜中的名次：总排名 448/596，河南省内排名 16/19，理工类排名 155/182。

共 7 个一级学科(学术学位)参评。

一级学科排名

应用经济学 246/264、材料科学与工程 191/227、土木工程 150/164、航空宇航科学与技术 30/32、管理科学与工程 181/209、工商管理 236/309、信息资源管理 34/50。

本科优势专业排名

5★-专业：财务管理 54/686、人力资源管理 36/416、审计学 18/198、航空服务艺术与管理 5/71。

11653 南阳理工学院

在中国本科院校竞争力排行榜中的名次 489，河南省内排名 19/56，理工类排名 171/364。

共 52 个专业参评，其中 5★+专业 0 个，5★专业 0 个，5★-专业 0 个，4★专业 4 个，3★专业 23 个。

本科优势专业排名

4★专业：学前教育 83/420、小学教育 62/311。

10467 河南科技学院

在中国本科院校竞争力排行榜中的名次 501，河南省内排名 20/56，师范类排名 55/175。

共 64 个专业参评，其中 5★+专业 0 个，5★专业 0 个，5★-专业 0 个，4★专业 0 个，3★专业 23 个。

在中国普通高校研究生教育竞争力排行榜中的名次：总排名 409/596，河南省内排名 14/19，师范类排名 45/77。

共 12 个一级学科(学术学位)参评。

一级学科排名

化学 230/238、生物学 216/240、系统科学 26/29、机械工程 215/224、食品科学与工程 86/105、风景园林学 46/56、作物学 47/50、园艺学 39/44、植物保护 38/44、畜牧学 54/55、兽医学 41/44、农林经济管理 48/51。

11517 河南工程学院

在中国本科院校竞争力排行榜中的名次 507，河南省内排名 21/56，理工类排名 175/364。

共 58 个专业参评，其中 5★+专业 0 个，5★专业 0 个，5★-专业 0 个，4★专业 1 个，3★专业 19 个。

10481 南阳师范学院

在中国本科院校竞争力排行榜中的名次 516，河南省内排名 22/56，师范类排名 56/175。

共 70 个专业参评，其中 5★+专业 0 个，5★专业 0 个，5★-专业 0 个，4★专业 1 个，3★专业

21 个。

在中国普通高校研究生教育竞争力排行榜中的名次：总排名 472/596，河南省内排名 17/19，师范类排名 53/77。

共 4 个一级学科(学术学位)参评。

一级学科排名

马克思主义理论 368/377、中国语言文学 184/186、中国史 119/119、化学 177/238。

本科优势专业排名

4★专业：英语 134/925。

10480　许昌学院

在中国本科院校竞争力排行榜中的名次 536，河南省内排名 23/56，综合类排名 85/268。

共 57 个专业参评，其中 5★+专业 0 个，5★专业 0 个，5★-专业 3 个，4★专业 5 个，3★专业 16 个。

本科优势专业排名

5★-专业：数据科学与大数据技术 70/711、播音与主持艺术 22/232、视觉传达设计 69/722。

4★专业：学前教育 75/420、电气工程及其自动化 114/573。

11071　新乡学院

在中国本科院校竞争力排行榜中的名次 577，河南省内排名 24/56，师范类排名 73/175。

共 69 个专业参评，其中 5★+专业 0 个，5★专业 1 个，5★-专业 1 个，4★专业 4 个，3★专业 11 个。

本科优势专业排名

5★专业：增材制造工程 1/13。
5★-专业：广播电视编导 23/226。

10483　商丘师范学院

在中国本科院校竞争力排行榜中的名次 625，河南省内排名 25/56，师范类排名 87/175。

共 66 个专业参评，其中 5★+专业 0 个，5★专业 0 个，5★-专业 2 个，4★专业 1 个，3★专业 12 个。

本科优势专业排名

5★-专业：视觉传达设计 62/722、环境设计 68/721。

10918　黄淮学院

在中国本科院校竞争力排行榜中的名次 637，河南省内排名 26/56，师范类排名 90/175。

共 57 个专业参评，其中 5★+专业 0 个，5★专业 0 个，5★-专业 2 个，4★专业 1 个，3★专业 15 个。

本科优势专业排名

5★-专业：动画 16/251、视觉传达设计 71/722。

11765　河南城建学院

在中国本科院校竞争力排行榜中的名次 651，河南省内排名 27/56，理工类排名 205/364。

共 50 个专业参评，其中 5★+专业 0 个，5★专业 0 个，5★-专业 0 个，4★专业 1 个，3★专业 14 个。

11652　河南财政金融学院

在中国本科院校竞争力排行榜中的名次 671，河南省内排名 28/56，财经类排名 45/109。

共 38 个专业参评，其中 5★+专业 0 个，5★专业 0 个，5★-专业 1 个，4★专业 3 个，3★专业 15 个。

本科优势专业排名

5★-专业：工程造价 23/264。
4★专业：投资学 19/124、商务英语 51/360。

11329　河南工学院

在中国本科院校竞争力排行榜中的名次 674，河南省内排名 29/56，理工类排名 208/364。

共 36 个专业参评，其中 5★+专业 0 个，5★专业 0 个，5★-专业 1 个，4★专业 1 个，3★专业 18 个。

本科优势专业排名

5★-专业：新能源汽车工程 5/45。

4★专业：机器人工程 54/333。

10478　周口师范学院

在中国本科院校竞争力排行榜中的名次 684，河南省内排名 30/56，师范类排名 101/175。

共 64 个专业参评，其中 5★+专业 0 个，5★专业 0 个，5★-专业 0 个，4★专业 2 个，3★专业 14 个。

本科优势专业排名

4★专业：网络与新媒体 59/338。

11330　安阳工学院

在中国本科院校竞争力排行榜中的名次 696，河南省内排名 31/56，理工类排名 213/364。

共 59 个专业参评，其中 5★+专业 0 个，5★专业 0 个，5★-专业 0 个，4★专业 0 个，3★专业 10 个。

10469　河南牧业经济学院

在中国本科院校竞争力排行榜中的名次 709，河南省内排名 32/56，农林类排名 39/47。

共 47 个专业参评，其中 5★+专业 0 个，5★专业 0 个，5★-专业 0 个，4★专业 4 个，3★专业 21 个。

本科优势专业排名

4★专业：投资学 24/124、网络与新媒体 62/338。

12949　郑州师范学院

在中国本科院校竞争力排行榜中的名次 722，

河南省内排名 33/56，师范类排名 112/175。

共 51 个专业参评，其中 5★+专业 0 个，5★专业 0 个，5★-专业 0 个，4★专业 1 个，3★专业 9 个。

本科优势专业排名

4★专业：特殊教育 12/59。

10919　平顶山学院

在中国本科院校竞争力排行榜中的名次 774，河南省内排名 37/56，综合类排名 142/268。

共 49 个专业参评，其中 5★+专业 0 个，5★专业 0 个，5★-专业 0 个，4★专业 1 个，3★专业 15 个。

12735　郑州警察学院

在中国本科院校竞争力排行榜中的名次 780，河南省内排名 38/56，文法类排名 43/68。

共 5 个专业参评，其中 5★+专业 0 个，5★专业 0 个，5★-专业 0 个，4★专业 0 个，3★专业 5 个。

11326　信阳农林学院

在中国本科院校竞争力排行榜中的名次 795，河南省内排名 39/56，农林类排名 41/47。

共 42 个专业参评，其中 5★+专业 0 个，5★专业 0 个，5★-专业 0 个，4★专业 2 个，3★专业 23 个。

本科优势专业排名

4★专业：商务英语 68/360。

11788　河南警察学院

在中国本科院校竞争力排行榜中的名次 821，河南省内排名 41/56，文法类排名 48/68。

共 8 个专业参评，其中 5★+专业 0 个，5★专业 0 个，5★-专业 0 个，4★专业 2 个，3★专业 5 个。

本科优势专业排名

4★专业：治安学 4/26。

11068　郑州工程技术学院

在中国本科院校竞争力排行榜中的名次 873，河南省内排名 43/56，理工类排名 249/364。

共 35 个专业参评，其中 5★+专业 0 个，5★专业 1 个，5★-专业 0 个，4★专业 0 个，3★专业 16 个。

本科优势专业排名

5★专业：非物质文化遗产保护 1/12。

民 办 院 校

11834　黄河科技学院

在中国民办院校竞争力排行榜中的名次 38，河南省内排名 34/56，理工类排名 222/364。

共 58 个专业参评，其中 5★+专业 0 个，5★专业 0 个，5★-专业 0 个，4★专业 1 个，3★专业 22 个。

14040　郑州商学院

在中国民办院校竞争力排行榜中的名次 44，河南省内排名 35/56，财经类排名 50/109。

共 38 个专业参评，其中 5★+专业 0 个，5★专业 0 个，5★-专业 2 个，4★专业 3 个，3★专业 12 个。

本科优势专业排名

5★-专业：体能训练 2/18、跨境电子商务 8/89。

4★专业：商务英语 46/360。

13497　郑州财经学院

在中国民办院校竞争力排行榜中的名次 47，河南省内排名 36/56，财经类排名 51/109。

共 36 个专业参评，其中 5★+专业 0 个，5★

专业 0 个，5★-专业 2 个，4★专业 5 个，3★专业 18 个。

本科优势专业排名

5★-专业：金融科技 9/95、数据科学与大数据技术 49/711。

12747　郑州工业应用技术学院

在中国民办院校竞争力排行榜中的名次 59，河南省内排名 40/56，理工类排名 234/364。

共 46 个专业参评，其中 5★+专业 0 个，5★专业 0 个，5★-专业 0 个，4★专业 0 个，3★专业 9 个。

14654　郑州西亚斯学院

在中国民办院校竞争力排行榜中的名次 79，河南省内排名 42/56，财经类排名 59/109。

共 45 个专业参评，其中 5★+专业 0 个，5★专业 0 个，5★-专业 0 个，4★专业 2 个，3★专业 24 个。

14003　商丘学院

在中国民办院校竞争力排行榜中的名次 100，河南省内排名 44/56，综合类排名 179/268。

共 35 个专业参评，其中 5★+专业 0 个，5★专业 0 个，5★-专业 0 个，4★专业 0 个，3★专业 10 个。

13507　郑州工商学院

在中国民办院校竞争力排行榜中的名次 107，河南省内排名 45/56，理工类排名 261/364。

共 43 个专业参评，其中 5★+专业 0 个，5★专业 0 个，5★-专业 0 个，4★专业 1 个，3★专业 22 个。

本科优势专业排名

4★专业：互联网金融 7/56。

14333　郑州升达经贸管理学院

在中国民办院校竞争力排行榜中的名次 117，

河南省内排名 46/56，财经类排名 62/109。

共 47 个专业参评，其中 5★+专业 0 个，5★专业 0 个，5★-专业 0 个，4★专业 0 个，3★专业 21 个。

13504　安阳学院

在中国民办院校竞争力排行榜中的名次 123，河南省内排名 47/56，综合类排名 195/268。

共 37 个专业参评，其中 5★+专业 0 个，5★专业 0 个，5★-专业 0 个，4★专业 0 个，3★专业 11 个。

13502　中原科技学院

在中国民办院校竞争力排行榜中的名次 130，河南省内排名 48/56，师范类排名 155/175。

共 44 个专业参评，其中 5★+专业 0 个，5★专业 0 个，5★-专业 0 个，4★专业 0 个，3★专业 1 个。

13508　郑州经贸学院

在中国民办院校竞争力排行榜中的名次 136，河南省内排名 49/56，财经类排名 68/109。

共 46 个专业参评，其中 5★+专业 0 个，5★专业 0 个，5★-专业 0 个，4★专业 0 个，3★专业 8 个。

13501　河南开封科技传媒学院

在中国民办院校竞争力排行榜中的名次 155，河南省内排名 50/56，财经类排名 75/109。

共 35 个专业参评，其中 5★+专业 0 个，5★专业 0 个，5★-专业 0 个，4★专业 0 个，3★专业 6 个。

13506　新乡工程学院

在中国民办院校竞争力排行榜中的名次 159，河南省内排名 51/56，财经类排名 77/109。

共 38 个专业参评，其中 5★+专业 0 个，5★专业 0 个，5★-专业 0 个，4★专业 0 个，3★专业 4 个。

13500　商丘工学院

在中国民办院校竞争力排行榜中的名次 167，河南省内排名 53/56，理工类排名 311/364。

共 32 个专业参评，其中 5★+专业 0 个，5★专业 0 个，5★-专业 0 个，4★专业 2 个，3★专业 14 个。

本科优势专业排名

4★专业：学前教育 82/420。

12746　郑州科技学院

在中国民办院校竞争力排行榜中的名次 173，河南省内排名 54/56，理工类排名 318/364。

共 47 个专业参评，其中 5★+专业 0 个，5★专业 0 个，5★-专业 1 个，4★专业 8 个，3★专业 21 个。

本科优势专业排名

5★-专业：视觉传达设计 56/722。
4★专业：智能制造工程 50/296。

13498　黄河交通学院

在中国民办院校竞争力排行榜中的名次 178，河南省内排名 55/56，理工类排名 323/364。

共 30 个专业参评，其中 5★+专业 0 个，5★专业 0 个，5★-专业 0 个，4★专业 1 个，3★专业 15 个。

13503　信阳学院

在中国民办院校竞争力排行榜中的名次 188，河南省内排名 56/56，综合类排名 240/268。

共 35 个专业参评，其中 5★+专业 0 个，5★专业 0 个，5★-专业 0 个，4★专业 0 个，3★专业 12 个。

黑龙江省

一流大学

10213 哈尔滨工业大学

在中国本科院校竞争力排行榜中的名次9，黑龙江省内排名1/39，理工类排名3/364。

共97个专业参评，其中5★+专业18个，5★专业20个，5★-专业12个，4★专业18个，3★专业24个。

在中国普通高校研究生教育竞争力排行榜中的名次：总排名22/596，黑龙江省内排名1/21，理工类排名11/182。

共42个一级学科(学术学位)参评，其中5★+学科0个，5★学科7个，5★-学科6个，4★学科9个，学科优秀率为52.38%。

一级学科排名

哲学81/133、理论经济学75/109、应用经济学204/264、法学120/209、社会学43/88、马克思主义理论95/377、外国语言文学84/240、数学19/276、物理学22/203、化学64/238、海洋科学10/31、生物学46/240、统计学50/126、力学4/97、机械工程6/224、光学工程21/94、仪器科学与技术7/68、材料科学与工程11/227、动力工程及工程热物理7/104、电气工程12/112、电子科学与技术13/123、信息与通信工程22/186、控制科学与工程8/189、计算机科学与技术11/268、建筑学7/84、土木工程7/164、化学工程与技术27/176、交通运输工程16/66、船舶与海洋工程9/27、航空宇航科学与技术3/32、核科学与技术16/21、环境科学与工程5/196、生物医学工程26/80、食品科学与工程31/105、城乡规划学7/74、风景园林学14/56、软件工程29/148、网络空间安全16/77、管理科学与工程48/209、工商管理35/309、公共管理28/214、设计学98/175。

本科优势专业排名

5★+专业：工程力学1/82、机械设计制造及

其自动化3/517、材料成型及控制工程2/221、机械电子工程1/302、测控技术与仪器2/190、焊接技术与工程1/44、电气工程及其自动化5/573、电子信息工程11/642、通信工程4/494、自动化5/445、计算机科学与技术14/932、物联网工程4/492、数据科学与大数据技术3/711、土木工程9/529、给排水科学与工程1/161、环境工程3/352、建筑学6/291、风景园林4/187。

5★专业：数学与应用数学16/519、信息与计算科学11/308、应用化学15/375、材料科学与工程9/237、材料物理3/73、复合材料与工程2/44、能源与动力工程7/188、光电信息科学与工程8/218、电子封装技术1/14、人工智能14/479、机器人工程10/333、软件工程15/611、数字媒体技术8/234、建筑环境与能源应用工程8/166、道路桥梁与渡河工程4/81、化学工程与工艺11/329、城乡规划5/207、信息管理与信息系统16/335、工程管理15/393、大数据管理与应用5/210。

5★-专业：车辆工程26/256、高分子材料与工程11/185、信息安全7/126、建筑电气与智能化7/66、交通工程8/106、飞行器制造工程4/39、环境科学15/176、环境生态工程7/71、工商管理40/538、市场营销49/579、财务管理46/686、数字媒体艺术32/350。

4★专业：国际经济与贸易89/665、思想政治教育54/304、英语94/925、俄语19/161、朝鲜语18/92、工业设计33/216、材料化学14/131、新能源科学与工程26/144、储能科学与工程10/59、电子科学与技术24/154、微电子科学与工程18/115、电磁场与无线技术2/12。

一般大学

10217 哈尔滨工程大学

在中国本科院校竞争力排行榜中的名次58，黑龙江省内排名2/39，理工类排名31/364。

共38个专业参评，其中5★+专业1个，5★专业3个，5★-专业6个，4★专业12个，3★专业13个。

在中国普通高校研究生教育竞争力排行榜中的名次：总排名110/596，黑龙江省内排名2/21，理工类排名51/182。

共33个一级学科(学术学位)参评，其中5★+学科0个，5★学科0个，5★-学科1个，4★学科3个，学科优秀率为12.12%。

一级学科排名

应用经济学 159/264、法学 165/209、社会学 53/88、马克思主义理论 98/377、心理学 92/104、体育学 100/107、外国语言文学 136/240、数学 82/276、物理学 101/203、海洋科学 27/31、力学 30/97、机械工程 50/224、光学工程 33/94、仪器科学与技术 27/68、材料科学与工程 54/227、动力工程及工程热物理 33/104、电气工程 92/112、电子科学与技术 81/123、信息与通信工程 40/186、控制科学与工程 32/189、计算机科学与技术 53/268、土木工程 134/164、水利工程 44/64、化学工程与技术 82/176、船舶与海洋工程 2/27、航空宇航科学与技术 28/32、核科学与技术 11/21、环境科学与工程 180/196、生物医学工程 66/80、软件工程 44/148、管理科学与工程 37/209、工商管理 144/309、公共管理 100/214。

本科优势专业排名

5★+专业：自动化 3/445。

5★专业：电子信息工程 18/642、船舶与海洋工程 2/33、核工程与核技术 2/31。

5★-专业：工业设计 15/216、能源与动力工程 13/188、电气工程及其自动化 48/573、机器人工程 26/333、计算机科学与技术 53/932、软件工程 37/611。

4★专业：数学与应用数学 53/519、机械设计制造及其自动化 89/517、智能制造工程 51/296、测控技术与仪器 22/190、材料科学与工程 38/237、新能源材料与器件 23/131、通信工程 80/494、光电信息科学与工程 26/218、人工智能 83/479。

10225 东北林业大学

在中国本科院校竞争力排行榜中的名次 115，黑龙江省内排名 3/39，农林类排名 7/47。

共 61 个专业参评，其中 5★+专业 1 个，5★专业 4 个，5★-专业 4 个，4★专业 8 个，3★专业 35 个。

在中国普通高校研究生教育竞争力排行榜中的名次：总排名 119/596，黑龙江省内排名 3/21，农林类排名 10/38。

共 27 个一级学科(学术学位)参评，其中 5★+学科 0 个，5★学科 2 个，5★-学科 0 个，4★学科

2 个，学科优秀率为 14.81%。

一级学科排名

应用经济学 242/264、法学 137/209、马克思主义理论 91/377、外国语言文学 126/240、数学 256/276、化学 97/238、生物学 43/240、生态学 16/111、机械工程 84/224、光学工程 87/94、信息与通信工程 169/186、控制科学与工程 126/189、计算机科学与技术 133/268、土木工程 109/164、交通运输工程 23/66、林业工程 1/12、环境科学与工程 181/196、食品科学与工程 77/105、城乡规划学 47/74、风景园林学 19/56、畜牧学 35/55、林学 2/35、药学 119/147、工商管理 179/309、农林经济管理 16/51、公共管理 197/214、设计学 140/175。

本科优势专业排名

5★+专业：园林 3/129。

5★专业：生物技术 14/285、汽车服务工程 5/117、木材科学与工程 1/16、林学 2/48。

5★-专业：应用化学 34/375、生物科学 25/283、风景园林 16/187、森林保护 2/17。

4★专业：生态学 17/85、机械设计制造及其自动化 60/517、机械电子工程 36/302、计算机科学与技术 106/932。

10224 东北农业大学

在中国本科院校竞争力排行榜中的名次 121，黑龙江省内排名 4/39，农林类排名 8/47。

共 67 个专业参评，其中 5★+专业 1 个，5★专业 0 个，5★-专业 3 个，4★专业 13 个，3★专业 28 个。

在中国普通高校研究生教育竞争力排行榜中的名次：总排名 130/596，黑龙江省内排名 4/21，农林类排名 12/38。

共 21 个一级学科(学术学位)参评，其中 5★+学科 0 个，5★学科 0 个，5★-学科 3 个，4★学科 2 个，学科优秀率为 23.81%。

一级学科排名

应用经济学 175/264、马克思主义理论 215/377、外国语言文学 219/240、化学 210/238、生物

学 58/240、机械工程 190/224、计算机科学与技术 250/268、水利工程 22/64、农业工程 8/43、食品科学与工程 6/105、风景园林学 28/56、作物学 20/50、园艺学 13/44、农业资源与环境 4/40、植物保护 30/44、畜牧学 4/55、兽医学 8/44、草学 14/25、工商管理 300/309、农林经济管理 19/51、公共管理 149/214。

本科优势专业排名

5★+专业：食品科学与工程 2/283。

5★-专业：农业机械化及其自动化 3/37、食品质量与安全 20/240、园艺 9/113。

4★专业：国际经济与贸易 109/665、应用化学 52/375、生物科学 43/283、生物技术 47/285。

10212 黑龙江大学

在中国本科院校竞争力排行榜中的名次 161，黑龙江省内排名 5/39，综合类排名 44/268。

共 82 个专业参评，其中 5★+专业 2 个，5★专业 3 个，5★-专业 9 个，4★专业 17 个，3★专业 35 个。

在中国普通高校研究生教育竞争力排行榜中的名次：总排名 170/596，黑龙江省内排名 6/21，综合类排名 45/93。

共 35 个一级学科(学术学位)参评，其中 5★+学科 0 个，5★学科 0 个，5★-学科 1 个，4★学科 1 个，学科优秀率为 5.71%。

一级学科排名

哲学 24/133、理论经济学 36/109、应用经济学 146/264、法学 44/209、政治学 68/80、社会学 81/88、马克思主义理论 84/377、教育学 129/143、中国语言文学 41/186、外国语言文学 19/240、新闻传播学 84/120、考古学 26/40、中国史 113/119、世界史 63/68、数学 191/276、物理学 157/203、化学 63/238、生物学 201/240、生态学 54/111、统计学 121/126、材料科学与工程 151/227、电子科学与技术 49/123、信息与通信工程 128/186、控制科学与工程 156/189、计算机科学与技术 184/268、水利工程 62/64、化学工程与技术 126/176、环境科学与工程 188/196、软件工程 145/148、网络空间安全 70/77、植物保护 29/44、管理科学与工程 203/209、工商管理 248/309、公共管理 54/214、

信息资源管理 19/50。

本科优势专业排名

5★+专业：英语 8/925、商务英语 4/360。

5★专业：俄语 4/161、日语 12/449、翻译 13/269。

5★-专业：法学 39/580、汉语言文学 37/619、汉语国际教育 23/328、西班牙语 10/97、材料化学 10/131、通信工程 28/494、生物工程 23/242、行政管理 20/292、视觉传达设计 51/722。

4★专业：经济学 56/356、德语 14/112、法语 16/143、阿拉伯语 8/39、朝鲜语 13/92、新闻学 52/308、广告学 36/256、传播学 14/69、化学 60/310、电子信息工程 103/642、电子科学与技术 30/154、电子信息科学与技术 25/167、计算机科学与技术 127/932、网络工程 29/282。

10214 哈尔滨理工大学

在中国本科院校竞争力排行榜中的名次 162，黑龙江省内排名 6/39，理工类排名 67/364。

共 62 个专业参评，其中 5★+专业 2 个，5★专业 4 个，5★-专业 8 个，4★专业 12 个，3★专业 27 个。

在中国普通高校研究生教育竞争力排行榜中的名次：总排名 213/596，黑龙江省内排名 7/21，理工类排名 81/182。

共 23 个一级学科(学术学位)参评，其中 5★+学科 0 个，5★学科 0 个，5★-学科 0 个，4★学科 1 个，学科优秀率为 4.35%。

一级学科排名

哲学 130/133、应用经济学 144/264、马克思主义理论 227/377、外国语言文学 142/240、数学 98/276、物理学 150/203、化学 216/238、力学 93/97、机械工程 61/224、光学工程 83/94、仪器科学与技术 31/68、材料科学与工程 84/227、动力工程及工程热物理 99/104、电气工程 21/112、电子科学与技术 118/123、信息与通信工程 111/186、控制科学与工程 95/189、计算机科学与技术 77/268、化学工程与技术 143/176、软件工程 133/148、安全科学与工程 61/61、管理科学与工程 64/209、工商管理 76/309。

本科优势专业排名

5★+专业：网络工程 5/282、市场营销 11/579。

5★专业：机械设计制造及其自动化 25/517、电气工程及其自动化 12/573、工商管理 23/538、人力资源管理 16/416。

5★-专业：信息与计算科学 28/308、机械电子工程 24/302、电气工程与智能控制 4/39、电子信息工程 47/642、计算机科学与技术 56/932、软件工程 55/611、物联网工程 46/492、财务管理 64/686。

4★专业：英语 118/925、日语 62/449、应用统计学 34/187、材料成型及控制工程 40/221、车辆工程 31/256、智能制造工程 45/296、测控技术与仪器 24/190、集成电路设计与集成系统 18/88、自动化 58/445。

10226　哈尔滨医科大学

在中国本科院校竞争力排行榜中的名次 171，黑龙江省内排名 7/39，医药类排名 10/108。

共 16 个专业参评，其中 5★+专业 1 个，5★专业 1 个，5★-专业 3 个，4★专业 7 个，3★专业 3 个。

在中国普通高校研究生教育竞争力排行榜中的名次：总排名 141/596，黑龙江省内排名 5/21，医药类排名 11/76。

共 12 个一级学科(学术学位)参评，其中 5★+学科 0 个，5★学科 0 个，5★-学科 0 个，4★学科 1 个，学科优秀率为 8.33%。

一级学科排名

马克思主义理论 363/377、生物学 73/240、生物医学工程 23/80、基础医学 34/111、临床医学 34/113、口腔医学 26/47、公共卫生与预防医学 23/78、中西医结合 19/62、药学 20/147、护理学 18/74、社会医学与卫生事业管理 5/15、公共管理 126/214。

本科优势专业排名

5★+专业：护理学 6/296。

5★专业：公共事业管理 7/246。

5★-专业：基础医学 4/36、预防医学 11/125、

临床药学 5/54。

4★专业：生物信息学 8/52。

10231　哈尔滨师范大学

在中国本科院校竞争力排行榜中的名次 242，黑龙江省内排名 8/39，师范类排名 27/175。

共 78 个专业参评，其中 5★+专业 1 个，5★专业 8 个，5★-专业 5 个，4★专业 14 个，3★专业 40 个。

在中国普通高校研究生教育竞争力排行榜中的名次：总排名 267/596，黑龙江省内排名 8/21，师范类排名 29/77。

共 21 个一级学科(学术学位)参评，其中 5★+学科 0 个，5★学科 0 个，5★-学科 0 个，4★学科 2 个，学科优秀率为 9.52%。

一级学科排名

应用经济学 259/264、马克思主义理论 61/377、教育学 31/143、心理学 64/104、体育学 88/107、中国语言文学 70/186、外国语言文学 56/240、中国史 90/119、世界史 46/68、数学 136/276、物理学 75/203、化学 126/238、地理学 27/85、生物学 106/240、计算机科学与技术 111/268、工商管理 276/309、公共管理 123/214、音乐与舞蹈学 65/86、戏剧与影视学 32/62、美术学 14/114、设计学 119/175。

本科优势专业排名

5★+专业：日语 4/449。

5★专业：英语 27/925、地理信息科学 9/171、音乐学 17/388、动画 7/251、美术学 8/333、摄影 3/74、书法学 5/130、环境设计 28/721。

5★-专业：学前教育 38/420、汉语言文学 47/619、俄语 9/161、舞蹈编导 5/76、广播电视编导 18/226。

4★专业：思想政治教育 31/304、教育技术学 19/130、体育教育 44/341、汉语国际教育 47/328、秘书学 10/89、商务英语 66/360、数学与应用数学 70/519、物理学 51/283、地理科学 25/171。

10220　东北石油大学

在中国本科院校竞争力排行榜中的名次 251，

黑龙江省内排名 9/39，理工类排名 104/364。

共 55 个专业参评，其中 5★+专业 0 个，5★专业 0 个，5★-专业 5 个，4★专业 7 个，3★专业 23 个。

在中国普通高校研究生教育竞争力排行榜中的名次：总排名 289/596，黑龙江省内排名 9/21，理工类排名 107/182。

共 24 个一级学科(学术学位)参评。

一级学科排名

政治学 74/80、马克思主义理论 138/377、教育学 99/143、数学 267/276、化学 191/238、地球物理学 21/21、地质学 34/35、教育技术学 30/45、机械工程 60/224、仪器科学与技术 60/68、材料科学与工程 202/227、动力工程及工程热物理 86/104、电气工程 85/112、信息与通信工程 167/186、控制科学与工程 121/189、计算机科学与技术 194/268、土木工程 138/164、化学工程与技术 46/176、地质资源与地质工程 19/46、石油与天然气工程 5/15、环境科学与工程 179/196、软件工程 137/148、工商管理 202/309、艺术学理论 58/73。

本科优势专业排名

5★-专业：过程装备与控制工程 8/92、电气工程及其自动化 42/573、电子信息工程 42/642、计算机科学与技术 92/932、油气储运工程 3/33。

4★专业：应用化学 72/375、机械设计制造及其自动化 62/517、自动化 68/445。

10240　哈尔滨商业大学

在中国本科院校竞争力排行榜中的名次 331，黑龙江省内排名 10/39，财经类排名 21/109。

共 63 个专业参评，其中 5★+专业 2 个，5★专业 2 个，5★-专业 7 个，4★专业 12 个，3★专业 24 个。

在中国普通高校研究生教育竞争力排行榜中的名次：总排名 372/596，黑龙江省内排名 12/21，财经类排名 21/39。

共 14 个一级学科(学术学位)参评，其中 5★+学科 0 个，5★学科 0 个，5★-学科 0 个，4★学科 1 个，学科优秀率为 7.14%。

一级学科排名

理论经济学 106/109、应用经济学 61/264、法学 153/209、马克思主义理论 318/377、机械工程 222/224、动力工程及工程热物理 102/104、信息与通信工程 174/186、计算机科学与技术 249/268、食品科学与工程 39/105、药学 88/147、中药学 23/51、管理科学与工程 162/209、工商管理 56/309、公共管理 130/214。

本科优势专业排名

5★+专业：财务管理 11/686、物流管理 3/432。

5★专业：国际经济与贸易 29/665、会计学 17/659。

5★-专业：经济统计学 13/138、金融工程 14/255、烹饪与营养教育 2/26、审计学 12/198、体育经济与管理 2/27、旅游管理 41/428、酒店管理 15/184。

4★专业：经济学 55/356、税收学 15/90、投资学 13/124。

10228　黑龙江中医药大学

在中国本科院校竞争力排行榜中的名次 339，黑龙江省内排名 11/39，医药类排名 31/108。

共 27 个专业参评，其中 5★+专业 1 个，5★专业 4 个，5★-专业 4 个，4★专业 4 个，3★专业 7 个。

在中国普通高校研究生教育竞争力排行榜中的名次：总排名 308/596，黑龙江省内排名 10/21，医药类排名 39/76。

共 7 个一级学科(学术学位)参评，其中 5★+学科 0 个，5★学科 0 个，5★-学科 0 个，4★学科 3 个，学科优秀率为 42.86%。

一级学科排名

马克思主义理论 370/377、中医学 5/40、中西医结合 11/62、药学 43/147、中药学 10/51、医学技术 29/43、护理学 34/74。

本科优势专业排名

5★+专业：康复治疗学 4/183。

5★专业：中医学 3/65、中医康复学 1/22、中药学 6/121、助产学 4/72。

5★-专业：中西医临床医学 4/51、药学 23/250、中药资源与开发 3/34、医学实验技术 2/19。

10223 黑龙江八一农垦大学

在中国本科院校竞争力排行榜中的名次 389，黑龙江省内排名 12/39，农林类排名 32/47。

共 49 个专业参评，其中 5★+专业 0 个，5★专业 0 个，5★-专业 1 个，4★专业 3 个，3★专业 19 个。

在中国普通高校研究生教育竞争力排行榜中的名次：总排名 356/596，黑龙江省内排名 11/21，农林类排名 32/38。

共 11 个一级学科(学术学位)参评。

一级学科排名

生物学 158/240、机械工程 209/224、农业工程 27/43、食品科学与工程 44/105、作物学 32/50、农业资源与环境 36/40、植物保护 42/44、畜牧学 44/55、兽医学 22/44、工商管理 308/309、农林经济管理 51/51。

本科优势专业排名

5★-专业：会计学 65/659。

10232 齐齐哈尔大学

在中国本科院校竞争力排行榜中的名次 445，黑龙江省内排名 13/39，综合类排名 76/268。

共 76 个专业参评，其中 5★+专业 0 个，5★专业 1 个，5★-专业 1 个，4★专业 3 个，3★专业 31 个。

在中国普通高校研究生教育竞争力排行榜中的名次：总排名 386/596，黑龙江省内排名 13/21，综合类排名 68/93。

共 20 个一级学科(学术学位)参评。

一级学科排名

马克思主义理论 180/377、中国语言文学 178/186、外国语言文学 178/240、中国史 112/119、物理学 186/203、化学 168/238、生物学 162/240、机械工程 211/224、材料科学与工程 197/227、信息与通信工程 186/186、控制科学与工程 178/189、计算机科学与技术 245/268、化学工程与技术 125/176、纺织科学与工程 18/22、环境科学与工程 189/196、食品科学与工程 74/105、工商管理 231/309、音乐与舞蹈学 59/86、美术学 75/114、设计学 99/175。

本科优势专业排名

5★专业：舞蹈编导 4/76。

5★-专业：服装与服饰设计 18/212。

4★专业：计算机科学与技术 185/932。

14560 哈尔滨音乐学院

在中国本科院校竞争力排行榜中的名次 478，黑龙江省内排名 14/39，艺术类排名 30/48。

共 5 个专业参评，其中 5★+专业 0 个，5★专业 0 个，5★-专业 1 个，4★专业 1 个，3★专业 1 个。

在中国普通高校研究生教育竞争力排行榜中的名次：总排名 543/596，黑龙江省内排名 18/21，艺术类排名 21/33。

共 2 个一级学科(学术学位)参评，其中 5★+学科 0 个，5★学科 0 个，5★-学科 0 个，4★学科 1 个，学科优秀率为 50%。

一级学科排名

艺术学理论 23/73、音乐与舞蹈学 15/86。

本科优势专业排名

5★-专业：音乐学 32/388。

10222 佳木斯大学

在中国本科院校竞争力排行榜中的名次 510，黑龙江省内排名 15/39，综合类排名 81/268。

共72个专业参评,其中5★+专业0个,5★专业0个,5★-专业0个,4★专业3个,3★专业23个。

在中国普通高校研究生教育竞争力排行榜中的名次:总排名435/596,黑龙江省内排名14/21,综合类排名73/93。

共14个一级学科(学术学位)参评。

一级学科排名

马克思主义理论274/377、外国语言文学125/240、化学195/238、生物学135/240、材料科学与工程107/227、计算机科学与技术259/268、农业工程42/43、基础医学55/111、临床医学96/113、口腔医学40/47、公共卫生与预防医学68/78、药学106/147、音乐与舞蹈学26/86、美术学76/114。

本科优势专业排名

4★专业:英语164/925。

10242　哈尔滨体育学院

在中国本科院校竞争力排行榜中的名次521,黑龙江省内排名16/39,体育类排名13/16。

共10个专业参评,其中5★+专业0个,5★专业0个,5★-专业1个,4★专业3个,3★专业3个。

在中国普通高校研究生教育竞争力排行榜中的名次:总排名529/596,黑龙江省内排名17/21,体育类排名11/13。

共1个一级学科(学术学位)参评,其中5★+学科0个,5★学科0个,5★-学科0个,4★学科1个,学科优秀率为100%。

一级学科排名

体育学15/107。

本科优势专业排名

5★-专业:运动康复7/84。

4★专业:体育教育36/341、社会体育指导与管理31/239。

11802　黑龙江工程学院

在中国本科院校竞争力排行榜中的名次537,黑龙江省内排名17/39,理工类排名180/364。

共47个专业参评,其中5★+专业0个,5★专业0个,5★-专业0个,4★专业1个,3★专业6个。

本科优势专业排名

4★专业:电气工程及其自动化94/573。

10219　黑龙江科技大学

在中国本科院校竞争力排行榜中的名次546,黑龙江省内排名18/39,理工类排名183/364。

共55个专业参评,其中5★+专业0个,5★专业0个,5★-专业1个,4★专业2个,3★专业25个。

在中国普通高校研究生教育竞争力排行榜中的名次:总排名485/596,黑龙江省内排名15/21,理工类排名163/182。

共12个一级学科(学术学位)参评。

一级学科排名

马克思主义理论264/377、物理学195/203、机械工程218/224、材料科学与工程221/227、电气工程109/112、计算机科学与技术262/268、土木工程160/164、化学工程与技术176/176、矿业工程29/31、安全科学与工程20/61、工商管理304/309、公共管理192/214。

本科优势专业排名

5★-专业:安全工程15/151。

10233　牡丹江师范学院

在中国本科院校竞争力排行榜中的名次585,黑龙江省内排名19/39,师范类排名75/175。

共47个专业参评,其中5★+专业0个,5★专业0个,5★-专业0个,4★专业3个,3★专业13个。

在中国普通高校研究生教育竞争力排行榜中的名次:总排名504/596,黑龙江省内排名16/21,

师范类排名 57/77。

共 9 个一级学科(学术学位)参评。

一级学科排名

马克思主义理论 199/377、教育学 128/143、体育学 66/107、中国语言文学 117/186、外国语言文学 111/240、数学 251/276、物理学 182/203、化学 229/238、生物学 191/240。

本科优势专业排名

4★专业：英语 152/925、翻译 32/269。

11230 齐齐哈尔医学院

在中国本科院校竞争力排行榜中的名次 659，黑龙江省内排名 20/39，医药类排名 72/108。

共 23 个专业参评，其中 5★+专业 0 个，5★专业 0 个，5★-专业 0 个，4★专业 0 个，3★专业 4 个。

在中国普通高校研究生教育竞争力排行榜中的名次：总排名 564/596，黑龙江省内排名 20/21，医药类排名 74/76。

共 1 个一级学科(学术学位)参评。

一级学科排名

医学技术 12/43。

10235 大庆师范学院

在中国本科院校竞争力排行榜中的名次 770，黑龙江省内排名 21/39，师范类排名 123/175。

共 43 个专业参评，其中 5★+专业 0 个，5★专业 0 个，5★-专业 1 个，4★专业 1 个，3★专业 2 个。

本科优势专业排名

5★-专业：学前教育 42/420。

10234 哈尔滨学院

在中国本科院校竞争力排行榜中的名次 776，黑龙江省内排名 22/39，综合类排名 144/268。

共 34 个专业参评，其中 5★+专业 0 个，5★专业 0 个，5★-专业 0 个，4★专业 0 个，3★专业 9 个。

10229 牡丹江医学院

在中国本科院校竞争力排行榜中的名次 785，黑龙江省内排名 23/39，医药类排名 76/108。

共 21 个专业参评，其中 5★+专业 0 个，5★专业 0 个，5★-专业 0 个，4★专业 0 个，3★专业 5 个。

在中国普通高校研究生教育竞争力排行榜中的名次：总排名 547/596，黑龙江省内排名 19/21，医药类排名 72/76。

共 3 个一级学科(学术学位)参评。

一级学科排名

生物学 211/240、生物医学工程 76/80、基础医学 91/111。

10236 绥化学院

在中国本科院校竞争力排行榜中的名次 871，黑龙江省内排名 25/39，综合类排名 172/268。

共 38 个专业参评，其中 5★+专业 0 个，5★专业 0 个，5★-专业 0 个，4★专业 0 个，3★专业 5 个。

13744 黑河学院

在中国本科院校竞争力排行榜中的名次 896，黑龙江省内排名 26/39，文法类排名 55/68。

共 41 个专业参评，其中 5★+专业 0 个，5★专业 0 个，5★-专业 0 个，4★专业 0 个，3★专业 4 个。

10245 哈尔滨金融学院

在中国本科院校竞争力排行榜中的名次 957，黑龙江省内排名 27/39，财经类排名 65/109。

共 23 个专业参评，其中 5★+专业 0 个，5★专业 0 个，5★-专业 0 个，4★专业 0 个，3★专业 9 个。

11445　黑龙江工业学院

在中国本科院校竞争力排行榜中的名次 997，黑龙江省内排名 32/39，理工类排名 288/364。

共 27 个专业参评，其中 5★+专业 0 个，5★专业 0 个，5★-专业 0 个，4★专业 0 个，3★专业 11 个。

民 办 院 校

13306　哈尔滨广厦学院

在中国民办院校竞争力排行榜中的名次 82，黑龙江省内排名 24/39，综合类排名 168/268。

共 15 个专业参评，其中 5★+专业 0 个，5★专业 0 个，5★-专业 0 个，4★专业 3 个，3★专业 5 个。

13298　黑龙江财经学院

在中国民办院校竞争力排行榜中的名次 131，黑龙江省内排名 28/39，财经类排名 67/109。

共 28 个专业参评，其中 5★+专业 0 个，5★专业 0 个，5★-专业 0 个，4★专业 1 个，3★专业 1 个。

13303　哈尔滨剑桥学院

在中国民办院校竞争力排行榜中的名次 133，黑龙江省内排名 29/39，综合类排名 203/268。

共 23 个专业参评，其中 5★+专业 0 个，5★专业 0 个，5★-专业 0 个，4★专业 1 个，3★专业 8 个。

本科优势专业排名

4★专业：学前教育 70/420。

13307　哈尔滨华德学院

在中国民办院校竞争力排行榜中的名次 135，黑龙江省内排名 30/39，理工类排名 279/364。

共 30 个专业参评，其中 5★+专业 0 个，5★专业 0 个，5★-专业 0 个，4★专业 0 个，3★专业 6 个。

13296　黑龙江外国语学院

在中国民办院校竞争力排行榜中的名次 144，黑龙江省内排名 31/39，师范类排名 158/175。

共 30 个专业参评，其中 5★+专业 0 个，5★专业 0 个，5★-专业 0 个，4★专业 3 个，3★专业 7 个。

本科优势专业排名

4★专业：商务英语 54/360。

11446　黑龙江东方学院

在中国民办院校竞争力排行榜中的名次 154，黑龙江省内排名 33/39，综合类排名 213/268。

共 39 个专业参评，其中 5★+专业 0 个，5★专业 0 个，5★-专业 0 个，4★专业 0 个，3★专业 5 个。

在中国普通高校研究生教育竞争力排行榜中的名次：总排名 596/596，黑龙江省内排名 21/21，综合类排名 93/93。

13299　哈尔滨石油学院

在中国民办院校竞争力排行榜中的名次 197，黑龙江省内排名 35/39，理工类排名 338/364。

共 34 个专业参评，其中 5★+专业 0 个，5★专业 0 个，5★-专业 0 个，4★专业 0 个，3★专业 2 个。

13301　哈尔滨远东理工学院

在中国民办院校竞争力排行榜中的名次 202，黑龙江省内排名 36/39，理工类排名 341/364。

共 25 个专业参评，其中 5★+专业 0 个，5★专业 0 个，5★-专业 0 个，4★专业 0 个，3★专业 8 个。

13300　黑龙江工商学院

在中国民办院校竞争力排行榜中的名次 207，黑龙江省内排名 37/39，综合类排名 259/268。

共 23 个专业参评，其中 5★+专业 0 个，5★专业 0 个，5★-专业 0 个，4★专业 0 个，3★专业 8 个。

11635　哈尔滨信息工程学院

在中国民办院校竞争力排行榜中的名次 218，黑龙江省内排名 38/39，理工类排名 359/364。

共 14 个专业参评，其中 5★+专业 0 个，5★专业 0 个，5★-专业 0 个，4★专业 0 个，3★专业 5 个。

12729　齐齐哈尔工程学院

在中国民办院校竞争力排行榜中的名次 224，黑龙江省内排名 39/39，理工类排名 363/364。

共 18 个专业参评，其中 5★+专业 0 个，5★专业 0 个，5★-专业 0 个，4★专业 0 个，3★专业 3 个。

天津市

一流大学

10056　天津大学

在中国本科院校竞争力排行榜中的名次 21，天津市内排名 1/29，理工类排名 10/364。

共 66 个专业参评，其中 5★+专业 17 个，5★专业 17 个，5★-专业 11 个，4★专业 14 个，3★专业 6 个。

在中国普通高校研究生教育竞争力排行榜中的名次：总排名 21/596，天津市内排名 1/18，理工类排名 10/182。

共 48 个一级学科(学术学位)参评，其中 5★+学科 1 个，5★学科 4 个，5★-学科 12 个，4★学科 11 个，学科优秀率为 58.33%。

一级学科排名

应用经济学 89/264、法学 66/209、马克思主义理论 43/377、教育学 21/143、心理学 71/104、教育 4/8、中国语言文学 79/186、外国语言文学 130/240、新闻传播学 91/120、数学 40/276、物理学 42/203、化学 8/238、地理学 81/85、大气科学 17/22、海洋科学 8/31、生物学 84/240、力学 12/97、机械工程 16/224、光学工程 3/94、仪器科学与技术 5/68、材料科学与工程 14/227、冶金工程 16/26、动力工程及工程热物理 3/104、电气工程 14/112、电子科学与技术 24/123、信息与通信工程 23/186、控制科学与工程 13/189、计算机科学与技术 20/268、建筑学 5/84、土木工程 15/164、水利工程 5/64、化学工程与技术 1/176、船舶与海洋工程 4/27、环境科学与工程 11/196、生物医学工程 9/80、食品科学与工程 40/105、城乡规划学 6/74、风景园林学 17/56、软件工程 13/148、网络空间安全 58/77、临床医学 107/113、药学 30/147、管理科学与工程 5/209、工商管理 32/309、公共管理 20/214、信息资源管理 29/50、设计学 31/175、集成电路科学与工程 19/30。

本科优势专业排名

5★+专业：应用化学 1/375、机械设计制造及其自动化 1/517、材料成型及控制工程 3/221、测控技术与仪器 1/190、材料科学与工程 4/237、能源与动力工程 3/188、电气工程及其自动化 10/573、集成电路设计与集成系统 1/88、计算机科学与技术 15/932、化学工程与工艺 1/329、制药工程 2/257、环境工程 7/352、建筑学 4/291、城乡规划 4/207、工程管理 2/393、物流工程 1/103、工业工程 1/142。

5★专业：数学与应用数学 25/519、工业设计 7/216、过程装备与控制工程 4/92、智能制造工程 13/296、功能材料 2/52、智能电网信息工程 2/38、光电信息科学与工程 6/218、人工智能 20/479、软件工程 20/611、物联网工程 25/492、数据科学与大数据技术 22/711、土木工程 18/529、水利水电工程 4/83、港口航道与海岸工程 2/32、智能医学工程 2/69、财务管理 29/686、环境设计 32/721。

5★-专业：金融数学 7/71、海洋技术 2/25、电子科学与技术 11/154、网络空间安全 8/113、建筑环境与能源应用工程 9/166、环境科学 10/176、生物医学工程 12/122、风景园林 14/187、生物工程 17/242、信息管理与信息系统 34/335、电子商务 40/457。

4★专业：金融学 62/389、法学 60/580、马克思主义理论 11/54、教育学 15/85、应用物理学 31/155、工程力学 11/82、智能感知工程 4/28、电子信息工程 71/642、通信工程 73/494、自动化 69/445。

10055　南开大学

在中国本科院校竞争力排行榜中的名次 29，天津市内排名 2/29，综合类排名 12/268。

共 93 个专业参评，其中 5★+专业 12 个，5★专业 8 个，5★-专业 24 个，4★专业 18 个，3★专业 24 个。

在中国普通高校研究生教育竞争力排行榜中的名次：总排名 25/596，天津市内排名 2/18，综合类排名 11/93。

共 42 个一级学科(学术学位)参评，其中 5★+学科 2 个，5★学科 5 个，5★-学科 5 个，4★学科 12 个，学科优秀率为 57.14%。

一级学科排名

哲学 11/133、理论经济学 6/109、应用经济学 8/264、法学 28/209、政治学 12/80、社会学 5/88、马克思主义理论 10/377、心理学 35/104、中国语言文学 12/186、外国语言文学 31/240、新闻传播学 43/120、考古学 20/40、中国史 17/119、世界史 3/68、数学 5/276、物理学 23/203、化学 4/238、生物学 26/240、生态学 29/111、统计学 4/126、光学工程 20/94、材料科学与工程 26/227、电子科学与技术 31/123、信息与通信工程 73/186、控制科学与工程 38/189、计算机科学与技术 47/268、环境科学与工程 14/196、食品科学与工程 88/105、软件工程 34/148、网络空间安全 47/77、植物保护 11/44、基础医学 57/111、临床医学 45/113、口腔医学 28/47、药学 25/147、管理科学与工程 47/209、工商管理 7/309、公共管理 23/214、信息资源管理 8/50、艺术学理论 44/73、美术学 60/114、设计学 83/175。

本科优势专业排名

5★+专业：经济学 4/356、数字经济 2/129、金融工程 5/255、国际经济与贸易 3/665、汉语言文学 11/619、信息与计算科学 2/308、化学 6/310、智能科学与技术 2/186、数据科学与大数据技术 4/711、行政管理 5/292、旅游管理 4/428、会展经济与管理 1/100。

5★专业：商务经济学 1/19、英语 35/925、日语 13/449、历史学 10/246、数学与应用数学 18/519、统计学 9/211、工商管理 19/538、会计学 32/659。

5★-专业：金融学 33/389、保险学 6/95、投资学 11/124、法学 44/580、政治学与行政学 6/84、马克思主义理论 5/54、汉语国际教育 27/328、文物与博物馆学 6/57、物理学 16/283、应用物理学 14/155、生物科学 16/283、生物技术 18/285、光电信息科学与工程 13/218、电子信息科学与技术 15/167、自动化 44/445、计算机科学与技术 58/932、软件工程 32/611、物联网工程 35/492、环境工程 22/352、环境科学 13/176、市场营销 58/579、财务管理 62/686、人力资源管理 33/416、城市管理 3/47。

4★专业：哲学 12/75、财政学 10/84、社会学 15/92、社会工作 29/259、世界史 3/18、应用化学

44/375、化学生物学 3/24、应用心理学 43/257、材料物理 15/73、材料化学 15/131、通信工程 88/494、微电子科学与工程 22/115。

一 般 大 学

10062　天津医科大学

在中国本科院校竞争力排行榜中的名次 157，天津市内排名 3/29，医药类排名 7/108。

共 19 个专业参评，其中 5★+专业 2 个，5★专业 3 个，5★-专业 6 个，4★专业 4 个，3★专业 3 个。

在中国普通高校研究生教育竞争力排行榜中的名次：总排名 116/596，天津市内排名 3/18，医药类排名 6/76。

共 12 个一级学科（学术学位）参评，其中 5★+学科 0 个，5★学科 0 个，5★-学科 0 个，4★学科 4 个，学科优秀率为 33.33%。

一级学科排名

马克思主义理论 362/377、生物学 87/240、生物医学工程 16/80、基础医学 16/111、临床医学 12/113、口腔医学 18/47、公共卫生与预防医学 25/78、中西医结合 21/62、药学 49/147、医学技术 5/43、护理学 29/74、公共管理 174/214。

本科优势专业排名

5★+专业：医学影像技术 1/103、康复治疗学 2/183。

5★专业：眼视光医学 2/31、医学检验技术 5/166、眼视光学 2/32。

5★-专业：医学影像学 5/79、预防医学 7/125、药学 14/250、药物制剂 6/87、智能医学工程 6/69、护理学 24/296。

10058　天津工业大学

在中国本科院校竞争力排行榜中的名次 167，天津市内排名 4/29，理工类排名 69/364。

共 54 个专业参评，其中 5★+专业 0 个，5★专业 3 个，5★-专业 5 个，4★专业 11 个，3★专业 32 个。

在中国普通高校研究生教育竞争力排行榜中

的名次：总排名 198/596，天津市内排名 5/18，理工类排名 75/182。

共 27 个一级学科(学术学位)参评，其中 5★+学科 0 个，5★学科 0 个，5★-学科 0 个，4★学科 1 个，学科优秀率为 3.7%。

一级学科排名

应用经济学 166/264、法学 175/209、马克思主义理论 283/377、外国语言文学 158/240、数学 72/276、物理学 134/203、化学 205/238、统计学 61/126、机械工程 80/224、光学工程 88/94、材料科学与工程 66/227、电气工程 77/112、电子科学与技术 76/123、信息与通信工程 117/186、控制科学与工程 52/189、计算机科学与技术 131/268、化学工程与技术 81/176、纺织科学与工程 3/22、航空宇航科学与技术 32/32、环境科学与工程 126/196、生物医学工程 72/80、软件工程 107/148、管理科学与工程 152/209、工商管理 150/309、公共管理 80/214、戏剧与影视学 50/62、设计学 114/175。

本科优势专业排名

5★专业：机械电子工程 12/302、动画 6/251、视觉传达设计 32/722。

5★-专业：电子信息工程 48/642、软件工程 48/611、纺织工程 4/41、非织造材料与工程 2/15、表演 12/146。

4★专业：国际经济与贸易 73/665、应用统计学 24/187、智能制造工程 47/296、材料科学与工程 35/237、复合材料与工程 9/44、电气工程及其自动化 76/573、自动化 80/445。

10065 天津师范大学

在中国本科院校竞争力排行榜中的名次 179，天津市内排名 5/29，师范类排名 20/175。

共 72 个专业参评，其中 5★+专业 2 个，5★专业 3 个，5★-专业 9 个，4★专业 13 个，3★专业 33 个。

在中国普通高校研究生教育竞争力排行榜中的名次：总排名 176/596，天津市内排名 4/18，师范类排名 18/77。

共 33 个一级学科(学术学位)参评，其中 5★+学科 0 个，5★学科 0 个，5★-学科 1 个，4★学科

---

2 个，学科优秀率为 9.09%。

一级学科排名

理论经济学 85/109、法学 122/209、政治学 16/80、社会学 60/88、马克思主义理论 56/377、教育学 32/143、心理学 6/104、体育学 99/107、中国语言文学 59/186、外国语言文学 207/240、新闻传播学 33/120、考古学 38/40、中国史 53/119、世界史 21/68、数学 167/276、物理学 153/203、化学 99/238、天文学 21/21、地理学 32/85、生物学 130/240、科学技术史 26/26、生态学 102/111、教育技术学 38/45、材料科学与工程 179/227、信息与通信工程 118/186、管理科学与工程 205/209、工商管理 290/309、公共管理 193/214、信息资源管理 33/50、音乐与舞蹈学 84/86、戏剧与影视学 46/62、美术学 111/114、设计学 172/175。

本科优势专业排名

5★+专业：政治学与行政学 2/84、应用心理学 1/257。

5★专业：小学教育 7/311、播音与主持艺术 10/232、数字媒体艺术 17/350。

5★-专业：国际经济与贸易 62/665、思想政治教育 28/304、学前教育 41/420、汉语言文学 44/619、英语 60/925、新闻学 23/308、行政管理 29/292、舞蹈学 14/201、表演 13/146。

4★专业：法学 73/580、教育学 10/85、教育技术学 14/130、汉语国际教育 43/328、广播电视学 28/146、广告学 33/256、化学 53/310、地理科学 27/171。

10060 天津理工大学

在中国本科院校竞争力排行榜中的名次 212，天津市内排名 6/29，理工类排名 87/364。

共 60 个专业参评，其中 5★+专业 1 个，5★专业 2 个，5★-专业 7 个，4★专业 12 个，3★专业 25 个。

在中国普通高校研究生教育竞争力排行榜中的名次：总排名 243/596，天津市内排名 7/18，理工类排名 94/182。

共 23 个一级学科(学术学位)参评，其中 5★+学科 0 个，5★学科 0 个，5★-学科 0 个，4★学科 1 个，学科优秀率为 4.35%。

一级学科排名

社会学 80/88、马克思主义理论 245/377、外国语言文学 213/240、数学 243/276、物理学 148/203、化学 119/238、机械工程 184/224、光学工程 92/94、材料科学与工程 72/227、电气工程 64/112、电子科学与技术 97/123、信息与通信工程 121/186、控制科学与工程 173/189、计算机科学与技术 83/268、化学工程与技术 106/176、环境科学与工程 117/196、软件工程 139/148、安全科学与工程 54/61、网络空间安全 57/77、药学 144/147、管理科学与工程 71/209、工商管理 205/309、设计学 32/175。

本科优势专业排名

5★+专业：工程造价 1/264。

5★专业：大数据管理与应用 11/210、产品设计 14/402。

5★-专业：机械电子工程 28/302、电气工程及其自动化 47/573、电子信息工程 38/642、通信工程 39/494、计算机科学与技术 76/932、工程管理 24/393、视觉传达设计 60/722。

4★专业：社会工作 33/259、日语 64/449、应用化学 50/375、材料科学与工程 46/237、新能源材料与器件 25/131、自动化 77/445、软件工程 107/611。

10057　天津科技大学

在中国本科院校竞争力排行榜中的名次 218，天津市内排名 7/29，理工类排名 89/364。

共 57 个专业参评，其中 5★+专业 2 个，5★专业 4 个，5★-专业 2 个，4★专业 7 个，3★专业 34 个。

在中国普通高校研究生教育竞争力排行榜中的名次：总排名 207/596，天津市内排名 6/18，理工类排名 79/182。

共 20 个一级学科(学术学位)参评，其中 5★+学科 0 个，5★学科 0 个，5★-学科 0 个，4★学科 1 个，学科优秀率为 5%。

一级学科排名

应用经济学 91/264、马克思主义理论 253/377、外国语言文学 109/240、化学 134/238、海洋科学 24/31、机械工程 66/224、仪器科学与技术 46/68、材料科学与工程 148/227、控制科学与工程 110/189、化学工程与技术 45/176、轻工技术与工程 6/18、环境科学与工程 139/196、食品科学与工程 21/105、软件工程 87/148、生物工程 10/26、公共卫生与预防医学 56/78、药学 108/147、管理科学与工程 111/209、工商管理 171/309、设计学 78/175。

本科优势专业排名

5★+专业：食品科学与工程 4/283、财务管理 12/686。

5★专业：制药工程 11/257、包装工程 2/37、生物工程 8/242、物流管理 17/432。

5★-专业：工业设计 22/216、食品质量与安全 21/240。

4★专业：金融工程 49/255、投资学 23/124、日语 73/449、机械电子工程 44/302。

10059　中国民航大学

在中国本科院校竞争力排行榜中的名次 312，天津市内排名 8/29，理工类排名 121/364。

共 42 个专业参评，其中 5★+专业 0 个，5★专业 1 个，5★-专业 2 个，4★专业 10 个，3★专业 20 个。

在中国普通高校研究生教育竞争力排行榜中的名次：总排名 298/596，天津市内排名 9/18，理工类排名 112/182。

共 14 个一级学科(学术学位)参评，其中 5★+学科 0 个，5★学科 0 个，5★-学科 1 个，4★学科 0 个，学科优秀率为 7.14%。

一级学科排名

法学 201/209、外国语言文学 234/240、数学 211/276、物理学 203/203、机械工程 191/224、材料科学与工程 211/227、信息与通信工程 99/186、控制科学与工程 88/189、计算机科学与技术 214/268、交通运输工程 35/66、航空宇航科学与技术 24/32、安全科学与工程 4/61、网络空间安全 73/77、工商管理 181/309。

本科优势专业排名

5★专业：航空服务艺术与管理4/71。

5★-专业：电子信息工程34/642、通信工程47/494。

4★专业：经济与金融15/78、机械电子工程52/302、人工智能74/479。

10070 天津财经大学

在中国本科院校竞争力排行榜中的名次316，天津市内排名9/29，财经类排名19/109。

共47个专业参评，其中5★+专业4个，5★专业5个，5★-专业3个，4★专业9个，3★专业18个。

在中国普通高校研究生教育竞争力排行榜中的名次：总排名342/596，天津市内排名10/18，财经类排名16/39。

共10个一级学科(学术学位)参评，其中5★+学科0个，5★学科0个，5★-学科1个，4★学科1个，学科优秀率为20%。

一级学科排名

理论经济学44/109、应用经济学30/264、法学136/209、马克思主义理论263/377、外国语言文学137/240、数学231/276、计算机科学与技术188/268、管理科学与工程58/209、工商管理27/309、公共管理162/214。

本科优势专业排名

5★+专业：市场营销10/579、会计学13/659、国际商务3/126、人力资源管理7/416。

5★专业：国际经济与贸易28/665、商务英语11/360、工商管理14/538、财务管理22/686、审计学10/198。

5★-专业：经济统计学12/138、金融学25/389、金融工程16/255。

4★专业：数字经济18/129、财政学17/84、税收学16/90、金融数学14/71、信用管理4/22、法学96/580、应用统计学27/187。

10063 天津中医药大学

在中国本科院校竞争力排行榜中的名次317，

天津市内排名10/29，医药类排名27/108。

共32个专业参评，其中5★+专业0个，5★专业1个，5★-专业4个，4★专业5个，3★专业12个。

在中国普通高校研究生教育竞争力排行榜中的名次：总排名261/596，天津市内排名8/18，医药类排名32/76。

共7个一级学科(学术学位)参评，其中5★+学科0个，5★学科0个，5★-学科0个，4★学科2个，学科优秀率为28.57%。

一级学科排名

中医学11/40、中西医结合8/62、药学62/147、中药学6/51、医学技术27/43、护理学31/74、管理科学与工程114/209。

本科优势专业排名

5★专业：中药学4/121。

5★-专业：中医学5/65、针灸推拿学4/51、中药制药2/25、护理学27/296。

10069 天津商业大学

在中国本科院校竞争力排行榜中的名次378，天津市内排名11/29，财经类排名26/109。

共52个专业参评，其中5★+专业0个，5★专业1个，5★-专业4个，4★专业5个，3★专业27个。

在中国普通高校研究生教育竞争力排行榜中的名次：总排名408/596，天津市内排名12/18，财经类排名25/39。

共10个一级学科(学术学位)参评。

一级学科排名

理论经济学71/109、应用经济学134/264、法学118/209、马克思主义理论230/377、统计学106/126、动力工程及工程热物理47/104、信息与通信工程153/186、食品科学与工程65/105、工商管理148/309、公共管理175/214。

本科优势专业排名

5★专业：酒店管理6/184。

5★-专业：国际经济与贸易 58/665、应用统计学 10/187、财务管理 45/686、电子商务 31/457。

4★专业：金融学 67/389、通信工程 78/494。

10068 天津外国语大学

在中国本科院校竞争力排行榜中的名次 388，天津市内排名 12/29，文法类排名 12/68。

共 38 个专业参评，其中 5★+专业 1 个，5★专业 3 个，5★-专业 6 个，4★专业 4 个，3★专业 10 个。

在中国普通高校研究生教育竞争力排行榜中的名次：总排名 484/596，天津市内排名 15/18，文法类排名 17/32。

共 6 个一级学科（学术学位）参评，其中 5★+学科 0 个，5★学科 0 个，5★-学科 1 个，4★学科 0 个，学科优秀率为 16.67%。

一级学科排名

哲学 124/133、理论经济学 104/109、政治学 78/80、中国语言文学 182/186、外国语言文学 15/240、新闻传播学 119/120。

本科优势专业排名

5★+专业：日语 2/449。

5★专业：俄语 6/161、翻译 9/269、商务英语 8/360。

5★-专业：汉语国际教育 22/328、英语 52/925、德语 10/112、西班牙语 7/97、朝鲜语 9/92、泰语 5/48。

4★专业：汉语言文学 75/619、法语 20/143、阿拉伯语 7/39、网络与新媒体 50/338。

10792 天津城建大学

在中国本科院校竞争力排行榜中的名次 405，天津市内排名 13/29，理工类排名 149/364。

共 52 个专业参评，其中 5★+专业 0 个，5★专业 0 个，5★-专业 1 个，4★专业 7 个，3★专业 19 个。

在中国普通高校研究生教育竞争力排行榜中的名次：总排名 394/596，天津市内排名 11/18，理工类排名 142/182。

共 14 个一级学科（学术学位）参评。

一级学科排名

应用经济学 169/264、化学 199/238、材料科学与工程 215/227、动力工程及工程热物理 73/104、控制科学与工程 137/189、计算机科学与技术 258/268、建筑学 52/84、土木工程 81/164、测绘科学与技术 45/53、环境科学与工程 165/196、城乡规划学 67/74、风景园林学 56/56、管理科学与工程 166/209、设计学 103/175。

本科优势专业排名

5★-专业：房地产开发与管理 3/40。

10073 天津美术学院

在中国本科院校竞争力排行榜中的名次 439，天津市内排名 14/29，艺术类排名 25/48。

共 16 个专业参评，其中 5★+专业 0 个，5★专业 1 个，5★-专业 2 个，4★专业 3 个，3★专业 8 个。

在中国普通高校研究生教育竞争力排行榜中的名次：总排名 561/596，天津市内排名 17/18，艺术类排名 25/33。

共 3 个一级学科（学术学位）参评。

一级学科排名

艺术学理论 36/73、美术学 39/114、设计学 104/175。

本科优势专业排名

5★专业：视觉传达设计 18/722。

5★-专业：绘画 11/160、数字媒体艺术 24/350。

10071 天津体育学院

在中国本科院校竞争力排行榜中的名次 473，天津市内排名 15/29，体育类排名 8/16。

共 17 个专业参评，其中 5★+专业 1 个，5★专业 2 个，5★-专业 2 个，4★专业 1 个，3★专业 3 个。

在中国普通高校研究生教育竞争力排行榜中

的名次：总排名 498/596，天津市内排名 16/18，体育类排名 8/13。

共 2 个一级学科(学术学位)参评，其中 5★+学科 0 个，5★学科 0 个，5★-学科 0 个，4★学科 1 个，学科优秀率为 50%。

一级学科排名

教育学 106/143、体育学 16/107。

本科优势专业排名

5★+专业：社会体育指导与管理 3/239。
5★专业：体育教育 10/341、运动康复 4/84。
5★-专业：运动训练 5/64、舞蹈学 13/201。
4★专业：武术与民族传统体育 8/45。

10072　天津音乐学院

在中国本科院校竞争力排行榜中的名次 482，天津市内排名 16/29，艺术类排名 31/48。

共 9 个专业参评，其中 5★+专业 2 个，5★专业 0 个，5★-专业 1 个，4★专业 2 个，3★专业 3 个。

在中国普通高校研究生教育竞争力排行榜中的名次：总排名 572/596，天津市内排名 18/18，艺术类排名 29/33。

共 3 个一级学科(学术学位)参评。

一级学科排名

艺术学理论 41/73、音乐与舞蹈学 21/86、戏剧与影视学 61/62。

本科优势专业排名

5★+专业：音乐表演 4/234、音乐学 8/388。
5★-专业：表演 14/146。

10061　天津农学院

在中国本科院校竞争力排行榜中的名次 511，天津市内排名 17/29，农林类排名 36/47。

共 44 个专业参评，其中 5★+专业 0 个，5★专业 0 个，5★-专业 0 个，4★专业 1 个，3★专业 7 个。

在中国普通高校研究生教育竞争力排行榜中的名次：总排名 468/596，天津市内排名 14/18，农林类排名 37/38。

共 9 个一级学科(学术学位)参评。

一级学科排名

农业工程 40/43、食品科学与工程 97/105、作物学 45/50、园艺 41/44、植物保护 36/44、畜牧学 53/55、兽医学 38/44、水产 26/33、农林经济管理 49/51。

10066　天津职业技术师范大学

在中国本科院校竞争力排行榜中的名次 600，天津市内排名 18/29，师范类排名 82/175。

在中国普通高校研究生教育竞争力排行榜中的名次：总排名 463/596，天津市内排名 13/18，师范类排名 52/77。

共 11 个一级学科(学术学位)参评。

一级学科排名

教育学 49/143、心理学 60/104、数学 170/276、教育技术学 42/45、机械工程 173/224、材料科学与工程 218/227、信息与通信工程 157/186、控制科学与工程 180/189、交通运输工程 66/66、软件工程 142/148、管理科学与工程 196/209。

12105　天津中德应用技术大学

在中国本科院校竞争力排行榜中的名次 806，天津市内排名 19/29，理工类排名 235/364。

共 22 个专业参评，其中 5★+专业 0 个，5★专业 0 个，5★-专业 0 个，4★专业 0 个，3★专业 8 个。

民 办 院 校

14038　天津仁爱学院

在中国民办院校竞争力排行榜中的名次 134，天津市内排名 20/29，综合类排名 204/268。

共 34 个专业参评，其中 5★+专业 0 个，5★专业 0 个，5★-专业 0 个，4★专业 0 个，3★专业 7 个。

13659 天津传媒学院

在中国民办院校竞争力排行榜中的名次 153，天津市内排名 21/29，体育类排名 16/16。

共 24 个专业参评，其中 5★+专业 0 个，5★专业 0 个，5★-专业 0 个，4★专业 0 个，3★专业 15 个。

10859 天津天狮学院

在中国民办院校竞争力排行榜中的名次 212，天津市内排名 27/29，综合类排名 263/268。

共 31 个专业参评，其中 5★+专业 0 个，5★专业 0 个，5★-专业 0 个，4★专业 0 个，3★专业 5 个。

福 建 省

一 流 大 学

10384　厦门大学

在中国本科院校竞争力排行榜中的名次 26，福建省内排名 1/38，综合类排名 11/268。

共 99 个专业参评，其中 5★+专业 13 个，5★专业 17 个，5★-专业 15 个，4★专业 24 个，3★专业 24 个。

在中国普通高校研究生教育竞争力排行榜中的名次：总排名 23/596，福建省内排名 1/13，综合类排名 10/93。

共 46 个一级学科(学术学位)参评，其中 5★+学科 3 个，5★学科 4 个，5★-学科 11 个，4★学科 11 个，学科优秀率为 63.04%。

一级学科排名

哲学 20/133、理论经济学 8/109、应用经济学 11/264、法学 18/209、政治学 9/80、社会学 16/88、民族学 22/38、马克思主义理论 35/377、教育学 5/143、中国语言文学 27/186、外国语言文学 18/240、新闻传播学 12/120、考古学 14/40、中国史 16/119、世界史 18/68、数学 24/276、物理学 29/203、化学 5/238、天文学 11/21、海洋科学 2/31、生物学 7/240、生态学 8/111、统计学 3/126、机械工程 42/224、仪器科学与技术 17/68、材料科学与工程 36/227、电子科学与技术 21/123、信息与通信工程 43/186、控制科学与工程 48/189、计算机科学与技术 25/268、建筑学 22/84、土木工程 74/164、化学工程与技术 11/176、航空宇航科学与技术 13/32、环境科学与工程 12/196、基础医学 51/111、临床医学 30/113、公共卫生与预防医学 20/78、中医学 27/40、药学 34/147、社会医学与卫生事业管理 9/15、管理科学与工程 32/209、工商管理 6/309、公共管理 14/214、戏剧与影视学 17/62、美术学 23/114。

本科优势专业排名

5★+专业：英语 16/925、化学 5/310、生物技术 4/285、统计学 1/211、数字媒体技术 5/234、管理科学 1/36、工商管理 11/538、会计学 9/659、财务管理 2/686、国际商务 1/126、人力资源管理 4/416、行政管理 3/292、电子商务 5/457。

5★专业：经济学 13/356、经济统计学 4/138、国际经济与贸易 19/665、广告学 9/256、数学与应用数学 12/519、化学生物学 1/24、海洋科学 2/35、生物科学 12/283、电子信息工程 19/642、电子信息科学与技术 4/167、人工智能 23/479、计算机科学与技术 46/932、化学工程与工艺 14/329、审计学 6/198、旅游管理 16/428、戏剧影视文学 4/95、绘画 5/160。

5★-专业：金融学 21/389、金融工程 26/255、法学 42/580、俄语 15/161、日语 26/449、历史学 22/246、信息与计算科学 19/308、物理学 22/283、生态学 6/85、机械设计制造及其自动化 32/517、软件工程 44/611、数据科学与大数据技术 58/711、环境科学 18/176、环境生态工程 6/71、酒店管理 10/184。

4★专业：财政学 11/84、政治学与行政学 9/84、外交学 3/15、社会学 14/92、社会工作 28/259、汉语言文学 83/619、汉语言 4/25、法语 26/143、新闻学 32/308、广播电视学 23/146、传播学 11/69、海洋技术 4/25、测控技术与仪器 27/190、材料科学与工程 29/237、新能源科学与工程 17/144、通信工程 79/494、集成电路设计与集成系统 14/88、自动化 73/445。

一 般 大 学

10386　福州大学

在中国本科院校竞争力排行榜中的名次 76，福建省内排名 2/38，综合类排名 27/268。

共 88 个专业参评，其中 5★+专业 2 个，5★专业 6 个，5★-专业 14 个，4★专业 21 个，3★专业 33 个。

在中国普通高校研究生教育竞争力排行榜中的名次：总排名 72/596，福建省内排名 2/13，综合类排名 25/93。

共 38 个一级学科(学术学位)参评，其中 5★+学科 0 个，5★学科 0 个，5★-学科 3 个，4★学科

4个，学科优秀率为18.42%。

一级学科排名

理论经济学 57/109、应用经济学 115/264、法学 48/209、社会学 54/88、马克思主义理论 193/377、心理学 66/104、外国语言文学 117/240、数学 84/276、物理学 158/203、化学 16/238、地理学 38/85、统计学 84/126、力学 57/97、机械工程 44/224、材料科学与工程 53/227、电气工程 24/112、电子科学与技术 33/123、信息与通信工程 50/186、控制科学与工程 80/189、计算机科学与技术 49/268、土木工程 21/164、水利工程 36/64、化学工程与技术 13/176、地质资源与地质工程 32/46、矿业工程 25/31、环境科学与工程 103/196、食品科学与工程 55/105、城乡规划学 24/74、软件工程 51/148、生物工程 9/26、安全科学与工程 32/61、药学 86/147、管理科学与工程 20/209、工商管理 53/309、公共管理 88/214、美术学 51/114、设计学 72/175、集成电路科学与工程 28/30。

本科优势专业排名

5★+专业：市场营销 7/579、物流管理 9/432。

5★专业：化学 11/310、电气工程及其自动化 20/573、计算机科学与技术 42/932、网络工程 13/282、土木工程 22/529、化学工程与工艺 9/329。

5★-专业：法学 57/580、应用物理学 15/155、机械设计制造及其自动化 30/517、车辆工程 16/256、物联网工程 32/492、数字媒体技术 14/234、数据科学与大数据技术 63/711、智能建造 6/101、资源循环科学与工程 3/32、会计学 37/659、财务管理 61/686、视觉传达设计 63/722、产品设计 21/402、数字媒体艺术 35/350。

4★专业：数学与应用数学 64/519、材料成型及控制工程 34/221、材料科学与工程 41/237、智能电网信息工程 7/38、电子信息工程 87/642、电子科学与技术 22/154、微电子科学与工程 14/115、集成电路设计与集成系统 15/88、人工智能 70/479、机器人工程 49/333。

10394 福建师范大学

在中国本科院校竞争力排行榜中的名次 87，福建省内排名 3/38，师范类排名 10/175。

共 76 个专业参评，其中 5★+专业 5 个，5★

专业 7 个，5★-专业 6 个，4★专业 19 个、3★专业 27 个。

在中国普通高校研究生教育竞争力排行榜中的名次：总排名 104/596，福建省内排名 3/13，师范类排名 10/77。

共 34 个一级学科（学术学位）参评，其中 5★+学科 0 个，5★学科 0 个，5★-学科 2 个，4★学科 8 个，学科优秀率为 29.41%。

一级学科排名

理论经济学 33/109、应用经济学 109/264、法学 127/209、马克思主义理论 46/377、教育学 26/143、心理学 18/104、体育学 11/107、中国语言文学 25/186、外国语言文学 59/240、新闻传播学 59/120、中国史 30/119、世界史 36/68、数学 97/276、物理学 83/203、化学 68/238、地理学 12/85、生物学 104/240、生态学 15/111、统计学 47/126、教育技术学 35/45、光学工程 28/94、材料科学与工程 134/227、信息与通信工程 125/186、计算机科学与技术 161/268、环境科学与工程 133/196、生物工程 15/26、网络空间安全 29/77、管理科学与工程 149/209、公共管理 103/214、信息资源管理 39/50、音乐与舞蹈学 8/86、戏剧与影视学 12/62、美术学 21/114、设计学 131/175。

本科优势专业排名

5★+专业：体育教育 1/341、音乐学 2/388、舞蹈学 3/201、广播电视编导 2/226、美术学 4/333。

5★专业：学前教育 11/420、社会体育指导与管理 8/239、汉语言文学 13/619、英语 26/925、广播电视学 7/146、地理科学 5/171、播音与主持艺术 6/232。

5★-专业：经济学 20/356、思想政治教育 26/304、汉语国际教育 29/328、翻译 24/269、数学与应用数学 35/519、生物工程 15/242。

4★专业：国际经济与贸易 70/665、法学 76/580、教育学 11/85、小学教育 33/311、日语 50/449、历史学 35/246、物理学 32/283、化学 54/310、自然地理与资源环境 8/51、人文地理与城乡规划 18/110、地理信息科学 27/171、心理学 9/73、统计学 37/211、计算机科学与技术 130/932、网络工程 31/282。

10385　华侨大学

在中国本科院校竞争力排行榜中的名次 128，福建省内排名 4/38，综合类排名 38/268。

共 63 个专业参评，其中 5★+专业 1 个，5★专业 1 个，5★-专业 7 个，4★专业 17 个，3★专业 26 个。

在中国普通高校研究生教育竞争力排行榜中的名次：总排名 169/596，福建省内排名 6/13，综合类排名 44/93。

共 24 个一级学科(学术学位)参评，其中 5★+学科 0 个，5★学科 0 个，5★-学科 0 个，4★学科 1 个，学科优秀率为 4.17%。

一级学科排名

哲学 45/133、应用经济学 63/264、法学 143/209、政治学 51/80、马克思主义理论 136/377、中国语言文学 105/186、外国语言文学 199/240、世界史 43/68、数学 184/276、化学 87/238、生物学 218/240、系统科学 19/29、机械工程 70/224、光学工程 78/94、材料科学与工程 93/227、信息与通信工程 84/186、控制科学与工程 119/189、建筑学 21/84、土木工程 58/164、化学工程与技术 58/176、环境科学与工程 135/196、软件工程 61/148、工商管理 54/309、公共管理 150/214。

本科优势专业排名

5★+专业：人力资源管理 8/416。

5★专业：酒店管理 7/184。

5★-专业：智能制造工程 29/296、土木工程 48/529、给排水科学与工程 10/161、建筑学 23/291、工商管理 48/538、财务管理 55/686、旅游管理 32/428。

4★专业：国际经济与贸易 88/665、法学 84/580、国际事务与国际关系 3/17、汉语言文学 120/619、汉语国际教育 64/328、英语 124/925、应用化学 54/375、机械工程 23/122、工业设计 37/216、电气工程及其自动化 100/573、计算机科学与技术 150/932。

10389　福建农林大学

在中国本科院校竞争力排行榜中的名次 138，福建省内排名 5/38，农林类排名 10/47。

共 78 个专业参评，其中 5★+专业 0 个，5★专业 2 个，5★-专业 7 个，4★专业 9 个，3★专业 46 个。

在中国普通高校研究生教育竞争力排行榜中的名次：总排名 111/596，福建省内排名 4/13，农林类排名 8/38。

共 27 个一级学科(学术学位)参评，其中 5★+学科 0 个，5★学科 0 个，5★-学科 0 个，4★学科 4 个，学科优秀率为 14.81%。

一级学科排名

应用经济学 188/264、马克思主义理论 162/377、地理学 60/85、生物学 45/240、生态学 22/111、统计学 83/126、机械工程 151/224、计算机科学与技术 206/268、化学工程与技术 135/176、交通运输工程 63/66、农业工程 23/43、林业工程 5/12、环境科学与工程 97/196、食品科学与工程 23/105、风景园林学 11/56、作物学 13/50、园艺学 10/44、农业资源与环境 12/40、植物保护 13/44、畜牧学 34/55、兽医学 25/44、林学 5/35、水产 20/33、工商管理 142/309、农林经济管理 13/51、公共管理 73/214、设计学 54/175。

本科优势专业排名

5★专业：智慧农业 2/33、园林 6/129。

5★-专业：生物技术 28/285、食品科学与工程 24/283、食品质量与安全 15/240、风景园林 11/187、农学 6/76、植物保护 5/59、茶学 3/30。

4★专业：商务经济学 3/19、生物科学 32/283、生态学 15/85。

10390　集美大学

在中国本科院校竞争力排行榜中的名次 246，福建省内排名 6/38，综合类排名 54/268。

共 63 个专业参评，其中 5★+专业 0 个，5★专业 0 个，5★-专业 3 个，4★专业 11 个，3★专业 27 个。

在中国普通高校研究生教育竞争力排行榜中的名次：总排名 297/596，福建省内排名 7/13，综合类排名 60/93。

共 15 个一级学科(学术学位)参评，其中 5★+学科 0 个，5★学科 0 个，5★-学科 0 个，4★学科 1 个，学科优秀率为 6.67%。

12/166。

一级学科排名

应用经济学 168/264、马克思主义理论 345/377、体育学 67/107、中国语言文学 175/186、数学 104/276、生物学 184/240、机械工程 197/224、信息与通信工程 147/186、交通运输工程 26/66、船舶与海洋工程 15/27、食品科学与工程 64/105、软件工程 144/148、水产 6/33、工商管理 266/309、设计学 127/175。

本科优势专业排名

5★-专业：小学教育 24/311、物流管理 42/432、环境设计 43/721。

4★专业：国际经济与贸易 127/665、体育教育 67/341、社会体育指导与管理 33/239、数学与应用数学 78/519、通信工程 83/494。

10392　福建医科大学

在中国本科院校竞争力排行榜中的名次 256，福建省内排名 7/38，医药类排名 19/108。

共 23 个专业参评，其中 5★+专业 1 个，5★专业 3 个，5★-专业 2 个，4★专业 7 个，3★专业 8 个。

在中国普通高校研究生教育竞争力排行榜中的名次：总排名 157/596，福建省内排名 5/13，医药类排名 16/76。

共 9 个一级学科(学术学位)参评，其中 5★+学科 0 个，5★学科 0 个，5★-学科 0 个，4★学科 1 个，学科优秀率为 11.11%。

一级学科排名

生物学 126/240、基础医学 40/111、临床医学 27/113、口腔医学 15/47、公共卫生与预防医学 31/78、药学 40/147、医学技术 21/43、护理学 11/74、公共管理 178/214。

本科优势专业排名

5★+专业：医学影像技术 2/103。

5★专业：康复治疗学 7/183、护理学 14/296、助产学 3/72。

5★-专业：口腔医学 12/118、医学检验技术

11062　厦门理工学院

在中国本科院校竞争力排行榜中的名次 336，福建省内排名 8/38，理工类排名 128/364。

共 60 个专业参评，其中 5★+专业 0 个，5★专业 1 个，5★-专业 0 个，4★专业 8 个，3★专业 15 个。

在中国普通高校研究生教育竞争力排行榜中的名次：总排名 432/596，福建省内排名 10/13，理工类排名 151/182。

共 4 个一级学科(学术学位)参评。

一级学科排名

机械工程 121/224、建筑学 73/84、管理科学与工程 139/209、艺术学理论 63/73。

本科优势专业排名

5★专业：网络与新媒体 11/338。

4★专业：金融工程 47/255、机械设计制造及其自动化 71/517、车辆工程 39/256、汽车服务工程 23/117、智能制造工程 56/296。

10388　福建理工大学

在中国本科院校竞争力排行榜中的名次 343，福建省内排名 9/38，理工类排名 129/364。

共 64 个专业参评，其中 5★+专业 0 个，5★专业 0 个，5★-专业 2 个，4★专业 2 个，3★专业 22 个。

在中国普通高校研究生教育竞争力排行榜中的名次：总排名 421/596，福建省内排名 9/13，理工类排名 149/182。

共 6 个一级学科(学术学位)参评。

一级学科排名

机械工程 210/224、材料科学与工程 169/227、土木工程 80/164、交通运输工程 48/66、城乡规划学 39/74、设计学 53/175。

本科优势专业排名

5★-专业：工程管理 34/393、工程造价

18/264。

4★专业：电气工程及其自动化 97/573、通信工程 63/494。

10393　福建中医药大学

在中国本科院校竞争力排行榜中的名次 392，福建省内排名 10/38，医药类排名 40/108。

共 18 个专业参评，其中 5★+专业 1 个，5★专业 1 个，5★-专业 0 个，4★专业 1 个，3★专业 10 个。

在中国普通高校研究生教育竞争力排行榜中的名次：总排名 355/596，福建省内排名 8/13，医药类排名 49/76。

共 7 个一级学科(学术学位)参评，其中 5★+学科 0 个，5★学科 0 个，5★-学科 0 个，4★学科 1 个，学科优秀率为 14.29%。

一级学科排名

临床医学 75/113、中医学 13/40、中西医结合 7/62、药学 131/147、中药学 44/51、医学技术 35/43、护理学 68/74。

本科优势专业排名

5★+专业：康复治疗学 3/183。
5★专业：康复物理治疗 1/18。

10395　闽江学院

在中国本科院校竞争力排行榜中的名次 444，福建省内排名 11/38，综合类排名 75/268。

共 57 个专业参评，其中 5★+专业 0 个，5★专业 1 个，5★-专业 0 个，4★专业 3 个，3★专业 15 个。

在中国普通高校研究生教育竞争力排行榜中的名次：总排名 557/596，福建省内排名 12/13，综合类排名 90/93。

本科优势专业排名

5★专业：电子商务 23/457。
4★专业：广告学 49/256。

10402　闽南师范大学

在中国本科院校竞争力排行榜中的名次 472，福建省内排名 12/38，师范类排名 52/175。

共 59 个专业参评，其中 5★+专业 0 个，5★专业 0 个，5★-专业 1 个，4★专业 3 个，3★专业 23 个。

在中国普通高校研究生教育竞争力排行榜中的名次：总排名 441/596，福建省内排名 11/13，师范类排名 48/77。

共 8 个一级学科(学术学位)参评。

一级学科排名

马克思主义理论 243/377、教育学 136/143、心理学 76/104、中国语言文学 76/186、数学 114/276、化学 152/238、光学工程 94/94、计算机科学与技术 213/268。

本科优势专业排名

5★-专业：汉语言文学 62/619。
4★专业：英语 154/925、数学与应用数学 104/519、计算机科学与技术 179/932。

10399　泉州师范学院

在中国本科院校竞争力排行榜中的名次 550，福建省内排名 13/38，师范类排名 64/175。

共 55 个专业参评，其中 5★+专业 0 个，5★专业 0 个，5★-专业 0 个，4★专业 2 个，3★专业 9 个。

在中国普通高校研究生教育竞争力排行榜中的名次：总排名 566/596，福建省内排名 13/13，师范类排名 72/77。

本科优势专业排名

4★专业：人文地理与城乡规划 22/110。

13763　福建江夏学院

在中国本科院校竞争力排行榜中的名次 608，福建省内排名 14/38，财经类排名 39/109。

共 44 个专业参评，其中 5★+专业 0 个，5★专业 0 个，5★-专业 0 个，4★专业 4 个，3★专业

13 个。

本科优势专业排名

4★专业：商务英语 48/360。

11312 龙岩学院

在中国本科院校竞争力排行榜中的名次 630，福建省内排名 15/38，综合类排名 106/268。

共 37 个专业参评，其中 5★+专业 0 个，5★专业 0 个，5★-专业 0 个，4★专业 0 个，3★专业 12 个。

11311 三明学院

在中国本科院校竞争力排行榜中的名次 653，福建省内排名 16/38，师范类排名 92/175。

共 43 个专业参评，其中 5★+专业 1 个，5★专业 0 个，5★-专业 0 个，4★专业 0 个，3★专业 11 个。

本科优势专业排名

5★+专业：旅游管理与服务教育 1/38。

10397 武夷学院

在中国本科院校竞争力排行榜中的名次 675，福建省内排名 19/38，师范类排名 96/175。

共 42 个专业参评，其中 5★+专业 0 个，5★专业 0 个，5★-专业 0 个，4★专业 4 个，3★专业 9 个。

10398 宁德师范学院

在中国本科院校竞争力排行榜中的名次 754，福建省内排名 20/38，师范类排名 116/175。

共 39 个专业参评，其中 5★+专业 0 个，5★专业 1 个，5★-专业 0 个，4★专业 1 个，3★专业 4 个。

本科优势专业排名

5★专业：旅游管理与服务教育 2/38。

11495 福建警察学院

在中国本科院校竞争力排行榜中的名次 784，福建省内排名 22/38，文法类排名 44/68。

共 11 个专业参评，其中 5★+专业 0 个，5★专业 1 个，5★-专业 0 个，4★专业 0 个，3★专业 5 个。

本科优势专业排名

5★专业：警务指挥与战术 1/19。

11498 莆田学院

在中国本科院校竞争力排行榜中的名次 800，福建省内排名 23/38，综合类排名 150/268。

共 52 个专业参评，其中 5★+专业 0 个，5★专业 0 个，5★-专业 0 个，4★专业 1 个，3★专业 9 个。

本科优势专业排名

4★专业：机器人工程 63/333。

12631 厦门医学院

在中国本科院校竞争力排行榜中的名次 843，福建省内排名 26/38，医药类排名 81/108。

共 15 个专业参评，其中 5★+专业 0 个，5★专业 0 个，5★-专业 0 个，4★专业 0 个，3★专业 5 个。

14683 福建技术师范学院

在中国本科院校竞争力排行榜中的名次 897，福建省内排名 29/38，师范类排名 150/175。

共 38 个专业参评，其中 5★+专业 0 个，5★专业 0 个，5★-专业 1 个，4★专业 0 个，3★专业 3 个。

本科优势专业排名

5★-专业：人工智能 42/479。

11313　福建商学院

在中国本科院校竞争力排行榜中的名次1111，福建省内排名35/38，财经类排名91/109。

共34个专业参评，其中5★+专业0个，5★专业0个，5★-专业0个，4★专业1个，3★专业10个。

民 办 院 校

13762　福州外语外贸学院

在中国民办院校竞争力排行榜中的名次17，福建省内排名17/38，财经类排名44/109。

共39个专业参评，其中5★+专业0个，5★专业0个，5★-专业2个，4★专业9个，3★专业24个。

本科优势专业排名

5★-专业：艺术教育2/29、智能建造8/101。
4★专业：数字经济22/129、国际经济与贸易69/665、人工智能94/479。

12710　闽南理工学院

在中国民办院校竞争力排行榜中的名次48，福建省内排名21/38，理工类排名228/364。

共42个专业参评，其中5★+专业0个，5★专业0个，5★-专业0个，4★专业3个，3★专业14个。

本科优势专业排名

4★专业：艺术教育4/29。

12709　厦门华厦学院

在中国民办院校竞争力排行榜中的名次65，福建省内排名24/38，综合类排名156/268。

共22个专业参评，其中5★+专业0个，5★专业0个，5★-专业0个，4★专业1个，3★专业7个。

13773　福州理工学院

在中国民办院校竞争力排行榜中的名次70，

福建省内排名25/38，综合类排名161/268。

共31个专业参评，其中5★+专业0个，5★专业0个，5★-专业0个，4★专业1个，3★专业2个。

13468　阳光学院

在中国民办院校竞争力排行榜中的名次81，福建省内排名27/38，综合类排名167/268。

共29个专业参评，其中5★+专业0个，5★专业1个，5★-专业0个，4★专业2个，3★专业14个。

本科优势专业排名

5★专业：电子商务22/457。
4★专业：电子信息工程107/642。

11784　仰恩大学

在中国民办院校竞争力排行榜中的名次105，福建省内排名30/38，综合类排名183/268。

共25个专业参评，其中5★+专业0个，5★专业0个，5★-专业0个，4★专业0个，3★专业5个。

13766　泉州信息工程学院

在中国民办院校竞争力排行榜中的名次108，福建省内排名31/38，理工类排名262/364。

共28个专业参评，其中5★+专业0个，5★专业0个，5★-专业0个，4★专业3个，3★专业8个。

本科优势专业排名

4★专业：软件工程113/611。

12992　闽南科技学院

在中国民办院校竞争力排行榜中的名次150，福建省内排名33/38，综合类排名212/268。

共27个专业参评，其中5★+专业0个，5★专业0个，5★-专业0个，4★专业0个，3★专业0个。

13115 厦门工学院

在中国民办院校竞争力排行榜中的名次 193，福建省内排名 36/38，理工类排名 336/364。

共 37 个专业参评，其中 5★+专业 0 个，5★专业 0 个，5★-专业 0 个，4★专业 0 个，3★专业 9 个。

12993 福州工商学院

在中国民办院校竞争力排行榜中的名次 206，福建省内排名 38/38，理工类排名 345/364。

共 30 个专业参评，其中 5★+专业 0 个，5★专业 0 个，5★-专业 0 个，4★专业 0 个，3★专业 4 个。

重庆市

一流大学

10611 重庆大学

在中国本科院校竞争力排行榜中的名次 30，重庆市内排名 1/25，理工类排名 15/364。

共 104 个专业参评，其中 5★+专业 4 个，5★专业 18 个，5★-专业 19 个，4★专业 24 个，3★专业 29 个。

在中国普通高校研究生教育竞争力排行榜中的名次：总排名 30/596，重庆市内排名 1/13，理工类排名 16/182。

共 50 个一级学科(学术学位)参评，其中 5★+学科 0 个，5★学科 4 个，5★-学科 2 个，4★学科 20 个，学科优秀率为 52%。

一级学科排名

哲学 62/133、理论经济学 55/109、应用经济学 29/264、法学 22/209、马克思主义理论 108/377、教育学 74/143、体育学 65/107、中国语言文学 106/186、外国语言文学 55/240、新闻传播学 29/120、中国史 80/119、数学 29/276、物理学 36/203、化学 37/238、生物学 33/240、生态学 28/111、统计学 32/126、力学 26/97、机械工程 7/224、光学工程 23/94、仪器科学与技术 11/68、材料科学与工程 47/227、冶金工程 4/26、动力工程及工程热物理 14/104、电气工程 3/112、信息与通信工程 33/186、控制科学与工程 26/189、计算机科学与技术 43/268、建筑学 4/84、土木工程 4/164、化学工程与技术 25/176、矿业工程 5/31、交通运输工程 31/66、航空宇航科学与技术 20/32、环境科学与工程 32/196、生物医学工程 34/80、城乡规划学 12/74、风景园林学 10/56、软件工程 28/148、安全科学与工程 10/61、基础医学 77/111、临床医学 78/113、药学 52/147、管理科学与工程 34/209、工商管理 22/309、公共管理 21/214、音乐与舞蹈学 74/86、戏剧与影视学 25/62、美术学 53/114、设计学 69/175。

本科优势专业排名

5★+专业：机械设计制造及其自动化 8/517、机械电子工程 3/302、电气工程及其自动化 4/573、数据科学与大数据技术 13/711。

5★专业：新闻学 10/308、电子信息工程 20/642、通信工程 21/494、机器人工程 14/333、计算机科学与技术 36/932、软件工程 24/611、土木工程 12/529、建筑环境与能源应用工程 5/166、给排水科学与工程 4/161、环境生态工程 2/71、建筑学 7/291、城乡规划 8/207、风景园林 7/187、工程管理 19/393、工商管理 27/538、市场营销 19/579、会计学 20/659、财务管理 25/686。

5★-专业：金融学 29/389、法学 36/580、英语 51/925、日语 39/449、数学与应用数学 43/519、车辆工程 18/256、测控技术与仪器 13/190、材料科学与工程 16/237、能源与动力工程 19/188、新能源科学与工程 12/144、人工智能 31/479、自动化 26/445、物联网工程 26/492、环境工程 27/352、智能医学工程 5/69、信息管理与信息系统 31/335、工程造价 16/264、播音与主持艺术 16/232、影视摄影与制作 8/75。

4★专业：经济学 69/356、能源经济 3/16、国际经济与贸易 84/665、知识产权 10/94、广播电视学 22/146、物理学 39/283、应用化学 73/375、材料成型及控制工程 30/221、工业设计 43/216、冶金工程 5/40、光电信息科学与工程 27/218。

一般大学

10635 西南大学

在中国本科院校竞争力排行榜中的名次 36，重庆市内排名 2/25，综合类排名 14/268。

共 101 个专业参评，其中 5★+专业 6 个，5★专业 6 个，5★-专业 15 个，4★专业 31 个，3★专业 34 个。

在中国普通高校研究生教育竞争力排行榜中的名次：总排名 39/596，重庆市内排名 2/13，综合类排名 15/93。

共 53 个一级学科(学术学位)参评，其中 5★+学科 1 个，5★学科 2 个，5★-学科 2 个，4★学科 7 个，学科优秀率为 22.64%。

一级学科排名

哲学 27/133、应用经济学 36/264、法学 94/209、社会学 66/88、民族学 24/38、马克思主义理论 19/377、教育学 3/143、心理学 5/104、体育学 32/107、教育 5/8、中国语言文学 26/186、外国语言文学 39/240、新闻传播学 35/120、中国史 45/119、世界史 32/68、数学 60/276、物理学 107/203、化学 45/238、地理学 29/85、地质学 35/35、生物学 15/240、生态学 26/111、统计学 37/126、机械工程 109/224、材料科学与工程 140/227、信息与通信工程 123/186、计算机科学与技术 76/268、化学工程与技术 146/176、纺织科学与工程 15/22、农业工程 22/43、环境科学与工程 76/196、食品科学与工程 11/105、风景园林学 36/56、软件工程 85/148、作物学 22/50、园艺学 16/44、农业资源与环境 11/40、植物保护 15/44、畜牧学 9/55、兽医学 23/44、林学 28/35、水产 10/33、药学 26/147、中药学 35/51、工商管理 189/309、农林经济管理 23/51、公共管理 145/214、信息资源管理 38/50、艺术学理论 50/73、音乐与舞蹈学 29/86、戏剧与影视学 23/62、美术学 50/114、设计学 116/175。

本科优势专业排名

5★+专业：思想政治教育 5/304、教育学 2/85、教育技术学 3/130、学前教育 7/420、英语 19/925、应用心理学 2/257。

5★专业：特殊教育 3/59、汉语言文学 22/619、数学与应用数学 26/519、食品科学与工程 14/283、食品质量与安全 9/240、播音与主持艺术 9/232。

5★-专业：体育教育 20/341、日语 42/449、历史学 20/246、人文地理与城乡规划 7/110、生物科学 15/283、心理学 6/73、人工智能 27/479、智能科学与技术 14/186、园艺 10/113、农业资源与环境 5/50、动物科学 8/82、市场营销 53/579、音乐学 20/388、广播电视编导 13/226、美术学 30/333。

4★专业：金融学 51/389、法学 109/580、社会工作 48/259、汉语国际教育 42/328、俄语 20/161、新闻学 37/308、物理学 31/283、化学 33/310、地理科学 23/171、统计学 32/211、智能车辆工程 6/28、通信工程 74/494、软件工程 68/611、

网络工程 33/282。

10617　重庆邮电大学

在中国本科院校竞争力排行榜中的名次 134，重庆市内排名 3/25，理工类排名 58/364。

共 56 个专业参评，其中 5★+专业 1 个，5★专业 4 个，5★-专业 4 个，4★专业 12 个，3★专业 23 个。

在中国普通高校研究生教育竞争力排行榜中的名次：总排名 202/596，重庆市内排名 4/13，理工类排名 77/182。

共 19 个一级学科(学术学位)参评，其中 5★+学科 0 个，5★学科 0 个，5★-学科 0 个，4★学科 2 个，学科优秀率为 10.53%。

一级学科排名

法学 182/209、马克思主义理论 124/377、数学 161/276、物理学 124/203、生物学 134/240、系统科学 18/29、机械工程 172/224、光学工程 66/94、仪器科学与技术 51/68、电气工程 93/112、电子科学与技术 75/123、信息与通信工程 20/186、控制科学与工程 76/189、计算机科学与技术 32/268、生物医学工程 67/80、软件工程 60/148、网络空间安全 61/77、管理科学与工程 112/209、集成电路科学与工程 23/30。

本科优势专业排名

5★+专业：智能科学与技术 4/186。

5★专业：电子信息工程 28/642、通信工程 22/494、计算机科学与技术 30/932、网络工程 7/282。

5★-专业：机器人工程 25/333、软件工程 36/611、物联网工程 34/492、数字媒体技术 19/234。

4★专业：信息与计算科学 62/308、数据计算及应用 3/24、机械设计制造及其自动化 88/517、电气工程及其自动化 74/573、医学信息工程 11/57、人工智能 61/479、自动化 59/445。

10631　重庆医科大学

在中国本科院校竞争力排行榜中的名次 158，重庆市内排名 4/25，医药类排名 8/108。

共 35 个专业参评，其中 5★+专业 2 个，5★

专业 3 个，5★-专业 4 个，4★专业 11 个，3★专业 8 个。

在中国普通高校研究生教育竞争力排行榜中的名次：总排名 101/596，重庆市内排名 3/13，医药类排名 5/76。

共 14 个一级学科(学术学位)参评，其中 5★+学科 0 个，5★学科 0 个，5★-学科 0 个，4★学科 3 个，学科优秀率为 21.43%。

一级学科排名

马克思主义理论 255/377、生物学 94/240、生物医学工程 32/80、基础医学 24/111、临床医学 17/113、口腔医学 17/47、公共卫生与预防医学 18/78、中医学 35/40、中西医结合 48/62、药学 36/147、中药学 39/51、医学技术 7/43、护理学 13/74、公共管理 98/214。

本科优势专业排名

5★+专业：儿科学 1/45、医学检验技术 1/166。

5★专业：医学影像学 4/79、口腔医学技术 2/32、护理学 13/296。

5★-专业：医学信息工程 4/57、临床医学 16/192、麻醉学 4/61、口腔医学 8/118。

4★专业：应用统计学 30/187。

10618　重庆交通大学

在中国本科院校竞争力排行榜中的名次 195，重庆市内排名 5/25，理工类排名 80/364。

共 60 个专业参评，其中 5★+专业 0 个，5★专业 3 个，5★-专业 0 个，4★专业 11 个，3★专业 27 个。

在中国普通高校研究生教育竞争力排行榜中的名次：总排名 233/596，重庆市内排名 5/13，理工类排名 91/182。

共 17 个一级学科(学术学位)参评，其中 5★+学科 0 个，5★学科 0 个，5★-学科 0 个，4★学科 1 个，学科优秀率为 5.88%。

一级学科排名

马克思主义理论 157/377、外国语言文学 141/240、物理学 199/203、系统科学 14/29、力学 66/

97、机械工程 150/224、材料科学与工程 189/227、计算机科学与技术 157/268、建筑学 78/84、土木工程 47/164、水利工程 20/64、测绘科学与技术 39/53、交通运输工程 10/66、船舶与海洋工程 22/27、环境科学与工程 105/196、管理科学与工程 86/209、工商管理 146/309。

本科优势专业排名

5★专业：土木工程 26/529、工程造价 11/264、物流管理 12/432。

4★专业：翻译 48/269、机械设计制造及其自动化 78/517、机械电子工程 59/302、车辆工程 46/256、汽车服务工程 14/117、计算机科学与技术 109/932。

10637　重庆师范大学

在中国本科院校竞争力排行榜中的名次 237，重庆市内排名 6/25，师范类排名 26/175。

共 63 个专业参评，其中 5★+专业 0 个，5★专业 0 个，5★-专业 3 个，4★专业 13 个，3★专业 29 个。

在中国普通高校研究生教育竞争力排行榜中的名次：总排名 256/596，重庆市内排名 7/13，师范类排名 28/77。

共 26 个一级学科(学术学位)参评。

一级学科排名

哲学 117/133、理论经济学 108/109、应用经济学 176/264、马克思主义理论 139/377、教育学 61/143、中国语言文学 99/186、外国语言文学 162/240、新闻传播学 111/120、考古学 24/40、中国史 64/119、数学 74/276、物理学 106/203、化学 193/238、地理学 45/85、生物学 127/240、系统科学 25/29、生态学 107/111、教育技术学 36/45、光学工程 50/94、计算机科学与技术 257/268、软件工程 90/148、管理科学与工程 189/209、工商管理 219/309、音乐与舞蹈学 75/86、美术学 67/114、设计学 161/175。

本科优势专业排名

5★-专业：学前教育 27/420、小学教育 31/311、英语 61/925。

4★专业：经济学 68/356、思想政治教育 44/304、特殊教育 7/59、汉语言文学 84/619、汉语国际教育 57/328、翻译 47/269、网络与新媒体 67/338、数学与应用数学 57/519、生物科学 57/283、应用心理学 49/257、软件工程 83/611。

11799　重庆工商大学

在中国本科院校竞争力排行榜中的名次 254，重庆市内排名 7/25，财经类排名 12/109。

共 74 个专业参评，其中 5★+专业 2 个，5★专业 4 个，5★-专业 2 个，4★专业 14 个，3★专业 30 个。

在中国普通高校研究生教育竞争力排行榜中的名次：总排名 252/596，重庆市内排名 6/13，财经类排名 11/39。

共 14 个一级学科（学术学位）参评，其中 5★+学科 0 个，5★学科 0 个，5★-学科 0 个，4★学科 1 个，学科优秀率为 7.14%。

一级学科排名

理论经济学 47/109、应用经济学 38/264、社会学 55/88、马克思主义理论 168/377、新闻传播学 65/120、数学 135/276、统计学 60/126、机械工程 118/224、环境科学与工程 94/196、食品科学与工程 75/105、城乡规划学 53/74、软件工程 80/148、管理科学与工程 105/209、工商管理 103/309。

本科优势专业排名

5★+专业：智能车辆工程 1/28、物流管理 8/432。

5★专业：国际经济与贸易 21/665、贸易经济 2/40、市场营销 15/579、会计学 31/659。

5★-专业：金融学 31/389、财务管理 35/686。

4★专业：经济学 47/356、经济统计学 27/138、投资学 14/124、社会工作 36/259、广告学 43/256、网络与新媒体 48/338、智能制造工程 58/296。

10655　四川美术学院

在中国本科院校竞争力排行榜中的名次 279，重庆市内排名 8/25，艺术类排名 10/48。

共 23 个专业参评，其中 5★+专业 0 个，5★专业 3 个，5★-专业 7 个，4★专业 8 个，3★专业 1 个。

在中国普通高校研究生教育竞争力排行榜中的名次：总排名 497/596，重庆市内排名 13/13，艺术类排名 16/33。

共 4 个一级学科（学术学位）参评，其中 5★+学科 0 个，5★学科 0 个，5★-学科 0 个，4★学科 2 个，学科优秀率为 50%。

一级学科排名

艺术学理论 40/73、戏剧与影视学 53/62、美术学 15/114、设计学 20/175。

本科优势专业排名

5★专业：绘画 7/160、环境设计 19/721、数字媒体艺术 12/350。

5★-专业：艺术教育 3/29、动画 15/251、美术学 26/333、书法学 10/130、视觉传达设计 44/722、产品设计 34/402、艺术与科技 5/73。

11660　重庆理工大学

在中国本科院校竞争力排行榜中的名次 302，重庆市内排名 9/25，理工类排名 118/364。

共 65 个专业参评，其中 5★+专业 0 个，5★专业 1 个，5★-专业 3 个，4★专业 5 个，3★专业 38 个。

在中国普通高校研究生教育竞争力排行榜中的名次：总排名 291/596，重庆市内排名 9/13，理工类排名 109/182。

共 15 个一级学科（学术学位）参评。

一级学科排名

应用经济学 145/264、马克思主义理论 241/377、数学 163/276、统计学 76/126、机械工程 125/224、光学工程 69/94、仪器科学与技术 44/68、材料科学与工程 142/227、信息与通信工程 109/186、计算机科学与技术 120/268、化学工程与技术 150/176、生物医学工程 51/80、药学 126/147、管理科学与工程 130/209、工商管理 100/309。

本科优势专业排名

5★专业：电子商务及法律 1/16。

5★-专业：汽车服务工程 12/117、数据科学与大数据技术 57/711、会计学 45/659。

4★专业：应用统计学 25/187、机械电子工程 56/302、智能车辆工程 4/28。

10652 西南政法大学

在中国本科院校竞争力排行榜中的名次 308，重庆市内排名 10/25，文法类排名 8/68。

共 27 个专业参评，其中 5★+专业 1 个，5★专业 1 个，5★-专业 2 个，4★专业 5 个，3★专业 13 个。

在中国普通高校研究生教育竞争力排行榜中的名次：总排名 280/596，重庆市内排名 8/13，文法类排名 7/32。

共 9 个一级学科(学术学位)参评，其中 5★+学科 0 个，5★学科 1 个，5★-学科 0 个，4★学科 1 个，学科优秀率为 22.22%。

一级学科排名

哲学 72/133、应用经济学 177/264、法学 9/209、政治学 45/80、马克思主义理论 216/377、外国语言文学 179/240、新闻传播学 23/120、工商管理 277/309、公共管理 110/214。

本科优势专业排名

5★+专业：法学 2/580。

5★专业：知识产权 4/94。

5★-专业：新闻学 18/308、广播电视学 8/146。

4★专业：国际经济与贸易 117/665、传播学 13/69。

11551 重庆科技学院

在中国本科院校竞争力排行榜中的名次 429，重庆市内排名 11/25，理工类排名 152/364。

共 67 个专业参评，其中 5★+专业 0 个，5★专业 0 个，5★-专业 0 个，4★专业 2 个，3★专业 18 个。

在中国普通高校研究生教育竞争力排行榜中的名次：总排名 452/596，重庆市内排名 11/13，理工类排名 156/182。

共 1 个一级学科(学术学位)参评。

一级学科排名

化学 163/238。

本科优势专业排名

4★专业：机械电子工程 35/302。

10650 四川外国语大学

在中国本科院校竞争力排行榜中的名次 442，重庆市内排名 12/25，文法类排名 16/68。

共 44 个专业参评，其中 5★+专业 3 个，5★专业 5 个，5★-专业 3 个，4★专业 4 个，3★专业 11 个。

在中国普通高校研究生教育竞争力排行榜中的名次：总排名 439/596，重庆市内排名 10/13，文法类排名 13/32。

共 5 个一级学科(学术学位)参评，其中 5★+学科 0 个，5★学科 0 个，5★-学科 1 个，4★学科 0 个，学科优秀率为 20%。

一级学科排名

马克思主义理论 251/377、教育学 120/143、中国语言文学 112/186、外国语言文学 20/240、新闻传播学 63/120。

本科优势专业排名

5★+专业：英语 5/925、日语 9/449、商务英语 2/360。

5★专业：俄语 8/161、德语 5/112、法语 4/143、西班牙语 3/97、翻译 8/269。

5★-专业：泰语 4/48、越南语 3/25、网络与新媒体 18/338。

4★专业：国际经济与贸易 87/665、阿拉伯语 6/39、朝鲜语 15/92、葡萄牙语 7/33。

10642 重庆文理学院

在中国本科院校竞争力排行榜中的名次 460，

重庆市内排名 13/25，理工类排名 161/364。

共 58 个专业参评，其中 5★+专业 0 个，5★专业 0 个，5★-专业 1 个，4★专业 3 个，3★专业 22 个。

本科优势专业排名

5★-专业：环境设计 41/721。

4★专业：商务英语 65/360。

10647　长江师范学院

在中国本科院校竞争力排行榜中的名次 557，重庆市内排名 14/25，师范类排名 67/175。

共 55 个专业参评，其中 5★+专业 0 个，5★专业 0 个，5★-专业 0 个，4★专业 1 个，3★专业 20 个。

本科优势专业排名

4★专业：小学教育 57/311。

10643　重庆三峡学院

在中国本科院校竞争力排行榜中的名次 580，重庆市内排名 15/25，综合类排名 93/268。

共 60 个专业参评，其中 5★+专业 0 个，5★专业 0 个，5★-专业 0 个，4★专业 3 个，3★专业 12 个。

在中国普通高校研究生教育竞争力排行榜中的名次：总排名 478/596，重庆市内排名 12/13，综合类排名 78/93。

共 4 个一级学科（学术学位）参评。

一级学科排名

中国语言文学 140/186、数学 269/276、电子科学与技术 107/123、农林经济管理 41/51。

本科优势专业排名

4★专业：汉语言文学 114/619、电子信息工程 73/642。

14388　重庆第二师范学院

在中国本科院校竞争力排行榜中的名次 593，

重庆市内排名 16/25，师范类排名 79/175。

共 40 个专业参评，其中 5★+专业 0 个，5★专业 1 个，5★-专业 1 个，4★专业 3 个，3★专业 14 个。

本科优势专业排名

5★专业：小学教育 16/311。

5★-专业：学前教育 34/420。

4★专业：网络与新媒体 63/338。

12757　重庆警察学院

在中国本科院校竞争力排行榜中的名次 1087，重庆市内排名 24/25，文法类排名 65/68。

共 7 个专业参评，其中 5★+专业 0 个，5★专业 0 个，5★-专业 0 个，4★专业 0 个，3★专业 0 个。

民办院校

13590　重庆财经学院

在中国民办院校竞争力排行榜中的名次 71，重庆市内排名 17/25，财经类排名 57/109。

共 33 个专业参评，其中 5★+专业 0 个，5★专业 0 个，5★-专业 1 个，4★专业 0 个，3★专业 5 个。

本科优势专业排名

5★-专业：金融科技 7/95。

12608　重庆工程学院

在中国民办院校竞争力排行榜中的名次 83，重庆市内排名 18/25，理工类排名 245/364。

共 25 个专业参评，其中 5★+专业 1 个，5★专业 1 个，5★-专业 1 个，4★专业 4 个，3★专业 10 个。

本科优势专业排名

5★+专业：虚拟现实技术 1/27。

5★专业：工程造价 7/264。

5★-专业：数字媒体艺术 28/350。

12616　重庆城市科技学院

在中国民办院校竞争力排行榜中的名次 92，重庆市内排名 19/25，综合类排名 175/268。

共 45 个专业参评，其中 5★+专业 0 个，5★专业 0 个，5★–专业 0 个，4★专业 3 个，3★专业 11 个。

本科优势专业排名

4★专业：网络与新媒体 68/338。

13589　重庆对外经贸学院

在中国民办院校竞争力排行榜中的名次 98，重庆市内排名 20/25，财经类排名 60/109。

共 49 个专业参评，其中 5★+专业 0 个，5★专业 0 个，5★–专业 0 个，4★专业 0 个，3★专业 9 个。

13588　重庆外语外事学院

在中国民办院校竞争力排行榜中的名次 99，重庆市内排名 21/25，文法类排名 56/68。

共 35 个专业参评，其中 5★+专业 0 个，5★专业 0 个，5★–专业 0 个，4★专业 0 个，3★专业 5 个。

13627　重庆移通学院

在中国民办院校竞争力排行榜中的名次 102，重庆市内排名 22/25，理工类排名 259/364。

共 41 个专业参评，其中 5★+专业 0 个，5★专业 0 个，5★–专业 0 个，4★专业 3 个，3★专业 23 个。

本科优势专业排名

4★专业：数字经济 16/129、人工智能 63/479。

13548　重庆人文科技学院

在中国民办院校竞争力排行榜中的名次 124，重庆市内排名 23/25，综合类排名 196/268。

共 44 个专业参评，其中 5★+专业 0 个，5★专业 0 个，5★–专业 0 个，4★专业 0 个，3★专业 13 个。

吉 林 省

一流大学

10183 吉林大学

在中国本科院校竞争力排行榜中的名次 14，吉林省内排名 1/37，综合类排名 8/268。

共 128 个专业参评，其中 5★+专业 11 个，5★专业 18 个，5★-专业 25 个，4★专业 42 个，3★专业 25 个。

在中国普通高校研究生教育竞争力排行榜中的名次：总排名 12/596，吉林省内排名 1/19，综合类排名 8/93。

共 65 个一级学科（学术学位）参评，其中 5★+学科 3 个，5★学科 4 个，5★-学科 10 个，4★学科 18 个，学科优秀率为 53.85%。

一级学科排名

哲学 16/133、理论经济学 14/109、应用经济学 25/264、法学 5/209、政治学 8/80、社会学 10/88、马克思主义理论 7/377、教育学 53/143、心理学 55/104、体育学 37/107、中国语言文学 23/186、外国语言文学 13/240、新闻传播学 37/120、考古学 2/40、中国史 22/119、世界史 17/68、数学 9/276、物理学 3/203、化学 2/238、地球物理学 11/21、地质学 11/35、生物学 18/240、统计学 21/126、力学 41/97、机械工程 15/224、仪器科学与技术 12/68、材料科学与工程 12/227、动力工程及工程热物理 25/104、电气工程 72/112、电子科学与技术 25/123、信息与通信工程 44/186、控制科学与工程 45/189、计算机科学与技术 18/268、土木工程 31/164、水利工程 21/64、测绘科学与技术 24/53、地质资源与地质工程 7/46、交通运输工程 11/66、农业工程 6/43、环境科学与工程 38/196、生物医学工程 40/80、食品科学与工程 25/105、软件工程 22/148、作物学 33/50、植物保护 28/44、畜牧学 22/55、兽医学 7/44、基础医学 14/111、临床医学 22/113、口腔医学 11/47、公共卫生与预防医学 8/78、药学 13/147、特种医学 14/17、医学技术 30/43、护理学 27/74、社会医学与卫生事业管理 6/15、管理科学与工程 153/209、工商管理 14/309、农林经济管理 32/51、公共管理 17/214、信息资源管理 6/50、音乐与舞蹈学 24/86、戏剧与影视学 19/62、美术学 38/114、设计学 85/175。

本科优势专业排名

5★+专业：国际经济与贸易 6/665、法学 7/580、化学 4/310、应用化学 5/375、车辆工程 3/256、汽车服务工程 2/117、软件工程 12/611、物联网工程 3/492、勘查技术与工程 1/32、大数据管理与应用 3/210、人力资源管理 6/416。

5★专业：经济学 9/356、金融学 17/389、政治学与行政学 3/84、社会工作 8/259、汉语言文学 15/619、日语 11/449、数学与应用数学 21/519、物理学 9/283、智能制造工程 15/296、测控技术与仪器 5/190、高分子材料与工程 8/185、通信工程 11/494、计算机科学与技术 33/932、水文与水资源工程 3/50、农业机械化及其自动化 2/37、康复治疗学 9/183、护理学 10/296、工商管理 22/538。

5★-专业：哲学 7/75、社会学 7/92、思想政治教育 17/304、社会体育指导与管理 16/239、英语 58/925、考古学 3/36、信息与计算科学 18/308、应用物理学 11/155、地球物理学 2/22、生物科学 24/283、机械工程 8/122、材料成型及控制工程 13/221、材料物理 6/73、材料化学 11/131、电子信息科学与技术 9/167、空间信息与数字技术 2/17、食品科学与工程 22/283、生物制药 8/121、口腔医学 10/118、药学 24/250、药物制剂 5/87、市场营销 48/579、财务管理 50/686、劳动与社会保障 11/125、土地资源管理 7/90。

4★专业：信用管理 3/22、俄语 28/161、西班牙语 13/97、朝鲜语 16/92、新闻学 44/308、广告学 40/256、历史学 34/246、文物与博物馆学 8/57、应用心理学 48/257、工业设计 24/216、材料科学与工程 47/237、无机非金属材料工程 15/78、能源与动力工程 36/188、电气工程及其自动化 101/573、电子信息工程 80/642、电子科学与技术 19/154、微电子科学与工程 15/115、光电信息科学与工程 33/218、信息工程 10/58、人工智能 68/479、自动化 50/445、机器人工程 61/333。

一般大学

10200 东北师范大学

在中国本科院校竞争力排行榜中的名次 69，

吉林省内排名 2/37，师范类排名 6/175。

共 59 个专业参评，其中 5★+专业 6 个，5★专业 10 个，5★-专业 8 个，4★专业 18 个，3★专业 9 个。

在中国普通高校研究生教育竞争力排行榜中的名次：总排名 67/596，吉林省内排名 2/19，师范类排名 5/77。

共 38 个一级学科(学术学位)参评，其中 5★+学科 1 个，5★学科 2 个，5★-学科 4 个，4★学科 8 个，学科优秀率为 39.47%。

一级学科排名

哲学 50/133、理论经济学 93/109、应用经济学 37/264、法学 181/209、政治学 30/80、社会学 73/88、马克思主义理论 4/377、教育学 6/143、心理学 14/104、体育学 23/107、教育 8/8、中国语言文学 60/186、外国语言文学 41/240、新闻传播学 88/120、考古学 35/40、中国史 28/119、世界史 2/68、数学 28/276、物理学 62/203、化学 23/238、地理学 15/85、生物学 92/240、生态学 19/111、统计学 11/126、教育技术学 17/45、材料科学与工程 32/227、控制科学与工程 167/189、环境科学与工程 64/196、城乡规划学 52/74、草学 4/25、工商管理 303/309、公共管理 202/214、信息资源管理 27/50、艺术学理论 59/73、音乐与舞蹈学 7/86、戏剧与影视学 34/62、美术学 20/114、设计学 157/175。

本科优势专业排名

5★+专业：思想政治教育 3/304、小学教育 1/311、历史学 3/246、音乐学 3/388、舞蹈编导 1/76、美术学 5/333。

5★专业：教育学 3/85、教育技术学 7/130、学前教育 21/420、体育教育 13/341、英语 20/925、日语 17/449、商务英语 9/360、地理科学 9/171、统计学 7/211、环境设计 21/721。

5★-专业：汉语言文学 35/619、数学与应用数学 47/519、化学 23/310、人文地理与城乡规划 9/110、地理信息科学 13/171、生物技术 25/285、广播电视编导 12/226、雕塑 4/53。

4★专业：经济学 62/356、金融学 49/389、科学教育 7/51、俄语 17/161、新闻学 57/308、广告学 30/256、物理学 29/283、生物科学 31/283、生态学 12/85、心理学 12/73、计算机科学与技术 134/932。

10186 长春理工大学

在中国本科院校竞争力排行榜中的名次 211，吉林省内排名 3/37，理工类排名 86/364。

共 62 个专业参评，其中 5★+专业 1 个，5★专业 3 个，5★-专业 5 个，4★专业 9 个，3★专业 23 个。

在中国普通高校研究生教育竞争力排行榜中的名次：总排名 217/596，吉林省内排名 3/19，理工类排名 83/182。

共 19 个一级学科(学术学位)参评。

一级学科排名

应用经济学 221/264、法学 97/209、马克思主义理论 113/377、中国语言文学 134/186、外国语言文学 175/240、数学 219/276、物理学 51/203、化学 135/238、机械工程 64/224、光学工程 22/94、仪器科学与技术 24/68、材料科学与工程 92/227、电子科学与技术 48/123、信息与通信工程 52/186、控制科学与工程 114/189、计算机科学与技术 70/268、生物医学工程 61/80、软件工程 126/148、工商管理 253/309。

本科优势专业排名

5★+专业：机械电子工程 2/302。

5★专业：电子信息工程 21/642、通信工程 20/494、数据科学与大数据技术 24/711。

5★-专业：机械设计制造及其自动化 40/517、测控技术与仪器 14/190、无机非金属材料工程 5/78、光电信息科学与工程 12/218、计算机科学与技术 71/932。

4★专业：金融工程 27/255、社会工作 42/259、材料化学 25/131、功能材料 9/52、新能源材料与器件 24/131、电子科学与技术 29/154、电子信息科学与技术 23/167、软件工程 75/611。

10193 吉林农业大学

在中国本科院校竞争力排行榜中的名次 223，吉林省内排名 4/37，农林类排名 17/47。

共 51 个专业参评，其中 5★+专业 0 个，5★专业 1 个，5★-专业 2 个，4★专业 13 个，3★专业 19 个。

在中国普通高校研究生教育竞争力排行榜中的名次：总排名 227/596，吉林省内排名 4/19，农林类排名 23/38。

共 20 个一级学科(学术学位)参评，其中 5★+学科 0 个，5★学科 0 个，5★-学科 0 个，4★学科 1 个，学科优秀率为 5%。

一级学科排名

社会学 75/88、马克思主义理论 246/377、教育学 125/143、化学 237/238、生物学 83/240、生态学 103/111、轻工技术与工程 17/18、农业工程 26/43、食品科学与工程 30/105、风景园林学 33/56、作物学 29/50、园艺学 30/44、农业资源与环境 14/40、植物保护 7/44、畜牧学 13/55、兽医学 12/44、草学 24/25、药学 113/147、中药学 16/51、农林经济管理 18/51。

本科优势专业排名

5★专业：家政学 1/12。

5★-专业：生物技术 22/285、食品科学与工程 17/283。

10190　长春工业大学

在中国本科院校竞争力排行榜中的名次 268，吉林省内排名 5/37，理工类排名 110/364。

共 53 个专业参评，其中 5★+专业 0 个，5★专业 0 个，5★-专业 2 个，4★专业 7 个，3★专业 29 个。

在中国普通高校研究生教育竞争力排行榜中的名次：总排名 307/596，吉林省内排名 7/19，理工类排名 118/182。

共 20 个一级学科(学术学位)参评。

一级学科排名

应用经济学 244/264、法学 184/209、社会学 85/88、马克思主义理论 155/377、外国语言文学 93/240、数学 181/276、物理学 161/203、化学 81/238、生物学 203/240、统计学 33/126、机械工程 68/224、材料科学与工程 100/227、电气工程 61/112、信息与通信工程 154/186、控制科学与工程 124/189、计算机科学与技术 197/268、化学工程与技术 61/176、工商管理 286/309、公共管理 132/

214、设计学 59/175。

本科优势专业排名

5★-专业：材料成型及控制工程 21/221、电子信息工程 60/642。

4★专业：化学 51/310、统计学 22/211、机械电子工程 33/302、计算机科学与技术 102/932、软件工程 98/611。

10188　东北电力大学

在中国本科院校竞争力排行榜中的名次 284，吉林省内排名 6/37，理工类排名 113/364。

共 43 个专业参评，其中 5★+专业 0 个，5★专业 1 个，5★-专业 3 个，4★专业 6 个，3★专业 23 个。

在中国普通高校研究生教育竞争力排行榜中的名次：总排名 299/596，吉林省内排名 6/19，理工类排名 113/182。

共 15 个一级学科(学术学位)参评。

一级学科排名

马克思主义理论 295/377、数学 248/276、机械工程 194/224、仪器科学与技术 49/68、动力工程及工程热物理 40/104、电气工程 34/112、信息与通信工程 146/186、控制科学与工程 58/189、计算机科学与技术 221/268、土木工程 86/164、化学工程与技术 160/176、核科学与技术 20/21、环境科学与工程 175/196、工商管理 260/309、设计学 106/175。

本科优势专业排名

5★专业：电气工程及其自动化 23/573。

5★-专业：智能电网信息工程 4/38、自动化 45/445、机器人工程 21/333。

4★专业：信息与计算科学 57/308、能源与动力工程 28/188、新能源科学与工程 20/144、电子信息工程 70/642、计算机科学与技术 98/932。

10184　延边大学

在中国本科院校竞争力排行榜中的名次 287，吉林省内排名 7/37，综合类排名 57/268。

共72个专业参评，其中5★+专业0个，5★专业3个，5★-专业3个，4★专业6个，3★专业31个。

在中国普通高校研究生教育竞争力排行榜中的名次：总排名236/596，吉林省内排名5/19，综合类排名54/93。

共31个一级学科(学术学位)参评，其中5★+学科0个，5★学科1个，5★-学科0个，4★学科0个，学科优秀率为3.23%。

一级学科排名

哲学69/133、理论经济学91/109、法学135/209、政治学67/80、民族学17/38、马克思主义理论194/377、教育学105/143、体育学81/107、中国语言文学115/186、外国语言文学7/240、世界史29/68、数学242/276、物理学135/203、化学86/238、地理学69/85、生物学147/240、机械工程203/224、计算机科学与技术223/268、作物学46/50、园艺学43/44、农业资源与环境38/40、畜牧学32/55、兽医学44/44、基础医学50/111、临床医学63/113、中西医结合57/62、药学41/147、护理学59/74、工商管理169/309、音乐与舞蹈学64/86、美术学98/114。

本科优势专业排名

5★专业：英语34/925、朝鲜语3/92、舞蹈表演8/150。

5★-专业：日语29/449、药物制剂8/87、音乐学28/388。

4★专业：小学教育45/311、汉语言文学99/619、俄语26/161。

10203 吉林师范大学

在中国本科院校竞争力排行榜中的名次363，吉林省内排名8/37，师范类排名36/175。

共78个专业参评，其中5★+专业0个，5★专业0个，5★-专业1个，4★专业5个，3★专业45个。

在中国普通高校研究生教育竞争力排行榜中的名次：总排名349/596，吉林省内排名8/19，师范类排名37/77。

共17个一级学科(学术学位)参评。

一级学科排名

哲学92/133、法学202/209、马克思主义理论235/377、教育学91/143、心理学84/104、体育学98/107、中国语言文学151/186、外国语言文学120/240、新闻传播学108/120、中国史54/119、数学212/276、物理学117/203、化学112/238、地理学71/85、生物学219/240、工商管理278/309、美术学74/114。

本科优势专业排名

5★-专业：小学教育20/311。

4★专业：学前教育54/420、汉语言文学109/619、新闻学56/308、历史学42/246。

10201 北华大学

在中国本科院校竞争力排行榜中的名次402，吉林省内排名9/37，综合类排名70/268。

共72个专业参评，其中5★+专业0个，5★专业0个，5★-专业0个，4★专业3个，3★专业30个。

在中国普通高校研究生教育竞争力排行榜中的名次：总排名393/596，吉林省内排名10/19，综合类排名70/93。

共20个一级学科(学术学位)参评。

一级学科排名

马克思主义理论237/377、教育学103/143、中国语言文学162/186、外国语言文学153/240、世界史41/68、数学195/276、物理学190/203、化学235/238、机械工程196/224、材料科学与工程213/227、电气工程96/112、林业工程12/12、风景园林学47/56、软件工程132/148、林学30/35、基础医学95/111、临床医学101/113、药学127/147、工商管理269/309、美术学99/114。

本科优势专业排名

4★专业：电气工程及其自动化84/573。

10205 长春师范大学

在中国本科院校竞争力排行榜中的名次421，

吉林省内排名 10/37，师范类排名 45/175。

共 60 个专业参评，其中 5★+专业 0 个，5★专业 0 个，5★-专业 0 个，4★专业 7 个，3★专业 19 个。

在中国普通高校研究生教育竞争力排行榜中的名次：总排名 447/596，吉林省内排名 12/19，师范类排名 49/77。

共 13 个一级学科(学术学位)参评。

一级学科排名

马克思主义理论 260/377、教育学 84/143、体育学 104/107、中国语言文学 121/186、外国语言文学 127/240、中国史 49/119、数学 253/276、物理学 184/203、化学 226/238、地理学 82/85、生物学 221/240、软件工程 102/148、美术学 71/114。

本科优势专业排名

4★专业：科学教育 6/51、学前教育 56/420、小学教育 42/311、汉语言文学 92/619、英语 100/925、人工智能 54/479。

10209 吉林艺术学院

在中国本科院校竞争力排行榜中的名次 434，吉林省内排名 11/37，艺术类排名 23/48。

共 25 个专业参评，其中 5★+专业 3 个，5★专业 1 个，5★-专业 6 个，4★专业 3 个，3★专业 4 个。

在中国普通高校研究生教育竞争力排行榜中的名次：总排名 556/596，吉林省内排名 18/19，艺术类排名 22/33。

共 5 个一级学科(学术学位)参评。

一级学科排名

艺术学理论 53/73、音乐与舞蹈学 42/86、戏剧与影视学 54/62、美术学 79/114、设计学 96/175。

本科优势专业排名

5★+专业：音乐表演 5/234、视觉传达设计 12/722、数字媒体艺术 3/350。

5★专业：动画 9/251。

5★-专业：音乐学 25/388、表演 8/146、广播电视编导 17/226、绘画 9/160、环境设计 37/721、产品设计 26/402。

10207 吉林财经大学

在中国本科院校竞争力排行榜中的名次 441，吉林省内排名 12/37，财经类排名 32/109。

共 37 个专业参评，其中 5★+专业 0 个，5★专业 0 个，5★-专业 5 个，4★专业 6 个，3★专业 13 个。

在中国普通高校研究生教育竞争力排行榜中的名次：总排名 444/596，吉林省内排名 11/19，财经类排名 29/39。

共 10 个一级学科(学术学位)参评。

一级学科排名

理论经济学 86/109、应用经济学 113/264、法学 115/209、马克思主义理论 289/377、外国语言文学 214/240、数学 268/276、统计学 123/126、管理科学与工程 194/209、工商管理 246/309、公共管理 159/214。

本科优势专业排名

5★-专业：国际经济与贸易 55/665、会计学 43/659、财务管理 37/686、审计学 11/198、电子商务 28/457。

4★专业：经济学 58/356、金融学 64/389、保险学 19/95。

10191 吉林建筑大学

在中国本科院校竞争力排行榜中的名次 453，吉林省内排名 13/37，理工类排名 157/364。

共 50 个专业参评，其中 5★+专业 1 个，5★专业 0 个，5★-专业 0 个，4★专业 5 个，3★专业 17 个。

在中国普通高校研究生教育竞争力排行榜中的名次：总排名 457/596，吉林省内排名 13/19，理工类排名 159/182。

共 10 个一级学科(学术学位)参评。

一级学科排名

应用经济学 258/264、马克思主义理论 296/

377、材料科学与工程 212/227、建筑学 68/84、土木工程 106/164、测绘科学与技术 48/53、环境科学与工程 184/196、城乡规划学 56/74、管理科学与工程 198/209、设计学 154/175。

本科优势专业排名

5★+专业：环境设计 5/721。

10199　长春中医药大学

在中国本科院校竞争力排行榜中的名次 488，吉林省内排名 14/37，医药类排名 51/108。

共 21 个专业参评，其中 5★+专业 0 个，5★专业 0 个，5★-专业 1 个，4★专业 3 个，3★专业 8 个。

在中国普通高校研究生教育竞争力排行榜中的名次：总排名 368/596，吉林省内排名 9/19，医药类排名 54/76。

共 6 个一级学科（学术学位）参评，其中 5★+学科 0 个，5★学科 0 个，5★-学科 0 个，4★学科 1 个，学科优秀率为 16.67%。

一级学科排名

马克思主义理论 311/377、中医学 18/40、中西医结合 43/62、药学 69/147、中药学 8/51、护理学 56/74。

本科优势专业排名

5★-专业：中药学 7/121。

10208　吉林体育学院

在中国本科院校竞争力排行榜中的名次 513，吉林省内排名 15/37，体育类排名 11/16。

共 12 个专业参评，其中 5★+专业 0 个，5★专业 0 个，5★-专业 0 个，4★专业 3 个，3★专业 7 个。

在中国普通高校研究生教育竞争力排行榜中的名次：总排名 544/596，吉林省内排名 16/19，体育类排名 12/13。

共 2 个一级学科（学术学位）参评。

一级学科排名

体育学 40/107、公共管理 200/214。

本科优势专业排名

4★专业：体育教育 41/341、运动训练 9/64。

10192　吉林化工学院

在中国本科院校竞争力排行榜中的名次 555，吉林省内排名 16/37，理工类排名 186/364。

共 48 个专业参评，其中 5★+专业 0 个，5★专业 0 个，5★-专业 0 个，4★专业 2 个，3★专业 8 个。

在中国普通高校研究生教育竞争力排行榜中的名次：总排名 525/596，吉林省内排名 15/19，理工类排名 172/182。

共 4 个一级学科（学术学位）参评。

一级学科排名

化学 180/238、材料科学与工程 192/227、动力工程及工程热物理 95/104、化学工程与技术 124/176。

本科优势专业排名

4★专业：智能装备与系统 3/14。

11726　长春大学

在中国本科院校竞争力排行榜中的名次 564，吉林省内排名 17/37，综合类排名 88/268。

共 51 个专业参评，其中 5★+专业 0 个，5★专业 0 个，5★-专业 1 个，4★专业 1 个，3★专业 15 个。

在中国普通高校研究生教育竞争力排行榜中的名次：总排名 514/596，吉林省内排名 14/19，综合类排名 82/93。

共 5 个一级学科（学术学位）参评。

一级学科排名

马克思主义理论 346/377、机械工程 217/224、食品科学与工程 94/105、中医学 38/40、工商管理 293/309。

本科优势专业排名

5★-专业：网络工程 23/282。

11437 长春工程学院

在中国本科院校竞争力排行榜中的名次 572，吉林省内排名 18/37，理工类排名 190/364。

共 49 个专业参评，其中 5★+专业 0 个，5★专业 0 个，5★-专业 0 个，4★专业 1 个，3★专业 8 个。

在中国普通高校研究生教育竞争力排行榜中的名次：总排名 571/596，吉林省内排名 19/19，理工类排名 180/182。

本科优势专业排名

4★专业：电气工程及其自动化 91/573。

10204 吉林工程技术师范学院

在中国本科院校竞争力排行榜中的名次 708，吉林省内排名 22/37，师范类排名 107/175。

共 41 个专业参评，其中 5★+专业 0 个，5★专业 0 个，5★-专业 0 个，4★专业 1 个，3★专业 9 个。

10206 白城师范学院

在中国本科院校竞争力排行榜中的名次 713，吉林省内排名 23/37，师范类排名 110/175。

共 45 个专业参评，其中 5★+专业 0 个，5★专业 0 个，5★-专业 0 个，4★专业 0 个，3★专业 6 个。

10202 通化师范学院

在中国本科院校竞争力排行榜中的名次 759，吉林省内排名 24/37，师范类排名 117/175。

共 45 个专业参评，其中 5★+专业 0 个，5★专业 0 个，5★-专业 0 个，4★专业 0 个，3★专业 5 个。

11261 吉林工商学院

在中国本科院校竞争力排行榜中的名次 799，吉林省内排名 25/37，财经类排名 54/109。

共 39 个专业参评，其中 5★+专业 0 个，5★专业 0 个，5★-专业 0 个，4★专业 2 个，3★专业 1 个。

11439 吉林农业科技学院

在中国本科院校竞争力排行榜中的名次 802，吉林省内排名 26/37，农林类排名 42/47。

共 45 个专业参评，其中 5★+专业 0 个，5★专业 0 个，5★-专业 0 个，4★专业 0 个，3★专业 2 个。

13706 吉林医药学院

在中国本科院校竞争力排行榜中的名次 817，吉林省内排名 27/37，医药类排名 78/108。

共 22 个专业参评，其中 5★+专业 0 个，5★专业 0 个，5★-专业 0 个，4★专业 0 个，3★专业 3 个。

11441 吉林警察学院

在中国本科院校竞争力排行榜中的名次 828，吉林省内排名 28/37，文法类排名 49/68。

共 12 个专业参评，其中 5★+专业 0 个，5★专业 0 个，5★-专业 0 个，4★专业 1 个，3★专业 4 个。

本科优势专业排名

4★专业：侦查学 5/31。

民 办 院 校

10964 吉林外国语大学

在中国民办院校竞争力排行榜中的名次 5，吉林省内排名 19/37，文法类排名 25/68。

共 38 个专业参评，其中 5★+专业 0 个，5★专业 0 个，5★-专业 2 个，4★专业 2 个，3★专业 5 个。

在中国普通高校研究生教育竞争力排行榜中

的名次：总排名 554/596，吉林省内排名 17/19，文法类排名 23/32。

共 1 个一级学科(学术学位)参评。

一级学科排名

教育学 95/143。

本科优势专业排名

5★-专业：英语 84/925、日语 43/449。

4★专业：法语 23/143、商务英语 60/360。

13607　吉林动画学院

在中国民办院校竞争力排行榜中的名次 22，吉林省内排名 20/37，艺术类排名 40/48。

共 28 个专业参评，其中 5★+专业 0 个，5★专业 2 个，5★-专业 0 个，4★专业 0 个，3★专业 6 个。

本科优势专业排名

5★专业：动画 11/251、数字媒体艺术 14/350。

13603　长春财经学院

在中国民办院校竞争力排行榜中的名次 25，吉林省内排名 21/37，财经类排名 46/109。

共 30 个专业参评，其中 5★+专业 0 个，5★专业 0 个，5★-专业 0 个，4★专业 1 个，3★专业 10 个。

13605　长春建筑学院

在中国民办院校竞争力排行榜中的名次 73，吉林省内排名 29/37，理工类排名 242/364。

共 44 个专业参评，其中 5★+专业 0 个，5★专业 0 个，5★-专业 1 个，4★专业 1 个，3★专业 8 个。

本科优势专业排名

5★-专业：环境设计 58/721。

13606　长春科技学院

在中国民办院校竞争力排行榜中的名次 95，吉林省内排名 30/37，综合类排名 178/268。

共 43 个专业参评，其中 5★+专业 0 个，5★专业 0 个，5★-专业 0 个，4★专业 0 个，3★专业 1 个。

13600　长春光华学院

在中国民办院校竞争力排行榜中的名次 118，吉林省内排名 31/37，综合类排名 191/268。

共 43 个专业参评，其中 5★+专业 0 个，5★专业 0 个，5★-专业 0 个，4★专业 0 个，3★专业 4 个。

13662　长春人文学院

在中国民办院校竞争力排行榜中的名次 137，吉林省内排名 33/37，综合类排名 207/268。

共 35 个专业参评，其中 5★+专业 0 个，5★专业 0 个，5★-专业 0 个，4★专业 0 个，3★专业 4 个。

13602　长春电子科技学院

在中国民办院校竞争力排行榜中的名次 161，吉林省内排名 34/37，理工类排名 298/364。

共 32 个专业参评，其中 5★+专业 0 个，5★专业 0 个，5★-专业 0 个，4★专业 0 个，3★专业 1 个。

13604　吉林建筑科技学院

在中国民办院校竞争力排行榜中的名次 171，吉林省内排名 35/37，理工类排名 316/364。

共 37 个专业参评，其中 5★+专业 0 个，5★专业 0 个，5★-专业 0 个，4★专业 0 个，3★专业 7 个。

江西省

一般大学

10403　南昌大学

在中国本科院校竞争力排行榜中的名次 42，江西省内排名 1/42，综合类排名 17/268。

共 98 个专业参评，其中 5★+专业 0 个，5★专业 5 个，5★-专业 10 个，4★专业 30 个，3★专业 36 个。

在中国普通高校研究生教育竞争力排行榜中的名次：总排名 52/596，江西省内排名 1/16，综合类排名 20/93。

共 54 个一级学科(学术学位)参评，其中 5★+学科 0 个，5★学科 1 个，5★-学科 0 个，4★学科 3 个，学科优秀率为 7.41%。

一级学科排名

哲学 39/133、理论经济学 80/109、应用经济学 149/264、法学 86/209、政治学 59/80、马克思主义理论 65/377、教育学 89/143、心理学 72/104、体育学 53/107、中国语言文学 67/186、外国语言文学 133/240、新闻传播学 30/120、中国史 82/119、数学 91/276、物理学 81/203、化学 41/238、天文学 19/21、生物学 69/240、生态学 74/111、统计学 67/126、力学 54/97、机械工程 90/224、材料科学与工程 27/227、动力工程及工程热物理 69/104、电气工程 78/112、信息与通信工程 86/186、控制科学与工程 140/189、计算机科学与技术 130/268、建筑学 55/84、土木工程 89/164、水利工程 35/64、化学工程与技术 48/176、环境科学与工程 59/196、食品科学与工程 5/105、生物工程 26/26、网络空间安全 60/77、水产 23/33、基础医学 39/111、临床医学 46/113、口腔医学 36/47、公共卫生与预防医学 41/78、中西医结合 51/62、药学 48/147、医学技术 42/43、护理学 23/74、社会医学与卫生事业管理 14/15、管理科学与工程 98/209、工商管理 128/309、公共管理 109/214、信息资源管理 42/50、音乐与舞蹈学 51/86、戏剧与影视学 42/62、美术学 88/114、设计学 64/175。

本科优势专业排名

5★专业：新闻学 15/308、广播电视学 6/146、应用化学 19/375、食品科学与工程 11/283、食品质量与安全 8/240。

5★-专业：汉语言文学 60/619、英语 80/925、广告学 19/256、机械设计制造及其自动化 42/517、材料成型及控制工程 17/221、通信工程 29/494、计算机科学与技术 91/932、制药工程 17/257、电子商务 41/457、旅游管理 34/428。

4★专业：经济学 51/356、法学 108/580、知识产权 17/94、汉语国际教育 38/328、数学与应用数学 60/519、物理学 54/283、生物科学 44/283、生物技术 45/285、应用心理学 40/257、车辆工程 37/256、材料科学与工程 26/237、电气工程及其自动化 108/573、软件工程 82/611。

10414　江西师范大学

在中国本科院校竞争力排行榜中的名次 123，江西省内排名 2/42，师范类排名 13/175。

共 71 个专业参评，其中 5★+专业 1 个，5★专业 5 个，5★-专业 12 个，4★专业 17 个，3★专业 24 个。

在中国普通高校研究生教育竞争力排行榜中的名次：总排名 125/596，江西省内排名 2/16，师范类排名 14/77。

共 34 个一级学科(学术学位)参评，其中 5★+学科 0 个，5★学科 1 个，5★-学科 1 个，4★学科 6 个，学科优秀率为 23.53%。

一级学科排名

哲学 54/133、应用经济学 125/264、法学 84/209、政治学 35/80、马克思主义理论 14/377、教育学 17/143、心理学 10/104、体育学 31/107、中国语言文学 32/186、外国语言文学 40/240、新闻传播学 39/120、中国史 42/119、世界史 49/68、数学 65/276、物理学 60/203、化学 28/238、地理学 14/85、生物学 120/240、生态学 70/111、统计学 81/126、教育技术学 39/45、材料科学与工程 119/227、信息与通信工程 152/186、计算机科学与技术 95/268、化学工程与技术 85/176、城乡规划学 48/74、软件工程 48/148、管理科学与工程 40/209、工商管理 94/309、公共管理 127/214、音乐与舞蹈学 35/86、戏剧与影视学 48/62、美术学 33/114、设计学 67/175。

本科优势专业排名

5★+专业：小学教育 6/311。

5★专业：思想政治教育 12/304、学前教育 19/420、商务英语 16/360、地理科学 6/171、食品营养与健康 2/42。

5★-专业：体育教育 25/341、汉语言文学 39/619、英语 56/925、广告学 17/256、历史学 25/246、数学与应用数学 45/519、化学 29/310、应用心理学 16/257、音乐表演 20/234、音乐学 35/388、广播电视编导 19/226、动画 24/251。

4★专业：金融学 78/389、法学 82/580、教育技术学 18/130、社会体育指导与管理 27/239、汉语国际教育 45/328、日语 83/449、新闻学 47/308、物理学 52/283、生物科学 52/283、心理学 13/73、计算机科学与技术 110/932、软件工程 69/611。

10421　江西财经大学

在中国本科院校竞争力排行榜中的名次 149，江西省内排名 3/42，财经类排名 7/109。

共 46 个专业参评，其中 5★+专业 1 个，5★专业 12 个，5★-专业 12 个，4★专业 10 个，3★专业 5 个。

在中国普通高校研究生教育竞争力排行榜中的名次：总排名 220/596，江西省内排名 4/16，财经类排名 9/39。

共 13 个一级学科(学术学位)参评，其中 5★+学科 0 个，5★学科 0 个，5★-学科 0 个，4★学科 2 个，学科优秀率为 15.38%。

一级学科排名

理论经济学 32/109、应用经济学 27/264、法学 52/209、社会学 51/88、马克思主义理论 81/377、外国语言文学 198/240、新闻传播学 98/120、统计学 62/126、计算机科学与技术 156/268、管理科学与工程 53/209、工商管理 39/309、公共管理 69/214、设计学 50/175。

本科优势专业排名

5★+专业：会计学 6/659。

5★专业：税收学 3/90、金融学 9/389、国际经济与贸易 16/665、法学 26/580、社会工作 12/259、应用统计学 5/187、数据科学与大数据技术 20/711、市场营销 16/579、财务管理 24/686、人力资源管理 11/416、电子商务 21/457、数字媒体艺术 18/350。

5★-专业：经济学 24/356、经济统计学 9/138、数字经济 7/129、财政学 8/84、商务英语 24/360、物联网工程 41/492、虚拟现实技术 2/27、信息管理与信息系统 26/335、工商管理 42/538、物流管理 30/432、旅游管理 33/428、环境设计 64/721。

4★专业：保险学 11/95、金融科技 14/95、社会体育指导与管理 44/239、信息与计算科学 50/308、计算机科学与技术 155/932、软件工程 67/611。

10404　华东交通大学

在中国本科院校竞争力排行榜中的名次 220，江西省内排名 4/42，理工类排名 90/364。

共 51 个专业参评，其中 5★+专业 0 个，5★专业 2 个，5★-专业 8 个，4★专业 9 个，3★专业 20 个。

在中国普通高校研究生教育竞争力排行榜中的名次：总排名 229/596，江西省内排名 5/16，理工类排名 88/182。

共 21 个一级学科(学术学位)参评。

一级学科排名

应用经济学 200/264、法学 112/209、马克思主义理论 307/377、体育学 68/107、数学 209/276、化学 166/238、统计学 118/126、机械工程 123/224、光学工程 84/94、仪器科学与技术 62/68、材料科学与工程 168/227、电气工程 62/112、信息与通信工程 100/186、控制科学与工程 59/189、计算机科学与技术 182/268、建筑学 58/84、土木工程 51/164、交通运输工程 19/66、软件工程 91/148、管理科学与工程 206/209、工商管理 238/309。

本科优势专业排名

5★专业：建筑电气与智能化 3/66、人力资源管理 21/416。

5★-专业：电气工程及其自动化 56/573、通信工程 31/494、软件工程 54/611、土木工程 46/529、给排水科学与工程 15/161、交通工程 11/106、会计学 54/659、物流管理 43/432。

4★专业：机械设计制造及其自动化 75/517、机械电子工程 60/302、车辆工程 41/256、自动化 53/445、计算机科学与技术 147/932。

10406 南昌航空大学

在中国本科院校竞争力排行榜中的名次 221，江西省内排名 5/42，理工类排名 91/364。

共 56 个专业参评，其中 5★+专业 0 个，5★专业 0 个，5★-专业 2 个，4★专业 13 个，3★专业 23 个。

在中国普通高校研究生教育竞争力排行榜中的名次：总排名 271/596，江西省内排名 8/16，理工类排名 102/182。

共 17 个一级学科(学术学位)参评。

一级学科排名

马克思主义理论 140/377、外国语言文学 166/240、数学 202/276、化学 107/238、机械工程 163/224、光学工程 61/94、仪器科学与技术 48/68、材料科学与工程 122/227、信息与通信工程 144/186、控制科学与工程 109/189、计算机科学与技术 153/268、土木工程 83/164、航空宇航科学与技术 25/32、环境科学与工程 128/196、软件工程 123/148、管理科学与工程 107/209、设计学 110/175。

本科优势专业排名

5★-专业：材料化学 13/131、金属材料工程 7/77。

4★专业：英语 105/925、材料成型及控制工程 37/221、增材制造工程 3/13、测控技术与仪器 31/190、焊接技术与工程 5/44、自动化 84/445、软件工程 66/611、网络工程 35/282。

10407 江西理工大学

在中国本科院校竞争力排行榜中的名次 234，江西省内排名 6/42，理工类排名 96/364。

共 57 个专业参评，其中 5★+专业 0 个，5★专业 2 个，5★-专业 0 个，4★专业 11 个，3★专业 33 个。

在中国普通高校研究生教育竞争力排行榜中的名次：总排名 215/596，江西省内排名 3/16，理工类排名 82/182。

共 21 个一级学科(学术学位)参评。

一级学科排名

应用经济学 111/264、法学 119/209、马克思主义理论 169/377、数学 214/276、地理学 74/85、机械工程 152/224、材料科学与工程 138/227、冶金工程 10/26、电气工程 104/112、电子科学与技术 108/123、信息与通信工程 178/186、控制科学与工程 142/189、计算机科学与技术 226/268、土木工程 98/164、测绘科学与技术 47/53、化学工程与技术 87/176、矿业工程 15/31、环境科学与工程 147/196、安全科学与工程 55/61、管理科学与工程 182/209、工商管理 240/309。

本科优势专业排名

5★专业：金属材料工程 4/77、应急管理 2/39。

4★专业：法学 101/580、地理信息科学 34/171、冶金工程 7/40、电子信息科学与技术 26/167、自动化 74/445、计算机科学与技术 141/932。

10405 东华理工大学

在中国本科院校竞争力排行榜中的名次 250，江西省内排名 7/42，理工类排名 103/364。

共 54 个专业参评，其中 5★+专业 0 个，5★专业 1 个，5★-专业 3 个，4★专业 6 个，3★专业 30 个。

在中国普通高校研究生教育竞争力排行榜中的名次：总排名 262/596，江西省内排名 7/16，理工类排名 99/182。

共 19 个一级学科(学术学位)参评。

一级学科排名

法学 183/209、马克思主义理论 303/377、中国语言文学 172/186、数学 220/276、化学 144/238、地理学 50/85、地球物理学 20/21、地质学 24/35、材料科学与工程 200/227、电子科学与技术 98/123、计算机科学与技术 218/268、土木工程 145/164、水利工程 59/64、测绘科学与技术 20/

53、地质资源与地质工程 22/46、核科学与技术 12/21、环境科学与工程 131/196、工商管理 223/309、公共管理 183/214。

本科优势专业排名

5★专业：测绘工程 7/147。

5★-专业：资源勘查工程 5/49、市场营销 41/579、财务管理 60/686。

4★专业：应用化学 43/375、电子信息工程 125/642、计算机科学与技术 162/932、软件工程 62/611。

10408　景德镇陶瓷大学

在中国本科院校竞争力排行榜中的名次 259，江西省内排名 8/42，艺术类排名 8/48。

共 47 个专业参评，其中 5★+专业 0 个，5★专业 0 个，5★-专业 5 个，4★专业 7 个，3★专业 20 个。

在中国普通高校研究生教育竞争力排行榜中的名次：总排名 328/596，江西省内排名 10/16，艺术类排名 5/33。

共 14 个一级学科(学术学位)参评，其中 5★+学科 0 个，5★学科 1 个，5★-学科 0 个，4★学科 0 个，学科优秀率为 7.14%。

一级学科排名

哲学 87/133、应用经济学 187/264、马克思主义理论 323/377、科学技术史 10/26、统计学 66/126、机械工程 214/224、材料科学与工程 104/227、动力工程及工程热物理 100/104、电子科学与技术 115/123、计算机科学与技术 247/268、环境科学与工程 173/196、管理科学与工程 192/209、美术学 36/114、设计学 7/175。

本科优势专业排名

5★-专业：应用统计学 13/187、材料化学 8/131、视觉传达设计 53/722、环境设计 40/721、产品设计 28/402。

4★专业：机械设计制造及其自动化 90/517、无机非金属材料工程 9/78、新能源材料与器件 19/131。

10410　江西农业大学

在中国本科院校竞争力排行榜中的名次 275，江西省内排名 9/42，农林类排名 24/47。

共 54 个专业参评，其中 5★+专业 0 个，5★专业 1 个，5★-专业 2 个，4★专业 5 个，3★专业 27 个。

在中国普通高校研究生教育竞争力排行榜中的名次：总排名 240/596，江西省内排名 6/16，农林类排名 25/38。

共 21 个一级学科(学术学位)参评，其中 5★+学科 0 个，5★学科 0 个，5★-学科 0 个，4★学科 1 个，学科优秀率为 4.76%。

一级学科排名

应用经济学 264/264、马克思主义理论 282/377、教育学 123/143、化学 203/238、生物学 143/240、生态学 84/111、计算机科学与技术 212/268、农业工程 33/43、食品科学与工程 60/105、风景园林学 38/56、生物工程 13/26、作物学 30/50、园艺学 25/44、农业资源与环境 16/40、植物保护 39/44、畜牧学 10/55、兽医学 20/44、林学 9/35、工商管理 113/309、农林经济管理 21/51、公共管理 131/214。

本科优势专业排名

5★专业：生物工程 11/242。

5★-专业：动物药学 2/23、园林 7/129。

10412　江西中医药大学

在中国本科院校竞争力排行榜中的名次 382，江西省内排名 10/42，医药类排名 38/108。

共 28 个专业参评，其中 5★+专业 0 个，5★专业 1 个，5★-专业 1 个，4★专业 4 个，3★专业 15 个。

在中国普通高校研究生教育竞争力排行榜中的名次：总排名 304/596，江西省内排名 9/16，医药类排名 38/76。

共 6 个一级学科(学术学位)参评。

一级学科排名

计算机科学与技术 254/268、中医学 9/40、中西医结合 30/62、药学 57/147、中药学 11/51、公共管理 196/214。

本科优势专业排名

5★专业：中医骨伤科学 1/23。

5★-专业：中医养生学 2/15。

4★专业：医学信息工程 8/57。

11318　江西科技师范大学

在中国本科院校竞争力排行榜中的名次 425，江西省内排名 11/42，师范类排名 46/175。

共 65 个专业参评，其中 5★+专业 0 个，5★专业 1 个，5★-专业 3 个，4★专业 6 个，3★专业 27 个。

在中国普通高校研究生教育竞争力排行榜中的名次：总排名 418/596，江西省内排名 12/16，师范类排名 46/77。

共 14 个一级学科(学术学位)参评。

一级学科排名

马克思主义理论 261/377、教育学 81/143、体育学 89/107、中国语言文学 183/186、数学 263/276、化学 165/238、生物学 212/240、电子科学与技术 109/123、药学 147/147、管理科学与工程 208/209、工商管理 292/309、音乐与舞蹈学 77/86、美术学 108/114、设计学 97/175。

本科优势专业排名

5★专业：财务管理 32/686。

5★-专业：旅游管理 36/428、酒店管理 14/184、视觉传达设计 45/722。

4★专业：学前教育 52/420、体育教育 66/341、电子信息工程 77/642。

10418　赣南师范大学

在中国本科院校竞争力排行榜中的名次 440，江西省内排名 12/42，师范类排名 48/175。

共 49 个专业参评，其中 5★+专业 0 个，5★专业 0 个，5★-专业 0 个，4★专业 4 个，3★专业 25 个。

在中国普通高校研究生教育竞争力排行榜中

的名次：总排名 396/596，江西省内排名 11/16，师范类排名 42/77。

共 16 个一级学科(学术学位)参评。

一级学科排名

社会学 41/88、马克思主义理论 233/377、教育学 108/143、心理学 80/104、体育学 102/107、中国语言文学 169/186、外国语言文学 236/240、新闻传播学 118/120、中国史 93/119、世界史 59/68、数学 111/276、化学 153/238、电子科学与技术 121/123、控制科学与工程 185/189、园艺学 29/44、美术学 37/114。

本科优势专业排名

4★专业：体育教育 55/341、汉语言文学 96/619、英语 104/925。

11319　南昌工程学院

在中国本科院校竞争力排行榜中的名次 508，江西省内排名 15/42，理工类排名 176/364。

共 48 个专业参评，其中 5★+专业 0 个，5★专业 0 个，5★-专业 0 个，4★专业 1 个，3★专业 23 个。

在中国普通高校研究生教育竞争力排行榜中的名次：总排名 511/596，江西省内排名 14/16，理工类排名 168/182。

共 3 个一级学科(学术学位)参评。

一级学科排名

信息与通信工程 185/186、水利工程 64/64、管理科学与工程 193/209。

11843　九江学院

在中国本科院校竞争力排行榜中的名次 533，江西省内排名 16/42，综合类排名 84/268。

共 79 个专业参评，其中 5★+专业 0 个，5★专业 2 个，5★-专业 0 个，4★专业 4 个，3★专业 21 个。

本科优势专业排名

5★专业：工程造价 12/264、跨境电子商务

3/89。

10413 赣南医学院

在中国本科院校竞争力排行榜中的名次 602，江西省内排名 17/42，医药类排名 69/108。

共 26 个专业参评，其中 5★+专业 0 个，5★专业 0 个，5★-专业 0 个，4★专业 1 个，3★专业 12 个。

在中国普通高校研究生教育竞争力排行榜中的名次：总排名 451/596，江西省内排名 13/16，医药类排名 68/76。

共 5 个一级学科(学术学位)参评。

一级学科排名

生物医学工程 79/80、基础医学 80/111、临床医学 104/113、药学 85/147、医学技术 17/43。

10419 井冈山大学

在中国本科院校竞争力排行榜中的名次 620，江西省内排名 18/42，综合类排名 104/268。

共 51 个专业参评，其中 5★+专业 0 个，5★专业 0 个，5★-专业 0 个，4★专业 0 个，3★专业 10 个。

在中国普通高校研究生教育竞争力排行榜中的名次：总排名 524/596，江西省内排名 15/16，综合类排名 84/93。

共 1 个一级学科(学术学位)参评。

一级学科排名

马克思主义理论 213/377。

10416 上饶师范学院

在中国本科院校竞争力排行榜中的名次 667，江西省内排名 19/42，师范类排名 93/175。

共 35 个专业参评，其中 5★+专业 0 个，5★专业 0 个，5★-专业 0 个，4★专业 2 个，3★专业 10 个。

10417 宜春学院

在中国本科院校竞争力排行榜中的名次 673，

江西省内排名 20/42，综合类排名 121/268。

共 58 个专业参评，其中 5★+专业 0 个，5★专业 0 个，5★-专业 0 个，4★专业 3 个，3★专业 8 个。

在中国普通高校研究生教育竞争力排行榜中的名次：总排名 553/596，江西省内排名 16/16，综合类排名 88/93。

本科优势专业排名

4★专业：学前教育 84/420。

11508 新余学院

在中国本科院校竞争力排行榜中的名次 811，江西省内排名 22/42，综合类排名 154/268。

共 36 个专业参评，其中 5★+专业 0 个，5★专业 0 个，5★-专业 2 个，4★专业 0 个，3★专业 10 个。

本科优势专业排名

5★-专业：视觉传达设计 66/722、环境设计 71/721。

13774 豫章师范学院

在中国本科院校竞争力排行榜中的名次 863，江西省内排名 23/42，师范类排名 141/175。

共 25 个专业参评，其中 5★+专业 0 个，5★专业 0 个，5★-专业 0 个，4★专业 0 个，3★专业 1 个。

11504 江西警察学院

在中国本科院校竞争力排行榜中的名次 884，江西省内排名 25/42，文法类排名 53/68。

共 10 个专业参评，其中 5★+专业 0 个，5★专业 0 个，5★-专业 0 个，4★专业 0 个，3★专业 2 个。

10895 萍乡学院

在中国本科院校竞争力排行榜中的名次 942，江西省内排名 27/42，综合类排名 194/268。

共 30 个专业参评，其中 5★+专业 0 个，5★

专业0个，5★-专业0个，4★专业2个，3★专业7个。

本科优势专业排名

4★专业：商务英语70/360。

14437 南昌师范学院

在中国本科院校竞争力排行榜中的名次952，江西省内排名28/42，师范类排名154/175。

共27个专业参评，其中5★+专业0个，5★专业0个，5★-专业0个，4★专业0个，3★专业10个。

10894 景德镇学院

在中国本科院校竞争力排行榜中的名次979，江西省内排名30/42，综合类排名208/268。

共25个专业参评，其中5★+专业0个，5★专业0个，5★-专业0个，4★专业0个，3★专业9个。

13432 赣东学院

在中国本科院校竞争力排行榜中的名次1089，江西省内排名33/42，理工类排名326/364。

共25个专业参评，其中5★+专业0个，5★专业0个，5★-专业0个，4★专业0个，3★专业1个。

13437 南昌医学院

在中国本科院校竞争力排行榜中的名次1092，江西省内排名34/42，医药类排名90/108。

共16个专业参评，其中5★+专业0个，5★专业0个，5★-专业0个，4★专业0个，3★专业5个。

13434 赣南科技学院

在中国本科院校竞争力排行榜中的名次1123，江西省内排名37/42，理工类排名333/364。

共29个专业参评，其中5★+专业0个，5★专业0个，5★-专业0个，4★专业0个，3★专业1个。

民 办 院 校

12795 南昌理工学院

在中国民办院校竞争力排行榜中的名次1，江西省内排名13/42，理工类排名169/364。

共52个专业参评，其中5★+专业0个，5★专业0个，5★-专业2个，4★专业2个，3★专业8个。

本科优势专业排名

5★-专业：工程造价24/264、广播电视编导21/226。

10846 江西科技学院

在中国民办院校竞争力排行榜中的名次2，江西省内排名14/42，理工类排名172/364。

共29个专业参评，其中5★+专业0个，5★专业1个，5★-专业0个，4★专业3个，3★专业15个。

本科优势专业排名

5★专业：汽车服务工程6/117。
4★专业：国际经济与贸易125/665、机器人工程40/333。

13421 南昌工学院

在中国民办院校竞争力排行榜中的名次53，江西省内排名21/42，理工类排名231/364。

共45个专业参评，其中5★+专业0个，5★专业0个，5★-专业0个，4★专业0个，3★专业7个。

12766 江西工程学院

在中国民办院校竞争力排行榜中的名次91，江西省内排名24/42，理工类排名250/364。

共27个专业参评，其中5★+专业0个，5★专业0个，5★-专业0个，4★专业1个，3★专业5个。

13418　江西服装学院

在中国民办院校竞争力排行榜中的名次 94，江西省内排名 26/42，理工类排名 253/364。

共 25 个专业参评，其中 5★+专业 0 个，5★专业 0 个，5★-专业 1 个，4★专业 1 个，3★专业 6 个。

本科优势专业排名

5★-专业：服装与服饰设计 19/212。

12938　江西应用科技学院

在中国民办院校竞争力排行榜中的名次 132，江西省内排名 29/42，综合类排名 202/268。

共 27 个专业参评，其中 5★+专业 0 个，5★专业 0 个，5★-专业 0 个，4★专业 1 个，3★专业 5 个。

本科优势专业排名

4★专业：商务英语 50/360。

13431　南昌交通学院

在中国民办院校竞争力排行榜中的名次 151，江西省内排名 32/42，理工类排名 289/364。

共 41 个专业参评，其中 5★+专业 0 个，5★专业 0 个，5★-专业 0 个，4★专业 0 个，3★专业 9 个。

13440　南昌应用技术师范学院

在中国民办院校竞争力排行榜中的名次 196，江西省内排名 39/42，理工类排名 337/364。

共 24 个专业参评，其中 5★+专业 0 个，5★专业 0 个，5★-专业 0 个，4★专业 0 个，3★专业 6 个。

河北省

一般大学

10216 燕山大学

在中国本科院校竞争力排行榜中的名次 64，河北省内排名 1/58，理工类排名 34/364。

共 59 个专业参评，其中 5★+专业 4 个，5★专业 7 个，5★-专业 13 个，4★专业 16 个，3★专业 16 个。

在中国普通高校研究生教育竞争力排行榜中的名次：总排名 68/596，河北省内排名 1/24，理工类排名 31/182。

共 30 个一级学科(学术学位)参评，其中 5★+学科 0 个，5★学科 1 个，5★-学科 0 个，4★学科 6 个，学科优秀率为 23.33%。

一级学科排名

应用经济学 116/264、法学 170/209、马克思主义理论 109/377、中国语言文学 168/186、外国语言文学 108/240、数学 108/276、物理学 55/203、化学 108/238、统计学 113/126、力学 42/97、机械工程 9/224、仪器科学与技术 13/68、材料科学与工程 42/227、动力工程及工程热物理 76/104、电气工程 43/112、电子科学与技术 51/123、信息与通信工程 61/186、控制科学与工程 37/189、计算机科学与技术 54/268、建筑学 76/84、土木工程 110/164、化学工程与技术 35/176、石油与天然气工程 15/15、船舶与海洋工程 25/27、环境科学与工程 124/196、管理科学与工程 82/209、工商管理 58/309、公共管理 46/214、音乐与舞蹈学 70/86、设计学 68/175。

本科优势专业排名

5★+专业：机械设计制造及其自动化 10/517、金属材料工程 1/77、无机非金属材料工程 2/78、机器人工程 4/333。

5★专业：经济与金融 3/78、材料成型及控制工程 7/221、车辆工程 12/256、材料物理 4/73、电

子信息工程 15/642、自动化 19/445、智能科学与技术 6/186。

5★-专业：英语 83/925、应用化学 32/375、工业设计 16/216、测控技术与仪器 16/190、高分子材料与工程 16/185、电气工程及其自动化 31/573、计算机科学与技术 51/932、软件工程 49/611、工商管理 45/538、会计学 46/659、行政管理 16/292、旅游管理 24/428、产品设计 25/402。

4★专业：汉语言文学 116/619、日语 60/449、信息与计算科学 47/308、应用物理学 21/155、过程装备与控制工程 13/92、智能制造工程 54/296、电子科学与技术 23/154。

10080 河北工业大学

在中国本科院校竞争力排行榜中的名次 116，河北省内排名 2/58，理工类排名 54/364。

共 65 个专业参评，其中 5★+专业 1 个，5★专业 5 个，5★-专业 12 个，4★专业 14 个，3★专业 23 个。

在中国普通高校研究生教育竞争力排行榜中的名次：总排名 139/596，河北省内排名 3/24，理工类排名 59/182。

共 26 个一级学科(学术学位)参评，其中 5★+学科 0 个，5★学科 0 个，5★-学科 1 个，4★学科 1 个，学科优秀率为 7.69%。

一级学科排名

应用经济学 136/264、马克思主义理论 141/377、数学 151/276、物理学 130/203、化学 149/238、生物学 225/240、力学 76/97、机械工程 48/224、仪器科学与技术 53/68、材料科学与工程 62/227、动力工程及工程热物理 42/104、电气工程 8/112、电子科学与技术 42/123、信息与通信工程 132/186、控制科学与工程 46/189、计算机科学与技术 128/268、建筑学 49/84、土木工程 30/164、化学工程与技术 42/176、交通运输工程 41/66、环境科学与工程 130/196、生物医学工程 36/80、城乡规划学 60/74、管理科学与工程 68/209、工商管理 69/309、设计学 142/175。

本科优势专业排名

5★+专业：物联网工程 5/492。

5★专业：机械电子工程 11/302、电气工程及

其自动化 19/573、电子信息工程 26/642、制药工程 13/257、环境设计 30/721。

5★-专业：机械设计制造及其自动化 28/517、车辆工程 24/256、智能制造工程 23/296、电子科学与技术 14/154、通信工程 26/494、人工智能 38/479、自动化 39/445、道路桥梁与渡河工程 6/81、化学工程与工艺 31/329、建筑学 28/291、工程管理 29/393、工商管理 54/538。

4★专业：信息与计算科学 61/308、应用化学 56/375、金属材料工程 9/77、高分子材料与工程 25/185、能源与动力工程 33/188、新能源科学与工程 25/144。

10075　河北大学

在中国本科院校竞争力排行榜中的名次 117，河北省内排名 3/58，综合类排名 36/268。

共 83 个专业参评，其中 5★+专业 0 个，5★专业 3 个，5★-专业 7 个，4★专业 21 个，3★专业 38 个。

在中国普通高校研究生教育竞争力排行榜中的名次：总排名 129/596，河北省内排名 2/24，综合类排名 38/93。

共 47 个一级学科(学术学位)参评，其中 5★+学科 0 个，5★学科 0 个，5★-学科 0 个，4★学科 1 个，学科优秀率为 2.13%。

一级学科排名

哲学 40/133、理论经济学 95/109、应用经济学 80/264、法学 57/209、社会学 33/88、马克思主义理论 184/377、教育学 40/143、心理学 51/104、中国语言文学 42/186、外国语言文学 139/240、新闻传播学 16/120、考古学 40/40、中国史 26/119、世界史 68/68、数学 156/276、物理学 88/203、化学 72/238、生物学 70/240、科学技术史 25/26、生态学 76/111、教育技术学 44/45、光学工程 41/94、仪器科学与技术 33/68、电子科学与技术 111/123、信息与通信工程 133/186、控制科学与工程 153/189、计算机科学与技术 140/268、建筑学 81/84、土木工程 153/164、化学工程与技术 149/176、环境科学与工程 152/196、软件工程 110/148、网络空间安全 49/77、基础医学 98/111、临床医学 70/113、公共卫生与预防医学 70/78、药学 128/147、中药学 49/51、护理学 60/74、管理科学与工程 95/209、工商管理 251/309、公共管理 143/214、信息

资源管理 14/50、艺术学理论 24/73、音乐与舞蹈学 86/86、戏剧与影视学 45/62、美术学 104/114。

本科优势专业排名

5★专业：汉语国际教育 10/328、新闻学 9/308、广告学 6/256。

5★-专业：国际经济与贸易 53/665、法学 47/580、学前教育 23/420、汉语言文学 40/619、日语 44/449、生物信息学 4/52、卫生检验与检疫 5/56。

4★专业：经济统计学 17/138、金融学 58/389、社会工作 32/259、英语 95/925、广播电视学 16/146、编辑出版学 6/32、历史学 45/246、数学与应用数学 97/519、化学 56/310、生物科学 48/283、应用心理学 27/257、测控技术与仪器 21/190、材料化学 23/131、通信工程 66/494、自动化 89/445。

10086　河北农业大学

在中国本科院校竞争力排行榜中的名次 205，河北省内排名 4/58，农林类排名 15/47。

共 78 个专业参评，其中 5★+专业 0 个，5★专业 0 个，5★-专业 3 个，4★专业 12 个，3★专业 35 个。

在中国普通高校研究生教育竞争力排行榜中的名次：总排名 206/596，河北省内排名 5/24，农林类排名 21/38。

共 24 个一级学科(学术学位)参评。

一级学科排名

应用经济学 228/264、马克思主义理论 328/377、化学 218/238、生物学 110/240、生态学 91/111、机械工程 220/224、计算机科学与技术 239/268、土木工程 159/164、水利工程 52/64、农业工程 29/43、食品科学与工程 28/105、城乡规划学 69/74、风景园林学 21/56、作物学 21/50、园艺学 12/44、农业资源与环境 18/40、植物保护 20/44、畜牧学 30/55、兽医学 37/44、林学 18/35、水产 31/33、工商管理 299/309、农林经济管理 22/51、公共管理 207/214。

本科优势专业排名

5★-专业：食品科学与工程 20/283、食品质

量与安全 24/240、智慧农业 3/33。

4★专业：生物技术 51/285、机械设计制造及其自动化 76/517、电子信息工程 128/642、计算机科学与技术 156/932。

10094 河北师范大学

在中国本科院校竞争力排行榜中的名次 225，河北省内排名 5/58，师范类排名 25/175。

共 74 个专业参评，其中 5★+专业 0 个，5★专业 1 个，5★-专业 6 个，4★专业 16 个，3★专业 28 个。

在中国普通高校研究生教育竞争力排行榜中的名次：总排名 224/596，河北省内排名 7/24，师范类排名 25/77。

共 29 个一级学科(学术学位)参评，其中 5★+学科 0 个，5★学科 0 个，5★-学科 0 个，4★学科 1 个，学科优秀率为 3.45%。

一级学科排名

哲学 106/133、理论经济学 99/109、法学 133/209、政治学 54/80、马克思主义理论 55/377、教育学 73/143、心理学 44/104、体育学 33/107、中国语言文学 43/186、外国语言文学 101/240、考古学 25/40、中国史 43/119、世界史 44/68、数学 76/276、物理学 80/203、化学 79/238、天文学 17/21、地理学 31/85、生物学 80/240、生态学 53/111、教育技术学 43/45、计算机科学与技术 117/268、软件工程 96/148、网络空间安全 43/77、工商管理 285/309、公共管理 185/214、艺术学理论 62/73、音乐与舞蹈学 52/86、美术学 57/114。

本科优势专业排名

5★专业：翻译 12/269。

5★-专业：思想政治教育 19/304、体育教育 26/341、汉语言文学 43/619、英语 67/925、音乐学 29/388、美术学 24/333。

4★专业：学前教育 64/420、小学教育 61/311、运动康复 10/84、汉语言 5/25、汉语国际教育 52/328、历史学 41/246、数学与应用数学 61/519、物理学 35/283、化学 40/310、地理科学 28/171、人文地理与城乡规划 21/110、生物科学 42/283、生物技术 42/285、电子信息工程 120/642、计算机科学与技术 170/932。

10089 河北医科大学

在中国本科院校竞争力排行榜中的名次 232，河北省内排名 6/58，医药类排名 16/108。

共 26 个专业参评，其中 5★+专业 0 个，5★专业 3 个，5★-专业 3 个，4★专业 11 个，3★专业 7 个。

在中国普通高校研究生教育竞争力排行榜中的名次：总排名 156/596，河北省内排名 4/24，医药类排名 15/76。

共 9 个一级学科(学术学位)参评，其中 5★+学科 0 个，5★学科 0 个，5★-学科 0 个，4★学科 1 个，学科优秀率为 11.11%。

一级学科排名

生物学 72/240、基础医学 30/111、临床医学 31/113、口腔医学 31/47、公共卫生与预防医学 30/78、中西医结合 20/62、药学 24/147、医学技术 25/43、护理学 43/74。

本科优势专业排名

5★专业：食品卫生与营养学 2/30、医学影像技术 4/103、卫生检验与检疫 2/56。

5★-专业：预防医学 13/125、药物制剂 7/87、护理学 22/296。

10081 华北理工大学

在中国本科院校竞争力排行榜中的名次 286，河北省内排名 7/58，综合类排名 56/268。

共 84 个专业参评，其中 5★+专业 0 个，5★专业 0 个，5★-专业 1 个，4★专业 4 个，3★专业 49 个。

在中国普通高校研究生教育竞争力排行榜中的名次：总排名 223/596，河北省内排名 6/24，综合类排名 53/93。

共 28 个一级学科(学术学位)参评。

一级学科排名

应用经济学 218/264、心理学 99/104、外国语言文学 221/240、数学 235/276、化学 160/238、生物学 145/240、机械工程 195/224、仪器科学与技术 58/68、材料科学与工程 162/227、冶金工程 14/26、动力工程及工程热物理 94/104、信息与通信工程 161/186、控制科学与工程 151/189、土木工程 143/164、化学工程与技术 105/176、地质资源与地质工程 45/46、矿业工程 18/31、安全科学与工程 49/61、网络空间安全 52/77、基础医学 97/111、临床医学 82/113、公共卫生与预防医学 36/78、中医学 39/40、药学 134/147、护理学 49/74、工商管理 226/309、公共管理 76/214、设计学 144/175。

本科优势专业排名

5★-专业：电子信息工程 62/642。

4★专业：英语 123/925、冶金工程 8/40。

10107　石家庄铁道大学

在中国本科院校竞争力排行榜中的名次 290，河北省内排名 8/58，理工类排名 115/364。

共 50 个专业参评，其中 5★+专业 0 个，5★专业 0 个，5★-专业 7 个，4★专业 8 个，3★专业 17 个。

在中国普通高校研究生教育竞争力排行榜中的名次：总排名 300/596，河北省内排名 8/24，理工类排名 114/182。

共 15 个一级学科(学术学位)参评。

一级学科排名

马克思主义理论 287/377、数学 233/276、力学 49/97、机械工程 78/224、材料科学与工程 205/227、电气工程 107/112、控制科学与工程 174/189、计算机科学与技术 232/268、建筑学 50/84、土木工程 43/164、交通运输工程 24/66、安全科学与工程 39/61、网络空间安全 66/77、管理科学与工程 85/209、工商管理 275/309。

本科优势专业排名

5★-专业：机械设计制造及其自动化 31/517、电气工程及其自动化 54/573、土木工程 28/529、城市地下空间工程 6/74、交通运输 9/107、工程管理 37/393、物流管理 27/432。

4★专业：机械电子工程 55/302、车辆工程 32/256、计算机科学与技术 169/932。

10082　河北科技大学

在中国本科院校竞争力排行榜中的名次 324，河北省内排名 9/58，理工类排名 123/364。

共 75 个专业参评，其中 5★+专业 0 个，5★专业 1 个，5★-专业 1 个，4★专业 3 个，3★专业 40 个。

在中国普通高校研究生教育竞争力排行榜中的名次：总排名 312/596，河北省内排名 9/24，理工类排名 119/182。

共 28 个一级学科(学术学位)参评。

一级学科排名

应用经济学 260/264、社会学 83/88、马克思主义理论 298/377、教育学 142/143、外国语言文学 185/240、数学 186/276、物理学 197/203、化学 190/238、生物学 227/240、机械工程 177/224、材料科学与工程 214/227、冶金工程 26/26、动力工程及工程热物理 101/104、电气工程 112/112、信息与通信工程 160/186、控制科学与工程 169/189、计算机科学与技术 220/268、土木工程 120/164、化学工程与技术 104/176、纺织科学与工程 22/22、环境科学与工程 116/196、食品科学与工程 81/105、生物工程 23/26、药学 76/147、管理科学与工程 202/209、工商管理 305/309、美术学 101/114、设计学 163/175。

本科优势专业排名

5★专业：制药工程 7/257。

5★-专业：服装与服饰设计 12/212。

11832　河北经贸大学

在中国本科院校竞争力排行榜中的名次 369，河北省内排名 10/58，财经类排名 24/109。

共 50 个专业参评，其中 5★+专业 0 个，5★专业 0 个，5★-专业 3 个，4★专业 13 个，3★专业 21 个。

在中国普通高校研究生教育竞争力排行榜中的名次：总排名 424/596，河北省内排名 11/24，财经类排名 27/39。

共 11 个一级学科(学术学位)参评。

一级学科排名

哲学 118/133、理论经济学 77/109、应用经济学 117/264、法学 80/209、马克思主义理论 137/377、新闻传播学 81/120、统计学 108/126、计算机科学与技术 234/268、管理科学与工程 186/209、工商管理 96/309、公共管理 124/214。

本科优势专业排名

5★-专业：保险学 7/95、会计学 52/659、人力资源管理 31/416。

4★专业：金融学 76/389、投资学 22/124、国际经济与贸易 107/665、法学 80/580、新闻学 54/308、网络工程 44/282。

10076　河北工程大学

在中国本科院校竞争力排行榜中的名次 391，河北省内排名 11/58，理工类排名 144/364。

共 73 个专业参评，其中 5★+专业 0 个，5★专业 0 个，5★-专业 0 个，4★专业 4 个，3★专业 21 个。

在中国普通高校研究生教育竞争力排行榜中的名次：总排名 377/596，河北省内排名 10/24，理工类排名 138/182。

共 16 个一级学科（学术学位）参评。

一级学科排名

机械工程 185/224、光学工程 81/94、材料科学与工程 224/227、信息与通信工程 163/186、计算机科学与技术 230/268、建筑学 59/84、土木工程 122/164、水利工程 29/64、地质资源与地质工程 44/46、矿业工程 30/31、农业工程 41/43、环境科学与工程 154/196、城乡规划学 68/74、畜牧学 52/55、临床医学 109/113、工商管理 215/309。

本科优势专业排名

4★专业：计算机科学与技术 178/932。

10077　河北地质大学

在中国本科院校竞争力排行榜中的名次 474，河北省内排名 12/58，理工类排名 166/364。

共 58 个专业参评，其中 5★+专业 0 个，5★专业 0 个，5★-专业 0 个，4★专业 4 个，3★专业 16 个。

在中国普通高校研究生教育竞争力排行榜中的名次：总排名 453/596，河北省内排名 13/24，理工类排名 157/182。

共 10 个一级学科（学术学位）参评。

一级学科排名

应用经济学 250/264、法学 195/209、数学 249/276、地质学 27/35、材料科学与工程 187/227、计算机科学与技术 154/268、地质资源与地质工程 33/46、环境科学与工程 156/196、工商管理 191/309、公共管理 198/214。

10093　承德医学院

在中国本科院校竞争力排行榜中的名次 538，河北省内排名 13/58，医药类排名 63/108。

共 21 个专业参评，其中 5★+专业 0 个，5★专业 0 个，5★-专业 0 个，4★专业 1 个，3★专业 5 个。

在中国普通高校研究生教育竞争力排行榜中的名次：总排名 500/596，河北省内排名 15/24，医药类排名 71/76。

共 5 个一级学科（学术学位）参评。

一级学科排名

生物学 239/240、生物医学工程 75/80、基础医学 102/111、临床医学 97/113、中药学 51/51。

10798　河北科技师范学院

在中国本科院校竞争力排行榜中的名次 547，河北省内排名 14/58，师范类排名 63/175。

共 75 个专业参评，其中 5★+专业 0 个，5★专业 0 个，5★-专业 0 个，4★专业 1 个，3★专业 17 个。

在中国普通高校研究生教育竞争力排行榜中的名次：总排名 513/596，河北省内排名 16/24，师范类排名 61/77。

共 5 个一级学科（学术学位）参评。

一级学科排名

教育学 140/143、化学 231/238、生物学 224/240、园艺学 33/44、畜牧学 51/55。

10092　河北北方学院

在中国本科院校竞争力排行榜中的名次 562，河北省内排名 15/58，综合类排名 87/268。

共 72 个专业参评，其中 5★+专业 0 个，5★专业 0 个，5★-专业 0 个，4★专业 1 个，3★专业 7 个。

在中国普通高校研究生教育竞争力排行榜中的名次：总排名 465/596，河北省内排名 14/24，综合类排名 76/93。

共 3 个一级学科(学术学位)参评。

一级学科排名

基础医学 104/111、临床医学 92/113、药学 142/147。

11104　华北科技学院

在中国本科院校竞争力排行榜中的名次 566，河北省内排名 16/58，理工类排名 189/364。

共 55 个专业参评，其中 5★+专业 0 个，5★专业 0 个，5★-专业 0 个，4★专业 1 个，3★专业 13 个。

在中国普通高校研究生教育竞争力排行榜中的名次：总排名 535/596，河北省内排名 18/24，理工类排名 175/182。

11105　中国人民警察大学

在中国本科院校竞争力排行榜中的名次 574，河北省内排名 17/58，文法类排名 22/68。

共 5 个专业参评，其中 5★+专业 0 个，5★专业 1 个，5★-专业 0 个，4★专业 1 个，3★专业 1 个。

在中国普通高校研究生教育竞争力排行榜中的名次：总排名 574/596，河北省内排名 21/24，文法类排名 25/32。

共 3 个一级学科(学术学位)参评。

一级学科排名

法学 207/209、安全科学与工程 59/61、网络空间安全 69/77。

本科优势专业排名

5★专业：消防工程 1/24。
4★专业：警务指挥与战术 3/19。

11629　北华航天工业学院

在中国本科院校竞争力排行榜中的名次 647，河北省内排名 18/58，理工类排名 204/364。

共 44 个专业参评，其中 5★+专业 0 个，5★专业 0 个，5★-专业 0 个，4★专业 1 个，3★专业 12 个。

在中国普通高校研究生教育竞争力排行榜中的名次：总排名 570/596，河北省内排名 20/24，理工类排名 179/182。

共 2 个一级学科(学术学位)参评。

一级学科排名

统计学 116/126、航空宇航科学与技术 31/32。

本科优势专业排名

4★专业：电子信息工程 115/642。

11236　河北体育学院

在中国本科院校竞争力排行榜中的名次 695，河北省内排名 20/58，体育类排名 14/16。

共 3 个专业参评，其中 5★+专业 0 个，5★专业 0 个，5★-专业 0 个，4★专业 1 个，3★专业 1 个。

本科优势专业排名

4★专业：社会体育指导与管理 48/239。

10098　河北民族师范学院

在中国本科院校竞争力排行榜中的名次 699，河北省内排名 21/58，师范类排名 106/175。

共41个专业参评，其中5★+专业1个，5★专业0个，5★-专业0个，4★专业3个，3★专业6个。

本科优势专业排名

5★+专业：航空服务艺术与管理1/71。
4★专业：小学教育34/311。

14432 河北中医药大学

在中国本科院校竞争力排行榜中的名次730，河北省内排名23/58，医药类排名75/108。

共21个专业参评，其中5★+专业0个，5★专业0个，5★-专业0个，4★专业0个，3★专业3个。

在中国普通高校研究生教育竞争力排行榜中的名次：总排名429/596，河北省内排名12/24，医药类排名64/76。

共3个一级学科(学术学位)参评。

一级学科排名

中医学20/40、中西医结合40/62、中药学30/51。

10104 邢台学院

在中国本科院校竞争力排行榜中的名次733，河北省内排名24/58，综合类排名131/268。

共52个专业参评，其中5★+专业0个，5★专业0个，5★-专业1个，4★专业1个，3★专业9个。

本科优势专业排名

5★-专业：表演11/146。

11420 河北金融学院

在中国本科院校竞争力排行榜中的名次745，河北省内排名25/58，财经类排名48/109。

共38个专业参评，其中5★+专业0个，5★专业0个，5★-专业0个，4★专业1个，3★专业12个。

在中国普通高校研究生教育竞争力排行榜中

的名次：总排名592/596，河北省内排名23/24，财经类排名39/39。

本科优势专业排名

4★专业：金融科技12/95。

10084 河北建筑工程学院

在中国本科院校竞争力排行榜中的名次756，河北省内排名26/58，理工类排名225/364。

共41个专业参评，其中5★+专业0个，5★专业0个，5★-专业1个，4★专业1个，3★专业9个。

在中国普通高校研究生教育竞争力排行榜中的名次：总排名536/596，河北省内排名19/24，理工类排名176/182。

共3个一级学科(学术学位)参评。

一级学科排名

计算机科学与技术248/268、建筑学60/84、土木工程149/164。

本科优势专业排名

5★-专业：工程造价15/264。

10099 唐山师范学院

在中国本科院校竞争力排行榜中的名次794，河北省内排名27/58，师范类排名129/175。

共52个专业参评，其中5★+专业0个，5★专业0个，5★-专业0个，4★专业1个，3★专业10个。

51721 河北环境工程学院

在中国本科院校竞争力排行榜中的名次814，河北省内排名28/58，理工类排名238/364。

共24个专业参评，其中5★+专业0个，5★专业0个，5★-专业0个，4★专业2个，3★专业7个。

10096 保定学院

在中国本科院校竞争力排行榜中的名次829，

河北省内排名 29/58，师范类排名 133/175。

共 51 个专业参评，其中 5★+专业 0 个，5★专业 0 个，5★-专业 0 个，4★专业 1 个，3★专业 7 个。

10100　廊坊师范学院

在中国本科院校竞争力排行榜中的名次 831，河北省内排名 30/58，师范类排名 134/175。

共 55 个专业参评，其中 5★+专业 0 个，5★专业 0 个，5★-专业 0 个，4★专业 1 个，3★专业 6 个。

10102　石家庄学院

在中国本科院校竞争力排行榜中的名次 836，河北省内排名 31/58，师范类排名 136/175。

共 62 个专业参评，其中 5★+专业 0 个，5★专业 0 个，5★-专业 0 个，4★专业 1 个，3★专业 3 个。

本科优势专业排名

4★专业：机器人工程 52/333。

10103　邯郸学院

在中国本科院校竞争力排行榜中的名次 849，河北省内排名 32/58，师范类排名 138/175。

共 60 个专业参评，其中 5★+专业 0 个，5★专业 0 个，5★-专业 0 个，4★专业 2 个，3★专业 12 个。

11775　防灾科技学院

在中国本科院校竞争力排行榜中的名次 883，河北省内排名 34/58，理工类排名 252/364。

共 31 个专业参评，其中 5★+专业 0 个，5★专业 0 个，5★-专业 0 个，4★专业 0 个，3★专业 9 个。

在中国普通高校研究生教育竞争力排行榜中的名次：总排名 534/596，河北省内排名 17/24，理工类排名 174/182。

14458　张家口学院

在中国本科院校竞争力排行榜中的名次 895，河北省内排名 35/58，师范类排名 149/175。

共 32 个专业参评，其中 5★+专业 0 个，5★专业 0 个，5★-专业 0 个，4★专业 2 个，3★专业 7 个。

本科优势专业排名

4★专业：学前教育 81/420。

11903　中央司法警官学院

在中国本科院校竞争力排行榜中的名次 920，河北省内排名 37/58，文法类排名 59/68。

共 4 个专业参评，其中 5★+专业 0 个，5★专业 0 个，5★-专业 0 个，4★专业 0 个，3★专业 3 个。

在中国普通高校研究生教育竞争力排行榜中的名次：总排名 595/596，河北省内排名 24/24，文法类排名 32/32。

11033　唐山学院

在中国本科院校竞争力排行榜中的名次 925，河北省内排名 38/58，综合类排名 186/268。

共 48 个专业参评，其中 5★+专业 0 个，5★专业 0 个，5★-专业 0 个，4★专业 0 个，3★专业 7 个。

10085　河北水利电力学院

在中国本科院校竞争力排行榜中的名次 934，河北省内排名 39/58，理工类排名 270/364。

共 37 个专业参评，其中 5★+专业 0 个，5★专业 0 个，5★-专业 0 个，4★专业 0 个，3★专业 1 个。

10101　衡水学院

在中国本科院校竞争力排行榜中的名次 967，河北省内排名 40/58，师范类排名 157/175。

共 63 个专业参评，其中 5★+专业 0 个，5★专业 0 个，5★-专业 0 个，4★专业 0 个，3★专业 5 个。

10105　沧州师范学院

在中国本科院校竞争力排行榜中的名次 1071，河北省内排名 48/58，师范类排名 167/175。

共 51 个专业参评，其中 5★+专业 0 个，5★专业

0个, 5★-专业0个, 4★专业0个, 3★专业4个。

民 办 院 校

13075　河北美术学院

在中国民办院校竞争力排行榜中的名次18, 河北省内排名19/58, 艺术类排名38/48。

共32个专业参评, 其中5★+专业0个, 5★专业0个, 5★-专业0个, 4★专业5个, 3★专业10个。

12784　河北传媒学院

在中国民办院校竞争力排行榜中的名次30, 河北省内排名22/58, 文法类排名33/68。

共44个专业参评, 其中5★+专业0个, 5★专业1个, 5★-专业1个, 4★专业2个, 3★专业16个。

在中国普通高校研究生教育竞争力排行榜中的名次: 总排名588/596, 河北省内排名22/24, 文法类排名28/32。

本科优势专业排名

5★专业: 广播电视编导7/226。

5★-专业: 播音与主持艺术17/232。

4★专业: 休闲体育16/102。

12796　河北工程技术学院

在中国民办院校竞争力排行榜中的名次80, 河北省内排名33/58, 理工类排名244/364。

共33个专业参评, 其中5★+专业0个, 5★专业0个, 5★-专业1个, 4★专业3个, 3★专业14个。

本科优势专业排名

5★-专业: 区块链工程2/27。

13895　燕京理工学院

在中国民办院校竞争力排行榜中的名次146, 河北省内排名41/58, 综合类排名210/268。

共52个专业参评, 其中5★+专业0个, 5★专业0个, 5★-专业0个, 4★专业2个, 3★专业20个。

14202　沧州交通学院

在中国民办院校竞争力排行榜中的名次164,

河北省内排名46/58, 理工类排名305/364。

共33个专业参评, 其中5★+专业0个, 5★专业0个, 5★-专业0个, 4★专业0个, 3★专业2个。

13891　保定理工学院

在中国民办院校竞争力排行榜中的名次172, 河北省内排名47/58, 理工类排名317/364。

共31个专业参评, 其中5★+专业0个, 5★专业0个, 5★-专业0个, 4★专业0个, 3★专业9个。

13402　河北外国语学院

在中国民办院校竞争力排行榜中的名次174, 河北省内排名49/58, 文法类排名64/68。

共45个专业参评, 其中5★+专业0个, 5★专业0个, 5★-专业0个, 4★专业0个, 3★专业10个。

14225　河北东方学院

在中国民办院校竞争力排行榜中的名次195, 河北省内排名52/58, 综合类排名249/268。

共27个专业参评, 其中5★+专业0个, 5★专业1个, 5★-专业0个, 4★专业4个, 3★专业15个。

本科优势专业排名

5★专业: 文物保护与修复1/13。

4★专业: 网络与新媒体53/338、文物与博物馆学11/57。

13391　河北科技学院

在中国民办院校竞争力排行榜中的名次205, 河北省内排名55/58, 理工类排名344/364。

共37个专业参评, 其中5★+专业0个, 5★专业0个, 5★-专业1个, 4★专业1个, 3★专业16个。

本科优势专业排名

5★-专业: 智能车辆工程3/28。

云 南 省

一流大学

10673　云南大学

在中国本科院校竞争力排行榜中的名次 74，云南省内排名 1/32，综合类排名 26/268。

共 76 个专业参评，其中 5★+专业 2 个，5★专业 6 个，5★-专业 14 个，4★专业 21 个，3★专业 18 个。

在中国普通高校研究生教育竞争力排行榜中的名次：总排名 47/596，云南省内排名 1/13，综合类排名 18/93。

共 42 个一级学科(学术学位)参评，其中 5★+学科 0 个，5★学科 2 个，5★-学科 3 个，4★学科 8 个，学科优秀率为 30.95%。

一级学科排名

哲学 52/133、理论经济学 23/109、应用经济学 86/264、法学 31/209、政治学 15/80、社会学 23/88、民族学 2/38、马克思主义理论 27/377、教育学 46/143、中国语言文学 33/186、外国语言文学 47/240、新闻传播学 26/120、中国史 6/119、世界史 13/68、数学 57/276、物理学 56/203、化学 40/238、天文学 8/21、地理学 19/85、大气科学 11/22、地球物理学 10/21、地质学 26/35、生物学 30/240、生态学 9/111、统计学 99/126、材料科学与工程 77/227、信息与通信工程 54/186、控制科学与工程 108/189、计算机科学与技术 58/268、土木工程 113/164、生物医学工程 50/80、城乡规划学 32/74、软件工程 78/148、网络空间安全 39/77、作物学 41/50、药学 83/147、管理科学与工程 165/209、工商管理 31/309、公共管理 26/214、信息资源管理 17/50、艺术学理论 61/73、美术学 64/114。

本科优势专业排名

5★+专业：民族学 1/28、生态学 1/85。

5★专业：法学 18/580、社会工作 11/259、缅甸语 1/17、公共事业管理 10/246、旅游管理 10/428、视觉传达设计 17/722。

5★-专业：经济学 30/356、国际经济与贸易 56/665、汉语言文学 55/619、英语 47/925、新闻学 17/308、广播电视学 11/146、历史学 18/246、通信工程 43/494、计算机科学与技术 62/932、软件工程 46/611、网络空间安全 11/113、工商管理 33/538、会计学 41/659、环境设计 49/721。

4★专业：政治学与行政学 10/84、体育教育 63/341、日语 55/449、泰语 10/48、数学与应用数学 54/519、物理学 55/283、化学 61/310、地理科学 18/171、地理信息科学 23/171、生物科学 30/283、生物技术 30/285、统计学 28/211、电子信息工程 110/642。

一般大学

10674　昆明理工大学

在中国本科院校竞争力排行榜中的名次 86，云南省内排名 2/32，理工类排名 42/364。

共 83 个专业参评，其中 5★+专业 0 个，5★专业 3 个，5★-专业 15 个，4★专业 14 个，3★专业 34 个。

在中国普通高校研究生教育竞争力排行榜中的名次：总排名 66/596，云南省内排名 2/13，理工类排名 30/182。

共 43 个一级学科(学术学位)参评，其中 5★+学科 0 个，5★学科 0 个，5★-学科 0 个，4★学科 2 个，学科优秀率为 4.65%。

一级学科排名

哲学 80/133、应用经济学 102/264、法学 90/209、马克思主义理论 171/377、外国语言文学 233/240、数学 160/276、物理学 115/203、化学 104/238、地质学 29/35、生物学 37/240、系统科学 10/29、生态学 83/111、力学 52/97、机械工程 56/224、材料科学与工程 60/227、冶金工程 5/26、动力工程及工程热物理 43/104、电气工程 82/112、信息与通信工程 150/186、控制科学与工程 75/189、计算机科学与技术 57/268、建筑学 20/84、土木工程 64/164、水利工程 54/64、测绘科学与技术 18/53、化学工程与技术 59/176、地质资源与地质工程 26/46、矿业工程 13/31、交通运输工程 25/66、农业工程 36/43、环境科学与工程 52/196、生物医学工程 78/80、食品科学与工程 78/105、城乡规划学 59/74、风景园林学 27/56、安全科学与工程 40/61、网络空间安全 76/77、临床医学 90/113、药学 109/147、管理科学与工程 109/209、工商管理 165/309、艺术学理论 67/73、设计学 105/175。

本科优势专业排名

5★专业：通信工程 23/494、环境工程 15/352、环境设计 20/721。

5★-专业：材料成型及控制工程 14/221、冶金工程 4/40、宝石及材料工艺学 2/20、功能材料 5/52、新能源材料与器件 13/131、新能源科学与工程 8/144、电气工程及其自动化 38/573、计算机科学与技术 50/932、测绘工程 14/147、制药工程 14/257、矿物加工工程 4/35、交通工程 10/106、建筑学 22/291、城乡规划 20/207、质量管理工程 2/21。

4★专业：材料科学与工程 27/237、能源与动力工程 32/188、自动化 83/445、机器人工程 50/333。

10681　云南师范大学

在中国本科院校竞争力排行榜中的名次 224，云南省内排名 3/32，师范类排名 24/175。

共 70 个专业参评，其中 5★+专业 0 个，5★专业 1 个，5★-专业 5 个，4★专业 11 个，3★专业 42 个。

在中国普通高校研究生教育竞争力排行榜中的名次：总排名 214/596，云南省内排名 4/13，师范类排名 24/77。

共 28 个一级学科（学术学位）参评，其中 5★+学科 0 个，5★学科 0 个，5★-学科 0 个，4★学科 1 个，学科优秀率为 3.57%。

一级学科排名

哲学 67/133、应用经济学 139/264、法学 147/209、社会学 45/88、马克思主义理论 127/377、教育学 24/143、心理学 47/104、体育学 49/107、中国语言文学 88/186、外国语言文学 81/240、新闻传播学 74/120、中国史 104/119、数学 166/276、物理学 110/203、化学 128/238、地理学 18/85、生物学 114/240、统计学 107/126、教育技术学 12/45、光学工程 37/94、计算机科学与技术 134/268、农业工程 13/43、工商管理 295/309、公共管理 152/214、音乐与舞蹈学 39/86、戏剧与影视学 36/62、美术学 103/114、设计学 158/175。

本科优势专业排名

5★专业：学前教育 9/420。

5★-专业：体育教育 34/341、汉语国际教育 26/328、英语 55/925、地理科学 14/171、地理信息科学 17/171。

4★专业：思想政治教育 57/304、社会体育指导与管理 34/239、汉语言文学 82/619、秘书学 16/89、历史学 49/246、人文地理与城乡规划 14/110、应用心理学 39/257、人工智能 59/479、计算机科学与技术 177/932。

10676　云南农业大学

在中国本科院校竞争力排行榜中的名次 281，云南省内排名 4/32，农林类排名 26/47。

共 66 个专业参评，其中 5★+专业 0 个，5★专业 0 个，5★-专业 1 个，4★专业 6 个，3★专业 21 个。

在中国普通高校研究生教育竞争力排行榜中的名次：总排名 245/596，云南省内排名 5/13，农林类排名 26/38。

共 16 个一级学科（学术学位）参评。

一级学科排名

马克思主义理论 361/377、生物学 176/240、科学技术史 19/26、水利工程 63/64、农业工程 30/43、环境科学与工程 158/196、食品科学与工程 35/105、作物学 25/50、园艺学 26/44、农业资源与环境 13/40、植物保护 14/44、畜牧学 17/55、兽医学 26/44、林学 32/35、草学 13/25、农林经济管理 31/51。

本科优势专业排名

5★-专业：食品质量与安全 16/240。
4★专业：秘书学 17/89、生物技术 57/285。

10689　云南财经大学

在中国本科院校竞争力排行榜中的名次 300，云南省内排名 5/32，财经类排名 18/109。

共 64 个专业参评，其中 5★+专业 2 个，5★专业 7 个，5★-专业 3 个，4★专业 8 个，3★专业 18 个。

在中国普通高校研究生教育竞争力排行榜中的名次：总排名 361/596，云南省内排名 9/13，财经类排名 19/39。

共 12 个一级学科(学术学位)参评，其中 5★+学科 0 个，5★学科 0 个，5★-学科 0 个，4★学科 1 个，学科优秀率为 8.33%。

一级学科排名

理论经济学 27/109、应用经济学 71/264、法学 164/209、政治学 79/80、社会学 88/88、马克思主义理论 275/377、数学 179/276、统计学 96/126、计算机科学与技术 237/268、管理科学与工程 168/209、工商管理 51/309、公共管理 114/214。

本科优势专业排名

5★+专业：会计学 3/659、财务管理 8/686。

5★专业：金融学 10/389、国际经济与贸易 23/665、应用统计学 7/187、市场营销 26/579、物流管理 22/432、电子商务 17/457、会展经济与管理 3/100。

5★-专业：经济学 26/356、工商管理 38/538、审计学 19/198。

4★专业：经济统计学 16/138、财政学 16/84、法学 103/580。

10677　西南林业大学

在中国本科院校竞争力排行榜中的名次 334，云南省内排名 6/32，农林类排名 31/47。

共 64 个专业参评，其中 5★+专业 0 个，5★专业 1 个，5★-专业 1 个，4★专业 2 个，3★专业 23 个。

在中国普通高校研究生教育竞争力排行榜中的名次：总排名 295/596，云南省内排名 6/13，农林类排名 30/38。

共 15 个一级学科(学术学位)参评。

一级学科排名

马克思主义理论 349/377、化学 224/238、地理学 70/85、生物学 140/240、系统科学 16/29、生态学 82/111、机械工程 199/224、材料科学与工程 223/227、林业工程 6/12、风景园林学 16/56、园艺学 27/44、林学 10/35、工商管理 224/309、农林经济管理 25/51、设计学 87/175。

本科优势专业排名

5★专业：园林 5/129。

5★-专业：环境设计 62/721。

10690　云南艺术学院

在中国本科院校竞争力排行榜中的名次 342，云南省内排名 7/32，艺术类排名 19/48。

共 25 个专业参评，其中 5★+专业 0 个，5★专业 4 个，5★-专业 5 个，4★专业 6 个，3★专业 10 个。

在中国普通高校研究生教育竞争力排行榜中的名次：总排名 533/596，云南省内排名 12/13，艺术类排名 19/33。

共 5 个一级学科(学术学位)参评。

一级学科排名

艺术学理论 32/73、音乐与舞蹈学 31/86、戏剧与影视学 40/62、美术学 56/114、设计学 95/175。

本科优势专业排名

5★专业：舞蹈表演 7/150、舞蹈学 8/201、绘画 8/160、视觉传达设计 23/722。

5★-专业：表演 10/146、广播电视编导 20/226、美术学 23/333、环境设计 39/721、产品设计 29/402。

10678　昆明医科大学

在中国本科院校竞争力排行榜中的名次 371，云南省内排名 8/32，医药类排名 35/108。

共 25 个专业参评，其中 5★+专业 0 个，5★专业 0 个，5★-专业 1 个，4★专业 5 个，3★专业 14 个。

在中国普通高校研究生教育竞争力排行榜中的名次：总排名 212/596，云南省内排名 3/13，医药类排名 24/76。

共 9 个一级学科(学术学位)参评。

一级学科排名

生物学 180/240、基础医学 44/111、临床医学

36/113、口腔医学 20/47、公共卫生与预防医学 39/78、药学 50/147、医学技术 34/43、护理学 45/74、社会医学与卫生事业管理 12/15。

本科优势专业排名

5★-专业：康复物理治疗 2/18。

10691 云南民族大学

在中国本科院校竞争力排行榜中的名次 372，云南省内排名 9/32，民族类排名 5/17。

共 63 个专业参评，其中 5★+专业 0 个，5★专业 1 个，5★-专业 1 个，4★专业 9 个，3★专业 29 个。

在中国普通高校研究生教育竞争力排行榜中的名次：总排名 336/596，云南省内排名 7/13，民族类排名 5/13。

共 17 个一级学科（学术学位）参评。

一级学科排名

应用经济学 190/264、法学 108/209、政治学 63/80、社会学 24/88、民族学 9/38、马克思主义理论 192/377、教育学 107/143、中国语言文学 96/186、外国语言文学 87/240、中国史 66/119、数学 168/276、化学 142/238、信息与通信工程 96/186、计算机科学与技术 268/268、环境科学与工程 167/196、工商管理 135/309、公共管理 129/214。

本科优势专业排名

5★专业：经济与金融 4/78。

5★-专业：工艺美术 9/92。

4★专业：社会学 17/92、汉语言文学 91/619、秘书学 12/89、缅甸语 3/17、泰语 6/48、广告学 32/256。

10679 大理大学

在中国本科院校竞争力排行榜中的名次 527，云南省内排名 10/32，综合类排名 83/268。

共 51 个专业参评，其中 5★+专业 0 个，5★专业 0 个，5★-专业 1 个，4★专业 1 个，3★专业 8 个。

在中国普通高校研究生教育竞争力排行榜中的名次：总排名 360/596，云南省内排名 8/13，综合类排名 66/93。

共 8 个一级学科（学术学位）参评。

一级学科排名

民族学 27/38、马克思主义理论 179/377、教育学 134/143、生态学 80/111、基础医学 87/111、临床医学 91/113、公共卫生与预防医学 60/78、药学 78/147。

本科优势专业排名

5★-专业：小学教育 22/311。

10680 云南中医药大学

在中国本科院校竞争力排行榜中的名次 575，云南省内排名 11/32，医药类排名 67/108。

共 18 个专业参评，其中 5★+专业 0 个，5★专业 0 个，5★-专业 0 个，4★专业 0 个，3★专业 11 个。

在中国普通高校研究生教育竞争力排行榜中的名次：总排名 427/596，云南省内排名 10/13，医药类排名 63/76。

共 4 个一级学科（学术学位）参评。

一级学科排名

中医学 19/40、中西医结合 37/62、药学 92/147、中药学 29/51。

11393 昆明学院

在中国本科院校竞争力排行榜中的名次 581，云南省内排名 12/32，师范类排名 74/175。

共 49 个专业参评，其中 5★+专业 1 个，5★专业 0 个，5★-专业 2 个，4★专业 0 个，3★专业 16 个。

在中国普通高校研究生教育竞争力排行榜中的名次：总排名 522/596，云南省内排名 11/13，师范类排名 64/77。

共 3 个一级学科（学术学位）参评。

一级学科排名

中国语言文学 173/186、数学 262/276、物理学 139/203。

本科优势专业排名

5★+专业：酒店管理 1/184。

5★-专业：学前教育 40/420、视觉传达设计 59/722。

10686　保山学院

在中国本科院校竞争力排行榜中的名次 654，云南省内排名 13/32，综合类排名 115/268。

共 28 个专业参评，其中 5★+专业 0 个，5★专业 0 个，5★-专业 0 个，4★专业 0 个，3★专业 0 个。

10684　曲靖师范学院

在中国本科院校竞争力排行榜中的名次 679，云南省内排名 14/32，师范类排名 98/175。

共 50 个专业参评，其中 5★+专业 0 个，5★专业 0 个，5★-专业 0 个，4★专业 0 个，3★专业 3 个。

11391　楚雄师范学院

在中国本科院校竞争力排行榜中的名次 714，云南省内排名 15/32，师范类排名 111/175。

共 44 个专业参评，其中 5★+专业 0 个，5★专业 0 个，5★-专业 1 个，4★专业 0 个，3★专业 0 个。

本科优势专业排名

5★-专业：小学教育 29/311。

10687　红河学院

在中国本科院校竞争力排行榜中的名次 731，云南省内排名 16/32，综合类排名 130/268。

共 46 个专业参评，其中 5★+专业 0 个，5★专业 0 个，5★-专业 0 个，4★专业 0 个，3★专业 5 个。

11390　玉溪师范学院

在中国本科院校竞争力排行榜中的名次 752，云南省内排名 17/32，师范类排名 115/175。

共 45 个专业参评，其中 5★+专业 0 个，5★专业 0 个，5★-专业 0 个，4★专业 0 个，3★专业 4 个。

14092　滇西科技师范学院

在中国本科院校竞争力排行榜中的名次 762，云南省内排名 18/32，师范类排名 120/175。

共 26 个专业参评，其中 5★+专业 0 个，5★专业 0 个，5★-专业 0 个，4★专业 1 个，3★专业 1 个。

本科优势专业排名

4★专业：互联网金融 11/56。

11392　云南警官学院

在中国本科院校竞争力排行榜中的名次 786，云南省内排名 19/32，文法类排名 45/68。

共 10 个专业参评，其中 5★+专业 0 个，5★专业 1 个，5★-专业 0 个，4★专业 0 个，3★专业 3 个。

在中国普通高校研究生教育竞争力排行榜中的名次：总排名 594/596，云南省内排名 13/13，文法类排名 31/32。

本科优势专业排名

5★专业：禁毒学 1/12。

10685　普洱学院

在中国本科院校竞争力排行榜中的名次 875，云南省内排名 21/32，师范类排名 145/175。

共 41 个专业参评，其中 5★+专业 0 个，5★专业 0 个，5★-专业 0 个，4★专业 1 个，3★专业 3 个。

10683　昭通学院

在中国本科院校竞争力排行榜中的名次 891，云南省内排名 23/32，师范类排名 148/175。

共 28 个专业参评，其中 5★+专业 0 个，5★专业 0 个，5★-专业 0 个，4★专业 0 个，3★专业 4 个。

14623 滇西应用技术大学

在中国本科院校竞争力排行榜中的名次 904，云南省内排名 24/32，理工类排名 258/364。

共 26 个专业参评，其中 5★+专业 0 个，5★专业 0 个，5★-专业 1 个，4★专业 2 个，3★专业 2 个。

本科优势专业排名

5★-专业：跨境电子商务 7/89。

11556 文山学院

在中国本科院校竞争力排行榜中的名次 917，云南省内排名 25/32，综合类排名 185/268。

共 35 个专业参评，其中 5★+专业 0 个，5★专业 0 个，5★-专业 0 个，4★专业 0 个，3★专业 3 个。

民 办 院 校

13909 云南工商学院

在中国民办院校竞争力排行榜中的名次 69，云南省内排名 20/32，财经类排名 56/109。

共 27 个专业参评，其中 5★+专业 0 个，5★专业 0 个，5★-专业 0 个，4★专业 0 个，3★专业 4 个。

12560 云南经济管理学院

在中国民办院校竞争力排行榜中的名次 157，云南省内排名 26/32，财经类排名 76/109。

共 44 个专业参评，其中 5★+专业 0 个，5★专业 0 个，5★-专业 0 个，4★专业 1 个，3★专业 6 个。

13330 昆明城市学院

在中国民办院校竞争力排行榜中的名次 163，云南省内排名 28/32，财经类排名 80/109。

共 34 个专业参评，其中 5★+专业 0 个，5★专业 0 个，5★-专业 0 个，4★专业 0 个，3★专业 8 个。

13328 丽江文化旅游学院

在中国民办院校竞争力排行榜中的名次 168，云南省内排名 29/32，财经类排名 82/109。

共 40 个专业参评，其中 5★+专业 0 个，5★专业 0 个，5★-专业 0 个，4★专业 0 个，3★专业 6 个。

13331 昆明文理学院

在中国民办院校竞争力排行榜中的名次 182，云南省内排名 31/32，综合类排名 234/268。

共 38 个专业参评，其中 5★+专业 0 个，5★专业 0 个，5★-专业 0 个，4★专业 0 个，3★专业 7 个。

山 西 省

一 般 大 学

10112 太原理工大学

在中国本科院校竞争力排行榜中的名次 82，山西省内排名 1/32，理工类排名 39/364。

共 81 个专业参评，其中 5★+专业 3 个，5★专业 7 个，5★-专业 12 个，4★专业 16 个，3★专业 29 个。

在中国普通高校研究生教育竞争力排行榜中的名次：总排名 79/596，山西省内排名 1/12，理工类排名 36/182。

共 34 个一级学科(学术学位)参评，其中 5★+学科 0 个，5★学科 1 个，5★-学科 0 个，4★学科 3 个，学科优秀率为 11.76%。

一级学科排名

马克思主义理论 198/377、体育学 71/107、外国语言文学 170/240、数学 123/276、物理学 111/203、化学 46/238、统计学 91/126、力学 46/97、机械工程 35/224、光学工程 42/94、仪器科学与技术 59/68、材料科学与工程 52/227、冶金工程 20/26、动力工程及工程热物理 53/104、电气工程 40/112、电子科学与技术 53/123、信息与通信工程 103/186、控制科学与工程 78/189、计算机科学与技术 56/268、建筑学 45/84、土木工程 62/164、水利工程 30/64、测绘科学与技术 32/53、化学工程与技术 5/176、地质资源与地质工程 14/46、矿业工程 6/31、纺织科学与工程 8/22、环境科学与工程 57/196、生物医学工程 25/80、软件工程 119/148、安全科学与工程 14/61、管理科学与工程 69/209、工商管理 151/309、设计学 66/175。

本科优势专业排名

5★+专业：机械设计制造及其自动化 9/517、智能感知工程 1/28、安全工程 2/151。

5★专业：材料成型及控制工程 10/221、机械电子工程 8/302、电气工程及其自动化 24/573、电子信息工程 24/642、数据科学与大数据技术 31/

711、工程管理 9/393、工艺美术 5/92。

5★-专业：英语 90/925、信息与计算科学 30/308、通信工程 30/494、机器人工程 27/333、计算机科学与技术 49/932、物联网工程 42/492、土木工程 35/529、测绘工程 12/147、化学工程与工艺 17/329、采矿工程 3/45、物流管理 32/432、服装与服饰设计 14/212。

4★专业：应用化学 55/375、车辆工程 45/256、材料科学与工程 44/237、金属材料工程 15/77、光电信息科学与工程 25/218、人工智能 80/479、软件工程 93/611。

10108 山西大学

在中国本科院校竞争力排行榜中的名次 98，山西省内排名 2/32，综合类排名 32/268。

共 69 个专业参评，其中 5★+专业 0 个，5★专业 2 个，5★-专业 14 个，4★专业 15 个，3★专业 20 个。

在中国普通高校研究生教育竞争力排行榜中的名次：总排名 88/596，山西省内排名 2/12，综合类排名 32/93。

共 34 个一级学科(学术学位)参评，其中 5★+学科 0 个，5★学科 1 个，5★-学科 1 个，4★学科 1 个，学科优秀率为 8.82%。

一级学科排名

哲学 7/133、理论经济学 34/109、法学 56/209、政治学 28/80、马克思主义理论 102/377、教育学 33/143、心理学 53/104、体育学 22/107、中国语言文学 68/186、外国语言文学 64/240、新闻传播学 49/120、考古学 16/40、中国史 27/119、世界史 33/68、数学 66/276、物理学 14/203、化学 53/238、地理学 34/85、生物学 71/240、科学技术史 11/26、生态学 43/111、统计学 100/126、光学工程 44/94、信息与通信工程 63/186、控制科学与工程 135/189、计算机科学与技术 66/268、环境科学与工程 54/196、食品科学与工程 61/105、网络空间安全 54/77、药学 112/147、管理科学与工程 87/209、工商管理 134/309、信息资源管理 43/50、艺术学理论 12/73。

本科优势专业排名

5★专业：广告学 11/256、环境设计 31/721。

5★-专业：哲学 8/75、经济学 33/356、法学

48/580、体育教育 24/341、汉语言文学 52/619、英语 66/925、翻译 27/269、新闻学 27/308、物理学 15/283、应用心理学 20/257、计算机科学与技术 67/932、旅游管理 38/428、音乐表演 21/234、舞蹈编导 8/76。

4★专业：俄语 22/161、日语 70/449、历史学 44/246、数学与应用数学 56/519、信息与计算科学 43/308、化学 35/310、应用化学 75/375、自然地理与资源环境 10/51、电气工程及其自动化 106/573、光电信息科学与工程 36/218、电子信息科学与技术 24/167、软件工程 91/611。

10110　中北大学

在中国本科院校竞争力排行榜中的名次 152，山西省内排名 3/32，理工类排名 64/364。

共 64 个专业参评，其中 5★+专业 0 个，5★专业 2 个，5★-专业 8 个，4★专业 12 个，3★专业 36 个。

在中国普通高校研究生教育竞争力排行榜中的名次：总排名 188/596，山西省内排名 4/12，理工类排名 71/182。

共 24 个一级学科（学术学位）参评。

一级学科排名

马克思主义理论 342/377、体育学 86/107、外国语言文学 216/240、数学 171/276、物理学 116/203、化学 136/238、力学 85/97、机械工程 63/224、光学工程 86/94、仪器科学与技术 19/68、材料科学与工程 75/227、动力工程及工程热物理 83/104、电子科学与技术 37/123、信息与通信工程 47/186、控制科学与工程 83/189、计算机科学与技术 129/268、化学工程与技术 56/176、航空宇航科学与技术 29/32、兵器科学与技术 4/7、环境科学与工程 157/196、生物医学工程 73/80、生物工程 20/26、工商管理 271/309、艺术学理论 57/73。

本科优势专业排名

5★专业：电子信息工程 23/642、数据科学与大数据技术 33/711。

5★-专业：机械设计制造及其自动化 50/517、新能源汽车工程 3/45、测控技术与仪器 11/190、智能感知工程 2/28、光电信息科学与工程 21/218、人工智能 37/479、轨道交通信号与控制 5/51、物联网工程 45/492。

4★专业：社会体育指导与管理 36/239、英语 173/925、材料成型及控制工程 28/221、机械电子工程 38/302、复合材料与工程 8/44、通信工程 84/494、机器人工程 64/333、计算机科学与技术 116/932。

10114　山西医科大学

在中国本科院校竞争力排行榜中的名次 184，山西省内排名 4/32，医药类排名 12/108。

共 29 个专业参评，其中 5★+专业 2 个，5★专业 2 个，5★-专业 4 个，4★专业 8 个，3★专业 12 个。

在中国普通高校研究生教育竞争力排行榜中的名次：总排名 160/596，山西省内排名 3/12，医药类排名 18/76。

共 9 个一级学科（学术学位）参评，其中 5★+学科 0 个，5★学科 1 个，5★-学科 0 个，4★学科 1 个，学科优秀率为 22.22%。

一级学科排名

心理学 59/104、基础医学 33/111、临床医学 42/113、口腔医学 16/47、公共卫生与预防医学 29/78、中西医结合 31/62、药学 51/147、特种医学 1/17、护理学 12/74。

本科优势专业排名

5★+专业：护理学 2/296、助产学 1/72。

5★专业：医学影像学 3/79、法医学 2/30。

5★-专业：生物制药 10/121、临床医学 18/192、麻醉学 6/61、药学 22/250。

4★专业：运动康复 13/84。

10125　山西财经大学

在中国本科院校竞争力排行榜中的名次 276，山西省内排名 5/32，财经类排名 15/109。

共 50 个专业参评，其中 5★+专业 4 个，5★专业 1 个，5★-专业 11 个，4★专业 10 个，3★专业 15 个。

在中国普通高校研究生教育竞争力排行榜中的名次：总排名 334/596，山西省内排名 8/12，财经类排名 15/39。

共 11 个一级学科（学术学位）参评。

一级学科排名

理论经济学 37/109、应用经济学 75/264、法学 103/209、马克思主义理论 226/377、外国语言文学 188/240、统计学 49/126、计算机科学与技术 209/268、管理科学与工程 104/209、工商管理 64/309、公共管理 82/214、信息资源管理 37/50。

本科优势专业排名

5★+专业：市场营销 8/579、会计学 8/659、财务管理 9/686、审计学 2/198。

5★专业：金融工程 10/255。

5★-专业：经济学 31/356、能源经济 2/16、金融学 23/389、国际经济与贸易 40/665、商务英语 20/360、统计学 16/211、工商管理 49/538、人力资源管理 29/416、资产评估 4/68、体育经济与管理 3/27、旅游管理 40/428。

4★专业：经济统计学 25/138、税收学 13/90、金融数学 11/71、法学 99/580、计算机科学与技术 165/932。

10118　山西师范大学

在中国本科院校竞争力排行榜中的名次 321，山西省内排名 6/32，师范类排名 35/175。

共 52 个专业参评，其中 5★+专业 0 个，5★专业 3 个，5★-专业 2 个，4★专业 8 个，3★专业 22 个。

在中国普通高校研究生教育竞争力排行榜中的名次：总排名 303/596，山西省内排名 7/12，师范类排名 32/77。

共 23 个一级学科(学术学位)参评，其中 5★+学科 0 个，5★学科 0 个，5★-学科 0 个，4★学科 1 个，学科优秀率为 4.35%。

一级学科排名

哲学 111/133、应用经济学 150/264、社会学 59/88、马克思主义理论 94/377、教育学 109/143、心理学 69/104、体育学 62/107、中国语言文学 123/186、外国语言文学 210/240、中国史 84/119、世界史 39/68、数学 99/276、物理学 87/203、化学 73/238、地理学 59/85、生物学 148/240、生态学 93/111、教育技术学 25/45、控制科学与工程 182/189、网络空间安全 45/77、音乐与舞蹈学 76/86、

戏剧与影视学 8/62、美术学 46/114。

本科优势专业排名

5★专业：音乐学 19/388、表演 6/146、播音与主持艺术 12/232。

5★-专业：学前教育 39/420、戏剧影视文学 9/95。

4★专业：思想政治教育 32/304、体育教育 38/341、社会体育指导与管理 38/239、数学与应用数学 87/519、物理学 41/283、化学 59/310。

10113　山西农业大学

在中国本科院校竞争力排行榜中的名次 325，山西省内排名 7/32，农林类排名 29/47。

共 56 个专业参评，其中 5★+专业 0 个，5★专业 0 个，5★-专业 0 个，4★专业 8 个，3★专业 21 个。

在中国普通高校研究生教育竞争力排行榜中的名次：总排名 219/596，山西省内排名 5/12，农林类排名 22/38。

共 12 个一级学科(学术学位)参评。

一级学科排名

生物学 182/240、农业工程 12/43、风景园林学 26/56、作物学 12/50、园艺学 24/44、农业资源与环境 17/40、植物保护 22/44、畜牧学 25/55、兽医学 18/44、林学 19/35、草学 15/25、公共管理 205/214。

10109　太原科技大学

在中国本科院校竞争力排行榜中的名次 354，山西省内排名 8/32，理工类排名 133/364。

共 53 个专业参评，其中 5★+专业 0 个，5★专业 0 个，5★-专业 4 个，4★专业 6 个，3★专业 31 个。

在中国普通高校研究生教育竞争力排行榜中的名次：总排名 294/596，山西省内排名 6/12，理工类排名 110/182。

共 19 个一级学科(学术学位)参评。

一级学科排名

理论经济学 84/109、法学 194/209、马克思主

义理论 285/377、数学 272/276、化学 238/238、力学 86/97、机械工程 51/224、光学工程 89/94、材料科学与工程 95/227、冶金工程 18/26、电气工程 106/112、信息与通信工程 112/186、控制科学与工程 62/189、计算机科学与技术 191/268、化学工程与技术 127/176、环境科学与工程 186/196、软件工程 86/148、管理科学与工程 209/209、设计学 134/175。

本科优势专业排名

5★-专业：机械设计制造及其自动化 44/517、材料成型及控制工程 19/221、机械电子工程 27/302、应急技术与管理 3/34。

4★专业：数据计算及应用 4/24、应用统计学 31/187、车辆工程 44/256、自动化 55/445、计算机科学与技术 140/932。

14434　山西传媒学院

在中国本科院校竞争力排行榜中的名次 465，山西省内排名 9/32，艺术类排名 28/48。

共 27 个专业参评，其中 5★+专业 0 个，5★专业 1 个，5★-专业 3 个，4★专业 6 个，3★专业 5 个。

本科优势专业排名

5★专业：播音与主持艺术 8/232。

5★-专业：广告学 18/256、动画 14/251、数字媒体艺术 27/350。

4★专业：广播电视学 24/146、网络与新媒体 47/338。

10119　太原师范学院

在中国本科院校竞争力排行榜中的名次 542，山西省内排名 10/32，师范类排名 62/175。

共 53 个专业参评，其中 5★+专业 0 个，5★专业 0 个，5★-专业 0 个，4★专业 4 个，3★专业 22 个。

在中国普通高校研究生教育竞争力排行榜中的名次：总排名 482/596，山西省内排名 9/12，师范类排名 55/77。

共 6 个一级学科(学术学位)参评。

一级学科排名

中国语言文学 138/186、中国史 67/119、数学 162/276、地理学 52/85、生物学 190/240、艺术学理论 48/73。

本科优势专业排名

4★专业：学前教育 45/420、地理科学 32/171。

10123　运城学院

在中国本科院校竞争力排行榜中的名次 568，山西省内排名 11/32，综合类排名 89/268。

共 47 个专业参评，其中 5★+专业 0 个，5★专业 0 个，5★-专业 1 个，4★专业 2 个，3★专业 16 个。

本科优势专业排名

5★-专业：商务英语 32/360。

4★专业：金融工程 50/255。

10809　山西中医药大学

在中国本科院校竞争力排行榜中的名次 626，山西省内排名 12/32，医药类排名 71/108。

共 16 个专业参评，其中 5★+专业 0 个，5★专业 0 个，5★-专业 0 个，4★专业 0 个，3★专业 5 个。

在中国普通高校研究生教育竞争力排行榜中的名次：总排名 490/596，山西省内排名 10/12，医药类排名 70/76。

共 2 个一级学科(学术学位)参评。

一级学科排名

中医学 31/40、中药学 32/51。

10120　山西大同大学

在中国本科院校竞争力排行榜中的名次 628，山西省内排名 13/32，师范类排名 88/175。

共 69 个专业参评，其中 5★+专业 0 个，5★专业 0 个，5★-专业 0 个，4★专业 1 个，3★专业

19 个。

在中国普通高校研究生教育竞争力排行榜中的名次：总排名 519/596，山西省内排名 11/12，师范类排名 62/77。

共 3 个一级学科(学术学位)参评。

一级学科排名

中国语言文学 165/186、中国史 107/119、化学 184/238。

本科优势专业排名

4★专业：英语 184/925。

11242　太原学院

在中国本科院校竞争力排行榜中的名次 660，山西省内排名 14/32，理工类排名 206/364。

共 32 个专业参评，其中 5★+专业 0 个，5★专业 0 个，5★-专业 0 个，4★专业 6 个，3★专业 11 个。

本科优势专业排名

4★专业：投资学 25/124、汽车服务工程 17/117。

14101　太原工业学院

在中国本科院校竞争力排行榜中的名次 707，山西省内排名 15/32，理工类排名 215/364。

共 43 个专业参评，其中 5★+专业 0 个，5★专业 0 个，5★-专业 0 个，4★专业 0 个，3★专业 5 个。

14527　山西工程技术学院

在中国本科院校竞争力排行榜中的名次 768，山西省内排名 16/32，理工类排名 227/364。

共 33 个专业参评，其中 5★+专业 0 个，5★专业 0 个，5★-专业 0 个，4★专业 2 个，3★专业 10 个。

本科优势专业排名

4★专业：投资学 17/124。

10122　长治学院

在中国本科院校竞争力排行榜中的名次 781，山西省内排名 17/32，师范类排名 126/175。

共 37 个专业参评，其中 5★+专业 0 个，5★专业 0 个，5★-专业 0 个，4★专业 0 个，3★专业 5 个。

10121　晋中学院

在中国本科院校竞争力排行榜中的名次 824，山西省内排名 18/32，综合类排名 158/268。

共 48 个专业参评，其中 5★+专业 0 个，5★专业 0 个，5★-专业 0 个，4★专业 0 个，3★专业 16 个。

10117　长治医学院

在中国本科院校竞争力排行榜中的名次 838，山西省内排名 19/32，医药类排名 79/108。

共 20 个专业参评，其中 5★+专业 0 个，5★专业 0 个，5★-专业 0 个，4★专业 0 个，3★专业 8 个。

在中国普通高校研究生教育竞争力排行榜中的名次：总排名 567/596，山西省内排名 12/12，医药类排名 75/76。

10124　忻州师范学院

在中国本科院校竞争力排行榜中的名次 840，山西省内排名 20/32，师范类排名 137/175。

共 40 个专业参评，其中 5★+专业 0 个，5★专业 0 个，5★-专业 0 个，4★专业 0 个，3★专业 13 个。

10812　吕梁学院

在中国本科院校竞争力排行榜中的名次 852，山西省内排名 22/32，综合类排名 166/268。

共 43 个专业参评，其中 5★+专业 0 个，5★专业 0 个，5★-专业 0 个，4★专业 0 个，3★专业 9 个。

12111　山西警察学院

在中国本科院校竞争力排行榜中的名次 905，

山西省内排名 24/32，文法类排名 57/68。

共 11 个专业参评，其中 5★+专业 0 个，5★专业 0 个，5★-专业 0 个，4★专业 0 个，3★专业 3 个。

13534 山西工学院

在中国本科院校竞争力排行榜中的名次 992，山西省内排名 26/32，理工类排名 285/364。

共 25 个专业参评，其中 5★+专业 0 个，5★专业 0 个，5★-专业 0 个，4★专业 0 个，3★专业 2 个。

51189 山西能源学院

在中国本科院校竞争力排行榜中的名次 1028，山西省内排名 27/32，理工类排名 297/364。

共 27 个专业参评，其中 5★+专业 0 个，5★专业 0 个，5★-专业 0 个，4★专业 0 个，3★专业 4 个。

13597 山西科技学院

在中国本科院校竞争力排行榜中的名次 1088，山西省内排名 30/32，理工类排名 325/364。

共 24 个专业参评，其中 5★+专业 0 个，5★专业 0 个，5★-专业 0 个，4★专业 0 个，3★专业 2 个。

民 办 院 校

13691 山西工商学院

在中国民办院校竞争力排行榜中的名次 75，

山西省内排名 21/32，财经类排名 58/109。

共 44 个专业参评，其中 5★+专业 0 个，5★专业 0 个，5★-专业 0 个，4★专业 2 个，3★专业 12 个。

12779 山西应用科技学院

在中国民办院校竞争力排行榜中的名次 90，山西省内排名 23/32，综合类排名 171/268。

共 32 个专业参评，其中 5★+专业 0 个，5★专业 0 个，5★-专业 0 个，4★专业 3 个，3★专业 13 个。

13535 晋中信息学院

在中国民办院校竞争力排行榜中的名次 145，山西省内排名 25/32，农林类排名 44/47。

共 36 个专业参评，其中 5★+专业 0 个，5★专业 0 个，5★-专业 0 个，4★专业 0 个，3★专业 5 个。

13538 山西晋中理工学院

在中国民办院校竞争力排行榜中的名次 175，山西省内排名 28/32，理工类排名 320/364。

共 36 个专业参评，其中 5★+专业 0 个，5★专业 0 个，5★-专业 0 个，4★专业 0 个，3★专业 3 个。

广西壮族自治区

一般大学

10593　广西大学

在中国本科院校竞争力排行榜中的名次 89，广西壮族自治区内排名 1/35，综合类排名 30/268。

共 66 个专业参评，其中 5★+专业 0 个，5★专业 2 个，5★-专业 9 个，4★专业 14 个，3★专业 27 个。

在中国普通高校研究生教育竞争力排行榜中的名次：总排名 83/596，广西壮族自治区内排名 1/14，综合类排名 30/93。

共 37 个一级学科（学术学位）参评，其中 5★+学科 0 个，5★学科 0 个，5★-学科 1 个，4★学科 4 个，学科优秀率为 13.51%。

一级学科排名

哲学 76/133、应用经济学 73/264、法学 89/209、马克思主义理论 63/377、中国语言文学 95/186、外国语言文学 121/240、新闻传播学 72/120、数学 89/276、物理学 45/203、化学 145/238、海洋科学 25/31、生物学 56/240、生态学 37/111、机械工程 52/224、材料科学与工程 112/227、电气工程 29/112、信息与通信工程 181/186、计算机科学与技术 100/268、建筑学 33/84、土木工程 11/164、水利工程 31/64、化学工程与技术 30/176、矿业工程 27/31、轻工技术与工程 3/18、环境科学与工程 95/196、生物医学工程 48/80、食品科学与工程 58/105、作物学 31/50、园艺学 40/44、农业资源与环境 28/40、植物保护 17/44、畜牧学 19/55、兽医学 17/44、水产 29/33、药学 145/147、工商管理 73/309、公共管理 43/214。

本科优势专业排名

5★专业：英语 38/925、电气工程及其自动化 28/573。

5★-专业：国际经济与贸易 37/665、应用化学 25/375、生物技术 21/285、机械电子工程 29/302、计算机科学与技术 83/932、土木工程 39/

529、化学工程与工艺 22/329、包装工程 3/37、公共事业管理 13/246。

4★专业：金融学 40/389、法学 91/580、思想政治教育 52/304、新闻学 51/308、数学与应用数学 75/519、物理学 47/283、机械设计制造及其自动化 59/517、通信工程 87/494。

10602　广西师范大学

在中国本科院校竞争力排行榜中的名次 165，广西壮族自治区内排名 2/35，师范类排名 19/175。

共 76 个专业参评，其中 5★+专业 1 个，5★专业 3 个，5★-专业 9 个，4★专业 22 个，3★专业 27 个。

在中国普通高校研究生教育竞争力排行榜中的名次：总排名 180/596，广西壮族自治区内排名 2/14，师范类排名 20/77。

共 30 个一级学科（学术学位）参评，其中 5★+学科 0 个，5★学科 0 个，5★-学科 1 个，4★学科 1 个，学科优秀率为 6.67%。

一级学科排名

哲学 73/133、理论经济学 92/109、应用经济学 185/264、法学 74/209、政治学 61/80、马克思主义理论 24/377、教育学 18/143、心理学 70/104、体育学 27/107、中国语言文学 49/186、外国语言文学 99/240、中国史 71/119、世界史 24/68、数学 172/276、物理学 76/203、化学 54/238、生物学 167/240、系统科学 23/29、生态学 90/111、统计学 86/126、电子科学与技术 70/123、计算机科学与技术 151/268、化学工程与技术 154/176、环境科学与工程 136/196、软件工程 40/148、工商管理 178/309、公共管理 111/214、音乐与舞蹈学 43/86、美术学 52/114、设计学 73/175。

本科优势专业排名

5★+专业：科学教育 1/51。

5★专业：学前教育 13/420、小学教育 9/311、体育教育 14/341。

5★-专业：思想政治教育 23/304、社会体育指导与管理 15/239、汉语言文学 38/619、秘书学 9/89、应用心理学 24/257、文化产业管理 12/137、健康服务与管理 7/126、视觉传达设计 57/722、环境设计 65/721。

4★专业：法学 88/580、社会工作 44/259、教

育技术学 23/130、运动训练 11/64、武术与民族传统体育 9/45、汉语国际教育 40/328、英语 101/925、翻译 37/269、网络与新媒体 56/338、物理学 53/283、化学 57/310、电子信息工程 66/642、软件工程 64/611。

10595 桂林电子科技大学

在中国本科院校竞争力排行榜中的名次 176，广西壮族自治区内排名 3/35，理工类排名 74/364。

共 68 个专业参评，其中 5★+专业 0 个，5★专业 2 个，5★-专业 7 个，4★专业 11 个，3★专业 36 个。

在中国普通高校研究生教育竞争力排行榜中的名次：总排名 226/596，广西壮族自治区内排名 5/14，理工类排名 86/182。

共 20 个一级学科(学术学位)参评。

一级学科排名

理论经济学 100/109、法学 178/209、马克思主义理论 152/377、外国语言文学 227/240、数学 120/276、机械工程 82/224、光学工程 43/94、仪器科学与技术 32/68、材料科学与工程 135/227、电气工程 94/112、电子科学与技术 88/123、信息与通信工程 55/186、控制科学与工程 113/189、计算机科学与技术 105/268、交通运输工程 59/66、环境科学与工程 168/196、生物医学工程 57/80、网络空间安全 20/77、管理科学与工程 110/209、设计学 109/175。

本科优势专业排名

5★专业：电子信息工程 29/642、物联网工程 16/492。

5★-专业：信息与计算科学 27/308、机械设计制造及其自动化 36/517、机械电子工程 21/302、测控技术与仪器 19/190、通信工程 32/494、计算机科学与技术 68/932、产品设计 22/402。

4★专业：新能源材料与器件 26/131、光电信息科学与工程 38/218、软件工程 89/611、网络工程 32/282。

10596 桂林理工大学

在中国本科院校竞争力排行榜中的名次 236，广西壮族自治区内排名 4/35，理工类排名 98/364。

共 74 个专业参评，其中 5★+专业 0 个，5★专业 2 个，5★-专业 2 个，4★专业 11 个，3★专业 46 个。

在中国普通高校研究生教育竞争力排行榜中的名次：总排名 205/596，广西壮族自治区内排名 4/14，理工类排名 78/182。

共 21 个一级学科(学术学位)参评。

一级学科排名

应用经济学 194/264、马克思主义理论 133/377、外国语言文学 206/240、物理学 133/203、化学 181/238、统计学 77/126、机械工程 202/224、材料科学与工程 85/227、冶金工程 23/26、计算机科学与技术 170/268、土木工程 79/164、水利工程 48/64、测绘科学与技术 34/53、化学工程与技术 137/176、地质资源与地质工程 24/46、环境科学与工程 49/196、城乡规划学 34/74、风景园林学 42/56、软件工程 127/148、工商管理 108/309、设计学 138/175。

本科优势专业排名

5★专业：环境工程 18/352、旅游管理 11/428。

5★-专业：无机非金属材料工程 7/78、资源勘查工程 4/49。

4★专业：社会工作 50/259、应用化学 53/375、应用统计学 21/187、智能制造工程 39/296、宝石及材料工艺学 3/20。

10598 广西医科大学

在中国本科院校竞争力排行榜中的名次 292，广西壮族自治区内排名 5/35，医药类排名 24/108。

共 30 个专业参评，其中 5★+专业 0 个，5★专业 0 个，5★-专业 1 个，4★专业 8 个，3★专业 10 个。

在中国普通高校研究生教育竞争力排行榜中的名次：总排名 185/596，广西壮族自治区内排名 3/14，医药类排名 20/76。

共 12 个一级学科(学术学位)参评，其中 5★+学科 0 个，5★学科 0 个，5★-学科 0 个，4★学科 1 个，学科优秀率为 8.33%。

一级学科排名

马克思主义理论 353/377、生物学 153/240、基础医学 22/111、临床医学 33/113、口腔医学 12/47、公共卫生与预防医学 26/78、中西医结合 44/62、药学 33/147、医学技术 31/43、护理学 38/74、社会医学与卫生事业管理 10/15、公共管理 179/214。

本科优势专业排名

5★-专业：护理学 25/296。

4★专业：医学信息工程 7/57。

10607　广西艺术学院

在中国本科院校竞争力排行榜中的名次 306，广西壮族自治区内排名 6/35，艺术类排名 14/48。

共 35 个专业参评，其中 5★+专业 1 个，5★专业 2 个，5★-专业 4 个，4★专业 9 个，3★专业 7 个。

在中国普通高校研究生教育竞争力排行榜中的名次：总排名 462/596，广西壮族自治区内排名 11/14，艺术类排名 12/33。

共 6 个一级学科(学术学位)参评。

一级学科排名

新闻传播学 83/120、艺术学理论 27/73、音乐与舞蹈学 20/86、戏剧与影视学 59/62、美术学 34/114、设计学 43/175。

本科优势专业排名

5★+专业：环境设计 9/721。

5★专业：广告学 13/256、视觉传达设计 24/722。

5★-专业：音乐表演 14/234、舞蹈表演 9/150、音乐教育 3/28、绘画 12/160。

10608　广西民族大学

在中国本科院校竞争力排行榜中的名次 318，广西壮族自治区内排名 7/35，民族类排名 4/17。

共 79 个专业参评，其中 5★+专业 2 个，5★专业 0 个，5★-专业 2 个，4★专业 10 个，3★专业 33 个。

在中国普通高校研究生教育竞争力排行榜中的名次：总排名 309/596，广西壮族自治区内排名 6/14，民族类排名 4/13。

共 17 个一级学科(学术学位)参评。

一级学科排名

应用经济学 157/264、法学 116/209、政治学 47/80、民族学 10/38、马克思主义理论 115/377、教育学 122/143、体育学 83/107、中国语言文学 66/186、外国语言文学 53/240、中国史 100/119、数学 142/276、生物学 213/240、科学技术史 9/26、计算机科学与技术 160/268、化学工程与技术 63/176、公共管理 166/214、信息资源管理 30/50。

本科优势专业排名

5★+专业：泰语 1/48、越南语 1/25。

5★-专业：英语 69/925、翻译 15/269。

4★专业：国际经济与贸易 86/665、法学 94/580、民族学 5/28、体育教育 56/341、汉语言文学 118/619、汉语国际教育 46/328、中国少数民族语言文学 7/33、电子信息工程 126/642。

10603　南宁师范大学

在中国本科院校竞争力排行榜中的名次 412，广西壮族自治区内排名 8/35，师范类排名 42/175。

共 66 个专业参评，其中 5★+专业 0 个，5★专业 0 个，5★-专业 0 个，4★专业 6 个，3★专业 28 个。

在中国普通高校研究生教育竞争力排行榜中的名次：总排名 357/596，广西壮族自治区内排名 8/14，师范类排名 38/77。

共 18 个一级学科(学术学位)参评。

一级学科排名

应用经济学 213/264、法学 209/209、社会学 69/88、马克思主义理论 160/377、教育学 76/143、心理学 102/104、体育学 97/107、中国语言文学 90/186、外国语言文学 203/240、新闻传播学 96/120、数学 200/276、化学 178/238、地理学 36/85、教育技术学 29/45、信息与通信工程 89/186、环境科学与工程 196/196、管理科学与工程 199/209、公共管理 102/214。

本科优势专业排名

4★专业：小学教育 50/311、英语 103/925、

电子信息工程 123/642。

10594 广西科技大学

在中国本科院校竞争力排行榜中的名次 438，广西壮族自治区内排名 9/35，理工类排名 155/364。

共 47 个专业参评，其中 5★+专业 0 个，5★专业 1 个，5★-专业 1 个，4★专业 5 个，3★专业 16 个。

在中国普通高校研究生教育竞争力排行榜中的名次：总排名 430/596，广西壮族自治区内排名 10/14，理工类排名 150/182。

共 9 个一级学科(学术学位)参评。

一级学科排名

马克思主义理论 247/377、力学 82/97、机械工程 131/224、控制科学与工程 158/189、计算机科学与技术 179/268、土木工程 135/164、化学工程与技术 116/176、纺织科学与工程 20/22、管理科学与工程 172/209。

本科优势专业排名

5★专业：机器人工程 15/333。

5★-专业：汽车服务工程 9/117。

4★专业：社会工作 52/259、应用统计学 36/187。

10600 广西中医药大学

在中国本科院校竞争力排行榜中的名次 502，广西壮族自治区内排名 10/35，医药类排名 54/108。

共 21 个专业参评，其中 5★+专业 0 个，5★专业 0 个，5★-专业 0 个，4★专业 1 个，3★专业 9 个。

在中国普通高校研究生教育竞争力排行榜中的名次：总排名 338/596，广西壮族自治区内排名 7/14，医药类排名 45/76。

共 6 个一级学科(学术学位)参评。

一级学科排名

临床医学 73/113、中医学 23/40、中西医结合 47/62、药学 105/147、中药学 41/51、护理学

71/74。

10601 桂林医学院

在中国本科院校竞争力排行榜中的名次 532，广西壮族自治区内排名 11/35，医药类排名 62/108。

共 26 个专业参评，其中 5★+专业 0 个，5★专业 0 个，5★-专业 0 个，4★专业 0 个，3★专业 7 个。

在中国普通高校研究生教育竞争力排行榜中的名次：总排名 423/596，广西壮族自治区内排名 9/14，医药类排名 62/76。

共 5 个一级学科(学术学位)参评。

一级学科排名

基础医学 64/111、临床医学 94/113、公共卫生与预防医学 74/78、药学 123/147、医学技术 28/43。

11837 桂林旅游学院

在中国本科院校竞争力排行榜中的名次 582，广西壮族自治区内排名 12/35，综合类排名 94/268。

共 30 个专业参评，其中 5★+专业 0 个，5★专业 1 个，5★-专业 0 个，4★专业 4 个，3★专业 14 个。

本科优势专业排名

5★专业：酒店管理 5/184。

4★专业：经济与金融 13/78。

11838 贺州学院

在中国本科院校竞争力排行榜中的名次 596，广西壮族自治区内排名 13/35，师范类排名 80/175。

共 53 个专业参评，其中 5★+专业 0 个，5★专业 0 个，5★-专业 1 个，4★专业 4 个，3★专业 8 个。

本科优势专业排名

5★-专业：环境设计 38/721。

4★专业：商务英语 69/360、通信工程 99/494。

11825　桂林航天工业学院

在中国本科院校竞争力排行榜中的名次 603，广西壮族自治区内排名 14/35，理工类排名 193/364。

共 37 个专业参评，其中 5★+专业 0 个，5★专业 0 个，5★-专业 0 个，4★专业 5 个，3★专业 20 个。

本科优势专业排名

4★专业：商务英语 53/360。

11548　广西财经学院

在中国本科院校竞争力排行榜中的名次 644，广西壮族自治区内排名 15/35，财经类排名 43/109。

共 51 个专业参评，其中 5★+专业 0 个，5★专业 0 个，5★-专业 0 个，4★专业 2 个，3★专业 20 个。

在中国普通高校研究生教育竞争力排行榜中的名次：总排名 549/596，广西壮族自治区内排名 14/14，财经类排名 38/39。

本科优势专业排名

4★专业：国际经济与贸易 85/665。

11607　北部湾大学

在中国本科院校竞争力排行榜中的名次 669，广西壮族自治区内排名 17/35，综合类排名 119/268。

共 54 个专业参评，其中 5★+专业 0 个，5★专业 0 个，5★-专业 0 个，4★专业 0 个，3★专业 16 个。

在中国普通高校研究生教育竞争力排行榜中的名次：总排名 507/596，广西壮族自治区内排名 13/14，综合类排名 81/93。

共 2 个一级学科(学术学位)参评。

一级学科排名

海洋科学 28/31、船舶与海洋工程 19/27。

10606　玉林师范学院

在中国本科院校竞争力排行榜中的名次 681，广西壮族自治区内排名 18/35，师范类排名 99/175。

共 55 个专业参评，其中 5★+专业 0 个，5★专业 0 个，5★-专业 0 个，4★专业 0 个，3★专业 10 个。

11546　广西科技师范学院

在中国本科院校竞争力排行榜中的名次 711，广西壮族自治区内排名 19/35，师范类排名 108/175。

共 31 个专业参评，其中 5★+专业 0 个，5★专业 0 个，5★-专业 0 个，4★专业 1 个，3★专业 11 个。

本科优势专业排名

4★专业：小学教育 55/311。

10599　右江民族医学院

在中国本科院校竞争力排行榜中的名次 715，广西壮族自治区内排名 20/35，医药类排名 74/108。

共 22 个专业参评，其中 5★+专业 0 个，5★专业 0 个，5★-专业 0 个，4★专业 1 个，3★专业 5 个。

在中国普通高校研究生教育竞争力排行榜中的名次：总排名 488/596，广西壮族自治区内排名 12/14，医药类排名 69/76。

共 3 个一级学科(学术学位)参评。

一级学科排名

基础医学 86/111、临床医学 102/113、医学技术 37/43。

10605　河池学院

在中国本科院校竞争力排行榜中的名次 748，广西壮族自治区内排名 22/35，文法类排名 41/68。

共 47 个专业参评，其中 5★+专业 0 个，5★专业 0 个，5★-专业 0 个，4★专业 0 个，3★专业

8个。

11354　梧州学院

在中国本科院校竞争力排行榜中的名次 783，广西壮族自治区内排名 23/35，综合类排名 146/268。

共 46 个专业参评，其中 5★+专业 0 个，5★专业 0 个，5★-专业 0 个，4★专业 1 个，3★专业 16 个。

本科优势专业排名

4★专业：电子信息工程 109/642。

10604　广西民族师范学院

在中国本科院校竞争力排行榜中的名次 868，广西壮族自治区内排名 25/35，师范类排名 143/175。

共 48 个专业参评，其中 5★+专业 0 个，5★专业 0 个，5★-专业 1 个，4★专业 0 个，3★专业 15 个。

本科优势专业排名

5★-专业：跨境电子商务 5/89。

10609　百色学院

在中国本科院校竞争力排行榜中的名次 878，广西壮族自治区内排名 26/35，师范类排名 146/175。

共 56 个专业参评，其中 5★+专业 0 个，5★专业 0 个，5★-专业 0 个，4★专业 0 个，3★专业 12 个。

13520　广西警察学院

在中国本科院校竞争力排行榜中的名次 1145，广西壮族自治区内排名 30/35，文法类排名 68/68。

共 18 个专业参评，其中 5★+专业 0 个，5★专业 0 个，5★-专业 0 个，4★专业 0 个，3★专业 2 个。

14686　广西职业师范学院

在中国本科院校竞争力排行榜中的名次 1220，

广西壮族自治区内排名 35/35，师范类排名 175/175。

民 办 院 校

13524　北海艺术设计学院

在中国民办院校竞争力排行榜中的名次 19，广西壮族自治区内排名 16/35，艺术类排名 39/48。

共 18 个专业参评，其中 5★+专业 0 个，5★专业 0 个，5★-专业 0 个，4★专业 6 个，3★专业 7 个。

本科优势专业排名

4★专业：艺术教育 6/29。

11549　南宁学院

在中国民办院校竞争力排行榜中的名次 32，广西壮族自治区内排名 21/35，理工类排名 216/364。

共 36 个专业参评，其中 5★+专业 0 个，5★专业 1 个，5★-专业 0 个，4★专业 6 个，3★专业 20 个。

本科优势专业排名

5★专业：新媒体艺术 1/18。
4★专业：数字经济 21/129、新能源汽车工程 7/45。

13830　广西外国语学院

在中国民办院校竞争力排行榜中的名次 87，广西壮族自治区内排名 24/35，文法类排名 52/68。

共 39 个专业参评，其中 5★+专业 0 个，5★专业 0 个，5★-专业 0 个，4★专业 4 个，3★专业 17 个。

本科优势专业排名

4★专业：金融工程 48/255、国际经济与贸易 131/665。

13639　柳州工学院

在中国民办院校竞争力排行榜中的名次 162，

广西壮族自治区内排名 27/35，理工类排名 299/364。

共40个专业参评，其中5★+专业0个，5★专业0个，5★-专业0个，4★专业0个，3★专业8个。

13644 桂林信息科技学院

在中国民办院校竞争力排行榜中的名次 219，广西壮族自治区内排名 32/35，理工类排名 360/364。

共35个专业参评，其中5★+专业0个，5★专业0个，5★-专业0个，4★专业0个，3★专业8个。

13641 桂林学院

在中国民办院校竞争力排行榜中的名次 221，

广西壮族自治区内排名 33/35，综合类排名 267/268。

共50个专业参评，其中5★+专业0个，5★专业0个，5★-专业0个，4★专业0个，3★专业0个。

13645 南宁理工学院

在中国民办院校竞争力排行榜中的名次 222，广西壮族自治区内排名 34/35，理工类排名 362/364。

共34个专业参评，其中5★+专业0个，5★专业0个，5★-专业0个，4★专业3个，3★专业11个。

本科优势专业排名

4★专业：金融科技 18/95。

甘 肃 省

一流大学

10730　兰州大学

在中国本科院校竞争力排行榜中的名次 41，甘肃省内排名 1/20，综合类排名 16/268。

共 88 个专业参评，其中 5★+专业 2 个，5★专业 9 个，5★-专业 15 个，4★专业 20 个，3★专业 25 个。

在中国普通高校研究生教育竞争力排行榜中的名次：总排名 33/596，甘肃省内排名 1/10，综合类排名 12/93。

共 49 个一级学科(学术学位)参评，其中 5★+学科 2 个，5★学科 1 个，5★-学科 3 个，4★学科 7 个，学科优秀率为 26.53%。

一级学科排名

哲学 56/133、理论经济学 45/109、应用经济学 58/264、法学 59/209、政治学 36/80、社会学 40/88、民族学 5/38、马克思主义理论 16/377、教育学 77/143、中国语言文学 34/186、外国语言文学 74/240、新闻传播学 28/120、考古学 27/40、中国史 34/119、世界史 38/68、数学 33/276、物理学 27/203、化学 21/238、地理学 5/85、大气科学 3/22、地质学 10/35、生物学 28/240、生态学 1/111、力学 21/97、材料科学与工程 51/227、电子科学与技术 67/123、信息与通信工程 71/186、计算机科学与技术 61/268、土木工程 36/164、水利工程 34/64、化学工程与技术 60/176、核科学与技术 7/21、环境科学与工程 40/196、作物学 37/50、植物保护 27/44、畜牧学 14/55、林学 24/35、草学 1/25、基础医学 28/111、临床医学 25/113、口腔医学 29/47、公共卫生与预防医学 38/78、中西医结合 33/62、药学 47/147、社会医学与卫生事业管理 7/15、工商管理 41/309、农林经济管理 24/51、公共管理 12/214、艺术学理论 29/73。

本科优势专业排名

5★+专业：草业科学 1/29、公共事业管理

3/246。

5★专业：思想政治教育 7/304、化学 14/310、应用化学 12/375、自然地理与资源环境 3/51、人文地理与城乡规划 4/110、生物技术 9/285、生态学 4/85、功能材料 3/52、行政管理 12/292。

5★-专业：汉语言文学 57/619、英语 87/925、新闻学 26/308、历史学 16/246、数学与应用数学 34/519、物理学 19/283、地理信息科学 10/171、生物科学 22/283、计算机科学与技术 75/932、数字媒体技术 23/234、数据科学与大数据技术 56/711、环境工程 28/352、环境科学 17/176、会计学 64/659、人力资源管理 23/416。

4★专业：经济学 45/356、法学 85/580、民族学 6/28、马克思主义理论 9/54、广播电视学 25/146、广告学 47/256、文物与博物馆学 7/57、地理科学 31/171、大气科学 3/17、应用气象学 2/12、理论与应用力学 2/13、材料化学 24/131、通信工程 54/494、电子信息科学与技术 28/167。

一般大学

10736　西北师范大学

在中国本科院校竞争力排行榜中的名次 151，甘肃省内排名 2/20，师范类排名 16/175。

共 70 个专业参评，其中 5★+专业 0 个，5★专业 5 个，5★-专业 10 个，4★专业 14 个，3★专业 26 个。

在中国普通高校研究生教育竞争力排行榜中的名次：总排名 135/596，甘肃省内排名 2/10，师范类排名 15/77。

共 32 个一级学科(学术学位)参评，其中 5★+学科 0 个，5★学科 0 个，5★-学科 0 个，4★学科 5 个，学科优秀率为 15.63%。

一级学科排名

哲学 77/133、理论经济学 96/109、应用经济学 138/264、法学 145/209、政治学 77/80、社会学 68/88、马克思主义理论 93/377、教育学 23/143、心理学 25/104、体育学 58/107、中国语言文学 46/186、外国语言文学 62/240、考古学 39/40、中国史 21/119、世界史 50/68、数学 43/276、物理学 65/203、化学 66/238、地理学 17/85、生物学 107/240、统计学 90/126、教育技术学 10/45、材料科学与工程 166/227、电子科学与技术 63/123、计算机科学与技术 113/268、化学工程与技术 107/176、

软件工程 73/148、工商管理 121/309、公共管理 163/214、音乐与舞蹈学 34/86、戏剧与影视学 28/62、美术学 16/114。

本科优势专业排名

5★专业：英语 46/925、翻译 6/269、应用心理学 11/257、美术学 10/333、书法学 6/130。

5★-专业：思想政治教育 18/304、教育技术学 11/130、学前教育 30/420、汉语言文学 42/619、秘书学 8/89、数学与应用数学 52/519、物理学 28/283、数据科学与大数据技术 64/711、旅游管理 22/428、广播电视编导 14/226。

4★专业：法学 104/580、社会工作 27/259、小学教育 39/311、特殊教育 8/59、体育教育 49/341、汉语国际教育 34/328、历史学 36/246、化学 34/310、地理科学 20/171、人文地理与城乡规划 16/110、地理信息科学 30/171、计算机科学与技术 142/932。

10731　兰州理工大学

在中国本科院校竞争力排行榜中的名次 174，甘肃省内排名 3/20，理工类排名 72/364。

共 64 个专业参评，其中 5★+专业 0 个，5★专业 2 个，5★-专业 12 个，4★专业 13 个，3★专业 23 个。

在中国普通高校研究生教育竞争力排行榜中的名次：总排名 175/596，甘肃省内排名 4/10，理工类排名 68/182。

共 26 个一级学科(学术学位)参评，其中 5★+学科 0 个，5★学科 0 个，5★-学科 0 个，4★学科 1 个，学科优秀率为 3.85%。

一级学科排名

马克思主义理论 158/377、体育学 93/107、外国语言文学 192/240、数学 134/276、物理学 108/203、力学 61/97、机械工程 57/224、材料科学与工程 63/227、冶金工程 19/26、动力工程及工程热物理 18/104、电气工程 80/112、电子科学与技术 112/123、信息与通信工程 176/186、控制科学与工程 54/189、计算机科学与技术 163/268、建筑学 35/84、土木工程 34/164、水利工程 43/64、测绘科学与技术 52/53、化学工程与技术 51/176、环境科学与工程 163/196、生物工程 11/26、安全科学与工程 42/61、管理科学与工程 150/209、工商管

理 249/309、设计学 84/175。

本科优势专业排名

5★专业：新能源科学与工程 5/144、工程造价 13/264。

5★-专业：机械设计制造及其自动化 27/517、材料成型及控制工程 16/221、机械电子工程 18/302、过程装备与控制工程 7/92、智能制造工程 22/296、电气工程及其自动化 52/573、电子信息科学与技术 17/167、自动化 27/445、土木工程 30/529、道路桥梁与渡河工程 8/81、化学工程与工艺 27/329、市场营销 39/579。

4★专业：应用化学 49/375、高分子材料与工程 29/185、焊接技术与工程 7/44、能源与动力工程 26/188、通信工程 50/494、机器人工程 55/333、计算机科学与技术 111/932。

10732　兰州交通大学

在中国本科院校竞争力排行榜中的名次 192，甘肃省内排名 4/20，理工类排名 78/364。

共 65 个专业参评，其中 5★+专业 0 个，5★专业 2 个，5★-专业 9 个，4★专业 10 个，3★专业 27 个。

在中国普通高校研究生教育竞争力排行榜中的名次：总排名 155/596，甘肃省内排名 3/10，理工类排名 64/182。

共 28 个一级学科(学术学位)参评，其中 5★+学科 0 个，5★学科 0 个，5★-学科 0 个，4★学科 2 个，学科优秀率为 7.14%。

一级学科排名

应用经济学 199/264、马克思主义理论 182/377、中国语言文学 158/186、外国语言文学 212/240、数学 112/276、物理学 154/203、化学 138/238、生物学 205/240、生态学 81/111、力学 79/97、机械工程 79/224、材料科学与工程 133/227、动力工程及工程热物理 48/104、电气工程 58/112、电子科学与技术 85/123、信息与通信工程 97/186、控制科学与工程 94/189、计算机科学与技术 98/268、建筑学 79/84、土木工程 27/164、水利工程 58/64、测绘科学与技术 14/53、化学工程与技术 108/176、交通运输工程 13/66、环境科学与工程 43/196、城乡规划学 41/74、管理科学与工程 91/209、工商管理 279/309。

本科优势专业排名

5★专业：车辆工程 8/256、给排水科学与工程 7/161。

5★-专业：电气工程及其自动化 44/573、通信工程 49/494、土木工程 34/529、建筑环境与能源应用工程 14/166、测绘工程 9/147、交通运输 8/107、交通工程 9/106、工程管理 25/393、物流管理 31/432。

4★专业：英语 135/925、地理信息科学 28/171、机械设计制造及其自动化 67/517、机械电子工程 46/302、轨道交通信号与控制 7/51、计算机科学与技术 96/932、软件工程 122/611。

10733 甘肃农业大学

在中国本科院校竞争力排行榜中的名次 293，甘肃省内排名 5/20，农林类排名 27/47。

共 59 个专业参评，其中 5★+专业 0 个，5★专业 0 个，5★-专业 1 个，4★专业 6 个，3★专业 22 个。

在中国普通高校研究生教育竞争力排行榜中的名次：总排名 186/596，甘肃省内排名 5/10，农林类排名 19/38。

共 18 个一级学科(学术学位)参评，其中 5★+学科 0 个，5★学科 0 个，5★-学科 1 个，4★学科 1 个，学科优秀率为 11.11%。

一级学科排名

马克思主义理论 305/377、化学 220/238、生物学 164/240、生态学 96/111、农业工程 21/43、食品科学与工程 43/105、软件工程 101/148、作物学 10/50、园艺学 18/44、农业资源与环境 22/40、植物保护 37/44、畜牧学 26/55、兽医学 15/44、林学 17/35、水产 32/33、草学 3/25、农林经济管理 37/51、公共管理 153/214。

本科优势专业排名

5★-专业：农学 5/76。

10742 西北民族大学

在中国本科院校竞争力排行榜中的名次 431，甘肃省内排名 6/20，民族类排名 9/17。

共 68 个专业参评，其中 5★+专业 0 个，5★专业 3 个，5★-专业 0 个，4★专业 3 个，3★专业 30 个。

在中国普通高校研究生教育竞争力排行榜中的名次：总排名 347/596，甘肃省内排名 7/10，民族类排名 6/13。

共 18 个一级学科(学术学位)参评。

一级学科排名

法学 208/209、社会学 64/88、民族学 14/38、马克思主义理论 132/377、教育学 66/143、中国语言文学 55/186、中国史 70/119、数学 157/276、化学 228/238、教育技术学 40/45、计算机科学与技术 216/268、土木工程 164/164、生物工程 21/26、畜牧学 50/55、兽医学 35/44、工商管理 282/309、音乐与舞蹈学 47/86、美术学 26/114。

本科优势专业排名

5★专业：中国少数民族语言文学 2/33、舞蹈表演 6/150、舞蹈学 5/201。

4★专业：汉语言文学 100/619。

10741 兰州财经大学

在中国本科院校竞争力排行榜中的名次 491，甘肃省内排名 7/20，财经类排名 34/109。

共 61 个专业参评，其中 5★+专业 0 个，5★专业 2 个，5★-专业 3 个，4★专业 4 个，3★专业 28 个。

在中国普通高校研究生教育竞争力排行榜中的名次：总排名 440/596，甘肃省内排名 8/10，财经类排名 28/39。

共 8 个一级学科(学术学位)参评。

一级学科排名

理论经济学 72/109、应用经济学 107/264、法学 193/209、马克思主义理论 249/377、统计学 30/126、管理科学与工程 167/209、工商管理 188/309、设计学 123/175。

本科优势专业排名

5★专业：财务管理 23/686、视觉传达设计 27/722。

5★-专业：商务经济学 2/19、国际经济与贸易 43/665、会计学 57/659。

4★专业：统计学 25/211。

10735　甘肃中医药大学

在中国本科院校竞争力排行榜中的名次 519，甘肃省内排名 8/20，医药类排名 59/108。

共 28 个专业参评，其中 5★+专业 0 个，5★专业 0 个，5★-专业 0 个，4★专业 1 个，3★专业 12 个。

在中国普通高校研究生教育竞争力排行榜中的名次：总排名 329/596，甘肃省内排名 6/10，医药类排名 44/76。

共 5 个一级学科(学术学位)参评。

一级学科排名

生物医学工程 65/80、临床医学 62/113、中医学 15/40、中西医结合 22/62、中药学 19/51。

11406　甘肃政法大学

在中国本科院校竞争力排行榜中的名次 661，甘肃省内排名 9/20，文法类排名 30/68。

共 33 个专业参评，其中 5★+专业 0 个，5★专业 0 个，5★-专业 0 个，4★专业 2 个，3★专业 7 个。

在中国普通高校研究生教育竞争力排行榜中的名次：总排名 503/596，甘肃省内排名 9/10，文法类排名 20/32。

共 3 个一级学科(学术学位)参评。

一级学科排名

法学 67/209、网络空间安全 62/77、工商管理 212/309。

本科优势专业排名

4★专业：法学 86/580。

10739　天水师范学院

在中国本科院校竞争力排行榜中的名次 686，甘肃省内排名 10/20，师范类排名 102/175。

共 56 个专业参评，其中 5★+专业 0 个，5★

专业 0 个，5★-专业 0 个，4★专业 1 个，3★专业 7 个。

在中国普通高校研究生教育竞争力排行榜中的名次：总排名 532/596，甘肃省内排名 10/10，师范类排名 67/77。

共 1 个一级学科(学术学位)参评。

一级学科排名

中国语言文学 146/186。

本科优势专业排名

4★专业：小学教育 44/311。

10737　兰州城市学院

在中国本科院校竞争力排行榜中的名次 697，甘肃省内排名 11/20，师范类排名 105/175。

共 56 个专业参评，其中 5★+专业 0 个，5★专业 0 个，5★-专业 0 个，4★专业 2 个，3★专业 10 个。

11562　兰州文理学院

在中国本科院校竞争力排行榜中的名次 716，甘肃省内排名 12/20，综合类排名 126/268。

共 41 个专业参评，其中 5★+专业 0 个，5★专业 1 个，5★-专业 0 个，4★专业 1 个，3★专业 11 个。

本科优势专业排名

5★专业：环境设计 22/721。

10740　河西学院

在中国本科院校竞争力排行榜中的名次 720，甘肃省内排名 13/20，综合类排名 128/268。

共 63 个专业参评，其中 5★+专业 0 个，5★专业 0 个，5★-专业 0 个，4★专业 1 个，3★专业 8 个。

本科优势专业排名

4★专业：网络与新媒体 55/338。

10738 陇东学院

在中国本科院校竞争力排行榜中的名次 760，甘肃省内排名 14/20，师范类排名 118/175。

共 50 个专业参评，其中 5★+专业 0 个，5★专业 0 个，5★−专业 0 个，4★专业 0 个，3★专业 8 个。

11807 兰州工业学院

在中国本科院校竞争力排行榜中的名次 823，甘肃省内排名 15/20，理工类排名 240/364。

共 35 个专业参评，其中 5★+专业 0 个，5★专业 0 个，5★−专业 0 个，4★专业 1 个，3★专业 7 个。

11805 甘肃医学院

在中国本科院校竞争力排行榜中的名次 903，甘肃省内排名 16/20，医药类排名 84/108。

共 10 个专业参评，其中 5★+专业 0 个，5★专业 0 个，5★−专业 0 个，4★专业 0 个，3★专业 3 个。

11561 甘肃民族师范学院

在中国本科院校竞争力排行榜中的名次 1069，甘肃省内排名 18/20，师范类排名 166/175。

共 40 个专业参评，其中 5★+专业 0 个，5★专业 0 个，5★−专业 0 个，4★专业 0 个，3★专业 4 个。

民 办 院 校

13514 兰州博文科技学院

在中国民办院校竞争力排行榜中的名次 127，甘肃省内排名 17/20，理工类排名 274/364。

共 43 个专业参评，其中 5★+专业 0 个，5★专业 0 个，5★−专业 0 个，4★专业 0 个，3★专业 1 个。

13511 兰州工商学院

在中国民办院校竞争力排行榜中的名次 198，甘肃省内排名 19/20，财经类排名 95/109。

共 28 个专业参评，其中 5★+专业 0 个，5★专业 0 个，5★−专业 0 个，4★专业 0 个，3★专业 2 个。

13515 兰州信息科技学院

在中国民办院校竞争力排行榜中的名次 199，甘肃省内排名 20/20，理工类排名 340/364。

共 36 个专业参评，其中 5★+专业 0 个，5★专业 0 个，5★−专业 0 个，4★专业 0 个，3★专业 0 个。

贵 州 省

一 般 大 学

10657 贵州大学

在中国本科院校竞争力排行榜中的名次 99，贵州省内排名 1/28，综合类排名 33/268。

共 95 个专业参评，其中 5★+专业 0 个，5★专业 1 个，5★-专业 8 个，4★专业 13 个，3★专业 47 个。

在中国普通高校研究生教育竞争力排行榜中的名次：总排名 85/596，贵州省内排名 1/9，综合类排名 31/93。

共 51 个一级学科(学术学位)参评，其中 5★+学科 0 个，5★学科 0 个，5★-学科 1 个，4★学科 1 个，学科优秀率为 3.92%。

一级学科排名

哲学 41/133、应用经济学 99/264、法学 45/209、政治学 62/80、社会学 76/88、民族学 30/38、马克思主义理论 174/377、中国语言文学 136/186、外国语言文学 157/240、新闻传播学 113/120、中国史 102/119、数学 81/276、物理学 89/203、化学 84/238、地质学 20/35、生物学 79/240、生态学 48/111、机械工程 67/224、材料科学与工程 89/227、冶金工程 24/26、电气工程 75/112、电子科学与技术 45/123、信息与通信工程 119/186、控制科学与工程 122/189、计算机科学与技术 177/268、土木工程 63/164、测绘科学与技术 46/53、化学工程与技术 120/176、地质资源与地质工程 40/46、矿业工程 23/31、环境科学与工程 83/196、食品科学与工程 56/105、城乡规划学 66/74、风景园林学 34/56、软件工程 38/148、安全科学与工程 52/61、作物学 23/50、园艺学 35/44、农业资源与环境 26/40、植物保护 4/44、畜牧学 16/55、兽医学 32/44、林学 13/35、草学 22/25、管理科学与工程 84/209、工商管理 244/309、农林经济管理 9/51、公共管理 71/214、艺术学理论 71/73、音乐与舞蹈学 85/86、设计学 170/175。

本科优势专业排名

5★专业：数据科学与大数据技术 26/711。

5★-专业：法学 43/580、社会工作 20/259、英语 91/925、机械设计制造及其自动化 29/517、电气工程及其自动化 55/573、通信工程 48/494、计算机科学与技术 84/932、植物保护 6/59。

4★专业：汉语言文学 79/619、日语 90/449、数学与应用数学 82/519、化学 41/310、材料成型及控制工程 41/221、电子信息工程 122/642、软件工程 104/611。

10663 贵州师范大学

在中国本科院校竞争力排行榜中的名次 274，贵州省内排名 2/28，师范类排名 29/175。

共 77 个专业参评，其中 5★+专业 0 个，5★专业 2 个，5★-专业 4 个，4★专业 12 个，3★专业 28 个。

在中国普通高校研究生教育竞争力排行榜中的名次：总排名 251/596，贵州省内排名 3/9，师范类排名 27/77。

共 24 个一级学科(学术学位)参评。

一级学科排名

哲学 99/133、法学 76/209、政治学 27/80、马克思主义理论 103/377、教育学 59/143、心理学 27/104、体育学 52/107、中国语言文学 61/186、外国语言文学 116/240、中国史 115/119、世界史 45/68、数学 79/276、物理学 100/203、化学 173/238、天文学 18/21、地理学 22/85、生物学 146/240、生态学 68/111、教育技术学 33/45、机械工程 127/224、计算机科学与技术 115/268、网络空间安全 32/77、管理科学与工程 158/209、美术学 70/114。

本科优势专业排名

5★专业：应用心理学 8/257、数据科学与大数据技术 18/711。

5★-专业：汉语言文学 51/619、地理科学 10/171、市场营销 46/579、旅游管理 35/428。

4★专业：法学 114/580、思想政治教育 41/304、学前教育 67/420、小学教育 41/311、体育教育 52/341、社会体育指导与管理 41/239、汉语国际教育 58/328、英语 113/925、数学与应用数学 90/519、人文地理与城乡规划 20/110、地理信息科学 29/171、电子信息工程 102/642。

10660 贵州医科大学

在中国本科院校竞争力排行榜中的名次 367，贵州省内排名 3/28，医药类排名 33/108。

共 42 个专业参评，其中 5★+专业 1 个，5★专业 0 个，5★-专业 1 个，4★专业 4 个，3★专业 21 个。

在中国普通高校研究生教育竞争力排行榜中的名次：总排名 250/596，贵州省内排名 2/9，医药类排名 30/76。

共 10 个一级学科(学术学位)参评。

一级学科排名

生物学 150/240、生物医学工程 41/80、基础医学 42/111、临床医学 74/113、口腔医学 42/47、公共卫生与预防医学 33/78、中西医结合 55/62、药学 44/147、护理学 61/74、公共管理 214/214。

本科优势专业排名

5★+专业：健康服务与管理 2/126。
5★-专业：助产学 6/72。

10671 贵州财经大学

在中国本科院校竞争力排行榜中的名次 387，贵州省内排名 4/28，财经类排名 28/109。

共 55 个专业参评，其中 5★+专业 0 个，5★专业 0 个，5★-专业 5 个，4★专业 7 个，3★专业 25 个。

在中国普通高校研究生教育竞争力排行榜中的名次：总排名 397/596，贵州省内排名 6/9，财经类排名 23/39。

共 11 个一级学科(学术学位)参评。

一级学科排名

理论经济学 49/109、应用经济学 108/264、法学 100/209、马克思主义理论 146/377、中国语言文学 100/186、数学 154/276、统计学 68/126、计算机科学与技术 142/268、城乡规划学 57/74、工商管理 97/309、公共管理 70/214。

本科优势专业排名

5★-专业：市场营销 33/579、会计学 42/659、财务管理 44/686、人力资源管理 39/416、旅游管理 39/428。

4★专业：数字经济 20/129、金融学 70/389、国际经济与贸易 100/665。

10672 贵州民族大学

在中国本科院校竞争力排行榜中的名次 424，贵州省内排名 5/28，民族类排名 8/17。

共 76 个专业参评，其中 5★+专业 0 个，5★专业 0 个，5★-专业 2 个，4★专业 3 个，3★专业 17 个。

在中国普通高校研究生教育竞争力排行榜中的名次：总排名 411/596，贵州省内排名 7/9，民族类排名 9/13。

共 10 个一级学科(学术学位)参评。

一级学科排名

法学 102/209、社会学 26/88、民族学 23/38、中国语言文学 129/186、新闻传播学 112/120、数学 158/276、物理学 179/203、系统科学 20/29、统计学 74/126、化学工程与技术 167/176。

本科优势专业排名

5★-专业：音乐表演 23/234、舞蹈表演 14/150。

4★专业：社会学 18/92、网络与新媒体 41/338。

10661 遵义医科大学

在中国本科院校竞争力排行榜中的名次 468，贵州省内排名 6/28，医药类排名 49/108。

共 34 个专业参评，其中 5★+专业 0 个，5★专业 0 个，5★-专业 0 个，4★专业 5 个，3★专业 17 个。

在中国普通高校研究生教育竞争力排行榜中的名次：总排名 285/596，贵州省内排名 4/9，医药类排名 37/76。

共 9 个一级学科(学术学位)参评。

一级学科排名

马克思主义理论 338/377、生物学 149/240、生物工程 17/26、基础医学 58/111、临床医学 71/113、口腔医学 38/47、公共卫生与预防医学 48/78、药学 64/147、护理学 44/74。

10662　贵州中医药大学

在中国本科院校竞争力排行榜中的名次 541，贵州省内排名 7/28，医药类排名 64/108。

共 33 个专业参评，其中 5★+专业 0 个，5★专业 0 个，5★-专业 1 个，4★专业 6 个，3★专业 14 个。

在中国普通高校研究生教育竞争力排行榜中的名次：总排名 392/596，贵州省内排名 5/9，医药类排名 59/76。

共 4 个一级学科(学术学位)参评。

一级学科排名

中医学 22/40、中西医结合 39/62、中药学 18/51、护理学 74/74。

本科优势专业排名

5★-专业：医疗保险 2/17。
4★专业：运动康复 14/84。

14223　贵州师范学院

在中国本科院校竞争力排行榜中的名次 569，贵州省内排名 8/28，师范类排名 71/175。

共 48 个专业参评，其中 5★+专业 0 个，5★专业 0 个，5★-专业 0 个，4★专业 2 个，3★专业 9 个。

本科优势专业排名

4★专业：学前教育 44/420、英语 168/925。

10664　遵义师范学院

在中国本科院校竞争力排行榜中的名次 597，贵州省内排名 9/28，师范类排名 81/175。

共 48 个专业参评，其中 5★+专业 0 个，5★专业 0 个，5★-专业 0 个，4★专业 0 个，3★专业 9 个。

10665　铜仁学院

在中国本科院校竞争力排行榜中的名次 605，贵州省内排名 10/28，师范类排名 83/175。

共 34 个专业参评，其中 5★+专业 0 个，5★专业 0 个，5★-专业 0 个，4★专业 0 个，3★专业 5 个。

14440　贵州理工学院

在中国本科院校竞争力排行榜中的名次 627，贵州省内排名 11/28，理工类排名 200/364。

共 39 个专业参评，其中 5★+专业 0 个，5★专业 0 个，5★-专业 0 个，4★专业 1 个，3★专业 7 个。

11731　贵州商学院

在中国本科院校竞争力排行榜中的名次 640，贵州省内排名 12/28，综合类排名 110/268。

共 29 个专业参评，其中 5★+专业 0 个，5★专业 0 个，5★-专业 0 个，4★专业 6 个，3★专业 9 个。

10670　黔南民族师范学院

在中国本科院校竞争力排行榜中的名次 668，贵州省内排名 13/28，师范类排名 94/175。

共 47 个专业参评，其中 5★+专业 0 个，5★专业 0 个，5★-专业 0 个，4★专业 1 个，3★专业 5 个。

在中国普通高校研究生教育竞争力排行榜中的名次：总排名 586/596，贵州省内排名 9/9，师范类排名 75/77。

本科优势专业排名

4★专业：学前教育 55/420。

10976　贵阳学院

在中国本科院校竞争力排行榜中的名次 778，贵州省内排名 14/28，综合类排名 145/268。

共 47 个专业参评，其中 5★+专业 0 个，5★

专业0个，5★-专业0个，4★专业0个，3★专业1个。

在中国普通高校研究生教育竞争力排行榜中的名次：总排名550/596，贵州省内排名8/9，综合类排名87/93。

共2个一级学科（学术学位）参评。

一级学科排名

哲学90/133、食品科学与工程104/105。

10668　贵州工程应用技术学院

在中国本科院校竞争力排行榜中的名次842，贵州省内排名16/28，综合类排名163/268。

共39个专业参评，其中5★+专业0个，5★专业0个，5★-专业0个，4★专业0个，3★专业4个。

10666　兴义民族师范学院

在中国本科院校竞争力排行榜中的名次845，贵州省内排名17/28，民族类排名14/17。

共30个专业参评，其中5★+专业0个，5★专业0个，5★-专业0个，4★专业0个，3★专业0个。

10667　安顺学院

在中国本科院校竞争力排行榜中的名次855，贵州省内排名18/28，师范类排名139/175。

共44个专业参评，其中5★+专业0个，5★专业0个，5★-专业0个，4★专业1个，3★专业0个。

10977　六盘水师范学院

在中国本科院校竞争力排行榜中的名次872，贵州省内排名19/28，师范类排名144/175。

共40个专业参评，其中5★+专业0个，5★专业0个，5★-专业0个，4★专业0个，3★专业0个。

12107　贵州警察学院

在中国本科院校竞争力排行榜中的名次888，贵州省内排名20/28，文法类排名54/68。

共10个专业参评，其中5★+专业0个，5★专业0个，5★-专业0个，4★专业0个，3★专业1个。

10669　凯里学院

在中国本科院校竞争力排行榜中的名次909，贵州省内排名21/28，师范类排名151/175。

共45个专业参评，其中5★+专业0个，5★专业0个，5★-专业0个，4★专业0个，3★专业1个。

民　办　院　校

13650　贵阳信息科技学院

在中国民办院校竞争力排行榜中的名次68，贵州省内排名15/28，综合类排名160/268。

共37个专业参评，其中5★+专业0个，5★专业0个，5★-专业0个，4★专业0个，3★专业8个。

13648　贵州黔南经济学院

在中国民办院校竞争力排行榜中的名次110，贵州省内排名22/28，财经类排名61/109。

共21个专业参评，其中5★+专业0个，5★专业0个，5★-专业0个，4★专业0个，3★专业3个。

14625　茅台学院

在中国民办院校竞争力排行榜中的名次111，贵州省内排名23/28，综合类排名187/268。

共14个专业参评，其中5★+专业0个，5★专业0个，5★-专业0个，4★专业0个，3★专业2个。

13651　贵阳人文科技学院

在中国民办院校竞争力排行榜中的名次158，贵州省内排名24/28，民族类排名17/17。

共37个专业参评，其中5★+专业0个，5★专业0个，5★-专业0个，4★专业1个，3★专业1个。

本科优势专业排名

4★专业：人工智能 88/479。

13649　贵州黔南科技学院

在中国民办院校竞争力排行榜中的名次 223，贵州省内排名 28/28，综合类排名 268/268。

共 23 个专业参评，其中 5★+专业 0 个，5★专业 0 个，5★-专业 0 个，4★专业 0 个，3★专业 2 个。

新疆维吾尔自治区

一流大学

10755 新疆大学

在中国本科院校竞争力排行榜中的名次 141，新疆维吾尔自治区内排名 1/18，综合类排名 40/268。

共 79 个专业参评，其中 5★+专业 0 个，5★专业 1 个，5★-专业 9 个，4★专业 15 个，3★专业 30 个。

在中国普通高校研究生教育竞争力排行榜中的名次：总排名 80/596，新疆维吾尔自治区内排名 1/11，综合类排名 28/93。

共 37 个一级学科(学术学位)参评，其中 5★+学科 1 个，5★学科 0 个，5★-学科 1 个，4★学科 4 个，学科优秀率为 16.22%。

一级学科排名

哲学 86/133、理论经济学 25/109、应用经济学 201/264、法学 47/209、政治学 70/80、民族学 21/38、马克思主义理论 8/377、中国语言文学 35/186、外国语言文学 104/240、新闻传播学 40/120、中国史 55/119、数学 38/276、物理学 49/203、化学 24/238、地理学 13/85、地质学 31/35、生物学 82/240、生态学 49/111、统计学 64/126、力学 68/97、机械工程 49/224、材料科学与工程 128/227、动力工程及工程热物理 56/104、电气工程 28/112、信息与通信工程 93/186、控制科学与工程 93/189、计算机科学与技术 31/268、建筑学 54/84、土木工程 73/164、化学工程与技术 41/176、地质资源与地质工程 30/46、纺织科学与工程 10/22、环境科学与工程 143/196、食品科学与工程 73/105、软件工程 70/148、工商管理 84/309、公共管理 147/214。

本科优势专业排名

5★专业：数学与应用数学 24/519。

5★-专业：法学 51/580、汉语言文学 61/619、地理信息科学 11/171、电气工程及其自动化 40/573、电子信息工程 59/642、计算机科学与技术 52/932、软件工程 42/611、化学工程与工艺 28/329、旅游管理 27/428。

4★专业：经济学 59/356、思想政治教育 35/304、英语 126/925、俄语 24/161、新闻学 50/308、广告学 29/256、信息与计算科学 45/308、机械工程 16/122、通信工程 55/494、机器人工程 56/333。

一般大学

10759 石河子大学

在中国本科院校竞争力排行榜中的名次 190，新疆维吾尔自治区内排名 2/18，综合类排名 48/268。

共 90 个专业参评，其中 5★+专业 0 个，5★专业 0 个，5★-专业 1 个，4★专业 6 个，3★专业 46 个。

在中国普通高校研究生教育竞争力排行榜中的名次：总排名 148/596，新疆维吾尔自治区内排名 2/11，综合类排名 41/93。

共 30 个一级学科(学术学位)参评，其中 5★+学科 0 个，5★学科 1 个，5★-学科 0 个，4★学科 0 个，学科优秀率为 3.33%。

一级学科排名

应用经济学 78/264、社会学 79/88、马克思主义理论 116/377、教育学 70/143、中国语言文学 170/186、物理学 183/203、化学 162/238、地理学 73/85、生物学 101/240、机械工程 100/224、土木工程 155/164、水利工程 49/64、化学工程与技术 9/176、农业工程 18/43、食品科学与工程 53/105、城乡规划学 72/74、网络空间安全 75/77、作物学 26/50、园艺学 23/44、农业资源与环境 33/40、植物保护 41/44、畜牧学 29/55、兽医学 36/44、基础医学 73/111、临床医学 81/113、公共卫生与预防医学 76/78、药学 77/147、护理学 40/74、工商管理 66/309、美术学 114/114。

本科优势专业排名

5★-专业：审计学 16/198。

4★专业：学前教育 65/420。

10758 新疆农业大学

在中国本科院校竞争力排行榜中的名次 333，

新疆维吾尔自治区内排名 3/18，农林类排名 30/47。

共 56 个专业参评，其中 5★+专业 0 个，5★专业 0 个，5★-专业 0 个，4★专业 1 个，3★专业 28 个。

在中国普通高校研究生教育竞争力排行榜中的名次：总排名 247/596，新疆维吾尔自治区内排名 4/11，农林类排名 27/38。

共 18 个一级学科(学术学位)参评。

一级学科排名

应用经济学 114/264、马克思主义理论 358/377、化学 186/238、生物学 187/240、土木工程 144/164、水利工程 27/64、交通运输工程 50/66、农业工程 17/43、作物学 19/50、园艺学 19/44、农业资源与环境 29/40、植物保护 34/44、畜牧学 20/55、兽医学 19/44、林学 33/35、草学 9/25、农林经济管理 17/51、公共管理 53/214。

10760　新疆医科大学

在中国本科院校竞争力排行榜中的名次 381，新疆维吾尔自治区内排名 4/18，医药类排名 37/108。

共 25 个专业参评，其中 5★+专业 0 个，5★专业 0 个，5★-专业 2 个，4★专业 2 个，3★专业 19 个。

在中国普通高校研究生教育竞争力排行榜中的名次：总排名 234/596，新疆维吾尔自治区内排名 3/11，医药类排名 26/76。

共 13 个一级学科(学术学位)参评。

一级学科排名

马克思主义理论 360/377、生物学 234/240、生物医学工程 80/80、基础医学 54/111、临床医学 37/113、口腔医学 34/47、公共卫生与预防医学 35/78、中医学 30/40、中西医结合 28/62、药学 42/147、中药学 42/51、护理学 52/74、公共管理 68/214。

本科优势专业排名

5★-专业：药学 15/250、健康服务与管理 9/126。

10762　新疆师范大学

在中国本科院校竞争力排行榜中的名次 398，新疆维吾尔自治区内排名 5/18，师范类排名 41/175。

共 60 个专业参评，其中 5★+专业 0 个，5★专业 1 个，5★-专业 5 个，4★专业 5 个，3★专业 30 个。

在中国普通高校研究生教育竞争力排行榜中的名次：总排名 324/596，新疆维吾尔自治区内排名 5/11，师范类排名 34/77。

共 19 个一级学科(学术学位)参评，其中 5★+学科 0 个，5★学科 0 个，5★-学科 0 个，4★学科 1 个，学科优秀率为 5.26%。

一级学科排名

哲学 89/133、法学 197/209、民族学 16/38、马克思主义理论 74/377、教育学 38/143、心理学 40/104、体育学 72/107、中国语言文学 63/186、外国语言文学 237/240、中国史 101/119、数学 189/276、物理学 141/203、化学 93/238、地理学 47/85、生物学 156/240、软件工程 148/148、音乐与舞蹈学 66/86、美术学 82/114、设计学 175/175。

本科优势专业排名

5★专业：音乐学 16/388。

5★-专业：思想政治教育 25/304、学前教育 24/420、小学教育 30/311、体育教育 32/341、舞蹈学 12/201。

4★专业：科学教育 10/51、教育技术学 24/130、汉语言文学 67/619。

10766　新疆财经大学

在中国本科院校竞争力排行榜中的名次 407，新疆维吾尔自治区内排名 6/18，财经类排名 29/109。

共 37 个专业参评，其中 5★+专业 0 个，5★专业 2 个，5★-专业 5 个，4★专业 8 个，3★专业 13 个。

在中国普通高校研究生教育竞争力排行榜中的名次：总排名 460/596，新疆维吾尔自治区内排名 7/11，财经类排名 30/39。

共 4 个一级学科(学术学位)参评，其中 5★+学科 0 个，5★学科 0 个，5★-学科 0 个，4★学科

1个,学科优秀率为25%。

一级学科排名

理论经济学 79/109、应用经济学 44/264、新闻传播学 73/120、工商管理 157/309。

本科优势专业排名

5★专业:国际经济与贸易 31/665、财务管理 27/686。

5★-专业:金融学 24/389、市场营销 30/579、会计学 55/659、国际商务 7/126、旅游管理 37/428。

4★专业:经济学 60/356、经济统计学 19/138、数字经济 24/129、税收学 17/90、金融数学 8/71。

10757 塔里木大学

在中国本科院校竞争力排行榜中的名次 457,新疆维吾尔自治区内排名 7/18,农林类排名 33/47。

共75个专业参评,其中5★+专业 0个,5★专业 0个,5★-专业 0个,4★专业 2个,3★专业 24个。

在中国普通高校研究生教育竞争力排行榜中的名次:总排名 413/596,新疆维吾尔自治区内排名 6/11,农林类排名 35/38。

共9个一级学科(学术学位)参评。

一级学科排名

马克思主义理论 321/377、生物学 89/240、化学工程与技术 165/176、农业工程 32/43、食品科学与工程 101/105、作物学 38/50、园艺学 37/44、畜牧学 47/55、农林经济管理 46/51。

本科优势专业排名

4★专业:生物技术 49/285。

10768 新疆艺术学院

在中国本科院校竞争力排行榜中的名次 548,新疆维吾尔自治区内排名 8/18,艺术类排名 33/48。

共24个专业参评,其中5★+专业 0个,5★专业 1个,5★-专业 1个,4★专业 0个,3★专业 10个。

在中国普通高校研究生教育竞争力排行榜中的名次:总排名 582/596,新疆维吾尔自治区内排名 10/11,艺术类排名 33/33。

共4个一级学科(学术学位)参评。

一级学科排名

音乐与舞蹈学 80/86、戏剧与影视学 60/62、美术学 100/114、设计学 174/175。

本科优势专业排名

5★专业:播音与主持艺术 7/232。
5★-专业:广播电视编导 22/226。

10764 伊犁师范大学

在中国本科院校竞争力排行榜中的名次 638,新疆维吾尔自治区内排名 9/18,师范类排名 91/175。

共56个专业参评,其中5★+专业 0个,5★专业 0个,5★-专业 0个,4★专业 4个,3★专业 14个。

在中国普通高校研究生教育竞争力排行榜中的名次:总排名 521/596,新疆维吾尔自治区内排名 8/11,师范类排名 63/77。

共7个一级学科(学术学位)参评。

一级学科排名

法学 139/209、教育学 132/143、中国语言文学 128/186、数学 175/276、物理学 140/203、化学 222/238、生物学 214/240。

本科优势专业排名

4★专业:法学 95/580、学前教育 80/420、汉语言文学 115/619。

10994 新疆工程学院

在中国本科院校竞争力排行榜中的名次 678,新疆维吾尔自治区内排名 10/18,理工类排名 209/364。

共39个专业参评，其中5★+专业0个，5★专业0个，5★-专业0个，4★专业1个，3★专业12个。

10763　喀什大学

在中国本科院校竞争力排行榜中的名次682，新疆维吾尔自治区内排名11/18，师范类排名100/175。

共54个专业参评，其中5★+专业0个，5★专业0个，5★-专业1个，4★专业0个，3★专业28个。

在中国普通高校研究生教育竞争力排行榜中的名次：总排名526/596，新疆维吾尔自治区内排名9/11，师范类排名65/77。

共5个一级学科(学术学位)参评。

一级学科排名

马克思主义理论143/377、教育学94/143、中国语言文学108/186、化学198/238、生物学240/240。

本科优势专业排名

5★-专业：学前教育33/420。

12734　新疆警察学院

在中国本科院校竞争力排行榜中的名次931，新疆维吾尔自治区内排名12/18，文法类排名60/68。

共7个专业参评，其中5★+专业0个，5★专业0个，5★-专业0个，4★专业0个，3★专业0个。

10997　昌吉学院

在中国本科院校竞争力排行榜中的名次1002，新疆维吾尔自治区内排名13/18，师范类排名160/175。

共45个专业参评，其中5★+专业0个，5★专业0个，5★-专业0个，4★专业1个，3★专业12个。

在中国普通高校研究生教育竞争力排行榜中的名次：总排名591/596，新疆维吾尔自治区内排名11/11，师范类排名77/77。

本科优势专业排名

4★专业：网络与新媒体49/338。

13558　新疆理工学院

在中国本科院校竞争力排行榜中的名次1017，新疆维吾尔自治区内排名14/18，综合类排名215/268。

共33个专业参评，其中5★+专业0个，5★专业0个，5★-专业0个，4★专业1个，3★专业7个。

本科优势专业排名

4★专业：通信工程70/494。

13628　新疆政法学院

在中国本科院校竞争力排行榜中的名次1056，新疆维吾尔自治区内排名15/18，综合类排名224/268。

共14个专业参评，其中5★+专业0个，5★专业0个，5★-专业0个，4★专业0个，3★专业2个。

13561　新疆科技学院

在中国本科院校竞争力排行榜中的名次1094，新疆维吾尔自治区内排名16/18，财经类排名88/109。

共24个专业参评，其中5★+专业0个，5★专业0个，5★-专业0个，4★专业0个，3★专业3个。

13560　新疆第二医学院

在中国本科院校竞争力排行榜中的名次1135，新疆维吾尔自治区内排名17/18，医药类排名98/108。

共10个专业参评，其中5★+专业0个，5★专业0个，5★-专业0个，4★专业0个，3★专业0个。

内蒙古自治区

一流大学

10126　内蒙古大学

在中国本科院校竞争力排行榜中的名次 156，内蒙古自治区内排名 1/17，综合类排名 43/268。

共 62 个专业参评，其中 5★+专业 0 个，5★专业 1 个，5★-专业 6 个，4★专业 14 个，3★专业 26 个。

在中国普通高校研究生教育竞争力排行榜中的名次：总排名 171/596，内蒙古自治区内排名 1/10，综合类排名 46/93。

共 26 个一级学科(学术学位)参评，其中 5★+学科 0 个，5★学科 0 个，5★-学科 1 个，4★学科 0 个，学科优秀率为 3.85%。

一级学科排名

哲学 88/133、应用经济学 67/264、法学 105/209、民族学 11/38、马克思主义理论 117/377、中国语言文学 44/186、外国语言文学 110/240、新闻传播学 105/120、中国史 39/119、数学 77/276、物理学 73/203、化学 78/238、生物学 19/240、生态学 42/111、材料科学与工程 183/227、电子科学与技术 117/123、信息与通信工程 141/186、计算机科学与技术 80/268、土木工程 162/164、化学工程与技术 158/176、环境科学与工程 62/196、软件工程 117/148、草学 16/25、工商管理 227/309、公共管理 47/214、艺术学理论 66/73。

本科优势专业排名

5★专业：劳动与社会保障 4/125。

5★-专业：汉语言文学 54/619、汉语国际教育 33/328、英语 70/925、生物技术 19/285、计算机科学与技术 81/932、行政管理 26/292。

4★专业：金融学 60/389、法学 105/580、民族学 4/28、中国少数民族语言文学 5/33、日语 58/449、新闻学 33/308、网络与新媒体 39/338、数学与应用数学 73/519、信息与计算科学 49/308、生物科学 33/283、生态学 11/85。

一般大学

10129　内蒙古农业大学

在中国本科院校竞争力排行榜中的名次 214，内蒙古自治区内排名 2/17，农林类排名 16/47。

共 73 个专业参评，其中 5★+专业 0 个，5★专业 0 个，5★-专业 3 个，4★专业 12 个，3★专业 31 个。

在中国普通高校研究生教育竞争力排行榜中的名次：总排名 184/596，内蒙古自治区内排名 2/10，农林类排名 18/38。

共 25 个一级学科(学术学位)参评。

一级学科排名

应用经济学 223/264、马克思主义理论 343/377、生物学 116/240、生态学 100/111、机械工程 213/224、材料科学与工程 199/227、计算机科学与技术 233/268、土木工程 151/164、水利工程 26/64、农业工程 19/43、林业工程 9/12、食品科学与工程 32/105、风景园林学 48/56、作物学 16/50、园艺学 22/44、农业资源与环境 20/40、植物保护 26/44、畜牧学 15/55、兽医学 21/44、林学 16/35、草学 7/25、工商管理 112/309、农林经济管理 20/51、公共管理 180/214、设计学 173/175。

本科优势专业排名

5★-专业：食品科学与工程 27/283、植物科学与技术 2/22、草业科学 3/29。

4★专业：应用统计学 23/187。

10128　内蒙古工业大学

在中国本科院校竞争力排行榜中的名次 264，内蒙古自治区内排名 3/17，理工类排名 108/364。

共 68 个专业参评，其中 5★+专业 0 个，5★专业 0 个，5★-专业 3 个，4★专业 9 个，3★专业 38 个。

在中国普通高校研究生教育竞争力排行榜中的名次：总排名 296/596，内蒙古自治区内排名 5/10，理工类排名 111/182。

共 25 个一级学科(学术学位)参评。

一级学科排名

应用经济学 217/264、民族学 36/38、马克思主义理论 304/377、外国语言文学 129/240、数学 174/276、物理学 146/203、统计学 92/126、力学 53/97、机械工程 181/224、材料科学与工程 101/227、动力工程及工程热物理 45/104、电气工程 111/112、信息与通信工程 126/186、控制科学与工程 159/189、计算机科学与技术 253/268、建筑学 23/84、土木工程 128/164、化学工程与技术 64/176、交通运输工程 64/66、环境科学与工程 190/196、城乡规划学 50/74、网络空间安全 67/77、工商管理 147/309、公共管理 203/214、设计学 137/175。

本科优势专业排名

5★-专业：新能源科学与工程 9/144、化学工程与工艺 26/329、建筑学 18/291。

4★专业：社会工作 41/259、英语 114/925、机械设计制造及其自动化 87/517、材料成型及控制工程 36/221、能源与动力工程 34/188、电气工程及其自动化 69/573、电子信息工程 95/642、计算机科学与技术 121/932。

10135　内蒙古师范大学

在中国本科院校竞争力排行榜中的名次 294，内蒙古自治区内排名 4/17，师范类排名 32/175。

共 86 个专业参评，其中 5★+专业 0 个，5★专业 2 个，5★-专业 5 个，4★专业 10 个，3★专业 39 个。

在中国普通高校研究生教育竞争力排行榜中的名次：总排名 287/596，内蒙古自治区内排名 4/10，师范类排名 31/77。

共 26 个一级学科(学术学位)参评，其中 5★+学科 0 个，5★学科 0 个，5★-学科 0 个，4★学科 1 个，学科优秀率为 3.85%。

一级学科排名

哲学 55/133、理论经济学 67/109、社会学 38/88、民族学 8/38、马克思主义理论 147/377、教育学 80/143、心理学 30/104、体育学 55/107、中国语言文学 74/186、外国语言文学 122/240、中国史 72/119、世界史 52/68、数学 204/276、物理学 137/203、化学 159/238、地理学 30/85、生物学 202/240、科学技术史 7/26、生态学 104/111、教育技术学 24/45、材料科学与工程 159/227、公共管理 189/214、音乐与舞蹈学 49/86、戏剧与影视学 52/62、美术学 94/114、设计学 126/175。

本科优势专业排名

5★专业：美术学 14/333、视觉传达设计 26/722。

5★-专业：学前教育 28/420、中国少数民族语言文学 3/33、地理科学 17/171、航空服务艺术与管理 7/71、环境设计 53/721。

4★专业：小学教育 54/311、体育教育 35/341、汉语言文学 64/619、汉语国际教育 66/328、数学与应用数学 95/519、地理信息科学 32/171。

10127　内蒙古科技大学

在中国本科院校竞争力排行榜中的名次 359，内蒙古自治区内排名 5/17，理工类排名 137/364。

共 66 个专业参评，其中 5★+专业 0 个，5★专业 0 个，5★-专业 1 个，4★专业 5 个，3★专业 33 个。

在中国普通高校研究生教育竞争力排行榜中的名次：总排名 278/596，内蒙古自治区内排名 3/10，理工类排名 104/182。

共 18 个一级学科(学术学位)参评。

一级学科排名

应用经济学 251/264、马克思主义理论 352/377、物理学 127/203、生物学 151/240、机械工程 97/224、材料科学与工程 103/227、冶金工程 12/26、动力工程及工程热物理 87/104、信息与通信工程 164/186、控制科学与工程 166/189、计算机科学与技术 152/268、建筑学 57/84、土木工程 117/164、化学工程与技术 130/176、矿业工程 19/31、环境科学与工程 127/196、管理科学与工程 191/209、设计学 149/175。

本科优势专业排名

5★-专业：金属材料工程 6/77。

4★专业：机械设计制造及其自动化 55/517、机械电子工程 48/302、自动化 87/445。

10136　内蒙古民族大学

在中国本科院校竞争力排行榜中的名次 422，内蒙古自治区内排名 6/17，民族类排名 7/17。

共 72 个专业参评，其中 5★+专业 0 个，5★专业 0 个，5★-专业 0 个，4★专业 3 个，3★专业 19 个。

在中国普通高校研究生教育竞争力排行榜中的名次：总排名 395/596，内蒙古自治区内排名 7/10，民族类排名 7/13。

共 19 个一级学科(学术学位)参评。

一级学科排名

民族学 33/38、马克思主义理论 312/377、教育学 137/143、体育学 105/107、中国语言文学 93/186、中国史 114/119、世界史 58/68、数学 265/276、物理学 191/203、化学 227/238、生物学 226/240、作物学 43/50、畜牧学 55/55、兽医学 43/44、草学 21/25、临床医学 106/113、中医学 40/40、中西医结合 60/62、中药学 24/51。

本科优势专业排名

4★专业：汉语言文学 122/619、英语 178/925。

10139　内蒙古财经大学

在中国本科院校竞争力排行榜中的名次 427，内蒙古自治区内排名 7/17，财经类排名 31/109。

共 52 个专业参评，其中 5★+专业 0 个，5★专业 1 个，5★-专业 6 个，4★专业 4 个，3★专业 19 个。

在中国普通高校研究生教育竞争力排行榜中的名次：总排名 487/596，内蒙古自治区内排名 8/10，财经类排名 35/39。

共 5 个一级学科(学术学位)参评。

一级学科排名

理论经济学 73/109、应用经济学 92/264、马克思主义理论 374/377、工商管理 87/309、公共管理 188/214。

本科优势专业排名

5★专业：财务管理 31/686。

5★-专业：国际经济与贸易 63/665、应用统计学 12/187、市场营销 36/579、会计学 62/659、人力资源管理 35/416、物业管理 2/24。

10132　内蒙古医科大学

在中国本科院校竞争力排行榜中的名次 504，内蒙古自治区内排名 8/17，医药类排名 55/108。

共 32 个专业参评，其中 5★+专业 0 个，5★专业 0 个，5★-专业 0 个，4★专业 1 个，3★专业 9 个。

在中国普通高校研究生教育竞争力排行榜中的名次：总排名 367/596，内蒙古自治区内排名 6/10，医药类排名 53/76。

共 9 个一级学科(学术学位)参评。

一级学科排名

生物学 232/240、基础医学 88/111、临床医学 77/113、口腔医学 45/47、公共卫生与预防医学 63/78、中医学 24/40、药学 91/147、中药学 50/51、护理学 70/74。

14531　内蒙古艺术学院

在中国本科院校竞争力排行榜中的名次 657，内蒙古自治区内排名 9/17，艺术类排名 36/48。

共 25 个专业参评，其中 5★+专业 0 个，5★专业 1 个，5★-专业 1 个，4★专业 3 个，3★专业 5 个。

在中国普通高校研究生教育竞争力排行榜中的名次：总排名 568/596，内蒙古自治区内排名 10/10，艺术类排名 27/33。

共 3 个一级学科(学术学位)参评。

一级学科排名

艺术学理论 69/73、音乐与舞蹈学 50/86、美术学 28/114。

本科优势专业排名

5★专业：舞蹈表演 4/150。

5★-专业：音乐表演 15/234。

10138　赤峰学院

在中国本科院校竞争力排行榜中的名次 761，内蒙古自治区内排名 10/17，师范类排名 119/175。

共 50 个专业参评，其中 5★+专业 0 个，5★专业 0 个，5★-专业 0 个，4★专业 1 个，3★专业

5个。

在中国普通高校研究生教育竞争力排行榜中的名次：总排名552/596，内蒙古自治区内排名9/10，师范类排名70/77。

本科优势专业排名

4★专业：学前教育79/420。

10819　呼伦贝尔学院

在中国本科院校竞争力排行榜中的名次809，内蒙古自治区内排名11/17，综合类排名153/268。

共49个专业参评，其中5★+专业0个，5★专业0个，5★-专业0个，4★专业1个，3★专业5个。

本科优势专业排名

4★专业：学前教育50/420。

11427　集宁师范学院

在中国本科院校竞争力排行榜中的名次819，内蒙古自治区内排名12/17，师范类排名131/175。

共33个专业参评，其中5★+专业0个，5★专业0个，5★-专业0个，4★专业1个，3★专业2个。

本科优势专业排名

4★专业：学前教育78/420。

11631　河套学院

在中国本科院校竞争力排行榜中的名次974，内蒙古自治区内排名13/17，综合类排名205/268。

共37个专业参评，其中5★+专业0个，5★专业0个，5★-专业0个，4★专业0个，3★专业2个。

14532　鄂尔多斯应用技术学院

在中国本科院校竞争力排行榜中的名次975，内蒙古自治区内排名14/17，综合类排名206/268。

共22个专业参评，其中5★+专业0个，5★专业0个，5★-专业0个，4★专业0个，3★专业1个。

11709　呼和浩特民族学院

在中国本科院校竞争力排行榜中的名次989，内蒙古自治区内排名15/17，民族类排名15/17。

共37个专业参评，其中5★+专业0个，5★专业0个，5★-专业0个，4★专业0个，3★专业2个。

民 办 院 校

14205　内蒙古鸿德文理学院

在中国民办院校竞争力排行榜中的名次204，内蒙古自治区内排名17/17，师范类排名171/175。

共25个专业参评，其中5★+专业0个，5★专业0个，5★-专业0个，4★专业0个，3★专业1个。

海 南 省

一 般 大 学

10589　海南大学

在中国本科院校竞争力排行榜中的名次 119，海南省内排名 1/7，综合类排名 37/268。

共 69 个专业参评，其中 5★+专业 3 个，5★专业 1 个，5★-专业 7 个，4★专业 20 个，3★专业 29 个。

在中国普通高校研究生教育竞争力排行榜中的名次：总排名 122/596，海南省内排名 1/4，综合类排名 35/93。

共 36 个一级学科(学术学位)参评，其中 5★+学科 0 个，5★学科 0 个，5★-学科 1 个，4★学科 0 个，学科优秀率为 2.78%。

一级学科排名

哲学 98/133、应用经济学 118/264、法学 51/209、政治学 76/80、马克思主义理论 89/377、中国语言文学 103/186、外国语言文学 100/240、数学 213/276、海洋科学 20/31、生物学 111/240、生态学 32/111、机械工程 154/224、材料科学与工程 102/227、信息与通信工程 60/186、计算机科学与技术 190/268、土木工程 69/164、化学工程与技术 57/176、农业工程 39/43、环境科学与工程 150/196、生物医学工程 58/80、食品科学与工程 38/105、风景园林学 32/56、网络空间安全 38/77、作物学 5/50、园艺学 38/44、农业资源与环境 32/40、植物保护 32/44、畜牧学 37/55、林学 25/35、水产 16/33、药学 122/147、管理科学与工程 132/209、工商管理 166/309、农林经济管理 44/51、公共管理 119/214、音乐与舞蹈学 78/86。

本科优势专业排名

5★+专业：数据科学与大数据技术 9/711、旅游管理 3/428、酒店管理 4/184。

5★专业：视觉传达设计 33/722。

5★-专业：国际经济与贸易 48/665、法学 35/580、生物技术 23/285、电子信息工程 58/642、通信工程 40/494、化学工程与工艺 32/329、工商管理 51/538。

4★专业：思想政治教育 38/304、休闲体育 20/102、汉语言文学 68/619、英语 121/925、日语 46/449、生物科学 45/283、人工智能 95/479。

11658　海南师范大学

在中国本科院校竞争力排行榜中的名次 366，海南省内排名 2/7，师范类排名 37/175。

共 63 个专业参评，其中 5★+专业 0 个，5★专业 1 个，5★-专业 2 个，4★专业 7 个，3★专业 30 个。

在中国普通高校研究生教育竞争力排行榜中的名次：总排名 375/596，海南省内排名 2/4，师范类排名 41/77。

共 18 个一级学科(学术学位)参评，其中 5★+学科 0 个，5★学科 0 个，5★-学科 0 个，4★学科 1 个，学科优秀率为 5.56%。

一级学科排名

理论经济学 94/109、马克思主义理论 57/377、教育学 93/143、心理学 93/104、体育学 91/107、中国语言文学 75/186、外国语言文学 238/240、新闻传播学 120/120、中国史 96/119、数学 116/276、物理学 187/203、化学 95/238、地理学 83/85、生态学 50/111、网络空间安全 48/77、工商管理 193/309、美术学 80/114、设计学 155/175。

本科优势专业排名

5★专业：小学教育 12/311。

5★-专业：汉语言文学 46/619、环境设计 45/721。

4★专业：思想政治教育 40/304、体育教育 50/341、社会体育指导与管理 29/239、汉语国际教育 60/328、英语 112/925、数学与应用数学 100/519。

11810　海南医学院

在中国本科院校竞争力排行榜中的名次 459，海南省内排名 3/7，医药类排名 47/108。

共 30 个专业参评，其中 5★+专业 1 个，5★专业 0 个，5★-专业 0 个，4★专业 0 个，3★专业 9 个。

在中国普通高校研究生教育竞争力排行榜中的名次：总排名 376/596，海南省内排名 3/4，医药类排名 55/76。

共 5 个一级学科(学术学位)参评。

一级学科排名

生物学 152/240、基础医学 83/111、临床医学 56/113、中医学 36/40、药学 132/147。

本科优势专业排名

5★+专业：健康服务与管理 1/126。

11100　海南热带海洋学院

在中国本科院校竞争力排行榜中的名次 710，海南省内排名 5/7，综合类排名 125/268。

共 50 个专业参评，其中 5★+专业 0 个，5★专业 0 个，5★-专业 0 个，4★专业 1 个，3★专业 10 个。

在中国普通高校研究生教育竞争力排行榜中的名次：总排名 555/596，海南省内排名 4/4，综合类排名 89/93。

共 2 个一级学科(学术学位)参评。

一级学科排名

海洋科学 31/31、水产 33/33。

13811　琼台师范学院

在中国本科院校竞争力排行榜中的名次 962，海南省内排名 7/7，师范类排名 156/175。

共 25 个专业参评，其中 5★+专业 0 个，5★专业 0 个，5★-专业 0 个，4★专业 0 个，3★专业 4 个。

民 办 院 校

13892　三亚学院

在中国民办院校竞争力排行榜中的名次 29，海南省内排名 4/7，综合类排名 123/268。

共 51 个专业参评，其中 5★+专业 0 个，5★专业 0 个，5★-专业 0 个，4★专业 2 个，3★专业 25 个。

本科优势专业排名

4★专业：金融科技 16/95。

12308　海口经济学院

在中国民办院校竞争力排行榜中的名次 51，海南省内排名 6/7，财经类排名 52/109。

共 47 个专业参评，其中 5★+专业 0 个，5★专业 0 个，5★-专业 0 个，4★专业 2 个，3★专业 14 个。

宁夏回族自治区

一般大学

10749　宁夏大学

在中国本科院校竞争力排行榜中的名次199，宁夏回族自治区内排名1/8，综合类排名50/268。

共81个专业参评，其中5★+专业0个，5★专业0个，5★-专业2个，4★专业10个，3★专业38个。

在中国普通高校研究生教育竞争力排行榜中的名次：总排名147/596，宁夏回族自治区内排名1/4，综合类排名40/93。

共34个一级学科（学术学位）参评，其中5★+学科0个，5★学科0个，5★-学科0个，4★学科1个，学科优秀率为2.94%。

一级学科排名

哲学122/133、理论经济学76/109、法学172/209、民族学6/38、马克思主义理论288/377、教育学130/143、心理学77/104、中国语言文学97/186、外国语言文学160/240、中国史56/119、数学92/276、物理学170/203、化学170/238、地理学37/85、生物学97/240、生态学71/111、教育技术学37/45、力学71/97、机械工程160/224、电子科学与技术86/123、计算机科学与技术195/268、土木工程111/164、水利工程18/64、化学工程与技术37/176、食品科学与工程54/105、作物学36/50、园艺学36/44、农业资源与环境30/40、植物保护44/44、畜牧学21/55、兽医学40/44、草学8/25、工商管理288/309、农林经济管理42/51。

本科优势专业排名

5★-专业：英语71/925、应用心理学23/257。
4★专业：法学107/580、体育教育64/341、汉语言文学101/619、数学与应用数学88/519、生物技术39/285、计算机科学与技术174/932。

10752　宁夏医科大学

在中国本科院校竞争力排行榜中的名次368，宁夏回族自治区内排名2/8，医药类排名34/108。

共20个专业参评，其中5★+专业0个，5★专业0个，5★-专业0个，4★专业4个，3★专业9个。

在中国普通高校研究生教育竞争力排行榜中的名次：总排名283/596，宁夏回族自治区内排名2/4，医药类排名35/76。

共9个一级学科（学术学位）参评。

一级学科排名

生物学157/240、基础医学47/111、临床医学51/113、口腔医学44/47、公共卫生与预防医学34/78、中医学32/40、药学54/147、护理学55/74、公共管理128/214。

11407　北方民族大学

在中国本科院校竞争力排行榜中的名次411，宁夏回族自治区内排名3/8，民族类排名6/17。

共71个专业参评，其中5★+专业0个，5★专业0个，5★-专业0个，4★专业3个，3★专业25个。

在中国普通高校研究生教育竞争力排行榜中的名次：总排名405/596，宁夏回族自治区内排名3/4，民族类排名8/13。

共13个一级学科（学术学位）参评。

一级学科排名

应用经济学206/264、民族学26/38、马克思主义理论336/377、中国语言文学135/186、中国史105/119、数学102/276、生态学95/111、材料科学与工程177/227、电子科学与技术110/123、计算机科学与技术164/268、化学工程与技术173/176、食品科学与工程103/105、工商管理307/309。

本科优势专业排名

4★专业：电子信息工程75/642、计算机科学与技术157/932。

10753　宁夏师范学院

在中国本科院校竞争力排行榜中的名次 672，宁夏回族自治区内排名 4/8，师范类排名 95/175。

共 39 个专业参评，其中 5★+专业 0 个，5★专业 0 个，5★-专业 0 个，4★专业 0 个，3★专业 9 个。

在中国普通高校研究生教育竞争力排行榜中的名次：总排名 537/596，宁夏回族自治区内排名 4/4，师范类排名 68/77。

共 4 个一级学科(学术学位)参评。

一级学科排名

中国语言文学 152/186、数学 258/276、物理学 196/203、化学 223/238。

民 办 院 校

12544　宁夏理工学院

在中国民办院校竞争力排行榜中的名次 54，宁夏回族自治区内排名 5/8，理工类排名 232/364。

共 40 个专业参评，其中 5★+专业 0 个，5★专业 1 个，5★-专业 1 个，4★专业 1 个，3★专业 2 个。

本科优势专业排名

5★专业：航空服务艺术与管理 2/71。
5★-专业：物联网工程 30/492。

13820　银川能源学院

在中国民办院校竞争力排行榜中的名次 113，宁夏回族自治区内排名 6/8，理工类排名 269/364。

共 27 个专业参评，其中 5★+专业 0 个，5★专业 0 个，5★-专业 0 个，4★专业 0 个，3★专业 3 个。

14200　银川科技学院

在中国民办院校竞争力排行榜中的名次 220，宁夏回族自治区内排名 8/8，理工类排名 361/364。

共 29 个专业参评，其中 5★+专业 0 个，5★专业 0 个，5★-专业 0 个，4★专业 0 个，3★专业 4 个。

青 海 省

一 般 大 学

10743 青海大学

在中国本科院校竞争力排行榜中的名次 273，青海省内排名 1/4，综合类排名 55/268。

共 61 个专业参评，其中 5★+专业 0 个，5★专业 0 个，5★-专业 0 个，4★专业 3 个，3★专业 27 个。

在中国普通高校研究生教育竞争力排行榜中的名次：总排名 246/596，青海省内排名 1/3，综合类排名 55/93。

共 20 个一级学科(学术学位)参评，其中 5★+学科 0 个，5★学科 0 个，5★-学科 1 个，4★学科 0 个，学科优秀率为 5%。

一级学科排名

应用经济学 219/264、马克思主义理论 195/377、生态学 10/111、机械工程 207/224、材料科学与工程 172/227、土木工程 148/164、水利工程 47/64、化学工程与技术 171/176、地质资源与地质工程 38/46、食品科学与工程 82/105、作物学 27/50、农业资源与环境 40/40、畜牧学 36/55、兽医学 42/44、草学 20/25、基础医学 76/111、临床医学 67/113、中医学 25/40、中西医结合 58/62、工商管理 140/309。

本科优势专业排名

4★专业：材料成型及控制工程 43/221、电气工程及其自动化 104/573。

10746 青海师范大学

在中国本科院校竞争力排行榜中的名次 396，青海省内排名 2/4，师范类排名 39/175。

共 41 个专业参评，其中 5★+专业 0 个，5★专业 0 个，5★-专业 2 个，4★专业 6 个，3★专业 13 个。

在中国普通高校研究生教育竞争力排行榜中

的名次：总排名 369/596，青海省内排名 2/3，师范类排名 40/77。

共 20 个一级学科(学术学位)参评。

一级学科排名

哲学 109/133、应用经济学 214/264、法学 169/209、社会学 84/88、马克思主义理论 279/377、教育学 90/143、体育学 103/107、中国语言文学 139/186、外国语言文学 240/240、中国史 44/119、数学 165/276、物理学 178/203、化学 117/238、地理学 35/85、生物学 133/240、生态学 88/111、统计学 114/126、计算机科学与技术 82/268、软件工程 81/148、艺术学理论 72/73。

本科优势专业排名

5★-专业：小学教育 21/311、计算机科学与技术 82/932。

4★专业：学前教育 69/420、体育教育 53/341、汉语言文学 121/619、英语 130/925、数学与应用数学 96/519、地理科学 30/171。

10748 青海民族大学

在中国本科院校竞争力排行榜中的名次 524，青海省内排名 3/4，民族类排名 11/17。

共 48 个专业参评，其中 5★+专业 0 个，5★专业 0 个，5★-专业 0 个，4★专业 2 个，3★专业 18 个。

在中国普通高校研究生教育竞争力排行榜中的名次：总排名 449/596，青海省内排名 3/3，民族类排名 12/13。

共 14 个一级学科(学术学位)参评。

一级学科排名

哲学 105/133、法学 83/209、政治学 71/80、社会学 74/88、民族学 12/38、马克思主义理论 355/377、教育学 135/143、中国语言文学 110/186、中国史 61/119、数学 250/276、化学 179/238、药学 129/147、工商管理 159/309、公共管理 121/214。

本科优势专业排名

4★专业：法学 115/580。

西藏自治区

一般大学

10694 西藏大学

在中国本科院校竞争力排行榜中的名次 395，西藏自治区内排名 1/4，综合类排名 69/268。

共 49 个专业参评，其中 5★+专业 0 个，5★专业 0 个，5★-专业 1 个，4★专业 4 个，3★专业 14 个。

在中国普通高校研究生教育竞争力排行榜中的名次：总排名 353/596，西藏自治区内排名 1/4，综合类排名 63/93。

共 19 个一级学科(学术学位)参评，其中 5★+学科 0 个，5★学科 0 个，5★-学科 1 个，4★学科 1 个，学科优秀率为 10.53%。

一级学科排名

应用经济学 161/264、法学 199/209、民族学 7/38、马克思主义理论 135/377、教育学 71/143、中国语言文学 56/186、数学 273/276、物理学 163/203、生物学 209/240、生态学 11/111、信息与通信工程 116/186、计算机科学与技术 176/268、建筑学 83/84、地质资源与地质工程 43/46、基础医学 101/111、药学 133/147、公共管理 170/214、音乐与舞蹈学 61/86、美术学 105/114。

本科优势专业排名

5★-专业：美术学 28/333。

4★专业：汉语言文学 124/619、中国少数民族语言文学 6/33、计算机科学与技术 125/932。

10695 西藏民族大学

在中国本科院校竞争力排行榜中的名次 535，西藏自治区内排名 2/4，民族类排名 12/17。

共 50 个专业参评，其中 5★+专业 0 个，5★专业 0 个，5★-专业 1 个，4★专业 3 个，3★专业 11 个。

在中国普通高校研究生教育竞争力排行榜中的名次：总排名 442/596，西藏自治区内排名 2/4，民族类排名 11/13。

共 12 个一级学科(学术学位)参评。

一级学科排名

哲学 97/133、应用经济学 224/264、法学 196/209、民族学 29/38、马克思主义理论 257/377、教育学 113/143、体育学 73/107、中国语言文学 104/186、中国史 98/119、网络空间安全 41/77、基础医学 94/111、工商管理 265/309。

本科优势专业排名

5★-专业：学前教育 31/420。

4★专业：体育教育 48/341、汉语言文学 112/619。

10693 西藏农牧学院

在中国本科院校竞争力排行榜中的名次 648，西藏自治区内排名 3/4，农林类排名 38/47。

共 29 个专业参评，其中 5★+专业 0 个，5★专业 0 个，5★-专业 0 个，4★专业 0 个，3★专业 2 个。

在中国普通高校研究生教育竞争力排行榜中的名次：总排名 502/596，西藏自治区内排名 3/4，农林类排名 38/38。

共 4 个一级学科(学术学位)参评。

一级学科排名

水利工程 42/64、作物学 44/50、兽医学 27/44、林学 23/35。

10696 西藏藏医药大学

在中国本科院校竞争力排行榜中的名次 850，西藏自治区内排名 4/4，医药类排名 82/108。

共4个专业参评，其中5★+专业0个，5★专业0个，5★-专业0个，4★专业0个，3★专业0个。

在中国普通高校研究生教育竞争力排行榜中的名次：总排名589/596，西藏自治区内排名4/4，医药类排名76/76。

共1个一级学科(学术学位)参评。

一级学科排名

新闻传播学107/120。